Klassiker der Parapsychologie

Das persönliche Überleben des Todes

Eine Darstellung der Erfahrungsbeweise

von

Dr. Emil Mattiesen

Dritter Band

1987

Walter de Gruyter · Berlin · New York

Unveränderter photomechanischer Nachdruck der Ausgabe 1936/1939

CIP-Kurztitelaufnahme der Deutschen Bibliothek

Mattiesen, Emil:
Das persönliche Überleben des Todes: e. Darst. d. Erfahrungsbeweise / von Emil Mattiesen. — Unveränd. photomechan. Nachdr. d. Ausg. 1936—1939. — Berlin; New York: de Gruyter
ISBN 3-11-011334-1
Bd. 3 (1987).

© 1936/1939/1987 by Walter de Gruyter & Co., Berlin.
Printed in Germany
Alle Rechte des Nachdrucks, der photomechanischen Wiedergabe, der Übersetzung, der Herstellung von Photokopien — auch auszugsweise — vorbehalten.

Einbandgestaltung: Rudolf Hübler, Berlin
Druck: Bosch-Druck, Landshut
Bindearbeiten: Lüderitz & Bauer, Berlin

VORWORT
zur Ausgabe 1939

Dieser Band, der das Werk beschließt, enthält die drei Abschnitte, die bei der Herausgabe der ersten beiden Bände ausgeschieden wurden, um den Umfang des Buches nicht die ratsamen Grenzen überschreiten zu lassen. Er untersucht zunächst die objektiven 'Erscheinungen' und Materialisationen sowie ihre Bedeutung für das spiritistische Problem, führt also im einzelnen aus, was im 1. Bande auf den drei Seiten des 11. Kapitels des ersten Abschnitts angedeutet wurde. Es folgt eine Besprechung der sog. Bücherteste, die zwar kurz und in gewissem Sinn ergebnislos, aber dennoch nicht ohne Interesse ist. Schließlich werden die 'allgemeinen' Schwierigkeiten erörtert, welche die Anerkennung der spiritistischen Lehre behindern selbst nach vollzogenem Beweise derselben, wobei die vorliegenden Beschreibungen jenseitigen Lebens wohl die wichtigste Rolle spielen. Ich habe den Aufschub in der Herausgabe dieser drei Abschnitte natürlich zu erneuter Durchsicht benutzt, die manches Tatsächliche ergänzt und seine Erörterung vertieft hat. —

Mit der Aufnahme der ersten beiden Bände darf ich sehr zufrieden sein, auch abgesehn von allen selbstverständlichen Lobsprüchen aus spiritistischen Kreisen im engeren Sinne. Das Buch hat bei unbefangen Urteilsfähigen ein Maß von Anerkennung gefunden, das mich um so mehr erfreuen durfte, als sie z. T. von solchen ausging, die dem behandelten Gebiete bisher fremd oder zweifelnd gegenübergestanden hatten. Die wenigen mißgünstigen Urteile ließen freilich von neuem erkennen, was dem Fachmann ohnehin schmerzlich bewußt ist: daß weder die Wichtigkeit der Parapsychologie, noch die Ausdehnung ihrer Tatsachen, noch die bereits erzielte Festigkeit ihrer Grundlagen von unsren Gebildeten schon genügend erfaßt sind. Daher machen sich auch immer noch manche Besprecher wissenschaftlicher Arbeiten auf unsrem Gebiet ihre Sache allzu leicht: sie glauben mit allgemeinen Geschmacksurteilen und fertigen Schlagworten auskommen zu können in einem Maße, wie sie es niemals gegenüber wissenschaftlichen Arbeiten andrer Gebiete wagen würden. Die in mehreren Zeitungen abgedruckten Besprechungen eines Dr. Paul Feldkeller verrieten sogar deutlich, daß der Referent das Buch nur zum Teil gelesen hatte; es sei denn, er wolle den Vorwurf auf sich nehmen, seinen Lesern gerade die Argumente des Verfassers völlig verschwiegen zu haben, die dieser ausdrücklich als die 'stärksten und eigentlich entscheidenden' bezeichnet.

Ich hatte ferner wiederholt und nachdrücklich darauf hingewiesen, daß mein Grundsatz, die Erörterung bis in letzte Einzelheiten der Beobachtungen vorzutreiben, auch den Gegner künftig zwinge, von abstrakten und allgemeinen Argumenten abzustehn und sich der Feinanalyse zuzuwenden: 'die Zeit der halben Treffer aus Ferngeschützen' sei vorüber; 'wir befinden uns, sagte ich, jetzt im Handgemenge um eine neue Stellung.' Nun, keiner der wenigen Gegner hat zu erkennen gegeben, daß ihm die Kraft dieser Forderung auch nur im mindesten klar geworden war; von der doch gewiß ist, daß sie mit der Zeit sich durchsetzen wird.

Einer meiner Kritiker hatte freilich ein — wenn auch angemaßtes — logisches Recht, sich jener Forderung zu entziehen: indem er nämlich schon die Tatsachen meiner Beweisführung nicht — oder nur in engen Grenzen — als solche anerkannte. Mit diesem will ich mich hier in der möglichen Kürze auseinandersetzen, weil dabei auch grundsätzliche Klärungen zu gewinnen sind.

Eine Besprechung des Bonner Professors Aloys Müller stellt uns vor den sonderbaren Tatbestand, daß ein Mann, der nicht nur 'von dem persönlichen Überleben des Todes überzeugt' ist, sondern auch von dem Bestehen 'echter parapsychologischer Tatsachen', der überdies 'manche der Phänomene, die ich von Verstorbenen berichte, im Prinzip durchaus für möglich hält,' — mein Buch trotzdem 'ablehnt', also doch wohl nicht bloß umgrenzte Bedenken hegt, sondern das Ganze für durch und durch verfehlt ansieht. Dies muß verblüffen; denn wenn das Überleben eine Tatsache ist, so erscheint es an sich wahrscheinlich, daß die Überlebenden auch irgendwann und irgendwie sich kundgeben werden; gibt aber jemand, der nicht gerade auf den Kopf gefallen ist, sich jahrelang mit dem Sammeln der besten solcher anscheinenden Kundgebungen ab, zerlegt sie nach allen Richtungen, prüft sie auf ihre natürlichste Deutbarkeit und setzt sich mit den Vertretern sonstiger Ableitungen gewissenhaft auseinander, — so müßte es doch 'mit tollen Dingen zugehn', wenn diese Suche nach Erfahrungsbeweisen für eine an sich wahre Tatsache zu einem Ergebnis führte, das nichts verdiente als Ablehnung in Bausch und Bogen.

Prof. Müller gibt uns seine Gründe im einzelnen an. Vier 'Mängel' sind es, in denen sich für ihn die Verwerflichkeit meiner Arbeit zusammenfaßt, und gleich der erste bezieht sich auf die Glaubwürdigkeit meiner Tatsachen. Während ich in meinem früheren Buch über den 'Jenseitigen Menschen' 'eine Art Instinkt für das Sichere' bewiesen haben soll, ist dieses wertvolle Organ inzwischen offenbar der Entartung verfallen: ich stehe jetzt angeblich 'allen Berichten mit einer fast absoluten Gläubigkeit' gegenüber, und selbst ein 'leiser Zweifel' taucht nur 'überaus selten' auf. Die Folge davon sei, daß 'mindestens 80 bis 90 Prozent der Berichte des Buches der Kritik nicht standhalten'. Dies wäre freilich schlimm, wenn die Behauptung mehr wäre, als ein Beleg für leichtfertige Anmaßlichkeit eines Rezensenten. Ich will mich nicht auf den Standpunkt stellen — an sich durchaus vertretbar —, daß auch mit den mir zugebilligten 10 bis 20 Prozent meine These sich noch beweisen ließe. Vielmehr will ich mich mit dem Gegner auf einen Streit um Prozente einlassen. Ich habe mir die Mühe gemacht, einen ganzen Band meines Buches, und zwar den zweiten als den wichtigeren und originaleren, auf Herkunft und Gewicht meiner Belege hin soz. statistisch zu durchmustern. Ich betrachte dabei als unangreifbar mindestens diejenigen Tatsachen, die entweder den 'Verhandlungen' und dem 'Journal' der engl. Ges. f. psych. Forschung entnommen sind, oder aber den Buchveröffentlichungen der Herren Böhm, Duncan, Findlay, Flournoy, Gurney, Hill, Hyslop, Lodge, Maxwell, Podmore, W. F. Prince, Ch. D. Thomas, J. F. Thomas und der Damen Allison, Keene, H. C. Lambert, Sagendorph, Travers Smith und Walker, mit gewissen Einschränkungen auch denen der Herren Barrett, Bozzano, Owen, Tweedale und der Miss Bates, — und zwar weil die hier verzeichneten Tatsachen nicht bloß mit dem geschulten Bewußtsein wissenschaftlicher Verantwortung gesammelt und dargeboten, sondern auch größtenteils nach Methoden gewonnen sind, die schon an sich eine Fehlfeststellung nahezu ausschließen. Letzteres gilt z. B. von eigenhändigen 'automatischen' Niederschriften medial Veranlagter, von stenographischen Nachschriften ihrer mündlichen Äußerungen und von der sofortigen, etwa tagebuchmäßigen

Aufzeichnung äußerer Beobachtungen. Damit ist natürlich nicht gesagt, daß nicht auch außerhalb der aufgezählten Schriften sich Fälle finden, die infolge der besondren Art ihrer Beobachtung und Bezeugung jede vernünftige Bezweiflung ausschließen. Wenn Prof. Müller gegen diese Abgrenzung meines Bezirks der Sicherheit etwas einzuwenden hat, so erwarte ich die Angabe seiner Gründe mit zuversichtlichem Vergnügen, zumal ich die Vermutung kaum unterdrücken kann, daß ihm — sagen wir — 80 bis 90 Prozent des angeführten Schrifttums nicht aus eignem Studium bekannt sind. — Das Ergebnis nun der Durchsicht meines 2. Bandes auf die Herkunft der verwendeten Belege hin drückt sich in folgenden Zahlen aus: den 'sicheren' Quellen entstammen auf S. 1—70 — 99% der angezogenen Tatsachen, auf S. 71 bis 108 — knapp 50%, auf S. 109—226 — fast 100%, auf S. 227—295 — mindestens 95%. Im sechsten Abschnitt, der von den Tatsachen der Exkursion handelt (S. 296—392), sinkt der Prozentsatz auf unter 30%, denn diese Tatsachen sind zumeist einzeln aus weit verstreuten Quellen gewonnen, die nicht durchweg als Ganzes zu den besten der Parapsychologie gehören, und gewinnen ihr Gewicht großenteils erst aus der überraschenden Übereinstimmung in Einzelheiten. Doch ist der Rezensent der Ansicht, daß ich gerade in diesem Abschnitt (den ich für den 'entscheidenden' des Buches erklärte) 'die Erfahrungsgrundlage für die Möglichkeit des persönlichen Überlebens angetastet' habe (wenn auch natürlich 'nicht mit der genügenden Sicherung, Auswahl und Weite'). In Wahrheit sind manche auch der hier angeführten Berichte zu den schlechthin glaubwürdigen zu zählen und für die Begründung meines Hauptargumentes völlig ausreichend. Der Überblick über meine Statistik berechtigt mich also unstreitig, die Schätzung des Kritikers buchstäblich umzukehren und 80 bis 90 Prozent der Tatsachen — mindestens des 2. Bandes — für voll gesichert zu erklären. Hinsichtlich des ganzen Buches bin ich denn auch bereit, gegen jedermann, bei genauer Durchprüfung von Seite zu Seite, den Satz des Vorworts zu vertreten: das Werk sei 'durchzogen von einem Gerüst unangreifbarer Tatsachen, das für sich schon genügen würde, die Ergebnisse der Untersuchung zu tragen.'

Prof. Müller tut aber mehr, als das Verhältnis gesicherter und bloß 'kollateraler' Tatsachen auf den Kopf stellen: er schiebt mir eine ganz bestimmte Ansicht über den Ursprung von Gewißheit auf meinem Gebiete zu, eine Ansicht, mit der ich mich überhaupt 'gegen zu große (*sic*) Kritik der Berichte wehren' soll. Er tadelt nämlich die 'seltsame Einstellung', wonach im Grunde die bloße 'Häufung der Zeugnisse', das 'Überschütten mit Berichten' — also doch wohl auch ohne Kritik derselben — 'eine große Überzeugungskraft besitzen' soll. 'Gewißheit (so zitiert er mein Vorwort) entspringe auf diesem Gebiet nicht nur aus kritischer 'Durchschnüffelung' von Einzelberichten, sondern ebenso gut aus dem allmählichen Hineinwachsen in das ganze Gebiet durch jahrelange Beschäftigung mit den Zeugnissen.' Sehr wohl; aber habe ich darunter nur das Überschütten mit Berichten und die bloße Häufung der Zeugnisse verstanden? Herr Müller zitiert mich nur halb, und das ist unter Umständen schlimmer als falsch zitieren. Was ich von der anhaltenden Beschäftigung mit der Parapsychologie erwarte, ist nicht die passive Gewöhnung des Überschütteten, sondern etwas durchaus tätig-logisches: die 'Erkenntnis natürlich-einheitlicher Typen des Geschehens' und die 'Entdeckung ihrer augenscheinlichen inneren Verknüpftheit unter einander, ihres natürlichen Zusammenhangs, worin ein Teil das andre stützt und trägt.' 'Nicht das logische Mikroskop verschafft uns die letzte Gewißheit in metapsychischen Dingen, sondern gerade der Abstand, d. h. der zusammenschauende Blick echt wissenschaftlich gesinnten Denkens; denn alle wahre Forschung sucht zu verbinden und dadurch die Dinge aus der Sinnlosigkeit der Vereinzelung zu erlösen.' Ich rufe jeden gerecht und logisch Denkenden als Richter darüber an, ob das nicht so ziemlich das Gegenteil der Meinung ist, die mir der Kritiker zuschreibt. —

Über die weiteren drei Vorwürfe, die er gegen mein Buch erhebt, kann ich mich kürzer fassen. Dessen zweiter Mangel soll in der einseitigen Auswahl meines Materials bestehen. Die 'Kundgebungen der 'Geisterwelt' kennzeichnen sich angeblich durch 'Sinnlosigkeit, Belanglosigkeit, Mittelmäßigkeit, Gleichgültigkeit, Naivität, zum Teil sogar Lächerlichkeit und Groteskheit des Inhalts.' Dieser ganze 'Wust' sei 'ziemlich gleichmäßig 'bezeugt'', und aus ihm greife ich angeblich das heraus, was 'zwar alle allzu naiven und vor allem alle abstoßenden und verrückten Züge vermeidet, aber über eine große Sinnlosigkeit und Belanglosigkeit auch nicht hinausgeht.' Diese 'Sortierung' lasse meine Tatsachenunterlage in einem allzu günstigen Licht erscheinen; denn das Schlimmste des 'Wustes' würde 'allein schon den schlagendsten Beweis gegen die spiritistische Deutung' desselben liefern. — Einer so 'sinnlosen' und 'naiven', ja 'lächerlichen' und 'grotesken' Auffassung des fraglichen Materials bei einem Manne zu begegnen, der sich rühmt, als einer von wenigen Dozenten in Deutschland über Parapsychologie im positiven Sinn gelesen zu haben, war mir enttäuschend, wennschon lehrreich. Als solcher müßte er eigentlich wissen, daß sich eine ganze Bücherei von angeblichen Kundgebungen der 'Geisterwelt' zusammenstellen läßt, die seiner Kennzeichnung nicht im mindesten unterliegen. (S. auch S. 324f. dieses Bandes.) Freilich trifft diese auf Teile des Stoffes zu, und ich habe dies meinen Lesern keineswegs verschwiegen. (S. z. B. II 246.) Wenn ich aber diese Teile fast ganz beiseite ließ, so doch nur darum, weil sie im Rahmen meiner klar durchdachten und ausführlich dargestellten Theorie der medialen Kundgebung als eines subjektiv-objektiven Mischvorgangs (s. V.Abschnitt Kap. 2) aus der Behandlung meines Problems völlig ausfallen. Mit der Logik meines Kritikers könnte man dem Goldwäscher zumuten, die Existenz von echten Körnern des Edelmetalls zu leugnen, weil die Lauge, die er siebt, größtenteils 'Dreck' enthält. Die Behauptung des Rezensenten, der ganze 'Wust' sei 'ziemlich gleichmäßig bezeugt', ist demnach nicht eigentlich falsch, sondern vielmehr sinn- und gegenstandslos. Als Äußerung von Medien ist natürlich alles 'gleichmäßig bezeugt', d.h. in automatischer oder Trans-Schrift und -Rede gegeben; als 'Kundgebung der Geisterwelt' aber ist nichts davon 'bezeugt', vielmehr entscheidet über einen solchen Ursprung gewisser Äußerungen — also über das Vorhandensein von 'Goldkörnern' — erst eine sehr verwickelte Analyse, und nur die Durchführung dieser Analyse nach bestimmten theoretischen Gesichtspunkten war die Aufgabe meines 3. und 4. Abschnitts, die der Kritiker offenbar nur flüchtig gelesen oder nur unzureichend verstanden hat. —

Der dritte Mangel meines Buches soll darin liegen, daß ich 'die Erklärungsmöglichkeiten der heutigen Psychologie z.T. in primitiver und unzulänglicher Weise darstelle, z.T. überhaupt nicht berücksichtige.' Genannt werden dabei nur die Entwicklungspsychologie und die Eidetik. Was nun die erstere betrifft, so sehe ich schlechterdings nicht ein, welche Bedeutung ihr in der Klärung 'spiritoider' Vorgänge zukommen kann. Wenn selbst deren 'animistische' Deutung versagt (und das beweist mein Buch), so versagt die nicht einmal mit parapsychologischen Voraussetzungen rechnende Entwicklungspsychologie erst recht; denn sie müßte die spiritoiden Abläufe entweder als Archaismen und Atavismen (in völkerpsychologischem Sinn) oder als Infantilismen (in jugendpsychologischem Sinne) deuten. Nach dem spiritistischen Ergebnis der Untersuchung entstammt aber das mediale Geschehen vielfach einem Eingriff von außen, der selbstverständlich jeder entwicklungspsychologischen Deutung von innen her völlig entzogen bleibt. — Auch der fast zum Modeschlagwort gewordene Kunstausdruck Eidetik kommt in meinem Buche kaum vor (s. dagegen II 280); doch meine ich natürlich die gleiche Sache, wenn ich von Sensualisieren oder besonders guten Sensualisierern spreche. Im übrigen ist dieser Tatbestand für mein Problem von durchaus untergeordneter Bedeutung; denn es handelt sich bei diesem nirgends um die Lebhaftigkeit wahrgenommener Bilder ('Erscheinungen'), sondern überall nur um ihren Ursprung, um die Ableitung ihres Inhalts, ihrer örtlichen, zeitlichen und sonstigen Bezüge. Und hierzu sagt ihre eidetische Betrachtung nichts aus. — Beide Einwürfe des Rezensenten gehören also zu jenen Schüssen ins Blaue, die nur auf den uneingeweihten Leser Eindruck machen können: sie knallen zwar, aber sie treffen nicht. Wenn er sich gar zu der Behauptung versteigt, ich stellte psychologische Erklärungsmöglichkeiten 'in lächerlicher Weise' dar, indem ich 'z.B. das Überseelische in der Form des 'Erdgeistes' auftreten lasse', so muß ich ihn daran erinnern, daß es sich hier um eine Hypothese handelt, die von animistischen Gegnern tatsächlich ins Feld geführt wird und die sich überdies auf keinen Geringeren als Fechner berufen kann.

Hr. Müller erwähnt übrigens noch einen andern sonderbaren 'Beleg' für meine Nichtbeachtung psychologischer Erklärungsmöglichkeiten: nämlich daß ich Richard Baerwald als 'den ergiebigsten und scharfsinnigsten unter den deutschen Animisten' bezeichne; in Wirklichkeit gehöre Baerwald zu den 'engsten und einseitigsten Vertretern des Okkultismus, der alles, was er überhaupt als Tatsache bestehen läßt, aus dem Unbewußten erklärt.' Es müßte nun richtiger heißen: 'aus dem Unbewußten und seinen umfassenden telepathischen Fähigkeiten'. Aber angenommen, daß Hr. Müller eben dies habe sagen wollen: welcher Unterschied ist denn zwischen einem solchen Okkultisten und einem Animisten? Nicht der geringste. Und welchen Sinn hat dann der Vorwurf des Rezensenten? Nicht den geringsten. —

Endlich der vierte Mangel: 'Mattiesen hat die Erscheinungen, die er benutzt, aus dem Zusammenhang der übrigen parapsychologischen Erscheinungen herausgerissen. Dadurch begünstigen sie die spiritistische Deutung. Erst im Zusammenhang des ganzen Gebietes sieht man einmal, daß wir im Prinzip das gesamte Gebiet aus der heutigen Kenntnis von der Struktur der Seele verstehen können (mit alleiniger Ausnahme der Prophezeiung, die besondere Annahmen erfordert); fürs zweite, daß diese psychologischen Einsichten uns nicht vom Okkultismus, sondern anderswoher gekommen sind und daß sie dem Okkultismus nur hier begegnen.' — Ich muß sagen, daß diese Sätze — falls ich sie überhaupt verstehe — eine seltsame Höchstleistung der Verwirrung und Verdrehung darstellen. Hinsichtlich des ersten erscheint dies unbestreitbar. Denn weit entfernt, die spiritoiden Tatsachen 'aus dem Zusammenhang der übrigen parapsychologischen Erscheinungen herauszureißen', stelle ich sie vielmehr unablässig mitten in diesen Zusammenhang hinein: beruht doch fast meine gesamte Beweisführung auf dem — mißlingenden — Versuch, das anscheinend Spiritistische auf animistische Weise, d.h. 'aus dem Zusammenhang der übrigen parapsychologischen Erscheinungen' heraus zu deuten. Aber weiter: was besagen die Worte über die Verständlichkeit des 'gesamten Gebietes aus der heutigen Kenntnis von der Struktur der Seele'? Soll damit gesagt sein, daß die 'heutige', d.h. die akademische, den 'Okkultismus' ablehnende Psychologie das 'gesamte Gebiet' auch des 'Okkulten', einschließlich des scheinbar Spiritistischen, verständlich mache? Dann müßte ich aufs schärfste widersprechen; denn nicht nur die Prophezeiung, sondern auch Telepathie, Hellsehn, Materialisation u.a.m. liegen jenseits der akademisch anerkannten Deutungsgrundlagen, und damit fehlen der 'heutigen' Psychologie auch die Mindestannahmen zur Fortdeutung des spiritistischen Anscheins gewisser Vorgänge. Oder — sollen die eben aufgezählten parapsychischen Tatsachen samt und sonders geleugnet und die Ableitbarkeit ihres Anscheins aus Grundbegriffen der akademischen Normalpsychologie behauptet werden? Dann wüßte ich nicht, was unser Kritiker in seinen Vorlesungen 'im positiven Sinne' über parapsychische Dinge vorgebracht hat; wohl aber wüßte ich, daß er in einer unfaßlichen Selbsttäuschung über die Tragweite normalpsychologischer Begriffe befangen ist. Gesteht er dagegen echte parapsychische Tatsachen zu, insonderheit Telepathie und Hellsehn, also die Mindestvoraussetzungen der animistischen Deutung spiritoider Vorgänge, — wie kann er dann behaupten, die hierzu erforderlichen 'psychologischen Einsichten' seien uns 'nicht vom Okkultismus, sondern anderswoher gekommen'? Er wird ja doch nicht sagen wollen, daß uns die akademische Psychologie die Kenntnis jener 'okkulten' Mindestvoraussetzungen verschafft hat! —

Wenige Worte über einen andern mißgünstigen Beurteiler, weil auch hierbei grundsätzliche Fragen zu berühren sind. Prof. Dr. Franz Xaver Walter, vormals Moraltheologe der Münchner Universität, bewegt sich in seltsamen Widersprüchen. Er lobt z. B. meine Auseinandersetzung mit dem Animismus, der 'nicht restlos befriedigen' könne und etwas 'Gesuchtes und Unzulängliches' habe. Doch zugleich erhofft er vom Fortschritt der Wissenschaft eine 'Erweiterung der animistischen Erklärung', die, 'so lange nur eine Möglichkeit besteht, den unbestrittenen Vortritt hat'. Und warum? Leugnet er etwa die Tatsache des Überlebens, also die Grundlehre des 'Spiritismus'? Wie sollte er wohl, als gläubiger Katholik! Er gibt sogar zu, daß es 'eine Fülle glaubwürdiger Zeugnisse für das Erscheinen Abgeschiedener gibt', und beruft sich dafür auf das 'spannend geschriebene' Buch eines katholischen Autors, Klimschs 'Leben die Toten?' Ja er hält weitere 'experimentelle Beweise des Fortlebens' für 'erwünscht'! Warum erregt dann doch meine 'Darstellung der Erfahrungsbeweise' sein unverkennbares Mißfallen? Weil er vom kirchlichen Standpunkt aus die wissenschaftliche Behandlung unsrer Frage nicht billigen darf. Gegen die spiritistische Deutung der fraglichen Tatsachen 'bestehen schwere Bedenken — und werden immer bestehn. Und die schwersten unter diesen sind **christlich-religiöser Natur**... Der Christ [lies: Katholik] muß sich an andre Quellen halten, aus denen er seinen Glauben schöpft.' (Und dennoch die **Erwünschtheit** weiterer 'experimenteller Beweise'?!)

Hier scheiden sich grundsätzlich die Wege. Wenn Bibel und Kirche uns genügen, die Fragen des Nach-dem-Tode zu beantworten, so bedarf es erfahrungsmäßigen Suchens nach dieser Antwort überhaupt nicht. Aber Bibel und Kirche sind sich ihrer eignen Antwort nicht sicher. Daß die Bibel in diesen Fragen nicht eindeutig ist, beweist die Uneinigkeit der kirchlichen bezw. theologischen Lehren. Der Katholik hat Fegefeuer, Himmel und Hölle als die Orte oder Zustände, die den Sterbenden empfangen; dem Protestanten wird bald gar nichts Genaues gesagt (die Toten sind irgendwie 'bei Gott'), bald daß sie je nach Verdienst in verschiedener Weise fortleben, bald daß sie gänzlich vernichtet werden, um erst am jüngsten Tage zu Seligkeit oder Verdammnis neu erschaffen zu werden. Bei dieser Vielgestalt und überdies Unbewiesenheit der Kirchenlehren ist es verzeihlich, wenn der Laie sich mit der Frage aller Fragen anderswohin wendet; und die herrschende Wissenschaft erwidert ihm, daß ein Überdauern des Ich nach Vernichtung des Leibes undenkbar sei. Die Folge solcher Ablehnung, ihre Endgültigkeit vorausgesetzt, wäre unausbleiblich die, daß in absehbarer Zeit kein Mensch mehr an ein Fortleben glauben und damit ein wesentlicher Ansatzpunkt aller Religion überhaupt hinfällig würde. Denn die Popularisierung der Wissenschaft ist ein unaufhaltsamer Vorgang.

Bei dieser Sachlage erscheint es mir ebenso natürlich wie erfreulich, daß auch im Schoße der Kirchen (und zwar auch bei einzelnen katholischen Denkern) die Erkenntnis von der Wichtigkeit der Parapsychologie erwacht und deren vornehme Ablehnung zu verdrängen beginnt. Von protestantischer Seite ist das Erscheinen dieses Buches sogar als ein Beitrag zur 'Festigung des Fundaments unsrer Religion' gewertet worden. Pfarrer Dr. Stahn, der diese Worte über seine Besprechung setzte, berief sich dabei auf ein Wort von Prof. Rudolf Otto: 'Jede Religion lebt von der Gewißheit ihrer Vorstellungen, leidet an ihrer Ungewißheit und stirbt an ihrer Unmöglichkeit,' und fügte hinzu: 'Das kennzeichnet Not und Notwendigkeit unserer Tage.' Auch ist er nicht der einzige Rezensent, der das Studium meiner Beweisführung vor allem den Geistlichen und Theologen dringend ans Herz legte; darüber hinaus aber allen ernstlich nach Religion und Weltanschauung Suchenden. Denn unstreitig greift die Frage des Fortlebens an die Wurzel unsres gesamten Denkens über Welt und Leben.

Abschließend will ich noch einem dritten meiner Rezensenten einige Zeilen widmen, um die Willkür und Oberflächlichkeit ins Licht zu rücken, mit der selbst parapsychologisch eingestellte Gelehrte noch heute spiritistische Darlegungen zu behandeln belieben. — Prof. D. Dr. Beth, Religionspsychologe der Wiener Universität, findet es zunächst methodisch falsch, daß ich das Argument aus den Tatsachen der 'Exkursion' an den Schluß des Buches gestellt habe, wodurch es 'fast wie Beiwerk' oder 'angenehme Zutat zum eigentlichen Gegenstand des Werkes' erscheine. Der Leitgedanke meines Planes war, eine Reihe von Argumenten vorzuführen, deren jedes die spiritistische Deutung bestimmter Tatsachen als die einfachste und natürlichste, ja als die einzige ihnen völlig entsprechende erscheinen läßt; dann aber diesen 'kumulativen Indizienbeweis' mit einem schlechthin 'durchschlagenden' Argument zu krönen und damit jeden etwa noch verbleibenden Zweifel zu vernichten. Der 'knock-out' sollte erfolgen, nachdem der Gegner schon taumelte. Prof. Beth, der diese Absicht der Steigerung nicht begriffen hat, fährt nun aber fort: 'Statt dessen setzt Verf. mit dem wohl seiner Meinung nach zugkräftigsten [!] Gegenstande ein, den Erscheinungen oder Selbstbekundungen Verstorbener, mit Spukphänomenen u. dgl. Dann wird für ihn notwendig, die Einwände gegen die Realität des Spuks mittels der mediumistischen Bekundungen Verstorbener aus dem Felde zu schlagen, und die Einwände gegen diese letzteren mit den neuerdings besonders gehegten 'Kreuzkorrespondenzen' zu widerlegen,' die doch 'für den, der nicht schon spiritistisch denkt, von geringster Überzeugungskraft' seien. — Diese Behauptungen beruhen auf völlig freier Erfindung des Rezensenten. Nirgends deute ich an, daß eins der genannten Argumente die Schwächen eines andern auszugleichen habe (sie sind vielmehr alle einander 'koordiniert' und von gleicher Stärke); am wenigsten aber sollen dies die Kreuzkorrespondenzen tun, von denen ich — weit entfernt, sie 'für die spiritistische Auffassung als Schlager [!] auszuspielen' — vielmehr ausdrücklich sage, daß sie an sich, also unabhängig von der genauesten Prüfung der Einzelumstände ihres Auftretens, keinen durchschlagenden spiritistischen Beweis liefern können (II 189). In Wahrheit bildet meine Analyse der Kreuzkorrespondenzen nur einen Teil der Untersuchung von 'Entsprechungen' überhaupt, und diese einen Teil der Gesamtuntersuchung 'formaler Verhältnisse der Kundgebung'; innerhalb dieser Untersuchung aber liefern das 'Mehrheitsspiel des Transdramas' und die 'technische Sonderung der Kommunikatoren' weit stärkere spiritistische Argumente, als die 'Entsprechungen' insgesamt (einschließlich der Kreuzkorrespondenzen). Von allen diesen Untersuchungen aber, die zu den originalsten und fachmännisch besonders anerkannten des Buches zählen, erfährt der Leser der Bethschen Rezension nicht eine Silbe. Sie kennzeichnet sich damit als völlig irreführend und die Gedankengänge des Buches grob entstellend.

Prof. Beth läßt die spiritistische Auffassung als 'reine Arbeitshypothese' durchaus gelten. Er hält es aber 'für die einzig berechtigte wissenschaftliche Haltung gegenüber den parapsychischen Erscheinungen, sich so lange wie möglich mit der aus der Naturbeobachtung gewonnenen biologisch-kosmischen Hypothese zu behelfen, die auf Grund der immer wiederkehrenden Naturerscheinung der eigenartigen seelischen Verbundenheit alles Lebendigen durch den uns bekannten Kosmos hin mit einem Rhythmus allgemeiner Bezogenheiten des irgendwie Seele- und Lebe-Vollen rechnet.' Soll dies ein Einwand gegen mein

Buch sein?! Sein Haupt-Verfahren beruht darauf, diese 'biologisch-kosmische Hypothese', die Hr. Beth auch bei mir formuliert finden kann (u. a. II 295), so weit als möglich auszunützen und erst dann in spiritistischem Sinn zu überschreiten, wenn bestimmte Einzelumstände der Beobachtung dies rechtfertigen oder erzwingen. Das soz. mikroskopische Studium dieser Einzelumstände bildet die eigentlich entscheidende und großenteils neue Leistung meines Buches. Trotzdem erfährt der Leser der Bethschen Besprechung auch davon keine Silbe. Vielmehr begnügt sich der Rezensent damit, das Schlagwort seiner eigenen Denkgewöhnung gegen meine umständliche Argumentation einfach auszuspielen, und es kümmert ihn wenig, daß ich Hunderte von Seiten auf den Nachweis verwende: dies Schlagwort decke nur einen Teil der Tatsachen und verliere desto mehr an Schlagkraft, je genauer man in die Einzelheiten der Beobachtung eindringe.

Doch nein: nicht gänzlich begnügt sich Prof. Beth mit solch allgemeinem Widerspruch. Zu einem Schritt ins einzelne wenigstens läßt er sich herbei; ja er widmet ihm die Hälfte der zehn Seiten seiner Besprechung. 'Da es unmöglich ist (schreibt er), auf mehrere Einzelfälle aus der Überfülle von in dem Werk gegebenen Beispielen einzugehen, beschränke ich mich hier auf die Besprechung eines einzigen, welches Mattiesen hoch veranschlagt.' Das nenne ich ritterlich kämpfen: kann er seine Lanze nur gegen ein Stück meiner Rüstung richten, so soll es doch eins der stärksten sein. Dies ist der bekannte Fall des Gordon Davis, eines Lebenden, der sich mit Angaben aus seinem Leben durch ein Medium kundgab genau in den Formen, wie dies Abgeschiedene auch tun, sich dabei aber selbst als verstorben bezeichnete! Der Rezensent ist der Ansicht, daß hier 'von irgend einem spiritistischen Identitätsnachweis keine Rede sein kann,' und nimmt an, daß das Medium die Einzelaussagen, soweit sie nicht dem anwesenden Sitzer bekannt waren, dem entfernten lebenden Gordon Davis 'abgezapft' habe. Nun, dies ist an sich eine durchaus berechtigte Hypothese, die auch ich in meiner Theorie der medialen Kundgebung ausführlich herangezogen habe (z. B. I 356ff.). Ob sie den Fall Gordon Davis richtig deute, darüber kann man verschiedener Ansicht sein. Ich glaube z. B., daß Davis' Äußerung, er sei 'gestorben', wesensverwandt ist mit der sehr natürlichen Überzeugung vieler Exkurrierender, sie seien nun tot; jedenfalls begeht Prof. Beth ein grobes Versehen, wenn er Davis die Aussage zuschreibt, er sei 'im Kriege gefallen', und dies dann aus des Sitzers irriger Meinung in dieser Hinsicht ableitet. Aber — was besagen schließlich diese und andere mögliche Gegensätze der Auffassung! Habe ich denn wirklich den Fall Davis als Beispiel eines 'spiritistischen Identitätsnachweises' angeführt? Ganz und gar nicht. Vielmehr stelle ich ihn mit elf weiteren Fällen der Selbstbekundung Lebender durch Medien zusammen, um einen Einwand gegen die spiritistische Deutung solcher Kundgebungen überhaupt zu begründen; einen Einwand, der tatsächlich von Gegnern des Spiritismus erhoben wird. Meiner Ansicht nach verfehlt er zwar sein Ziel; denn am Ende beweist die Kundgebung Lebender durch Medien doch noch eher, daß die in genau den gleichen Formen erfolgende Kundgebung Verstorbener gleichfalls von 'Lebenden' ausgeht. Das ändert aber nichts daran, daß der Fall Davis zunächst zugunsten des animistischen Gegners eingeführt wurde. Was Prof. Beth also unfaßlicherweise übersieht, ist dies: daß wenn er nicht nur den Fall Davis, sondern auch alle ihm verwandten mir aus der Hand schlüge, er nichts erreicht hätte, als einem Einwande gegen die von mir vertretene Lehre die Tatsachengrundlage zu entziehn. —

So liest ein deutscher Gelehrter das Lebenswerk eines andern, über das er es unternimmt, sich öffentlich zu äußern.

Der vorliegende Band behandelt fast durchweg die schwierigsten Teilgebiete unsres Problemzusammenhangs, und er sucht dies ständig dem Leser bewußt zu machen durch die vorsichtige Zurückhaltung des Tons, in welchem der Stoff und die Argumente dargeboten werden. Ich hoffe, daß auch meine Beurteiler dies erkennen werden, ohne darüber die außerordentliche Wichtigkeit und das Zukunftsträchtige des so mühsam Erkämpften zu übersehen. Ein Gebiet möglicher Erkenntnisse verliert nichts an Wert und Reichtum dadurch, daß man nur zögernd den Schritt über seine Grenzen zu setzen wagen kann. Mögen meine Ausführungen dazu beitragen, die großen Fragen wenigstens im Fluß zu halten, an die sie vorsichtig rühren, und Probleme vor dem Versanden zu bewahren, die — wie mir scheint — gerade im heutigen Zustande der Naturforschung eine überraschende Fruchtbarkeit zu entfalten berufen sind.

Emil Mattiesen

INHALT

Siebenter Abschnitt. Argumente aus der Objektivität der Erscheinung 1

  1. Beweise für die Objektivität von Spontanphantomen aus den Umständen ihrer normalen Wahrnehmung 1
  2. Photographische Aufnahmen von Phantomen 23
  3. Objektive Wirkungen sichtbarer und unsichtbarer Freiluftphantome 32
  4. Das objektive Teilphantom der Experimentalsitzung 75
  5. Vollphantome der Experimentalsitzung 104
  6. Die ideoplastische Theorie der Erscheinung 155
  7. Die Anatomie der Materialisation 162
  8. Die Abhängigkeit der Materialisation vom Medium 175
  9. Die Theorie des 'feineren' oder 'fluidalen' Leibes 189
  10. Die ideoplastische Theorie der Materialisation 203
  11. Die körperliche Selbständigkeit der Materialisation 214
  12. Die seelische Selbständigkeit der Materialisation 222
  13. Identifizierte Materialisation: 1. Körperliche Kennzeichen . . 236
  14. Identifizierte Materialisationen: 2. Seelische Kennzeichen . . 252
  15. Argumente für die spiritistische Auffassung identifizierter Materialisationen 270
  16. Erledigung von Bedenken 292
  17. Die Kleidung der Materialisation 300

Achter Abschnitt. Das Argument aus den sog. Büchertesten . . 309

Neunter Abschnitt. Allgemeine Widerstände gegen die Anerkennung des Spiritismus 322

  1. Alogische Widerstände 322
  2. Weltanschauliche Vorurteile 327
  3. Schwierigkeiten im Begriff des Fortlebens selbst 329
  4. Schwierigkeiten bezüglich der jenseitigen Umwelt 331

Erklärung der Titelabkürzungen 376

Namenverzeichnis 379

Sachverzeichnis 384

Siebenter Abschnitt

Argumente aus der Objektivität der Erscheinung

1. Beweise für die Objektivität von Spontanphantomen aus den Umständen ihrer normalen Wahrnehmung

Die Erörterung des Sinnes und Ursprungs von 'Erscheinungen' im ersten Abschnitt dieses Buches suchte eine Frage nach Möglichkeit auszuschalten: die Frage nach dem eigentlichen Wesen der Erscheinung. Und doch ließ sich die öftere Erwähnung von Einzelheiten nicht vermeiden, welche diese Frage dem Leser aufdrängen mußten: indem sie eine gewisse 'Objektivität' der Erscheinung anzudeuten schienen, jedenfalls ihrer Auffassung als bloße 'Halluzination' widersprachen (wenngleich als 'wahre' und vom Erscheinenden selber zweckvoll verwirklichte Halluzination). Dieser Frage nach dem eigentlichen Wesen von Erscheinungen darf aber innerhalb unsrer gesamten Untersuchung nicht endgültig beiseite gelassen werden; denn es erscheint klar, daß ihre Beantwortung für das spiritistische Problem nicht ohne jede Bedeutung sein kann. Erstens wäre ja mit der Objektivität von Phantomen eine Art des Daseins festgestellt, die man wohl geneigt sein könnte, auch den Entleibten zuzuschreiben; die also auch geignet wäre, ihr Weiterleben glaublicher zu machen (wie ja die volkstümliche Auffassung im 'Gespenst' ohne weiteres den Abgeschiedenen selbst in seiner neuen Leiblichkeit erblickt). Sodann aber wäre damit eine neue Grundlage für die Behandlung der Frage gewonnen: ob und wieweit Lebende, also auch Medien, imstande seien, solche Phantome 'Fremder' zu erzeugen, ob und wieweit man dazu die Erscheinenden selbst in Anspruch nehmen müsse. Wir haben diese Frage früher erwogen nur in der Anwendung auf Phantome, die wir als rein halluzinatorische zu fassen bereit waren, deren Wesen jedenfalls im Dunkeln gelassen wurde; und schon da erschien uns die Erzeugung von Heterophanien bedenklich oder nur in Grenzen zugestehbar. Würde sie uns weniger bedenklich erscheinen, wenn diese Fremderscheinungen 'objektive Realität' besäßen? Über den bequemen Begriff der telepathischen Erzeugung des Bildes eines Dritten würden wir jedenfalls mit der Anerkennung objektiver Phantome gründlich hinausgedrängt, und entsprechend würde vielleicht die Auffassung des Phantoms als Autophanie ganz neuartige Begründungen gewinnen? — Die Frage nach solcher Objektivität ist also offenbar nicht nur eine der sonderbarsten an sich, sondern anscheinend auch geladen mit theoretischen Beziehungen auf unser Hauptproblem. Es erscheint daher verlockend, in dies verwirrende Dunkel einzudringen, selbst wenn sich vorderhand noch gar nicht absehn ließe, wohin der Weg uns führen mag.

Der scheinbar feste Punkt, von dem wir dabei ausgehn, ist natürlich das Phantom als 'halluzinatorische Erscheinung'. Dies war der Begriff, mittelst dessen die ersten bedeutenden Bearbeiter der Frage, vor allem Gurney und Podmore, mit allen 'Phantasmen' fertig zu werden gedachten. Ihre 'Erscheinungen Lebender' im Augenblick der Gefahr oder des Sterbens waren 'veridike Halluzinationen'. Und dieser Begriff übertrug sich zunächst glatt genug auch auf Phantome, von denen es fraglich sein mußte, ob sie dem noch lebenden Erscheinenden zugeschrieben werden durften. Die Frage aber war auch hier zunächst nur die: ob man solche Halluzinationen der 'Grenzzeit' zwischen Leben und Tod noch vom lebenden Erscheinenden selbst (auf Grund von 'Latenz'), oder von einem andern Lebenden, oder vom Verstorbenen ableiten sollte.[1]

Doch schon der Mitarbeiter der beiden Genannten, Frederic Myers, strebte unzweideutig über den Begriff der 'wahren Halluzination' hinaus. In kurzen und fast zaghaften, aber vielbeachteten Andeutungen sprach er von der Möglichkeit, ja Nötigung, gewisse Erscheinungen zurückzuführen auf etwas irgendwie Wirkliches, das, vom 'Agenten' ausgehend, sich nach dem Orte der Erscheinung hinbegebe, diesen Ort 'invadiere', und nun — von einem dort geschaffenen 'phantasmogenetischen Zentrum' aus — sowohl die sichtbaren wie die Gehörsbestandteile der Erscheinung erzeuge und eben darum nicht nur für den eigentlich ins Auge gefaßten Perzipienten wahrnehmbar mache, sondern für jeden am Ort jener 'psychischen Invasion' Anwesenden.[2] Der Gedanke behält bei Myers eine quälend unbestimmte Fassung, und es erscheint nicht eben erleuchtend, wenn der große Forscher gerade von einer 'Modifizierung des Raumes'[3] spricht, um der geforderten örtlichen 'Anwesenheit' doch irgendeinen Inhalt zu geben.[4] — Bei der

---

1) Vgl. o. I 54f.   2) Myers I 247. 264f. 273f. II 186 u. sonst.   3) Modification of space.   4) Nicht eben weiter scheint es mir aber auch zu führen, wenn Buchner (S. 284) von 'gedanklichen oder psychischen Ausstrahlungen' spricht, durch welche 'unwirklichwirkliche' Gebilde geschaffen würden, 'die zwar nicht alle Eigenschaften der vollen Wirklichkeit besitzen, aber unter Umständen doch sinnlich wahrgenommen werden können'.

Aufstellung seines Begriffs ging Myers übrigens keineswegs von der Tatsache der 'Materialisation' aus, also von Phantomen, denen (wie wir sehen werden) Objektivität im äußersten Sinne nicht abzusprechen ist. Diese Tatsache nahm vielmehr nur einen sehr bescheidenen Platz in seinem umfassenden Entwurf der neuen Wissenschaft ein[1]; und den gewaltigen Aufschwung der Erforschung dieser unerhörten Tatsachen sollte er nicht mehr erleben. In der Tat stellt sich die Frage der Objektivität von Phantomen mit großer Schärfe auch außerhalb aller Berücksichtigung von 'Materialisationen'. Myers scheint hauptsächlich durch die Tatsache der 'kollektiven' Wahrnehmung sog. telepathischer Erscheinungen auf seinen Begriff des 'phantasmogenetischen Zentrums' gekommen zu sein, also ihrer Wahrnehmung durch mehrere Perzipienten; und dies ist es ja auch, was uns früher vor allem andern das Problem des Wesens von Phantomen fühlbar gemacht hat. In Wahrheit aber steht diese Tatsache der Kollektivität keineswegs vereinzelt da; es sind vielmehr noch mancherlei andre Einzelumstände, die den Anschein der Objektivität von Phantomen (immer abgesehn von Materialisationen) aufdrängen. Ich habe sie schon in einem früheren Buche erörtert[2] und will mich darum hier auf das wichtigste beschränken. Wird doch diese vorläufige Betrachtung sehr bald von einer andern 'verschlungen' werden, die jeden Zweifel an der Ausdeutung der 'bescheideneren' Tatsachen verstummen läßt. —

Unter den anscheinenden Objektivitätsmerkmalen, die ich damals besprach, sind einige, die bei unsrem heutigen Wissen über die Ausgestaltungsmöglichkeiten von Halluzinationen nicht zur Bündigkeit erhoben werden können, mit denen ich mich daher hier gar nicht aufhalten will: z. B. die Tatsache der Wahrnehmbarkeit von Phantomen durch mehrere Sinne gleichzeitig; die Eigenschaft vieler Phantome, von undurchsichtigen Gegenständen teilweise — und perspektivisch richtig — verdeckt zu werden;[3] wozu auch die Tatsache gehört, daß Phantome beim Schließen der Augen verschwinden, beim Öffnen derselben wieder 'da sind',[4] oder daß sie, falls zunächst durch einen andern Sinn wahrgenommen, erst beim Öffnen der Augen sichtbar werden,[5] oder beim Fortblicken bezw. Verlassen des Zimmers nicht mehr gesehn, beim Wiederhinblicken oder bei der Rückkehr ins Zimmer von neuem gesehen werden.[6] Bei allen diesen das unbefangene Urteil leicht überzeugenden Beobachtungen stehn dem Psychologen gewisse subjektivistische Deutungen oder doch Ausflüchte zur Verfügung, die erst ins Wanken kommen würden, wenn irgendetwas uns

---

[1] Myers II 544—9.   [2] Mattiesen Kap. XLIX.   [3] Gurney I 425; II 530.
[4] Pr X 189f.   [5] Gurney II 526.   [6] das. I 428; Crowe 179; Mattiesen 523ff.

nötigte, allen — oder gewissen — Halluzinationen selbst eine Art von Objektivität zuzuschreiben. Einstweilen also mag man sagen, daß Beobachtungen der angedeuteten Art beachtenswerte Bestätigungen der Objektivität von Erscheinungen liefern würden, falls sonst noch gute Gründe dafür sich fänden. Insonderheit dürfte zu merken sein, daß gerade unter Erscheinungen Verstorbener die durch zwei oder drei Sinne wahrgenommenen besonders häufig sind.[1]

Verwickelter schon liegen die Dinge bei einigen weiteren Besonderheiten mancher Erscheinungen: nämlich der Tatsache, daß sie einen Schatten werfen und sich in Spiegeln wahrnehmen lassen. Von Phantomen, die als mehr oder minder durchsichtig geschildert werden,[2] wird man freilich von vornherein nicht erwarten, daß sie einen Schatten erzeugen. Andre sind so undurchsichtig, daß sie selbst starke Lichtquellen 'verdecken' können, z. B. die Flamme einer Kerze, vor der das Phantom vorüberschreitet,[3] und von solchen wird man natürlich auch fordern, daß sie unter entsprechenden Umständen einen Schatten werfen. Daß sie es tun, dafür haben wir schon früher ein Beispiel kennen gelernt: das von Mrs. P. beschriebene Phantom eines Herrn in Marineuniform, das von ihrem Gatten als das seines Vaters erkannt wurde und beim Vorüberschreiten an der Lampe 'einen tiefen Schatten ins Zimmer' fallen ließ.[4] Auch der Rev. Tweedale behauptet, am 27. Oktober 1907 in seinem Pfarrhaus in Weston ein Phantom gesehn zu haben, das 'einen dunklen Schatten an die Zimmerdecke warf'.[5]

Nun wissen wir, daß auch völlig deutlich in den Raum hinausverlegte Halluzinationen 'dahinter' gelegene Gegenstände verdecken, und gute 'Visualisierer' — Eidetiker, wie man heute sagt — geben gelegentlich an, daß von ihnen bis zur 'Realität' verdeutlichte Bilder auch Schatten werfen.[6] — Solche Tatsachen kann der rechtgläubige Psychologe — sofern er den ungewissen Begriff der 'dinglichen Vorstellung' nicht gelten lassen will — nur bewältigen mittelst des Begriffs der (positiven oder negativen) 'Erwartungssuggestion', also der dem Gewohnten entsprechenden 'Abrundung' oder Ergänzung eines halluzinatorischen Erlebnisses; wobei ihn die gangbaren physiologischen Theorien des Halluzinierens allerdings zur Annahme höchst verwickelter Abläufe von Erregungen und Hemmungen entweder von Netzhaut- oder von Hirnelementen nötigen würden.[7]

Unser Psychologe gerät aber vollends mit seinen Hilfsannahmen ins Gedränge, wenn der Wahrnehmung einer 'Erscheinung' die Wahrnehmung ihres Schattens vorausgeht; wie etwa bei dem von einer Miss

---

1) Pr X 364. 2) z. B. Pr X 75. 77. 3) Pr X 188. 4) Pr VI 26 ff. (Bd. I 201 f.). Eine weniger eindeutig-ausdrückliche Beobachtung s. Pr X 188 (Mrs. W.) 5) Tweedale 231. 6) S. z. B. Mrs. Verrall in Pr VIII 480. 7) S. Mattiesen 526 f.

A. S. beschriebenen.¹ Dies Phantom scheint nicht 'identifiziert' worden zu sein; es verbleibt daher die Ausflucht, die Wahrnehmung des Schattens sei die ursprüngliche, eigentliche Halluzination gewesen, und die beim 'Wenden des Kopfes' erblickte Gestalt einer 'hochgewachsenen Frau in Weiß' — die zur 'Abrundung' hinzugefügte Erwartungshalluzination. Dies ist zwar eine äußerst willkürliche Auslegung von verdächtiger Findigkeit. Immerhin ist jene Beobachtung keine 'frisch' berichtete, und somit nicht von genügendem Zeugnisgewicht, um den geschickten Einwand abzuwehren.

Vollends versagen aber muß dieser, wenn das mit einem Schatten beginnende Phantom nachweislich Wahrheitsbedeutung hat: die Annahme, daß eine telepathisch angeregte Halluzination mit der Wahrnehmung eines unerkannten Schattens einsetzen und dann erst in der 'entsprechenden' Wahrnehmung der Gestalt des angeblichen Agenten gipfeln könne, richtet sich selbst durch ihre gewaltsame Künstlichkeit. 'Denn der Schatten einer Gestalt bedeutet nicht eine unvollkommene Entwicklungsstufe dessen, was als die subjektive Ausgestaltung der telepathischen Einwirkung aufzufassen wäre, sondern ein in sich völlig selbständiges und nur in der Ordnung der Wirklichkeit abgeleitetes Element äußerer Wahrnehmung, das eben darum irgendwelchen Sinn erst erhält, nachdem seine 'natürliche' Bedingung schon gegeben ist.'² Es wäre leichtfertige Willkür, anzunehmen, daß hier ein unterbewußt gespeichertes, völlig ausgebildetes Gesichtserlebnis mit Wahrheitsgehalt dem Wachbewußtsein soz. in paradoxer Umkehr des Ablaufs dargeboten werde. Sollte die Beobachtung mit der Zeit mehrere gerade in dieser Einzelheit verbürgte Fälle wahrer Phantome liefern: deren Wahrnehmung also auf die eines 'natürlich geworfenen' Schattens erst folgte, so würde m. E. schon damit ein ziemlicher Beweis für die Objektivität gewisser Erscheinungen gegeben sein. Einen Fall dieser Art enthält der mehrfach erwähnte Umfrage-Bericht der Ges. f. psych. Forschung.

'Ich saß', schreibt Miss H. Wilson, die Hauptperzipientin, '[am Sonntagabend] zwischen 7 und 8 mit dem Rücken der mir näheren von zwei Kerzen zugewendet, [die auf dem Tische standen und] deren Licht auf mein Buch fiel. Plötzlich schwand das Licht, sodaß ich nicht weiterlesen konnte. Ich blickte mich rasch um und sah einen dunklen Schatten [etwa vom Durchmesser eines menschlichen Körpers] zwischen mir und den Kerzen hindurchgehen. Der [nahezu schwarze] Schatten war so dicht, daß er fast aus Stoff zu bestehen schien, aber ich nahm keinerlei Gestalt wahr. Wir beide [mein Vetter F. T. und ich] riefen aus: Ich glaubte, beide Kerzen wären am Ver-

---

1) Pr X 187f.   2) Mattiesen 528.

löschen, und F. sagte: Mir schien es von der Tür herzukommen. Nachdem der Schatten vorüber war, waren die Kerzen vollkommen hell und reglos...'
— Hier ist einiger Grund vorhanden, die Erscheinung mit einem bestimmten Ereignis in Verbindung zu bringen; denn in derselben Nacht um 3 starb der Bruder der dritten anwesenden Person, Mrs. H., die aber infolge ihrer Stellung und Haltung von einer Mitwahrnehmung ausgeschlossen gewesen zu sein scheint.[1]

Fälle, in denen Phantome gleichzeitig mit ihrem Abbild in einem Spiegel wahrgenommen werden, sind mindestens ebenso häufig wie die von schattenwerfenden Phantomen und können offenbar gleichfalls zur Not mit der Berufung auf erwartungsmäßige Abrundung um ihre anscheinende Bedeutung gebracht werden.[2] Doch müßte es offenbar auch hier sehr viel schwerer wiegen, falls zuerst das Spiegelbild, und erst bei entsprechender Wendung des Blicks das eigentliche Phantom beobachtet würde. Die Umfrage der Ges. f. ps. F. lieferte den Bericht einer Mrs. T., wonach diese, z. Zt. zehnjährig, in dem Hause, wo ihre Großmutter gestorben war, deren Erscheinung beim Abstäuben eines Spiegels in diesem erblickte, und erst, als sie sich umwandte, an der Tür des Zimmers.[3] Aber der Fall ist, wie man sieht, nicht 'frisch', es handelt sich um eine einfache Frau, und sie gibt ausdrücklich an, daß sie nach dem Tode der Großmutter das Haus vor Angst sogar gemieden hatte. Man mag also vielleicht ihr Blicken in den Spiegel geradezu für die Auslösung einer unterbewußt ständig erwarteten Halluzination halten, die sich beim Wenden des Blicks wiederholte, oder gar einfach bestehen blieb. — Dagegen erwähnt Illig in einem sehr umfangreichen Spukbericht — leider nur kurz und ohne ausdrückliche Beglaubigung des hier theoretisch Wichtigen — die Tatsache, daß die Perzipientin im Herbst 1917 das 'Phantom einmal vor dem Waschtisch stehen und im Spiegel reflektieren sah, sodaß sie es im wirklichen Bild von hinten und im Spiegelbild von vorne sehen konnte'.[4] Geschah beides tatsächlich völlig gleichzeitig, so wäre der Vorgang von großer Bedeutung. — Gewichtiger ist ein andrer Fall des Umfrage-Berichts, der zwar das Im-Spiegel-erblicken nur aus zweiter Hand behauptet enthält, aber verknüpft mit der gleichzeitigen direkten Wahrnehmung desselben Phantoms durch Dritte.

Miss Du Crane erzählt, daß sie am Abend des 1. Nov. 1889 zwischen $9^1/_2$ und 10 Uhr in ihr Schlafzimmer hinaufgegangen war, von dem eine offene Tür in ihrer Mutter Schlafzimmer führte. 'Das einzige Licht war der Schimmer, der in beide Zimmer durch die venezianischen Rollvorhänge drang.

---

1) Pr X 313f. Hier entspricht natürlich der im 'Bericht' sogenannte Schatten dem (anscheinend nur undeutlich wahrnehmbaren) Phantom; während die anfängliche Verdunkelung des Lichtes den hier erörterten (geworfenen) Schatten darstellt.   2) S. z. B. Pr X 186; Tweedale 231.   3) Pr X 187.   4) Illig 227.

Objektivität von Spontanphantomen

Während ich am Kaminsims stand, erschrak ich über das plötzliche Erscheinen einer Gestalt, welche geräuschlos aus dem Außenzimmer auf mich zuglitt. Die Erscheinung war die eines jungen Mannes von mittlerer Größe in schwarzem Gewande und Hut. Sein Gesicht war sehr blaß, die Augen niedergeschlagen, wie die eines tief Nachdenkenden, der Mund von einem Schnurrbart beschattet. Das Gesicht war ein wenig leuchtend, was mich instandsetzte, die Züge deutlich zu unterscheiden, obgleich wir z. Zt. sehr wenig Licht hatten. Die Erscheinung glitt auf meine Schwestern zu, welche innerhalb des Zimmers ganz nahe der Außentür standen und die gerade ihres Bildes im Spiegel gewahr geworden waren. Einige Zoll von ihnen verschwand sie so plötzlich, wie sie gekommen. Während die Gestalt an uns vorüberglitt, fühlten wir deutlich eine kalte Luft, welche sie zu begleiten schien. Eine meiner Schwestern sah die Erscheinung nicht, da sie sich gerade abgewandt hatte, fühlte aber die kalte Luft.'[1]

Sehen wir auch noch ab von dem sehr bedeutsamen, aber erst später zu besprechenden Umstand der 'kalten Luft' um das Phantom, so leuchtet doch ein, daß die hier gegebene natürliche Zusammenordnung einer Wahrnehmung-im-Spiegel (ihre Verbürgtheit vorausgesetzt) mit entsprechenden direkten Wahrnehmungen Dritter soz. eine neue Lage schafft: eine rein telepathisch-halluzinatorische Deutung solcher Abläufe müßte zu nachgerade verzweifelten Hilfsannahmen greifen. Wir begegnen zwar auch einem Spukphantom, das sich ausdrücklich nicht in einem Spiegel reflektiert haben soll, obwohl es vor diesem saß und hineinblickte![2] Doch mag man eine solche Beobachtung für zweideutig erklären, sodaß es fraglich bliebe, ob sie gegen Objektivitätsmerkmale streitet, die sich etwa aus positiven Beobachtungen über Spiegelung von Phantomen ergeben sollten.[3]

Indessen nähern wir uns mit dem letzten wiedergegebenen Beispiel bereits dem Tatbestand, der uns früher am häufigsten an die Objektivitätsfrage herangeführt hat: dem der kollektiven Wahrnehmung von Erscheinungen. Der Spiegel vertritt ja in gewissem Sinne selbst schon einen weiteren Wahrnehmenden: er spiegelt zwar nur, während die Netzhaut des Lebenden mehr tut; aber er fügt doch soz. sein Zeugnis zu dem des Lebenden hinzu.

Die echte Tatsache kollektiver Phantombeobachtung eröffnet nun sogleich ganz neuartige Argumente zugunsten der Objektivität. Sie ist so häufig und bekannt, daß ich auf Belege für ihre schlichteste Fassung hier verzichten darf, nachdem der Leser schon etliche Fälle von ziemlicher Eindruckskraft kennen gelernt hat.[4] Die Würdigung dieses

---

[1] Aus JSPR März 1892 bei Podmore, Stud. 275. [2] JSPR X 308. [3] Bozzano (Hant. 16) erwähnt statistisch 9 Fälle von Spiegelung und 2 Fälle, in denen das Phantom erst im Spiegel, danach direkt wahrgenommen wurde. [4] S. o. I 63ff. 88ff. 115f. 120. 126. 201f. 208. Der Combined Index der S.P.R. gibt s. v. Hallucinations, collective cases aus Pr, JSPR u. Gurney über 50 Fälle an. Vgl. noch Dr. Vogls Fall in ZP 1927 286ff.; 1929 44f.; Flammarion II 239ff. usw.

Argumente aus der Objektivität der Erscheinung

Tatbestandes ist es, woran uns nunmehr liegen muß. Schon Myers sah in ihm, wie erwähnt, einen Anreiz, über das halluzinatorische Wesen von Phantomen hinauszugehn, und andre haben darin fast ohne Bedenken einen Objektivitätsbeweis zu finden gemeint.[1] Daß Bedenken sich gleichwohl geltend machen, ist nicht zu leugnen. Zwar glaube ich, daß kollektiven Fällen gegenüber viel zu leichtfertig mit dem Begriff der 'Übertragung' von einem Perzipienten auf einen zweiten, dritten oder weiteren vorgegangen wird: es würde sich hierbei ja durchweg im strengsten Sinn um Heterophanien handeln, eine Annahme, zu der man, aus angegebenen Gründen, nur im Notfall seine Zuflucht nehmen sollte.[2] Nun steht uns natürlich noch eine andre offen: daß nämlich die inhaltlich übereinstimmenden Halluzinationen mehrerer Perzipienten durchweg von einem Agenten angeregt seien. Handelt es sich um Erscheinungen Verstorbener, so müßte freilich der Animist hier wieder die Erzeugung von Heterophanien fordern, was sich bei den ziemlich häufigen kollektiven Phantomen Lebender erübrigt. Gegen diese Annahme der gleichartigen Beeinflussung mehrerer Perzipienten durch einen Agenten machen die Verfasser des Umfrage-Berichtes zweierlei geltend: erstens die zahlreichen Fälle, in denen Lebende kollektiv erscheinen, die sich z. Zt. in keinerlei gefährlichem Zustand befinden. Doch bezweifle ich die Kraft dieses Arguments; denn 'telepathische' Leistungen, also auch telepathische Beeinflussungen Mehrerer, können wohl jederzeit aus irgendwelchen unterbewußten Antrieben heraus ausgeübt werden; warum also nicht auch Autophanien? Die Unmöglichkeit wäre erst zu erweisen. — Zweitens werden uns kollektive Erscheinungen 'nicht-menschlichen Inhalts' entgegengehalten. Aber soweit es sich hier um solche von Tieren handelt,[3] warnen uns zahlreiche Beobachtungen, die Möglichkeit einer telepathischen Wirksamkeit auch solcher Wesen ohne weiteres auszuschließen, — selbst wo die Erscheinung bestimmte verstorbene Tiere erkennbar darstellt; und in dem einzigen Fall einer kollektiven Ding-Halluzination, den der Bericht erwähnt (der 'Wahrnehmung' eines nicht vorhandenen Stuhls durch zwei Backfische während des Turnunterrichts), könnte es sich leicht um eine bei beiden gleicherweise objektiv angeregte Illusion oder Halluzination handeln.[4]

Die Verfasser des Berichts scheinen zu glauben, daß wenn eine Erscheinung gleicherweise bei zwei Perzipienten von einem entfernten

---

1) z. B. Delanne u. Tweedale.   2) S. I 26 ff. Gurney (II 169 ff.) erkannte diesen Begriff durchweg an; ja er vermutete, daß zuweilen der 'primäre' Empfänger eine Erscheinung übertrage, während sie bei ihm noch latent wäre! (Sog. 'Quasikollektivität'. Vgl. dazu die Fälle das. I 214. 524; II 61. 216. 251 f.)   3) Bozzano, Anim. 121 ff. 138 ff. 151 ff.   4) Pr X 323 (auch Anm. 1 u. 2).

'Sender' veranlaßt wird, die Wahrscheinlichkeit bestehe, daß sie bei Beiden verschiedene Formen (etwa auch auf verschiedenen Sinnesgebieten) annehmen werde.[1] Aber dies Argument ist zweischneidig, und selbst seine Verfechter müssen zugeben, daß auch bei gegenseitiger oder einseitiger Beeinflussung mehrerer Perzipienten Übereinstimmung ihrer 'Wahrnehmung' nicht notwendigerweise zu erwarten sei. — Ich finde also, daß in allem Vorgebrachten nichts enthalten ist, was uns zwingen könnte, die Kollektivität von Erscheinungen auf die Fortpflanzung derselben von einem Perzipienten auf alle übrigen zurückzuführen. Selbst angenommen, daß die kollektive Erscheinung ihrem Wesen nach rein halluzinatorisch sei, bleibt ihre einheitliche Rückführung auf den Erscheinenden möglich, und es fragt sich nun, ob diese einheitliche Bewirkung eine rein telepathische sei, oder ob uns besondere Umstände der Kollektivität zwingen, über solche Deutung hinauszugehn.

Schon unter den Formen schlichter Kollektivität von Phantomwahrnehmungen ist eine, die in diesem Sinn Erwägung fordert. Nichts ist sicherer bezeugt, als daß Tiere an der Wahrnehmung von Spukerscheinungen aller Art teilnehmen, so oft sie sich an einem Ort und in einer Stellung befinden, die ihnen die Wahrnehmung des Phantoms gestatten würden, falls dieses Wirklichkeit im Raum besäße. Die Belege sind so zahlreich und vielfach auch so bekannt, daß man eigentlich auf jede Anführung verzichten kann, soweit sie der Glaubhaftmachung der Tatsache an sich zu dienen hätte. Ich will denn auch nur ein einziges Beispiel vorlegen, weil es eine sehr ungewöhnliche Art der Rückwirkung des Tieres auf seine Wahrnehmung veranschaulicht. Tiere werden bekanntlich durch jede Art des Spuks fast immer in übermäßigen Schreck versetzt: sie spüren das 'Nicht-geheure' und gebärden sich wie 'wahnsinnig'. Nach dem zu Beginn des vorigen Jahrhunderts viel gelesenen, bewunderten und verspotteten Bericht Dr. Wötzels über die Erscheinungen seiner Frau nach ihrem Tode war das Verhalten des Hundes ein völlig entgegengesetztes.

Ungefähr 6 Wochen nach dem Todesfall saß Wötzel Mittags um 1, nachdem er vom Tische aufgestanden, auf dem Sofa, und neben ihm sein Hund. Da hörte er jemand leise über den Vorsaal kommen. [Man beachte auch hier das Einsetzen der Erscheinung mit einer an sich sinnlosen Vorstufe.] Er dachte, es sei die Aufwärterin, welche abräumen wolle. Der Hund pflegte sonst, wenn jemand kam, stets anzuschlagen, auch wenn es die Aufwärterin war; diesmal aber spitzte er bloß die Ohren. Da öffnete sich die nur angelehnte Tür und die Verstorbene erschien. Sie stand kaum einige Schritte weit von Wötzel in ihrer ehemaligen Gestalt' und sagte hörbar, wie schon wäh-

1) das. 324.

rend einer vorausgegangenen Erscheinung: daß sie fortlebe und daß er sie wiedersehen werde; mehr zu offenbaren sei sie verhindert. Als Wötzel sie fassen wollte, verschwand sie plötzlich, und eine Durchsuchung der Umgebung ergab nichts. Der Hund nun 'bellte weder vor noch während der Erscheinung; er sprang freudig vom Sofa herab zu ihr hin und um sie herum, und winselte, wie er sonst getan, wenn die Verstorbene ausgegangen war, ohne ihn mitzunehmen, und dann zurückkam, als wenn er sagen wollte: 'Ei, wie lange bist du weggeblieben und hast mich nicht mitgenommen!' Auch nach dem Verschwinden der Gestalt bellte er nicht, sondern lief mit W. zur Tür hinaus, blieb an der Kammer, wo seine Herrin gestorben war, stehen, winselte und wollte hinein. W. öffnete sie, er sprang auf das Bette der Verstorbenen und klagte, als er sie auch hier nicht fand. Er schien sie überall zu suchen und wollte mehrere Tage nicht fressen, wiewohl er vorher guten Appetit gezeigt und nicht krank gewesen. — W. war, wie er versichert, bei all diesen Vorfällen ganz bei Sinnen und höchst mißtrauisch; er wollte Gewißheit haben, sich auf alle mögliche Weise von der Wirklichkeit der Sache oder einem dabei stattfindenden Wahn und Trug überzeugen. Selbst während die Erscheinung zu ihm sprach, reflektierte er...'[1]

Der Hund scheint also in diesem Fall ausnahmsweise **nicht** die spukhafte Art des Gesehenen gespürt zu haben. Dieser Umstand macht den Fall offenbar noch bedeutsamer; müssen wir doch annehmen, daß das Tier vor allem **gesehen** habe (anstatt zu 'wittern'), woraus wir auf die Deutlichkeit und Lebensähnlichkeit der Erscheinung schließen mögen.

Die Tatsache der Teilnahme von Tieren an kollektiven Spukwahrnehmungen gelte also an sich als gesichert; es ist ihre theoretische Bedeutung, die hier zu erörtern ist. Ist diese Tatsache doch selbst von Animisten als möglicher Beweis für die mehr-als-halluzinatorische Natur von Erscheinungen bezeichnet worden. 'Den stärksten Beweis für die Objektivität eines Gespenstes', schrieb Richet (!), den niemand spiritistischer Neigungen verdächtigen wird, 'würde neben dem Lichtbild das Zeugnis von Tieren liefern... Schon wenn es sich um Halluzinationen handelt, die gleichzeitig bei mehreren Personen auftreten, kann man kaum annehmen, daß die betreffenden Erscheinungen rein subjektiv sind, und diese Annahme stößt noch auf viel größere Schwierigkeiten, wenn gleichzeitig auch Tiere irgendwie äußere Realität [— 'eine Art von wirklicher Materialisation' —] wahrnehmen.'[2]

Allerdings ist diese Ansicht keineswegs die allgemeine; wie denn die Verfasser des Umfrage-Berichts nicht blos der Meinung sind, daß an einer kollektiven Halluzination auch mitanwesende Tiere teilnehmen könnten, sondern sogar die objektive Bedeutsamkeit, also die 'Veridizität' solcher Menschen- und Tier-Halluzinationen zu bestreiten bereit sind. Nur so erklärt sich ihre seltsame Behandlung eines Umstands,

---

1) Daumer I 266f.   2) Richet 266f.

der eigentlich das Gewicht der tierischen Mitwahrnehmung erst voll erfassen läßt. Gesteht man nämlich auch zu, daß Tiere gleich Menschen telepathisch beeinflußbar und zu Halluzinationen befähigt seien, so mag man doch eine Schwierigkeit in den erstaunlich zahlreichen Fällen finden, wo das Tier offenbar als erstes eine Erscheinung wahrnimmt, und erst nach ihm der mitanwesende Mensch, der etwa nur durch das Verhalten des Tieres auf jene aufmerksam gemacht wird. Diesen Fällen gegenüber helfen sich die Vf. des Berichtes damit, daß sie in solchem Benehmen des Tieres — etwa eines Hundes, der aus beliebigem Anlaß in bestimmter Richtung blickt und knurrt — den suggestiven Anreiz zu einer Halluzination des mitanwesenden Menschen suchen![1] Nur die Dürftigkeit der Ernte an Tier-Fällen innerhalb der 'Umfrage' kann eine so windige Ausflucht halbwegs entschuldigen. Sie wird natürlich sofort hinfällig, wenn das Phantom irgendwelche echte Bedeutsamkeit hat, und man muß sich wundern, daß der Bericht den einzigen derartigen Fall, den er aufführt, nicht bei der Erörterung der Mitwahrnehmung von Tieren verwendet, sondern — unter Nichtbeachtung dieses Umstands — bei den Fällen unterbringt, die ein Zusammentreffen von Erscheinung und Todesfall belegen sollen![2] — Wer die Tatsachen nur einigermaßen kennt, kann gar nicht im Zweifel sein, daß, so oft ein bedeutungsvoller Spuk an einer Stelle auftritt, die zunächst im Blickfeld eines anwesenden Tieres liegt, dieses auch stets als erstes das Phantom bemerkt und auf sein Erscheinen reagiert.

Das erste Beispiel, das diesen Tatbestand veranschaulichen soll, gehört der Übergangszeit vom Leben zum Tode an. — Ein Freund des Mr. J.-W. Boulding machte sich mit seiner Frau an einem Sommernachmittag um 6 im Wagen auf den Weg, um einen in Kensington lebenden langwierig Kranken zu besuchen. An einer bestimmten Stelle des Weges war das Pferd, unter allen Zeichen des Schreckens, nicht von der Stelle zu bringen; es zitterte, strebte zurück und bäumte sich. Die Dame erhob sich schließlich, um nach der Ursache zu sehn, 'und ihre Bestürzung war groß, als sie vor dem Pferde, mit ausgebreiteten Armen, den kranken Freund stehen sah, den zu besuchen sie unterwegs waren. Ihr Schreck war derartig, daß sie ohnmächtig in die Kissen des Wagens zurücksank.' Man fuhr nach Hause zurück, machte sich später nochmals auf den Weg, und erfuhr bei der Ankunft, daß der Freund um die Zeit der Erscheinung verschieden war.[3] —

Mrs. Emma-L. Darton berichtete dem bekannten Volkskundler Dr. Andrew Lang, daß sie während des Lesens am Kaminfeuer in ihrem Saal dadurch unterbrochen wurde, daß ihr bis dahin 'auf dem Fußboden schlafender' Hund dumpf zu knurren begann. 'Ich neigte mich zu ihm hinab, um ihn

---

1) Pr X 326f.   2) Pr X 227.   3) Vgl. Bouldings Bericht (weniger als ein Jahr nach dem Vorfall) in Lt 1907 225 (2. Hand). Ein ganz ähnlicher Fall (aus PrAm) bei Tweedale 118 Anm.

durch Streicheln zu beruhigen, aber er knurrte nur noch lauter. Ich blickte also in derselben Richtung wie das Tier (wozu ich mich in meinem Stuhl umdrehn mußte), und sah zu meinem großen Erstaunen eine in Grau gekleidete Frauengestalt, dicht bei der [geschlossenen] Tür. Ich konnte die Züge ihres Gesichts nicht erkennen, weil es von einer Zimmerpflanze verdeckt wurde. Ich glaubte zuerst, daß es meine Schwester sei, und redete sie an, [bis ihr einfiel, daß die Schwester ausgegangen war und das verriegelte Haus nicht hätte betreten können. Sie sprang auf, und der Hund stürzte sich kläffend auf die Fremde,] die sofort verschwand, obgleich die Tür des Saales geschlossen geblieben war. Das Tier wies alle Anzeichen des Zorns und Schreckens auf: die Augen funkelten, der Kopf war gesenkt und das ganze Rückenhaar gesträubt.' Nachdem die Tür geöffnet worden, stürzte es die Treppe hinab und wieder herauf, nach dem Eindringling zu suchen.[1] — Die Erscheinung ließ sich in diesem Fall nicht identifizieren, was aber natürlich nicht ausschließt, daß sie einen echten und bedeutungsvollen Spuk dargestellt habe. —

Ein verwandter Bericht von Miss K. findet sich in Gurneys berühmter Sammlung. — Auch diese Perzipientin saß am Kaminfeuer, 'ganz davon in Anspruch genommen, meine kleine Lieblingskatze zu hätscheln,' die sich schlaftrunken auf ihren Knieen zusammengekauert hatte. Das Zimmer war vom Feuer hinreichend erhellt. 'Plötzlich... hielt die Katze mit Schnurren inne und gab deutliche Zeichen wachsender Unruhe. Ich hatte mich über sie gebeugt und war bemüht, sie durch Liebkosungen zu beruhigen, als sie sich plötzlich auf allen Vieren aufrichtete und heftig zu fauchen begann, wobei sie in einer Haltung angstvoller Abwehr einen mächtigen Buckel machte und den Schweif sträubte. Dies Benehmen veranlaßte nun auch mich, den Kopf zu erheben, und mit Schrecken gewahrte ich die kleine, häßliche, verrunzelte Gestalt einer alten Vettel, die den [mir gegenüberstehenden] Lehnstuhl meiner Mutter einnahm [die vor nicht langem das Zimmer verlassen hatte]. Sie hielt die Hände auf den Knieen und beugte den Oberkörper vor, wie um ihren Kopf dem meinen näherzubringen. Die durchdringenden, funkelnden Augen starrten mich [mit boshaftem Ausdruck] unbeweglich an.... Sie bannten mich und benahmen mir den Atem.' Die festgehaltene Katze riß sich los, sprang auf Stühle und Tische und schließlich 'mit äußerstem Ungestüm' gegen eine der geschlossenen Türen, dann gegen die andre. Miss K. blickte bald auf die Unholdin, 'deren unheilkündende Augen mich anzustarren fortfuhren', bald auf die Katze, 'die mehr und mehr in Raserei geriet.' Miss K. vermochte schließlich zu schreien, ihre Mutter eilte herbei, und die Katze sprang dieser buchstäblich auf den Kopf und dann während einer guten halben Stunde immerzu die Treppe auf und nieder, als verfolge sie jemand.' Die Gestalt war inzwischen verschwunden, nachdem sie schätzungsweise 4—5 Minuten lang sichtbar gewesen. — Und nun, was die Bedeutsam-

[1] JSPR XIV 70f. (6 Jahre zwischen Vorfall und Bericht.) Ein ähnlicher Fall: Savage 46ff.

keit der Erscheinung andeutet: 'Man erfuhr später, daß dieses Haus vordem einer Frau gehört hatte, die sich in eben diesem Zimmer erhängt hatte.'¹

Ziemlich bekannt ist das Erlebnis, das Dr. med. Marie Thilo in Saint-Junien (Schweiz) berichtet hat, doch handelt es sich hier wieder um das Phantom einer wohl schon im Sterben Liegenden. 'Eines Morgens, in der Nacht vom 28. auf den 29. Oktober in Lausanne, wurde ich vor 6 Uhr durch kleine Schläge gegen meine Tür geweckt... Ich ließ sie [stets] halb offen [um meiner großen weißen Katze den Weg auf die Mäusejagd freizugeben]. Die Schläge wiederholten sich... Zufällig fielen meine Augen auf die Katze, die ihren gewohnten Platz am Fußende meines Bettes innehatte; sie saß mit gesträubten Haaren da, zitternd und knurrend. Die Tür bewegte sich, wie von einem leichten Windstoß, und ich sah eine Gestalt erscheinen, gehüllt in eine Art wolkig weißen Stoff... Ich konnte das Gesicht nicht deutlich erkennen. Sie näherte sich mir und ich fühlte einen eisigen Hauch über mich hinfahren... Unwillkürlich schloß ich die Augen, und als ich sie wieder öffnete, war alles verschwunden. Die Katze zitterte an allen Gliedern und war in Schweiß gebadet... Etwa 15 Tage später erfuhr ich den in der Nacht vom 29. auf den 30. Oktober in Srinagar (Kaschmir) erfolgten Tod meiner Freundin [einer Missionsärztin]...'²

So paradox es klingen mag, — man kann eine gewisse **Steigerung** des eben betrachteten Tatbestands darin erblicken, daß zuweilen das **Tier allein** etwas wahrzunehmen scheint, dessen Mitwahrnehmung dem anwesenden Menschen versagt ist, anscheinend infolge seiner geringeren 'Sichtigkeit'. Wo das Tier den **höheren Grad** derselben für sich beansprucht, bedürfen wir, da es ja nicht ausdrücklich Zeugnis ablegen kann, natürlich besondrer Anzeichen dafür, daß wirklich zur Zeit etwas Bedeutsames wahrzunehmen war. Man wird, was ich meine, ohne weiteres aus folgendem Beispiel ersehn, das mir solche Anzeichen darzubieten scheint.

Es wurde dem durch seine kritische Haltung bekannten Forscher R. Lambert von einer durchaus vertrauenswürdigen Dame' erzählt. 'Als sie bei einer Freundin in Stellung war und der Hausherr plötzlich auf Reisen starb, blieb in seiner Todesstunde in seinem Hause eine Uhr stehn, die nur einmal im Jahr, am Neujahrstage, aufgezogen wurde...³ In der Nacht darauf, als die Dame allein mit der Dienerschaft im Hause war, fing der Hund des Hauses, der im Studierzimmer des fernen Toten bei einem kleinen Licht zu übernachten pflegte, plötzlich zu wimmern an. Die Dame, die über den Tod des Herrn unterrichtet war, ging zu dem Tier, um es zu beruhigen. Sie sah nun den Hund sich im Kreise drehend immer um sich blicken, wie wenn jemand

---

1) Gurney II 197f. (Abstand zwischen Erlebnis und Bericht nicht festzustellen.) Bestätigung des Berichts durch General K., Bruder der Perzipientin. Weiteres zu dem Fall in JSPR III 268ff. Vgl. ferner: Lt 1912 111; Stead 132f. 189f.; Daumer I 66. 227 (durch Bellen geweckt). 297; Pr V 454 Anm.; Flammarion III 18.   2) Flammarion, l'Inconnu 166f. Vgl. die Fälle JAmSPR 1907 432 (Prof. Hyslop) und 1910 45.   3) Vgl. o. II 365ff.

da wäre; er wich aus und war doch wie angezogen, während in seinen Blicken Entsetzen lag. Auch die Dame gewann den Eindruck, als ob jemand im Zimmer sei, ohne jedoch trotz des angezündeten elektrischen Lichts etwas zu sehen. Dann schien der Unsichtbare zu verschwinden, und der Hund beruhigte sich.'[1]

(Ähnlich schien in einem von Dr. Hodgson berichteten Fall ein Hund von einem dem anwesenden Menschen unsichtbaren Phantom 'rund ums Zimmer' verfolgt zu werden.)[2]

Es ist nicht ganz unwahrscheinlich, daß in Lamberts Fall die Dame das Phantom nicht 'trotz', sondern gerade infolge des elektrischen Lichtes nicht habe sehen können. Mit Sicherheit könnten wir solche Nicht-Wahrnehmung wohl nur dann auf geringere Wahrnehmungsfähigkeit schieben, wenn von mehreren anwesenden Menschen nur einer, und zwar ein zweifellos 'sensitiver', die Wahrnehmung des Tieres teilte. Ein solcher Fall ist mir nicht bekannt. Doch finde ich wenigstens von dem bekannten Medium Mrs. Conant berichtet, daß ihr Hund und ihre Katze gleichfalls die 'Geister' gesehen hätten, die sie selber 'hellsichtig' schaute, in der uns aus Früherem wohlbekannten Art.[3]

Wir folgern also aus dem Angeführten, daß Tiere selbständig ein bedeutungsvolles Phantom wahrnehmen können, unter den zeitlichen und örtlichen Umständen, unter denen auch ein Mensch es wahrnimmt oder wahrnehmen könnte, und knüpfen nun daran die Frage, ob damit ein Hinweis auf ein objektives, d. h. mehr-als-halluzinatorisches Wesen der Erscheinung gegeben sei. Man kann dies verneinen auf Grund der beiden schon erwähnten Annahmen: daß auch Tiere telepathisch beeindruckbar und zu Halluzinationen befähigt seien; Annahmen, zu deren Gunsten sich mancherlei anführen läßt, die also jedenfalls hier als wahr unterstellt werden sollen. Die kollektive Wahrnehmung von Tieren würde dann zwar nicht gegen den spiritistischen Ursprung mancher Phantome streiten, dagegen das 'ontologische' Problem des Phantoms dort belassen, wo auch die kollektive Wahrnehmung von Menschen (in der bisher betrachteten 'schlichten Form') es beläßt.

Wenn ich in dieser formelhaft abstrakten Beantwortung unsrer Frage das letzte Wort nicht erblicken kann, so liegt das wieder an der Beobachtung gewisser Nebenumstände in den Tatsachen, und zwar vor allem des außergewöhnlichen Maßes gefühlsmäßigen Reagierens der Tiere dem Phantom gegenüber. Mehrere der obigen Fälle ließen das schon erkennen, und zahlreiche weitere könnten ihnen leicht an die

---

1) bei Usthal 50.   2) Aus The Arena (Sept. 1889) bei Bozzano, Anim. 109. Vgl. noch F. Hornigs Fall bei Grabinski 327f.   3) Conant 143; auch bei Holms 249.

Objektivität von Spontanphantomen

Seite gestellt werden.[1] Die Wut, der Schreck, die Angst, das Zittern, das Schwitzen der mitwahrnehmenden Tiere geht fraglos meist über alle ihre sonst zu beobachtenden Gefühlsentladungen weit hinaus, und es drängt sich die Frage auf, ob derartige Reaktionen auf das bloße 'Halluzinieren menschlicher Gestalten' überhaupt noch natürlich erscheinen können. Ist eine solche Halluzination 'voll ausgebildet', also in normaler Deutlichkeit nach außen verlegt, so müßte (wie man annehmen möchte) das Tier die Erscheinung für einen Lebenden halten und auf sein Erscheinen reagieren, wie es sonst auf den 'Eintritt eines Fremden' reagiert. Niemand wird behaupten, daß Miss K.s Katze sich der im Lehnstuhl sitzenden 'Vettel' gegenüber verhielt, wie Katzen sonst beim Eintritt einer fremden ältlichen Frauensperson sich verhalten, mag diese noch so 'boshafte' Augen haben. Wir wissen, daß Menschen oft beim Anblick von Phantomen gar keinen Schreck empfinden, eben weil sie diese für (fremde oder bekannte) Lebende halten; daß sie erst nachträglich erschrecken, wenn ihnen einfällt, daß die Tür verschlossen ist oder daß es an dem betreffenden Orte spuken soll. Ein solcher 'gedanklich begründeter' Schreck kommt für das Tier natürlich nicht in Frage. Der menschliche Perzipient erschrickt zuweilen auch, wenn er sich sagen muß, daß die Erscheinung ein wirklicher Mensch nicht sein kann, etwa weil sie halbdurchsichtig ist, oder weil sie nicht geht, sondern schwebt, oder weil sie selbstleuchtend ist, oder dgl. m. Daß ein Tier aus ähnlichen Gründen erschrecken sollte, ist aber schwer zu glauben, weil ihm die klare Vorstellung davon fehlt, was im Falle von Menschen 'natürlich' ist und was nicht; und selbst wenn sie ihm nicht fehlte: warum sollte jede Abweichung vom Natürlichen gerade Entsetzen bewirken, und nicht bloß Neugier oder Erstaunen? Der menschliche Perzipient bringt eben meist den 'unheimlichen' Begriff des 'Gespenstes' schon mit und 'fühlt' ihn in die unnatürlich erscheinende Wahrnehmung 'hinein', die dadurch für ihn erschreckend wird. Aber läßt sich das auch vom Tiere sagen? Man mag erwidern: der Begriff des 'Gespenstes' sei überhaupt nur darum schreckerregend, weil ein 'Urinstinkt' der Lebenden das Jenseits mit Furcht und Zittern von sich weise; und dieser Urinstinkt sei auch im Tiere wirksam. Ich habe keinen Streit mit solcher Auffassung und will ihrer Verwässerung durch den Hinweis auf 'Anerziehung durch Kindermädchen' u. dgl. nicht das Wort reden. Aber wird man vernünftigerweise erwarten dürfen, daß dieser Instinkt sich auch dort betätige, wo eine 'Halluzination' in nichts von der normalen Wahrnehmung eines Menschen 'inhaltlich' abweicht? Hier tritt die erstaunliche Oberflächlichkeit der üblichen

---

[1] S. z. B. den Fall der Mrs. T. bei Richet 266, und PS XXVI 658 ff.

telepathistisch-halluzinatorischen Betrachtung unsres Tatbestandes deutlich zu Tage. Wir müssen sie gründlich überwinden, um zu begreifen, daß die maßlose Reaktion der Tiere nur der Erfassung von etwas ganz Absonderlichem an der Erscheinung entspringen kann, was außerhalb aller unmittelbaren Wahrnehmungsinhalte liegt und weder mit Graden halluzinatorischer Deutlichkeit noch mit leichten Abweichungen vom Gewöhnlichen etwas zu tun hat. Ich habe sogar den sehr bestimmten Eindruck, daß Tiere im Durchschnitt in höherem Grade dieses 'ganz Absonderliche' empfinden, als Menschen, die sich 'Gespenstern' gegenüber viel leichter 'täuschen' lassen; eben weil die Tiere den 'Urtatsachen' des Lebens näher stehen, als der Durchschnitt der Menschen. Es finden sich zwar auch Fälle, in denen Tiere ein Phantom zeitweilig für den 'lebenden Betreffenden' gehalten zu haben scheinen, ein Hund also etwa zunächst an dem (für Menschen unsichtbaren, aber mit Wahrscheinlichkeit vorauszusetzenden) Phantom 'emporspringt' und dann erst 'plötzlich mit einem Entsetzensgewimmer umfällt';[1] ja wir hören von Tieren, die, soweit berichtet, bei ihrem 'vertrauten' Verhalten dem Phantom des verstorbenen Herrn gegenüber verharren.[2] Was in solchen Fällen ein Erkennen der 'Absonderlichkeit' und Spukigkeit verzögert oder verhindert, können wir natürlich nicht sagen; jedenfalls aber bilden diese Fälle durchaus verschwindende Ausnahmen und lassen die schreckvolle Betätigung jenes 'Urinstinkts' als das beim Tier Normale unangetastet. Ich kann mich z. B. für folgende Tatsache verbürgen: Als mein Schwiegervater während des Lesens der Abendzeitung einen Schlaganfall erlitt, der ihn nach ärztlichem Urteil 'augenblicklich' tötete, glaubte die neben ihm sitzende Tochter, meine spätere Frau, weil sie seinen Kopf langsam sinken sah, er sei beim Lesen 'eingenickt', und richtete in diesem Sinn eine harmlos-neckende Frage an ihn. Der gleichfalls anwesende Terrier dagegen, ein allerdings in jeder Hinsicht hochbegabtes Tier, stieß einen Schrei aus, so durchdringend, daß Nachbarn herzuliefen, um zu fragen, was mit dem Hunde geschehen sei, stürzte aus dem Zimmer und blieb zwei Tage lang verschwunden, — bis man ihn am dritten im Arm der aufgebahrten Leiche wiederfand. Daß das damals ein Jahr alte Tier keine 'Erfahrung' vom Sterben besaß, braucht nicht versichert zu werden. Um so rätselhafter bleibt es, woran denn er die 'Jenseitigkeit' und Spukigkeit des nach außen hin völlig harmlos erscheinenden Vorgangs erkannt hatte. Aber gerade solche Beobachtungen sprechen dafür, daß die Feinfühligkeit des 'naturnäheren'

---

1) Vgl. den Fall bei Kemmerich 470. o. S. 9 f.   2) Feilgenhauers Fall das. 471, und Dr. Wötzels

Tieres für das echt Jenseitige die des 'vernünftigeren' Durchschnittsmenschen weit übertrifft, der in seiner Auffassung des Spuks viel mehr an der wahrnehmungsmäßigen Oberfläche haften bleibt. Das beweisen auch die Fälle, in denen Tiere in der gleichen maßlosen Weise auf bloß **gehörsmäßigen** Spuk reagieren, der rein als 'Vorstellung' betrachtet durchaus nichts Schreckhaftes an sich hat, es sei denn wieder auf dem Umweg über verwickelte **Überlegungen**, wie nur der Mensch sie anstellen kann.

Zwei solche Beobachtungen berichteten Mrs. Treloar in River, Dover, und ihre Schwester, Mrs. Gardiner, im April 1888 der Ges. f. ps. F. Im ersten Falle wurden beide Damen im väterlichen Pfarrhaus in Weeford, Staffordshire, erweckt durch einen 'klagenden Ton', dessen Ursprung durch Nachforschungen nicht festzustellen war. 'Aber wir fanden eine Lieblingsbulldogge, ein sehr mutiges Tier, vor Schrecken zitternd, die Nase in einige Feuerholzknüppel vergraben, die unter der Treppe gespeichert waren.'

Im zweiten Falle (dem 'frischeren', von 1879) wurden alle Insassen einer einsam gelegenen Rektorei, außer dem Hausherrn, erweckt durch einen 'schrecklichen Laut des Kreischens oder Jammerns, unähnlich irgendetwas je von uns Gehörtem... Es schien vom Flurgang vor der Tür des Zimmers unsres Vaters herzukommen.' Alles fand sich schreckerfüllt zusammen, die Nacht war still, keinerlei Ursache für den Ton zu entdecken, 'der innerhalb des Hauses zu sein schien, zwischen den Dachsparren, und nach einiger Zeit, vielleicht einer Minute oder mehr, aus dem Fenster hinauszuschweben und hinzusterben schien. **Die Bulldogge rannte unter das Bett.**' In einem weiteren Briefe heißt es sogar: 'Wir hatten drei Hunde, die in meiner Schwester und in meinem Schlafzimmer schliefen, und sie alle duckten sich in Furcht, mit gesträubten Rückenhaaren; einer — eine Bulldogge [offenbar das eben erwähnte Tier] — war unter dem Bett und weigerte sich herauszukommen, und als man ihn hervorzog, zitterte er am ganzen Leibe.'[1]

In beiden Fällen ging der Klangspuk dem Tode einer Person (im zweiten sogar dem der einzigen Person) voraus, die nicht durch ihn erweckt wurde, und zwar in beiden Fällen um nur 2—3 Wochen. Ich halte dies für beachtenswert: es könnte darauf hindeuten, daß der Spuk — ein sog. Vorspuken, *banshee* — von eben dieser Person selbst ausging. (Ein Fall in meiner nächsten Verwandtschaft bestärkt mich in dieser Vermutung: In der Nacht vor dem eben beschriebenen Tode meines Schwiegervaters wurde seine ganze Familie, außer **ihm selbst**, durch das wütende Anschlagen jenes Hundes auf dem Hausflur geweckt, wobei alle deutlich eine leise Stimme hörten, die das Tier beruhigen zu wollen schien. Jeder vermutete von einem der andern, daß er zu diesem Zweck aufgestanden und auf den Flur gegangen sei; doch erwies sich am nächsten Tage, daß keiner es getan hatte. Der Vater allein hatte den Vorgang — 'verschlafen'; wie ich vermuten möchte, weil er 'nicht

---

1) Pr V 307f. Vgl. Bozzano, Hant. 135 und Allison 230.

bei sich', sondern bei dem Hunde gewesen und von diesem als Spuk wahrgenommen worden war.)[1]

Man mag nun freilich einwenden, daß in diesen Fällen die spukigen Laute doch auch an sich etwas 'nicht Geheueres' gehabt hätten, — so wenig sie auch z. B. (für einen Hundekenner!) das Verhalten der 'mutigen Dogge' wirklich erklären mögen. Aber auch Spuklaute, denen an sich — also abgesehn von 'Überlegungen' über ihre natürliche Unmöglichkeit am betreffenden Orte — nichts Schreckenerregendes eignet, scheinen bei Tieren gelegentlich den Eindruck des Grauenvollen zu bewirken. Dies könnte ein dem General J. Peter vom Rittergutsbesitzer Baron X. berichteter Fall belegen.

Dieser pflegte während der Herbstjagd ein 'altes Schloß' zu bewohnen, das als spukig galt. Eines Abends vom Waidwerk heimgekehrt und bei der Lampe am Schreibtisch sitzend, hörte er 'das Beten von Mönchen', deren 'Responsorien unten aus dem ersten Stockwerk zu kommen schienen, wo eine Hauskapelle eingebaut war.' Baron X. rief dem neben ihm liegenden Jagdhunde, einem 'starken und sehr scharfen Tier', um gemeinsam mit ihm dem Gehörten nachzugehn. 'Aber der Hund war unter das Kanapee gekrochen und nicht zu bewegen, hervorzukommen. Sein Herr zog ihn mit Gewalt hervor, allein das zitternde Tier sträubte sich und kroch, freigelassen, sogleich wieder in sein Versteck zurück.' Baron X. begab sich zur Kapelle, hörte 'auf dem Korridor deutlich das Respondieren', glaubte auch durch das Schlüsselloch der Tür einen Lichtschein zu sehn, fand aber alles dunkel und still, als er öffnete. Auch der Kastellan und seine Frau hatten das 'Beten' gehört, aber nicht zum ersten Mal, wie der Baron. Als dieser in sein Zimmer zurückkehrte, lag der Hund noch immer in seinem Versteck. 'Wären es menschliche Stimmen gewesen, hätte der Hund unfehlbar Laut gegeben.'[2]

Solche Beobachtungen, falls man ihnen Glaubwürdigkeit in der entscheidenden Einzelheit nicht abspricht, bestärken uns in der Ansicht, daß das Tier dem Spuk gegenüber nicht nur 'flache' Vorstellungen (des Gesichts oder Gehörs) erlebt, nicht nur soz. 'reine' Halluzinationen, sondern zugleich mit ihnen noch eine besondere Eigenschaft, die ihm die 'Witterung' für das 'Jenseitige' verschafft: und diese Witterung kann ich mir am ehesten zustandekommen denken, wenn mit dem erscheinenden oder erklingenden Spuk tatsächlich ein irgendwie Objektives zugegen ist, das vom 'natursichtigen' Tier in seiner ganz besonderen Wirklichkeit erfaßt wird. Dies ist der Grund, weshalb ich, bei ehrlicher Anschauung der Tatsachen, in dem Mit-Wahrnehmen der Tiere nicht einen rein zahlenmäßigen Zuwachs zur Tatsache kollektiver Wahrnehmung erblicken kann (wobei die Gleich-

---

1) Mehrere der im VI. Abschnitte beschriebenen Fälle von Exkursion belegen diese Schwererweckbarkeit.   2) bei Usthal 82f.

setzung des Phantoms mit Halluzination sich allenfalls verteidigen ließe), vielmehr einen 'spezifisch-qualitativen' Zuwachs, der einen neuen Hinweis auf die Gegenständlichkeit gewisser Phantome liefert.

Eine letzte Eigentümlichkeit mancher verwandter Vorfälle soll uns den Übergang zu neuen Formen der Kollektivität überhaupt vermitteln: ich meine die Tatsache, daß auch das Tier eine Ortsbewegung des Phantoms beobachtet, und zwar nicht nur an sich, wie in einigen der obigen Beispiele, sondern in Übereinstimmung mit der Wahrnehmung menschlicher Mitperzipienten. Ein Beispiel mag dies zunächst verdeutlichen.

Hr. Daniel Amosow berichtet, unter Gegenzeichnung seiner Mutter und des Hrn. Kusma Petrow, daß an einem Maiabend 1880 gegen 6 Uhr, während er mit seiner Mutter und seinen jüngern Geschwistern im Saal ihres Petersburger Hauses saß und ein Besucher sich mit seiner Mutter unterhielt, — die allgemeine Aufmerksamkeit plötzlich auf den Hund Moustache gelenkt wurde, 'der unter lautem Gebell auf den Ofen zu stürzte. Unwillkürlich blickten wir alle in derselben Richtung und sahen auf dem Gesims des großen Fayence-Kachelofens einen kleinen Knaben, etwa 5 Jahre alt, im Hemde. In diesem Knaben erkannten wir den Sohn unsrer Milchhändlerin, Andrej, der häufig mit seiner Mutter zu uns zum Spielen kam; sie wohnten ganz in unsrer Nähe. Die Erscheinung löste sich vom Ofen ab, bewegte sich über uns alle hin und verschwand im offenen Fenster. Während dieser ganzen Zeit — etwa 15 Sekunden — hörte der Hund nicht auf, aus voller Kraft zu bellen, und lief und bellte, indem er der Bewegung der Erscheinung folgte.' Bald danach kam die Mutter Andrejs und berichtete, daß dieser, der seit einigen Tagen, wie man wußte, krank lag, 'wahrscheinlich um die Zeit, da wir seine Erscheinung sahen, gestorben war'.[1]

Auch in einem von Mr. G. de Steiger erzählten Falle 'folgte eine Katze mit dem Blick dem Geräusch der Schritte, als nähme sie den wahr, oder bemühte sich, den wahrzunehmen, der sie erzeugte'. Diese Schritte waren von ihrem Herrn, einem Offizier, und dessen Burschen schon vorher mehrfach vernommen worden.[2]

Die mögliche Bedeutung dieser besondern Art von kollektiver Wahrnehmung springt in die Augen. Es ist nicht gleichgültig, ob mehrere Subjekte eine Erscheinung (deren Objektivität in Frage steht) nur überhaupt gleichzeitig wahrnehmen, oder auch am gleichen Fleck; es ist noch weniger gleichgültig, ob sie die Erscheinung gleichzeitig denselben Weg im Raum zurücklegen sehen. Es wäre in der Tat ein mehr als sonderbarer Zufall, wenn dies letztere bei einer bloßen Halluzination stattfände; denn eine suggestive Beeinflussung des einen durch die wandernde Blickrichtung des andern wird ehrlich blos ganz

---

1) Pr X 227 (11 Jahre nach d. Ereignis berichtet).   2) Binns 479.

selten in Frage kommen; noch seltener wohl zwischen Mensch und Tier. Einen 'rein-menschlichen' Fall solcher kollektiven Bewegungswahrnehmung habe ich in andrem Zusammenhang wiedergegeben — es war der von Dr. Isnard berichtete[1] —, und der Leser wird gebeten, ihn hier noch einmal sich zu vergegenwärtigen.

Und doch ist diese Art der kollektiven Beobachtung noch einer bedeutsamen Steigerung fähig: wenn nämlich die Erscheinung mehreren von einander unabhängigen Perzipienten kurz nach einander an so verteilten Stellen sich zeigt, wie ein wirkliches, sich fortbewegendes Wesen sie in den gleichen Zeitabständen einnehmen müßte. Auch hierfür habe ich schon früher einen Beleg geliefert, nämlich die kollektive Beobachtung der Spukgestalt im Mortonschen Hause vom 12. August 1884.[2] Hier wurde die 'weinende Dame' zunächst von zwei Perzipientinnen durchs Haus und, daran anschließend, von zwei andren über einen Rasenplatz nach dem Obstgarten zu sich bewegend gesehn. Der Fall sollte dort eine 'selbständige' Ortsbewegung von Phantomen veranschaulichen und deren Verursachung von außerhalb der Perzipienten nahelegen. Hier nun soll er die Frage stellen, ob eine solche 'sukzessionale Kollektivität' der Wahrnehmung nicht zur Annahme von etwas sich bewegendem Objektivem förmlich zwinge. Ich sehe nicht ein, wie eine solche Folgerung zu umgehen wäre; muß aber freilich betonen, daß die einwandfreie Feststellung dieses Tatbestands von mancherlei Glückszufällen abhängig ist. — Auch der vom Ehepaar Davis dem Rev. W. S. Grignon berichtete Fall kommt dem fraglichen Grundriß schließlich nur nahe.

Hier wurde Mrs. Davis in der Neujahrsnacht 1882 'durch ein ungewöhnliches Licht' in ihrem Schlafzimmer erweckt und 'sah an [ihrem] Bette die Gestalt einer ältlichen Person vorübergleiten; diese bewegte sich durch die geschlossene Tür in Mr. Davis' [nebenan gelegenes] Zimmer'. Mr. Davis seinerseits schreibt (am 21. Febr. 1889), er sei in der gleichen Nacht 'aus ruhigem Schlaf erweckt worden durch ein Licht, das durch die Tür, die ins Schlafzimmer meiner Frau führte, hereinzudringen schien, und unmittelbar darauf erschien eine Gestalt, näherte sich [meinem] Bett, neigte sich nieder, um mich zu küssen, und verschwand plötzlich, aber erst nachdem ich die Züge der Erscheinung als die meiner Mutter erkannt hatte, welche 81 Jahre alt i. J. 1872 gestorben war.'[3]

Eine andre Verwicklung der Kollektivität, deren Verwirklichung bei bloß halluzinatorischer Art der Wahrnehmungen kaum zu erwarten ist, wäre gegeben, wenn mehrere Personen das Phantom von verschiedenen Punkten her in so verschiedener Gestaltung wahrneh-

---

1) Delanne I 165f. (s. o. I 120).   2) o. I 115f.   3) Pr VI 289f. (Bericht v. J. 1888). Vgl. den mehr 'akustischen' Fall Guthrie o. I 48f.

men, wie ein wirklicher Körper sich ihnen unter gleichen Umständen darstellen müßte. Es ist klar, daß auch dieser Tatbestand 'stereoskopischer Kollektivität' sich nur in Glücksfällen verwirklichen, in noch selteneren Glücksfällen sich in den Angaben der einzelnen Perzipienten überzeugend spiegeln wird. Die zufällig, d. h. ohne Bewußtsein von der theoretischen Wichtigkeit dieses besonderen Umstands zustandegekommenen Berichte werden meist gerade an entscheidender Stelle versagen.

So in einem bei Gurney abgedruckten, wonach der eine Perzipient, während er eine schwierige Flötenmusik spielte, 'einen Schatten von etwa grauer Farbe neben sich zur Rechten stehen' sah, 'etwas schräg vor mir. Ich sah nicht die ganze Gestalt, sondern was ich sah, war ein Teil eines schattenhaften Gesichts, die Umrißlinie der Stirn und Nase, des Mundes und Kinnes, sowie ein Teil des Halses...' Er sagte aber nichts, bis seine Klavierbegleiterin unabhängig äußerte, sie habe 'jemand hereinkommen gefühlt; ich sah Rücken und Schultern der Gestalt eines Mannes, sie ging wie ein Schatten hinter dir vorüber, stand zu deiner Rechten und verschwand dann'.[1] Eine Angabe hätte den Beschreibungen beider Zeugen zu 'stereoskopischer Ergänzung' verhelfen können: die Angabe der Stellung, in der sie selbst sich zu einander befanden. Aber gerade diese Angabe fehlt. —

Die beiden letztbesprochenen Tatbestände, soweit einwandfrei feststellbar, würden in Verbindung mit gewissen Einzelheiten der tierischen Mitwahrnehmung vollauf genügen, die kollektive Beobachtung des Spuks zu einem Beweis für seine Objektivität im Raume zu machen. Nur im Anschluß an diese stärkeren Argumente mögen schließlich noch zwei Formen kollektiver Wahrnehmung erwähnt werden, die zwar leichter telepathistischen Deuteleien ausgesetzt sind als jene, unseren Gedankengang aber doch seltsam natürlich abrunden. — Die erste könnte man als mehrsinnige — oder 'multisensuale' — Kollektivität bezeichnen. Ein mögliches Beispiel hierfür ist der früher wiedergegebene Fall des Korporals Q., der durch das 'Gewicht auf seinen Füßen' erweckt und alsbald von dem Gemeinen W. im Nachbarbette angesprochen wird: 'Heda, da sitzt jemand auf deinen Beinen'.[2]

Damit vergleiche man eine Erfahrung der Mrs. Winbridge in London. Während sie ihren 3jährigen Knaben die Treppe hinauf in sein Schlafzimmer trug, fühlte sie 'deutlich einen Druck' und hörte das Rascheln eines Kleides an ihrer Seite, 'als wenn eine Frau mich im Vorübergehn gestreift hätte'. Dies wiederholte sich noch 'deutlicher' auf der zweiten Treppe. Während sie dann zeitweilig auf dem Bette ihres Kindes und diesem zugekehrt lag, sagte der Knabe plötzlich auffahrend: 'O Mutter, da steht eine Dame hinter dir.' 'Im selben Augenblick fühlte ich einen Druck und wußte, daß er von meiner Be-

---

1) Gurney II 200f.   2) o. I 207f.

kannten stammte. Ich wagte nicht, mich umzusehn.' Jene 'Bekannte' war eine schwerkranke Arme, deren Pflege Mrs. W. sich zeitweilig, aber nicht in der letzten Zeit gewidmet hatte, deren schon vor 3 Tagen erfolgter Tod ihr aber verheimlicht worden war.[1]

Das zweite zu erwähnende Verhältnis besteht darin, daß zwei Personen den Spuk an der gleichen Stelle beobachten, aber in einem zeitlichen Abstand von einander, der groß genug ist, um die beiden Wahrnehmungen als unabhängig von einander zu kennzeichnen, und doch klein genug, um den natürlichen Anschein zu erwecken, der Spuk sei während der Zwischenzeit 'an seiner Stelle geblieben'. Wer gelehrte Fachausdrücke liebt, könnte dies als 'sukzessional-stationäre Kollektivität' bezeichnen. Das Beispiel, das ich hierfür gebe, verknüpft den fraglichen Tatbestand mit dem der Mehrsinnigkeit.

'Ich öffnete', schreibt Miss L. A. Lister, 'die Tür des Salons und stand einen Augenblick still, um zu überlegen, wo [eine Freundin, die wenige Monate zuvor den Gatten verloren hatte und bei der Miss L. zu Besuch weilte, ein gewisses Buch] hingelegt haben mochte, — als ich zu meiner Verblüffung ihren Gatten am Tische sitzen sah; seine Ellbogen ruhten auf dem Tisch, dicht bei dem Buch... Ich entschloß mich, es zu holen, und schritt auf den Tisch zu. [Die Erscheinung] schien zu lächeln, als durchschaue sie meine Gedanken. Ich ergriff das Buch und brachte es [meiner Freundin], ohne etwas zu erwähnen, begab mich dann ins Badezimmer und vergaß die ganze Sache bald. Aber nachdem ich etwa 20 Minuten dort gewesen war, hörte ich meine Freundin hinaufgehn und die Tür zum Salon öffnen. Ich lachte [!] und lauschte, ob sie noch drin wäre, und hörte sie gleich darauf aus dem Zimmer heraus- und die Treppen in mächtigen Sprüngen hinunterlaufen, worauf sie wie wild die Eßzimmerglocke läutete... Ich kleidete mich so rasch als möglich an und ging zu ihr hinunter, wo ich sie sehr blaß und zitternd vorfand... 'Ich habe meinen Mann gesehn, erwiderte sie [auf meine Frage]... Das heißt, ich sah ihn nicht eigentlich, aber er sprach zweimal zu mir; ich lief aus dem Zimmer und er folgte mir und legte seine kalte Hand auf meine Schulter.'[2] — (Man überlege die Natürlichkeit der Verschiedenheit beider Wahrnehmungen vom Standpunkt des Erscheinenden aus, ehe man die reichlich naheliegende telepathistische Deutung hervorholt.)

1) Pr III 89.   2) Pr V 445.

2. Photographische Aufnahmen von Phantomen

Gestehen wir zu, daß die besonderen Formen kollektiver Spukbeobachtung bereits irgendwelche Objektivität der Erscheinung glaubhaft machen, so legt sich nun die Frage nahe, ob dem Phantom auch irgendwelche Einwirkungen auf seine nicht-menschliche Umgebung nachzuweisen seien; ob es sich also nicht nur als Wesen unter Wesen, sondern auch als Ding unter Dingen zeige. — Unter solchen objektiven Wirkungen müßten die an erster Stelle stehn, die den bisher belegten sachlich am nächsten verwandt sind. Im Obigen handelte es sich um Argumente aus besonderen Verhältnissen der Wahrnehmung. Es gibt aber auch eine quasi-objektive Art der Wahrnehmung. Man hat das Auge einer photographischen Kamera verglichen: man könnte auch umgekehrt den photographischen Apparat als ein dingliches Auge bezeichnen. Wenn es jedem Anwesenden wahrnehmbare 'Erscheinungen' gibt: müßten solche nicht auch von einer 'gleichzeitig anwesenden' photographischen Platte 'wahrgenommen' werden? Und würde solche 'objektive Kollektivität' der Wahrnehmung nicht viel bündiger die mehr-als-halluzinatorische Natur von Phantomen beweisen, als alles bisher Vorgebrachte?

Eine seltsame Tatsache, die uns schon mehrfach begegnet ist, drängt sich hier aus dem Zusammenhang heraus auf: die Beobachtung, daß von Phantomen häufig ein Leuchten auszugehen scheint; denn die Aussendung von Lichtstrahlen ist ja doch Voraussetzung des Photographiertwerdens. Nun wird man dem Selbstleuchten und Lichtaussenden so vieler Phantome an sich nicht viel Bedeutung beimessen wollen, ebenso auch der Tatsache, daß so häufig Lichtmassen oder -wolken geradezu an die Stelle eines Phantoms zu treten scheinen; denn selbst reine Halluzinationen (also wohl auch wahre) können leuchtend oder lichtumflossen sein oder überhaupt nur in Lichterscheinungen bestehen. Immerhin gibt es zwei Merkmale solchen Phantomlichts, die seine mehr-als-halluzinatorische Natur zu beweisen scheinen. Erstens wird das Licht zuweilen nicht nur vor jeder Wahrnehmung einer Gestalt gesehn (das könnte noch eine erste Entwicklungsstufe der Halluzination überhaupt bedeuten), sondern auch abseits von der Stelle, an der das Phantom erscheint; indem dieses etwa zunächst durch zwischengelagerte Dinge verdeckt wird, während das 'Licht' bereits dort wahrgenommen wird, wo es hinstrahlen müßte, falls das Phantom seine Quelle wäre.

Dieser Art war die Lichtwahrnehmung in dem von Mrs. Lewin berichteten Erlebnis, die einen Lichtschein hinter ihrer Bettlehne emporstrahlen sah und.

sich erhebend und über die Lehne blickend, das Phantom eines in ihrem Zimmer verstorbenen Unbekannten erblickte.[1] Ähnliches veranschaulicht aber eigentlich auch der früher nach Owen angeführte Fall eines Geistlichen, der, in einem ungewohnten Bette früh erwacht und die Angelegenheiten des nächsten Tages überlegend, dabei 'plötzlich sich eines Lichtes im Zimmer bewußt wurde'. 'Mich umdrehend, gewahrte ich deutlich eine weibliche Gestalt, und was meine Aufmerksamkeit besonders erregte, war der Umstand, daß das Licht, vermöge dessen ich sie sah, von ihr selber ausging.'[2]

In einem von Mrs. W. O. S. berichteten Falle wurde diese plötzlich aus tiefem Schlaf erweckt durch den Anruf ihres im Nebenzimmer schlafenden Gatten, wobei sie die Wahrnehmung machte, daß während ihr Zimmer dunkel war, jenes von einem 'sanften gelben Licht durchflutet' erschien, welches auch noch fortbestand, aber im Schwinden begriffen war, als sie das Zimmer betrat. Ihr Gatte, ein Arzt, war gleichfalls von einem 'starken Licht' geweckt worden, hatte dann aber eine Gestalt gesehn, von der das Licht ausgegangen zu sein scheint (sie war 'sehr hell gekleidet' gewesen) und die er nachträglich als Phantom einer etwa gleichzeitig gestorbenen Patientin auffaßte, die in ihren letzten Augenblicken nach ihm gerufen hatte.[3]

Das folgende Beispiel bietet den gleichen Tatbestand in noch eindrucksvollerer Form, wurde aber leider erst 26 Jahre nach dem Erlebnis aufgezeichnet. — In ihrer Beschreibung eines Spukhauses, wo wiederholt Geschrei, Weinen und Reden gehört und die unten beschriebene Gestalt gesehen wurde, erwähnt die Perzipientin, Mrs. Pennée, Tochter eines englischen Parlamentsmitgliedes, u. a. auch das Folgende: Sie war etwa um 12 Uhr nachts aufgestanden, um ihrer kleinen Tochter eine Arznei zu reichen, 'als das Kind meine Aufmerksamkeit auf ein helles Licht lenkte, das unter der [geschlossenen] Tür durchschien. Ich rief aus, es sei ihr Vater, und öffnete die Tür, um ihn hereinzulassen. Mir gegenüber stand eine Frau. Sie hatte ein Kindchen auf ihrem linken Arm, einen gemusterten Shawl quer über die Brust, und rings um sie her schien ein helles, angenehmes Licht... Sie bewegte sich quer über die Treppe und verschwand in die gegenüberliegende Wand hinein.' — Es lagen Gründe vor, die Erscheinung mit einer Verstorbenen in Verbindung zu bringen.[4]

Ein andres Merkmal, das dem Phantomlicht mehr-als-halluzinatorische Artung sichern könnte, bestände in seiner Fähigkeit, die Dinge der Umgebung sichtbar zu machen. In der Tat scheinen viele Phantome durch ihr Selbstleuchten auch ein völlig dunkles Zimmer, in welchem sie gesehen werden, bis zur Sichtbarkeit vieler Einzelheiten darin zu erhellen. Ist diese Umgebung dem Perzipienten sehr vertraut (wie etwa das eigene Schlafzimmer), so mag man eine Mithalluzinierung des Wohlbekannten vermuten, oder gar ein Ergebnis von Über-

---

1) S. o. I 21f.   2) Owen, Footfalls 296ff. (Vgl. o. I 34f.) Vgl. Miss Caldecotts Fall Pr X 293f.; Stead 267 u. a. m.   3) PrAm 405—8 (Podmore, App. 286ff.).   4) Pr VI 61.

empfindlichkeit des Auges nach gründlichster Dunkelanpassung.[1] Anders liegt der Fall, wenn das Sichtbargemachte etwas völlig Fremdes ist; wenn z. B. der Beobachter die Objektivität des Phantomlichts dadurch feststellen kann, daß es ihn instandsetzt, im an sich dunklen Zimmer zu lesen, ja etwa gar 'kleine Schrift' zu lesen. Dies wird tatsächlich behauptet vom Licht einer nachträglich identifizierten Spukgestalt, die der bekannte livländische Baron v. Güldenstubbe, der Verf. der 'Pneumatologie' und andrer Werke, beschrieben hat.

Dieser hatte am 16. März 1854 bei Licht im Bette gelesen, als er nacheinander 8—10 'elektrische Schläge' empfand. Er ging [offenbar mit dem Licht] in den Saal, kehrte aber ohne Licht ins Schlafzimmer zurück, um ein Taschentuch zu holen, und sah 'bei dem Licht, das durch die offene Tür des Saales fiel, gerade vor dem Kamin ... ein Etwas, das wie eine dunkle Säule grauen Dampfes, ein wenig leuchtend, aussah'. Da er es für eine Spiegelung hielt, beachtete er es nicht, fand aber, als er noch einmal aus dem Saal zurückkehrte, um Holz zu holen, daß 'die Erscheinung ... nahezu bis zur Decke des [12′ hohen] Zimmers reichte'. Ihre Färbung war nunmehr das Blau einer Spiritusflamme, und sie leuchtete stärker. Während er hinschaute, 'wurde allmählich in ihrem Innern die Gestalt eines Mannes sichtbar', etwas dunkler blau, als die 'Säule', und mit nur allmählich deutlicher werdenden Umrissen, Gesichtszügen und natürlichen Farben. Die endlich völlig lebensgleiche Erscheinung wurde genau betrachtet und wird uns in allen Einzelheiten geschildert. 'Nach einigen Minuten löste sich die Gestalt von der Säule los und bewegte sich vorwärts, wobei sie langsam durch das Zimmer zu schweben schien, bis sie sich [v. G.] bis auf 3′ genähert hatte.' Sie erhob die Hand, schien sich grüßend zu neigen, bewegte sich nach einiger Zeit aufs Bett zu, gegenüber dem Kamin, kehrte dann mit einer Wendung nach links zum Kamin zurück, wobei ihr Rücken deutlich sichtbar wurde, trat wieder auf den Baron zu und wiederholte diese Runde vollkommen lautlos noch etwa neunmal. Darauf wurde sie undeutlicher, 'und während die Gestalt dahinschwand, bildete die blaue Säule sich allmählich wieder und schloß sie wie zuvor ein'. Diesmal leuchtete sie übrigens sehr viel heller, sodaß das Licht den Baron instandsetzte, ein oder zwei Verse einer in Colonelschrift[2] gedruckten Bibel experimentweise zu lesen ... 'Ganz allmählich verblaßte das Licht, indem es zeitweilig aufzuflackern schien, wie eine verlöschende Lampe.' — Erst Tags darauf erfuhr G. auf Erkundigungen hin von der Frau des Hauswarts, daß die Erscheinung bis in die geringsten Einzelheiten, auch der Kleidung, einem in jenem Zimmer verstorbenen Herrn Caron geglichen, von dem — oder gar dessen Aussehn — er nie zuvor gehört hatte; und daß auch Andre ihn ebenso gesehen hatten.[3]

Im nachstehenden Falle, den Tweedale berichtet, betraf die Sichtbarmachung zwar nur vertraute Gegenstände, doch hat er ander-

---

1) So Pr X 81 u.   2) minion-type, eine Schriftart zwischen Petit und Nonpareille.
3) Owen, Footfalls 282 ff. Vgl. den Fall Pr X 345.

seits den Vorzug kollektiver Wahrnehmung des phantomhaften Leuchtens.

'In der Nacht des 19. Dez. 1907 wurde meine Frau geweckt durch ein Gefühl heftiger Kälte und einen kräftigen kühlen Wind, der auf ihre Backen blies. Sie wandte den Kopf, erhob sich und sah zu ihrer Verblüffung eine hohe Säule weißen wolkigen Lichts am Fußende ihres Bettes auf der mir zugekehrten Seite stehen, vom Fuß des Bettes bis zur Decke reichend. Während der kalte Wind die ganze Zeit über blies, starrte sie die Erscheinung wie zaubergebannt eine Minute oder länger an, während welcher Zeit sie bemerkte, daß das Licht die Bettdecke erleuchtete, sodaß sie bei diesem Licht deutlich deren Muster sehn konnte, wie auch den Ankleidetisch und den Spiegel...'

Übrigens wurde am 7. April 1908 wieder eine ähnliche Lichterscheinung von Mrs. Tweedale allein wahrgenommen, und am 8. Nov. 1908 eine dritte, wobei sie diesmal ihren Gatten rechtzeitig wecken konnte, sodaß er wenigstens die Endstufe der Erscheinung mit wahrnahm. Er sah 'eine Wolke phosphoreszierenden Lichts, etwa 4' im Durchmesser, inmitten des Zimmers schweben. Sie war mir nahe, nicht mehr als 5' entfernt. Gerade während meine Augen auf ihr ruhten, begann sie genau wie ein kleiner Ballon emporzusteigen. Mit einer gleichmäßigen Bewegung schien er sich gerade empor- und durch die Decke zu bewegen.' Nirgends war eine natürliche Lichtquelle zu entdecken; die Tür war verschlossen und verriegelt. 'Ohne meiner Frau zu sagen, was ich gesehen hatte, fragte ich sie, warum sie mich geweckt habe. Sie erzählte mir darauf, daß sie durch einen Schock oder Schlag geweckt worden war, der unter oder auf dem Bett zu erfolgen schien. Jedenfalls veranlaßte er sie, sich aufrecht hinzusetzen. Zu Füßen des Bettes erblickte sie die in Schwarz gekleidete Gestalt eines Mannes mit ruhigem, ernstem Gesicht, dessen geballte Hand auf der Messingstange [des Bettes] ruhte, als hätte er sie gerade geschlagen. Ein Licht schien irgendwie die Gestalt zu umgeben, denn sie konnte wieder deutlich das Muster der Bettdecke sehn, während die Messingstangen in dem Lichte funkelten und das Zimmer völlig erhellt war. Sobald sie dies wahrnahm, begann sie mich zu wecken. Als ich erwachte und ausrief 'Was ist los?', fing die Gestalt an, sich in eine leuchtende Wolke aufzulösen. Zuerst verschwand der Kopf, dann der Rumpf, und schließlich stieg die Wolke zur Decke empor und verschwand. Der letzte Teil der Darstellung meiner Frau entsprach vollkommen dem, was ich selbst beobachtet hatte.'[1]

Lassen wir also die Tatsache gelten, daß Phantome, wenn nicht immer, so doch zuweilen Strahlen aussenden, die unserm Auge — direkt oder reflektiert — als Licht oder Farbe erscheinen, so liegt es nahe zu vermuten, daß sie auch die photographische Platte, selbst im Dunkeln, beeinflussen können. Ja mehr: es wäre nicht unnatürlich, wenn sie

1) Tweedale 237f.

sich häufiger photographieren als wahrnehmen ließen. Die Tatsache, daß eine Platte für Strahlen empfindlich sein kann, die das Auge nicht beeinflussen, ist heute Gemeingut Aller. Ich will auf technische Einzelheiten nicht eingehn. Es genügt zu sagen, daß bestimmte chemische Stoffe die Empfindlichkeit der Platte sowohl ins Ultraviolette, wie ins Ultrarote hinein ausdehnen. Auch die Stoffart der Linse hat viel zu tun mit Strahlenart und Wellenlänge, die durch sie der Platte zugeleitet werden; Quarz- und Fluorit-Linsen z. B. greifen weiter ins ultraviolette Spektrum hinein als Glaslinsen.

Tatsächlich kann man nun auch sagen, daß angebliche Photographien 'unsichtbarer' Phantome weit zahlreicher sind, als solche von 'Erscheinungen', die zugleich normal, am Tage oder bei Nacht, gesehen wurden. Und dies könnte natürlich erscheinen, falls wir vermuten wollen, daß Phantome auf dem Wege zum Sichtbarwerden eine Stufenfolge der Objektivierung, Verdichtung, 'Materialisation' (oder wie man es nennen will) durchlaufen. Dies und der offenbar ergänzende Begriff einer wechselnden Wahrnehmungsfähigkeit von Beobachtern wird ja u. a. durch die bekannte Tatsache nahegelegt, daß selbst in 'kollektiven Fällen' oft nicht alle Anwesenden das Phantom wahrnehmen.[1] Nur auf einer bestimmten Strecke jener Stufenfolge der Wahrnehmbarkeit also brauchten auch Phantome Strahlen auszusenden, die gleichermaßen aufs Auge und auf die Platte einwirken.

Die erste Frage, die sich hier erhebt, ist natürlich die nach dem Vorhandensein von Phantom-Aufnahmen überhaupt, oder vielmehr: nach der Echtheit der zahllosen vorhandenen. Damit begegnen wir, fast zum ersten Mal, dem Problem des 'Medien'-Schwindels auf einem Gebiet von ausgesprochen technischer Verwickeltheit, einem Problem, dessen Erörterung ich noch zu verschieben, jedenfalls hier zu umgehen wünsche. Ich will also nicht zum so-und-sovielten Mal die Geschichte der 'Geisterphotographie' und der damit verknüpften echten und falschen Enthüllungen, Gerichtsverfahren und Ehrenrettungen schreiben. Aber mehr: ich will die Hauptmasse von 'Geisterphotographien' hier überhaupt außer Betracht lassen, nämlich jene bekannten sog. 'Extra'-Bilder meist erkennbarer Verstorbener, die von angeblich 'medial' veranlagten Photographen bei der Aufnahme Lebender neben diesen auf der belichteten Platte erzielt werden. Zu dieser Übergehung, die für manchen Spiritisten eine Überraschung und Enttäuschung bedeuten dürfte, habe ich mich aus zwei sehr verschiedenen Gründen entschlossen. Erstens ist dies ein Gebiet, auf dem ich noch

---

[1] z. B. Myers II 391; Gurney II 212. 278; Pr VI 280.

nicht 'festen Boden unter den Füßen' fühle, — und nur auf solchen Gebieten wünsche ich meine Argumente zu suchen. Ich gestehe zwar, daß vieles in den einschlägigen Veröffentlichungen und Zeugnissen der Herren Barlow, Blackwell, Coates, Crookes, Doyle, v. Reuter, Stead, Tweedale, Wallace u. a. m. den Eindruck nahezu der Unwiderlegbarkeit machen kann, und die sehr 'merkwürdige' Geschichte eines Enthüllungsversuchs seitens der Ges. f. ps. F. mag diesen Eindruck noch verstärken. Doch kann sich anderseits der selber Erfahrungslose nicht der Tatsache verschließen, daß der langjährige Sekretär der 'Ges. zur Erforschung übernormaler Bilder', Mr. Fred Barlow, nachdem ihn 'Tausende' eigner Aufnahmen von der Echtheit der 'Extras' überzeugt hatten, neuerdings diese Überzeugung widerrufen und den berühmtesten der lebenden 'Geisterphotographen', Hope in Crewe, der Täuschung mindestens verdächtigt hat.[1]

Aber angenommen auch, daß an der ganzen Sache der Betrug völlig unbeteiligt sei, so erscheint doch ihre Ergiebigkeit für die spiritistische Beweisführung einstweilen noch durchaus fraglich. Selbst überzeugte Befürworter der Echtheit von 'Extras' haben Tatsachen beigebracht, die den Anschein erwecken müssen, daß die Bilder gar nicht auf dem normalen Wege, also durch die Linse des photographischen Apparats, auf die Platte gelangen, sondern eben 'irgendwie anders', durch 'unmittelbare Vorstellungsbeeindruckung' oder was sonst. Wird doch sogar die Erzielung von 'Bildern' (wennschon nicht Bildnissen) auf Platten behauptet, die noch gar nicht ihrer 'Originalverpackung' entnommen waren! Selbst Spiritisten unter den Anhängern der Geisterphotographie geben denn auch unumwunden zu, daß das erscheinende 'Extra' keinesfalls als echte 'Aufnahme' des objektiv-leiblich (wenngleich unsichtbar) anwesenden Abgebildeten aufgefaßt werden könne. Damit aber hört die Tatsache der Photographierung auch auf, ein Beweis für die Objektivität eines Phantoms zu sein, und dies ist der zweite Grund, weshalb ich das ganze seltsame Gebiet hier übergehe, dadurch dem Leser und mir sehr umständliche und dennoch nicht bündige Erörterungen ersparend.

Beschränken wir also unsre Fragestellung auf die Photographierung von Phantomen der bisher betrachteten Art, so ist die Ausbeute allerdings einstweilen äußerst dürftig. Ich muß z. B. gleich bekennen, daß mir Photographien von 'selbstleuchtenden' Phantomen, im Dunkeln aufgenommen, nicht bekannt sind (wenn ich von Aufnahmen sog. 'Materialisationen' in Sitzungen absehe, die erst in einem späteren

---

1) Pr XLI 121 ff., bes. 133.

Zusammenhang besprochen werden sollen). Alle Licht aussendenden Nacht-Erscheinungen, von denen ich weiß, waren überraschend, meist einmal gesehene Spuke, bei denen die Anwendung eines so verwickelten Verfahrens wie der photographischen Aufnahme von vornherein ausgeschlossen war. Und von Spukgestalten, die bei Tageslicht beobachtet wurden, gilt beinahe das gleiche. Auch hier muß man es hauptsächlich der Unberechenbarkeit des Auftretens selbst leidlich häufig spukender Phantome zuschreiben, daß der Versuch ihrer Aufnahme nur äußerst selten gemacht worden ist; ganz abgesehen davon, daß ja nicht alle Beobachter überhaupt Liebhaber-Photographen sind.

Erwähnt sei der Versuch, ein ziemlich 'häufiges' und kollektiv gesehenes Spukphantom im Bilde festzuhalten, im Falle Morton, den ich schon zweimal zu erwähnen hatte. 'Während [eines] Jahres,' schreibt Miss K. L. Morton, die junge Medizinerin, 'hielt ich auf Mr. Myers' Rat einen photographischen Apparat ständig bereit für den Versuch einer Aufnahme der Gestalt, aber bei den wenigen Gelegenheiten, wo ich ihn unternehmen konnte, erzielte ich kein Ergebnis,' — wir erfahren leider nicht, ob aus ohne weiteres verständlichen technischen Gründen, die auch im 'normalen' Fall ein Mißlingen erklärt hätten. 'Bei Nacht,' bemerkt Miss Morton, 'meist nur bei Kerzenlicht, wäre eine sehr lange Belichtung für eine so schattenhafte Gestalt erforderlich gewesen, und eine solche konnte ich nicht zustandebringen.'[1] Dies bedauert man doppelt, wenn man hört, daß die Gestalt gelegentlich 'ungefähr eine halbe Stunde lang' an einer Stelle — hinter einem Sofa — stillstand, ehe sie wieder hinausging, wie z. B. am 21. Juli 1884, etwa um 9 Uhr abends.[2] Allerdings sahen gerade bei dieser Gelegenheit nicht alle Anwesenden die Erscheinung, die mithin z. Zt. nur mäßig objektiviert gewesen zu sein scheint; aber das hätte ja eine Aufnahme nicht auszuschließen brauchen.

In einem andern Falle häufigen Erscheinens des Spuks dagegen hören wir von einer gelungenen Aufnahme. Es handelt sich um die sog. 'weiße Frau' auf Schloß Bernstein im Burgenlande, eine Spukgestalt unsrer Tage, die von so zahlreichen gebildeten Zeugen beschrieben worden ist, daß wir sie zu den bestbeglaubigten Freiluftphantomen überhaupt zählen dürfen.[3]

Nach den Worten eines französischen Verwandten des Schloßherrn (1910) war die Erscheinung 'von einem fluoreszierenden Lichtphänomen begleitet... Der obere Teil des Kopfes scheint eine besondere Lichtquelle zu sein, denn er ist lebhaft leuchtend.' Herr E. v. R., der Direktor eines großstädtischen Museums, der Schloß Bernstein besuchte, um die Stuckverzierung des großen Barocksaales zu besichtigen und aufzunehmen, wurde im Okt. 1911 nachts 'durch einen kühlen Lufthauch erweckt: die weiße Frau sei bei seinem Bett,

---

1) Pr VIII 319. 2) das. 315 (nach gleichzeitigen Tagebuchbriefen Miss M.s an eine Freundin). 3) S. die ausführliche Wiedergabe und Besprechung der Zeugnisse durch J. Illig in ZP 1929 51 ff.

über ihn gebeugt, gestanden... [Als er erschreckt auffuhr,] habe sie sich ans Fußende seines Bettes gestellt und ihn starr angeschaut, 'woraufhin er nach seinem Sekretär, Hrn v. C., gerufen, der gekommen sei, aber die Erscheinung nicht gesehen habe. Er beschrieb sie als eine 'in weißen Schleier gehüllte Gestalt mit dem diademartigen ungarischen Kopfschmuck (*parta*) auf der Stirn.' — Die Baronin R. H. sah sie am 16. Juni 1912, 10.15 abends, während 'lustiger Unterhaltung', eine große Steintreppe hinaufsteigen oder -schweben. 'Das Licht umgab sie, das Geländer war vollkommen sichtbar.' Am Ende der Treppe verschwand oder zerfloß die Erscheinung. Dies 'furchtbar unheimliche, unirdische Hinaufschweben über die Treppe' — 'sodaß ich in lähmendem Schreck erkennen mußte: das ist kein Mensch, kein Lebewesen' — beschrieb am 7. September auch die Baronin G. Sch. — Im November 1912 sah die Gräfin Th. B. die Gestalt im Eingangstor zum inneren Schloßhof: 'Auf einmal wurde das ganze Tor sichtbar, und zwar von einem starken smaragdgrünen Licht beleuchtet. Dieses Licht hielt aber nur sekundenlang an und verschwand dann, um gleich darauf im Kapellenfenster so deutlich zu erscheinen, daß wir genau die Muster des Fensters und die sie umgebende Bleieinfassung sehen konnten.' Dreimal sah die Gräfin die Gestalt selbst in der Kapelle, 'wo sie auf der ersten Altarstufe kniete und zu beten schien;' und zwar gleichzeitig mit ihrer Kusine, die mit ihr 'durch das Oratoriumfenster in die Kapelle hinunterblickte.' 'Sie war von einem grünen Licht umgeben, oder eigentlich, möchte ich sagen, sie hatte es an sich, es sah aus, als hielte sie es vorn an der Brust, und es schimmerte durch den Schleier, den sie auf dem Kopf trägt.' Die weiße Gestalt blieb sichtbar, wenn man in die Kapelle hinableuchtete. Sie verschwand wieder plötzlich, und es wurde dunkel. Ein andermal 'schwebte' sie dicht an der 'Kusine' vorüber und 'bei der Kapellentüre, die offen stehengeblieben war, hinaus.' (Freitag, 6. Dez.) Auch das typische 'Rauschen, wie von einer Seidenschleppe', wurde gelegentlich um das Phantom gehört. Einmal sahen der Schloßherr, seine Mutter, Schwester und Kusine gleichzeitig die Gestalt in der Kapelle knien. Die Gräfin G. M. B. 'rannte' einmal bei plötzlicher Begegnung 'durch sie durch', 'kehrte so schnell als möglich um und sah sie eben noch die große Stiege hinaufschweben. Damals hat sie den Kopf gegen mich zurückgewendet, und ich meinte, sie hebe die Hand.' 'Einige wollen einen kalten Luftzug als Begleiterscheinung ihrer Nähe gefühlt haben.' Bei einem törichten Schuß auf die Gestalt in der Kapelle 'erlosch der Lichtschein sofort und verschwand die Gestalt, um Sekunden danach aufs neue zu erscheinen.' 'Ein andres Mal faßte einer der Beobachter den Entschluß, die Erscheinung anzusprechen... Sie blieb stehen und drehte sich um. Sie sah mit starrem Blick auf ihn, aber gewissermaßen durch ihn ins Leere. Der Blick machte auf ihn einen derart entsetzlichen Eindruck, daß er verstummte und die Stiege wieder hinablief.'

Diese Spukgestalt nun, deren Beschreibung uns schon in jeder Einzelheit ihrer Anpassung an Ort und Lebende durchaus typisch erscheint, ist am 30. April 1913 durch Frau G. v. G. und anscheinend außerdem durch die Schloßherrin photographiert worden, auf der Galerie der Eingangshalle in einem Türbogen stehend.¹ Eine Wiedergabe des 'ersten Abzugs vom intakten Originalnegativ' findet sich S. 62 a. a. O.: sie zeigt das Phantom, deutlich von Schleiern überhangen, vom Rücken her, im Begriff, die Tür am oberen Ende der großen Vorsaaltreppe zu durchschreiten. Es ist leider weder aus dieser Abbildung noch aus den Angaben deutlich zu ersehen, ob die Aufnahme bei auffallendem Tageslicht oder ausschließlich beim Lichte des Phantomes selbst zustande gekommen ist; im letzteren Falle hätte ich die obige Aussage über das Fehlen solcher Spukbilder — wenigstens meiner Kenntnis nach — entsprechend einzuschränken.

'Leider war es nicht mehr möglich,' bemerkt Illig, 'die näheren Einzelheiten über das Zustandekommen dieser Aufnahmen mit der wünschenswerten Sicherheit festzustellen, zumal auch Retuschen und Vergrößerungen vorgenommen worden sind. Das Negativ gelangte zerbrochen, beschädigt und verschimmelt in unseren Besitz und wurde von meinem Sohn, Dr. Richard Illig (Chemiker mit guten Erfahrungen auf dem photographischen Gebiet), so gut wiederhergestellt und gereinigt, daß man davon die im Text publizierte Aufnahme abziehen konnte... Erst in allerletzter Zeit ist es dem Schloßbesitzer gelungen, einen Originalabzug zu bekommen [offenbar den S. 62 wiedergegebenen], der aus der frühesten Zeit von einer unzerbrochenen und unberührten Platte herrührt. Die Darstellung ist genau die gleiche wie diejenige auf dem zerbrochenen Negativ. Man darf daher annehmen — und die Frau des Schloßbesitzers, welche die Aufnahmen gemacht hat, behauptet es auf das bestimmteste —, daß dieses Negativ das einzige noch vorhandene und von ihr angefertigte ist. Es wurde mehrfach geäußert, daß mehrere Aufnahmen gemacht worden seien. Nun scheinen aber doch die drei in unsren Händen befindlichen [Abzüge]² von ein und derselben Platte herzurühren, die nach dem Ergebnis der mikroskopischen Untersuchung kaum Spuren von Retusche aufweist...'

Hierzu muß ich bemerken, daß die beiden hier berücksichtigten Abzüge sich in einigen Punkten doch merklich von einander unterscheiden. Auf dem von der zerbrochenen Platte gemachten, sehr viel 'verwascheneren', ist die Gestalt etwas breiter, und man sieht nicht nur den Türrahmen z. T. deutlicher, sondern auch innerhalb desselben Linien, die auf dem andern, weit schärferen Abzug fehlen; während man doch eher das Gegenteil hiervon erwarten müßte. Überdies ist der Abstand des Bathyáni-Wappens vom Türrahmen etwas größer auf dem Abzug, der auch die Gestalt breiter zeigt. Dies alles könnte darauf hindeuten, daß wir zwei gesonderte Aufnahmen vor uns haben, und zwar gleichzeitig aus etwas verschiedenem Abstand gemachte, denn die Form und Haltung der Gestalt sowie ihre Einfügung in den Türrahmen erscheint auf beiden überraschend gleichartig. Von solcher gleichzeitigen Doppelaufnahme wird uns allerdings nichts ausdrücklich berichtet.

Es bleibt demnach schließlich nur die Frage, ob die Aufnahmen wirklich das Phantom zeigen, oder ob (in Illigs Worten) 'irgendeine lebende, mit

---

1) Illigs Kritik der Platten, Erstabzüge, späteren Abzüge von der beschädigten Platte usw. a. a. O. 61f.   2) Illig schreibt, offenbar versehentlich, 'Aufnahmen'.

einem weißen Tuch bekleidete Person die Rolle der 'Weißen Frau' gespielt habe.' Illig hält diesem Verdacht die 'in bestimmtester Form abgegebene Erklärung des Schloßherrn und seiner' Frau' entgegen, 'daß die Aufnahme von ihr selbst unter Bedingungen gemacht worden sei, die jeden Betrug und jede Selbsttäuschung ausschließen.' Und sein eigener Glaube an die 'Echtheit' der Bilder beruht offenbar darauf, daß die große Zahl und Gewichtigkeit der Beobachtungen in diesem Fall und die Fülle der dabei festgestellten typischen Spukmerkmale[1] die Echtheit der 'Erscheinungen' beweise. 'Wenn die Erscheinung eine verkleidete menschliche Gestalt gewesen wäre, dann wäre sie gewiß ihren Häschern, die ihr aufpaßten und nach ihr griffen, doch einmal in die Hände gefallen.' Unstreitig ist die Schlußfolgerung nicht ohne einige Kraft: weil die massenhaften Erscheinungen echter Spuk waren, bildet auch die gelegentlich gelungene Aufnahme einen wirklichen Spuk ab. Immerhin bleibt dem entschlossenen Zweifler die Annahme überlassen, daß gerade die photographierte Gestalt eine 'gestellte' betrügerische gewesen sei.

3. Objektive Wirkungen sichtbarer und unsichtbarer Freiluftphantome

Mit dem echt kollektiv beobachteten, vollends mit dem photographierten Spuk-Phantom halten wir bereits einen Tatbestand in Händen, dem etwas verwirrend, ja quälend Anregendes nicht abzusprechen ist: das Phantom als objektiv sichtbare Menschengestalt, die erscheint und verschwindet, die zu entstehen und zu vergehen scheint; die, solange sie da ist, als ein Wesen unter Wesen und Dingen im Raum sich benimmt, die uns anschaut und uns mit den Blicken folgt; die uns Worte und Reden hörbar werden läßt; deren Wünsche und Sorgen wir erraten, selbst wenn sie nicht deutlich geäußert werden;[2] — das Phantom also als unverkennbare Eigenpersönlichkeit und als wirkliches Ding. Die Frage springt uns förmlich an, wie denn wohl diese beiden Bestimmungen mit einander zusammenhängen. Nichts ist uns vertrauter, als daß unsre Einzel- und Eigenpersönlichkeit mit der Tatsache unseres Leibes als wirklichen Dinges verknüpft ist. Aber von diesem Leibe unterscheidet sich der des Phantoms doch offenbar sehr wesentlich. Nicht wie eine bloße Erscheinung, also 'Vorstellung', von einem Dinge; denn um irgendwelche Objektivität kommen wir bei ihm nicht mehr herum. Wohl aber hinsichtlich seiner Dauer zum mindesten als wahrnehmbares Ding, und sodann — wer weiß, wie sehr — hinsichtlich seines 'inneren Wesens', seines 'Baues', seines 'Lebens'. Die bloße Möglichkeit des Auftauchens solcher Fragen macht uns schwin-

---

1) a. a. O. 62ff.   2) Dies alles belegt im 1. Abschnitt.

delig. Oder können wir 'Objektivität des Phantoms' in irgendwelchem Sinne anerkennen und dennoch jenen Fragen entgehen?

Ihre Erwägung muß nun freilich noch weiter verschoben werden. Die vorgelegten Tatsachen, so reich und verwirrend sie erscheinen mögen, sind doch noch völlig unzureichend, um das Problem auch nur in seiner ganzen Ausdehnung erkennen, geschweige denn lösen zu lassen. Ihre nächste Erweiterung aber ergibt sich unmittelbar aus dem zuletzt Behandelten. Ich bezeichnete die Tatsache der Photographierung als Krönung des Arguments aus der Kollektivität. Sie ist aber offenbar mehr: sie liefert uns den ersten Beleg für ein **objektives Wirken** des Phantoms, wennschon ein sehr verfeinertes und gleichsam mittelbares. Eine Gestalt, welche Licht zurückwirft oder ausschickt und damit die Schicht einer photographischen Platte zersetzt, beweist 'physikalische' Objektivität. Die Frage liegt nah, ob eine solche Gestalt nicht auch durch 'gröbere', also etwa 'mechanische' Wirkungen ihre Körperlichkeit beweisen könne.

Solche Wirkungen übt das Phantom anscheinend in der Tat sowohl auf Wesen wie auf Dinge aus; und ich stelle die ersteren voran, weil sie, wie sich zeigen wird, in einzelnen Fällen nicht frei von Zweideutigkeiten sind. — Beginnen wir also mit **Berührungen Lebender durch Phantome**. Beobachtungen, nach denen solche Berührung mit sonstigen Wahrnehmungen völlig zusammenfällt, das Erlebnis sich also soz. zu einem 'simultan-multisensualen' gestaltet, sind selten.[1] In den meisten Fällen legen sich Gesichts- und Berührungseindrücke zeitlich auseinander; was aber u. U. keine Verringerung des Objektivitätseindrucks bedingt, indem gerade das **Ineinander** der verschiednen Eindrücke sich weit leichter auf 'suggestive' Anregung der einen Halluzination durch die andere zurückführen läßt, als ihr völlig getrenntes und selbständiges Auftreten.

Gurney untersuchte sehr sorgfältig — weniger als 4 Jahre nach den Ereignissen — den Fall eines Spukhauses, in welchem wiederholt die Gestalt eines Mannes (auch gleichzeitig von zweien) gesehen, und gelegentlich ebenfalls von zwei ganz unabhängig von einander, 'in einer tiefen, trauervollen Stimme' die 'deutlich gesprochenen Worte': 'Ich kann es nicht finden' gehört wurden.[2] Einige Zeit danach ging die eine Berichterstatterin — Frau Oberstabsarzt W. — abends nach Dunkelwerden die Treppe hinab, 'als [sie] einen scharfen Schlag — *a sharp slap* — auf den Rücken erhielt.'[3]

In einem von Sir William Barrett ganz 'frisch' und laufend untersuchten Falle hörten die Hauptbeobachter Stöhnen und Fußtritte, fühlten etwas mit

---

1) Vgl. nochmals den Fall o. I 207f.   2) 'Es bestand keinerlei Möglichkeit, daß die Stimme irgendeinem Bewohner des Hauses angehörte.'   3) Pr III 104. Vgl. Gurney II 472f. ('Griff' mit Gehörswahrnehmung).

leichter Berührung an sich vorüberstreichen, hatten die Empfindung einer fremdartigen Anwesenheit, sahen Gestalten neben sich stehen, über sich gebeugt, usw. Vor allem aber wurden Berührungen ausgesprochener Art berichtet. Die durchaus zweiflerische und kaltblütige 'Nurse' z. B. 'fühlte eine Hand an ihre Gurgel gelegt und erhielt einen Stoß und Griff in die Seite. Eine Magd wurde erweckt durch einen Stoß gegen ihre Schulter. Die zweite Kinderfrau fühlte, während sie abends bei ihrer Arbeit war, eine Hand gegen ihre Brust gelegt und einen Stoß, der sie gegen einen Tisch drückte, sah auch gleich darauf eine Gestalt sich durchs Zimmer bewegen. Einmal hielten die gehörten Fußtritte an, als jemand ausrief: 'Was wollen Sie?' usw.[1]

In dem von der Bostoner Ges. f. ps. F. veröffentlichten Spukfall im Hause der Familie Varick in Boston (die durch die Vorgänge aus ihrem Hause vertrieben wurde) wandte sich Herr V. gelegentlich gegen das vernommene 'Kleiderrauschen' hin um (ohne etwas zu sehen) und erhielt, als er eine Verwünschung ausstieß, 'plötzlich einen Schlag auf die Wange'.[2]

Im Rückblick auf den bekannten Spuk im Hause seiner Eltern bezeugte John Wesley, der Gründer der Methodistenkirche, — selbst bekanntlich ein Mann von überragender Geistes- und Willensstärke —, er sei dreimal von einer unsichtbaren Kraft gestoßen, 'herumgestoßen' worden.[3] Und in einem sehr ausführlichen Bericht des Chorherrn Sch. an den Oberst v. Pfiffer über einen äußerst vielgestaltigen Spuk in seinem ehemaligen Pfarrhause in Uffikon findet sich die Angabe: Eines Tages 'beim Nachtessen erhielt ich am Tische von ungesehener Hand einen fürchterlichen Schlag auf die Brust, der mich an die Sessellehne zurückdrückte. Ich soll todesblaß geworden sein, und man praktizierte mich ins Bett.'[4]

Den folgenden Bericht erhielt Owen weniger als ein Jahr nach den Vorgängen; er schrieb ihn nach der Erzählung einer der beiden Hauptzeuginnen, Mrs. F., 'einer klugen und gebildeten englischen Dame aus hochangesehener Familie', nieder und legte ihn dann dieser vor, worauf sie, nach Einfügung einiger weniger Verbesserungen, 'seine Genauigkeit in jeder Einzelheit' bestätigte. Dies Zeugnis — fast erster Hand und von ziemlicher 'Frische' — bringe ich nachstehend auf den kürzesten Ausdruck:

Während Mrs. F. zu Anfang 1856 in St. Petersburg im Hause der Fürstin X. lebte, war daselbst als Zofe der Fürstin eine junge Deutsche aus guter Familie, namens Luise, angestellt, die wegen einer Liebesenttäuschung diesen eigentlich unter ihrer Erziehung gelegenen Dienst übernommen hatte. Da sie der allgemeine Liebling war, widmete, als sie erkrankte, auch Mrs. F. sich vielfach ihrer Pflege. 'Eines Abends erklärte der Hausarzt, nachdem er Luise besucht hatte, daß es ihr gut gehe und sie fraglos genesen werde, sodaß

---

1) JSPR XVII 35 ff. (Die Köchin scheint als 'Medium' beteiligt gewesen zu sein. Bei der zuletzt erwähnten Gelegenheit fiel sie vor Schreck in Ohnmacht.)   2) Aus BBSPR in ZP 1926 447.   3) Pr XVII 317. Vgl. Illig 224.   4) Kerner, Ersch. 258.

Mrs. F. völlig unbesorgt um sie sich zur Ruhe begab. Etwa um 2 Uhr in jener Nacht wurde sie durch die Empfindung aufgestört, daß etwas sie berühre;[1] und da sie an eine Ratte dachte, machte die Furcht sie völlig wach. Darauf fühlte sie so deutlich als möglich die Berührung wie von einer menschlichen Hand, die an verschiedenen Stellen ihres Rumpfes und ihrer Glieder einen leisen Druck auf sie ausübte. Die Empfindung war so bestimmt und unverkennbar, daß sie die Überzeugung gewann, es sei jemand im Zimmer. Sie konnte aber nichts sehen und hören, und nach einiger Zeit hörte es auf.' Am nächsten Morgen erfuhr Mrs. F. von der Magd, daß Luise etwa um 2 Uhr in der Nacht gestorben war. Ihre Sachen, einschließlich ihrer Kleider, Briefe (auch von dem Liebhaber) und eines Bildes desselben wurden bis zur erwarteten Einforderung durch die Familie nicht im Sterbezimmer, sondern in dem Raume abgestellt, welchen Luises Nachfolgerin bezog. Diese nun 'hörte zu verschiedenen Zeiten beunruhigende Geräusche in der Nacht und erklärte, daß sie bei mehreren Gelegenheiten deutlich eine Gestalt gesehen habe, die sich lautlos über den Fußboden hinbewegte, von der sie eine Beschreibung gab, die genau mit der gewöhnlichen Erscheinung Luises übereinstimmte, welche jene im Leben nie gesehen hatte... Etwa 5 Wochen nach dem Tode Luises und einige Minuten nach Mitternacht war Mrs. F. eben mit einer Kerze die Treppe emporgestiegen, als beim Erreichen des Absatzes eine dunkle Gestalt von links nach rechts an ihr vorüberhuschte, doch nicht so rasch, daß Mrs. F. nicht hätte feststellen können, daß sie durchsichtig war: denn sie sah deutlich durch sie hindurch das gegenüberliegende Fenster. ... [Gleich darauf] wurde sie erschreckt durch einen lauten Angstschrei vom Schlafzimmer der Kammerzofe her, das auf der linken Seite des Treppenabsatzes gelegen war. Der Schrei war so laut, daß er das ganze Haus auf die Beine brachte, und die Fürstin nebst Andren eilte zugleich mit Mrs. F. herbei, um seinen Grund festzustellen. Sie fanden die Zofe in heftigen Krämpfen, und als man sie nach einiger Zeit zu sich brachte, erklärte sie in Tönen äußersten Schrecks, daß die Gestalt, die sie schon mehrmals gesehen hatte, ihr in höchster Deutlichkeit erschienen sei, sich dem Bette genähert und sich über sie gebeugt, worauf sie die Besinnung verloren habe.' Einige Zeit darauf bat Luises Verlobter um Übersendung ihrer Sachen, und beim Packen derselben ließ die Zofe ein aufgegriffenes Kleid 'in plötzlichem Schrecken' fallen, 'indem sie erklärte, daß genau ein solches die Gestalt getragen, die sich über sie gebeugt habe, als sie das Bewußtsein verlor. Von dem Tage an, da diese Sachen aus dem Zimmer, in dem sie aufbewahrt gewesen, entfernt und abgeschickt wurden, hörten alle Geräusche und Störungen darin völlig auf.'[2]

Dieses Aufhören, weit entfernt — bei dem sehr 'lebendigen' Auftreten des Phantoms —, einer rein psychometrischen Deutung des Spukes das Wort zu reden, scheint mir vielmehr die durchaus persönliche Begründung desselben im Sinne der früheren Untersuchung zu beweisen.[3] Ferner ist zu beachten, daß das eindrucksstärkste Auftreten des Phantoms ein leidliches Beispiel für

---

1) Vgl. auch den Fall JSPR XIV 41.   2) Owen, Footfalls 274ff.   3) Vgl. o. I 165. 181ff. 424ff.

den Tatbestand der 'sukzessionalen Kollektivität' liefert.[1] Mrs. F.s Angaben über die räumliche Anordnung von Treppe, Fenster und Schlafzimmertür der Zofe lassen zwar Eindeutigkeit vermissen; doch läßt sich offenbar sehr leicht eine Anordnung erdenken, bei der Mrs. F. die Gestalt, falls diese sich auf dem Weg ins Schlafzimmer der Zofe befand, 'von links nach rechts' und zugleich vor einem 'gegenüberliegenden' Fenster an sich vorübergehen sehen mußte. Die Deutung verwickelt sich nun freilich dadurch, daß, soweit ich den Bericht verstehe, ganz unabhängig von dem Fall Luise, im Hause der Fürstin schon vorher ein Schrittespuk bestanden hat, der sogar mehrfach Dienstboten vertrieben hatte. Es wird uns aber versichert, daß man 'Vorsorge getroffen hatte', alle Gerüchte von den Ohren der neuen Zofe fernzuhalten, von der wir überdies erfahren, daß sie nach ihren ersten eignen Wahrnehmungen sich mit ihrer Freiheit von aller Gespensterfurcht brüstete. Da überdies ihre deutlichste Beobachtung ihr offenbar ein ihr neues Wissen vermittelte, erscheint mir jede Deutung willkürlich und verfehlt, die hier zu Halluzinationen führende Suggestionen oder gar telepathische 'Mitteilungen' ins Spiel bringen will.

Spricht also manches für eine Objektivität auch dieses Phantoms, so ist doch fraglich, ob auch die von Mrs. F. empfundenen Berührungen und Abtastungen in ganz 'naivem' Sinn als objektive Wirkungen des Spuks betrachtet werden dürfen. Die englischen Fachschriftsteller in den ersten Zeiten der Phantom-Forschung ordneten solche Erlebnisse glattweg als Berührungs-Halluzinationen (wennschon 'wahre') ein; folgten die Berührungsempfindungen einer Gesichts-Halluzination oder fielen mit ihr zusammen, so sollten sie der 'lebenswahren Abrundung des Erlebnisses' dienen. Im vorliegenden Fall, wie in manchen andern Gurneys, bilden sie nun freilich — und offenbar überraschend — das Ganze der Todankündigung, die überdies nicht einmal als solche verstanden wurde. Der 'Telepathistiker' müßte hier also annehmen, daß die Sterbende (denn eine Einwirkung der schon völlig Gestorbenen ist nicht erweisbar, und Sterbende wollen ja auch meist noch irgend jemand 'sehn') — daß also die Sterbende ihre Sehnsucht nach der gütigen Pflegerin in die 'Vorstellung' zärtlichen Streichelns ihres Körpers gekleidet habe. Das klingt nicht sehr 'natürlich', denn solches Streicheln kommt einem erst in den Sinn, wenn man sich 'anwesend' glaubt. Aber vielleicht hat sich Luise während ihrer letzten Augenblicke 'in Gedanken' in die unmittelbare Nähe der Mrs. F. versetzt? Wohl möglich. Auf alle Fälle brauchen wir deutlichere Belege dafür, daß ein Phantom tatsächlich 'berühren' kann. Haben wir sie etwa in den obigen Fällen der Dame, die auf der Treppe einen 'scharfen Schlag' erhält, oder Wesleys, der in seinem Hause 'herumgestoßen' wird, oder des Chorherrn Sch., den ein 'fürchterlicher Schlag' in den

---

1) Vgl. o. S. 19 f.

Sessel drückt? Die letzten Zweifel des entschlossenen Halluzinationsgläubigen werden auch sie wohl schwerlich entwurzeln.[1]

Der Tatbestand der Berührung durch Phantome verzweigt sich nun aber in noch weitere Einzelumstände hinein, die den Zweifel an seiner Objektivität mehr und mehr in die Verteidigung drängen.

Bemerkenswert durch einen solchen Umstand ist z. B. ein Fall, den Miss Jessie Walker in Liverpool, die sich als 'nicht im geringsten nervös oder abergläubisch' bezeichnet, etwa 3 Jahre nach dem Erlebnis der Ges. f. ps. F. einsandte. Ich fasse ihre erste Darstellung und ihre Antworten bei einem Verhör möglichst kurz zusammen. — Nach achtmonatigem Mietaufenthalt im Hause einer Witwe stieg sie eines Abends spät die Treppe zu ihrem Schlafzimmer hinauf, wobei sie in aller Ruhe überlegte, ob ihr Uhrschlüssel sich oben oder unten befinde, als sie 'plötzlich etwas hinter ihr aus einem unbewohnten Zimmer links von der Treppe hervorschlüpfen fühlte!' Dies hielt sie aber für Einbildung und erwähnte es auch einer ihr voranschreitenden Freundin gegenüber nicht. Mit dem Gefühl, daß eine hohe Gestalt hinter ihr hergehe, betrat sie allein ihr Zimmer und machte Licht, als sie plötzlich 'an ihrem Arm den scharfen Griff einer Hand fühlte, welcher der Mittelfinger fehlte'. Auf ihren Schrei hin liefen die Vermieterin und die Hausmagd herzu, und diesen berichtete sie sofort u. a. auch den Umstand des fehlenden Fingers. Beide erblaßten dabei, sagten aber nichts, und eine 'gründliche Durchsuchung' des Hauses verlief ergebnislos. Erst 'mehrere Wochen' später erfuhr Miss Walker von einem Bekannten, dem sie den Vorfall erzählte, daß der verstorbene Gatte ihrer Vermieterin von hohem Wuchs gewesen war und ihm ein Mittelfinger gefehlt hatte. Dies bestätigte bei nunmehriger Befragung auch die seit ihrer Kindheit in dem Hause dienende Magd, die überdies berichtete, daß sie einmal, in dem gleichen fraglichen Zimmer schlafend, dadurch erweckt worden war, daß sie jemand ihre Knie herabdrücken fühlte, und beim Öffnen der Augen ihren verstorbenen Herrn zur Seite ihres Bettes erblickt hatte.[2]

Gurney macht darauf aufmerksam (wovon sich übrigens jeder leicht durch den Versuch überzeugen kann), daß es 'unter gewöhnlichen Umständen nicht leicht sein dürfte, mit Gewißheit festzustellen, daß einer plötzlich den Arm ergreifenden Hand der Mittelfinger fehlt', und erklärt den 'Griff' ohne weiteres für eine Halluzination, wenn auch möglicherweise eine von dem Verstorbenen verursachte, bei der das Fehlen des Fingers soz. 'zum eigentlichen Wesen des halluzinatorischen Eindrucks' gehört habe. Dies letztere ist natürlich möglich, sodaß der gesuchte Objektivitätsbeweis uns auch hier wieder entgleiten mag. Dagegen muß dem ersten Bedenken entgegengehalten werden, daß nach Miss Walkers Versicherung das Fehlen des Fingers ja doch bewußt geworden war, ehe die Wahrheit dieses Eindrucks bestätigt wurde.

---

1) In der gleichen theoret. Zweideutigkeit habe ich einen Fall belassen müssen, der mir von einer Leserin der ersten Bände dieses Buches mitgeteilt wurde und vor allem in quantitativer Hinsicht alle eben mitgeteilten übertrifft. S. ZmpF 1938 1ff. 51ff.   2) Pr V 464f.

Ein weiterer Umstand, der theoretisch nicht übergangen werden kann, begegnet uns in Fällen, in denen die Wirkung der 'Berührung' über die bloße Empfindung weit hinausgeht.

Ein M. A. Michel z. B. berichtete Flammarion, er habe als Zwölfjähriger 'genau um die Stunde', da seine Großmutter starb, gegen $^1/_2 8$ Uhr abends, als er bereits ins Bett gesteckt war, 'eine Ohrfeige von außerordentlicher Kraft erhalten. Ich habe auf der rechten Backe über 6 Monate lang den Eindruck einer rechten Hand behalten, der besonders nach dem Spiel bei gerötetem Gesicht sehr deutlich war, wie hunderte von Personen feststellten, indem der Abdruck der Hand weiß abstach.'[1]

Die gleiche Erfahrung findet sich bemerkenswerterweise auch in einem kollektiven Falle beschrieben. Die beiden Schwestern M. und E. P. berichten, daß sie (3 Jahre vor der Niederschrift des Erlebnisses), damals 18- und 20-jährige Mädchen, eines Nachts erwacht seien mit dem 'schrecklichen Gefühl, daß jemand im Zimmer sei'. M. P. rief ihre Schwester an, und diese bezeugte ihr das gleiche Gefühl. 'In diesem Augenblick berührte eine kalte Hand mein Gesicht; in höchster Angst rief ich E. nochmals an, ohne aber zu sagen, was geschehen war. In der nächsten Sekunde schrie sie mir zu: 'Jemand hat mein Gesicht berührt.' Die Schreie lockten den Bruder herbei. 'Er durchsuchte alles, fand aber natürlich nichts. E. beklagte sich, daß ihr Gesicht brenne, und als wir das Gas ansteckten, sahen wir, daß ihr Gesicht auf der einen Seite hochrot war und den [sehr] deutlichen Abdruck einer Hand mit auseinandergespreizten Fingern zeigte.' (Sie hatte nicht auf der betreffenden Seite gelegen.) E. hatte überdies eine Gestalt zu sehn geglaubt, und bei einer von zwei weiteren Gelegenheiten — Erwachen mit dem Gefühl einer 'Anwesenheit' — 'sahen' beide Schwestern 'dasselbe Ding zwischen ihren Betten stehn', aber anscheinend nur undeutlich, was bei dem schwachen Licht auch natürlich erscheint. Sie hatten den Eindruck, daß 'es' stets zwischen den Betten war und von der einen zur andern sich begab. Beide Schwestern waren zur Zeit bei guter Gesundheit.[2]

Einen verwandten Bericht veröffentlichte i. J. 1926 die *Revue Spirite*,[3] wörtlich entnommen der Gerichtsspalte einer tschechischen Zeitung (Chradimski Kraj) vom 25. Aug. 1891. — Eine gewisse Anna Mracek, Frau eines Eisenbahnbeamten in Vojtechow, war erschossen im Freien aufgefunden worden, es gelang aber nicht, einen Schuldigen zu überführen. Mehr als 5 Monate später erschien der Landmann Josef Kreil beim Staatsanwalt und berichtete, die Verstorbene sei ihm viermal nachts erschienen und habe ihm jedesmal gesagt, daß sie von einem gewissen Josef Zavrel mit der Flinte erschossen und dann von dem Michail Vesely in des ersteren Stall geschleppt worden sei. Er, Kreil, sei in Vojtechow gänzlich fremd und habe sich in keiner Weise für die Mordangelegenheit 'interessiert'. Als er von der Erscheinenden

---

1) Flammarion, l'Inconnu 183f. (LV). Der Fall ist nichts weniger als 'frisch', das Erlebnis aber doch, wie mir scheint, leicht korrekt erinnerbar. Vgl. Stead 221 und RS III (1860) 50 ('Ohrfeige').   2) Pr X 204f.   3) S. 320ff.

einen 'Beweis' gefordert, damit man ihm glaube, habe sie ihm wenigstens ein 'Zeichen' zugestanden und zu dem Zweck, den Arm erhebend, ihre rechte Hand auf seine linke Schulter gelegt, worauf sie sich 'auflöste und verschwand'. Vor dem Beamten 'öffnete Kreil sein Hemd: auf der linken Schulter befand sich das schwärzliche 'Zeichen' einer Hand mit gespreizten Fingern. Alle fünf Finger, und besonders der Daumen, waren sichtbar.' Beide Beschuldigten gestanden daraufhin: Zavrel hatte die Mracek im Dunkeln für einen Wilddieb auf seinem Jagdgebiet gehalten und die Fliehende erschossen; Vesely hatte die Leiche zunächst in den Stall des Zavrel geschleppt, und am nächsten Morgen früh an die Stelle, wo sie gefunden wurde.

Aber auch damit ist der Höhepunkt solcher körperlichen Wirkungen der Spuk-Berührung noch nicht erreicht. Es fehlt nicht an Beobachtungen, nach denen diese Berührung zu Brandblasen an den erfaßten Stellen geführt hat. Ich will einen Fall anführen, der den Vorzug hat, von einem namhaften Naturforscher verbürgt, wenn auch nicht beobachtet zu sein: dem Botaniker Charles Naudin, Mitglied des Institut de France, der die Wahrhaftigkeit der unmittelbaren Zeugen als 'unbezweifelbar' bezeichnet.

Anfang Mai 1896 starb in Denain die Priorin eines Frauenklosters am Magenkrebs. Vor ihrem Ende hatte sie einer Nonne, die aus dem Stammhause des Ordens in Douai zur Aushilfe nach Denain beordert worden war, das Versprechen abgenommen, für sie zu beten. Am 26. Juni wurde diese Nonne, die gerade bei der Wäsche half und daher ihre Ärmel aufgeschürzt hatte, in den Keller nach Bier geschickt. 'Dort erblickte sie, völlig außer Zusammenhang mit ihren augenblicklichen Gedanken, neben sich eine andre Ordensfrau, in der sie die vor einigen Wochen verstorbene Priorin erkannte, die sie kräftig in den nackten Arm kniff, was ihr einen heftigen Schmerz verursachte, und zu ihr sprach: 'Beten Sie, denn ich leide.' Die Schwester, toll vor Schrecken, stürzte die Treppe hinauf und sank halbtot auf eine Bank. Auf ihrem Arme fanden sich 'fünf rote Male, wie sie durch Verbrennungen entstehn: vier auf der einen Seite des Arms, das fünfte, größere und tiefere, auf der andern, wo also der Daumen der Verstorbenen sie gefaßt hatte... Bald traten auch Blasen an den berührten Stellen auf.' Der herbeigerufene Dr. Toison, Professor der med. Fakultät in Lille, photographierte die Brandstellen und schrieb die nötige Behandlung vor, welche aber '5 oder 6 Narben' zurückließ.[1]

Hier ließe sich auch die ehemals berühmte Geschichte der Erscheinung des Lord Tyrone anschließen, der mit seiner Jugendfreundin Lady Beresford die bekannte 'Verabredung' getroffen hatte, der ich im 1. Bande ein ganzes Kapitel gewidmet habe. Viele Jahre danach wurde die Dame in einer Nacht brüsk aus dem Schlafe geweckt, erblickte den Lord zur Seite ihres Bettes und vernahm seine Mitteilung, er sei am Tage zuvor um 4 Uhr gestorben. Es

---

1) Flammarion III 260f. Vgl. Melanchthons Bericht Mattiesen 546.

fand dann eine längere Unterhaltung zwischen beiden statt, in welcher Lady Beresford mit großem Scharfsinn ein Zeichen dafür forderte, das ihr selbst am nächsten Morgen unwiderlegbar beweisen könne, daß sie nicht geträumt habe. Schließlich hätten sie sich auf eine 'Berührung' geeinigt, trotz der Warnung des Phantoms, daß dies ein 'Mal' hinterlassen würde. Die Dame, mit begreiflicher Sorge um ihr Äußeres, habe sich mit einem 'begrenzten' einverstanden erklärt. 'Sie sind [so schließt Lady Beresfords Bericht] ein mutiges Weib,' erwiderte er, 'reichen Sie mir die Hand.' Ich tat es, und er faßte mich am Handgelenk. Seine Hand war eisig, und doch verrunzelte die Haut augenblicklich, die Adern verdorrten, die Nerven vertaubten.' Lady Beresford trug seitdem das Handgelenk ständig mit einer schwarzen Binde umwickelt. Erst nach ihrem Tode nahm ihre Freundin, Lady Cobb, ihr diese ab und stellte die Tatsache eines Brandmales fest, das der Beschreibung der Verstorbenen entsprach. — Sowohl in der Beresfordschen wie in der Cobbschen Familie hat diese Geschichte als durchaus wahr gegolten.[1]

Ich brauche nicht erst zu sagen, mittelst welches Begriffs der wissenschaftliche Zweifler über solche Berichte hinweggelangt, selbst ihre völlige Glaubwürdigkeit vorausgesetzt. Die Tatsache der 'suggestiven' Erzeugung von Hautmalen aller Art, insonderheit auch Brandblasen, ist heute wissenschaftlich zugestanden und allgemein bekannt. Es besteht somit anscheinend keine Schwierigkeit, die im Gefolge einer 'Gesichts- und Berührungshalluzination' auftretenden Rötungen oder Brandmale von derselben 'unterbewußten' (also auch 'suggestiblen') seelischen Schicht aus bewirkt zu denken, die auch für die Ausgestaltung der Schauung verantwortlich wäre. In einzelnen der obigen Fälle müßte man freilich noch außerdem die telepathische Anregung des Gesamtvorgangs annehmen. Bei der Nonne von Denain würde auch dies sich noch erübrigen: man könnte vermuten, daß sie die versprochenen Gebete für die Verstorbene vernachlässigt hatte und nun durch ein etwas ungewöhnliches halluzinatorisches Erlebnis sich selbst an ihre Pflicht erinnerte.

Der angenehme 'dogmatische Schlummer' dieser wissenschaftlich orthodoxen Deutung wird nun allerdings beunruhigt durch die Behauptung, daß Brandmale durch Phantome auch auf Gegenständen erzeugt worden seien. Man mag freilich bezweifeln, ob die vorhandenen Berichte[2] der Beweislast eines so außerordentlichen Vorgangs gewachsen sind. Einer, ein ziemlich alter, scheint selbst Richets Ansprüchen an Bezeugung genügt zu haben.

---

1) Harrison 40 ff. 2) Zwei der nachstehend angeführten finden sich in Bozzanos Aufsatz, Marques et empreintes de mains de feu in RS 1930/31; weitere in einer Arbeit Zingaropolis in LO 1908 u. 1910, bei Perty II 182. 198 u. Gerber 515.

Objektive Wirkungen von Freiluftphantomen

Dieser, i. J. 1654 auf Anordnung des Erzbischofs Lippai veröffentlicht, bezieht sich auf die Erscheinungen des Deutschen Joh. Clemens aus Preßburg vor der 19jährigen Regina Fischerin in Hallstadt, Tirol, die von dem Phantom gleichfalls ein 'Zeichen' in Form einer Berührung mit der Hand forderte, was zunächst zu einer schmerzhaften 'Blase' auf ihrem rechten Arm führte. Danach aber habe es auch auf einem Stück Leinenstoff (sowie auf Geldstücken) sein Handmal hinterlassen, welches sogar eine gewisse Mißbildung der Hand des Verstorbenen aufgewiesen haben und noch heute vorhanden sein soll.[1] — Der ziemlich verworrene Bericht verdient aber, trotz Richets Befürwortung, keine genauere Wiedergabe.

Etwas besser steht es um ein verwandtes Erlebnis der Schwester, später Äbtissin Clara-Isabella Fornari des S. Clara-Klosters in Todi, Prov. Perugia, i. J. 1732, über das ein anscheinend am Tage des Vorgangs selbst ('heute früh' —) verfaßter Bericht des Beichtvaters P. Isidore Gazale vom 1. November d. J. vorliegt. Dieser hatte der Genannten den Auftrag erteilt, sich 'für die Seele des verstorbenen Pater Panzini, Abtes in Mantua, darzubringen', d. h. wohl: die Fegefeuerleiden desselben auf sich zu nehmen. Dabei hatte er den Wunsch nach einem Hand-'Zeichen' geäußert, wie es angeblich schon einmal in dem Konvent erhalten worden war. Panzini erschien nun tatsächlich der Fornari, während Gazale die Messe für ihn las, dankte ihr für ihre hilfreichen Leiden, 'legte seine Hand auf ein Brett, welches die Schwester Clara-Isabella vor sich hatte und das zur Herstellung von Wachsbildern des Jesuskindes diente, machte zuerst das Zeichen des Kreuzes darauf, ... und das Kreuz und die Hand blieben auf dem Brette abgedrückt (*gravées*). Dann ergriff die Erscheinung den Arm der Schwester C.-I.; mit der andern Hand drückte sie auf ein Blatt Papier. Auf diese Weise entstanden Abdrücke der wirklichen Hand des Ehrw. Panzini auf dem Arm, dem Hemde. dem Gewande und einem Blatte Papier.' (Die von Allen bezeugte, völlige Übereinstimmung dieser Abdrücke mit der Hand des Verstorbenen wird betont; was wir natürlich auf sich beruhen lassen dürfen.) 'Nachdem die Schwester Clara-Isabella (fährt Gazales Bericht fort) mir dies alles berichtet, habe ich ihr befohlen, die Ärmel ihres Gewandes und ihres Hemdes abzutrennen und mir zu bringen, desgleichen das Papierblatt und das Brett. Was sie auch tat ... Ich bezeuge mit dieser Urkunde, geschrieben von meiner Hand, daß dies alles die reine Wahrheit ist.' — Zingaropoli veröffentlicht überdies einen Bericht des P. Jouet, Apostolischen Missionars, vom Jahre 1901, worin dieser bezeugt, am 17. Juli d. J. in Todi die oben beschriebenen 'Reliquien' 'mit eigenen Augen gesehn, in Händen gehalten' und photographiert zu haben: er fand die bewußten Male 'noch deutlich und unversehrt'. Das Blatt Papier befand sich 'zwischen zwei Kristallplatten', und Jouet machte Aufnahmen 'von beiden Seiten'.

Auf etwa gleicher Stufe der Glaublichkeit steht ein verwandter Bericht, der die Schwester Teresa-Margherita Gesta, eine Korsin aus reicher Familie,

---

[1] kurz bei Perty II 197f.

im Konvent der franziskanischen Tertiarierinnen in Foligno, zur Heldin hat.[1] Diese war am 4. Nov. 1859, 62jährig, einem Schlaganfall erlegen. Drei Tage nach ihrem am 6. erfolgten Begräbnis sollen, nach dem Bericht der Äbtissin, Maria-Victoria-Costanza Vichi,[2] erstmalig klagende Laute im Sterbezimmer und dessen Nachbarschaft gehört worden sein, die man aber der Einbildung furchtsamer Nonnen zuschrieb und nicht weiter beachtete. Am 16., um 10 Uhr vormittags, während die Amtsnachfolgerin der Verstorbenen, Anna-Felicina Menghini (aus Montefalcone) in die große Wäschekammer emporstieg, hörte sie gleichfalls 'erstickte Klagelaute' und glaubte die Stimme der Verstorbenen zu erkennen, redete sich aber ein, es könne eine in einem der Wandschränke eingeschlossene Katze sein, weshalb sie drei derselben aufschloß, ohne aber das vermutete Tier zu finden. Da die Klagetöne andauerten, rief sie, nunmehr erschrocken, aus: 'Jesus Maria, was ist das?', worauf sie, 'in der deutlich erkennbaren Stimme der Verstorbenen', die Worte vernahm: 'O Gott, wie ich leide!' 'Und warum?' fragte die Schwester Menghini. 'Wegen der Armut.' 'Wie! erwiderte die andre, du warst doch so arm!' 'Es handelt sich nicht um mich,' fuhr die Verstorbene fort, 'sondern um die Schwestern! Wenn eins[3] genügt, warum zwei oder drei? Und gib gut acht!' Bei diesen Worten füllte sich die Stube mit einem dichten Nebel, und der Schatten der Abgeschiedenen bewegte sich von einem der Schränke gegen die Treppe zu, wobei er fortfuhr zu reden, aber ohne daß die erschrockene Anna-Felicina es verstehen konnte. Bei der Tür angelangt, sagte [die Verstorbene] mit lauter Stimme: 'Dies ist eine Gnade; ich komme nicht mehr wieder, und zum Zeichen dessen...' In diesem Augenblick führte sie einen sehr deutlichen Schlag [mit der Rechten] gegen [das oberste Stück der Türfüllung]; sofort schwand der Nebel dahin und die große Stube wurde wieder hell.' Erst nachdem die Menghini der Äbtissin und den übrigen Schwestern von ihrem Erlebnis berichtet, nahm man die Tür im Augenschein und fand einen (angeblich wieder völlig lebensähnlichen, nämlich 'sehr kleinen') Handabdruck darauf, wie von einer 'rotglühenden Eisenhand' eingebrannt. — Am 23. November ließ der vom Vorfall unterrichtete Erzbischof von Foligno eine Urkunde darüber aufsetzen (wohl das obige Zeugnis der Äbtissin und der sechs Schwestern), das Grab der Gesta öffnen und ihre Hand mit dem Brandmal vergleichen (!). Die Tür wurde ausgehängt und 'an einem besonderen Orte' aufbewahrt. Eine Phototypie des Mals erschien in *Luce e Ombra*: sie zeigt 'deutlich die Hand dem Holze eingebrannt, besonders tief die Endglieder jedes Fingers.'[4]

Aus dem deutschen Sprachgebiet und nicht-kirchlicher Umwelt lassen sich schließlich noch zwei Beispiele anführen, die wir beide Justinus Kerner verdanken. Das eine betrifft das sog. 'Mädchen von Orlach'. Diese Person, bei der ein 'Geist' längere Zeit hindurch erschien, reichte ihm schließlich zum

---

[1] bei Zingaropoli in LO 1910 614ff.; Bozzano in RS 1931 56f.; Imbert-Gourbeyre II 142ff.
[2] gegengezeichnet von sechs der ältesten Schwestern. [3] *un*; nicht gesagt, was. Diese Dunkelheit ist offenbar nicht bedeutungslos.   [4] Das in [ ] Eingeschlossene nach Imbert-G. Nach seinem Berichte hätte die Schwester auch verbranntes Holz gerochen. — Monseigneur de Ségur bezeugt, die eingebrannte Hand gesehn zu haben.

Abschied die Hand, aber — aus Furcht — durch ihr Sacktuch hindurch. In dieses Sacktuch, welches noch 1867 vorhanden war und auf Daumers Bitte von Hrn. Lehrer Müller in Geislingen untersucht und eingehend beschrieben wurde, brannte die Hand des Phantoms angeblich eine Anzahl Löcher ein, die, durch blos gebräunte Stellen mit einander verbunden, das deutliche Bild einer Hand ergaben. 'Die Brandstellen, sagt Kerner, gaben keinen Geruch von sich, und auch im Momente des Glimmens bemerkte das Mädchen keinen Geruch.'[1]

Das zweite Beispiel findet sich im Rahmen eines der reichhaltigsten und überdies bestbeglaubigten Spukabläufe, von denen ich Kenntnis habe. Ich meine die ehedem berühmten, heute anscheinend fast vergessenen Vorgänge im Weinsberger Oberamtsgefängnis, in der Zelle der 'inhaftierten Elisabeth Eslinger von Baurenlautern', wovon uns der lächerlich unterschätzte Justinus Kerner einen Bericht hinterlassen hat, der auch vom Standpunkt heutiger Zeugnisanforderungen als mustergültig bezeichnet werden darf.[2] Für jede einzelne Tatsache dieses sehr verwickelten Spukverlaufs hat Kerner laufend die ausführlichen Zeugnisse der unmittelbaren Beobachter gesammelt und veröffentlicht, darunter nicht weniger Männer von ausgezeichneter Bildung. Nur das törichte Vorurteil gegen alles, was älteren Ursprungs ist, hat diese Sammelurkunde ersten Ranges dem Gesichtskreis der Forschung entsinken lassen können; — als ob es gesunde Sinne und nüchternen Verstand, Erinnerung für eben Vorgefallenes und wahrheitliebende Sorgfalt in der Aussage vor unsern Tagen garnicht gegeben hätte. — Der Weinsberger Spukfall enthält aber ferner auch das Meiste von dem, was hier bisher an Hinweisen auf persönliches Leben und Objektivität von Phantomen besprochen wurde. Er bietet überdies noch vieles von dem, was den Gegenstand der unmittelbar folgenden Darlegungen bilden wird. Ich füge ihn darum gerade hier meinem Gedankengange ein, als zusammenfassenden Rückblick, als Überleitung zu Neuem, und endlich — wie gesagt — als Beleg für jenes Phänomen, das uns den Übergang von objektiven Wirkungen auf Menschen zu denen auf Dinge vermitteln sollte: die Brandwirkung.

Der fragliche Spuk, der bald als lichte Nebelsäule, bald als genau beschreibbare Erscheinung fast allnächtlich nach 11 Uhr in der Zelle der Eslinger auftrat und, wenn sie sich nicht sofort erhob, sie auf der rechten Seite und am Halse drückte, 'wie ein kaltes, schweres Stück Holz', ließ ihr gar keine Ruhe, 'denn sie sei (sagte er) bestimmt, ihn zu erlösen'. Er gab an, im Jahre 1414 (!) als katholischer Priester namens Anton in Wimmenthal (das noch heute katholisch ist, während die Eslinger lutherisch war) gelebt und unter

---

1) Kerner, Gesch. 41f. 47f.; Daumer II 83, 87ff. 313f.   2) Kerner, Ersch. Das Buch verdient einen Neudruck.

andern Verbrechen eine Vermögensveruntreuung begangen zu haben; sie solle, bat er immer wieder 'mit hohler Stimme', nach Wimmenthal gehn und dort mit ihm an einer Stelle beten, an die er gebannt sei, nämlich in dem Keller einer Frau namens Singhaasin. Auch während ihrer Haft offenbarte er einen wahren 'Gebetshunger': sie mußte ihm soz. 'in den Mund beten', während er 'den Kopf ganz zu ihr niederlegte'.[1] Damit ordnet sich unser Spuk in eine massenhaft belegbare Gruppe von Motivierungen ein.[2]

Selten ist ein Spuk in solch erstaunlichem Umfang 'kollektiv' beobachtet worden. Nicht nur die Mitgefangenen der E., deren Aussagen mit größter Sorgfalt aufgezeichnet sind, sahen zum mindesten den '4—5 Schuh hohen und 1—1$^1/_2$ Schuh breiten weißen Schatten' oder 'Schein', wenn die röchelnde Eslinger über seinen 'Druck' klagte[3] oder sich mit ihm unterredete; sondern auch die Herren des Gerichts und andre Gebildete, die gelegentlich in der Zelle auf die Erscheinung warteten: der Oberamtsrichter Heyd, 'ein ganz wahrheitsliebender, besonnener Geschäftsmann', der Referendar Bürger, der Dr. Seyffer, der Mathematik- und Physikprofessor H. Chr. Kapff, beide aus Heilbronn, der Kupferstecher Duttenhofer, der Pfarrer Stockmayer u. a. m. Diejenigen, die nicht geradezu Entsprechendes schauten, hörten wenigstens die überaus typischen Spukgeräusche, die mit dem Auftreten der Erscheinung stets verknüpft waren: 'Schritte', Rascheln, Tropfenfallen, 'Entladungen', 'Sandwerfen', 'Flügelschlagen', Rütteln und Klirren, dazu mehrfach 'ein Rasseln der Fenster, ein Schütteln des ganzen Hauses gleichsam, ein Getöse, daß die Balken der Kerkerdecke auf uns herabfallen zu müssen schienen', was nach persönlichen Beobachtungen in der Zelle u. a. die Herren Baron von Hügel (von Eschenau), Pfarrer Meguin (von Willspach), Dr. Sicherer (von Heilbronn) und Rechtsanwalt Fraaß (von Weinsberg) bezeugen.[4]

Manche Mitgefangene hörten auch den Geist 'mit einer hohlen ungewöhnlichen und sonderbaren Stimme' zur Eslinger sprechen, selbst ganze Sätze, wie z. B.: 'Du hast mich in der vorigen Nacht versäumt', was u. a. die Neidhardt aus Neuhütten, 'ein sehr heroisches Weibsbild und nichts weniger als furchtsam', gehört haben will. Man mag einwerfen, daß es sich hier wenigstens um Zeugen geringeren Gewichtes handle. Aber auch die 'Frau Oberamtsgerichtsdienerin Maier, eine sehr rechtschaffene wahrheitliebende Frau, die nicht die mindeste vorgefaßte Meinung in dieser Sache hatte,' beschreibt ein 'ganz deutlich' gehörtes Sprechen, 'und zwar in Tönen, die mit nichts zu vergleichen sind, die gar keine menschlichen waren, die gar kein Mensch so hervorzubringen im Stande ist, selbst während die Frau betete und während sie mit uns sprach, und ich versicherte mich aufs bestimmteste, daß sie nicht von der Frau selbst kamen.'[5]

Einmal, nachdem diese Frau Maier mit einer Verwandtin die Nacht in der

---

1) a. a. O. 1. 7f. 12f. 69f. 76 u. sonst.   2) vgl. o. I 198; II 284. Vgl. auch Kerners sehr vernünftige Bemerkungen hierzu S. 214, und Flammarion III 279f.   3) Offenbar gab sie in erster Linie die 'Kraft' zur Erscheinung her, von der wir noch viel hören werden. Vgl. a. a. O. 2f. 33. 39. 128 u. oft.   4) S. 72ff. 122ff. 136f. 143.   5) S. 23. 25f. 32. 38f. 62. 79.

Objektive Wirkungen von Freiluftphantomen

Haftzelle der Eslinger verbracht hatte, bezeugte sie u. a. folgendes: 'Ich erhielt mich geflissentlich wach. Um 10 Uhr hörte ich wie vom Gange her einen Ton, den ich gar mit nichts vergleichen kann. Dann sah ich bald eine Helle zum Fenster herein kommen und hörte ein paar Kracher, wie wenn man Holz zerbricht. Der helle Schatten schwebte an dem Kopfe der Eslingerin an der Wand hin, und dann sah ich, wie der Teppich [d. h. die Bettdecke] weggezogen wurde; sie zog aber den Teppich wieder an sich und wies mit ihm gegen mich hin, worauf die Helle auf einmal zu mir herkam und dann an meinem Teppich mit Gewalt gezogen wurde. Nun schwebte die Helle wieder zur Eslingerin hin und blieb wie auf ihrem Bette sitzen. Wir beide, ich und meine Verwandtin, bemerkten den Schatten ganz genau und sahen ihn im Gefängnis, in dem es sonst ganz dunkel war und in das kein Licht von außen fallen konnte, hin und her schweben. Einmal schlürfte es ganz sanft zu mir her und blieb vor meinem Bette stehen, wobei ich aber [gleich fast allen andern Beobachtern dieses Spuks] einen sehr widrigen, moderhaften Geruch bemerkte. Später stellte es sich in die Ecke am Ofen, wo es dann ganz hell wurde, und ich hörte von daher einen Seufzer, worauf ich sagte: 'Nicht wahr, ich soll dir beten?' Dann hörte ich von daher vernehmlich sagen: 'Dank dir's Gott!' [Einmal] sah ich, wie die Gestalt den Kopf bewegte, aber die näheren Umrisse des Gesichtes usw. konnte ich nicht bemerken. In dieser Nacht schwebte er mehrmals fort und kam dann wieder. Gegen 5 Uhr schwebte er wieder zum Fenster hinaus, und sagte vorher ganz deutlich: Behüt euch Gott.'[1]

Die Meinung, daß es sich hier eben doch um 'suggerierte' Halluzinationen und Illusionen gehandelt habe, wird u. a. auch dadurch erschüttert, daß einige gut berufene, nur wegen 'leichter Polizeivergehen' eingesperrte männliche Zeugen von ihren benachbarten Zellen her Beobachtungen, besonders gehörsmäßige, machten, die sich völlig natürlich in das Bild des Spukes einfügen, obgleich diese Zeugen 'bestimmt nicht eine Sylbe von den Vorfällen bei der Eslinger vorher wußten, und erst durch die Erscheinung und die ihnen unerklärlichen Töne, nachdem sie mehrere Morgen wiederkehrten, nach einer Ursache zu fragen veranlaßt wurden.'[2]

Beachtenswert ist übrigens wieder, daß auch Tiere in der uns schon bekannten Weise auf die Erscheinung reagierten; wie denn z. B. 'eine Katze, die der Oberamtsgerichtsdiener [Maier] in das Gefängnis der Frau sperrte, im Moment des Kommens der Erscheinung an den Wänden hinaufsprang und durchaus entfliehen wollte, und als sie dies nicht konnte, sich zitternd unter [einer Decke] verkroch. Dies fand auch bei einer zweiten Probe mit dem Tiere statt, das aber von dort an die Nahrung versagte, abmagerte und bald krepierte.'[3]

Die eigenartigsten Formen von Kollektivität entstanden aber in unsrem Falle dadurch, daß das Spukphantom sich von der Eslinger zu andern Personen 'senden' ließ. Daraus ergab sich eine Fülle soz. 'lokal-paradoxer'

---

1) 81 ff. Vgl. 10. 24. 57 u. oft.   2) 87 ff.   3) 16. Vgl. 50. 160.

Wahrnehmungen unabhängig von der Person des 'Hauptmediums' — der Eslinger —, die zumeist keineswegs auf Erwartungssuggestionen zurückführbar sind, indem jene gelegentlichen Beobachter nicht wußten, was ihnen bevorstand. So sagte z. B. die schon erwähnte Frau Maier (die 'sich täglich erbietet, das Ausgesagte eidlich zu Protokoll zu geben') während einer ihrer Nachtwachen in der Zelle der E. zu dem 'Schatten', 'als er sich mir wieder genähert hatte und ich seinen kühlen Wind fühlte: Gehe du zu meinem Manne in sein Zimmer, und lasse dort ein Wahrzeichen, daß du dort gewesen.' Hierauf hauchte es deutlich: 'Ja.' Dann hörten wir die geschlossene Gefängnistür auf- und zugehen und sahen einen Schatten hinausschweben, und hörten dann ein schlürfendes Laufen im Gange. Nach einer Viertelstunde sahen wir den Schatten wiederkommen, aber jetzt zu dem entgegenstehenden (verschlossenen, auf den Gang führenden) Fenster herein, und ich fragte ihn: 'Warst du bei meinem Manne, und was machtest du dort?' worauf ich Töne wie ein hohles kurzes Lachen vernahm... Als ich zu meinem Manne kam, erzählte mir dieser mit Verwundern, wie er die Türe seines Zimmers, das er mit Schloß, Riegel und Nachtschloß wohl geschlossen [dafür war Hr. Maier Oberamtsgerichtsdiener!], diesen Morgen völlig offenstehend gefunden habe.'[1]

Ein ganzes Gewebe solcher 'sekundären' — und 'tertiären!' — Wahrnehmungen ergab sich, nachdem der Oberamtsgerichtsaktuar Ekhardt gegen die E. im Verhör geäußert hatte: er wünsche, daß sie ihm die Erscheinung auch einmal in sein Haus sende. Die E. gab die Bitte weiter, das Phantom 'versprach es und ging Schlag 12 Uhr von ihr'. Herr Ekhardt nun — verschlief die Erfüllung seines Wunsches; aber seine Gattin, 'die nichts von der Forderung ihres Gatten wußte', erwachte 'zur selben Stunde', hörte einen schweren Schlag 'auf den Tisch ihres Schlafzimmers, und sah dann vor sich eine Helle stehen, wie eine lichte Nebelsäule.' — Den gleichen Wunsch hatte der Oberamtsgerichtsbeisitzer Theurer im Verhör gegen die E. geäußert: er wurde durch Schritte in seinem Schlafzimmer erweckt und roch 'einen mir unbegreiflichen, furchtbaren Verwesungsgeruch'.[2] Schwere Klang-Erscheinungen wiederholten sich bei ihm 'in verschiedenen Nächten' und verursachten einer Katze wilden Schrecken. — Der Lehrer Neuffer, der im Unterstock des gleichen Hauses wohnte, von allen diesen Beobachtungen nichts wußte und sich so als 'durchaus unbefangen' bezeichnen durfte, hörte gleichfalls das bekannte 'Krachen, Werfen usw.'. Der im Oberstock wohnende Referendar Bürger, der nicht ahnte, daß die E. die Erscheinung gebeten hatte, seine Zweifel zu erschüttern, vernahm in seinem Zimmer 'Metalltöne, wie Glockengeläute, Klöpfeln und Krachen' und schließlich einen 'thierischen Schrei', und nicht nur wiederholten sich bei ihm Gehörs-Phänomene, sondern in der Nacht vom 13. auf den 14. Jan. 1836 um 3 Uhr morgens sah er, 'völlig wach', in der 'Gegend, von der sonst jene Töne kamen, die Wand ganz schwefel-

---

1) 63—5.   2) Vgl. noch 126 (!). 170. Einen Fall von pestilenzialischem Verwesungsgeruch in Verbindung mit gehörtem Spuk s. in The Daily Chronicle v. 15. 4. 1908 (gleichzeitiger Bericht). S. auch d. Fall PS XXIII 255 ff.

gelb erleuchtet, und inmitten dieser Beleuchtung ... einen mannsgroßen, weißen, viel helleren Streifen, als die Beleuchtung war', was sich mit den sonderbarsten, aber wieder typischen Gehörseindrücken verband: Papierrascheln, Rollen, Schritte.[1]

Ferner, als die Eslinger von den Zweifeln eines Weinsberger Bürgers, namens Kümmel, hörte, bat sie das Phantom, auch zu diesem zu gehen, worauf es sich 'wie ein Blitz' entfernte. Kümmel wurde gegen 5 Uhr aus ruhigem Schlaf erweckt, fühlte sich überrieselt und sah 'ganz deutlich einen Schatten in der Gestalt eines gebückten Mannes' herankommen, von dem ein 'kühler Wind' ausging. Etwas früher, 'ungefähr um 4', hatte sein im Unterstock schlafender verheirateter Sohn Krachen und andere Geräusche gehört und den Schrecken seines 4jährigen Söhnchens erleben müssen, 'als wäre etwas Unheimliches um ihn.' 'In der andern Nacht', schon gegen 11 Uhr sah Kümmel 'einen großen schwefelgelben Glanz an der Wand des Zimmers, der mehrere Minuten andauerte', hörte einen 'gellenden Ton' und fühlte sein Backenbart- und Schläfenhaar 'von einem durch dieselben fahrenden Wind ganz fühlbar bewegt.' In einer dritten Nacht roch auch er den 'ganz widrigen Leichengeruch': die Eslinger war schon nicht mehr in Weinsberg![2]

Dem 'bekannten Landschaftsmaler, Herrn Dörr von Heilbronn' — 'ein großer Zweifler an derlei Dingen' — gelang es sogar, den Geist bis in seine Heimat zu locken, indem er gegenüber den Herren Maler Wagner von Heilbronn und Pfarrer Stockmeyer von Steinsfeld den Wunsch nach einem solchen Besuche äußerte, als diese sich in das Gefängnis begaben. Wir erfahren nicht, ob der Wunsch der E. mitgeteilt wurde, wollen es aber jedenfalls annehmen. In der Nacht vom 29. auf den 30. Dez. 1835 nun, um $^1/_2 5$ völlig wach im Bette liegend, unfähig wieder einzuschlafen und 'über meine Geschäfte nachdenkend', fühlte Dörr überraschend 'etwas neben mir, was einen ganz kalten Wind in mein rechtes Ohr hauchte,' hörte ein Geknister und dann 'einen noch stärkeren Schall' und wurde von einem Schauer überfallen.[3]

Kerners Gattin gegenüber verlief eine ähnliche 'Sendung' noch merkwürdiger. Sie wurde zunächst von der Eslinger im Gefängnis erwartet, von ihrem Mann aber aus Gesundheitsrücksichten nicht hingelassen, worauf sie, 'ohne die mindeste Erwartung einer Erscheinung' in ihrem Hause schlafend, gegen 12 Uhr durch eine hohle, ihr ins linke Ohr sprechende Stimme geweckt wurde und 'eine schwarze Wand vor ihrem Bette' wahrzunehmen glaubte, 'aus der sich aus hellen Nebelstreifen, die nach und nach auf ihr erschienen, eine helle Gestalt bilden' zu wollen schien. Als Kerner am nächsten Morgen zur Eslinger kam, sagte ihm diese, ehe er ein Wort gesprochen, 'sie habe die Erscheinung, da meine Frau nicht gekommen, zu ihr gesandt.' 'Von dort an (schreibt Kerner) kam die Erscheinung auch ohne das Geheiß der E. durch viele Wochen hindurch fast in jeder Nacht in unser Haus und verkündigte sich durch die bekannten Töne und Lichterscheinun-

---

1) 158. 165.　　2) 166f.　　3) 171ff. Die Anwesenheit von Mäusen ließ sich durch achttägige Versuche ausschließen. — Gleiche Wahrnehmungen (nebst Leichengeruch) machte in Heilbronn auch Prof. Kapff (175f.).

gen,' gelegentlich auch den Klang eines Schusses und Zupfen an der Decke. In einer Nacht (vom 21. auf den 22. Dez., — Frau Kerner war noch immer sehr zweifelsüchtig) 'klöpfelte es am benachbarten Nachttisch und rauschte dann an der Bettlade, zupfte ihr auch an der Bettdecke, bis sie herumsah, worauf sie eine ganz lichte Gestalt, doch ohne bestimmt zu erkennende Gesichtszüge vor sich stehen sah.' Ganz steif und wie gelähmt, wandte sich Frau K. gegen die Wand herum, 'wo sie immer noch die Helle, die die Gestalt auch gegen die Wand geworfen, gesehen' habe.[1]

Das gleiche Verhältnis: erst Erscheinung, dann Belehrung über die erfolgte Sendung, hatte auch andern Personen gegenüber statt. In einer 'Nacht gegen Morgen wurden Herr Oberamtsgerichtsaktuar Ekhardt und seine Gattin in ihrer Wohnung ... durch mehrmaliges furchtbares Krachen, gleich einem Schusse, in ihrem Schlafzimmer erweckt. Sie sagte: daß diese Töne eigentlich mit gar nichts zu vergleichen seien... Ohne der Eslinger das Mindeste davon zu sagen, gab man ihr bloß auf, den Geist zu fragen, wo er in dieser Nacht noch sonst gewesen, worauf er auch wirklich Hrn. Oberamtsgerichtsaktuars E. Wohnung nannte.'[2]

'Daß diese Erscheinung,' schließt demnach Kerner, 'auch frei für sich wirkte und nicht bloß an den Willen der E. sich band, daher nicht wohl ein bloßer Ausfluß von ihr war, dafür sprechen auch die Erfahrungen, daß sie auch in Häusern kam, wohin sie die E. nicht schickte, und daß hier nicht Ansteckung wirken konnte, dafür spricht, daß die Erscheinung zu Menschen kam, die die E. gar noch nicht gesehen, ja von ihr kaum gehört hatten, wie z. B. Herr Lehrer Neuffer, Herr Maler Dörr usw.'[3]

Das so eigenartig kollektiv beobachtete Phantom zeigte nun aber auch noch andere Objektivitätsmerkmale der bisher berührten Arten. — Eins ist bereits mehrfach gestreift worden: die 'schwefelgelbe schwebende Helle', aus der die Erscheinung nicht nur für die meisten Beobachter allein bestand, sondern die sie auch um sich verbreitet zu haben scheint. Über diese liegen einige sehr bemerkenswerte Zeugnisse vor. So berichtet die öfters erwähnte Frau Maier unmittelbar nach der Beobachtung (in einer 'ganz finsteren Regennacht', während welcher im Gefängnis 'durchaus schwarze Nacht' herrschte), daß sie gegen 12 Uhr durch das Fenster der Eslingerschen Zelle eine 'schwefelgelbe Helle' sanft hereinschweben sah. 'Bald kam die Helle und das kühle Wehen mir immer näher. und es wurde nun [die Decke] meines Bettes so helle, daß ich [sie], wie auch meine Arme und Hände, ganz sah...' — Ähnliches berichtet Kerner selbst, nachdem er am 30. Dez. 1835 gemeinsam mit Dr. Seyffer eine schneewolkenverhangene Nacht bei der E. verbracht, deren Zellenfenster überdies von ihm 'fest mit Tüchern umhängt' worden, während die Tür geschlossen und das Licht gelöscht, sodaß es im Gefängnis 'durchaus finster' war. 'Gegen halb 8 Uhr erschien auf einmal in horizontaler Richtung von dem verhängten Fenster gegen Dr. Seyffer herkommend eine ganz intensive schwefelgelbe Helle in dieser Finsternis, die

[1] 177 ff. 180 f.   [2] 76 f.   [3] 190.

Objektive Wirkungen von Freiluftphantomen

den Dr. Seyffer und noch einen kleinen Teil unten am Bett der Eslingerin, an dem wir saßen, in den intensivsten Glanz versetzte. Ich, der ich ganz nahe an Dr. Seyffer stand, wurde nicht beleuchtet, ich blieb dem Dr. Seyffer ganz unsichtbar, ganz schwarz, wie sonst die Nacht in diesem Gefängnisse, während er seine Füße, seine Arme, seinen Leib und seine silberne Dose, die er gerade in der Hand hatte, in völligem Glanze sah, in einem Glanze, in dem auch ich ihn beleuchtet sitzen und später, als er sich erhob, stehen sah. Diese Lichterscheinung schwebte sanft dreimal hin und her, und blieb somit eine halbe Viertelstunde. Die E. behauptete, sie noch zu sehen, als wir sie nicht mehr sahen, sagte auch, daß sie in ihr die schon oft bezeichnete Gestalt sehe, die ganz auf Dr. Seyffer zugegangen sei und diesen mit ihrem Schein gleichsam übergossen habe.'[1]

Berührungen wie 'von einer Hand' erfuhren im Gefängnis selbst z.B. die Catharina Sinn von Oberhambach, welche 'ganz sanft an die Stirn gegriffen' wurde; die F. Rosina Schahlin, eine Person 'von kräftiger Gesundheit, männlicher Herzhaftigkeit und Besonnenheit', die sich 'mit zwei Händen angerührt' fühlte; ferner die Sophie Seyfferin von Löwenstein, die sich sogar 'gedrückt' fühlte. — Auch zwei männliche Gefangene bezeugten ein gleiches, Friedrich Gailing aus Rappenbach und Joh. Stoll aus Bonlanden, denen 'kein Wort von den früheren Vorfällen gesagt' worden war. Jener war in der ersten Nacht im Gefängnis 'ganz wach', als 'etwas an sein Lager kam und ihn an der Brust berührte, wie mit einer harten kalten Hand; er wollte rufen, konnte aber nicht. Nach einigen Minuten verließ es ihn, und dann hörte er auf dem Boden Töne, als wäre etwas von seiner Seite heruntergefallen. Er fühlte sich nun frei, aber im nämlichen Momente schrie der Kamerad (Stoll), der auf der andern Pritsche lag: Was greift denn nach mir! und fing zu fluchen an. Er hatte wirklich das Gefühl, als packte ihn jemand fest an der Seite, auf das Fluchen aber wich es mit Rauschen aus dem Gefängnisse.'[2]

Diese Aussagen werden ergänzt durch ein Zeugnis des (wie wir schon hörten) äußerst 'ungläubigen' Herrn Maier, der gleich andern den Wunsch geäußert hatte, die E. möge ihm den Geist 'zusenden'; worauf er, 'ohne [wohl infolge seiner Ungläubigkeit] die Erfüllung [des Wunsches] im mindesten zu erwarten', in zwei aufeinanderfolgenden Nächten je an einem Ellenbogen schmerzhaft berührt wurde, sodaß am nächsten Morgen 'mehrere blaue Flecken' sich fanden.[3] Aus naheliegenden Gründen sind diese Beobachtungen zweifelhaft, und ich erwähne sie nur, teils weil auch Maier während der zweiten Berührung 'einen unausstehlichen Verwesungsgeruch' wahrnam, teils um nun endlich auf diejenige Beobachtung überzuleiten, die uns den nächsten Anlaß zur Einführung dieses Spukfalls gab.

Es berichtet nämlich 'die jedem Einwohner von Weinsberg als redlich und verständig bekannte Frau Fabrikantin Wörner' unter Angebot des Eides, daß sie die Eslinger auf der Fahrt nach Wimmenthal begleitet habe, wo diese, wie wir hörten, auf Bitten des Geistes an einer bestimmten Stelle für ihn beten

---

1) 10. 24. 139ff. Das Mehr-Wahrnehmen besonders 'sensitiv' Veranlagter kennen wir bereits als typisch.   2) 31. 35f. 156f.   3) 148ff.

sollte. Während dieses Betens sah sie u. a., 'daß ... sich der Eslingerin eine lichte Gestalt näherte,' wonach man jene besinnungslos auf dem Boden liegend fand. 'Wieder zu sich gebracht, erzählte sie, daß die Erscheinung zum Abschiede von ihr die Hand gefordert, die sie vorher mit einem Tuch umwickelt und so ihr gereicht habe. Da sei von dem Tuch ein Flämmchen aufgefahren, und wie etwa die Berührung mit den Fingern der Erscheinung geschehen sein mag, fand man auch in dasselbe, jedoch ganz geruchlose Stellen gebrannt.'[1]

Man wird dies natürlich an sich nicht als ein genügendes Zeugnis für ein so außerordentliches Geschehen gelten lassen können. Nun steht es ja aber nicht vereinzelt da, und die Frage ist zunächst, ob sämtliche oben beigebrachte Zeugnisse uns die Tatsache des 'Einbrennens' von Phantomhänden in Gegenständen glaubhaft machen können. Einzelne dieser Zeugnisse sind doch wohl derartig, daß wir ihnen entgehen können nur durch die Annahme betrügerischer Erzeugung von Brandmalen oder lügnerischer Behauptung von solchen; und trotz allem, was man einer *pia fraus* in die Schuhe zu schieben bereit sein mag, wird man sich zu solcher Annahme nicht leicht entschließen. Jedenfalls wird nicht erfordert, daß wir die behaupteten Wirkungen verstehen, ehe wir sie als Tatsache gelten lassen. Bozzano hat geltend gemacht, daß Wärme und Kälte ein einheitlich geartetes 'vibratorisches Phänomen' darstellen, dessen Wahrnehmung durch uns sehr relativ sei, und folgert, 'daß wenn die vibratorische Spannung (*tonalité*) der Fluida, mit denen die Geister Verstorbener zwecks Sichtbar- und Fühlbarmachung sich umkleiden, beträchtlich stärker wäre als diejenige tierischer oder pflanzlicher Gewebe, ... eine Zerstörung letzterer, ähnlich wie durch Feuer, notwendigerweise erfolgen werde.'[2] Solche oder ähnliche Gedanken liegen ja nahe genug. Doch muß natürlich jeder Deutung die Feststellung der Tatsache an sich vorausgehen, und ich möchte glauben, daß diese umso leichter fallen wird, in je größeren Zusammenhang man sie stellt. Manches, was noch zur Sprache kommen wird, dürfte dies fühlbar machen. Je körperhafter aber uns am Ende das Phantom erscheint, umso eher werden wir geneigt sein, von seiner abnormen Körperhaftigkeit auch abnorme Wirkungen herzuleiten. So sei schon hier daran erinnert, daß 'Hitze' abnorm bewegter Gegenstände (z. B. in Spukhäusern 'geworfener' Steine) sehr oft beobachtet wird, und daß in einem der außerordentlichsten Fälle boshafter Spukerei die Störungen bis zur Inbrandsteckung von Möbelstücken fortschritten.[3] Freilich wird die körperliche Nähe anscheinend objektiver Phantome bekanntlich meist als kalt, und

---

1) 210. 205 ff.   2) RS 1931 203.   3) Pr XII 320 f. 328 f.

nicht als heiß empfunden, und dies könnte der Behauptung ihrer Brandwirkung zu widersprechen scheinen. Indessen wird ja auch in den obigen Fällen mehrfach Brandgeruch ausdrücklich bestritten. Dies könnte dafür sprechen, daß neben wirklicher Verbrennung auch noch andre Arten der Zerstörung von Geweben in Frage kommen. Doch scheint mir die Zeit für solche Einzelerörterungen noch nicht gekommen.

Im übrigen brauche ich jene Bestandteile des Weinsberger Spuks nicht aufzuzählen, in denen er früher Behandeltes wiederholt und bestätigt. Neben ihnen werden dem Leser andre aufgefallen sein, die über das bisher Belegte hinausgehn: nämlich gewisse objektive Wirkungen an Gegenständen, wie das Öffnen und Schließen von Türen, oder das Zupfen an einer Bettdecke; ferner die merkwürdige, aber weitverbreitete und durchaus bezeichnende Wahrnehmung eines 'kühlen Windes' und eines 'Verwesungsgeruchs' in der Nähe des Phantoms, endlich seine gelegentliche 'Bildung' aus etwas wie Nebel oder lichten Streifen. Auch die mannigfachen Gehörserscheinungen — Rascheln, Klopftöne, starke Schläge u. dgl. — sind noch nicht ausführlich besprochen, wiewohl schon mehrfach gestreift worden. Wir werden jetzt diese und andre objektive Leistungen von Spukphantomen etwas genauer erörtern müssen.

Der Weinsberger Spuk brachte mancherlei fraglos objektive — 'physikalische' — Vorgänge mit sich, zu denen die stärkstbezeugten Seitenstücke so massenhaft sind, daß kein vernünftiger Zweifel sie antasten kann, und auf deren Ausnutzung ich gerade hier doch verzichten muß, weil ihre Abhängigkeit von einem objektiven, gestalteten Phantom einstweilen völlig undurchschaubar ist. Ich meine vor allem das 'Klöpfeln', Klopfen und 'Schlagen' (wie wir schon wissen, ein Bestandteil zahlreicher Spuke), an das sich übrigens in Weinsberg verwandte Vorgänge von noch größerer Heftigkeit anschlossen: ein gewaltsames Rütteln der 'ganz dicken, feststehenden Eisenstangen' der Fenster, an denen angeblich selbst 'sechs Menschen nicht den mindesten Ton' erzeugen konnten; oder heftige 'Stöße', bei denen 'das ganze Haus zitterte,' Schläge, die 'kaum der stärkste Mann hervorzubringen imstande gewesen wäre,' und bei denen 'die Balken der Kerkerdecke auf uns herabfallen zu müssen schienen.'[1] Vorgänge dieser Art könnte man ja schließlich versucht sein als Wirkungen gleichsam nahezu richtungsloser 'Entladungen' im Zusammenhang mit einer stark 'medialen' Person, wie der Eslinger, aufzufassen.[2] Daß sie auf das Phantom zurück-

---

[1] Kerner, Ersch. 91. 99. 104. 129.   [2] Vgl. meinen Aufsatz 'Ein wenig beachtetes physikal. Phän.' in ZpF 1926 und d. Fall in PS XV 531 ff.

gingen, mag sehr wahrscheinlich sein; aber das Wie wäre schwer zu bestimmen und ein deutlicher Hinweis auf objektive Eigenschaften jenes Phantoms daraus nicht abzuleiten.

Ebenso dunkel wird wohl noch lange die Natur jener massenhaft und einwandfrei bezeugten Lärmerscheinungen bleiben, die sich meist durch den Vergleich mit allerhand menschlichen Verrichtungen beschreiben lassen, und doch nicht von solchen Verrichtungen (im objektiven Sinn) herrühren: Umherschieben oder Hinwerfen schwerer Gegenstände, 'Möbel', 'Kisten', 'Fässer', 'Metallteile'; Zuschlagen von Türen u. dgl. m.[1] Gleichwohl scheint es, daß solchem Spuklärm irgendwelche Objektivität nicht abzusprechen ist; nicht so sehr, weil er meist auch kollektiv wahrgenommen wird, als auf Grund der seltsamen Beobachtung,[2] daß er fast immer verstummt, wenn man das Zimmer betritt, aus welchem er zu erklingen scheint; ein Umstand, der nicht leicht mit einer Deutung durch Halluzinationen (selbst spiritistisch angeregte) in Einklang zu bringen ist.

Auch der Objektivitätssinn jener gewöhnlichsten aller Spukformen: gehörter Schritte, ist einstweilen kaum auch nur annähernd zu bestimmen: denn haben Spukphantome genügend Gewicht und Dichtigkeit, um durch Auftreten Schall zu erzeugen? Das Gehen des Spuks wird oft so deutlich und so kollektiv gehört, wie das Gehn eines Lebenden; und dennoch hinterläßt es — man hat gelegentlich den Versuch gemacht — keine Spuren auf ausgestreutem Mehl.[3] Trotzdem fehlt es nicht an Behauptungen, daß der 'schwere Tritt' eines Spuks ein Bett zum Erzittern und ein die Treppe hinabschreitendes Phantom eine lose Stufe zum Knarren gebracht habe!

Das erstere behauptet die Kinderpflegerin Ethel C., 'eine höchst gescheite und achtbare Person' nach Prof. Barretts Urteil, von einem Spukhause in Worcestershire, wo sie überdies an der Kehle und in der Seite von einer Hand gepackt worden sei, während andre Zeugen, darunter die Dame des Hauses, weitere typische Einzelheiten des Spuks beschreiben.[4] — Die andere, ebenso seltsame Tatsache berichtet die betreffende Perzipientin leider erst 30 Jahre nach der Beobachtung, allerdings mit großer Bestimmtheit. 'Fast jede Nacht (schreibt sie) hörte ich diese Schritte, und setzte mich zuweilen auf die Treppe, die Pfosten des Geländers auf beiden Seiten mit meinen Händen umklammernd. Nichts Körperliches hätte an mir vorübergehen können; aber die Fußtritte taten es deutlich. Zwei Stufen des untersten Treppenabschnitts knarrten (oder quiekten) stets, wenn man sie betrat, und wenn ich die Fußtritte kommen hörte, pflegte ich zu zählen, und das Knarren kam stets regelrecht auf diesen beiden Stufen. Es waren Tritte wie von

1) Vgl. Mattiesen 540f.; Pr X 180. 347.   2) von Bozzano (Hant. 54) theoretisch betont.   3) S. Stead 263 (d. ehemals berühmte Willington Mill-Fall).   4) JSPR XVII 34ff., bes. 39. (Köchin als Medium.)

schweren unbeschuhten Füßen', und die Beobachterin folgte ihnen zuweilen durch das ganze Haus.[1]

Etwas festeren Boden unter den Füßen scheinen wir zu gewinnen, wo es sich um die Erzeugung gewisser **Bewegungen von Dingen** handelt, die zunächst den Eindruck der 'Handmäßigkeit' machen müssen, wenn eine solche Erzeugung auch meist nicht unmittelbar beobachtet, sondern nur erschlossen werden kann. Das Weinsberger Phantom z. B. soll, wie schon angedeutet, nicht immer durch geschlossene Türen und Fenster hereingekommen sein, sondern sie oft genug hörbar oder sichtbar geöffnet haben, sodaß man etwa durch die offene Tür die Dinge auf dem 'Gang' davor habe sehen können.[2]

'Ich sah die Türe aufgehn, dann schlürfte es herein,' sagt die Margaretha Laibesberg aus, und die Maria Bär bezeugt: 'Die Türe ging auf, sodaß ich sie wirklich aufgehen sah, und die Helle ging hinaus'; und bald danach: 'Die Türe ging wieder auf und durch sie die Helle.' Ein andermal, bekundet die Frau Maier, 'wurde das uns entgegenstehende Schiebefenster mit einer solchen Gewalt auf- und zugestoßen, daß ich befürchtete, es seien alle seine Scheiben zerschmettert.'[3]

Wer auf so alte — wiewohl 'frische'! — Aussagen Ungebildeter hin eine solche Tatsache nicht glauben mag, muß sich mit besseren Zeugnissen abfinden: Öffnen und Schließen von Türen wird, zwar nicht immer in unmittelbarer Verbindung mit einem sichtbaren Phantom, aber doch von Häusern, in denen zu andern Zeiten Phantome auch gesehen wurden, zu oft und bestimmt bezeugt, als daß es so leicht zu mißachten wäre.

Von einem Hause in Hammersmith (London) berichtete Mrs. W. B. R-d im Sommer 1883: 'Ich selbst habe es häufig erlebt, daß Türen für mich geöffnet wurden, ehe ich ein Zimmer betrat, als ob eine Hand hastig die Klinke herabgedrückt und [die Tür] aufgestoßen hätte.'[4] — Und ganz ähnlich Tweedale, jedenfalls ein Mann, der genau weiß, was er sagt: 'Wir haben gesehen, wie erst die Klinken unsrer Türen herabgedrückt wurden und dann die Tür sich öffnete, genau wie wenn eine Person die Tür öffnete und hereinkäme, während doch niemand zu sehen war.'[5]

Etwas weiter geht ein Bericht der Miss L. H. aus einem ganz typischen Spukhause, wonach sich eine Tür von selbst geöffnet habe und dann 'ein seltsames bleiches Licht hereingeströmt' sei.[6] — Auch mag hier ein Zeugnis der hochgebildeten Mrs. Crowe angeführt werden, die 'mit völliger Sicherheit' zu wissen behauptet, 'daß der Vorgang des Türenöffnens statthat in einem Hause nicht weit von wo ich schreibe, und zwar zuweilen, wenn zwei Personen in dem betreffenden Zimmer schlafen — eine Dame und ein

---

1) Pr III 80 Anm. 2. Vgl. vielleicht auch JSPR XVI 278. 290f.   2) Kerner, Ersch. 9. 86. 130.   3) Das. 61. 66. 84. 86.   4) Pr III 115. Vgl. VI 262 Abs. 7 u. Stead 298.   5) Tweedale 231 (zwei Zeugen).   6) Pr X 343f.

Herr. Nachdem die Tür beim Zubettegehen fest geschlossen, das Zimmer gründlich durchsucht und jede Vorsichtsmaßnahme getroffen worden — denn sie wollen nicht an die spukige Art der sie belästigenden Störungen glauben —, werden sie dadurch geweckt, daß sie die Tür aufgehn hören, und finden sie weit offen, wenn sie sich erheben, um nachzuforschen.'[1]

In dem berühmten Spukhause des Schweizer Rechtsanwalts Joller, wo die heftigsten Störungen vom Herbst 1860 bis zur freiwillig-unfreiwilligen Aufgabe des Hauses im Okt. 1862 dauerten, öffneten sich vielfach Türen, die man verschlossen hatte. 'Kaum [waren die Kinder] weg, stand die vorher geschlossene Schreibzimmertür des Vaters wieder offen; sie schlossen sie noch einmal zu. Bald meinten sie, ganz deutlich die dumpfen Tritte eines über die Stiege Herunterkommenden zu vernehmen. Da ging die Kammertür auf; auch diese schlossen sie und schoben, so gut es gehen wollte, den Nachtriegel vor; dessenungeachtet öffnete sie sich wieder.'[2]

Vielleicht die machtvollsten unter allen glaubhaft bezeugten Beispielen von Türenhandhaben gehören dem schon erwähnten Spuk im Hause der Wesleys an. John Wesley selbst berichtet, daß seine Schwester, die dem 'Klopfen' wiederholt von Zimmer zu Zimmer nachging, einmal beim Schließenwollen einer von ihr geöffneten Tür die Erfahrung machte, daß diese 'gewaltsam gegen sie gestoßen wurde; sie aber drückte Knie und Schulter gegen die Tür, preßte sie zu und schloß mit dem Schlüssel ab... Von da an war sie restlos überzeugt, daß kein Betrug an der Sache beteiligt war.' — Und das gleiche berichtete Wesley von seinem Vater. Dieser charaktervolle Mann hatte eines Tags in Gegenwart des Sohnes zu dem 'Klopfgeist' gesagt: 'Du tauber und stummer Teufel! Warum erschreckst du diese Kinder...? Komm zu mir auf meine Arbeitsstube, der ich ein Mann bin.' Sofort klopfte es, wie er [der Vater] stets an der Pforte zu klopfen pflegte, [so stark,] als wollte es das Brett in Stücke brechen; und wir hörten nichts weiter in jener Nacht. — Bis zu dieser Zeit hatte mein Vater nie die geringste Belästigung in seiner Arbeitsstube erfahren. Aber am Abend darauf, als er in sein Zimmer gehen wollte (dessen Schlüssel niemand außer ihm besaß) und die Tür öffnete, wurde diese mit solcher Gewalt zurückgestoßen, daß es ihn fast zu Boden geworfen hätte.'[3]

Unter den Fällen, welche den Vorgang des Türöffnens in örtlicher und zeitlicher Verwobenheit mit deutlichen Phantomerscheinungen darbieten, ist einer der bemerkenswertesten der von Gurney mitgeteilte aus dem Hause der verstorbenen Mrs. X., der auch den Vorzug der Kollektivität besitzt. Ich ziehe nur das Wichtigste aus.

Am 18. Sept. 1886 starb Mrs. X. Etwa 6 Wochen später erwachte — nicht in dem Sterbehause — ihre Kusine Miss A. eines Nachts mit dem bekannten Anwesenheitsgefühl und sah die Verstorbene, in Weiß, in einem Schaukelstuhl am Fenster sitzen. Zwei Wochen danach wiederholte sich die Erschei-

---

1) Crowe 398 (by a consciousness that it is opening). 2) PS XIII 57. Vgl. Pr III 81f.; Jung 293f. (1. Hand); Sph XXI 217 ff. 3) Owen, Footfalls 161. 163. Vgl. 167.

nung, die Gestalt 'erhob sich, kam durch das Zimmer an mein Bett und zog mit einer Hand (der Linken) den Vorhang zurück. [Auf die erschreckte Frage, was sie wolle,] beugte sie sich nieder und sagte ganz deutlich: Drei Tage, nur drei Tage.' Miss A. schrieb diese Erlebnisse ihren angegriffenen Nerven zu und sprach zunächst zu niemandem davon. — Im März 1888 wurde der Witwer im Sterbehause 'durch ein ungewöhnliches Klopfen geweckt' und erblickte nahe seinem Bette eine Frauengestalt (aber ohne deutliche Gesichtszüge), die auch dort verblieb, während er mehrmals die Augen schloß und wieder öffnete. Über ein halbes Jahr später, im Nov. 1888, fünf Monate vor der Berichterstattung, des Nachts um 2.25, wurden er und sein kleiner Sohn wiederum durch einen 'furchtbaren Lärm' wie von zerschmettertem Glas geweckt, ohne die geringste Erklärung dafür entdecken zu können. — Im gleichen Monat sah Mr. X.s älterer Sohn, ein 10jähriger Knabe, eine 'Gestalt ganz in Schwarz, welche verschwand'. Seine Schwester sah im Mai 1888, unmittelbar nach einem 'plötzlichen Lärm', eine 'in Weiß gehüllte Gestalt' neben ihrem Bett, angeblich noch ehe sie geschlafen hatte. 'Die Hand wurde ausgestreckt, als versuche sie, die Bettdecke zurückzuschlagen.' Als Miss X. vor Schrecken aufschrie und mit dem Arm nach der Erscheinung schlug, 'zog sich diese etwa einen halben Meter zurück; dann kam sie wieder vorwärts, aber meine lauten Schreie riefen meinen Bruder herbei', und die Gestalt verschwand. Auch der Bruder berichtete nun, daß er die Gestalt schon einmal gesehen habe. Eine weitere Beobachterin, Miss B., sah sie gleichfalls dreimal. Bei einer dieser Gelegenheiten, offenbar ganz kurz vor ihrer Berichterstattung,[1] 'hörte ich meine Tür ein Geräusch machen, sah aber nichts.' — Diese letzte Angabe bringt mich zu gewissen Aussagen des Mr. X., um deren willen ich den Fall hier eingeordnet habe. Seit den beiden von ihm gesehenen Erscheinungen, schreibt er, 'hören wir immerzu Fußtritte die Treppen auf- und niedersteigen und Treppen knarren, und sehen die Eßzimmertür sich langsam halb öffnen, ohne daß eine Erscheinung gesehen würde.' Auf die Frage, ob dies letztere nicht durch Wind oder ungenügendes Schließen erklärt werden könne, erwiderte X. schriftlich: 'Wir haben ein solches Öffnen der Tür weder vorher noch seitdem beobachtet, und ich glaube nicht, daß der Wind es auf solche Weise bewirken könnte.' 'Die Tür war vollkommen fest eingeklinkt,[2] aber nicht verschlossen, und Miss B. und ich, zusammen mit einer Bekannten, saßen in dem Zimmer, als unsre Aufmerksamkeit durch ein Knarren der Tür erregt wurde und wir beobachteten, wie sie sich langsam etwa bis auf ein Drittel öffnete und dann so stehen blieb.'[3]

Wir sind indessen nicht ganz auf Fälle angewiesen, in denen das die Tür vermutlich öffnende Phantom selbst unsichtbar bleibt. Tweedale erwähnt andre Beobachtungen in seinem eignen Hause, die den vollständigen Tatbestand soz. in zwei Abschnitten zeigen.

'Bei einer Gelegenheit, als ich und meine Familie beim Abendessen zu Tische saßen, öffnete sich die Tür und die Hand eines Mannes, mit Rock-

---

1) vom 4. 3. 1889; sie sagt: the other night ...   2) closed close to.   3) Pr V 442 ff.

ärmel, Hemdstulpe und Stulpenknopf, glitt herein und ergriff den Knopf auf der Innenseite [der Tür]. Dies wurde gleichzeitig von drei Personen gesehn und gehört. Ich war der einzige Mann im Hause (15. Juni 1909). — Wiederum (fährt er fort) wurde am 12. Mai 1912 eine phantomhafte Gestalt von zwei Zeugen beobachtet, wie sie eine Tür öffnete und ins Zimmer kam, wobei die Tür offen blieb; desgleichen am 1. März 1911.'[1]

Nicht so eindrucksvoll, wie diese sehr ausdrücklichen Behauptungen, sind die Angaben des englischen Fliegerleutnants J. J. Larkin über die Erscheinung seines Kameraden David M'Connel, der kurz zuvor, ohne daß man es schon wußte, mit seinem Flugzeug abgestürzt und umgekommen war. Während Larkin am Kamin rauchte und las und 'sicherlich wach' war, hörte er jemand den Gang heraufkommen; 'die Tür öffnete sich mit dem gewöhnlichen Geräusch und Klappern, das David stets machte;[2] ich wandte mich in meinem Stuhl halb um und sah ihn in der Türöffnung stehn [war die Tür vorher fraglos geschlossen gewesen, so mußte sie sich allerdings geöffnet haben], halb im Zimmer und halb außerhalb, den Türknopf in der Hand haltend [das scheint dem Faß den Boden auszuschlagen].' Er war in seiner Fliegerausrüstung, rief *'Hello, boy'* und — auf eine Frage — 'Ja. Kam gut hin, hatte eine gute Fahrt.' 'Ich blickte ihn die ganze Zeit über an (schreibt Larkin), während er sprach. Er sagte: *'Well, cheero!',* schloß die Tür sehr geräuschvoll und ging hinaus.' L. fuhr fort zu lesen und begriff erst später, daß er mit einem Toten gesprochen hatte.[3]

Höchst eigenartig dagegen, nur leider viel zu lang, um hier in eindrucksvoller Form angeführt zu werden, ist ein Spukbericht des Mr. Ralph Hastings, wonach die sehr häufig gesehene und angeblich eindeutig identifizierte Spukgestalt gelegentlich 'die Hände automatenhaft emporhob; sie ruhten auf dem Fensterrahmen [die englischen Fenster werden bekanntlich auf- und niedergeschoben]; er kam ein Stück Weges herab, hielt einen Augenblick an, wurde dann geräuschlos geschlossen, und ich sah eine Hand sich erheben und das Fenster zuriegeln. Die ganze Zeit über blickte ich unverwandt hin.'[4]

Eine etwas 'feinere Handleistung' des Phantoms haben wir schon in der Zelle der Eslinger kennengelernt: das Ziehen an einer Bettdecke. Man findet es merkwürdig häufig in Spuk-Urkunden erwähnt, wennschon meist ohne die Wahrnehmung einer Erscheinung.

Der schon zu Wort gekommene Chorherr Sch. in Uffikon berichtet, er sei 'nächtlich sehr oft geweckt worden durch ein Zupfen an [seiner] Bettdecke. an Kissen, ja durch völliges Wegziehen der Decke mit Gewalt, im Fall er sie festhalten wollte.'[5] —

In den zunächst vertraulich gedruckten, dann in den *Proceedings* der Ges. f. ps. F. veröffentlichten Aufzeichnungen des Earl of Dunraven über den be-

---

1) Tweedale 231.   2) mit der Tür? Hier wünscht man mehr Ausdrücklichkeit.
3) JSPR XIX 76ff., bes. 80f. Die Möglichkeit einer Verwechselung wird ausführlich erörtert und für völlig ausgeschlossen erklärt.   4) Stead 276ff.; s. bes. 279. 278. 280. 282 (nach Tagebuchaufzeichnungen).   5) Kerner, Ersch. 284.

rühmten D. D. Home findet sich ein Bericht des Hrn. J., 'zwei oder drei Tage' nach dem Vorfall dem Earl übermittelt. 'Ich begab mich in dem Aushilfszimmer zur Ruhe, löschte aber nicht sogleich das Licht. Ich lag mit dem Gesicht der Wand zugekehrt, als plötzlich so heftig an der Bettdecke gezogen wurde, daß ich beinahe bloßgedeckt war. Ich richtete mich schnell im Bette auf, und die Bewegung hielt an. Nach einigen Minuten des Aufpassens legte ich mich nieder und die Decke wurde wiederum scharf gezerrt. Dies wiederholte sich dreimal, aber ich konnte nichts entdecken, was die Decke berührte... Während dies vor sich ging, hörte ich allenthalben im Zimmer deutliche Klopftöne. Ich wandte mich nun um und sah mehrere Gestalten in der Nähe des Fensters sich umherbewegen und anscheinend in Unterhaltung begriffen; sie waren von grauer oder weißlicher Färbung, ihre Züge in Seitenansicht sehr deutlich, und besonders die Hände; aber ... die Beine gingen in Dampf oder Wolken über. [J. versuchte vergeblich, ihre Aufmerksamkeit zu erregen, und ging schließlich langsam auf sie zu.] ... Als ich etwa 3 Schritte von ihnen entfernt war, traten sie in zwei Reihen aus einander ... und blickten auf mich herab; beim nächsten Schritt zerstreuten sie sich alle, und ich fühlte eine heftige Kälte; als ich noch dichter an sie herankam, verschwanden sie [zunächst; endgültig aber erst kurz vor 7 Uhr morgens nach einer wach verbrachten Nacht].'[1]

In den ausführlichen Nachrichten über den Spuk in Nikolsburg heißt es: 'Während [der Nacht vom 20. auf den 21. Okt. 1927] fiel auf dem Gang zunächst ein Lehnstuhl um. Dann ertönten Schläge gegen die Tür... Das Licht erlosch selbsttätig. Als sich [Frau Ruzicka und ihre Nichte] zum Schlafe niederlegten, wurden ihnen die Decken vom Bett weggezogen.' Als sie andre Betten aufgesucht hatten, 'war der Kampf um die Decke und um die Kissen [wieder] außerordentlich hart, wie wenn jemand sich vorgenommen hätte, die Mädchen unter keinen Bedingungen schlafen zu lassen. 'Etwas' zog ihnen die Decke mit solcher Kraft vom Leibe, daß diese zerrissen wurde.' Dies bezeugt uns der als 'Wächter' anwesende Prager Nervenarzt Dr. Jan Simsa.[2]

Hiermit vergleiche man noch die Angabe der Mrs. H. C. S. B. (den Professoren Sidgwick und Barrett persönlich bekannt) über ein Spukhaus, wo mehrfach eine Gestalt gesehen wurde: 'Häufig bin ich in jenem Zimmer, sowohl bei Tage als auch bei Nacht, an meinem Kleide gezogen worden, wie wenn eine Hand es faßte.'[3] Und die schon erwähnte Mrs. W. B. R-d gibt an, sie sei in ihrem an Erscheinungen, Lichtern und menschlichen Lauten so reichen Spukhause am Haar gezupft worden.[4]

Ich übergehe Berichte — deren wir ausgezeichnete besitzen — über das normal unerklärliche Läuten von Zugglocken in Häusern, die auch sonstige typische Spukvorgänge in Fülle darboten,[5] und schließe meine kurze Zusammenstellung mit Angaben über einige andre deutlich 'handmäßige' Leistungen verschiedener Art.

1) Pr XXXV 252.   2) Schrenck-Notzing 355f. Vgl. Illig 221; Perty, Spir. 105; PS XXII 568.   3) Pr II 143.   4) Pr III 116.   5) S. z. B. Tweedale 180ff. 189; Grabinski 329f.

58   *Argumente aus der Objektivität der Erscheinung*

So teilte der Kunstmaler Edouard Paris nahe Neuchâtel (Schweiz) Flammarion die sonderbare Tatsache mit (etwa $1^1/_2$ Jahre nach dem Vorfall), daß 8 Tage, ehe aus Newyork die Nachricht vom Tode eines alten Onkels eintraf, der Vater, eine Kusine und eine Schwester des M. Paris, während sie sich im Eßzimmer unterhielten, das im Saal stehende Klavier 'spielen' hörten. Als die Schwester sich mit der Lampe hinbegab, sah sie 'vollkommen deutlich einige Tasten sich gleichzeitig senken, Töne anschlagen und sich wieder heben.' — Drei Tage nach Eintreffen jenes Briefes aus Newyork ereignete sich dasselbe, und wieder traf acht Tage später eine Todesnachricht ein: diejenige der Witwe jenes Onkels, mit dem sie in glücklichster Ehe gelebt hatte. Beide hatten sehr an dem heimatlichen Jura und an ihren Verwandten gehangen.[1]

Damit vergleiche man folgende Eintragung (vom 15. Dez. 1888) eines in einem Spukhause geführten ausführlichen Tagebuches (die übrigen Beobachtungen betrafen durchweg Lärmerscheinungen verschiedener Art). — Der Schreiber war eben zu Bett gegangen, während seine Frau noch im Saale zurückblieb, um am wärmenden Kaminfeuer ihre Abendandacht zu verrichten, als er plötzlich auf einer daselbst an der Wand hängenden Gitarre drei Saiten anreißen hörte: pung, pang, ping, — pung pang ping. 'In diesem Augenblick (schreibt er) rief meine Frau mit lauter, entsetzter Stimme aus: Hast du das gehört?, wobei, noch während sie sprach, ein drittes pung pang ping deutlich durch die Zimmer klang. Ich sprang sofort aus dem Bett, eilte zu ihr hin und fand sie, beim Armsessel auf dem Kaminteppich kniend, verdutzt nach der Gitarre an der Wand starrend. Sie sagte mir, daß sie ein- oder zweimal während ihres Gebets mit Schrecken ein Geräusch gehört hatte, als wenn jemand mit der Hand über die Tapete beim Kamin und in der Nische führe, wo das Klavier stand.' Während des zweiten und dritten Saitentönens hatte sie die Gitarre angesehen, aber nichts in ihrer Nähe wahrgenommen.[2]

Der Fall, mit dem ich schließe, vereinigt einige der schon belegten handmäßigen Leistungen und fügt neue hinzu. Es handelt sich um den ausführlich **tagebuchmäßig** bezeugten Spuk im Schlosse T. im Departmt. Calvados, den ich bereits berührt habe, als von 'Schreien' und andern unartikulierten 'Äußerungen' die Rede war. Neben solchen umfaßten die mannigfachen Gehörserscheinungen auch 'entsetzliche Donnerschläge', unter denen 'das Haus erbebte' und die in den Zimmern aufgehängten Gegenstände gegen die Wand zu schlagen begannen, sowie Schritte, die namentlich die Treppe auf- und niederstiegen oder vielmehr -sprangen, mit einem Ton wie von 'Beinstümpfen ohne Füße'. Gegenstände wurden von ihrem Platz verrückt, was sehr sorgfältig, u. a. durch Anbringung von Klebepapier festgestellt und gelegentlich auch unmittelbar beobachtet wurde. Doch scheinen Gestalten nicht gesehen worden zu sein. — An feineren handmäßigen Leistungen nun wird folgendes in besagtem Tagebuch berichtet: Am 29. Dez. 1875: 'Frau

---

1) Flammarion, l'Inconnu 108. Vgl. ZP 1926 471.   2) ZP 1930 627 (Pr VI 312).

v. X. hört Lärm im Zimmer des Hrn. Abbé [des Hauslehrers] und steigt hinauf, gefolgt von diesem selbst. Sie hört im Zimmer Gegenstände sich bewegen, streckt die rechte Hand aus, um die Türklinke zu ergreifen und zu öffnen: noch ehe sie diese berührt, sieht sie, daß der Schlüssel sich ablöst, nachdem er sich rasch im Schloß herumgedreht hat, und sie auf die linke Hand schlägt. Der Hr. Abbé ist Zeuge gewesen. Der Schlag war kräftig genug, die Stelle noch zwei Tage später empfindlich und gerötet erscheinen zu lassen.' — Ferner schreibt der Abbé D. in einem Briefe an Dr. Morice, den Herausgeber des Tagebuchs (allerdings 17 Jahre nach den Ereignissen): 'Wie soll man es sich erklären, daß ein ordnungsmäßig geschlossenes Fenster sich von selbst öffnet, in Gegenwart des M. de X. und meiner selbst?' — Endlich berichtet, annähernd um die gleiche Zeit und nur zweiter Hand, Mme Le N. des V..., daß ein der Familie verwandter oder befreundeter Offizier, der versuchsweise eine Nacht in dem besonders spukigen Zimmer verbrachte, erweckt worden sei durch das Rascheln eines seidenen Kleides und gefühlt habe, daß man ihm seine Bettdecke fortzog. 'Er zündete sein Licht an, das sogleich verlosch; dreimal zündete er es wieder an, dreimal wurde es ausgelöscht, und immerzu dauerte das Rascheln der Seide und das Hantieren mit seiner Bettdecke an.' Den Ort des Unsichtbaren nach der Richtung des Zugs an der Decke schätzend, schoß er einen bereitgehaltenen Revolver ab, ohne jedes Ergebnis. Die Kugeln wurden am nächsten Morgen im Mauerwerk der Wände gefunden.'[1]

Es ist unmöglich, bei Tatsachen wie den hier beschriebenen nicht an ein Gebiet erinnert zu werden, das sich der Forschung unwillkürlich zu einer typischen Gruppe zusammengeschlossen hat, und das ich nicht übergehen kann, weil seine übliche Auffassung geeignet ist, meine Deutung der obigen Tatsachen zweifelhaft zu machen. Ich denke an die Vorgänge des sog. 'Poltergeistes', wie die englische Forschung sie getauft hat, während der deutsche Fachmann auch hier meist unterschiedslos von 'Spuken' redet. Vom früher besprochenen Spuk wird der Poltergeist nach folgenden Merkmalen unterschieden: er besteht ganz überwiegend in 'telekinetischen', d. h. übernormalen Bewegungsvorgängen, während Phantom- und Gehörserscheinungen meist völlig fehlen (darin gleicht er also vielen Fällen der letzten Gruppe); darüber hinaus aber zeigt sich der Poltergeist anscheinend nicht so sehr oder nicht nur an einen Ort gebunden, sondern vor allem an ein Medium, meist jugendlichen Alters, besonders häufig Mädchen in der Pubertätsentwicklung oder von hysteroider Veranlagung; seltener Knaben. Die telekinetischen Leistungen bestehen vorwiegend im Um-

---

1) ASP 1892/3; Bozzano, Hant. 33 ff. — Dr. jur. G. Morice, der das erwähnte Tagebuch veröffentlichte, verschaffte sich außerdem das briefliche Zeugnis einiger weiterer Beobachter, darunter der Hauslehrer der Familie Abbé D. und Abbé M. Gründlichste Nachforschungen nach schikanöser Beteiligung Lebender führten zu nichts; zwei zu diesem Zweck angeschaffte Wachthunde zeigten die bekannte Spuk-Angst.

herfliegen von Gegenständen, deren Verschwinden und Wiederauftauchen, Zerbrochen- oder Verstreutwerden. Mit ihrer Beglaubigung an sich will ich mich keinen Augenblick aufhalten. Schon die Eintönigkeit der Berichte — aus allen Ländern der Erde! — in vielen bezeichnenden Einzelheiten erzwingt bei hinreichend ausgedehntem Lesen die Überzeugung, daß es sich hier nicht um alberne Kinderstreiche handelt. In der Tat gibt es in allem wissenschaftlichen Schrifttum nichts Langweiligeres als eine Sammlung von Poltergeist-Berichten. Wer ein oder mehrere Hunderte von ihnen bewältigt hat, ist nachgerade 'zu allem bereit'. Meinem Leser aber ein Bad in diesem Gewässer über das unbedingt erforderliche Maß hinaus zu ersparen, ist für mich beinah ein Gebot der Höflichkeit. Statt dessen erlaube man mir die Berufung auf einen Gewährsmann von Weltruhm. 'Die Wissenschaft', sagte Prof. William James in seiner Präsidentenrede vor der Ges. f. psych. Forschung, 'mag fortfahren zu behaupten, 'solche Dinge seien einfach unmöglich'; und doch, so lange die Berichte aus verschiedenen Ländern sich ständig vermehren und so wenige von ihnen wirklich forterklärt werden, ist es 'schlechte Methode', sie unbeachtet zu lassen... Wenn ich auf mein Lesen während weniger letztverflossener Jahre zurückblicke — ein ganz zufälliges Lesen, soweit diese Geschichten in Frage kommen, denn ich habe den Gegenstand nie verfolgt —, fallen mir sofort zehn Fälle ein [darunter einer aus China]... Ihre Ähnlichkeit unter einander legt die Annahme eines natürlichen Typus nahe.'[1] James verweist aber auch flüchtig auf gewisse regelmäßig anzutreffende Einzelheiten des Poltergeistes, die allein schon sein übernormales Wesen über allen Zweifel heben: zur Widerlegung der albernen Deutungen Unwissender oder freiwillig Blinder genügt tatsächlich schon der Hinweis auf die immer wieder unabhängig und überraschend festgestellte 'Unnatürlichkeit' (bei offenbarer 'Willkürlichkeit') der Wurfbahnen bewegter Gegenstände, auf das häufige Abbrechen solcher Bewegungen unmittelbar vor dem anscheinenden Wurfziel (z. B. das plötzliche Herabsinken eines Gegenstandes, ehe er einen Menschen trifft), und auf das 'federleichte' Aufschlagen schwerer Gegenstände am Boden oder das geräuschvollgewichtige sehr leichter.[2]

Die sich meist aufdrängende Bindung der Poltergeist-Vorgänge an ein Medium hat nun von je her ihre animistische Auffassung befürwortet, zumal die Ähnlichkeit dieser spontan auftretenden Phänomene mit den experimentell erforschten der 'physikalischen Medien' ohne weiteres in die Augen springt. Und wenn diese Auffassung unbestreit-

[1] Pr XII 77.   [2] z. B. Puls 139. 146f.

bar wäre, so könnte sie wohl den Gedanken nahelegen, daß auch manche ähnliche Vorgänge in Spukhäusern, in denen Phantomerscheinungen — und vollends identifizierbare — fehlen, in Wahrheit Leistungen eines — unerkannten — ortsanwesenden Mediums seien, nicht aber des 'unsichtbaren Phantoms' eines Abgeschiedenen. Damit würden die vorhin belegten Tatsachen, oder doch viele von ihnen, ihre Bedeutung für unseren Gedankengang verlieren. Demgegenüber glaube ich, daß die herkömmliche Auffassung des Poltergeistes häufig eine übereilte ist, daß sie gewisse Einschränkungen erfordert, ja daß sie in manchen Fällen zu Gunsten einer spiritistischen aufgegeben werden muß.

Daß die herkömmliche Auffassung sehr häufig gewisse Indizien für sich geltend machen kann, ist freilich von vorn herein zuzugeben. Mitunter zeigt das anscheinende Medium während der Vorgänge große Bewegungs-Unruhe und beklagt sich über Schmerzen;[1] oder die Vorgänge sind in seiner unmittelbaren Nähe heftiger als sonstwo;[2] sehr oft nehmen sie ein Ende bei Entfernung des Mediums;[3] oder das Medium weiß — das ist freilich eine ganz vereinzelte Beobachtung — um den Verbleib eines 'verschwundenen' Gegenstandes;[4] oder die Flugbewegungen des Gegenstands werden unterbrochen, wenn das Medium diesen beobachtet und soz. 'anruft';[5] oder die Vorgänge erfüllen augenblicklich gewisse 'Wünsche' des Mediums, bezw. der Anwesenden durch das Medium,[6] oder gehen sonstwie sinnvoll auf das Verhalten der Anwesenden ein.[7]

Ich glaube nun allerdings, daß alle diese Indizien bei genauer Überlegung sich als durchaus zweideutig erweisen; sie würden sich offenbar ausnahmslos auch mit der Annahme vertragen, daß das anscheinende Medium lediglich eine 'Hilfskraft' stellt, die zur Ermöglichung der Vorgänge erforderlich ist, während die Leitung derselben von einem andern Wesen ausgeht; oder daß das Medium oder die sonst Anwesenden einen suggestiven Einfluß auf dieses leitende Wesen gewinnen bezw. an seinem Bewußtsein von den Vorgängen telepathisch teilnehmen können. Begriffe dieser Art werden in einem späteren Zusammenhang noch größere Bedeutung und Überzeugungskraft gewinnen.

Bei der Unzulänglichkeit dieser Indizien fällt nun doppelt ins Gewicht, daß der Nachweis einer ursächlichen Verknüpfung von Medium und Poltergeist noch auf einem andern Wege versucht wird. Man

---

1) Schrenck-Notzing 246. 259 (Fall Sauerbrey). 2) Das. 250. 3) Das. 285. 4) Das. 300. 5) Das. 339. 6) Das. 348. 358. 7) Das. 294: Werfen von zwei Messern gegen einen Tadler; 304: tagelanges Aussetzen nach Messelesen, usw.

sucht die **Motive** zu diesem Bewegungsspuk, ja zu seiner besondern Gestaltung, in der Persönlichkeit des Mediums nachzuweisen und bemüht in diesem Zusammenhang natürlich auch Begriffe der Psychanalyse. Es werden dem Medium mannigfaltige 'Komplexe' zugeschrieben, aus denen sich jene Leistungen erklären sollen.[1] Zuweilen sollen verdrängte geschlechtliche Spannungen 'abreagiert' werden.

In einem Spukfall in der Münchner Augustenstraße verriet das Medium, die Therese Winklhofer, Liebesbindungen an einen im gleichen Stock wohnenden Studenten, der anscheinend nichts von ihr wissen wollte.[2] Auch zeigt sich das erste Auftreten der Vorgänge zuweilen an den (etwa noch verspäteten) ersten Eintritt der Monatsblutung geknüpft, also sagen wir: an eine geschlechtliche Erregungssteigerung. Allerdings finden sich auch Fälle, wo gerade das Gegenteil statthat, die Phänomene also mit der ersten Blutung **aufhören**![3] In andern Fällen soll die abzureagierende Spannung irgendeiner beliebigen Gemütserschütterung entstammen. Es ist z. B. Geld oder sonst etwas Wertvolles spukhaft (!) verschwunden: alsbald sollen die Phänomene zunehmen. Ein Haus muß überstürzt verkauft werden: die gleiche Folge.[4] Im Falle des Steinewerfens in Kosten bestand erwiesenermaßen ein tiefer Haß zwischen zwei Familien.[5] Soweit das alles noch nicht genügt, beruft man sich auf den allgemeinen Hang der Hysterischen, Aufsehn zu erregen; auf die unterbewußte Boshaftigkeit des hysterischen Charakters; auf seine Neigung zu Schabernack und Mutwillen, wobei natürlich auch sadistisch-masochistische Anteile der erotischen Veranlagung bemüht werden,[6] — die freilich in vielen Fällen bis zur Selbstgefährdung der angeblichen Verursacher gehen müßten: wie denn z. B. die Kotterbacher Medien vor den ersten Steinwürfen mit gellendem Geschrei die Flucht ergreifen; die Hilda Zwieselbauer (die oben erwähnte Nichte der Frau Ruzicka) sich nur durch ein Fenster retten kann, nachdem der Spuk sie in der Küche eingesperrt hat, und sie und ihre Tante sich durchweg geradezu verfolgt fühlen.[7] Ja, in einem älteren, aber klassischen Fall, dem Spuk im Hause Schtschapow, wurden die Kleider des angeblichen Mediums in Brand gesteckt und nur mit Mühe gelöscht.[8]

Ich brauche kaum darauf hinzuweisen, daß auch hier viel theoretisch Zweideutiges unterläuft. Angenommen, alle vorausgesetzten unterbewußten Spannungen und Strebungen seien wirklich vorhanden, so könnten sie ja immerhin auch nur 'Angriffsfläche' und 'Nutzungsboden' für ähnlich gerichtete Strebungen unsichtbarer Wesen liefern, — für deren Annahme natürlich Gründe aufzuweisen wären. Abgesehen davon aber hängt auch wirklich der größte Teil dieser angeblichen Psychanalyse völlig in der Luft. Sie ist vielfach nicht mehr als eine gewalt-

---

1) Vgl. allgemein die Aufsätze von Blacher und Böhm: ZP 1926 296 ff. 302 ff.   2) Schrenck-Notzing 324.   3) Das. 380 f.   4) Das. 371.   5) Das. 343.   6) Das. 281. 324 f.   7) Das. 328. 335. 352 f.   8) Pr XII 320.

same Voraussetzung des Zeitgeschmacks. — Zunächst ist eine feststellbare Neurose der Poltergeist-Medien keineswegs die Regel. Wir finden Fälle von großer Schwäche (infolge Krebs im Endverlauf) oder von schwindsüchtiger Veranlagung unter ihnen, — aber das hat mit Neurotik nichts zu schaffen. Eins dieser Medien, die Johanna P. in Lieserhofen, wird als begabt, körperlich gut entwickelt, ohne krankhafte Abweichungen, willig, aufmerksam und arbeitsam geschildert; in der Hypnose konnten keinerlei Phänomene bei ihr ausgelöst werden,[1] was man doch hätte erwarten müssen, wenn ihr 'Unterbewußtsein' diese zuvor erzeugt hatte. Von der Hilda Zwieselbauer, einem medialen Wundertier, wird ausdrücklich bezeugt, Eitelkeit oder Hysterie kämen bei ihr nicht in Frage, sie sei nicht erblich belastet, erfreue sich bester Gesundheit und normaler geistiger Entwicklung, leide weder an Halluzinationen, noch bösen Träumen, noch irgendwelchen Störungen des Nervensystems.[2] Ihr Hilfsmedium, die Tante Ruzicka, lebt sogar in glücklicher Ehe! Hilda soll ein wenig boshaft und launisch sein, — aber sind das nicht-hysterische Frauen nie?

Nun glaubte freilich v. Schrenck-Notzing einen Ausweg gegenüber dieser Enttäuschung zu sehn: er meinte, der Spuk trete eben an die Stelle einer Neurose,[3] d. h. die Schuldgefühle, sadistischen Neigungen, Verfolgungsgedanken und boshaften Triebe, die in der Verdrängung eine Neurose erzeugen könnten, würden durch den Spuk eben abreagiert und damit unschädlich gemacht. — Aber auch dieser klaren Rechnung gegenüber muß ich betonen, daß — soweit ich sehn kann — alle solche unterbewußte Triebe fast immer nur vorausgesetzt, der Theorie zuliebe gefordert, aber niemals durch eine wirklich vorgenommene Psychanalyse nachgewiesen werden.

Die einzigen mir bekannten Fälle auch nur versuchter Einzelanalyse sind gewisse Ausführungen der Gräfin Wassilko über die Eleonore Zugun, das umstrittene rumänische Bauernmedium, und andre des Dr. Simsa über die Hilda Zwieselbauer. Aber wie weit entfernt sind auch diese vom Nachweis von Tatsachen! 'Eine gewisse Unzufriedenheit, versteckte Rache, ein Einschlag von Sadismus und Masochismus, die Neigung, sich selbst und Andre zu quälen' — werden zwar vorausgesetzt, doch ohne die geringsten Anhaltspunkte in der Beobachtung. Die Einzelheiten der Vorgänge werden von Simsa nach psychanalytischer Art symbolistisch gedeutet. Also etwa: 'Du verdienst (masochistisch) Strafe' — daraus folgen Steinwürfe, Schläge, Püffe. 'Du sollst kein Geld bei dir behalten' — folgt Verlust von Geld und Schmuck. 'Du bist nicht wert, bessere Kleider zu haben' — die Kleider verschwinden. 'Du gehörst aufs Feld' — Gegenstände werden ins Feld geworfen. 'Barfuß sollst du gehen' — Schuhe verschwinden.[4] —

1) Schrenck-Notzing 289.   2) Das. 360.   3) Das. 385.   4) Das. 365.

Wenn solche naive Tautologien als 'Psychanalyse' gelten, dann ist es Zeit, aus dem theoretischen Schlummer zu erwachen. Ich glaube gewiß, daß psychanalytische Gesichtspunkte bei der Erforschung von Spukvorgängen ständig im Auge zu behalten sind. Dagegen wende ich mich entschieden gegen übereiltes Dogmatisieren, das uns in die Gefahr vorzeitigen Erstarrens unsres Denkens gegenüber diesen vielgestaltigen Erscheinungen bringt.

Kommen wir nun zu den möglichen Hinweisen auf einen mehr als animistischen Ursprung von Poltergeist-Vorgängen. — Ein Umstand an ihnen, der zwar nicht völlig übersehen, aber m. E. bei weitem nicht genügend beachtet und ausgewertet wird, ist wiederum das 'handmäßige' Wesen sehr vieler dieser Leistungen. Was manche Forscher, wie auch Schrenck-Notzing, über die entladunghafte Natur derselben, über eine 'ungeregelte Exteriorisation vitaler Kräfte' sagen, deckt eben doch nur einen geringen Bruchteil. Der größte Teil ist von einer Art, daß wir uns, wenigstens zunächst, sein Zustandekommen nur bei Mitwirkung durchgestalteter Gliedmaßen, von Händen oder ähnlichen Gebilden denken können, die also einem unsichtbaren objektiven Phantom angehören würden, wie sie bei manchen der früher angeführten handmäßigen Leistungen einem sichtbaren angehörten. Selbst aus den Poltergeist-Phänomenen der wenigen bisher genannten Medien läßt sich eine sehr umfangreiche Liste so gearteter Leistungen zusammenstellen (die überdies in manchen Fällen die Durchdringung von Stoff durch Stoff voraussetzen).

Eine solche ausgesprochen handmäßige Leistung ist das Knüpfen und Lösen von Knoten und ähnliches mehr. Der von J. Illig ausführlich beschriebene Spuk von Groß-Erlach in Württemberg z. B. begann (1916) mit dem Aufbinden von Viehketten im verschlossenen Stall. Obwohl die Tiere von neuem angebunden wurden, waren Ketten und Stricke wieder aufgeknotet, noch ehe die Beteiligten den Stall verlassen hatten. 'Dabei konnte man stets genau die Bewegungen der Kette beobachten,' sagt ein der 'Wiesbadener Ztg.' 'von ernsthafter und vertrauenswürdiger Seite' zugestellter Bericht.[1] Halsketten wurden so lange zusammengedreht, bis das Vieh erstickte. Im übrigen bestand der Spuk auch hier in den üblichen telekinetischen Leistungen. Ein Holzscheit setzte sich in Bewegung vom Hauseingang bis in den Speicher; Milchschüsseln stürzten um; ein Wassereimer schleppte sich zur Tür. An einem besonders schlimmen Tage wurden alle Türen des Hauses aus den Angeln gehoben und alles Bewegliche — Krüge, Schüsseln, Teller, Pfannen, Eimer — umgeworfen und zerschmettert. Mitte Mai 1916 mußte das Haus geräumt werden. Man verdächtigte einen daselbst wohnenden 14jährigen

---

[1]) Piper 76.

Objektive Wirkungen von Freiluftphantomen

Knaben; aber 'es wurde festgestellt, daß der Spuk sich auch in Räumen zeigte, in denen der Knabe nicht anwesend war.'[1]

Ähnlich wurden bei dem Poltergeist-Spuk in Ylojärvi (Finland) die vier Füße eines Schafes zusammengebunden und das Geschirr einer Kuh 'umgekehrt'. Als der vereidigte Zeuge Efraim Eerola (die Vorgänge wurden gerichtlich untersucht und beurkundet) — ein 'wohlberufener' Mann — eines Tages in den Stall ging, um nach den Schafen zu sehn, von deren 'Zusammenbinden' man ihm gesagt hatte, 'drehte sich die Klinke der Tür auf eine unerklärliche Weise um'. — Der Zeuge Alku Eerola berichtete und beeidete, daß 'an einer kleinen Dose die Schrauben von selbst losgingen', sowie daß, während er zugegen war und mit Gerhard Grönfors sprach, 'die Kienspäne in der Ecke hüpften und die Brodstangen tanzten'. Die als Medium in Betracht kommende 13jährige Emma Lindroos 'lag bei einzelnen Vorkommnissen schlafend im Bett und wurde sogar einmal dort mit Stricken gefesselt aufgefunden.'[2]

Während der Poltergeist-Vorgänge in der Umgebung der Johanna P. wurde gelegentlich — ohne daß sie ihren Stuhl verlassen hätte — eins von mehreren verschwundenen Wollknäueln auf einer Zitronenpresse aufgespießt vorgefunden.[3]

In Nikolsburg 'konnte man wiederholt bemerken, wie sich die Kräfte an das [von Frau Ruzicka vorsorglich fest]gehaltene Handtäschchen heranzumachen schienen, es in Bewegung setzten und an dem Schlosse Öffnungsversuche anstellten. Ebenso konnte in Brünn [wo sich Frau R. und ihre Nichte zeitweilig aufhielten] gesehen werden, wie ein Schlüssel behutsam aus dem Schloß gezogen wurde.' Frau Smrsch aus Mödritz sah während ihres Aufenthalts in Nikolsburg, 'wie sich die Klammern [mit denen ein Taschentuch zum Trocknen aufgehängt worden war] vom Wäschestrick lösten und das Taschentuch verschwand.' Auf dem Höhepunkt der Vorgänge wurden, zugleich mit dem Umherwerfen von Stühlen und Schuhen, auch 'Püffe' empfunden.[4] — Wiederholt wurde auch ein Zerschneiden von Geweben beobachtet. 'So wurde über Nacht in dem versperrten Kasten — also dem zugeschlossenen Schubfach — des Frl. Mandl deren kostbare Handarbeit mittendurch zerschnitten; in der nächsten Nacht erlitt dasselbe Schicksal ein neues Seidenfutter, das in zahllose schmale Streifen zerschnitten wurde', usw.[5] 'Endlich gelang es Dr. Simsa aus Prag, ... am 15. Oktober gemeinsam mit zwei andern Beobachtern in Nikolsburg, eine Schere in dem Augenblick zu überraschen, als sie selbsttätig auf einem vor ihm befindlichen Tische Schnitte in ein Tuch ausführte.' Dr. S. selbst berichtet hierüber in folgenden Worten: 'Als ich nachmittags etwas ausruhte, hörte ich plötzlich einen Schrei in der Küche: 'Die Schere schneidet.' Rasch lief ich herzu und blickte empor. Auf dem Küchenschrank gewahrte ich die Schere in vertikaler Stellung erstarrt und sah, wie sie gerade die Schnitte in ein neues Geschirrtuch ausführte.

1) Schrenck-Notzing 242; vgl. 354.   2) Das. 266. 270f. 281.   3) Das. 300.
4) Das.   5) Das. 336f. 339.

Argumente aus der Objektivität der Erscheinung

Es machte den Eindruck, als ob eine unsichtbare Hand die Schere geführt hätte, welche dann, bei der Missetat ertappt, sofort in ihrer Bewegung innehielt.'[1] Hat also, mag der Zweifler fragen, Dr. Simsa die Schere wirklich noch in Bewegung gesehn, oder nur eine 'Anordnung' derselben in verdächtiger Stellung? Solche Zweifel verstummen freilich im Zusammenhang der Gesamtberichte mit ihrer Masse umlagernder Tatsachen, von denen hier doch nur ein winziger Bruchteil wiedergegeben werden kann.

Von den Nikolsburger Beobachtungen fallen in unserm Zusammenhang noch folgende ins Gewicht: Während der Nacht vom 20. auf den 21. Okt. 1927 ertönten Schläge gegen die Tür des Schlafzimmers der beiden Frauen. Das Licht erlosch von selbst. 'Als sich beide Frauen zum Schlaf niederlegten, wurden ihnen die Decken vom Bett weggezogen. Frau Ruzicka pflegte alle wertvollen Sachen sowie Geld in einer Tasche aufzubewahren, die sie über Nacht unter dem Kopfpolster versteckt hielt. Diese Tasche wurde nun mit Gewalt unter dem Polster hervorgezerrt und mit kräftigem Aufschlag auf den Boden geworfen. Als Frau R. die Tasche aufhob und sie wieder unter das Kissen legte, wiederholte sich der Spuk von neuem.' Als Hilda sich daraufhin bei dem Dienstmädchen in der Küche niederlegte, begann dort der 'Kampf um die Decke und die Kissen', den ich schon oben im Zusammenhang mit andern ähnlichen Phänomenen beschrieben habe und der bei dieser Gelegenheit von Dr. Simsa persönlich 'beobachtet' wurde. Aber mehr: 'Die Mädchen jammerten, daß sie an den Füßen gepackt würden;... sobald sie zu schlummern begannen, zog 'es' ihnen das Polster unter dem Kopfe weg.' Wenige Tage vorher, am 17. Oktober, 'als die Frauen mit dem Dienstmädchen die Stiegen hinabgingen, wurden sie von unsichtbaren Händen an den Füßen gepackt, sodaß sie laut aufschrieen.' Und am Tage darauf 'verspürte Hilda an den Füßen 'etwas', das ihr die Schuhe ausziehn wollte.'[2]

Einige weitere Einzelheiten entnehme ich dem Bericht des Hrn. H. J. von Aschauer (an Görres) über die Spukvorgänge vom Oktober 1818 in dem 3 Stunden von Graz gelegenen Münchhof. (Aschauer war Lehrer der technischen Mathematik und Physik am Johanneum in Graz und beteuerte Görres gegenüber, 'daß er die Wahrheit des Erzählten in jedem Augenblick beschwören könne und vor der ganzen Welt als ehrlos gebrandmarkt dastehen wolle, wenn in seiner Beschreibung auch nur ein übertriebenes Wort sei.') Er hatte gelegentlich das ganze Haus von 30 Wachen umstellen lassen und dann mit einigen Andern die Untersuchung — selbst der 'Ofenlöcher und Rauchfänge'! — persönlich durchgeführt. Zahllos waren die festgestellten Steinwürfe, z. B. 'unter den Küchenbänken heraus in die Fenster, und zwar in ganz unerklärlicher spiralförmiger Richtung'. 'Menschen, die vom Werfen großer Steine getroffen wurden, empfanden zu ihrer Verwunderung trotz der großen Wurfgeschwindigkeit den Anschlag nur leicht, und auch an ihnen fiel der geworfene Körper dann senkrecht herab.' Am zweiten Tage der Beobachtungen stellten sich in der Küche des Hauses fünf Männer um den Herd

---

1) Das. 341. 346.   2) Das. 353—6.

herum, 'jeder ein Licht in der Hand', so daß ein jeder 'gesehen werden mußte', der etwa den darauf stehenden Topf berührte. Die Küche war übrigens soeben 'völlig ausgeleert' worden. Plötzlich 'aber wurde dieser ganz sachte umgestürzt, bis der letzte Tropfen Wasser verronnen war. Der Umsturz war offenbar nicht nach den Gesetzen des freien Falles, sondern viel langsamer geschehen, so, wie wenn man ein Gefäß nur langsam ausleeren will.' In eben derselben Weise wurde der Topf wieder aufgerichtet.[1]

Endlich sei noch das folgende aus dem Berichte des Assessors Puls über den Poltergeistspuk in Resau, unweit Berlin, angeführt. — Am Abend des 6. Dezember 1888 hatte man (außer Klopftönen) zunächst die üblichen Bewegungen zahlreicher Gegenstände beobachtet: sie stürzten auf das Bett der alten Frau Böttcher, wurden von dieser fortgeschleudert, sofort aber zurückgeworfen. Der anscheinend als Medium wirksame 14 jährige Karl Wolter befand sich derweil — sicht- und hörbar — in seinem Bette, außerhalb der Wurfrichtung der Gegenstände. Danach 'fing es am Deckbett der Frau B. in einer Weise zu zupfen an, als ob man ihr das Deckbett herunterziehen wollte,' ohne daß Frau B. je bei raschem Hinfassen eine Hand zu ertappen vermochte. Während dann Frau B. 'Licht machte, hatte auch der unsichtbare Gegner seine Kampfweise geändert, indem er nunmehr mit affenartiger Geschwindigkeit den gesamten Inhalt des Bettes der Frau B., mit Einschluß des Unterbettes und Strohsackes, aus dem Bette warf; als das Licht brannte, war diese Exmission bereits ein *fait accompli*. Sogar ihre Bettstelle war gehoben worden, was Karl daraus schloß, daß er sie auf den Fußboden wieder zurückfallen hörte. Jetzt kam Frau B. mit dem Lichte heran und besah sich den neu angerichteten Schaden. Noch während dieser Besichtigung kam der mit seinem Werke lange nicht zufriedene Spuk zu Karl, welcher sein Bett nicht einen Augenblick verlassen hatte, um auch an dessen Bett seine Kräfte zu probieren. Denn Karls Bett mit dem unbeweglich darin liegenden Karl fing jetzt ernstlich zu wippen an, wie wenn jemand außerhalb des Bettes den Versuch machte, das Bett mit seinem Insassen... nach einer Seite umzukippen. Der Versuch war in der Tat erfolgreich; denn plötzlich kippte die Bettstelle nicht bloß wirklich nach der einen Seite um, sondern sie überschlug sich auch noch einmal in der Weise, daß ihre Füße in die Höhe standen, Karl zu unterst lag, daß auf ihm das Bettzeug inkl. Unterbett, Strohsack und Bettbretter lagen und dieses Gebäude durch die ihre Füße gen Himmel streckende Bettstelle gekrönt wurde.' — Den dritten und wohl besten Zeugen für diese und andre Vorgänge, den Gatten Böttcher, bezeichnet Puls als einen 'intelligenten alten Mann, mit welchem man sich gern unterhält,' — Landmann und Handwerker zugleich.[2] Übrigens erinnere ich daran, daß wir im VI. Abschnitt einen angeblichen Fall solcher 'Exmission' aus dem Bette bereits kennengelernt haben, und zwar bezeichnenderweise in offenbarer Verknüpfung mit der 'Exkursion' eines Lebenden; und ich möchte weiter hinzufügen, daß auch aus andern Spukhäusern genau das gleiche bezeugt wird.[3]

---

1) Görres III 360 ff.   2) Puls 199 ff. 180.   3) o. II 372 f.; Puls 150. 267. — Weitere Beispiele handmäßiger Poltergeist-Leistungen: RB 1926 14 ff.; Lombroso 304 ff.; Schrenck-Notzing in ZP 1929 31 ff.

Ich versage mir weitere Ausführungen dieser Art. Selbst sehr vermehrte könnten einen festgelegten Gegner noch lange nicht überzeugen. Ich begnüge mich also mit der Bemerkung, daß gerade die Tatsachen des Poltergeistes für den Belesenen einen sehr hohen Grad der Beglaubigung besitzen und daß es mir hier nur auf die Heraushebung der besondern Eigenart einiger von ihnen ankam.

Der Anschein bei Leistungen, wie den beschriebenen, ist nun unstreitig der, daß ein leidlich menschlich gestaltetes, wennschon unsichtbares Wesen sie vollbringe, und mit den einfachen hebelartigen 'Pseudopodien', den mehr oder minder gestaltlosen 'ektoplastischen Protuberanzen' und ähnlichen behaupteten Hilfsmitteln der experimentellen Telekinese (vorausgesetzt, daß es sie gibt) ist es hier offenbar nicht getan. Natürlich mag man einwenden, daß derlei Dinge doch auch bei den Experimentalmedien geschehen, und bei der oben genannten Hilda Zwieselbauer haben sie einen geradezu erstaunlichen Umfang angenommen, als man jene mehr und mehr in ein 'Sitzungsmedium' zu verwandeln suchte. Dem gegenüber aber ist zunächst zu bemerken, daß die Frage der Mitwirkung unabhängiger Wesenheiten in solchen Sitzungen doch noch lange nicht abgeschlossen ist, daß vielmehr in gewissen Fällen ein Anreiz zu ihrer spiritistischen Lösung gegeben ist.[1] Sodann aber muß ein Umstand hervorgehoben werden, der bei solcher Vergleichung experimenteller und spukiger Telekinesen völlig übersehen wird: nämlich daß das Experimentalmedium während solcher Leistungen fast immer in Tieftrans ist, das Spukmedium aber — man kann wohl sagen — beinahe nie. Sollen solche 'doppelgängerische' Leistungen aber dem Medium entstammen, so möchte man doch die Hinausverlegung der nötigen unsichtbaren Glieder mit einem abnormen Zustand verbunden denken; während die bloße Stoff- oder Kraftabgabe an ein selbständiges unsichtbares Wesen wohl eher mit dem Wachsein vereinbar zu denken wäre. Tatsächlich scheint eine solche Abgabe, nach der eintretenden Ermüdung und Erschöpfung zu urteilen, nicht nur beim Spukmedium selbst, sondern zuweilen auch bei den vollwachen Beobachtern zu erfolgen. — Doch greife ich mit diesen Bemerkungen gründlich vor.

Für eine Selbständigkeit der eigentlich spukbewirkenden Wesenheit spricht aber vielleicht noch ein andrer nicht genügend beachteter Umstand: nämlich daß die Phänomene häufig unvermindert andauern während zeitweiliger Abwesenheit des Mediums. Auch dies erscheint leicht verständlich, sofern das Medium nur eine 'Kraftquelle'

---

[1] Ich erinnere den Kundigen einstweilen an gewisse Beobachtungen an der Palladino und Margery.

darstellt, wobei die Kraft soz. zeitweilig gespeichert, oder einem zufällig anwesenden Lebenden, oder selbst dem entfernten Medium entnommen werden könnte.

Der Knabe Tibor z.B. war seit drei Tagen nach seiner Heimat verreist, als das Steinefliegen in Kotterbach seinen Fortgang nahm; und während er im Bade war, geschah bei ihm nichts, aber im Forsthause ging das Spuken weiter.[1] Auch die Wilma Molnar, ein hervorragendes burgenländisches Poltergeist-Medium, war zuweilen gar nicht in der Nähe, wenn die Gegenstände geflogen kamen; und ähnliches gilt von den Spuken in Neuried, in Nikolsburg, Groß-Erlach und anderen.[2] Die oben genannte Johanna P. verbrachte einmal eine Nacht 1 km von Hause, als dort um 5 Uhr früh ein heftiger Schlag erfolgte. Daß sie um die gleiche Zeit erwacht sein und an das Haus gedacht haben soll, erscheint mir schwerlich eindeutig.[3]

In einem andern, von Prof. Tummolo beschriebnen Falle war der Hinweis auf die Mitwirkung auch des entfernten Mediums deutlicher. Das anscheinende Medium, die Molkereibesitzerin Carnevale Nomentina, litt an 'hysterischen Krämpfen und kataleptischen Zuständen', und die Poltergeist-Vorgänge — Öffnen von Türen in der Molkerei, Umhertanzen von Stühlen u. dgl. m. — traten auch auf, als die Frau in Commezzazzi war, $1^1/_2$ km von der Molkerei entfernt, 'und zwar genau in der Stunde, in der die Frau ihre Anfälle hatte'; woraus Lombroso schließt, daß der 'Einfluß eines Mediums sich auch auf Entfernungen von $1^1/_2$ km hin äußern könne'.[4] Die wesentliche Frage ist aber doch, welcher Art dieser 'Einfluß' ist? Soll er dem angeblichen Wirken des 'physikalischen Experimentalmediums' gleichen, d. h. einem Wirken durch 'abnorme Gliedmaßen'? Wir beobachten diese Wirkungen nur auf soz. Armesreichweite, und ihnen wesensgleiche auf 'Kilometerentfernungen' anzunehmen, widerspräche allen bisherigen Erfahrungen.[5] Lombroso selbst erwägt denn auch nur zwei wesentlich andre Theorien für die Deutung solcher Fälle: entweder schöpfen 'Geister der Toten' ihre Kraft aus selbstgewählten Medien in der Entfernung; oder aber das Medium entsendet seinen 'Doppelgänger' nach dem Ort, an dem es 'physikalisch wirkt'.[6] Mit der ersteren Auffassung brauche ich keinen Streit zu suchen; ebenso wenig aber mit der zweiten, weil sie ja im Grunde mit der ersten zusammenfällt. Ich brauche wieder nur an die Angaben des VI. Abschnitts über objektive Wirkungen Exkurrierender zu erinnern. Einstweilen sei nur nochmals betont, daß wir

---

1) Schrenck-Notzing 334.   2) Das. 242. 304. 337. 355f.   3) Das. 285. Vgl. auch Pr XXV 378.   4) aus LO Mai 1909 bei Lombroso 312f.   5) Barnard (212f.) erklärt kühnlich die 'Projektion von Ektoplasma' anscheinend auf beliebige Entfernung für möglich, natürlich ohne irgend etwas dafür anzuführen, und offenbar, um der Erörterung von Poltergeist-Fällen überhaupt auszuweichen, die er mit leichtfertiger Willkür für mangelhaft bezeugt erklärt.   6) Lombroso 342. 312. Vgl. den Fall bei Bozzano, Hant. 222.

dergleichen wohl von einem Medium in kataleptischem Zustand annehmen mögen, aber schwerlich von einem in völlig normalem; gerade dies aber beobachten wir in den besten Fällen, die uns den 'Poltergeist' ohne Anwesenheit des Mediums zeigen. Ich will, da die Sache wichtig ist, zunächst noch einen solchen Fall aus vorzüglicher englischer Quelle vorlegen.

In Folkestone ließ sich im Herbst 1917 das Stadtratsmitglied Jacques auf dem Grundstück seines Herrenhauses aus dem Sandstein des Bodens einen bombensicheren Unterstand ausheben und ausmauern, den er nach Abschluß des Krieges als Weinkeller zu benutzen gedachte. Während der Arbeit wurden der Maurer Rolfe und sein 16jähriger Lehrling Penfold vielfach durch die typischen spukigen Stein- und Sandwürfe belästigt. Der Dubliner Physiker Prof. Sir W. F. Barrett und Mr. Thomas Hesketh, Oberingenieur der Folkestoner Elektrizitätswerke, stellten fest, daß weder (wie einzelne vermutet hatten) entweichende Gase(!), noch der Bursche Penfold (den die Sache anscheinend belustigte und der erwiesenermaßen gelegentlich Sand geworfen hatte) eine irgendwie zureichende Erklärung der Vorgänge boten. Einmal schwebte ein Ziegel über dem Kopfe des Rolfe, ein andermal wurde ein schweres eichenes Brett, das Prof. Barrett kaum zu heben vermochte, aus dem Unterstande 15′ hoch die Treppe hinauf geworfen; es hätte eines Riesen Kraft erfordert (sagt Barrett), diesen Wurf auszuführen. Zahlreiche Steine wurden auch mehrfach die Treppe des Unterstandes hinabgeschleudert, und Rolfe wurde wiederholt — bis zum Bluten — getroffen. Vor allem aber schlugen die schweren Steine zuweilen nur ganz leicht und geräuschlos auf und fielen federleicht an Rolfe herab; wie schon erwähnt, ein bezeichnendes Merkmal zahlloser Poltergeist-Würfe. Auch ein zentnerschwerer eiserner Ofen wurde einmal lautlos leicht 'versetzt'.

Sofern man nun — nach animistischem Muster — annehmen möchte, der Lehrling sei wenigstens als Medium an den Vorgängen beteiligt gewesen, ist es wichtig festzustellen, daß die Würfe zuweilen auch stattfanden, wenn nicht nur niemand im Unterstande sich befand, sondern beide Arbeiter weit fort waren. Die wichtigste Aussage dieser Art dürfte die des Bauherrn selber sein, den man — da er die Arbeit gewiß nur von Zeit zu Zeit überhaupt besuchte — am wenigsten der medialen Beteiligung verdächtigen wird. Mr. Jacques sagt folgendes aus: 'Am 2. November (gestern vor 4 Wochen) .... begab ich mich in den Unterstand, um zu besichtigen, was der Erbauer während der letzten 2 oder 3 Tage getan hatte. Niemand war zugegen, da sowohl Rolfe als auch sein Gehilfe zu Mittag aßen. Ich bin ganz sicher, daß niemand zugleich mit mir im Unterstand war, weder über, noch unter Grund. Ich blieb etwa 10—12 Minuten da, die Arbeit in Augenschein nehmend, und ging dann fort. Ich schloß die Tür am untern Ende der Treppe, und noch ehe ich meine Hand von der Klinke nahm, schlug ein Stein heftig an die Innenseite der Tür, und gleich danach drei weitere in rascher Folge.... [Nach einigen Sekunden] schob ich die Tür vorsichtig auf. Sofort traf ein

Objektive Wirkungen von Freiluftphantomen

neuer Stein kräftig die Tür, sodaß ich sie wieder schloß. In rascher Folge schlugen nun 7—10 Steine auf die Wand neben der Tür und auch die Tür selbst auf, und nachdem ich etwa eine Minute gewartet, traf noch ein einzelner Stein die Tür. Ich wartete etwa eine Minute und schob dann wieder vorsichtig die Tür auf und fand die Steine, die ich aufschlagen gehört hatte, unmittelbar hinter der Tür liegend. Indem ich die Tür aufschob, mußte ich die Steine längs dem Boden hinter ihr hinschieben. Ich betrat den Unterstand und überzeugte mich, daß niemand in der Nähe war... Als ich mein Haus betrat, sagte mir die Beschließerin, daß Rolfe, als er sich zu seinem Mittagessen fortbegeben, im Hause vorgesprochen und die Botschaft hinterlassen habe, ich solle lieber nicht in den Unterstand gehen, da Steine umherflögen. Diese Botschaft erhielt ich natürlich erst nach den oben beschriebenen Vorgängen.'[1]

Ganz besonders auffallend ist die örtliche Freizügigkeit des physikalischen Spuks, seine Unabhängigkeit von der Nähe des anscheinenden Mediums in dem von Dr. Sünner beschriebenen Fall in der Tauroggener Straße in Berlin.[2]

Die Vorgänge bestanden in Geworfenwerden, Tanzen und Springen von Gegenständen, Fortziehen der Bettdecke und Klopfen, und sie waren durch Wünsche der Beobachter oder Musik beeinflußbar, ja kurze Unterredungen durch Klopftöne scheinen möglich gewesen zu sein. Aber sie waren nicht auf die Wohnung beschränkt, in der die Eheleute Regulski mit ihrem Töchterchen hausten, an das sich die Erscheinungen vermutungsweise zunächst knüpften: sie wurden vielmehr ergänzt durch verwandte Vorgänge in der Wohnung einer Schwägerin in der Gubener Straße, in derjenigen einer Kusine in der Simon-Dach-Straße, ferner bei Verwandten in der Krummen Straße in Charlottenburg, in Neukölln, und selbst in Bromberg! Das Gemeinsame aller dieser Phänomene war, daß sie dem jüngst verstorbenen Onkel der kleinen Lucie zugeschrieben wurden, (dessen Stimme auch einige Male hörbar gewesen sein soll,) wie denn auch andere Bestandteile des typischen Phantomspuks: Tritte, Atmen und Stöhnen, Berührungen wie von Händen, kalter Hauch und vielleicht auch sichtbare Erscheinungen mehrfach beobachtet wurden. Aber auch rein inhaltlich schienen sich manche Einzelheiten der Vorgänge auf den Onkel beziehen zu lassen. Im allgemeinen nämlich wurde die scherzhaft-schabernackige Art dieses Poltergeistes mit dem auch zu Lebzeiten zu derartigen Neckereien geneigten Wesen des verstorbenen Regulski in Verbindung gebracht. Bei den häufigen lebhaften Bewegungen eines kleinen, am Faden aufgehängten Äffchens haben die Beobachter an die frühere starke Tanzlust des Verstorbenen gedacht. Und ein einzelnes Phänomen wurde sogar als Nachahmung einer besonderen Erinnerung desselben gedeutet. Seine Kusine, Frau Hackenberg, hörte nämlich alsbald nach dem Tode des Regulski eines Morgens früh gegen 5 Uhr auf ihrem

---

[1] JSPR XVIII 155—182. Vgl. d. Fall in Kosane, aus Psychikai Ereunai 1925 in ZP 1926 315.   [2] ZP 1929 553 ff.

Hausflur Schritte, die sie zunächst ihrem Manne zuschrieb, bis sie diesen von seinem Bette her husten hörte. Kurze Zeit danach will sie deutlich gespürt haben, wie einer ihrer Füße angefaßt, hochgehoben und wieder fallengelassen wurde. Frau H. gibt nun an, daß sie den Verstorbenen, mit dem sie auf dem Neckfuß gestanden, zuweilen abends, wenn er zu früher Stunde, etwa um 8, sich müde aufs Sofa gelegt, im Scherz an den Füßen gezogen oder seinen Fuß hochgehoben habe, mit der Bemerkung: 'Das gibts aber nicht, lieber Cousin, jetzt wird noch nicht geschlafen.' Frau Hackenberg meinte also, der Verstorbene habe ihr dies ins Gedächtnis rufen wollen.[1]

Hier stoßen wir zum ersten Mal auf Indizien nicht nur spiritistischer, sondern geradezu identifizierender Art, und zwar innerhalb eines Falles, den man am Ende ebenso gut der Gruppe 'Poltergeist' wie der Gruppe 'Erscheinungsspuk mit objektiven Wirkungen' einordnen könnte. Beide Gruppen, wie sie üblicherweise von Fachleuten gesondert werden, gehen eben in Wahrheit in einander über und überschneiden sich zum Teil. Es ist wahr, daß in der Gruppe 'Poltergeist' der eigentliche Täter, falls wir ihn wirklich vom Medium gesondert denken müssen, zumeist namenlos bleibt; und darum mag, wer will, die Täterschaft eines Verstorbnen in solchen Fällen überhaupt bezweifeln und etwa gar an — 'Kobolde' oder sonstwelche 'Elementargeister' glauben. Persönlich vermute ich, daß, wenn erst die Methoden der Feststellung voll entwickelt wären, in nicht wenigen Fällen von 'Poltergeist' ein bestimmter menschlicher Täter sich entdecken ließe, ein verstorbener oder — ein lebender. Hier gehen uns natürlich vor allem die ersteren an, und da möchte ich bemerken, daß die besonderen Indizien der Identifizierung ebenso oft auf dem Gebiete der 'Mitteilungen' liegen, wie auf dem der 'Erscheinungen' (wie angeblich im Falle Regulski). Von beiden Arten seien noch einige Beispiele gegeben, womit unsere kurze Behandlung des Poltergeistes erst ganz an ihr Ziel gelangt.

Bei einem von der sehr gebildeten Frau v. Tonkli in Graz ausführlich beschriebenen physikalischen Spuk, der auch den Hund des Hauses in Schreck versetzte, sah die sehr medial veranlagte Magd 'jedesmal' den im Kriege gefallenen Gatten der Erzählerin, 'den sie [im Leben] nie gesehen. Sie beschrieb ihn jedoch genau bis in die kleinsten Details.' Von den andern wurden bloß die Schritte des Phantoms gehört. Es gelang aber außerdem, durch Klopflaute mit dem Erscheinenden in Verbindung zu treten.[2]

Die gleiche unmittelbare Art der Identifizierung ist auch in einem von Hrn. Hinrich Ohlhaver 'in allen Einzelheiten genau untersuchten' Falle in Wilhelmsburg bei Hamburg im Hause des Landwirts H. angewandt worden. Hier erfuhr man durch den Klopfton-Verkehr, daß die Spukvorgänge durch die 'verstorbene erste Frau des Landwirts H.' verursacht würden, die 'in

---

1) Das. 568.   2) RB 1925 74 ff.

banger Sorge um das Wohl der von ihr hinterlassenen, jetzt schon erwachsenen drei Töchter sei. Die zweite Frau von H. habe die drei Töchter böswillig und aus eigensüchtigen Zwecken so lange verleumdet, bis alle drei Mädchen das Elternhaus für immer verlassen hätten. Das älteste von diesen drei Mädchen sei inzwischen auf eine schiefe Ebene geraten, habe ein uneheliches Kind, das in einer Stadt in Holstein, die genannt wurde, untergebracht sei und von den Pflegern, deren genaue Anschrift ebenfalls genannt wurde, sehr schlecht behandelt würde. Auch ihre andern beiden Töchter seien in Gefahr, wofür eine Reihe von Einzeldaten gegeben wurde. **Sie habe das Spuken verursacht, um auf die erwähnten ungünstigen Umstände, unter denen ihre Töchter lebten, aufmerksam zu machen, aber kein Verständnis abgewinnen können, und darum sei sie schließlich ungehalten geworden, was durch den scheinbar böswilligen Charakter der letzten Phänomene zum Ausdruck gekommen sei.** Nachdem sie aber jetzt ihr Herz erleichtert habe und erwartete — was ihr auch versprochen wurde —, daß entsprechende Maßnahmen gegen diese sie bedrückenden familiären Mißverhältnisse getroffen würden, würde die Spukerei hier nun ein Ende haben. — Und tatsächlich war der Spuk mit diesem Tage für immer vorbei. Der Landwirt war durch die erlangten Mitteilungen von seiner verstorbenen ersten Frau wie aus den Wolken gefallen. Er reiste am nächsten Tage nach der namhaft gemachten holsteinischen Stadt und fand bei den Pflegern, deren Adresse richtig angegeben war, das ganz unzureichend verpflegte Kind seiner ältesten Tochter.' Auch die Angaben über die andern Töchter erwiesen sich als 'bis in die kleinsten Einzelheiten hinein wahr und richtig.'[1]

Hiermit wäre folgender vom Brit. College of Psych. Science untersuchte Fall zu vergleichen, über den dessen Vorsitzender, J. H. McKenzie, in der Vierteljahrschrift des College berichtet. — Im Hause der Familie C. in einer Londoner Vorstadt öffneten sich Türen, an den Wänden ertönte heftiges Klopfen, ein Leuchter wurde herabgeschleudert und zerbrochen, im Keller wurde gewaltiger Lärm verübt, der die Wände erschütterte; dazu Kratzlaute, Stöhnen usw. Eine wachende Person wurde vom Bett herabgestoßen und ein Hemd vom Stuhl aufgehoben und ihr gewaltsam um den Hals geschlungen. Hunde weigerten sich, in die Nähe der Wände zu gehn, aus denen die Klopf- und andern Töne erschollen. Eine Mehrheit von Wesen schien für diese Poltergeist-Phänomene verantwortlich zu sein; für die schlimmsten ein angeblicher Mörder, der durch das Alphabet kundgab, daß er vor 90 Jahren im Hause sein Verbrechen verübt habe, und den man, nachdem für ihn gebetet worden, ausrufen hörte, nun würden seine Ketten gelöst und er könne das Licht sehen; wofür er seinen Dank aussprach. Geringere Phänomene wurden durch das gleiche Mittel auf einen verstorbenen Freund der Familie, namens Henshaw, zurückgeführt. Mr. und Mrs. McKenzie hielten nun mit dem bedeutenden Medium Mrs. Garrett in jenem Hause eine Sitzung ab, wobei sich — Mrs. Garrett wußte nichts von den Vorgängen im Hause

[1] RB 1926 77f.

und von dessen Bewohnern — ein vor 6 Monaten gestorbener Verwandter derselben, F., kundgab und behauptete, daß seine Hinterlassenschaft ihn sehr beunruhige. Tatsächlich hatte, wie sich zu allgemeiner Verwunderung herausstellte, dieser F. scheinbar kein Testament hinterlassen; doch gab er nunmehr auf Befragen an, daß ein solches von ihm in der Holzfüllung eines bestimmten Bildes untergebracht worden sei, da seine (inzwischen verzogene) Frau mit Papieren stets sehr nachlässig umgegangen sei (was richtig war). Doch wurde das Testament einstweilen nicht gefunden, da die Frau, als man ihr die Kundgebungen mitteilte, sich weigerte, der Sache Glauben zu schenken und Nachforschungen anzustellen. Mrs. Garrett erwähnte außerdem als Verursacher des Spuks einen Geist H. (Henshaw?), sowie eine gewisse Mrs. Sinclair, eine frühere Bewohnerin des Hauses, den C.s unbekannt, an deren Adresse aber zuweilen Briefe angekommen waren. Drei Wochen lang nach dieser Sitzung blieben tatsächlich alle Phänomene aus; die dann wieder beginnenden wurden der besagten Sinclair zugeschrieben. Bemerkenswert ist, daß 'Henshaw' angab, er habe sich seit Jahren seinen Freunden mitzuteilen versucht, könne es aber nur in einem Spukhause tun, wie dem gegenwärtig von den C.s bewohnten! Hinsichtlich medialer Beihilfe Lebender ließ sich nichts mit Sicherheit feststellen; doch wird erwähnt, daß eine Tochter der C.s sich 'in zartem Zustand' befand und einer der Söhne 'nervös' war.[1]

Solchen ausdrücklichen Hinweisen auf die Täterschaft bestimmter Unsichtbarer, die überdies deutliche Seitenstücke bilden zu dem früher über die Motivierung von Erscheinungen und Kundgebungen Ausgeführten, entsprechen in andern Fällen soz. namenlose und unbestimmte Hinweise.

So wurden z. B. im Liesenhofener Poltergeist-Haus der Johanna P. gelegentlich auch 'Seufzer' gehört,[2] und in Nikolsburg öffneten sich einmal alle verschlossenen Türen und wurden von einem 'eiskalten Luftzug mit Heulen und Sausen' bewegt, — nicht unwahrscheinlich der sattsam bekannte kühle Hauch in der Nähe von Phantomen.[3] — In einem von Prof. Barrett veröffentlichten Poltergeist-Fall in Enniscorthy — Betten wurden über den Fußboden geschleift und umgestürzt, so daß die Insassen herausfielen, ja einer von ihnen wurde 'ohne eine ihm nahe Hand aus dem Bette gehoben' — ließen sich die ganze Nacht hindurch Schritte hören, aus der Küche kommend und die Treppe emporsteigend.[4]

Während des berühmten Poltergeist-Ablaufs im Hause des schweizerischen Nationalrats M. Joller hörte man öfters 'im Saale und auf der Treppe ein tief erschütterndes Schluchzen, einmal ein dreimaliges ächzendes Rufen 'Erbarmt euch meiner', ein andermal auf dem Saale einen klagenden Gesang zu eintöniger Saitenbegleitung.' Auch die Namen der Kinder wurden ge-

---

1) PsSc VII 235 ff. Vgl. ZP 1928 283 ff. (bes. 285); 1931 325 ff., sowie die Kommunikationen in dem Falle Dr. Phelps (bei Capron; auch Sp Aug. 1878; Holms 261 ff. u. sonst), in reichlich oberflächlicher Weise kritisiert von Podmore (Spir. I 198 ff.).   2) Schrenck-Notzing 301.
3) Das. 337.   4) Pr XXV 388 f.

rufen.¹ Dazu kamen, von vielen beobachtet, unförmliche 'Nebelbilder' (wie Joller sie nennt), eiskalter Wind bei Tage und Nacht und das Angefaßtwerden durch eiskalte Hände und Fingerspitzen. 'Meistens (sagt Joller auch bezeichnenderweise) standen die mitunter sehr stark hörbaren Laute in einem gewissen Zusammenhang mit der Arbeit oder dem Gespräch der Hausbewohner.'²

Ja noch mehr ins Mittelbare abgleitend, hat Bozzano den Gedanken ausgesprochen: das meist kurz vorübergehende Auftreten der Poltergeistphänomene spreche dafür, daß hier zum Vorhandensein des anscheinenden Mediums noch eine besondere Gelegenheitsursache — *une cause occasionnelle* — hinzutrete; denn wäre das Medium der einzige Erzeuger der Vorgänge, so läge es nahe, zu erwarten, daß es diese Gabe auch zu andern Zeiten betätigen werde. Hierzu trete aber anscheinend noch ein 'örtlicher' Einfluß, indem zuweilen die Phänomene dem Medium nicht folgen, wenn dieses seinen Aufenthalt wechselt, — was wieder an den Spuk im engern Sinn erinnert.³ Ich deute diese Gedanken an, ohne zu ihnen Stellung zu nehmen; entscheidende Kraft scheinen sie jedenfalls nicht zu besitzen, offenbar auch nach Bozzanos eigener Meinung.

Wie oft also auch eine animistische Deutung des Poltergeistes sich als durchführbar erweisen mag: man sollte nie die Möglichkeit aus den Augen lassen, daß 'spiritistische Verfahren' der Untersuchung doch schließlich einen jenseitigen Ursprung der Vorgänge an den Tag bringen. Dies Nebeneinander würde ja auch nur einen weiteren Beleg für die Entsprechung animistischer und spiritistischer Abläufe liefern.⁴ Soweit aber die 'Handmäßigkeit' der Phänomene auf ein gestaltetes Phantom als ihren Urheber deutet, würden auch sie in der Frage nach der Objektivität von Erscheinungen Abgeschiedner mittelbare Bedeutung gewinnen.

4. Das objektive Teilphantom der Experimentalsitzung

Immerhin haftet allen diesen Schlußverfahren der Mangel eben der Mittelbarkeit an, schon sofern das angeblich ausführende Phantom ja nur in Ausnahmefällen wirklich gesehn wird. Es fehlt uns also

---

1) Piper 79.   2) Perty, Real. 64.   3) Bozzano, Hant. 214ff. Vgl. d. eben erwähnten Fall Barretts. — Selbst Schrenck-Notzing (242) spricht von 'gewissen an den Örtlichkeiten haftenden Einflüssen', die aber 'wahrscheinlich erst durch die Anwesenheit einer mediumistisch veranlagten Person lebendig werden' (!).   4) Leichte Andeutungen der Bewirkung von Poltergeistvorgängen durch das Phantom eines Lebenden (Thorel) in dem berühmten Fall in Cideville (1850/1): Pr XVIII 454ff.; Owen, Footfalls 195. Podmores seichte Kritik s. Nat. 159ff.

noch immer der unmittelbare und zwingende Erfahrungsbeweis für die Ausführung dinglicher Leistungen durch unleugbar objektive Phantomhände und — mit diesen zusammenhängend — durch unbestreitbare Phantome von menschlicher Bildung. Ließe sich dieser Beweis noch liefern, so würde auch alles bisher Vermutete das Gepräge annähernder Gewißheit erlangen.

Dieser Beweis ist dort zu finden, wo das spontane Auftreten der Tatsachen abgelöst wird vom Experiment, die ungünstigen Bedingungen der Beobachtung überraschender Geschehnisse also auch ersetzt werden durch die günstigeren der Feststellung halbwegs erwarteter. Wir werden uns überzeugen können, daß nicht nur 'handmäßige' Leistungen, sondern auch die sie ausführenden Gliedmaßen im Rahmen der Experimentalsitzung mit Medien völlig zweifelsfrei festgestellt worden sind, und daß die Beobachtung solcher ausführenden Gliedmaßen lückenlos übergeht in die von vollständigen Phantomleibern, deren Objektivität von niemandem bestritten werden kann, der die Tatsachen nicht mit unentwurzelbaren Vorurteilen anschaut. Das vertiefte Studium der Berichte über 'Materialisationen' und ihre Leistungen hat mich zu der unerschütterlichen Überzeugung geführt, daß hier ein bedeutender Kern nicht abzustreitender Tatsachen vorliegt, der über kurz oder lang die Anerkennung aller maßgebenden Fachleute erringen wird; auch derer, die heute noch zweifeln oder bestreiten, und zwar, wie ich glauben möchte, infolge nicht ganz ausreichender Kenntnis der Urkunden. Wer die Zeugnisse annähernd vollständig überschaut, wird die Entdeckung machen, daß sich zunächst jener 'Kern' daraus hervorschält, den kein Unbefangener beiseite schieben kann, der nicht endgültig und restlos an menschlichem Zeugnis verzweifeln will. Es gibt auf diesem Gebiete Tatsachen, die so einfacher und einfach festzustellender Natur sind, beobachtet unter Bedingungen, die ein solches Maß von Sicherheit gegen groben Betrug geben (und allergröbster Betrug allein kommt meist bei ihnen in Frage), — daß man ihnen nur noch den entschlossenen Willen zur Nichtanerkennung entgegensetzen kann, aber keinerlei begründeten Zweifel mehr. Doch schon dieser 'Kern' von Tatsachen ist so außerordentlicher, alles gewohnte Denken sprengender Natur, daß wer ihn notgedrungen anerkennt, in nichts auf diesem Gebiete sonst Berichtetem noch wesentliche Schwierigkeiten der Anerkennung zu finden braucht. Hat man sich erst mit jenem 'Kerne' abgefunden, so liest man auch solche Berichte mit andern Augen, die, für sich genommen und angesichts der Art der Zeugen und der Bedingungen ihrer Aussagen, so außerordentliche Tatsachen, wie die der Materialisation, noch nicht verbürgen könnten. Man entdeckt dann aber in solchen Berichten eine Übereinstimmung mit denen des 'Kerns' in Einzelheiten, die weder nach Betrug noch nach Erfindung aussehn; entdeckt in jenen auch weitere Einzelzüge, die in anscheinend natürlicher Weise das Bild des Materialisationsvorgangs abrunden und ihn als etwas wenn auch rätselvolles, so doch lebendig und gesetzlich in sich geschloßnes erscheinen lassen.

Ich bin mir natürlich bewußt, mit der jetzt folgenden Untersuchung eins der unerfreulichsten Gebiete der gesamten Erforschung des Übernormalen in Angriff zu nehmen. Wer sich, von Problemen des Parapsychischen kommend, den angeblichen metaphysikalischen und -physiologischen Tatsachen zuwendet, dem ist, als verlasse er einen schattenkühlen Wald voll wundersamer Rätselgestalten und betrete ein heißübersonntes Feld, durchtobt vom Lärm und überwölkt vom Staub des Kampfgetümmels. Die Art der dringendsten Fragestellungen hat sich völlig verändert. Erhoben dort sich Schwierigkeiten allenfalls aus der Berücksichtigung im Stillen wirkender Unarten menschlichen Urteilens, verschob sich dann das Augenmerk sehr rasch auf äußerst fesselnde theoretische Probleme, so drängt sich hier von vorn herein die Frage in den Vordergrund, ob unter der Masse **unleugbaren und aufdringlichsten Betruges** sich überhaupt noch wirkliche **Tatsachen** entdecken lassen. Es ist ja wahr, daß gerade hier die Art der echten Tatsachen (falls es solche gibt) zur schwindelhaften Nachahmung besonders stark verlocken mußte.[1] Das vermindert aber nicht die Schwierigkeit, durch das Gestrüpp des Schwindels zu einem Kern des Echten hindurchzudringen. Wer vollends, wie der Verfasser, nicht das Glück gehabt hat, an der experimentellen Erforschung dieser Dinge ausgiebig teilzunehmen, kann aus der Einsicht in das fragliche Schrifttum leicht zur Ansicht kommen, daß ein Versuch der Urteilsbildung ohne eigne Anschauung zur Hoffnungslosigkeit verurteilt sei. Er findet sich verstrickt in das Für und Wider eines literarischen Streites, der von beiden Seiten mit ebenso viel Scharfsinn wie Erbitterung geführt wird; ja der schon fast dazu übergeht, vor allem andern die 'Psychologie' des jeweiligen Gegners und seines Fehlurteilens zu erörtern, die Verschrobenheit seiner Einstellung, die Überwertigkeit der ihn beherrschenden Vorstellungen: wie kommt es, daß ein Mensch mit sonst gesundem Urteil diese Tatsachen — nun, je nach dem: bestreiten oder glauben kann? Das dürfte bald die beherrschende Fragestellung sein. Und in gewissen Grenzen entspricht sie auch der gege-

---

1) Ich sehe hierbei von jenem Schwindeln echter Materialisationsmedien ab, das den Anforderungen der Kundschaft gegenüber das gelegentliche Aussetzen oder das Nachlassen der 'Kraft' wettmachen soll. (Darüber schon E. v. Hartmann und C. C. Massey, bei Podmore, Spir. II 207.)

benen Sachlage. Liest der erfahrungslose Neuling etwa zuerst das kenntnisreiche und sprachlich glänzende VI. Kapitel im 2. Band von Podmores 'Geschichte', Mrs. Sidgwicks Aufsatz im VI. Bande der *Proceedings S. P. R.*, des Grafen Perovsky verbissen krittelnde Ausführungen im XXI. und XXV. Bde., das breit ins Einzelne gehende 'Dreimännerbuch' der Herren Graf Klinckowström, Dr. v. Gulat-Wellenberg und Dr. Rosenbusch, oder gewisse Kapitel in Frau Dr. Mosers wortreichem Riesenwerk, oder gar die 'Bekenntnisse' von 'Medien' über den von ihnen verübten Betrug, — so mag er wohl auf den Gedanken kommen, daß es das beste wäre, dem ganzen Gebiet von vorn herein den Rücken zu kehren. — Führt er sich dann die Schriften der Verteidigung zu Gemüte und beginnt sich mit den eigentlichen Urkunden des Problemes selbst zu befassen, so dürfte ein heftiger innerer Widerstreit die nächste Folge sein. Und erst eine sehr erweiterte und vertiefte Beschäftigung mit diesen Urkunden, ihr sorgfältiges Vergleichen mit dem von Gegnern Vorgebrachten, ein genaues Durcharbeiten soz. der gesamten Prozeßakten wird ihn entdecken lassen, wieviel deutlerische Fechterkunst, also einseitige Betonung des Belastenden, willkürliche Auswahl des Mitzuteilenden und unzulängliche Würdigung des Günstigen, vor allem: wieviel Verschweigen, aus Absicht oder Unkenntnis, die Darlegungen der 'Negativisten' entstellt.

Meine Aufgabe der geschilderten Sachlage gegenüber ist nun offenbar eine äußerst schwierige. Die Gerichtsakten unsres Problems sind zu einem schwer übersehbaren Umfang angeschwollen. Wollte ich in allem wenigstens Umstrittenen den Leser zu eigenem Urteil instandsetzen, so würde der bloße Versuch und mit ihm die Geduld des Lesers in der endlosen Wüste des Für und Wider bald genug erlahmen und erliegen. Die einzige Rettung für ihn wie für mich liegt in einem gewaltsam abgekürzten Verfahren. Ich werde nicht nur die Tatsachen bevorzugen, die den Zwecken unsrer Argumentation besonders dienstbar sind; sondern auch alles beiseitelassen, was mir selber bei unparteiischem Zusehen zweifelhaft oder gar widerlegt erscheint, daneben aber auch alles, worüber ein Urteil nicht ohne umständliche Darstellungen und Erörterungen zu erreichen wäre. Der Kenner wird sich also wohl wundern, selbst manchen Namen von Medien hier gar nicht oder kaum zu begegnen, die sich in 'positiv' eingestellten Kreisen bedeutenden Ansehns erfreuen. Ich bin der Meinung, daß z. B. das äußerst ungleich gearbeitete 'Dreimännerbuch' in einzelnen Abschnitten doch manches starke Bedenken selbst gegen Führer der Forschung vorgebracht hat, und daß es unserm Endergebnis nur zuträglich sein kann, wenn wir dem Gegner in möglichst weiten

Das objektive Teilphantom der Experimentalsitzung

Grenzen den 'Vorteil des Zweifels' einräumen. Wir bauen fester, wenn wir auf schmälerem Grunde bauen. Und ich hoffe, wir werden dennoch den Bau zu Ende führen können. Daß nicht jeder ihn auch anerkennen wird, halte ich gleichwohl für selbstverständlich. Das Gebiet, das wir jetzt betreten, ist nicht nur das umstrittenste unsrer Forschung, sondern auch das rätselvollste und am gründlichsten im rohen Urzustand befindliche. Letzten Endes wird also wohl alles Folgende mit gewissen Vorbehalten vorzubringen sein und auch aufgenommen werden. Ich darf mich zufrieden geben, wenn ich wenigstens gegen den völligen Verneiner etwas anführen kann, was auf den Vorurteilslosen entschiedenen Eindruck macht. Die letzte Entscheidung fällt in der Zukunft. Dennoch habe ich die persönliche Überzeugung, daß der hier vertretene Standpunkt in Tatsachen- und theoretischen Fragen nach — sagen wir — 50 Jahren Recht behalten wird. Ein 'Kern' von Wirklichkeit läßt sich schon heute aus der wirren Masse des Bezeugten herausschälen. Hinsichtlich seiner mache ich mir das Urteil zu eigen, das der weise Fechner schon vor Jahrzehnten niederschrieb, als die Menge des Beobachteten noch gering war, verglichen mit unsrem heutigen Besitz: 'Gewiß ist die Unwahrscheinlichkeit der spiritistischen Materialisationsphänomene von vorn herein haarsträubend, und bleibt doch zurück gegen die 'Brutalität' der beobachteten Tatsachen. Um darüber zu urteilen, muß man freilich die Literatur kennen.'[1]

Indem ich also das Problem des objektiven Phantoms hinüberspiele auf das Gebiet des Experiments und damit der Beobachtung unter Bedingungen eigens gerichteter Erwartung und Aufmerksamkeit, verzichte ich zunächst auf eine allgemeine psychologische oder technische Erörterung der damit doch auch gegebenen größeren Sicherheit in der Feststellung von Tatsachen. Die Gründe dieser Sicherheit liegen zum Teil auf der Hand; zum Teil — besonders soweit es sich um 'technische' Sicherungen handelt — werden sie am besten erst bei den Beobachtungen erwähnt, zu deren Beglaubigung sie dienen. Ich wende mich also gleich der Anführung experimenteller Tatsachen zu, die einerseits den bisher besprochenen 'spontanen' genau entsprechen, des weiteren aber bedeutsam über sie hinausführen.

Eine deutliche Verbindung zwischen Tatsachen des 'Poltergeistes' und denen der Experimentalsitzung bilden jene 'handmäßigen' Leistungen im Rahmen der letzteren, bei denen keine ausführende Hand beobachtet wird. Sie sind außerordentlich häufig, ich beschränke mich aber auf wenige Belege, die entweder an frühere Bei-

---

1) Fechner, Nachtansicht 255 Anm.

spiele von Spukleistungen erinnern, oder bei denen die Handmäßigkeit besonders in die Augen springt. Unter dem ersten Gesichtspunkt wähle ich Fälle des Spielens von Musikinstrumenten, unter dem zweiten etwas bisher noch nicht Erwähntes, nämlich Schreibleistungen.

Crookes' Schilderung von Homes selbsttätig spielendem 'Accordion' — einer Ziehharmonika mit Tasten — darf noch heute als mustergültig gelten. Anwesend bei dem Versuche waren außer Crookes der bedeutende Physiker Sir William Huggins (Mitgl. d. kgl. Ges.), der damals bekannte Rechtsgelehrte und Sachwalter Cox, Crookes' Bruder und sein chemischer Assistent. Home saß an einem Tisch, unter welchem ein oben offener hoher Gitterkäfig das Accordion umschloß. Seine Füße, je einer an jeder Seite dieses Käfigs, wurden durch die Füße Crookes' und eines der anderen Herren 'kontrolliert'. Home legte eine Hand auf den Tisch und ergriff mit dem Daumen und Mittelfinger der andern das Instrument, und nachdem es zunächst in Schwankungen geraten war, 'entströmten ihm Töne, und schließlich wurden mehrere Noten im Zusammenhang gespielt.' Der Assistent begab sich derweil unter den Tisch und berichtete, daß das Accordion sich ausdehne und zusammenziehe. Auch Dr. Huggins überzeugte sich durch den Augenschein, daß Homes haltende Hand dabei völlig reglos verharrte. Unter genau gleichen Bedingungen wurde dann 'eine einfache Melodie gespielt. Aber was folgte, war noch überraschender; denn Mr. Home zog nun seine Hand völlig von dem Instrument und aus dem Käfig zurück und legte sie in die Hand seines Nachbarn. Das Instrument fuhr darauf fort zu spielen, während niemand es berührte und keine Hand ihm nahe war.' Als später das Accordion eine 'klagende Melodie' spielte, überzeugte sich Crookes nochmals persönlich, daß kein Armmuskel des Mediums sich regte. — Home war bei seinem Eintritt in die Crookessche Wohnung durch die gesamte Versuchsanordnung völlig überrascht worden, und das Versuchszimmer war von Gasflammen erhellt.[1]

Wie verhält sich nun die 'große' Kritik einem solchen Bericht gegenüber? Hier hat Prof. Lehmann-Kopenhagen eine Melodie angeschlagen, die u. a. vom Grafen v. Klinckowström aufgegriffen und fortgesponnen wurde. Lehmann betont, daß die obige Darstellung eine spätere, bloß zusammenfassende sei, während die i. J. 1889 veröffentlichten ursprünglichen Niederschriften[2] — teils während, teils unmittelbar nach den Sitzungen gemacht — beweisen sollen, daß jener zusammenfassende Bericht 'ein Produkt von Crookes' Phantasie' darstelle. Dies harte Urteil bezieht sich, streng genommen, auf die Gesamtheit der beschriebenen Tatsachen, seine Belegung wird aber — bezeichnenderweise! — ausdrücklich nur an den gleichzeitigen gelungenen Bemühungen Homes versucht, einen verwickelten Waagebalkenapparat ohne Berührung in Bewegung zu setzen. Und zwar geschieht die Begründung jenes Urteils nicht unter Eingehn auf jede Einzelheit, sondern

---

1) S. die meisterhaft klare Schilderung: Crookes 15 ff., bes. 17—20. Ganz übereinstimmend bez. einer Sitzung in Gemeinschaft mit Crookes: Wallace II 286 ff. — Vgl. ferner Pr VI 102. 106; SpM 1874 102; Sargent 120.   2) Pr VI 98 ff.

durchaus in Bausch und Bogen: mehrere jener Sitzungen 'oder jedenfalls Teile derselben' seien 'fast Sitzungen im Dunkeln' gewesen; nicht Crookes sondern Home habe den Gang der Versuche durch seine Befehle geleitet, den Sitzern ihre Plätze angewiesen, seinen eigenen gewählt, 'seinen Stuhl umhergerückt usw.'; es hätten 'verschiedene kleine Unterbrechungen stattgefunden: bald sollen die Hände auf dem Tische sein, bald nicht, das Gas wird niedergedreht und wieder aufgedreht, die Plätze werden gewechselt und derartiges mehr. Alles dies zeigt uns, daß diese berühmten Crookesschen Sitzungen sich durchaus nicht von andern spiritistischen Sitzungen unterscheiden; sie haben dasselbe unberechenbare und launische Gepräge, dieselbe Abhängigkeit von dem Gutdünken des Mediums... Crookes' Versuche sind keine streng wissenschaftlichen Untersuchungen.'[1]

Graf Klinckowström, der dies alles kurz und zustimmend zusammenfaßt, weiß kaum noch etwas Neues hinzuzufügen. Man erfahre nicht, ob jeder beschriebene Versuch der erste seiner Art gewesen sei, oder ob Home schon vorher Gelegenheit gefunden, 'die Versuchsbedingungen 'abzutasten''; in manchen Sitzungen seien auch Personen zugegen gewesen, 'die als wissenschaftliche Beobachter nicht in Frage kommen können', ja einzelne hätten (man stelle sich vor!) in der Wohnung einer Miss Douglas stattgefunden. Manche Phänomene hätten 'durchaus den Charakter taschenspielerischer Kunststücke getragen'; wenn es auch 'nicht Aufgabe des Kritikers sein' könne, diese Kunststücke bezw. Phänomene zu erklären; dazu fehlten alle Anhaltspunkte. Die Beleuchtungsverhältnisse werden in allgemeiner Weise bemängelt, usw.[2]

Die dreiste Leichtfertigkeit einer solchen allgemein gehaltenen Aburteilung offenbart sich sofort, wenn man sie mit den genauen Angaben über das ein zelne Phänomen vergleicht; was sogleich geschehen soll. Aber auch unabhängig davon begreift man leicht ihre Haltlosigkeit in sich. Warum z. B. soll ein echtes Medium nicht 'den Gang der Versuche leiten'? Seit wann hat der Beobachter zu bestimmen, was in jedem Augenblick zu geschehen habe? Wann und wie wird ein Bestandteil der Unberechenbarkeit bei solchen Versuchen auszuschalten sein? Das Medium weiß, was jeweils zu erwarten ist; aber darf man das als 'Gutdünken' verdächtigen? Inwiefern soll die Anwesenheit 'nichtwissenschaftlicher' Personen schädlich sein, wenn nur die wissenschaftlich bedeutenden im Augenblick des Phänomens ihre Augen offen halten? Warum soll man nicht einmal auch 'in der Wohnung einer Miss Douglas' experimentieren, wenn nur die Beobachtungen an sich von der gleichen Sorgfalt getragen sind wie in Crookes' eigenem Zimmer? Und was drückt die Vergleichung der Vorgänge mit — übrigens undurchschaubaren — 'taschenspielerischen Kunststücken' anderes aus, als daß eben der Kritiker an ihre taschenspielerische Erzeugung glauben möchte?

Aber gehen wir ins Einzelne. Von dem oben beschriebenen Versuch in Gemeinschaft mit Huggins und dem 'chemischen Assistenten' hat Crookes das

---

1) Lehmann 270. 272f.   2) DMB 124f. 128f.

gleichzeitige Protokoll i. J. 1889 nicht veröffentlicht. Doch lag die Beobachtung zur Zeit der Veröffentlichung des angeblich völlig unzuverlässigen Berichtes höchstens ein Jahr zurück, und überdies beschreiben die ursprünglichen Protokolle einen fast ganz gleichen und ebenso zwingend beobachteten Vorgang, um dessen Deutung im einzelnen sich aber weder Prof. Lehmann noch Herr v. Klinckowström bemühen. Er fiel in die Sitzung vom 30. Juli 1871 und wird folgendermaßen beschrieben: '[Beim Lichte dreier Spirituslampen] begann das Accordion, welches Mr. Home unterm Tisch hatte liegen lassen, zu spielen und sich umherzubewegen, ohne daß irgend jemand es berührte. Es fiel auf meinen Fuß, schleppte sich dann fort, die ganze Zeit über spielend, und begab sich zu Mrs. I., auf deren Knie es emporstieg. Mr. Home nahm es darauf in seine Hand, wo es spielte [und eine Botschaft 'durch Akkorde' lieferte, — d. h. wohl: anstatt durch Klopftöne] ... Mr. Home erhob sich und trat zurück, allen vollkommen sichtbar, wobei er das Accordion mit ausgestrecktem Arme von sich abhielt.[1] Wir alle sahen, wie es sich ausdehnte und zusammenzog, und hörten es eine Melodie spielen. Mr. Home ließ dann das Accordion los, welches sich hinter seinen Rücken begab und dort zu spielen fortfuhr; seine Füße waren derweil ebenso sichtbar wie seine Hände, die er vor sich hielt. [Während einer nunmehr folgenden Erhebung des Mediums] hörten wir das Accordion schwer zu Boden fallen. Es hatte in der Luft geschwebt hinter dem Stuhl, auf welchem Mr. Home gesessen hatte. Als es fiel, war Mr. Home etwa 10 Fuß von ihm entfernt. Während Mr. Home noch zwischen Mrs. I. und Mr. Walter Crookes stand, sahen und hörten wir das Accordion sich hinter ihm bewegen, ohne daß seine Hände es berührten. Dann spielte es unberührt eine Melodie, während es in der Luft schwebte. Mr. Home nahm darauf das Accordion in eine Hand und hielt es von sich ab, so daß wir alle es sehn konnten (er stand noch aufrecht zwischen Mrs. I. und Mr. Walter Crookes). Wir sahen dann das Accordion sich ausdehnen und zusammenziehen und hörten eine Melodie spielen. Mr. William Crookes und Mr. Home sahen ein Licht am untern Ende des Accordion, wo die Tasten waren, und wir hörten und sahen die Tasten eine nach der andern ticken und niedergedrückt werden, deutlich und bedächtig, als sollte uns gezeigt werden, daß die dabei wirksame Kraft, wenn auch für uns unsichtbar (oder beinahe unsichtbar), das Instrument völlig in der Gewalt habe. Eine schöne Melodie wurde gespielt, während Mr. Home aufrecht stand und das Accordion hielt, jedem von uns völlig sichtbar. Darauf begab sich Mr. Home hinter mich, forderte mich auf, den linken Arm auszustrecken, und legte das Accordion unter meinen Arm, so daß die Tasten hinabhingen und das obere Ende von unten gegen meinen Oberarm drückte. Er ließ es dann los, und das Accordion blieb dort hängen. Dann legte er seine beiden Hände mir auf je eine Schulter. In dieser Stellung und ohne daß jemand außer mir das Accordion berührte, während aber jedermann beobachtete, was vor sich ging, spielte das [Instrument] Töne, aber keine Melodie.'[2]

---

1) holding the accordion out at arm's length.   2) Pr VI 118f.

Das objektive Teilphantom der Experimentalsitzung

Weder Prof. Lehmann noch Graf Klinckowström gehen, wie gesagt, auf solche Angaben **gleichzeitig** abgefaßter Protokolle im einzelnen ein. Doch mögen sie beigetragen haben, den letzteren Kritiker schließlich doch zu einem halben Einlenken zu bewegen. Er will die Frage 'offen lassen', 'ob nicht doch bei Home möglicherweise irgendwelche supranormale Kräfte mitgewirkt haben;' die Berichte 'geben immerhin zu denken', und man gewinne den 'Eindruck, als wären die Phänomene, z. T. wenigstens, unter den geschilderten Verhältnissen mit taschenspielerischen Kunstgriffen nicht ausführbar.'[1] Es ist das bekannte schwächliche Zugestehen eines unerklärlichen 'Restes', — ein Zugeständnis, das natürlich im Grunde alle vorausgegangenen allgemeinen und gewaltsamen Nörgeleien völlig entwertet.

Verwandte Beispiele wähle ich aus den Urkunden eines andren der größten physikalischen Medien, der **Eusapia Palladino**. — In der zweiten der bekannten Neapeler Sitzungen der sog. 'Taschenspielerabordnung' der Ges. f. ps. F., unmittelbar nach 12 Uhr nachts, wurde auf der im 'Kabinett'[2] liegenden Gitarre ein Ton angeschlagen. Diese Gitarre befand sich 1 m hinter dem Rücken des Stuhles, auf dem Eusapia saß, an die Wand des Kabinetts gelehnt und scharf kontrolliert; ein kleiner Tisch stand zwischen ihr und dem Instrument, und der übliche Vorhang verschloß überdies das Kabinett. Das Licht war 'ausgezeichnet' (Stärke I).[3] — In der dritten von mehreren Sitzungen mit Eusapia i. J. 1907 in der Turiner Psychiatrischen Klinik — abgehalten von Lombroso und seinen Assistenten Dr. Imoda und Dr. Andenino — erhob sich eine Mandoline vom Tisch im Kabinett und 'wurde auf den Sitzungstisch getragen [um den das Medium und die Experimentierenden saßen], wo sie, von Allen gesehen, ganz von selbst spielte, erst **eine** Saite zur Zeit, mit hellem Ton, wie von einem Fingernagel gezupft; dann alle Saiten, als würde ein Finger über sie hingeführt...'[4] — 'Als wir unsere Hände (bezeugt Lombroso von dem gleichen Vorgang) auf die Saiten legten, fühlten wir diese erzittern, wie von unbekannter Kraft bewegt. Wir hatten dadurch einen Beweis von der Wirklichkeit des Vorgangs.'[5] — Endlich beobachtete Bozzano in einer Sitzung mit der Palladino das Öffnen eines Klavierdeckels und das Anschlagen einer 'feierlichen' Tonfolge, zuletzt eines 'Arpeggio über die ganze Tastenreihe ohne normale Berührung.'[6]

Auch hier noch einige Erläuterungen wenigstens zum ersten der Berichte, als dem methodisch ergiebigsten und zu der am meisten umkämpften Sitzungsreihe gehörigen. Alle drei Beobachter, die Herren Feilding, Baggally und Carrington, waren hervorragende Liebhaber-Taschenspieler und besaßen ausgedehnte Erfahrung mit physikalischen Medien. Graf Perovsky, einer der entschlossensten Zweifler, bemerkt, daß man 'zuständigere Untersucher nicht hätte fordern können;' Podmore bezeichnet sie als Forscher, 'die niemandem in ihrer Befähigung nachstehen und deren praktische Erfahrung vielleicht

---

1) DMB 129. 2) Ein durch einen Vorhang gegen schädigende Lichtwirkung geschützter Teil des Sitzungszimmers. 3) Pr XXIII 371 f. 4) APS V 309. Ähnlich Prof. Morselli das. 125. Vgl. PS XX 15. 5) Lombroso 87. Das gleiche bei Rud. Schneider: ZP 1930 529 (Price: mehrere Saiten zugleich); ZpF 1927 51 (Prof. Hoffmann). 6) PS XXVIII 626. Vgl. JSPR 1889 127 (Prof. Barrett).

ohne Beispiel ist.'¹ Die Versuche fanden in ihrem eigenen Hotelzimmer in Neapel statt, dessen eine vom Vorhang abgeteilte Ecke als Kabinett diente. Wechselnde Lichtstärken konnten eingeschaltet werden: das 'Licht I' unsres Berichts umfaßt eine mit braunem Seidenpapier umwickelte 16 kerzige elektrische Hängelampe, 2 m vom Platz des Mediums (am Tisch vor dem Kabinett) entfernt, verstärkt durch das Licht des hell erleuchteten Nachbarzimmers, dessen Tür offenstand: die Beobachter konnten daher am Tische sitzend 'kleinen' Druck im Bädeker und Taschenwörterbuch lesen! Alle Beobachtungen von Vorgängen nebst Angaben über die Lichtstärke und die jeweilige Kontrolle von Eusapias Gliedmaßen wurden laufend einem Kurzschreiber, Mr. Mason, diktiert, der an einem eignen Tisch im Sitzungszimmer saß, und dies Diktat wurde durch nachträgliche, datierte und gezeichnete Zusätze ergänzt. Diesen Angaben ist in unsrem Fall zu entnehmen, daß zuerst Carrington seine Beobachtung des Erklingens der Saite diktierte. Feilding fügt zwei Tage später eine Anmerkung bei, wonach Eusapia dreimal mit ihrer Rechten auf die Innenfläche seiner Hand geklopft habe und beim dritten Mal das Zupfen der Saite erfolgt sei; Feilding und Carrington fügen am gleichen Tage hinzu, daß die Gitarre hinter dem Tischchen-im-Kabinett — vom Medium aus gerechnet — auf dem Fußboden aufrecht in der Ecke gestanden habe; dieselben beiden bemerken schließlich noch am 6. Dez., 13 Tage nach der Sitzung, daß zwar die gleichzeitige Fußkontrolle im Diktat nicht angegeben sei; 'aber bei dem ausgezeichneten Licht konnten wir deutlich sehn, daß [Eusapias] Füße nicht verwendet wurden. Zwischen dem Rücken ihres Stuhls und dem Vorhang war ein klarer Zwischenraum von etwa einem Fuß, und ihre Knie und Füße waren zum Sitzungstisch gerichtet.'²

Und die Kritik? Die ausführlichste, die wir besitzen, Dr. Rosenbuschs Abhandlung über Eusapia im Dreimännerbuch, erwähnt unbequeme Phänomene dieser Art überhaupt nicht, beschränkt sich vielmehr auf die banalsten, wie z. B. Bewegungen des Tisches. Sie ergeht sich in ganz allgemeinen Verdächtigungen des Geisteszustands der Beobachter, der Abfassung des Berichts, der Kontrolle in einzelnen Augenblicken, unter ständiger Vermutung der berühmten Freimachung von Händen oder Füßen durch 'Vertauschung'; sie widerlegt aber nichts im einzelnen. Auf dieses nirgends recht faßbare Geschreibsel des näheren einzugehn, wäre ermüdend und gänzlich unfruchtbar. Rosenbuschs Beitrag zum Dreimännerbuch ist ohne Frage der angreifbarste Teil desselben, Lamberts Antwort darauf der niederschmetterndste Teil der Gegenschrift.³ Selbst Frau Dr. Moser, die im Abschlachten von Medien Erkleckliches leistet, wirft Rosenbusch 'Verdrehungen, Auslassungen usw.' vor, 'wie sie in einem wissenschaftlichen Werk kaum ihresgleichen haben dürften.' Wir übergehen ihn daher künftig,' schreibt sie,⁴ und ich schließe mich ihr darin sehr gerne an. Erfahren wir gar, daß Carrington während der verrufenen amerikanischen Sitzungen von Eusapia bei einigen Gelegenheiten Erlaubnis erhielt, während der Vorgänge ins Kabinett zu gehn, wo er die

1) JSPR 1910 Feb.; 1909 172.   2) Pr XXIII 371f.   3) DMB 197ff.; SMB 41ff.
4) Moser 695. 701.

Bewegungen der Gegenstände fühlte, die Musikinstrumente unter seinen Händen spielen hörte, manchmal auch sehen konnte, daß nichts Materielles diese berührte,[1] so werden wir schon nach dieser dürftigen Probe aus Hunderten von Berichten die Echtheit des berühmten Mediums nicht länger bezweifeln, allen ihren oft sehr kindlichen Täuschungen zum Trotz, durch die sie anscheinend, so oft die Kontrolle es gestattete, ihre Sitzungen 'auszustaffieren', vielleicht auch 'Kraft' zu sparen suchte, — was alle ihre überzeugtesten Verteidiger von je her gewußt und beschrieben haben.

Zu diesem Punkt: Spielen von Instrumenten, kann ich — leider ausnahmsweise — auch einmal auf die Leistung eines deutschen Mediums hinweisen, der vielverleumdeten Frau Maria Silbert in Graz; eine Leistung, über die außer einem freien Bericht des Prof. D. Walter ein 'während der Sitzung bis auf die Minute genau geführtes Protokoll' des Prof. Dr. F. Haslinger (Graz) vorliegt. — Unter dem Tisch des Sitzungszimmers lag eine Geige mit Bogen, mit nach oben gekehrten Saiten. Schon als das Medium das Protokoll der Sitzung vom Vortag unterschrieb, wurde 'beim letzten Strich unter den Namen eine Violinsaite sehr stark angeschlagen'. Das Instrument wurde mehrfach bewegt, besonders wenn Frau Silbert 'streichende Bewegungen' machte; dann wurde (um 22,4) außer einer leeren auch eine gegriffene Saite gezupft (was also fast zwei Gliedmaßen als beteiligt verbürgt), und nach undeutlicherem Streichen und starkem Zupfen wurden um 22,29 (ich führe das Protokoll an) 'alle vier Saiten angeschlagen, als das Medium davon spricht, wie starke Erscheinungen sich eingestellt hätten, als vor einiger Zeit Dr. Haslinger in seiner Wohnung die Tannhäuser-Ouvertüre auf dem Grammophon gespielt und dabei dirigiert habe. Augenblicklich beginnt Dr. H. die Venushymne aus dem Tannhäuser zu singen. Blitzschnell, schon beim ersten Stimmeinsatz, wird auf der Violine wie auf einer Harfe gespielt, eine Hand greift in die Saiten und begleitet annähernd den Gesangsvortrag Dr. H.s.' Um 22,32 erfolgte 'ein Streichen längs der G-Saite', und um 22,38 vermerkt das Protokoll: 'Eine ganz deutliche (den Anwesenden unbekannte) Melodie wird überaus fein und zart auf den Saiten gespielt. Die Violine wird gestimmt. Feinste höchste Töne sind zu vernehmen...'[2]

Frau Silbert nun — das kann nicht übersehen werden — ist bei den schärfer zufassenden Kritikern meist nicht sehr gut gefahren. Sie überzeugte im allgemeinen die Professoren Walter, Uhde und Oesterreich, Dr. Tischner, Dr. Auer (Wien), Dr. Sünner, die Herren McKenzie, Price und viele andre. Selbst Graf v. Klinckowström scheint sein Urteil zunächst in der Schwebe halten zu wollen, und von Frau Dr. Moser, die in ihrem Buche zu völliger Ablehnung gelangte, las man später, daß sie diese zurückgenommen habe. Der nun Verstorbenen wurde meist vorgeworfen, daß sie ihre Füße zu freiem Schalten aus dem Schuhwerk zu ziehen gewußt habe. Demgegenüber scheint mir, daß das oben Berichtete von einer Massivität des Vorgangs ist, die über die üblichen Betrugsverfahren deutlich hinausgeht, und so mag der Bericht, in sicherndem Anschluß an die vorausgehenden, hier seinen Platz behaupten.

1) Das. 705. 2) ZpF 1927 294 ff. 335 f.

Drei Beispiele mögen zunächst unsern zweiten Punkt, die Tatsache des Schreibens ohne sichtbare Hand belegen.

Zöllner (Prof. der Astrophysik in Leipzig) versiegelte einige gewöhnliche, aufeinandergelegte Schiefertafeln viermal ihrer Längsseite entlang, nachdem er sich davon überzeugt hatte, daß nichts auf ihnen geschrieben stand, legte sie dann auf eine entfernte Ecke des hellerleuchteten Tisches, an welchem er mit dem Medium Slade saß, bedeckte dessen regungslose Hände mit den seinen, sah dann die Tafel sich teilweise heben und verschieben, hörte lautes Schreiben in ihrem Innern, öffnete die Siegel sofort nach Beendigung des Schreibens im Beisein Andrer und fand beide Seiten beschrieben mit einer sinnreichen Erörterung der Versuche und ihrer Aufnahme.[1] Der Bericht des Gelehrten ist so lückenlos, daß man sich über Podmores leichtfertige Behauptung wundern muß, es sei nie zwischen sicher versiegelten aufeinandergelegten Tafeln geschrieben worden.

Ein andrer Fall wird uns von Dr. phil. et med. Elliott Coues, Prof. der Anatomie und Biologie an der Smithsonian Institution, berichtet. Dieser erklärte sich bereit zu bezeugen, 'daß ich bei hellem Tageslicht, wenige Zoll von meinem Gesicht entfernt, ein Stück Griffel, das niemand berührte, sich heben und bewegen und durch diese seine Eigenbewegung lesbare und verständliche Sätze hervorbringen sah, welche vernünftiges Denken voraussetzen; und daß derselbe Vorgang gleichzeitig in derselben Weise und in dem gleichen Sinne noch von andern Personen außer mir beobachtet wurde, deren Sehvermögen dem meinen gleich oder überlegen war.'[2]

Den dritten anzuführenden Bericht erhielt R. D. Owen in schriftlicher Form von Mrs. John Davis, Gattin eines angesehenen Gouverneurs von Massachusetts und Schwester des namhaften amerikanischen Geschichtsschreibers Bancroft. Diese experimentierte in ihrer eigenen Wohnung mit dem Medium Willis, einem ehemaligen Zögling der Universität Harvard, in einem Zimmer, in das durch vier Fenster die Helle eines Sommermittags hereinströmte. 'Wir saßen an einem Tisch, auf den ich Papier und Bleistift gelegt hatte, ... und plauderten von einigen wunderbaren Kundgebungen, deren Zeugen wir am Abend zuvor gewesen.' 'Während man damit beschäftigt war, erhob sich der Bleistift vom Tisch, blieb in dem beim Schreiben üblichen Winkel stehen, als würde er von einer menschlichen Hand geführt (wiewohl keine Hand zu sehen war), und begann zu schreiben... Die Bewegung des Bleistifts war ganz regelmäßig, und ein leichtes kratzendes Geräusch begleitete seine Bewegungen.' Sowohl Mrs. Davis als auch Mr. Willis sahen und hörten dies in gleicher Weise. Der Bleistift schrieb eine liebevolle Botschaft von einer Freundin der Mrs. Davis, die vor einigen Jahren verstorben war. Dann sank er aufs Papier zurück.[3]

---

1) Zöllner III 263f. Vgl. überhaupt 247ff. 456ff.). Vgl. PS XXI 342f.; ZP 1930 310f. 2) RPJ 27. Feb. 1892 (auch PS XIX 3) Owen, Deb. L. 301f. Vgl. Crookes' Berichte über die gleiche versuchte, aber mißlungene Leistung: Crookes 104, und Adsheads Bericht bei Henslow 183. — Ich übergehe zahlreiche vorzügliche Berichte über Schürzen u. Lösen von Knoten (z. B. Zöllner II, 2 906; PS XXXIV 218; Pr XXIII 500; Lom-

Hierzu sei betont, daß das dritte der fraglichen Medien ein gebildetes und nicht-berufliches war, sowie daß das berühmteste unter ihnen, Henry Slade, gerade durch übernormale Schreibleistungen — Psychographie — die volle Anerkennung auch andrer Forscher von Ruf sich errungen hat. Es ist richtig, daß er nicht nur von vielen Seiten stark verdächtigt, sondern auch wiederholt beim Schwindel ertappt worden ist. Gleichwohl scheint mir, daß diese so manchem der besten Medien anhängende Tatsache auch hier die Auffassung zuläßt, daß Medien ihre 'schlechten' und 'guten Zeiten' — zuweilen Tage, ja selbst Stunden — haben und dementsprechend tatsächlich eine Art von Doppelleben führen. Dies für Slade leidlich glaubhaft zu machen, würde sehr langwierige Darlegungen erfordern. Als abgekürztes Verfahren sei dem Leser etwa empfohlen, zuerst v. Klinckowströms Slade-Kapitel zu lesen,[1] das sehr geschickt alle negativen Umstände ins Licht zu setzen weiß, und danach Dr. Mosers entsprechenden Abschnitt, der durch Aufdeckung parteilicher Kunstgriffe und Beibringung übergangener Zeugnisse die *altera pars* zu Worte kommen läßt.[2] Von den hier auftretenden neuen Zeugen seien zwei berücksichtigt, Prof. Barrett, ehemals Physiker der Dubliner Universität, und Dr. Gibier, Arzt an Pariser Krankenhäusern und später Leiter des Pasteur-Instituts in New York.

Barrett beschreibt seine Versuche wie folgt: 'Ich nahm eine saubere Tafel, legte sie auf den Tisch, so daß ihre Oberfläche den darunter gelegten Griffel nicht berührte, und **drückte sie stark mit dem Ellenbogen nieder**. Darauf faßte ich Slades eine Hand mit der meinen, indes die Fingerspitzen seiner andern die Tafel kaum berührten. Während ich aus nächster Nähe beide Hände beobachtete, die sich nicht bewegten, war ich sehr erstaunt, ein Kratzen zu hören, anscheinend auf der Unterseite des Tisches. Als die Tafel aufgehoben wurde, fand ich ihre Unterseite mit Schrift bedeckt.' Dabei teilt Barrett mit, daß Slade mit ihm stets 'bei hellem Tageslicht' gesessen habe.[3]

Ausführlicher, mannigfaltiger und wichtiger sind die Berichte Dr. Gibiers, der das fragliche Phänomen sehr häufig sah und beschrieb. Seine Sitzungen mit Slade fanden, mit drei Ausnahmen, in dessen Zimmer 'am Tage bei vollem Licht vor einem auf eine große Allee gehenden Fenster an einem einfachen Tische statt.' Nach jeder Sitzung wurde auf Grund stenographischer Aufzeichnungen ein Protokoll aufgesetzt. Vor den wichtigsten wurde das Zimmer und Slades Anzug untersucht. Da Gibier die gegen Slade erhobenen Anschuldigungen kannte, war er 'immer sehr mißtrauisch'. 'Trotz fortwährender Auf-

broso 87; ZP 1930 531 u. ö.), über Läuten von Glocken (z. B. Crookes 108f.; ZP 1930 530), über die Handhabung einer Schreibmaschine (Lt 1895 533. 586; 1896 43ff.) u. über das allmähliche Zerbrechen eines Tisches (APS V 379: Drs. Herlitzka, Foà u. Aggazzotti. Vgl. Zöllner II, 2 935ff.).   1) DMB 149ff.   2) Moser 686ff.   3) Das. 691; Pr XXXIV 287. B.s Niederschrift scheint ursprünglich etwa gleichzeitig abgef. ß zu sein.

merksamkeit ... habe ich nie etwas bemerken können, was nach Betrug aussah.' G. hält Slade wegen der Folgen einer halbseitigen Lähmung für wenig befähigt zur Taschenspielerei. Ein Berufstaschenspieler, Jacob vom Theater Houdini, erklärte nach einer Sitzung diese für 'echt, wirklich spiritistisch und unverständlich außerhalb okkulter Manifestationen.' — Äußerungen dieser Art wiegen bekanntlich so gut wie nichts in den Augen des 'Negativisten', und vielfach sicherlich nicht ohne Grund. Hören wir also einige der Einzelberichte.

Am 29. April 1886, um 11 Uhr vorm. bei gutem Licht und nach vollzogener Untersuchung 'nahm ich zwei meiner [gezeichneten] Tafeln aus meiner Mappe, von der ich mich nicht getrennt hatte, und legte sie sofort auf den Tisch. Slade nimmt ein Blei, halbiert es und legt es auf die meiner Unterschrift entgegengesetzte Seite. Er deckt die zweite Tafel darüber, so daß deren Unterschrift im Innern ist, nimmt die vereinigten Tafeln und stellt sie aufrecht auf meinen Vorderarm. Ich verlor keine Bewegung aus den Augen. Als Slade die Tafeln neigte, um sie aufrecht zu stellen, hörte ich das Blei herabrutschen ... Wir alle drei, A. zu meiner Rechten, Slade zur Linken, halten die Hände auf dem unbedeckten Tisch. Ich habe Slades Hände und Beine, die er außerhalb des Tisches hielt, unter meinen Augen. Ich sehe deutlich die Flächen der Tafeln und Slades sie haltende Hand. Nach 20—30 Sekunden fühle ich einen starken Druck der Tafeln. Dumpfe Schläge ertönen in ihnen, während Slades Hand unbeweglich bleibt. Plötzlich hört man deutlich schreiben. Slades Hand noch immer unbeweglich. Ich lege mein Ohr an: kein Zweifel, das Kratzen ist im Innern; ich höre, so gut man nur hören kann, Schreiben, Satzzeichen machen und viermal einen Strich. Nach längerer Zeit ertönen drei trockene Schläge in den Tafeln. Slade nimmt sie von meinem Arm herab und legt sie sofort auf den Tisch ...' Bei der Öffnung erweist es sich: die Tafelseite mit Unterschrift zeigt keine Schrift; 'die andere auf meiner linken Hand ist [mit Schrift bedeckt]: vier Sätze, durch 3 Striche von einander getrennt, ein vierter ist vor der Unterschrift.' Der Gesichtsbefund entsprach also den vorausgegangenen Gehörseindrücken.

Die Sitzung am 12. Mai 11 Uhr vorm. bringt eine gewisse Steigerung, insofern als zunächst Gibier das Stiftchen selber zwischen die beiden gezeichneten Tafeln einschließt, ehe Slade diese überhaupt berührt hat; dann, während Slade 'die Fingerspitzen seiner rechten Hand auf die oberste Tafel legt', seine Linke aber auf dem Tische liegen hat, stützt Gibier seine Ellbogen auf die Tafeln — 'und nach einem Augenblick fühle und höre ich deutlich im Innern schreiben.' Am Schluß öffnet Gibier selbst die Tafeln: das Stiftchen ist abgewetzt, die gezeichnete Seite ist mit Schrift bedeckt. 'Ich verlor die Tafeln und Slades Hände nicht einen Augenblick aus den Augen. Seine Linke lag auf meiner Linken, seine Rechte 30 cm von meinen Augen, während nur seine Fingerspitzen auf den Tafeln ruhten, die ich mit meinen Ellbogen festhielt. Ich öffnete sie selbst und bin sicher, daß man sie nicht ausgetauscht hat ...'

Das objektive Teilphantom der Experimentalsitzung

Endlich aber: einmal kam Schrift zwischen zwei Tafeln zustande, als Gibier auf ihnen saß und Slades Hände auf dem Tische hielt. Er 'fühlte und hörte' deutlich, daß die Schrift auf der Tafel entstand, mit der er in Berührung war, also der oberen.[1]

Es versteht sich von selbst, daß auch Berichte wie diese dem entschlossenen Zweifler keineswegs genügen. Nicht als ob ihr Wortlaut die beschriebenen Vorgänge nicht zu verbürgen schiene: gerade was sie ahnungslos auslassen, soll ja die wahre Deutung des erlebten Scheines liefern. Darüber ist nun weiter nichts zu sagen, als dies: legen wir die Berichte zu unsern Akten und warten, bis sie sich in umfassendere Reihen einordnen: keine vereinzelte Tatsache vermag auch auf diesem Gebiet dem Ansturm des Zweifels standzuhalten. Genau genommen gehören ja auch die eben beschriebenen schon in einen größeren Zusammenhang von Leistungen desselben Mediums, denen gleichfalls der Zweifel nicht oder kaum noch beikommen kann (nur daß diese sonstigen Leistungen nicht in den augenblicklichen Zusammenhang gehören). Slade hat denn doch von solchen Leistungen mancherlei aufzuweisen, und nur sein gesamtes 'Werk' dürfte das Endurteil über ihn bestimmen. Nur eins sei hier wenigstens erwähnt: das gelegentliche Zerspringen, ja Zersplittern der benutzten Tafeln, das doch zu beweisen scheint, daß auch beim Vorgang des Schreibens seltsam abnorme Kräfte beteiligt waren. Gibier erlebte dies Zersplittern, 'wie von einer Maschine zertrümmert', sechsmal unter seinen Augen, während Slade reglos dasaß. Ja dem Rev. Hopp widerfuhr es, daß seine Tafel, als er mit ihr bereits auf dem Heimweg war, auf unerklärliche Weise 'pulverisiert' wurde.[2]

Der Übergang von vorstehenden Beobachtungen zu den Tatsachen der eigentlichen Materialisation ergibt sich nun ganz von selbst. Denn eben solche Leistungen werden oft genug auch während der Ausführung durch wahrnehmbare Hände beobachtet, und der Fortgang von Händen zu Vollgestalten ist dann ein lückenloser und unaufhaltsamer. Man möchte also von vornherein sagen, daß die Nichtwahrnehmbarkeit der ausführenden Hände nur ein zufälliger Nebenumstand ist. Die Tatsache der mangelhaften Wahrnehmungsfähigkeit Einzelner für Dinge, die an sich und bei gesteigerter Fähigkeit durchaus wahrnehmbar sind, ist uns ja schon aus früheren Erörterungen vertraut, und es wäre eigentlich zu erwarten, daß auch die 'Hände' der Experimentalsitzungen gelegentlich nur von 'hellsichtigen' Anwesenden gesehen, während die Leistungen, die sie vollbringen, von allen Normalsichtigen beobachtet würden. Diesen Tatbestand berichtet auch wirklich der sehr zuverlässige Fritz Grunewald, Ingenieur von Fach; bei seinen Laboratoriumsversuchen zwecks 'Niederdrückens' eines Waagebrettes sah nur ein anwesender Hellseher die ausführende 'Hand', und zwar ihre Hal-

---

1) Moser 688f. (aus Gibier, Le Spiritisme. Fakirisme oriental). 2) Moser 691. 692. Vgl. Dessoir 256: von ihm selbst erlebtes 'Zersplittern' der Tafel unter dem Tisch.

tungen und Bewegungen in so genauer Übereinstimmung mit den tatsächlich beobachteten Bewegungen des Brettes (dazu 'meist kurz vor ihrem Eintreten'), daß der Gedanke an suggerierte Halluzinationen garnicht aufkommen konnte.[1] — Ein weiteres Verbindungsglied nach den deutlich während der Leistung gesehenen Händen hin würden jene nebelhaften Gebilde liefern, die nicht selten den fortbewegten Gegenstand begleitend gesehen werden;[2] auch hier würde vermutlich der 'heller Schauende' in solchem Nebel die voll entwickelte Hand erblicken.

Doch dies alles nur nebenbei. Wichtiger als Übergang ist uns die Tatsache, daß in Experimentalsitzungen, die reich an handmäßigen Leistungen übernormaler Art sind, daneben noch phantomatische Hände beobachtet werden; der Schluß liegt dann eigentlich nahe, daß solche Leistungen, die kurz davor oder danach vollbracht wurden, ohne daß Hände wahrgenommen wurden, tatsächlich gleichfalls solchen zuzuschreiben sind.

'Hände', schreibt Prof. Morselli, einer der bedeutendsten Eusapia-Forscher, 'sind eine der häufigsten und ältesten spiritistischen Manifestationen... Ich habe sie sehr genau wahrgenommen, so oft ich mich in einer entsprechenden Stellung befand, und kann sagen: es waren nicht die Hände des Mediums, denn diese befanden sich gleichzeitig nicht nur unter Kontrolle, sondern auch für alle sichtbar auf dem Tisch.'

In vier von den unangreifbaren Neapeler Sitzungen der englischen 'Taschenspieler' mit Eusapia — der 5., 6., 7. und 8. — erschienen durch den Vorhangspalt des Kabinettes über Eusapias Kopf her Hände, 'weiß wie Papier, oder von natürlicher Farbe, ... zuweilen in langsamer, bedächtiger Bewegung.'[3] Von der Erscheinung einer dieser Hände sagt Carrington, also ein Beobachter ersten Ranges, daß derweil Mr. Baggally Eusapias rechte Hand auf dem Tisch umschlungen hielt und sich dauernd versicherte, daß es die ihre war, während ihre Linke reglos in Carringtons Linker lag, 'fest von mir umfaßt, wobei ich häufig ihren ganzen linken Arm gegen meinen Körper preßte, ihre Hand erhob, um mich zu vergewissern, daß es wirklich ihre Hand war, und den Zusammenhang mit ihrem Körper feststellte... Nicht ein einziges Mal versuchte sie, ihre beiden Hände auch nur einander zu nähern [die 'mindestens 2 Fuß' von einander entfernt waren], geschweige denn die eine durch die andere zu ersetzen. Das kam gar nicht in Frage.' Während diese übernormale Hand die Beobachter anfaßte, 'wandten wir unsere ganze Aufmerksamkeit der Kontrolle der Hände [des Mediums] zu. Ihre Füße wurden gleichzeitig von den unseren unterm Tische gehalten und gesichert... Ich fühlte häufig die einzelnen Finger und den Daumen [der abnormen Hand], und Feilding fühlte bei einer Gelegenheit deutlich die Finger-

---

1) bei Lambert 154.   2) z. B. das. 169; Crookes 101.   3) Pr XXIII 337.

Das objektive Teilphantom der Experimentalsitzung

nägel, welche sich in die obere Seite seiner ausgestreckten Finger eindrückten.' Die Verwendung einer 'künstlichen' Hand wird von Carrington ausführlich erörtert und durch mehrere Gründe für völlig ausgeschlossen erklärt: Eusapia wurde sorgfältig, aber vergeblich durchsucht; kein Körperteil des Mediums, der einen Apparat hätte regieren können, war frei; keine verdächtige Bewegung wurde beobachtet; ein solcher Apparat hätte überdies 'unvorstellbar verwickelt' sein müssen, und 'die Berührungsempfindung war ausgesprochen wie von einer menschlichen Hand und gänzlich unähnlich der durch eine künstliche Hand erzielbaren.'[1]

Die Phantomhände sind, nach Dr. Venzanos zusammenfassendem Ausdruck, von verschiedener Länge; zuweilen groß und kräftig wie die eines Mannes von herkulischem Körperbau, zu andren Zeiten zart und weich, als gehörten sie einer Frau an; zuweilen sind es kleine Hände, wie die von Kindern verschiedenen Alters.[2] — So erwähnt z. B. der Bericht einer Sitzung, die am 27. Dez. 1901 in Gegenwart von Prof. Porro, Dr. Venzano u. a. stattfand, das sehr häufige Erscheinen einer rechten Kinderhand von rosa Fleischfarbe, die sich in verschiedenen Stellungen und Bewegungen beim Lichte einer elektrischen Lampe beobachten ließ. 'Dr. Venzano und Sgr. Vassallo ... standen auf ... und neigten sich gegen den Vorhang, sodaß sie die Hand aus einer Entfernung von nur wenigen Zoll beobachten konnten. Dr. Venzano äußerte den Wunsch, von ihr berührt zu werden, und fast sogleich näherte sich ihm die kleine Hand mit den Fingern voran und streichelte wiederholt seine Wangen, sodaß der Doktor die warme Berührung fühlte... Das Medium wurde geweckt. Die kleine Hand zog sich zurück und erschien nach einigen Augenblicken wieder mit einer andren kleinen Hand, diese unstreitig eine linke... Plötzlich, während das Medium noch wach war und seine Hände jedem sichtbar auf dem Tische und unter strenger Kontrolle seitens der links und rechts zunächst Sitzenden ruhten, bauschten sich die Vorhänge aus, und eine Hand, viel größer als die der Eusapia, ... kam aus der Öffnung hervor, ergriff den Kopf des Mediums und zog ihn gewaltsam rückwärts. Das Medium versuchte sich zu befreien und rief die Sitzer um Hilfe an... Die Hand zog sich zurück, erschien aber fast augenblicklich wieder zugleich mit einer zweiten Hand... [Diese zwei Hände, eine rechte und eine linke, und augenscheinlich die eines Mannes,] ergriffen das Medium an beiden Seiten ihres Kopfes und fuhren fort, diesen rückwärts zu zerren, sodaß er zweimal im Kabinett verschwand und von dem Vorhang bedeckt wurde.'[3]

Das letzte Beispiel zeigte uns bereits eine Hand 'in der Leistung', und es ist in der Tat leicht, diejenigen handmäßigen Leistungen, die oben 'an sich' und ohne gleichzeitige Beobachtung des ausführenden Gliedes belegt wurden, nun auch im Zusammenhang mit solchem Gliede nachzuweisen.

---

1) Das. 456f. Vgl. 430. 451. 472. 499.   2) APS VI 97. Vgl. Acevedo II 241; Barzin in PS XXXIV 288.   3) APS VI 103f. Vgl. Courtier 478; Bozzano, Ipot. 18.

Die Beobachtung des spielenden Accordions in Homes Nähe ist gelegentlich gemacht worden einschließlich der spielenden Hand, 'einer ausgewachsenen Manneshand', gesehen von Serjeant Cox unter dem Tisch in einem 'gut erleuchteten Zimmer' in Miss Douglas' Wohnung, in Gegenwart von Crookes und anderen.[1] — Auch Crookes selbst berichtet, daß er bei einer Gelegenheit 'unter dem Tisch im Halbdunkel eine Hand erblickte von zarter weiblicher Form, die das Instrument emporhielt; auf dem unteren Teil des Instruments sah ich derweil die Tasten sich heben und senken, als würden sie von Fingern bewegt.'[2]

Das Gezupftwerden von Gitarrensaiten ist oben erwähnt worden. Aber 'gezupft' werden zuweilen auch die Beobachter selbst, und zwar von sichtbaren 'Händen'.

'Einmal', berichtet Crookes, 'erschien [bei gutem Licht] eine kleine Hand mit einem kleinen Arm, ähnlich denen eines Kindchens, die sich spielend an einer Dame zu schaffen machte, die neben mir saß. Darauf kam sie auf mich zu, tätschelte meinen Arm und zupfte mehrmals meine Jacke.'[3] — Während der Neapeler Sitzungen mit Eusapia v. J. 1893 wurde Prof. N. Wagner nach seinem eigenen Bericht von einer kleinen Hand berührt und von 'John King' 'kräftig am Vorderarm gedrückt und vertraulich auf die Schulter geklopft'.[4]

Der Leser entsinnt sich ferner des Beispiels eines 'für sich' schreibenden Bleistifts. Hier sind zwei andere, die das Schreiben durch eine sichtbare Hand unmittelbar zeigen.

R. D. Owen bezeugt, daß er, während er beide Hände der Kate Fox auf dem Tisch mit seiner rechten bedeckt hielt, auf einem mitgebrachten und gezeichneten Papierbogen, der leuchtend in dem verdunkelten Zimmer auf dem Fußboden lag, 'deutlich ... den schattenhaften Umriß einer kleinen Hand erblickte, die einen Bleistift hielt und sich langsam über das Papier hinbewegte.' Das Medium nahm das gleiche wahr. Der Bogen wurde darauf unter dem Tisch in Owens hingehaltene Linke gelegt, wobei 'die Spitzen meiner Finger deutlich von menschlichen Fingern berührt wurden.' Das gleiche geschah dann mit einem hölzernen Federhalter. Das Zimmer war versiegelt, die Siegel wurden nach der Beobachtung unverletzt gefunden. Owen fand auf vier von den für Aufzeichnungen mitgebrachten Blättern Schriften, deren Inhalt sich auf die Versuche bezog.[5]

'Eine leuchtende Hand', berichtet wiederum Crookes, 'kam aus der oberen Gegend des Zimmers herab, schwebte einige Sekunden in meiner Nähe, nahm dann den Bleistift aus meiner Hand, schrieb schnell auf einem Blatt Papier,

---

1) S. W. St. Moses' Tagebuchbericht: Pr IX 307. Vgl. Morselli: ASP 1907 262. 2) Aus Lux 1890 bei Rochas, Motr. 377. Vgl. Rowcrofts Zeugnis (er sah die Hand bei hellstem Lichte spielen) bei Delanne II 164. 3) Crookes 102. 4) bei Rochas, Motr. 115. Vgl. das. 160 ff. u. ö.; Zöllner II, 2 90. 5) Owen, Deb. L. 293 ff.

Das objektive Teilphantom der Experimentalsitzung 93

warf den Bleistift hin und erhob sich dann über unsere Köpfe, allmählich ins Dunkel entschwindend.'¹

Das **Läuten einer Glocke** durch eine Hand beobachtete Aksakow — gewiß ein sehr besonnener Beobachter — während seiner Sitzungen mit Kate Fox in St. Petersburg i. J. 1883. Die Hände des Mediums ruhten auf einer Leuchtplatte auf dem Tisch und wurden überdies von einem der Teilnehmer gehalten, dessen Füße auch die des Mediums umschlossen. Eine emporgehaltene Glocke wurde wiederholt und auf verschiedene Weise Aksakow aus der Hand genommen und geläutet. 'Man kann sogar', schreibt dieser, 'auf der leuchtend gemachten Oberfläche der Glocke den tätigen Körperteil sehen: den schwarzen Schattenriß der Finger, die sie gefaßt halten.'²

Derselbe Vorgang wurde vielleicht noch bündiger beobachtet während der VII. Sitzung der englischen Taschenspieler mit Eusapia in Neapel. Ich gebe den betr. Teil des gleichzeitig laufend diktierten Sitzungsprotokolls wieder.

11. 20. Carrington: Eine Glocke aus dem Kabinett wird von dem kleinen Tisch im Kabinett aufgehoben und durch die Vorhänge auf des Mediums Kopf gelegt, wo sie bleibt.

Feilding: Ich hörte, wie die Glocke, die auf dem Tisch im Kabinett gewesen war, anfing zu läuten, und danach erschien sie plötzlich außerhalb des Vorhangs und kam über des Mediums Kopf und hing da und fuhr fort zu läuten. Sie sagte mir, daß sie an ihrem Kopfe festgebunden würde. Ich tastete mit meinen Fingern hin und fühlte etwas wie Mull sie an ihr Haar binden. Während ich dies ansah, sah ich plötzlich ein weißes Etwas, das ich für des Mediums rechte Hand hielt, herankommen, die Glocke losbinden, sie stark läuten und auf den Sitzungstisch werfen. Dies geschah innerhalb eines Fußes von meiner Nase. Ich konnte den Kopf des Mediums vollkommen deutlich sehen.

Baggally: Ich sah die Glocke hervorkommen und auf des Mediums Kopf liegen und sah auch, wie sie von ihrem Kopf auf den Tisch herabgeworfen wurde.

Carrington: Ich sah die Hand kommen, die Glocke losbinden, und hörte die Glocke über ihrem Kopfe läuten, sah auch die Hand sie auf den Tisch werfen...

Baggally: Während dieses ganzen Vorgangs ruhte ihre rechte Hand auf meiner linken auf dem Tisch und ihr rechter Fuß auf meinem linken Fuß.

Feilding: Ich hatte ihre ganze linke Hand auf dem Tisch sichtbar in meiner rechten, auf meiner Ecke des Tisches, so daß es vollkommen klar ist, daß Vertauschung der Hände nicht in Frage kommt.³

1) Crookes 103f. Vgl. Jencken in Sp 1876 II 126; Wolfe 309. 475 u. ö.; Owen in Sp 1876 II 162 (Schreiben zweier Hände in engl. u. griech. Schrift); Schrenck, Phän. 145.   2) Gf. Perowskij in ASP 1901 193ff. (auch Delanne II 202).   3) Pr XXIII 472f. Vgl. das. 498f. 549; APS 31f.

Etwas weniger direkt ist die Wahrnehmung der 'Hand' im Falle der folgenden, ausgesprochen handmäßigen Leistung. Bozzano, gleichfalls ein gewiegter Beobachter, berichtet sie aus einer Palladino-Sitzung vom 8. Juni 1901.

'Eine Hand schiebt sich vorsichtig in die Tasche meines linken Rockschoßes und ergreift dort ein kleines Besteck, enthaltend Bartkamm, Schere usw., und trägt es zu Sgr. Avellino hin. Kleine klappende Geräusche, die ich mir zunächst nicht erklären kann, schlagen an mein Ohr. Und als ich mein Unverständnis äußere, ergreift eine Hand eine Strähne meines Bartes [Bozzano trägt Vollbart], während die andere sie mit einer Schere abschneidet. Ich begreife nun, daß das Geräusch von dieser herstammt. Sie wird auf Sig. Avellino hinbewegt und dann in meine Tasche zurückgetan.'[1] — Zeugnisse dieser und verwandter Arten ließen sich fast beliebig vermehren; sie werden aber bald so sehr überholt werden, daß es sich nicht verlohnt, noch länger bei ihnen zu verweilen.

Im übrigen fehlt es auch keineswegs an soz. **unmittelbar-objektiven Beglaubigungen** solcher überzähligen Hände. Bei Eusapia wurden solche angeblich an einem Tage **photographiert**, und zwar erst eine, danach zwei Hände gleichzeitig über ihrem Kopf.

Der Bericht — in dem neueren Streit um Eusapia m. W. nirgends erwähnt — stammt von M. V. Chartier und bezieht sich auf eine am 2. Febr. 1908 innerhalb der Société française d'étude des phénomènes psychiques in Paris veranstaltete Sitzung. Das Licht war eben auf 'Johns' (des 'Führers' der Eusapia) Wunsch ein wenig verstärkt worden, so daß alle Teilnehmer 'einander sehr deutlich sehen konnten'. Während Eusapia zur Linken von M. Drubay, zur Rechten von Chartier 'streng kontrolliert' wurde, sahen letzterer und sein rechter Nachbar, M. Ebel, etwa 40 cm über Eusapias Kopf in der Vorhangspalte eine deutlich gebildete **unzweifelhaft linke Hand**. 'Ich drückte unwillkürlich noch stärker Eusapias Rechte, die ich in meiner Linken hielt, auf dem rechten Knie des Mediums... In diesem Augenblick ließ M. de Fontenay den Magnesiumblitz aufflammen...' Das Bild entspricht durchaus den obigen Angaben, zeigt aber Eusapia — nach der Haltung des allein hervortretenden Kopfes zu urteilen — in einer Körperstellung, als habe sie etwas mühsam den linken Arm entsprechend erhoben. Alles kommt also auf die Kontrolle dieses Armes an. M. Drubay schreibt nun: 'Ich versichere auf die ausdrücklichste und unbedingteste Art, daß ich die linke Hand des Mediums während der ganzen Dauer dieser Sitzung nicht losgelassen habe. Bald waren unser beider Hände auf dem Tisch, bald auf seinem linken Knie.' Dies ist natürlich, der Psychologie des Zeugnisses zufolge, eine sehr 'kühne' Versicherung, wenn man es auch für un-

---

1) Bozzano, Ipot. 19f. (gekürzt). Vgl. Edmonds' Bericht bei Tischner, Gesch. 22 (gefühlte Hand 6 Knoten in ein Taschentuch knüpfend). Sichtbares Aufbinden e. Knotens: Lambert 155; sichtb. Abbrechen e. Zweiges: Pr VI 108; vgl. 120; Aufheben e. Taschentuches u. ä.: ZP 1926 267; vgl. 269ff. (v. Schrenck-Notzing üb. W. Schneider); ZpF 1927 52f. (Prof. Hoffmann).

Das objektive Teilphantom der Experimentalsitzung

wahrscheinlich halten mag, daß eine 'Vertauschung' der Hände unbemerkt geblieben wäre, die M. Drubays Rechte bis auf Eusapias rechtes Knie hätte entführen müssen. — Nach einer kurzen Sitzungspause wurde dann, auf Eusapias Kommando, eine zweite Aufnahme gemacht, welche, nach Chartiers Angabe, 'zwei geballte Hände, eine rechte und eine linke' zeigt, 'was die Annahme von Betrug völlig ausschließt, es sei denn, man beschuldige die beiden Überwachenden der Helfershelferschaft.' M. Chartier will in der Tat seine 'Wachsamkeit verdoppelt' haben, als das Kommando ertönte, und für M. Drubay müßten wir uns an obiges Zeugnis halten. Das einzige Bedenken knüpft sich nun an die Frage, ob das, was diesmal hell sichtbar auf Eusapias Kopfe liegt, wirklich zwei Hände sind, und nicht eine Stoffanordnung irgendwelcher Art. Wenigstens die Wiedergabe der Aufnahme im Druck gibt mir diese Gewißheit nicht im wünschenswerten Grade. Auch befindet sich Eusapia hier anscheinend schon hinter dem Vorhang, dessen Ränder je einen Teil ihrer Wangen verhüllen.[1]

Bündiger ist der Beweis für die Objektivität phantomaler Hände, der sich auf die Erzielung von Abdrücken und Gußformen gründet.

Ältere Beobachtungen dieser Art werden z. B. von dem Medium Mrs. Hollis berichtet, während deren Sitzungen Dr. Wolfe in einer mit Mehl gefüllten Schüssel Handabdrücke erhielt. Er selber 'sah eine kleine und feingebildete Hand über der Schüssel schweben. Darauf drückte 'Jim' (der sog. 'Führer' des Mediums) seine Hand tief in das Mehl hinein und ließ darin einen deutlich abgezeichneten Eindruck zurück. [Seine Hand] war 1½mal so groß wie die zuerst gesehene. Die Hand der Mrs. Hollis war sehr viel kleiner, als beide abgedrückte, und hatte ganz andere Formen [was auch durch den Vergleich mit einem Abdruck derselben festgestellt wurde].' — 'In einer andren Sitzung, die in Gegenwart der Herren Dr. Wolfe, Plimpton, Herausgeber der Zeitung 'Das Kapital', und Oberst Down Piatt abgehalten wurde, kamen, während das Medium sichtbar blieb, Hände verschiedener Größe unter dem Tisch hervor und ließen Abdrücke auf dem Mehl zurück. So wurde u. a. der eines erwachsenen Mannes erzielt, der alle anatomischen Einzelheiten zeigte. Niemand war unter dem Tische verborgen, den Dr. Wolfe sofort [nach dem Versuch] umstürzte.[2]

Auch bei Abdrücken materialisierter Gliedmaßen in Ton, der in oben offenen Kästen eingeschlossen und durch darübergespannte Papier- oder Stoffüberzüge normal unzugänglich gemacht war, hat man ähnliches beobachtet. Derartige bei der Palladino erhaltene Handabdrücke unterschieden sich in Einzelheiten, z. B. der Form der Finger und der Hautoberfläche, bedeutend von denen des Mediums.[3] Prof. Acevedo beschreibt u. a. Abdrücke einer Kinderhand, die er bei demselben Medium in Ton unter versiegeltem Papier erhielt, wobei Nägel und Furchen deutlich zu unterscheiden waren.[4]

---

1) Delanne I 456ff. Füße unsichtbar). 2) Wolfe 486. 581. Vgl. Zöllner-Tischner 54 (die abgedrückt. 3) PS XXXII 699f. Vgl. Lombroso 91f.; Aksakow 165ff. PS XIX 557f. 4) Acevedo II 250ff. Vgl. PS XX 26; APS V 211; VI 91 und die Platten XXV—XXIX bei Courtier.

Ich erwähne dies alles nur flüchtig, da es sogleich von bedeutsameren Beobachtungen überholt werden soll; möchte aber vorher noch kurz auf Slades Abdrücke von Gliedmaßen eingehn, die dem einigermaßen Belesenen hier einfallen dürften.

Der erste derselben war der Abdruck einer Hand in einer flachen Schüssel mit Mehl, die Zöllner (am 14. Dez. 1877) unter den Tisch gestellt hatte. Nachdem Slades Hände angeblich über 5 Minuten lang bei hellem Vormittagslicht 'jederzeit sichtbar auf dem Tische' sich befunden, 'fühlte ich (schreibt Zöllner) plötzlich mein rechtes Knie unter dem Tische von einer großen Hand etwa eine Sekunde lang kräftig umfaßt und gedrückt, und in demselben Moment... wurde der Mehlnapf etwa 4 Fuß weit von seinem Platze unter dem Tische auf dem Fußboden ohne sichtbare Berührung hervorgeschoben. Auf meinem Beinkleid hatte ich den Mehlabdruck einer großen, mächtigen Hand, und auf der Mehloberfläche des Napfes waren vertieft der Daumen und die vier Finger mit allen Feinheiten der Struktur und Falten der Haut abgedrückt. Eine sofortige Untersuchung der Hände und Füße Slades zeigte nicht die geringsten [1] Spuren von Mehl, und bei der Vergleichung seiner eigenen Hand mit dem Abdruck im Mehl erwies sich die letztere als beträchtlich größer.'

Die weiteren Abdrücke, diesmal von nackten Füßen, wurden am 15. Dez. vormittags und 17. abends auf berußten Papieren erhalten, die Zöllner unter den Versuchstisch gelegt hatte; wobei ebenfalls eine sofortige Untersuchung von Slades Strümpfen keine Rußspuren auffinden ließ.[2] — Graf Klinckowström, der den Mehlschüssel-Versuch leider nicht bespricht, nimmt die letzteren genauer unter die Lupe. Natürlich soll Slade die Abdrücke selbst erzeugt haben, nachdem er Halbschuhe und Strümpfe ausgezogen; wenngleich ohne Verwendung der Hände, die nach Zöllners Aussage 'stets von uns beobachtet auf dem Tische lagen'. Auch die Überwindung der Schwierigkeit, in äußerst kurzer Zeit Strümpfe und Schuhe wieder anzuziehn, müssen wir dem Medium zuschieben. Daß die Strümpfe nicht unten 'ausgeschnitten' waren, stellte Zöllner allerdings fest. Aber warum hat er nicht, was doch nahelag, einen Rußabdruck von Slades Fuß genommen und durch Vergleichung der Hautleisten festgestellt, ob der erste Abdruck ein betrügerischer war? (Allerdings wäre dies selbst bei Identität der beiden Abdrücke nicht einmal streng erwiesen gewesen.) Die Länge von Slades Fuß betrug 4 cm mehr, als die des Rußabdrucks; aber dies läßt sich offenbar leicht dadurch erklären, daß der Fuß in zwei gegeneinander verschobenen Abschnitten auf dem Papier abgedrückt wurde. Endlich: der Fußabdruck zeigt den Eindruck von Strumpfgewebe; verdächtig, wenn auch nicht eindeutig.[3]

Soweit — gut. Indessen hat nun Zöllner im Anschluß — und ausdrücklich zur Behebung von 'Zweifeln' — seinem Medium einen weiteren Versuch vorgeschlagen, dessen Gelingen er unter seiner Voraussetzung eines vierdimensionalen Raumes erwarten zu dürfen glaubte (obgleich Slade es lachend

---

1) von Zöllner gesperrt.   2) Zöllner-Tischner 48.   3) DMB 155.

für unmöglich erklärte) und den er folgendermaßen beschreibt: 'Ich nahm eine von mir gekaufte Doppeltafel, d. h. zwei Tafeln, welche an der einen Seite mit Scharnieren aus Messing wie ein Buch zum Aufklappen mit einander verbunden waren. Beide Tafeln beklebte ich (in Anwesenheit Slades) im Innern, auf den einander zugewandten Seiten, ... mit einem halben Bogen von meinem Schreibpapier, welches unmittelbar vor der Sitzung in der [früher] angegebenen Weise gleichmäßig mit Ruß überzogen wurde. Diese Tafel schloß ich ... Zu meiner größten Überraschung willigte Slade ein, daß ich mir die geschlossene Doppeltafel (die ich nach ihrem von mir selbst hergestellten Überzug mit Ruß nicht aus meinen Händen gab) während der Sitzung auf meinen Schoß legte, so daß ich sie stets zur Hälfte beobachten konnte. Wir mochten in dem hellerleuchteten Zimmer etwa fünf Minuten an dem Tische gesessen haben, die Hände in der gewöhnlichen Weise mit denen Slades oberhalb des Tisches verbunden, als ich plötzlich zweimal kurz hintereinander fühlte, wie die Tafel auf meinen Schoß herabgedrückt wurde, ohne daß ich das geringste Sichtbare wahrgenommen hätte. Drei Klopflaute im Tisch kündigten an, daß alles vollendet sei, und als ich die Tafel öffnete, befand sich im Innern auf der einen Seite der Abdruck eines rechten, auf der andern derjenige eines linken Fußes, und zwar desselben, den wir bereits an den beiden vorhergehenden Abenden [vielmehr an einem Vormittag und einem Abend] erhalten hatten (Tafel II und III)... Das Erstaunen Slades selber über den gelungenen Versuch war fast größer als das meinige.'[1]

Dies — wie wir annehmen mögen — gut gespielte Erstaunen Slades beweist nun natürlich nichts. Dagegen ist es für den Zweifler ein reichlich unbequemer Umstand, daß die beiden Abdrücke verschiedene Füße wiedergaben; denn selbst wenn Slade während der 'fünf Minuten' beide Füße — und zwar ohne Hilfe der Hände — aus Schuhen und Strümpfen heraus- und wieder hineingebracht hätte, so wäre es doch wohl nur einem Fuß möglich gewesen, ohne unvorstellbare und mehr als auffällige Verrenkungen sich auf den Tafeln abzudrücken. Gleichwohl ist von seiten der Zweifler auf einen verdächtigen Umstand hingewiesen worden. Ein Herr Valdeck — im übrigen ein *homo ignotus* der Forschung — hat die Frage aufgeworfen, wie es zu erklären sei, daß Zöllner ein zweimaliges Herabdrücken der Tafeln auf seinem Schoß verspürt habe; denn nur der eine Fußabdruck könne nach Lage der Dinge einen Druck auf die Knie ausgeübt haben, während die Druckrichtung des zweiten Abdrucks doch von unten nach oben hätte gehen müssen.[2] Dies findet Hr. v. Klinckowström 'ganz richtig bemerkt' und macht dem Frager nur den Vorwurf, daß er daraus nicht den Schluß gezogen: Slade habe 'hier mit einer präparierten Tafel eine Komödie gespielt und mit seinem Fuß mit gleichzeitiger Ablenkung der

---

1) Zöllner-Tischner 54.   2) PS 1899 224.

Aufmerksamkeit Zöllners unter dem Tisch den zweimaligen Druck auf die Tafel ausgeübt.'[1] — Ist dies nun schlau? Oder am Ende gar allzu schlau? Ich meine, es ist nicht völlig schlau genug. Denn erstens: wo kam die präparierte Tafel her? Führt etwa ein Medium jederzeit Doppeltafeln bei sich? Oder wußte Slade um Zöllners besondere Versuchsabsicht? Nichts läßt es uns vermuten. Und war die präparierte Tafel in nichts von der des Professors zu unterscheiden? War sie mit einem Briefpapier beklebt, das dieser mit dem eignen wohl verwechseln konnte? Und wo blieb Zöllners Tafel? Lauter Fragen, die nur durch ebenso viele willkürliche Annahmen zu erledigen sind. Was aber den zweimaligen Abwärtsdruck betrifft: ist es nicht mindestens ebenso natürlich anzunehmen, daß beide 'Drucke' die Erzeugung des einen Abdrucks anzeigten, während die des zweiten von Zöllner gar nicht gefühlt wurde? Oder aber: daß der zweite 'Druck' der Gegendruck war, der auf die Tafel ausgeübt werden mußte, um das nach oben gerichtete zweite Abdrücken überhaupt zu ermöglichen?

Wie man sieht, macht es sich die Kritik auch in Slades Fall oft seltsam leicht. Sie sollte sich darauf beschränken zu sagen: wir können Slades Künste in keiner Weise durchschauen; aber der Mann ist zu oft entlarvt, wir wollen nichts mit ihm zu tun haben. Das wäre ein Standpunkt, der sich verstehen ließe. Denn sicherlich ist es mißlich, bei einem 'Kunststück' zu sagen: es könne nicht auf normale Weise erzeugt sein. Dieses 'Unmöglich' ist allzu oft widerlegt worden. Der Leser nehme also das Letztvorgetragene nur als Beispiel dafür, wie um manche der jetzt fraglichen Phänomene gekämpft wird. Er soll sich nur vorübergehend auf so schwankem Boden bewegt haben. Doch mag ihm wenigstens Slade ein Rätsel bleiben. Kein Wunder, daß er selbst unter den gründlichen Zweiflern manche noch heute überzeugt und manche andre unbefriedigt läßt.

Aber gehen wir weiter.

Der Geologe Prof. William Denton vom Wellesley-College, Mass., war bekanntlich der erste, der sich (1875) um die Erzielung von Gußformen phantomatischer Gliedmaßen bemühte, und zwar mit sofortigem Erfolge. Sein Medium war Mrs. Hardy, bei der wiederholt Hände erschienen waren, der er aber vor den ersten Versuchen nichts über seine Absichten und das anzuwendende Verfahren mitgeteilt hatte. Dieses bestand bekanntlich in der Bereitstellung von geschmolzenem Paraffin in einem heißen Wasserbade und eines zweiten Eimers mit kaltem Wasser. In das Paraffin und das kalte Wasser sollten sich die

---

1) DMB 151.

'Hände' oder 'Finger' mehrfach abwechselnd, bis zur Erzielung eines Abgusses, eintauchen.

Denton machte die ersten Versuche in Mrs. Hardy's Hause, und ihr Gatte war der einzige sonst Anwesende. Der Tisch, an dem man saß und unter dem das Paraffingefäß stand, war mit zwei Decken belegt, um Dunkelheit für den Versuch zu schaffen. Nachdem man bereits Plätschern im Wasser gehört, forderten Klopflaute, daß Mrs. Hardy eine Hand einige cm unter den Tisch zwischen die beiden Decken stecke, was sie angeblich tat. Falls dies genau festgestellt wäre, würde der Umstand seine leidige Verdächtigkeit verlieren. Doch versichert Denton, daß die Hände des Mediums sicherlich nie weniger als 2′ vom Gefäß entfernt gewesen seien. Man erhielt 15—20 Fingerabgüsse, im Format von Kinder- bis zu 'riesenhafter' Größe, ja doppelt so groß wie der Daumen Dentons.[1] — 'Im Laufe der Sitzung,' fügte Denton später seinem Bericht hinzu, 'sah ich mehrfach Finger noch mit Paraffin bedeckt unter dem Tisch hervorkommen.' In weiteren Sitzungen erhielt er auf die gleiche Weise auch Abgüsse von vollständigen Händen und Füßen verschiedenster Formen. Um dem Einwurf zu begegnen, daß das Medium fertige Abgüsse mitgebracht habe (was freilich in der ersten Sitzung ausgeschlossen gewesen zu sein scheint), wog Denton die gesamte Paraffinmasse vor der Sitzung und stellte fest, daß dies Gewicht mit dem der Abgüsse und des unbenutzten Restes des Paraffins nach Schluß der Sitzung völlig übereinstimmte. — Als auch diese Sicherung den Zweiflern nicht genügte, ging man dazu über, Mrs. Hardy während der Versuche in einen am Halse zugebundenen Sack einzuschließen, ohne daß die Ergebnisse darunter litten. Und als auch dann noch von einer Befreiung der Hände gesprochen wurde, setzte Denton das Paraffin in einen mit dem Schlüssel verschlossenen, mehrfach versiegelten und an der Oberseite mit einem starken Drahtgitter versehenen Kasten. Ein Komitee, das bekannte Persönlichkeiten wie Epes Sargent einschloß, verfaßte einen Bericht, wonach das Medium während des ganzen Versuchs bei bloß gedämpftem Lichte[2] sichtbar geblieben war, sodaß man unter den gegebenen Bedingungen jede Täuschung für ausgeschlossen und die Tatsache für endgültig erwiesen erklärte. Auch bezeugt ein 'nicht-spiritistisch' eingestellter Bildhauer, O'Brien, an einem Abguß, der von der Hand des Mediums verschieden war, keinerlei Naht gefunden zu haben, sodaß es unerklärlich bleibe, wie sich die abgeformte Hand aus ihm normalerweise hätte zurückziehen können, ohne ihn zu zerbrechen.[3]

Von älteren Versuchen will ich nur noch die des Mr. Ashton mit dem Medium Annie Fairlamb erwähnen. Auch hier war das Medium während des ganzen Versuchs 'bei sehr gutem Licht' außerhalb des Kabinetts, in welchem die Gußvorrichtungen standen, sichtbar und überwacht, nur Kopf und Schultern waren zum Schutz gegen das Licht mit einer Decke verhüllt. Vier von den Anwesenden konnten den Raum zwischen Medium und Kabinett überblicken. Mr. Ashton selbst saß in einer Entfernung von 2′ vom Vorhang des

---

[1] Me 1875 674f. [2] Ablesbarkeit einer Taschenuhr. [3] Delanne II 257.
Weiteres zur frühesten Geschichte solcher Abgüsse: Holms 444ff.

Argumente aus der Objektivität der Erscheinung

Kabinetts neben dem Lehnstuhl des Mediums, dessen beide Hände er 'während der ganzen Sitzung' in den seinen hielt. Gleich nach Beginn eines Liedes hörte man Plätschern aus dem Kabinett, wo man nach Öffnen des Vorhangs die vollkommenen Abgüsse beider Hände 'Minnies' neben dem Paraffingefäß liegend fand. 'Ich versichere', schreibt Mr. Ashton, 'daß Miss Fairlamb nicht nur das Kabinett nicht betreten hat, sondern auch weder vor noch während der Sitzung den Zwischenraum durchquert hat, der sie davon trennte. Von dem Augenblick an, da sie das Zimmer betrat, ist sie aufs genaueste überwacht worden.' Der Versuch fand in den Räumen der Spiritualist Society statt, sodaß an geheime Eingänge ins Kabinett nicht zu denken war.[1]

Ich will ferner noch einige Zeugnisse neuerer Beobachter von Ruf anführen, die überdies weitere Sicherungen in die Methodik eingebaut haben. Es handelt sich um die Versuche, die Prof. Charles Richet, der berühmte Pariser Physiologe, Dr. Geley, weil. Direktor des Institut Métapsychique Internat. in Paris, Dr. Graf A. de Gramont, Graf Potocki u. a. im genannten Institut mit dem Medium Franek Kluski (pseud.) anstellten, einem 'ausgezeichneten Manne von hervorragender Ehrlichkeit und größter Feinheit des Gefühls', höheren Angestellten einer bedeutenden Warschauer Bank, und daneben begabten Dichter und Tagesschriftsteller.[2]

Die Abgüsse kamen im allgemeinen auf die schon beschriebene Art zustande und wurden dann wie gewöhnlich in Gipsausgüssen natürlich nachgebildet. Die meisten hatten die Größe, aber nicht die sonstigen Eigentümlichkeiten der Hand eines Kindes von 5—7 Jahren, konnten also schon deshalb nicht mit der Hand des Mediums hergestellt sein. Überdies wurde das Paraffin mehrmals kurz vor der Sitzung 'im größten Geheimnis', also unbemerkt vom Medium, blau gefärbt bzw. mit unsichtbarem, erst nachträglich durch Zusatz von Schwefelsäure sichtbar zu machendem Cholestearin vermischt,[3] sodaß eine betrügerische Herstellung der Gußformen außerhalb der Sitzung sogleich entdeckt worden wäre. Ferner wurde festgestellt, daß sich die Gußformen von den Händen des Mediums auch hinsichtlich der Handlinien, der Nägelformen und der Fingerlänge unterschieden. Endlich wurden die Hände des Mediums durchweg durch einzelne der Experimentierenden gehalten und sorgfältig überwacht. Die abnorme 'Hand' berührte mehrfach die Hände der Sitzer nach der ersten Eintauchung in das Paraffin, um dann mit der Verrichtung fortzufahren. Nach ihrem Abschluß wurde gewöhnlich der Abguß auf eine der kontrollierenden Hände niedergelegt. Das Gewicht sämtlichen nach dem Versuch auffindbaren Paraffins (auch des verspritzten) stimmte stets mit dem des ursprünglich eingeschmolzenen überein. Die Gußformen waren im allgemeinen nur $1/2$—3 mm dick, also schon deshalb zu einer versteckten Herbeischaffung gar nicht benutzbar. 'Ihre Zerbrechlichkeit war so

---

[1] Delanne II 274 (nicht bei Podmore u. Tischner).   [2] Richet 425.   [3] erstmalig am 31. 12. 1920.

groß,' heißt es bei Geley, 'daß man kaum wußte, wie man sie handhaben sollte.'

In späteren Sitzungen in Warschau wurde übrigens u. a. auch ein Abguß zweier eng in einander verschlungener Hände erhalten. Weitere Abgüsse zeigen den Daumen einwärts über den Mittelfinger gebogen oder an die innere Handfläche gedrückt. Man möchte meinen, daß eine normale Hand sich aus entsprechenden Gußformen schlechterdings nicht herausziehen könnte, ohne sie zu zerstören.[1] 'Selbst wenn man voraussetzt,' sagt aber Richet, 'daß Kluski (oder ein Helfershelfer, aber wer?) mit einem aufgeblasenen, nachher durch Entziehung der Luft geleerten Gummihandschuh in dem Paraffin plätschern konnte (wir haben dies Plätschern gehört und fanden nach der Sitzung Paraffintropfen auf unsern Kleidern und auf dem Fußboden), wären die Gußformen ganz anders ausgefallen; denn man sieht [an den Gipsausgüssen] das Muster der Haut, das Vorspringen der Adern, die Linien der Handfläche. Wenn demnach ... Hände betrügerisch in das Paraffin getaucht worden sind, so handelt es sich sicherlich um lebende Hände.' Aber solche, fügt Richet hinzu, hätten sich eben schlechterdings nicht aus den Gußformen zurückziehn können. 'Die Berufsgießer erzielen solche Abgüsse nur, indem sie mit einer Schnur die Gußform in zwei Stücke teilen, die sie dann wieder zusammenfügen, wodurch jedoch eine Naht entsteht.' Eine solche Naht findet sich aber nicht auf den Kluskischen Abgüssen. 'Die Berufsgießer, welche diese Abgüsse aufmerksam geprüft haben, erklärten: Es ist unverständlich, wie diese Paraffinformen zustandegekommen sind; wir stehen vor einem vollständigen Rätsel.' — Darum folgert Richet: 'Für uns ist Betrug ausgeschlossen ... Das Experiment liefert den unumstößlichen Beweis für diese Erscheinung ... Es handelt sich um Materialisation, gefolgt von einer Dematerialisation.'[2]

Gleichwohl genügen auch solche Zeugnisse unsern entschlossenen Zweiflern keineswegs. Graf Klinckowström gesteht zwar ein, daß er 'nicht anzugeben wisse', wie Kluski seine Abgüsse betrügerisch zustandegebracht habe, denn ihm lägen die Protokolle der einzelnen Sitzungen nicht vor (in welchem Falle er das Geheimnis wohl alsbald enthüllt hätte).[3] Aber sowohl er als auch Dr. Moser berufen sich darauf, daß Geley selber bald nach seinen Versuchen habe zugestehn müssen, daß es 'an sich möglich' sei, die 'metapsychischen Moulagen' nachzuahmen, vermittelst eines Verfahrens (sagt Frau Moser), das 'damals [d. h. zur Zeit der Versuche] noch unbekannt' gewesen sei. 'Denn ein Paraffinhandschuh, der durch Eintauchen der Hand in das geschmolzene Paraffin entsteht, ist zunächst, solange er noch im Erkaltungsprozeß zähflüssig ist, so elastisch wie ein solcher aus Kautschuk,

---

1) Geley 239 ff., bes. 246. 251 f. Das. 48 Abbild. auf 25 Taf. — Feststellungen eines angesehenen Sachverständigen d. Daktyloskopie v. d. Pariser Polizei, M. Bayle, aaO. 248 ff.
2) Richet 426 ff. Vgl. noch ZP 1927 376.   3) Kluski gehört überhaupt zu den nie entlarvten Medien; auch der ärztlich geschulte Dr. Osty setzte sich nachdrücklich für seine Echtheit ein.

und kann infolgedessen, ohne die Form zu sprengen, von der Hand abgezogen werden, ehe er erhärtet.'[1] — Sehr wohl. Aber genügt es denn, daß solches 'an sich' möglich sei, oder müssen wir nicht vielmehr fordern, daß es unter den gegebenen Umständen ausführbar gewesen sei? Die Deutung unsrer Kritiker nimmt offenbar an, daß Kluski mit eigener Hand die Abgüsse in der Sitzung hergestellt habe (denn die Herbeischaffung fertiger Abgüsse ist ja durch die chemische Kontrolle ausgeschlossen). Das Paraffingefäß stand meist in einer Entfernung von 60 cm vor ihm auf einem Tisch,[2] also nicht so weit, daß Kluski nicht bei heftigen Körperbewegungen (von denen freilich nichts erwähnt wird) hätte herangelangen können. Indessen, seine Hände wurden streng überwacht. 'Die Kontrolle war vollkommen,' sagt z. B. der Bericht über die Sitzung vom 27. Dez. 1920. 'Die Rechte [des Mediums] wurde von Prof. Richet gehalten, die Linke vom Grafen Potocki.' Nun, dann wird eben Kluski die bekannte Vertauschung vorgenommen und eine Hand befreit haben. Indessen, auch das genügt nicht: denn wir hören ja vom Abguß zweier verschlungener Hände. Soll er also beide Hände befreit haben? Schwer glaublich. Überdies: es wurden auch Abgüsse nackter Füße erzielt.[3] Hat er sich also, trotz gehaltener Hände, der Schuhe und Strümpfe entledigt und die Füße auf den Tisch gebracht, nein mehr: die Unterschenkel von oben her in den Eimer auf dem Tisch getaucht — trotzdem das Rotlicht 'die Silhouette des Mediums durchweg unbeweglich' sehen ließ? Aber all diesen Unsinn auch zugegeben: die Hände der Abgüsse glichen ja gar nicht denen Kluskis, denn sie waren oft von Kindergröße. Was sagt uns nun noch selbst der Nachweis, daß man eine Hand aus dem Paraffinhandschuh ziehen könne, ohne ihn zu zerbrechen? Nichts weiter, als daß unsre Kritiker uns mit oberflächlichem Gerede zu verblüffen versucht haben.

Im übrigen ist ja gerade der Umstand, der die Übernormalität der Gußformen beweist — die Dematerialisierung der Hände zwecks Entfernung aus der fertigen Form — immer wieder auch 'unmittelbar' beobachtet worden. Sie lösen sich, wenn man sie festhält, ganz deutlich in der Hand auf.

Bekannt ist Crookes' Schilderung solchen Hinschwindens einer von ihm umfaßten Hand. 'Ich habe eine dieser Hände in der meinen festgehalten, unbedingt entschlossen, sie nicht entwischen zu lassen. Keinerlei Bemühung oder Anstrengung loszukommen erfolgte, sondern sie schien sich allmählich in Dunst aufzulösen und entschwand auf diese Weise meinem Griff.'[4] — Diese

---

1) DMB 403; Moser 724. 2) Geley 241. 3) S. Tafel XXVIII u. XXIX bei Geley. 4) Crookes 103.

Beschreibung ist keineswegs vereinzelt, vielmehr typisch für sehr viele. Prof. Bottazzi, der namhafte Physiologe, ergriff eine Hand, die ihn von hinten am Halse gefaßt hatte: 'Sie zieht sich nicht etwa zurück, indem sie meiner Hand die Empfindung der Verengerung gibt; sondern sie zerschmilzt, dematerialisiert sich, löst sich auf.'[1] — Nicht anders Morselli, der bekannte Anthropologe, der gleichfalls anläßlich Eusapianischer Sitzungen von Händen spricht, 'die sich auflösen, die unsrer Umfassung entgleiten, als wären sie aus halb-fluidischen Stoffen gebildet.'[2] — Oder Sgr. Barzini, ein bedeutender Tagesschriftsteller: Diese Hände 'sind mir zwischen den Fingern weggeblieben, gleichwie infolge eines Abschwellens. Man möchte von Händen sprechen, welche weich werden und rasch verschwinden, nachdem sie ein Höchstmaß von Kraft besessen und restlose Lebensähnlichkeit im Augenblick des Vollbringens einer Handlung.'[3]

Nachdem somit trotz allem die Tatsache materialisierter Hände gesichert ist[4] — also desjenigen Körperteils, der in Experimentalsitzungen, wo bestimmte 'Leistungen' bezweckt werden, sich natürlich vor allem der Beobachtung aufdrängt —, könnten wir nunmehr dazu übergehn, auch weitere materialisierte Körperteile für sich zu beglaubigen und so allmählich das ganze Gebilde des Menschenleibes 'aufzubauen'. Abdrücke und Gußformen von Füßen sind ja schon oben erwähnt worden.[5] Aber bedeutsamer wäre für uns der Nachweis materialisierter Köpfe, indem ein lebender Kopf natürlich in tieferem Sinn ein 'Persönlichkeit' begründender Körper-Teil ist als jene Gliedmaßen, die so vielen Menschen teilweise fehlen, ohne damit ihr Ich-Sein wesentlich zu verringern. Jedenfalls haben manche der besten Materialisationsforscher gelegentlich auch bloße 'Köpfe' objektiv feststellen können, und die von Eusapia gelieferten Abdrücke seltsamer Gesichter (unter Bedingungen, die Betrug ausschlossen),[6] die von Richet und Geley bei Kluski erzielten Gußformen des Unterteils eines Phantomgesichts[7] dürfen als gute Zeugnisse auch dieser Art von Teilmaterialisation gelten.

Nicht minder hat sich die optische Beobachtung der Experimentalsitzung — den Umständen entsprechend — gelegentlich auf 'Köpfe' beschränkt, die etwa, von einem 'kalten Winde' angekündigt, aus dem Vorhangspalt des Kabinetts hervorkommen, — wie jener 'menschliche Kopf, mit blassem, hagerem Gesicht, von bösem Ausdruck' bei der Palladino.[7] In einem Falle wird ausdrücklich die 'stereoskopisch-kol-

---

1) ASP 1907 760.   2) ASP 1907 260.   3) Corriere della Sera 25. Jan. 1907. Vgl. APS V 149 (Mr. Jencken); VI 95f. (Dr. Venzano). 210. 306; Pr XXIII 583; PS XXXIV 527 (Prof. Bottazzi); ZmpF 1932 174; Home 57. 61. 162. 348. Eine Angabe v. J. 1605 (!) bei Dupouy 230.   4) Geley 241. 245ff. 253.   5) Delanne 271f. 572ff.; RS 1887 427.   6) APS V 306; VI 277; Courtier 479. 525.   7) Geley 245 (Abb. 69).

lektive' Wahrnehmung eines solchen Kopfes bei demselben Medium bezeugt: die einen sahen ihn von der Seite, die andern von vorne.[1]

Bloß durch den Tastsinn nahm gelegentlich der schon erwähnte Sgr. Barzini, ein scharfer und nüchterner Beobachter, unter dem sich vorwölbenden Vorhang im Rücken der Palladino ein durchaus lebendig erscheinendes Gesicht wahr.

'Ich unterschied', sagt er, 'die Stirn und bewegte meine Handfläche abwärts über Backen und Nase; als ich die Lippen berührte, öffnete sich der Mund und faßte mich unter dem Daumen; ich fühlte deutlich den Druck eines scharfen Bisses. Im selben Augenblick drückte eine Hand gegen meine Brust und schob mich zurück, die Vorhänge bauchten sich aus und fielen kraftlos zurück. Die ganze Zeit über blieb das Medium sichtbar. Es war durch einen Abstand von mindestens anderthalb Fuß von dem 'unsichtbaren Menschen' getrennt.'[2] —

5. Vollphantome der Experimentalsitzung

Man wird es gewiß billigen, wenn ich mich bei solcher bruchstückweisen Zusammensetzung der materialisierten Gestalt nicht lange aufhalte, der nunmehr kaum noch der Rumpf zu fehlen scheint. Ein Schritt weiter, und wir stehen vor der Vollmaterialisation, der anscheinend lückenlosen Darstellung eines Menschen, der doch vorher und nachher kein Bewohner unsrer Umwelt ist. Diesen verwirrenden und zugleich — falls wohlbeglaubigt — in schier unfaßlichem Grade gedankenaufwühlenden Tatbestand habe ich zunächst genügend zu belegen, ehe ich mich theoretischen Überlegungen im Sinn unsres eigentlichen Problems zuwende. —

Eusapia Palladino hat uns schon im bisherigen mehrfach sicheren Boden unter den Füßen verschafft. Beginnen wir also auch hier mit einem Griff in ihre Urkunden: einer Schilderung des Dr. Visani Scozzi, eines der bekanntesten unter den Beobachtern der Neapolitanerin.

Während dieser in einer der Turiner Sitzungen Hände und Beine des Mediums fest umklammert hielt und ihr Kopf auf seiner linken Schulter ruhte, 'sah er zwischen sich und der schwach erhellten Glastür ein sehr undurchsichtiges Phantom sich bilden; er wurde auf die rechte Seite der Stirn geküßt, von Händen gestreichelt, deren Finger sich in seine Haare schoben, und fühlte deutlich einen Bart über seine Backe hinstreichen. Darauf stützte sich eine körperliche und reale Gestalt auf seinen Rücken und seine Schultern, während zwei kräftige Arme und zwei deutlich geformte Hände seine Brust

---

1) APS VI 111.　　2) APS V 124; PS XXXIV 219; vgl. APS V 310.

umschlangen.'[1] 'Als diese lebende Masse,' sagt Dr. Scozzi, 'mich an sich drückte und ... fortfuhr, mich zu umarmen, mußte ich wohl oder übel zugeben, daß alle diese Körperteile: Kopf, Arme, Hände und Rumpf, ein persönliches und gestaltetes Ganzes bildeten, und ich kam zur Überzeugung, daß ein vom Medium und uns allen gänzlich verschiedenes Wesen auf mich einwirkte und dabei alle Merkmale von Körperlichkeit, Kraft und Verstand erkennen ließ, durch die eine echte Persönlichkeit gekennzeichnet ist... Ich kann nicht anders sagen, als daß dies wirklich ein **Mensch** war, den ich da vor mir hatte.'[2]

Man darf nicht glauben, daß während solcher Erscheinungen die Palladino schlechter 'gesichert' war, als während der geringeren Phänomene, über deren Kontrollbedingungen oben einiges gesagt wurde. Dr. Venzano berichtet z. B. bez. der Genueser Sitzung vom 1. Mai 1902 im Hause der Familie Avellino, daß das Medium so kräftig an ein ins Kabinett gestelltes Ruhebett gefesselt war, daß es den anwesenden Prof. Morselli um Erleichterung seiner Lage anflehte. Nachdem dieser 'mit großer Mühe' die Fesseln, mit Ausnahme der die Brust und Füße umschließenden, entfernt hatte, erschien — 'wenige Augenblicke später' — eine weibliche schattenwerfende Gestalt vor dem Kabinett, und nach dieser eine andre. 'Kaum war diese ... verschwunden, als man Eusapia wieder inständig um Entfernung der sie allzu sehr drückenden Bande bitten hörte. 'Morselli lief hin: aber sein Erstaunen und das unsrige war groß, als er feststellte, daß die Handgelenke des Mediums von neuem an die Seitenstangen des Bettes gefesselt waren, mittelst mehrerer Windungen der Schnur und mit sehr viel zahlreicheren und fester zugezogenen Knoten, als den zu Beginn der Sitzung von Morselli angebrachten, die dieser denn auch jetzt tatsächlich nicht lösen konnte, sodaß einer von uns sich ans Werk machen mußte, dem es aber erst nach längerem Bemühen gelang.' Die Schilderung läßt es wohl ausgeschlossen erscheinen, daß die neue Fesselung von Eusapia selbst bewirkt worden war, sodaß wir nicht nur eine handmäßige Phantomleistung, sondern zugleich auch eine soz. von dem Phantom selbst ins Werk gesetzte Sicherung anzunehmen haben.[3]

Als drittes Beispiel führe ich eine von vielen Schilderungen des bekannten Phantoms einer angeblichen Griechin, 'Nepenthes', an. — In der 5. einer Reihe von Sitzungen in Christiania mit Mrs. D'Espérance als Medium, welche **wach inmitten des 'Zirkels'** saß, 'sah man Nepenthes, gleich schön und anmutig wie beim ersten Mal, aus dem Kabinette treten. Sie trug auf dem Haupt einen glänzenden Kronreif... Nachdem sie uns gegrüßt, glitt sie langsam vor unsrem Kreise dahin und blieb vor Hrn. E. stehen. Dieser erhob sich, streckte seine Hände aus, tat einen Schritt vorwärts und begab sich damit in den leuchtenden Dunstkreis hinein, der von den Kleidern des Geistes ausstrahlte... Sie hatte ihre Hände in die des Hrn. E. gelegt, der sich niederbeugte und sie küßte. Als er den Kopf wieder hob, neigte sie sich gegen ihn und drückte einen Kuß auf seine Stirn. Nachher erklärte Hr. E., daß die

---

1) Delanne II 201. 2) das. 554. 3) APS VI 172f. Über Anerkennung Eusapian. Leistungen durch Taschenspieler-Fachleute s. Delanne II 587. 604.

Argumente aus der Objektivität der Erscheinung

Hand den Eindruck einer natürlichen, frischen und festen, wenn auch zarten und feinen Hand gemacht und die seine kräftig gedrückt hätte. Die Lippen waren weich und warm. Das Licht, fügte er hinzu [und ich bitte dies zu beachten], schien von ihrem Körper und nicht von ihren Kleidern auszugehen, ... und er versicherte, daß als sie sich gegen ihn neigte, er geblendet wurde von dem Leuchten, das von ihrer Brust ausstrahlte. **Es war ihm unmöglich, dieses Licht irgendeinem andern zu vergleichen:** es erinnerte, ihm zufolge, an ein gedämpftes elektrisches Licht oder, richtiger noch, an den Widerschein des Mondes auf dem Schnee, war aber heller.'[1]

Diese drei ersten Beispiele — ein 'Vorschmack' des Kommenden — bitte ich einstweilen ohne vieles Fragen zur Kenntnis zu nehmen. Sie gehören weder zu den besten verfügbaren noch zu den schlechtesten. Die Tatsache der Vollmaterialisation kann natürlich, falls überhaupt, nur durch die allmähliche Häufung von Zeugnissen aus ihrer anfänglichen völligen Unglaubhaftigkeit befreit werden, und der ungläubige Leser wird noch längere Zeit auf die volle Wirkung solcher Häufung warten müssen; er soll einstweilen nur zur Kenntnis nehmen, daß die Vollphantome der Eusapia von den bedeutenderen Kritikern dieses Gebiets durchweg mit Stillschweigen übergangen werden, — ich weiß nicht, ob in der Absicht, sie als keines Wortes würdig hinzustellen, oder in dem Gefühl, daß sie wesentlich 'unbequemere' Tatsachen darstellen als die 'kleineren' Leistungen der Palladino: Tischerhebungen, Berührungen der Sitzer u. dgl. m. Man begreift alsbald (und die obigen Fälle sind drei von vielen), daß nur die Annahme eingeschmuggelter Helfershelfer uns hier noch retten könnte; eine Annahme, auf die ich weiterhin zu sprechen komme. — Mrs. d'Espérance wird von der bedeutenderen Kritik meist ganz anders als ihre Genossin, und zwar sehr eigenartig behandelt. Man erklärt sie für eine Betrügerin nicht im gemeinen Wortsinn, vielmehr in einem ganz verwickelt-psychologischen. 'Eine rührende Gestalt' sogar ist sie für Dr. Moser, offenbar weil sie persönlich so ehrlich überzeugt und doch das hilflose Opfer ihres alles überwuchernden Unterbewußtseins gewesen sein soll: sie soll nämlich ihre 'Geister' selber dargestellt und doch gleichzeitig sich eingebildet, nein: geträumt haben, während deren Erscheinung, also während ihres eigenen maskierten Umherwandelns, im Dunkelkabinett zu sitzen![2] Kann es etwas Rührenderes geben? Und doch steht diese harmlos-schlaue Deutung im krassesten Widerspruch zu sehr zahlreichen Angaben des Mediums selbst und seiner Sitzer, sowie zu objektiven Beweismitteln; und es ist nicht ohne Bedeutung, daß jene Auffassung in einem Fall, auf den ich noch zurückkomme, einen ihrer namhaftesten

---

1) Aussage eines Advokaten, einige Jahre nach d. Beob. — Aus Harper i Luften bei Delanne II 348 f.   2) S. 771. 773.

Vollphantome der Experimentalsitzung

Vertreter zu einer richtigen Urkundenfälschung verführt hat. Wir nehmen also auch von den Phantomen der Mrs. d'Espérance vorläufige Kenntnis und sehen uns zunächst nach weiteren Zeugnissen für den Tatbestand des Vollphantoms um.

Das berühmteste aller Vollphantome ist natürlich die beim Medium Florence Cook aufgetretene 'Katie King', die eine gewisse Annie Owen Morgan, Tochter des berühmten Seeräubers Sir Henry Morgan zur Zeit Karls I., zu sein behauptete. Ihre Geschichte kann hier nicht übergangen werden, trotzdem sie oft genug in Schriften über unsern Gegenstand behandelt worden ist. Daß unter ihren Untersuchern ein Naturforscher ersten Ranges sich befunden hat, und daß an ihr Auftreten einer der hitzigsten und scharfsinnigsten Meinungsstreite sich angeschlossen hat, macht sie zu einem der Paradebeispiele unsres Problems, an dem entscheidende Teilfragen desselben erforscht werden können.

Zum Tatsächlichen des Falles sei zunächst daran erinnert, daß Sir William Crookes' berühmte Untersuchung dieses Phantoms weder die einzige noch die erste gewesen ist, wennschon das Gewicht seines Namens ihr einen besonderen Ruf verschafft hat. Miss Cook hatte — auch das ist in Betracht zu ziehn — die üblichen Wesenszüge des werdenden 'großen' Mediums dargeboten (an denen zu zweifeln heute nicht der mindeste Grund mehr vorliegt), als am 22. Mai 1872 — sie war damals 16 Jahre alt — im Schoße ihrer Familie die erste teilweise Materialisation 'Katies' erfolgte. Diese forderte, wie uns berichtet wird, den Aufbau eines Kabinetts der üblichen Art, erschien in der Vorhangöffnung, sprach (wobei alle Anwesenden die Lippen sich bewegen sahen), bestand aber bei näherem Zusehn zunächst nur aus einem Oberkörper, d. h. von der Brust abwärts nur aus einer 'unbestimmt leuchtenden Wolke'. Miss Cook war währenddessen bei Bewußtsein, nahm an der Beobachtung teil und beschrieb die Sitzung am Tage darauf in einem Brief an den bekannten Forscher W. H. Harrison.[1]

In der nächsten Sitzung, drei Tage darauf, war Harrison auf Einladung 'Katies' zugegen, und er beschreibt eine längere Unterredung zwischen ihr und dem Medium, die er mit angehört habe, worin sich Miss Cook dagegen verwahrte, daß Katie sie mit einem Stück ihres Gewandes abrieb. — In weiteren Sitzungen war die Beleuchtung zeitweilig, auf Katies ausdrücklichen Wunsch, eine ausgezeichnete; endlich erschien diese sogar 'im vollen Licht', und je vollständiger sich die Erscheinung entwickelte, desto mehr wuchs die Neigung des Mediums, während derselben in Trans zu fallen. Soweit also mag sich der Zweifler, falls er die Beobachtung des Halbphantoms nicht ernst nehmen will, mit der Annahme einer Helfershelferin trösten, denn ich kann mit Angaben über Sicherungsmaßnahmen im Augenblick nicht dienen. Doch lesen wir, daß bald danach Mr. Benjamin Coleman und die Doktoren Gully und Sexton 'sehr strenge Überwachung' einführten, auch photographi-

---

1) bei Delanne II 192f.

sche Aufnahmen machten und sich für die Echtheit der Phänomene aussprachen. (Gully, den Vater des 'Sprechers' des englischen Unterhauses, scheint Podmore für einen Mann von wissenschaftlichem Ruf zu erklären;[1] George Sexton war 15 Jahre lang ausgesprochen ungläubiger 'Freidenker' geblieben und gehörte erst später zu den Führern der Brit. *National Association of Spiritualists*.)

Weitere Photographien (bei Magnesiumlicht) wurden erzielt während einer Sitzung, deren Bericht u. a. von den Herren M. Luxmore, G. Tapp und W. H. Harrison unterschrieben ist. Hier war das Medium sorgfältig untersucht und umgekleidet worden, seine Hände waren gefesselt mit Bändern, deren Enden versiegelt wurden, das Kabinett durchsucht, und die Enden des Bandes, welches das Medium an den Stuhl schnürte, außerhalb des Kabinetts an einen Stuhl befestigt. Katie, die sehr bald erschien, benahm sich wie eine Lebende, unterhielt sich mit allen Anwesenden, lehnte sich auf Mr. Luxmores Schulter, während man sie aufnahm, und hielt selbst die Lampe (die außer einem 'Licht' das Zimmer erhellte) in die Höhe, um ihr Gesicht besser zu beleuchten. Während sie auf die Belichtung der Platte wartete, 'sah man in der oberen Vorhangöffnung einen großen Männerarm erscheinen, der bis zur Schulter nackt war und die Finger bewegte. Katie wandte sich um, machte dem Eindringling Vorwürfe ... und befahl ihm, sich so schnell als möglich zu entfernen.' Gegen Schluß der Sitzung versank Katie (wie so viele Phantome) im Fußboden. 'Das Medium wurde [bei der Nachuntersuchung] wie zu Beginn gefesselt gefunden.' — Man beachte schon hier ein Anzeichen von Mehrheit der Phantome (wovon unten mehr), die typische Art des Verschwindens, die an sich schon Fälschungen ausschließen müßte, und die sehr vermehrten Vorsichtsmaßregeln gegen Betrug.

Die Erfahrungen, durch welche Crookes seit Mitte Dez. 1873 seine felsenfeste Überzeugung von der gesonderten und übernormalen Persönlichkeit Katies gewann, sind wohlbekannt. In einer Sitzung in seinem eigenen Hause (am 12. März 1874) — die verschlossene 'Bibliothek' diente als Kabinett, das 'Laboratorium' als Raum für die Andern — wurde er von der weißgekleideten Katie aufgefordert, ins Kabinett zu kommen, da das Medium teilweise vom Sofa gesunken sei. Er ging hinein, sah Miss Cook in ihrem gewöhnlichen schwarzen Samtkleid auf dem Sofa liegen und überzeugte sich, indem er sie aufhob, daß er es mit einem lebenden Körper zu tun habe. Katie aber war verschwunden. Gleichwohl verflossen 'nicht mehr als drei Sekunden zwischen meinem Erblicken der vor mir stehenden weißgekleideten Katie und meinem Emporheben von Miss Cook auf das Sofa aus der Lage, in die sie geglitten war.'

Erst zwei Monate später, während einer Reihe von Sitzungen gleichfalls in seinem eigenen Hause, gelang es ihm, beider gleichzeitig ansichtig zu werden. Diese Sitzungen fanden bei elektrischem Lichte statt und fünf Lichtbild-Apparate wurden gleichzeitig ins Spiel gebracht. Miss Cook lag im

---

[1] Podmore, Spir. II 145. — Abb. e. Photographie 'Katies' mit Gully: Bd IV 266.

Kabinett hinter dem Vorhang auf dem Fußboden, ihr Gesicht mit einem Schal bedeckt, und Katie erschien im vollen Licht vor dem Vorhang. 'Ich zog, schreibt Crookes, den Vorhang wiederholt nach einer Seite fort, während Katie daneben stand, und es war etwas Gewohntes für 7 oder 8 von uns im Laboratorium Anwesenden, Miss Cook und Katie gleichzeitig im vollen Schein des elektrischen Lichtes zu sehn. Wir sahen bei diesen Gelegenheiten nicht wirklich das Gesicht des Mediums, wegen des Schals; aber wir sahen ihre Hände und Füße; wir sahen, wie sie sich unter der Einwirkung des grellen Lichtes unruhig bewegte, und wir hörten sie gelegentlich stöhnen. Ich besitze eine Photographie, auf welcher beide erscheinen, aber Katie sitzt vor Miss Cooks Kopf.'[1]

Wie verhält sich zunächst der verbissene Nörgler Podmore diesen beiden Berichten gegenüber? Die eigentlich für sich schon entscheidende Angabe des großen Beobachters, daß er innerhalb dreier Sekunden das weißgekleidete Phantom und das schwarzgekleidete Medium auf dem Sofa gesehen, ist er ehrlich genug überhaupt zu unterschlagen. In den anderen Fällen klammert er sich daran, daß der Schal (und später das Phantom) des Mediums Kopf verdeckt habe, es sich also um 'ein Bündel Kleider auf dem Fußboden' gehandelt haben könne, 'mit einem Schal am einen Ende, einem Paar Stiefel am andern, und etwas wie Hände darangefügt'. Daß dieses 'Etwas wie Hände' bei grellem Licht von mehreren Beobachtern, darunter solchen ersten Ranges, als 'Hände' erkannt wurde, daß das 'Bündel Kleider' sich 'unruhig bewegte' und 'stöhnte', übergeht der Zweifler wiederum mit Schweigen. Im übrigen beruft er sich allgemein darauf, daß 'Katie' nicht zu allen Zeiten ganz gleich ausgesehen habe (bekanntlich ist sie gelegentlich sogar 'schwarz' erschienen) und daß sich mindestens in einzelnen Aufnahmen eine 'unverkennbare Ähnlichkeit' mit dem Medium feststellen lasse.[2] Ganz abgesehen aber davon, daß Podmore selbst die Feststellung von 'Ähnlichkeiten', so oft sie zu Gunsten spiritistischer Identifizierung behauptet wird, ins Lächerliche zieht: so würde auch der eingefleischteste Spiritist weder in einer bloßen 'Ähnlichkeit' noch in einer gewissen 'Polymorphie' des Phantoms auch nur die geringste Schwierigkeit zu finden brauchen; ja die Möglichkeit der letzteren ist sogar ein ständig benutztes Argument zu Gunsten jener 'ideoplastischen' Theorie von Phantomen, die wir später zu erwägen haben werden.

Die Beobachtung von Phantom und Medium rasch nach einander durch Crookes findet übrigens ein Seitenstück in einem Berichte Aksakows, der i. J. 1873 während eines Aufenthalts in London durchaus gleichartige und gleichwertige Beobachtungen bei Florence Cook anstellte. — 'Die Sitzung (schreibt er) fand am 22. Oktober in dem kleinen Speisezimmer [der Familie Cook] statt; das Medium ... nahm Platz auf einem Stuhl in der Nische, die vom Kamin und einer Ecke des Zimmers gebildet wurde [also sicherlich weder Tür noch Fenster enthielt], hinter einem an Ringen verschiebbaren Vorhang. [Zufolge der eingehend beschriebenen Fesselung mit versiegelten Bän-

---

1) Crookes 124f.   2) Podmore, Spir. II 154.

dern] wäre es dem Medium nicht möglich gewesen, sich zu erheben, ohne [an dem außerhalb des Kabinetts durch eine kupferne Öse gefädelten Bande] zu ziehen. Das Zimmer war durch eine kleine Lampe erhellt, die hinter ein Buch gestellt war.' Nach weniger als einer Viertelstunde sah man hinter dem zur Seite gezogenen Vorhang die gewohnte weißgekleidete Gestalt Katies, welche Aksakow — ein 'Töpfchen mit Saft' überreichte. [Ein 'Apport', der uns nicht weiter angeht.] 'Die ganze Zeit der Sitzung hindurch schwatzte Katie mit den Anwesenden; ihre Stimme war zu einem Flüstern herabgedämpft ... Als ich sie fragte: 'Können Sie mir nicht Ihr Medium zeigen?', erwiderte sie: 'Ja, kommen Sie ganz schnell und sehen Sie.' In einem Augenblick hatte ich den Vorhang fortgezogen — ich hatte nur fünf Schritte bis dahin —, die weiße Gestalt war verschwunden. Vor mir, in der finsteren Ecke, saß die dunkle Gestalt des Mediums auf ihrem Lehnstuhl: sie hatte ein schwarzes Seidenkleid an, und infolgedessen konnte ich sie nicht ganz deutlich sehn. Sobald ich meinen Platz wieder eingenommen, erschien die weiße Gestalt Katies von neuem neben dem Vorhang und fragte mich: 'Haben Sie gut gesehn?' Ich erwiderte: 'Nicht recht, denn es war ziemlich dunkel hinter dem Vorhang.' 'Dann nehmen Sie die Lampe und sehen Sie schnell nochmal nach', versetzte Katie schlagfertig. In einer Sekunde war ich mit der Lampe hinterm Vorhang. Jede Spur von Katie war verschwunden; ich hatte vor mir das in tiefen Trans versunken auf seinem Stuhle sitzende Medium, mit hinter den Rücken gebundenen Händen. Unter der Einwirkung des Lichts, das auf sein Gesicht fiel, begann es zu seufzen und zu erwachen ... ' — Nach Beendigung der Sitzung untersuchte Aksakow selbst die 'unverletzten' Bänder; als er sie durchschneiden wollte, konnte er 'nur mit Mühe die Scheere unter die Bänder einführen, so gewaltig fest waren die Fäuste zusammengebunden.'[1]

Der Vorgang ist übrigens gerade in seiner entscheidenden Einzelheit nicht ohne weiteres Seitenstück. B. Coleman beschreibt eine Sitzung mit Florence Cook, in welcher diese gleichfalls besonders sorgfältig gefesselt worden war. Eine Teilnehmerin, Mrs. Honywood, betrat, von Katie dazu aufgefordert, das Dunkelkabinett in dem Augenblick, da Katie in demselben verschwand. Aber auch sie fand Bänder und Siegel unverletzt.[2] Man mag die mathematische Genauigkeit des Ausdrucks 'Augenblick' bezweifeln; aber selbst der größte Entfesselungskünstler dürfte zu seiner Wiederfesselung einer Zeitspanne bedürfen, die man nicht als Augenblick bezeichnen wird. Hier würde wohl selbst die Annahme einer Helfershelferin durch die der berühmten 'Falltür' ergänzt werden müssen. Aber die Sitzung fand im Hause des Friedensrichters Luxmore statt (freilich eines 'Spiritisten'!), und überdies erlebte ja Crookes das gleiche in seiner eigenen Wohnung.

Den weiteren Berichten Crookes' gegenüber kommt Mr. Podmore noch mehr ins Gedränge. Über die Beobachtungen vom 29. März 1874 liegt ein Brief des großen Physikers — am Tage darauf abgefaßt — im Drucke vor. In dieser Sitzung ging Katie fast zwei Stunden lang im Zimmer umher, unterhielt sich mit den Anwesenden und legte bei ihren Wanderungen mehrfach ihren

---

1) Aksakow 264 ff. 2) PS 1874 295 ff.

Vollphantome der Experimentalsitzung

Arm in den von Crookes. Schließlich erklärte sie, sie glaube sich diesmal zugleich mit Miss Cook zeigen zu können: Crookes solle das Gas ausdrehn und mit seiner Phosphorlampe[1] in das als Kabinett benutzte Zimmer kommen. Er tat es, nachdem er einem anwesenden Freunde die stenographische Niederschrift alles dessen, was er im Kabinett aussagen würde, aufgetragen hatte, 'da ich die Wichtigkeit erster Eindrücke kannte und nicht mehr, als nötig. dem Gedächtnis überlassen wollte.' 'Ich fand [Miss Cook] am Boden hockend vor. [Beim Lichte der in Gang gebrachten Lampe] sah ich die junge Dame in ihrem schwarzen Samtkleide, ... anscheinend völlig bewußtlos; sie rührte sich nicht, als ich ihre Hand ergriff und das Licht nahe an ihr Gesicht heranbrachte, sondern fuhr fort, ruhig zu atmen. Die Lampe erhebend, blickte ich umher und sah nun Katie dicht hinter Miss Cook stehen. Sie war in fließender weißer Gewandung, wie wir sie vorher während der Sitzung gesehen hatten. Während ich eine von Miss Cooks Händen in meiner hielt und noch kniete, bewegte ich die Lampe auf und nieder, um Katies ganze Gestalt zu beleuchten und mich zu überzeugen, daß ich wirklich die echte Katie schaute, die ich einige Minuten zuvor gesehn, und nicht die Einbildung eines verstörten Gehirns. Sie sprach nicht, bewegte aber ihr Haupt und lächelte mir wie einem Bekannten zu. Drei verschiedene Male untersuchte ich sorgfältig die vor mir kauernde Miss Cook, um mich zu vergewissern, daß die Hand, die ich hielt, die eines lebenden Weibes war, und drei verschiedene Male kehrte ich die Lampe gegen Katie und betrachtete sie mit unverwandt prüfendem Blick, bis ich nicht den geringsten Zweifel mehr an ihrer objektiven Wirklichkeit hatte.' An demselben Abend stellte Crookes außerdem noch fest, daß eine Blatternarbe, die Miss Cook am Halse hatte, bei Katie fehlte und daß, während das Medium durchbohrte Ohrläppchen hatte, diejenigen Katies unverletzt waren. Desgleichen war beider Haarfarbe verschieden, und einige Gesichtsmale des Mediums fehlten dem Phantom gleichfalls.[2]

Wenn Crookes nach diesen Erfahrungen die 'unerschütterliche Gewißheit' bekennt, 'daß Miss Cook und Katie zwei gesonderte Personen' seien, 'wenigstens soweit ihre Körper in Betracht kommen', so ist nun freilich Podmore genötigt, ihm zuzustimmen. Um seinen grundsätzlichen Zweifel zu retten, muß er nunmehr natürlich zur Annahme einer Helfershelferin greifen. Die angeführte Sitzung, wie auch die berühmte 'Abschiedssitzung', auf die ich noch zu sprechen komme, hätten — das ist sein Ausweg — im Cookschen Hause in Hackney stattgefunden, in Anwesenheit mehrerer Mitglieder der Familie, wobei als Kabinett das Schlafzimmer des Mediums benutzt wurde. Selbst überzeugte Spiritisten hätten die Beweiskraft dieser Sitzungen nicht für einwandfrei erklärt. Die darin liegende Verdächtigung deutet Podmore allerdings mehr an, als daß er sie in Worte kleidet; der Mut zur offnen Beschuldigung scheint ihm zu fehlen. Katie, sagt er, sei mindestens bei diesen zwei Gelegenheiten 'ein gesondertes Wesen irgendwelcher Art' gewesen.[3] Hiergegen macht selbst der sehr vorsichtige Tischner geltend, daß die offenbare Feststellung

---

[1] damals (1874!) selbstkonstruiert (Crookes 118).   [2] Crookes 120 ff.   [3] Spir. II 155 Anm.

ihrer Gesondertheit in jener früheren Sitzung (in Crookes Hause) durch die Wahrnehmung beider Wesen in ganz verschiedener Kleidung 'innerhalb dreier Sekunden' damit nicht aus der Welt geschafft sei.[1] Auch verweist er auf Crookes' bekanntes Zeugnis über die allgemeinen Bedingungen seines Umgangs mit Miss Cook. 'Sie wohnt', schreibt der Gelehrte, 'zuweilen eine ganze Woche in meinem Hause. Sie bringt nichts mit, außer einer kleinen unverschlossenen Handtasche; während des Tages ist sie ununterbrochen mit meiner Frau, mir selbst und andern Gliedern meiner Familie zusammen, sodaß sie keinerlei Möglichkeit hat, sich auf eine so verwickelte Erscheinung wie 'Katie King' vorzubereiten. Ich selbst richte meine Bibliothek zum Dunkelkabinett her, und Miss Cook, die mit uns gespeist und geplaudert hat und kaum eine Minute unsern Blicken entschwunden ist, geht dann gewöhnlich geradewegs ins Kabinett, und auf ihren Wunsch verschließe ich dessen zweite Tür und behalte den Schlüssel während der ganzen Sitzung in der Tasche.'[2] Man wird es also für ganz ausgeschlossen halten müssen, daß ihr die Möglichkeit der Einschmuggelung einer Helfershelferin auch in Crookes' Hause offengestanden habe. — Was aber die auch von Tischner ins Feld geführten, sehr viel späteren 'Entlarvungen' des Mediums, damals Mrs. Corner, betrifft, so ist die vom Januar 1880 so offenbar nur eine scheinbare. daß selbst Tischner ihr keinen Wert beilegt; während die des Jahres 1899 (!) in Warschau ganz augenscheinlich — im schlimmsten Falle — unter den Begriff jener betrügerischen Leistungen fällt, zu denen berühmte Medien greifen, um ihren Ruf — oder ihren Unterhalt — zu retten, wenn ihre Kräfte längst geschwunden sind (Mrs. Corner hatte sich damals schon längst 'zurückgezogen'); wie denn die Warschauer Beobachter selbst betonten, daß sie mit ihren verdächtigenden oder vernichtenden Feststellungen nichts hinsichtlich der früheren Phänomene ausgesagt haben wollten, mit denen die Warschauer sich garnicht vergleichen ließen.[3]

Neben diesen schon von Podmore erhobenen Einwänden hat die spätere deutsche Kritik nicht viel neues mehr vorbringen können, und nichts — scheint mir — eigentlich durchschlagendes. Sowohl Dr. Moser als auch Graf Klinckowström stoßen sich daran, daß Crookes, als er es mit Florence Cook zu tun bekam, bereits durch seine Untersuchungen an Home 'überzeugt' worden war.[4] Dies ist nun freilich, im Lichte der heutigen 'Psychologie des Okkultisten', ein bedauerlicher Umstand; beweist ja doch ohnehin die Zugestehung okkulter Tatsachen einen leichten Grad von Schwachsinn. Dennoch müssen wir auch dem Metapsychologen das Recht zugestehn, irgendwann in seiner Laufbahn zu einer positiven Ansicht zu gelangen, ohne dadurch das Recht zu weiterem Forschen zu verwirken. Eine Verdächtigung seiner Befähigung dazu muß von allgemeinen Zweifelsgründen ausgehn, nicht aber von der bloßen Tatsache, daß er sein Urteil nicht dauernd in der Schwebe hält: wir geraten sonst in einen logischen 'Zirkel'. An solchen all-

---

1) Gesch. 59f.   2) Crookes 124. Vgl. Tweedale 293.   3) Nach Marryat, Death 145f. hätte sich das Medium 'lange' vor 1891 völlig von der Welt zurückgezogen.
4) Moser 817f.; DMB 135.

gemeinen Zweifelsgründen im Falle Florence Cook aber wird nur noch vorgebracht, Crookes sei seinem Medium allzusehr als 'Gentleman' gegenübergetreten und habe an ihre Ehrlichkeit, ja Unfähigkeit zum Betruge geglaubt.[1] Wenn dies dann aber in die Fassung umgefärbt wird, er habe sich als ritterlicher Verteidiger eines hübschen Mädchens aufgeführt, so ist das denn doch eine allzu eilfertige Verdächtigung der reinen Beobachtungsgabe eines Wissenschaftlers von Weltruf. Warum denn soll der 'persönliche Eindruck' eines Mediums nicht mitbestimmend sein? — Daß ferner Crookes' Berichte, wie schon Lehmann bemerkt, 'essay-artig', also als freie Erzählung gehalten sind, und nicht als strenge Fachprotokolle, ist natürlich ein Formfehler, beweist aber nicht, daß das Berichtete an sich fragwürdig ist. Ein überragender Hauptzeuge wird nicht dadurch entwertet, daß er sonstige Zeugen nicht nennt, oder das Datum eines Vorgangs unerwähnt läßt (dies alles wirft man Crookes vor); ja selbst die 'Mitanwesenheit von Spiritisten' beraubt den Hauptzeugen nicht notwendigerweise seiner Augen und Ohren.

Während Frau Dr. Moser schließlich fast eine schwankende Haltung einnimmt, trägt Graf Klinckowström den Angriff noch über ihre Zweifelsgründe hinaus vor, ohne uns doch Gewißheit in seinem Sinne zu geben. Die Feststellung z. B., daß Medium und Phantom wirklich zwei verschiedene Wesen waren, soll nur im Cookschen Hause, also auf sehr verdächtigem Boden, erfolgt sein. Aber dies ist ein Irrtum, wie ein Teil der obigen Berichte über Crookes' Erfahrungen beweist und auch Tischner ausdrücklich feststellt.[2] Wir kämen also keineswegs um die doch wohl unmögliche Annahme herum, daß Florence Cook die Einschmuggelung einer Gehilfin in das Haus des Gelehrten gelungen sei. — Graf Klinckowström erklärt es ferner für unfaßlich, daß 'ein unbefangen urteilender Gelehrter an der Menschlichkeit [d. h. der betrügerischen Natur] von 'Katie' überhaupt hätte zweifeln können,' indem sie ihm doch 'handgreiflich' als 'ein Mensch von Fleisch und Blut' erschien.[3] Hier setzt er offenbar voraus, daß ein vollausgebildetes Phantom nicht als ein solcher erscheinen dürfe; eine offensichtliche logische 'Erschleichung', da ja noch gar nicht ausgemacht ist, daß eine solche Materialisation sich wirklich von einem Menschen von Fleisch und Blut unterscheiden müsse. In der Tat werden wir bald sehen, daß die bedeutendsten Materialisationen auch der neuesten Zeit (die freilich in eine Zeit nach Klinckowströms Aufsatz fielen) sich in nichts von Menschen von Fleisch und Blut unterschieden und gerade daraufhin weit gründlicher untersucht wurden, als Crookes es je mit Katie King unternahm. (Damit wird dann auch Kl.s Behauptung hinfällig — die wieder seinen Zweifel beweisen soll —, daß 'auch die besten Medien heutzutage keine ganzen Materialisationen mehr produzieren.')[4]

Während Dr. Moser auf die Sitzungen mit der von Varley, dem namhaften Elektriker, ersonnenen Sicherung des Mediums bedeutenden Wert zu legen scheint, sucht Graf Klinckowström auch diesen Beweis zu zertrümmern. Diese Sicherung bestand bekanntlich in der Einschaltung des Mediums (an den

---

1) DMB 140.   2) DMB 140f.; SMB 36.   3) DMB 142.   4) das. 147.

Handgelenken) in einen schwachen galvanischen Stromkreis, dessen Schwankungen an einem Galvanometer außerhalb des Kabinettes abgelesen werden konnten. Tatsächlich wurde, wie die ständige Beobachtung des Galvanometers bewies, der Strom während der ganzen Sitzung nicht ein einziges Mal unterbrochen; doch zeigte er, neben geringen Schwankungen, eine größere um 7.25 Uhr: 'das Galvanometer fiel schnell von 191 bis auf 155. Eine Minute darauf erschien Katie [vor dem Vorhang des Kabinetts].'[1] Graf Klinckowström folgert daraus, 'daß dies der Augenblick war, in welchem Florence Cook die Elektroden an ihren Armen emporschob, bis sie nicht mehr sichtbar waren, um sodann als Katie zu erscheinen.' Denn maßgebend sei dabei der Hautwiderstand, und Florence Cook habe die Elektroden von einem angefeuchteten Hautfleck nach einem noch trocknen verschoben.[2] — Hiergegen hat Tischner geltend gemacht, daß bei weiteren Sitzungen mit der gleichen Sicherung — unternommen 'offenbar um gewisse Einwände gegen den ersten Versuch zu entkräften' — die Drähte so kurz gemacht wurden, daß das Medium nicht das Kabinett mit den Drähten an den Armen verlassen konnte, also nicht, ohne den Strom zu unterbrechen und sich damit zu entlarven. Tatsächlich trat 'Katie' bis zu 8 Fuß aus dem Kabinett heraus. Klinckowström hat diese Kontrollversuche durch die angedeutete Vermutung entwerten wollen, daß sie im Cookschen Hause stattfanden (denn der Ort wird nicht ausdrücklich genannt). Diese Vermutung aber ist, wie Tischner ausführt, mehr als unwahrscheinlich. Denn bei Crookes und bei Luxmore (wo die erste derartige Sitzung stattgefunden hatte) bestand die bessere technische Möglichkeit zu solchen Versuchen, und das gleiche scheint aus der Mitteilung hervorzugehn, daß Crookes den ersten Versuch mit 'gewissen Modifikationen' in seinem eigenen Hause wiederholt habe (wozu doch die Verkürzung der Drähte gehört haben wird) und daß diese Abänderung 'ebenso befriedigende Ergebnisse wie zuvor' geliefert habe.[3]

Es ist an sich ein schwächliches Verfahren, zwei Arten des Schwindels anzunehmen: nämlich bald eine Vermummung des Mediums als 'Geist', und bald eine Darstellung des letzteren durch eine Helfershelferin. Indessen gibt es noch einen weiteren Hinweis darauf, daß die eine der Gestalten, Katie, überhaupt keine normale gewesen sei, womit natürlich alle Vermutungen über die Art des Betruges hinfällig werden: ich meine die — für Phantome ja typische — Wiederherstellung ihrer Gewandung nach der Vornahme von Schnitten, wie sie während der erwähnten 'Abschiedssitzung' beobachtet wurde. Da diese auch sonst noch sehr Bezeichnendes für die physische Sonderung von Medium und Phantom enthält, so sei sie hier abschließend kurz beschrieben, obwohl ich damit vorgreifend Einzelheiten berühre, die erst im Rahmen der späteren Theoretik genauer besprochen werden können.

Katie verblieb in dieser Sitzung fast andauernd vor den Teilnehmern; der Vorhang des Kabinetts war zur Seite gezogen, und alle Anwesenden konnten

---

1) S. PS 1874 341f.   2) DMB 145f.   3) SMB 36.

deutlich das schlafende Medium sehn, dessen Gesicht, zum Schutz gegen das helle Licht, mit einem roten Schal bedeckt war. Katie erhielt Blumen zum Abschied von den Herren Tapp und Crookes, setzte sich mit untergeschlagenen Beinen nieder, forderte die Anwesenden auf, desgleichen um sie herum zu tun, und formte aus den empfangenen Blumen einen Strauß. Sie schrieb auch einige Abschiedsbriefe an mehrere ihrer Freunde, die sie 'Annie Owen Morgan'[1] zeichnete, desgleichen an ihr Medium, dem sie als Abschiedsgeschenk eine Rosenknospe widmete. 'Darauf ergriff Katie eine Schere, schnitt eine Strähne ihrer Haare ab und reichte jedem einen guten Teil davon. Endlich nahm sie Mr. Crookes' Arm, machte die Runde im Zimmer und drückte jedem die Hand. Dann saß sie wiederum nieder, schnitt mehrere Stücke aus ihrem Kleide und Schleier, die sie verschenkte... Man fragte sie, ob sie den Schaden wieder gutmachen könne, wie sie es bei früheren Gelegenheiten getan. Sie hielt darauf die zerschnittenen Teile dem Lichte hin, führte einen Schlag darauf, und augenblicklich war dieser Teil so glatt und vollständig, wie zuvor. Die ihr zunächst Sitzenden untersuchten und befühlten mit ihrer Erlaubnis den Stoff; sie versicherten, daß weder Loch noch Naht zu finden seien, noch irgendetwas Angestücktes, wo sie einen Augenblick vorher Löcher von mehreren Zoll im Durchmesser gesehen hatten.' Katie gab darauf Crookes und Andren ihre letzten Anweisungen bezüglich des Mediums und ihrer Äußerungen durch dasselbe, bekannte mit Bedauern, daß sie ihre Kräfte nachlassen fühle, und verschwand ins Kabinett. 'Man hörte sie das Medium erwecken, von dem sie unter Tränen gebeten wurde, noch ein wenig zu verweilen; aber Katie sprach zu ihm: 'Meine Liebe, ich kann es nicht; meine Sendung ist beendet, Gott segne dich,' und wir hörten den Schall ihres Abschiedskusses. Das Medium trat darauf in unsre Mitte, völlig erschöpft und tief erschüttert... Katie sagte, daß sie fürderhin weder sprechen noch ihr Gesicht würde zeigen können, daß sie während ihrer dreijährigen körperlichen Erscheinungen ein mühevolles Leben gehabt habe, um ihre Fehler abzubüßen, und daß sie entschlossen sei, sich nunmehr zu einem höheren Grade geistigen Lebens zu erheben...'[2]

Hier seien ergänzend und bestätigend einige Zeilen aus Crookes' eigener Schilderung eben dieser Abschiedssitzung mitgeteilt. — 'Nachdem Katie ihre Anweisungen [bez. der ferneren Behandlung ihres Mediums] beendet hatte, lud sie mich ein, mit ihr zusammen ins Kabinett zu gehn, und gestattete mir, dort bis zum Ende zu verweilen. Als sie den Vorhang geschlossen hatte, unterhielt sie sich einige Zeit mit mir, dann durchquerte sie das Zimmer nach der Stelle, wo Miss Cook bewußtlos auf dem Fußboden lag. Sich über sie beugend, berührte Katie sie und sagte zu ihr: 'Wach auf, Florrie, wach auf. Ich muß dich jetzt verlassen.' Miss Cook erwachte und bat unter Tränen Katie, noch einige Zeit zu verweilen. 'Meine Liebe, ich kann es nicht; meine Sendung ist beendet, Gott segne dich!' erwiderte Katie und fuhr dann fort, mit Miss Cook zu sprechen. Mehrere Minuten lang unterhielten sie sich, bis schließlich die Tränen Miss Cook am Sprechen verhin-

---

1) Dies sollte ja ihr Name zu Lebzeiten gewesen sein.   2) Sp 29. Mai 1874.

derten. Katies Anweisungen folgend, trat ich dann vor, um Miss Cook zu unterstützen, die kraftlos am Boden lag und krampfhaft schluchzte. Ich blickte um mich, aber die weißgekleidete Katie war verschwunden...'[1]

Wie hier die Wiederherstellung zerstörter Gewandung einen Hinweis auf die Übernormalität des Phantoms überhaupt enthält, so in andern Fällen die Art seines Verschwindens. Auch hierfür sei, wiewohl wieder vorgreifend, ein Beispiel angeführt; ich entnehme es Mrs. Marryats Bericht über ihre Erfahrungen mit Miss Cook. — Katie hatte gesagt, daß sie bereit sei, sich stärkstem Lichte auszusetzen, was aber zur Folge haben würde, daß sie verginge und am selben Abend nicht wiederkehren könne. Es wurde gleichwohl beschlossen, den Versuch zu machen, u. a. von dem anwesenden S. C. Hall, einem führenden Forscher jener Zeit. Katie 'nahm ihren Stand an der Wand des Saales, wobei sie ihre Arme in Kreuzeshaltung ausstreckte. Dann wurden drei Gasflammen voll aufgedreht in einem Zimmer von etwa 16 Fuß im Geviert. Die Wirkung auf Katie King war erstaunlich. Nur eine Sekunde lang behielt sie ihr normales Aussehen, dann begann sie allmählich hinzuschmelzen. Ich kann die Dematerialisierung ihrer Gestalt nur dem Schmelzen einer Wachspuppe an einem starken Feuer vergleichen. Zuerst wurden die Gesichtszüge verwischt und undeutlich; sie schienen ineinanderzulaufen. Die Augen versanken in ihren Höhlen, die Nase verschwand, die Stirnbeine fielen ein. Demnächst schienen die Gliedmaßen unter ihr nachzugeben, und sie sank tiefer und tiefer auf den Teppich, wie ein zerbröckelndes Gebäude. Schließlich war nur noch der Kopf über dem Fußboden übrig, dann nur ein Häufchen der Gewandung, welches mit einem Ruck verschwand, als hätte eine Hand es ihr nachgezogen — und da standen wir denn nun und starrten beim Lichte dreier Gasflammen auf den Fleck, auf dem Katie King gestanden hatte.' — Mrs. Marryat erzählt auch, daß sie gelegentlich auf Katies Wunsch ihr Haar abschnitt, ja auf ihr fortwährendes Drängen hin mehr und mehr, daß aber das Haar ebenso schnell wieder nachwuchs, wie sie es abschneiden konnte. Nirgends am Kopf des Phantoms war eine Haarlücke zu entdecken, ebenso wenig aber auch — das abgeschnittene Haar.[2] — Man muß wissen (und wir werden es noch hören), wie sehr diese Angaben, besonders auch die bezüglich des Hinschmelzens und Versinkens, mit dem bei vielen Medien Bezeugten übereinstimmen, um die Gewißheit zu haben, daß hier weder halluziniert noch geflunkert, sondern eine typische und dabei doch leicht zu machende Beobachtung berichtet wird.

Endlich mag in diesem Zusammenhang daran erinnert werden, daß die Herren Harrison, Luxmore und Dr. Gully und nach ihnen auch Crookes das Phantom Katie King photographiert haben, und zwar unabhängig von einander; und doch sind alle Aufnahmen offenbar Bilder einer und derselben Person. Handelte es sich also irgendwo um eine Helfershelferin, so hätte sich eben diese mindestens auch in Crookes' eigenem Hause einschleichen müssen. Außerdem aber erledigt sich durch diese Tatsache allein schon die

---

1) Delanne II 498f.   2) Marryat, Death 143f. Vgl. Aksakow 240.

Vollphantome der Experimentalsitzung

buchstäblich vorgebrachte Deutung Katies durch Halluzinierung(!) ihrer Beobachter.[1]

Crookes beschließt seine Schilderung des berühmten Falles u. a. mit den Worten: Miss Cooks 'Rede ist offen und geradeaus, und ich habe nichts gesehn, was den geringsten Anschein eines Versuchs zur Täuschung erwecken könnte. In Wahrheit glaube ich nicht, daß sie einen Betrug erfolgreich durchführen könnte, auch wenn sie es versuchte; ... [aber] eine derartige Handlungsweise ist ihrer Natur gänzlich zuwider. Wenn man sich vorstellen soll, daß ein unschuldiges Schulmädchen von 15 Jahren imstande gewesen sei, eine ungeheure Täuschung, wie diese, zu erdenken und während dreier Jahre mit vollem Erfolge durchzuführen, und daß sie während dieser Zeit sich allen Bedingungen unterworfen habe, die man ihr auferlegte, daß sie die eindringendsten Nachforschungen über sich habe ergehen lassen, daß sie bereit gewesen sei, in jedem beliebigen Augenblick untersucht zu werden, vor wie nach einer Sitzung; daß sie noch mehr Erfolg erzielt habe in meinem eigenen Hause als bei ihren Eltern, wobei sie wußte, daß sie zu mir kam zu dem besondern Zweck, den strengsten wissenschaftlichen Sicherheitsmaßregeln unterworfen zu werden, — wenn man sich vorstellen soll, sag' ich, daß die 'Katie King' der drei letzten Jahre das Ergebnis eines Betruges ist, so tut das der Vernunft und dem gesunden Menschenverstande mehr Gewalt an, als zu glauben, daß sie das sei, was sie selbst zu sein behauptete.'[2] Und es ist bekannt, daß Crookes auch später niemals an der Wahrheit seiner Beobachtungen gezweifelt hat, wie der Brief an Prof. Elliott Coues vom 27. Juli 1893 und die öffentliche Erklärung in seiner Präsidenten-Rede vor der Britischen Gesellschaft zur Förderung der Wissenschaften i. J. 1898 beweisen.[3]

Soviel von diesem berühmten Phantom. Hat uns, so mag man schließlich fragen, die Gesamtheit des Vorgebrachten die restlose Gewißheit seiner übernormalen Natur verschafft? Wenn hier ein letzter Hauch des Zweifels sich nicht verlieren will, so liegt dies wohl daran, daß Florence Cook eben doch nicht zu den nie Entlarvten gehört, und daß die Anfänge ihrer Laufbahn sie in der Gesellschaft von Medien zeigen — Herne und Williams —, die sich nicht gerade eines guten Rufes erfreuen (auch bei ihnen gab es eine 'Katie King' und einen 'John King'). Die besten Berichte von Crookes und m. E. vor allem der von Aksakow (den übrigens keiner ihrer späteren Kritiker erwähnt) bilden jedenfalls sehr starke Stützen von Katies Echtheit, denn sie bezeugen uns die Tatsache, daß mehrmals Medium und Phantom in unmittelbarem zeitlichem Anschluß als gesonderte Wesen beobachtet wurden unter Umständen, welche die Einführung einer Helfershelferin unmöglich machten. Ich möchte also abschließend sagen, daß wir den Fall Katie immerhin in die positive Waagschale legen dürfen, sofern er sich mit anderen

---

1) Delanne II 486 (Abb. das. 493. 495. 497). Crookes besaß 44 Negative, darunter einige 'ausgezeichnete'. 2) Crookes 128. 3) Crookes 130; Delanne II 500f. Weitere Berichte üb. 'Katie King' von verschiedenem Wert bei Perty, Spir. 141 ff.

verkoppeln läßt, die mindestens gleiches oder noch größeres Gewicht besitzen. Nun haben wir aber z. T. schon gesehen und werden es ferner noch besser begreifen, daß die Tatsache der Materialisation an und für sich überhaupt nicht mehr zu bestreiten ist. Diese Gesamtverschlingung wird uns schließlich berechtigen, den 'letzten Hauch des Zweifels' auch im Falle Katie King außer acht zu lassen. —

Die Tatsache der mehr oder minder gleichzeitigen, also auch unmittelbar aufeinanderfolgenden Beobachtung von Medium und Phantom fällt auch in andern Fällen schwer in die Waagschale. Mit starken Vorbehalten nenne ich hier zunächst William Eglinton. Ist es doch erwiesen, daß Eglintons häufigste Vorführungen, nämlich seine Tafelschriften, ausschließlich Taschenspielerkunststücke waren. Außerdem ist Eglinton 'mindestens zweimal bei der betrügerischen Nachahmung [von Materialisationen] ertappt worden.'[1] Die Frage ist also, ob es denkbar sei, daß ein Mensch, der in solchem Umfang betrügt, um seinen Lebensunterhalt auf verhältnismäßig leichte Weise zu verdienen, daneben in gewissen Stunden die seltenste der medialen Gaben betätigt habe. Ich gebe zunächst zwei Urkunden der hier fraglichen Art wieder.

Dr. Carter Blake berichtet von einer seiner Sitzungen des Jahres 1877: 'Man zog die Vorhänge zurück, die das Zimmer abschlossen, worin sich das Medium befand, und erblickte die braune Gestalt nahe bei Eglinton, der in seinem Lehnstuhl saß. Da dies nicht allen ausreichend erschien, tat die Gestalt einige Schritte zur Seite und stand nun Eglinton zugekehrt, der sich von seinem Sitz erhoben hatte und seine Arme in krampfhaften Bewegungen verrenkte. Diesmal war kein Zweifel mehr möglich, und alle Anwesenden konnten diese Erscheinung während 5 oder 6 Minuten feststellen. Als sich Eglinton dann wieder gesetzt hatte, schien die Gestalt in den Körper des Mediums hinein sich aufzulösen und in der Höhe der Brust mit ihm zu verschmelzen.'[2]

Ähnliches berichtet auch Aksakow von seiner zweiten Versuchsreihe mit Eglinton in London 1886. Die Sitzungen fanden im neuerbauten Hause eines reichen Privatmanns statt, und der Zirkel bestand bloß aus diesem, seiner Frau, einem Freunde, Hrn. Aksakow und dem Medium. Als Sitzungsraum diente der Saal im dritten Stock des Hauses, als Kabinett die daneben gelegene 'Entrée', die vom Saal durch einen Plüschvorhang abgesondert war. Sie hatte im übrigen eine einzige Tür, die sich sehr gut schließen ließ, und ein Fenster, dessen innere Läden mit Wachstuch und wollenen Decken vernagelt waren. Eine Spirituslampe gab genügendes Licht, um eine Taschenuhr ablesen zu lassen. Die Saaltür wurde verschlossen und Aksakow behielt den Schlüssel in der Tasche. — Nachdem die erste Sitzung erfolglos gewesen (!), fand am 26. Juli die zweite und letzte statt. Eglinton saß in einem Lehnstuhl vor dem Vorhang und fiel sehr rasch ins Trans. Fünf Minuten

---

1) Podmore, Spir. II 206; Pr IV 101.   2) Erny 159.

vor 10 begab er sich hinter den Vorhang, kam aber bald wieder hervor, um durch 'magnetische Striche' dem Zirkel 'Kraft' zu entnehmen. Dies wiederholte sich, und schließlich blieb er vor dem Vorhang sitzen. Nachdem einige Aufnahmen gemacht waren, 'erschien eine große Mannesgestalt, in Weiß gekleidet und einen weißen Turban tragend, hinter dem Vorhang hervor und tat drei oder vier Schritte ins Zimmer... Einige Sekunden nachdem [sie wieder hinter dem Vorhang verschwunden], zeigte sich Eglinton, gefolgt von einer Gestalt in Weiß, derselben, die wir soeben gesehn. Beide stellten sich vor dem Vorhang auf, und eine Stimme sagte: Licht! [Beim aufflammenden Magnesiumlicht sah man Eglinton, der sich, in tiefem Trans, anscheinend kaum auf den Füßen halten konnte und vom linken Arm des Phantomes aufrechtgehalten wurde.] Ich saß 5 Schritte entfernt und konnte sehr genau den seltsamen Gast betrachten. Es war ein vollkommen lebender Mann; ich unterschied deutlich die gerötete Haut seines Gesichts, seinen schwarzen, völlig natürlichen Bart, seine dichten Brauen, seine stechenden und harten Augen...' Als das Phantom dann allein hinterm Vorhang verschwand, fiel Eglinton wie entseelt vor diesem zu Boden. 'Der Vorhang öffnete sich alsbald wieder, dieselbe Gestalt erschien nochmals, näherte sich E. und begann, über ihn gebeugt, [magnetische] Striche zu machen... Eglinton erhob sich langsam; als er aufrecht stand, umschlang ihn das Phantom mit dem Arm und zog ihn ins Kabinett...' Das Medium litt noch nach Schluß der Sitzung an Krämpfen, hatte Blut am Munde und wurde nach der Heimkehr von einem Blutsturz befallen; es war aufs tiefste erschöpft.[1]

Dies, besonders der zweite Bericht, dürften günstige Beispiele dessen sein, was sich für Eglinton angeführt findet. Im ersteren wäre der Nachdruck auf die Art des Hinschwindens des Phantoms zu legen. Falls diese sich überhaupt je als wirklich gut bezeugt erweisen sollte (und sie wird, wie wir sehen werden, oft genug behauptet), so würde sie natürlich die abnorme Natur der Erscheinung nahezu beweisen. — In Aksakows Falle liegt der Nachdruck auf der Frage, ob es Eglinton möglich gewesen sei, einen Helfershelfer (ohne einen solchen kommen wir hier nicht aus) in die hochbelegene Privatwohnung einzuschmuggeln, und man könnte in diesem Sinne den Umstand sogar verdächtig finden, daß die erste Sitzung ergebnislos verlief: als habe Eglinton zunächst die 'Gelegenheit' auskundschaften oder gar einen Abdruck des Schlosses der 'einzigen Tür' der 'Entrée' herstellen wollen, von der uns leider nicht gesagt wird, ob sie auf die Treppe hinausführte und wie weit man sie zu sichern suchte. Auch für den 'Blutsturz' müßten wir stärkeres Zeugnis fordern.

Etwas besser sind wir dran mit folgendem Bericht über Mrs. d'Espérance, welcher nicht nur der Makel der Entlarvung stets ferngeblieben ist, sondern die auch, wie gesagt, als Gesamtpersönlichkeit weit grö-

---

1) Delanne II 293 ff. Vgl. 335 f. 338 f.

Argumente aus der Objektivität der Erscheinung

ßeres Vertrauen verdient und genießt als die meisten der berühmten Medien.

Während der ersten einer Reihe von Sitzungen ihres hochgebildeten Zirkels in Christiania unter strengen Kontrollbedingungen übernahm es die materialisierte Gestalt selbst, das Licht einiger im Nebenzimmer aufgestellten Lampen zu regeln, deren Bedienung durch einen der Anwesenden ihr offenbar unangenehm war. 'Man sah darauf — berichtet ein 'Advokat' als Teilnehmer der Sitzung — eine hochgewachsene Gestalt der Tür zuschreiten, innehalten, sich ein wenig zurückziehn. Sie verharrte einige Zeit in der Nähe des Mediums, dann, wie von einem neuen Einfall getrieben, nahm sie ihm den Schal ab, der seine Schultern bedeckte, legte ihn um die eigenen, ergriff des Mediums Hand und führte es auf die offne Tür zu. Diesmal gelangte sie fast an ihr Ziel, aber nicht völlig. Wir hatten somit die beste Gelegenheit, sie zu beobachten. Sie war von Kopf zu Fuß umhüllt von einem weißgrauen Stoff, leicht wie Spinnweben, der ihre Körperformen verdeckte, ausgenommen die Hand, welche die des Mediums gefaßt hielt, und die Augen, die mit Mühe dem Lichte standhielten. Der Geist machte eine [neue] Anstrengung vorzuschreiten, aber ein unsichtbares Hindernis schien ihn vom Überschreiten der Schwelle zurückzuhalten. Schließlich ließ er das Medium los und zog sich vor dem Lichte zurück, das für ihn entschieden zu stark war.' Während dieser Beobachtung des Phantoms vom Rücken her fiel es mehreren der Anwesenden auf, daß, obgleich es so stofflich, wie das Medium selbst, erschien, man das Licht der im Nebenzimmer stehenden Lampen **durch seinen Körper hindurch** erblicken konnte.[1]

Ich führe endlich, unter Vorbehalt, noch folgenden Bericht des Physikers Prof. Sir William Barrett, F. R. S., hier an. — 'Mr. Wm. de Morgan hatte Myers und mir liebenswürdigerweise ein Atelier in Cheyne Row zur Verfügung gestellt, einen fast unmöblierten Raum... Nach dem Diner brachte Myers [das Medium] Husk in einer Droschke nach Cheyne Row, und wir nahmen sofort um den [kleinen] Tisch aus Kiefernbrettern Platz. William de Morgan und seine Schwester [beide Zweifler] wurden zur Kontrolle des Mediums bestellt, dessen Füße an die Tischbeine gebunden waren, während seine Hände von je einem der neben ihm Sitzenden gehalten wurden... Ich saß an der gegenüberliegenden Seite des Tisches und betreute das Licht. Nachdem die Handgelenke aller Anwesenden mit Seidenfäden lose aneinander gefesselt waren, blies ich die Kerze aus... Das Medium fiel in Trans, ... [und nach anderweitigen Vorgängen] sprach eine tiefe kehlige Stimme zu uns, die sich als 'John King' bezeichnete. Auf unsre Bitte sagte er, daß er versuchen werde, sich uns zu zeigen. Ein heftiger Krampf befiel das Medium, und plötzlich erschien unmittelbar vor mir eine bekleidete menschliche Gestalt von der Mitte aufwärts: der untere Teil des Körpers mochte durch den Tisch verdeckt sein. Das Gesicht war durch ein bläuliches Licht erhellt, das

---

[1] Delanne II 346. Vgl. Mrs. d'E.s eig. Bericht in Lt 14. Jan. 1904; Seiling 5—7; Hellenbach, Geburt 114 (Frau Töpfer); Joire 468f.; Nielsson 23 (Indridason).

Vollphantome der Experimentalsitzung 121

von einem Gegenstande auszugehen schien, den die materialisierte Gestalt in der Hand hielt. [Diesem typischen Umstand werden wir noch wieder begegnen.] Es handelte sich fraglos um ein lebendes Gesicht, denn ich sah seine Augen sich öffnen und schließen und die Lippen sich bewegen; ich fragte, wer es sei, und die kehlige Stimme sagte [wieder] 'John King'. Es war ein dunkelbärtiges und wenig angenehmes Gesicht, völlig unähnlich dem des Mediums. Ich rief aus: 'Sehen Sie alle die Gestalt? Ich zünde das Licht an.' Die Gestalt verschwand, sobald das Streichholz anbrannte, und wir fanden das Medium in tiefem Trans, im Stuhle zurückgelehnt und stöhnend. Nachdem es sich erholt hatte, schickten wir es in einer Droschke heim. Als wir unsre Eindrücke verglichen, beschrieb jeder der Sitzer das Gesicht entsprechend dem Anblick, den es von seinem jeweiligen Platz am Tisch aus dargeboten haben mußte. Wir stellten durch den Versuch fest, daß es unmöglich war, die Gestalt darzustellen, indem man sich über den Tisch lehnte; ebenso wenig hätte das Medium eine Maske anlegen können, da seine Hände die ganze Zeit über gehalten worden waren und die Fesselung seiner Füße und Handgelenke unversehrt, ... es selbst auch wenige Sekunden später in tiefem Trans liegend befunden wurde.'[1]

Der Bericht ist bemerkenswert schon durch den wissenschaftlichen Rang der Zeugen, und wir dürfen wohl annehmen, daß Prof. Barrett ihn nicht veröffentlicht hätte ohne die Gewißheit, daß Myers die Vorgänge ebenso beurteilt hatte wie er selbst.[2] Wir besitzen Berichte dreier Personen (ohne Bedeutung an sich) über eine schwindelhafte Materialisationssitzung mit Mr. Davey, dem Entlarver von Eglintons 'Geisterschriften', als Medium, deren Vorgänge den eben beschriebenen auffällig ähneln.

Daveys Hände wurden sicher gehalten; eine Spieldose schwebte umher; helle Lichterscheinungen wurden gesehn, danach der Kopf einer weiblichen Gestalt, der sich sichtbar dematerialisierte; schließlich die halbe Gestalt eines Mannes, der ein Buch mit leuchtenden Rändern in Händen hielt, das er über seinen Kopf erhob und bewegte, worauf er sich mehrmals vorbeugte und dann mit einem scharrenden Geräusch durch die Zimmerdecke zu verschwinden schien. — Daveys Gehilfe hat das Rätsel nachträglich eingehend erklärt. Die Sitzung, scheinbar aus dem Stegreif veranstaltet, war genau vorbereitet. Als Davey die Tür des Sitzungszimmers scheinbar abschloß, ließ er sie tatsächlich offen. Nach der Verdunklung trat durch diese ein Mr. Munro auf Socken als Helfershelfer ein, entnahm einem halbverborgenen und daher

---

1) Pr XXXIV 278f. (Husk wird in Podmores Spir. nicht erwähnt).   2) Barrett sagt: 'Obgleich de Morgan einige Zweifel behielt, waren Myers und ich übereinstimmend der Meinung, daß es im äußersten Grade schwierig war, die Phänomene durch Kunstgriffe des Mediums zu erklären, das [ja] überdies wenige Sekunden danach in tiefem Trans gefunden wurde'. — Dies mittelbare Zeugnis Myers' könnte bedeutsam sein, insofern als eben er i. J. 1895 andersartige 'Phänomene' Husks in scharfem Ton als Schwindel bezeichnet hat (Pr XI 228 ff.). Da Barrett seine Sitzung nicht datiert, läßt sich nicht sagen, ob wir hier einer teilweisen Meinungsänderung Myers' gegenüberstehen. Husk gehört jedenfalls auch zu den Entlarvten. Glich er also Eglinton? Waren beide — nur Schwindler?

der Voruntersuchung entgangenen Speiseschrank die nötigen 'Geisterrequisiten', stellte sich hinter Davey auf einen Stuhl, schwang die Spieldose umher und hielt die künstlichen Geisterbilder empor.[1]

Es ist klar, daß von solchen groben Täuschungsmitteln bei Husk, der in einer Droschke in ein ihm fremdes Atelier entführt worden war, nicht die Rede sein kann, und wir lernen aus dem Vergleich beider Sitzungen, daß Beobachtungen einander auffallend gleichen und doch am Ende verschiedenen Ursprung haben können: das Unechte könnte wenigstens auf den ersten Blick das Echte bis in Einzelheiten nachäffen und doch wesensverschieden von ihm sein.

Der Versuch liegt nahe, die gleichzeitige Wahrnehmung von Phantom und Medium durch ihre gleichzeitige Photographierung zu ergänzen und zu bestätigen, und wir hörten schon, daß er gemacht worden ist.

'Katie King' ist, wie gesagt, photographiert worden mit Crookes zusammen (an seinem Arm), und auch während das Medium gleichzeitig gesehen wurde; doch gerieten meines Wissens nur einmal Phantom und Medium auf eine Platte, und auf dieser verdeckt das erstere den Kopf des Mediums.[2] Bei andern Phantomen sind solche Doppelaufnahmen restlos gelungen. Eglinton und 'Abdullah' wurden zusammen auf eine Platte gebracht in der oben teilweise beschriebenen Sitzung vom 26. Juli 1886. Abgesehn von Bart und Brauen ist hier auch eine völlige Verschiedenheit der Nasen von Phantom und Medium festzustellen. Die Platten waren von Aksakow in russischer Sprache gezeichnet worden.[3]

Ein andres Beispiel liefert uns Mrs. d'Espérance, deren selbstverfaßte Lebensbeschreibung, neben mehreren Aufnahmen einiger ihrer Phantome für sich, auch zwei Wiedergaben von Lichtbildern enthält, auf denen 'Yolande' neben ihrem Medium erscheint, beide in äußerster Deutlichkeit, nur daß das Medium seine Augen und damit einen Teil seines Gesichts, offenbar zum Schutz gegen die plötzliche Belichtung, mit den Händen bedeckt: an seiner lebendigen Identität ist jeder Zweifel ausgeschlossen.[4]

Mrs. d'Espérance ist auch eins der wenigen Medien, die, weil sie während bedeutender Materialisationen doch leidlich wach zu bleiben vermochten, sich rühmen durften, ihre Phantome selbst beobachtet zu haben. — 'Einmal', schreibt sie z. B., 'sah ich Yolande sehr deutlich, doch glaube ich, daß es mehr zufällig geschah als infolge einer Absicht ihrerseits. Sie hatte sich außerhalb des Kabinetts eine Zeit lang vergnügt und öffnete die Vorhänge des mir zunächst gelegenen Teils des Kabinetts, offenbar um einzutreten; aber irgendetwas erregte ihre Aufmerksamkeit und sie stand still, beide Vorhänge offen haltend, wobei das Licht ihr voll auf Gesicht und Gestalt fiel und das gaserhellte Zimmer mich befähigte, ihre Erscheinung sorgfältig zu be-

---

1) S. Pr IV 482ff.; VIII 296ff.   2) Sp 1873 217. 361 (Aksakow 242f.). Vgl. o. S. 109.
3) Delanne II 299. (Technisch mißlung. Wiedergabe das. 297).   4) d'Espérance, bei S. 232.

trachten. Ihre dünne Gewandung ließ die dunkelolive Färbung ihres Halses, der Schultern, Arme und Fußgelenke deutlich erkennen. Das lange, schwarze, wellige Haar hing ihr über die Schultern bis unter die Körpermitte herab und wurde oben von einer kleinen turbanartigen Kopfbedeckung umschlossen. Ihre Züge waren zierlich, straff und reizvoll; die Augen dunkel, groß und lebhaft; jede ihrer Bewegungen voller Anmut, wie die eines Kindes oder ... eines jungen Rehes.'[1]

In keinem Falle sind uns m. W. so viele Lichtbildaufnahmen von Phantomen gleichzeitig mit dem Medium, ja gleichzeitig mit Sitzern überliefert wie in dem des Brasilianers Carlos Mirabelli. Und da er m. E. das bedeutendste aller Materialisationsmedien überhaupt ist, so will ich schon in dieser Grundlegung unsrer Untersuchung etwas länger bei ihm verweilen, trotzdem ich genötigt sein werde, dabei vorgreifend von 'identifizierbaren' Phantomen zu sprechen. Da ferner der Fall Mirabelli dem deutschen Leser nur durch unzulängliche Auszüge aus dem längsten über ihn vorliegenden Berichte zugänglich ist, was zu manchen Zweifeln und schiefen Auffassungen geführt hat, so muß ich etwas weiter ausholen, um das Gewicht zu rechtfertigen, das ich diesen Tatsachen beilege.

Die ersten in Deutschland auftauchenden Nachrichten über Mirabelli erweckten selbst unter positiv eingestellten Fachleuten solche Verblüffung, daß man mehrfach eine 'Mystifizierung' vermutete, also die Zeugnisse für erfundene Fälschungen hielt. Zum Teil ist diese Auffassung allerdings ein Beweis dafür, wie wenig verbreitet bei uns eine genaue Kenntnis der besten Materialisationserscheinungen ist; denn Mirabellis Phänomene finden in sehr vielem ihre Seitenstücke in europäischen Beobachtungen, ja weichen von diesen hauptsächlich nach der Seite größerer Vertrauenswürdigkeit ab. Aber ganz abgesehen davon läßt sich jene ratlose Ablehnung bloß so lange auch nur versuchen, als man die vorliegenden Urkunden nicht wirklich kennt. Diese bestehen in einer Druckschrift von 73 Seiten, herausgegeben von einer Arbeitsgemeinschaft, die gebildet wurde ausschließlich zum Zweck, die Wahrheit über die aufsehenerregenden, in der brasilianischen Presse und Öffentlichkeit ebenso leidenschaftlich angegriffenen wie verteidigten Phänomene Mirabellis festzustellen.

Diese Academia de estudos psychicos Cesar Lombroso, wie sie sich nannte, wurde gegründet am 22. Sept. 1919 in S. Paulo auf Anregung des Hrn. José de Freitas Tinoco, Großindustriellen in Rio de Janeiro und S. Paulo, der auch zu ihrem Ehrenpräsidenten gewählt wurde. Die eigentliche Präsidentschaft übernahm Dr. Carlos Pereira de Castro, ein 'namhafter Kliniker'; als Schrift-

---

[1] das. 251f. — Diesmal saß d. Medium also im Kabinett.

führer wirkte Major Osorio M. de Barros, ein 'Pharmazeut'; während als besonders tätige Untersucher genannt werden die Herren Dr. Luiz de M. Pinto de Queiroz, Prof. an der Schule der Pharmazie in S. Paulo; Professor de Olegario de Moura, ehem. Lehrer an der Escola de Medicina daselbst; Gymnasialprofessor und Zivilingenieur Carlos Frederico Spiccaci; Prof. Dr. Moreira Machado von der Handelsschule; ferner zwei Offiziere, zwei 'chirurgische Zahnärzte', ein 'Arzt', Dr. Eusebio Macedo, ein Advokat, zwei vereidigte Übersetzer (ein Deutscher und ein Slawe) u. a. m. Die Präsidentschaft übernahm später, als der oben Genannte ins Innere hatte verziehen müssen, der Mathematikprofessor J. F. Schmidt; das vollständige Mitgliederverzeichnis führt zahlreiche weitere Rechtsanwälte, Ingenieure und Chemiker auf, und unter den jeweiligen 'Gästen' finden wir, neben einigen 'berühmten Ausländern', nicht weniger als 72 Ärzte, 18 Pharmazeuten und 12 Ingenieure namentlich aufgezählt. Um aus dieser Menge wenigstens einige Zeugen von vermutlich echtem Gewicht herauszuheben, nenne ich hier Dr. Enrico de Goes, einen 'bekannten Gelehrten', Mitglied der Akademie der Wissenschaften von Rio de Janeiro; Dr. Vital Brasil, Leiter eines bedeutenden Heilinstituts und Erfinder einer besonderen Serumbehandlung; Dr. Beraldo Martins, einen 'sehr bekannten Kliniker'; Dr. Everardo de Souza, Zuchthausdirektor, der eine wissenschaftliche Herausforderung zugunsten Mirabellis erließ; Dr. Anthero Bloem, dessen anfangs durchaus feindliche Einstellung durch seine Beobachtungen überwunden wurde; Hrn. C. G. Ramos, einen in Brasilien sehr bekannten Taschenspieler; Oberst Albert E. Baecker, der die gewonnene 'Gewißheit' in unüberbietbar starken Ausdrücken bezeugt; Dr. Charles Niemeyer, der nach Beobachtungen in seinem eignen Hause das gleiche tat und erst nachträglich wankend wurde, als ihm von einem Taschenspieler ein 'Zerrbild' der Mirabellischen Leistungen vorgeführt wurde.[1] — Eine 'vollständige technische Ausrüstung' — darunter photographische Apparate, Beleuchtungskörper wechselnder Lichtstärken und Farben, Lautverstärker, Präzisionswaage, 'Fesseln' verschiedener Art u. a. m. — war der Arbeitsgemeinschaft von ihrem Ehrenpräsidenten geschenkt worden.

Ich habe diese weitschweifige Aufzählung nicht gescheut, damit der Leser einigermaßen die Umgebung kennen lerne, der die mitzuteilenden Berichte entstammen. Der Eindruck, daß er sich in ernstzunehmender wissenschaftlicher Gesellschaft befindet, wird aber noch verstärkt durch grundsätzliche Äußerungen des Verfassers unsrer Schrift über die Gesinnung, in der die Akademie an ihre Aufgabe herantrat. Immer wieder wird die 'kühle und leidenschaftslose', 'unparteiisch unbefangene' Haltung betont, mit der man persönliche Vorurteile, Überzeugungen und Glaubensneigungen beiseitezuschieben suchte, in 'Verehrung der Gesetze und Axiome der anerkannten Wissenschaft', um nur der Feststellung der reinen Tatsachen zu dienen. Tatsächlich wird auch in dem vorliegenden Bericht jede theoretische

---

1) S. die 30 wörtlich abgedruckten Zeugnisse: Mirabelli 19 ff.

Schlußfolgerung, vor allem jede 'spiritistische', ängstlich vermieden, und die schließliche Anerkennung der Tatsachen als solcher, von deren Unerhörtheit die Prüfenden tief durchdrungen sind, geschieht ausschließlich — und zwar 'vorbehaltlich besserer Meinungsbildung'! —, weil 'die zahlreichen ergriffenen Vorsichtsmaßregeln, die strenge Prüfung aller Phänomene, die unerbittlich durchgeführte Überwachung' die Forscher von der Wirklichkeit des Beobachteten überzeugt habe.[1]

Besonders bei den objektiven Phänomenen (sagt der Bericht[2]) 'haben wir eine Strenge angewandt, welche die Eigenliebe des Mediums und seiner spiritistischen Bewunderer empfindlich treffen mußte, jedoch geeignet war, unserer Absicht einer Prüfung der Wirklichkeit der Tatsachen zu genügen...' 'Wir stellten eine Richtschnur für die Kontrolle auf, deren Strenge bezeugen wird, wie stark unser Wunsch war, die Wahrheit zu entwirren...' Diese Vorschriften werden in 8 Sätzen zusammengefaßt, von denen ich nur folgende anführe:

4) Kein Vorgang soll als bewiesen angesehn werden, gegen den auch nur einer der Anwesenden einen begründeten Einwand erhebt...

5a) Das Medium soll stets von zwei Anwesenden sicher kontrolliert werden, außer wenn es angebunden, gefesselt oder von Sinnen ist.

5b) Es soll vorzugsweise bei Tages- oder künstlichem Licht untersucht werden, welches genügt, um Täuschungen zu verhüten, deren Annahme Zweifel oder nachfolgende Einwände begünstigen könnte.

6) Dem gleichen Zwecke dient eine vorherige sorgfältige Untersuchung des Sitzungsraumes, der Person des Mediums, der Gegenstände im Zimmer, des Fußbodens, der Wände und alles dessen, was sonst zu [betrügerischen] Vorbereitungen dienen könnte.

7) Nach Abschluß der Arbeiten [jeder Sitzung] wird ein ins Einzelne gehendes Protokoll über das Vorgefallene aufgesetzt, erörtert und von den Anwesenden unterzeichnet werden, nebst einer Erklärung wohlüberlegter Einwände.

Schon hieraus ist teilweise ersichtlich, daß die Bedingungen, unter denen Mirabelli untersucht wurde, sehr günstig abstechen von denen bei andern Medien. Wie uns immer wieder allgemein versichert wird und auch aus den Einzelbeschreibungen hervorgeht, wurde bei weitem 'der größte Teil der berichteten Phänomene geprüft bei hellem Tageslicht,' in später gelegten Sitzungen aber bei starkem künstlichem Licht.[3] Mirabelli wurde vor der Sitzung 'entkleidet und untersucht', begab sich dann aber nicht in ein Kabinett, sondern blieb, zuweilen über eine Stunde lang in den unbequemsten Stellungen, völlig gefesselt inmitten der ihn umringenden Untersucher im Tageslichte

---

1) das. 6. 25f.   2) das. 51.   3) a luz de lampadas potentes.

sichtbar sitzen. Es fand keine 'Kettenbildung' statt, vielmehr bewahrten, wie wir noch sehen werden, die Beobachter völlige Bewegungsfreiheit. Ausdrücklich wird uns versichert, daß Mirabelli sich widerstandslos und geduldig jedem Wunsch der Forscher nach irgendwelcher Verschärfung der Kontrolle unterworfen habe: Entkleidung, Anbinden. In-einen-Sack-stecken, Fesseln. Keinerlei Vorbereitungen irgendwelcher Art konnten ihm jemals nachgewiesen werden, wie denn seine Phänomene ihn oft genug in Privathäusern, auf der Straße, in der Bahn überrascht haben sollen; ja 'nie hat irgendjemand einen auf Tatsachen gegründeten Beweis oder eine unmittelbare Anschuldigung vorgebracht, gestützt auf die Verantwortung eines Namens, daß Mirabelli sich irgendwelcher Kunstgriffe bedient habe. Sonst hätten wir nie die Untersuchung unternommen.'[1] Man kann es unbedenklich aussprechen, daß in der gesamten Geschichte objektiver Medienleistungen niemals unter so günstigen Bedingungen experimentiert worden ist wie im Falle Mirabellis. Eben darum muß man staunen über die Leichtigkeit, mit der Frau Dr. Moser über Untersuchungen hinweggleitet, die unter genau den Umständen stattfanden, die sie in ihrer gesamten Kritik solcher Forschungen immer wieder gefordert hat: hellstes Licht und volle Sichtbarkeit des Mediums.[2]

Neben allem diesem muß nun freilich ein bedauerlicher Umstand erwähnt werden. Man könnte ihn als einen urkundlichen Formfehler der genannten Schrift bezeichnen. Wie wir hörten, hatte die Akademie Cesar Lombroso den Grundsatz aufgestellt, nach jeder Sitzung ein von den Anwesenden unterzeichnetes Protokoll aufzusetzen, und es hätte nahegelegen, selbst in einer kurzen und zusammenfassenden Schrift, wie der vorliegenden, diese Protokolle oder doch einige von ihnen vollinhaltlich abzudrucken, etwa zugleich mit den 'wohlüberlegten Einwänden', die von einer oder der andern Seite erhoben worden wären. Dies ist leider nicht geschehn; oder richtiger: es ist aus der Schrift nicht ersichtlich, wieweit dies etwa geschehen ist. Wir erhalten sehr eingehende Schilderungen jeder der überhaupt herangezogenen Sitzungen (eines kleinen Bruchteils der erfolgreich abgehaltenen); Schilderungen, denen man es ohne weiteres anmerkt, daß sie von einem gebildeten Augenzeugen verfaßt sind. Aber wie die ganze Schrift — ohne Verfassernamen — sozusagen im Namen der gesamten 'Akademie' spricht,

---

1) aaO. 17. 25. 30f. 34.　　2) Moser 749. — Als ferner vertrauenerweckend ließe sich aus M.s Vorgeschichte erwähnen, daß er nach abgeschlossenem Schulbesuch sich in ein Collegio (São Luiz) zurückzog, um einen religiösen curso durchzumachen, und daß er, als pflichttreuer kaufmännischer Angestellter, mehr als eine Stellung verlor infolge der ungewollten 'Verfolgung' durch seine Phänomene. Die 18tägige Beobachtung in einer Irrenanstalt (!) ergab nichts, außer einer Bezeugung der Echtheit der Phänomene durch den Anstaltsleiter, den oben erwähnten Dr. E. de Souza.

so sind auch diese Sitzungsberichte von niemandem persönlich unterzeichnet, und wir können, wie gesagt, nur Vermutungen darüber aufstellen, wie weit sie die aufgesetzten Protokolle wörtlich wiedergeben, wie weit sie nur inhaltlich auf ihnen beruhen, wie weit sie etwa Erinnerungen eines einzelnen Zeugen aussprechen. Dies ist bedauerlich und widerspricht den Gepflogenheiten europäischer Forschung gerade auf diesem umstrittenen Gebiet; auch vermag ich nicht zu sagen, wie weit der Herausgeber sich damit bewußt von wissenschaftlichen Forderungen seines eigenen Kreises entfernt, oder wie weit er soz. mit der Harmlosigkeit des guten Gewissens handelt. Wie dem aber auch sei: es wäre völlig ungerechtfertigt, auf Grund solchen Verhaltens die Berichte für wertlos zu erklären oder gar ihre Gutgläubigkeit anzuzweifeln. Jeder, der die Schrift von Anfang bis zu Ende wirklich durcharbeitet und nicht nur in ihr blättert (wozu die unbequeme Fremdsprache ja verführen könnte), wird unter dem zwingenden Eindruck stehn, daß hier mit heiligem Ernst und äußerster Gewissenhaftigkeit Dinge berichtet werden, die auch der Schreiber mit Einsatz aller seiner Fähigkeiten wirklich beobachtet hat. Was aber mehr ist: die Beobachtungen sind von solcher Grobschlächtigkeit und finden unter solchen Bedingungen statt, daß man die Glaubwürdigkeit der Berichte in allem Entscheidenden nur verneinen kann, indem man sie für erdachten Schwindel erklärt. Aber gerade dies wird jeder wirkliche Leser der Schrift sehr bald als undenkbar begreifen. Ich kann dies hier nur behaupten; den Zweifler aber muß ich auffordern, meine Behauptung an der Schrift selbst nachzuprüfen.

Nach diesen notgedrungen langen Vorbemerkungen gebe ich nunmehr einige der Berichte (in genauer Übersetzung alles Wesentlichen) wieder. Der erste bezieht sich auf eine Sitzung, die (an einem nicht datierten Tage) in Santos abgehalten wurde, im Beisein 'zahlreicher angesehener Personen'[1] unter dem Vorsitz des Dr. Estanislau de Camargo, beginnend um 9 Uhr morgens, also bei hellem Tageslicht, nachdem der Sitzungsraum (mit vergitterten Fenstern) gründlich durchsucht und verschlossen worden war. 'Es wurde festgestellt, daß man ins Zimmer nur eindringen konnte, wenn man die dicken Mauern oder die in den Stein eingelassenen Türen einrannte.'

Nach der Materialisation eines Kind-Phantoms, auf die ich in andrem Zusammenhang zu sprechen komme, sowie einer erstaunlichen telekinetischen Leistung (die uns als solche hier nicht angeht) ereignete sich nun folgendes. Noch während die Erörterung des vorausgegangenen Phänomens im Gange

---

[1] Namentlich aufgezählt werden 16 'Doktoren', 5 'Professoren', neben Offizieren und Ingenieuren, u. a. die oben genannten Dr. J. F. Schmidt u. Dr. Alberto Ribeiro.

ist, 'fühlt das Medium sich von neuem elend und behauptet, im Raume den Körper des bekannten Bischofs D. José de Camargo Barros zu sehen, der beim Schiffbruch des Dampfers 'Syrio' umgekommen ist. Alle verfallen in Schweigen, während zugleich die vorgeschriebenen Sicherungsmaßnahmen ergriffen werden. Während alles noch voll Erwartung ist, macht sich ein sehr süßer Rosenduft im ganzen Saal bemerkbar. Das Medium erblaßt und sinkt in den Lehnstuhl, alsbald kontrolliert von den Herren Ataliba de O. Aranha und Odassio Sampaio.

Die Anzeichen eines unnormalen physiologischen Zustands des Mediums wachsen an, bis sie einen beängstigenden Grad erreichen... Auf einem Lehnstuhl bemerkt man ein feines Nebelwölkchen, welches Wogen von Rauch aushaucht und auf das sich von jetzt ab alle Blicke richten. Das Medium wird ununterbrochen an beiden Armen sicher gehalten. Der Nebel ... zieht sich zusammen, und plötzlich verwandelt er sich in einen dichten und schimmernden Rauch von fahlgoldener Färbung, leuchtend wie eine goldige Aureole. Dieser Rauch löst sich langsam auf, in gezählten Minuten, und aus ihm taucht hervor die sitzende Gestalt eines lächelnden Prälaten mit dem bischöflichen Barett und den übrigen Zeichen seiner Würde. Er behauptet mit lauter und Allen verständlicher Stimme, der erwähnte bekannte Geistliche zu sein, und erhebt sich vom Stuhl. Keine Spur mehr ist von dem Nebel oder dem Leuchten verblieben, und wenn nicht das allgemeine Zeugnis einstimmig gewesen wäre, hätte jeder glauben können, das Opfer einer Illusion geworden zu sein... Nichts deutet auf die Anwesenheit eines Wesens von unbestimmbarem Ursprung; ein in diesem Augenblick unvorbereitet Eintretender hätte nichts Abnormes wahrgenommen. Dr. G. de Souza erhebt sich. ... macht einige Schritte, bleibt stehen und blickt den geheimnisvollen Gast von vorne an. Dieser, noch immer lächelnd, sagt nichts und richtet gleichfalls seinen Blick auf den Beobachter, der, nach einigem Zögern, sich ihm nähert, ihn berührt, ihn in aller Ruhe betastet, seinen Atem abhört, ihm die Zähne beklopft, ihn den Mund öffnen läßt, um das Vorhandensein von Speichel festzustellen, mit dem Finger seinen Gaumen befühlt, sein Herz und den Rhythmus seines Atems behorcht, niederkniet, die Ohren dem Bauche des vorgeblichen Prälaten anlegt, in Ruhe die Geräusche in den Eingeweiden abhorcht, ihm die Nägel und den Augapfel prüft, insonderheit die Blutäderchen darin feststellt, schließlich einen Schritt zurück tut und ihn von neuem anblickt, wie einer, der sich mit Mühe einer schwerglaublichen Wahrheit unterwirft, und dann, mit nachdenklich gesenktem Kopf, auf seinen Platz zurückkehrt. Es war wirklich ein Mensch, der dort stand.

Andre folgen dem Beispiel des Dr. de Souza, ihnen allen überläßt sich der geheimnisvolle Gast gehorsam, und alle kehren zurück mit der Gewißheit, daß sie nicht das Opfer eines Spiels der Einbildung sind, sondern es mit einem anatomisch vollkommen menschlichen Wesen zu tun haben. Nachdem sich alle davon überzeugt haben, drückt sich ein Gefühl unendlicher Bestürzung auf allen Gesichtern aus. Darauf spricht der geheimnisvolle Gast in tadellosem Portugiesisch und in schönem Stil über verschiedene Angelegenheiten. Am Schluß seiner Ansprache fügte er hinzu: 'Geben Sie gut acht auf meinen Abgang,' und dann bewegte er sich nach der Seite des Lehnstuhls, worin das Medium saß, noch immer gesichert und im Trans, [wobei alle Anwesenden aufstanden und mit gespannter Aufmerksamkeit den Vorgängen folgten]. Beim immer noch bewußtlosen Mirabelli angelangt, beugte er sich über ihn, legte ihm die Hände auf und verharrte einige Zeit in schweigender Betrachtung desselben. Die Anwesenden umringten die beiden von allen Seiten. Plötzlich wurde der Körper des [Phantoms] von einigen heftigen Zuckungen erschüttert und begann zu schrumpfen, sich zusammenzuziehen, kleiner zu werden. Das Medium, durchweg gesichert, stieß einen kalten Schweiß aus und begann geräuschvoll zu röcheln. Die Erscheinung ... verkleinerte sich, bis sie eine Höhe von etwa 30 cm hatte, und verschwand dann plötzlich mit einer Schnelligkeit, von der kein Wort einen Begriff geben könnte. Von neuem macht sich der süße und starke Rosenduft bemerklich, und das Medium erwacht, noch lange in einem Zustand halber Bewußtlosigkeit und Unempfindlichkeit verharrend. — Der ganze Saal wird von neuem mit größter Sorgfalt untersucht, aber nichts gefunden, was das mindeste Licht auf den Vorgang werfen könnte.'[1]

Die demnächst wiederzugebende Beobachtung erfolgte gleichfalls in Santos in den Räumen der Akademie, um 15.30 Uhr (Monat und Tag werden nicht angegeben), in Gegenwart von mehr als 60 Personen, die sich ins Gästebuch eintragen mußten, während die Akademie durch den Präsidenten, durch den 'namhaften Gelehrten' Dr. Estanislau Grumbitsch, den Ingenieur Dr. Gustavo de Oliveira Gusmões, Dr. O. M. Cavalcanti u. a. vertreten war.

Kontrolle des Mediums durch zwei namhaft gemachte Herren; Untersuchung des ganzen Saales, des Fußbodens und der Wände durch Abklopfen (auf 'Falltüren' und Spalten hin); alle im Saal vorhandenen Bilder wurden einzeln entfernt und der von ihnen bedeckte Teil der Wand untersucht; desgleichen die Eisengitter und Fenster; auch durchschritt die Kommission alle Nebenräume des Anwesens, alles aufs sorgfältigste untersuchend, und auf Anraten des Dr. Coriolano Ribas y Assunpcion, eines berühmten Gastes, wurden die Glastüren einiger kleiner Schränke mit Bindfäden verschnürt, desgleichen alle Türen, die aus dem Hausflur in den kleinen ummauerten Garten führten, worauf man die Schnüre von dem genannten Besucher sorgfältig mit einem Petschaft versiegeln ließ. Darauf wurde das Medium in ein abgesondertes Zimmer geführt, vollständig entkleidet, alle Stücke seiner Kleidung und Wäsche wurden untersucht, worauf es, ständig überwacht, in den Saal zurückkehrte, in einem Lehnstuhl Platz nahm, seine Füße und Hände gefesselt wurden, und Alle in Erwartung verharrten. Das Tageslicht erhellte vollkommen den ganzen Saal. Das Medium schluchzt wiederholt laut auf, windet sich und verharrt schließlich auf dem Lehnstuhl: starr, die Fäuste geballt, in halb kataleptischem Zustand. Kurz darauf ziehen sich seine Muskeln

---

1) Mirabelli 58 ff.

äußerst heftig zusammen und sein Körper wird gänzlich regungslos. Der Puls verringert sich außerordentlich bis auf 42, und die Körpertemperatur geht auf 36.08° herab. Allgemeiner kalter Schweißausbruch, kühle Haut, mühsame, sehr langsame Atmung. Der Dr. Estanislau Grumbitsch verbleibt angesichts dieses Zustands dicht beim Medium, um die Entwicklung der Körperfunktionen zu überwachen, und äußert sich dahin, daß bei weiterer Verminderung von Puls und Temperatur es geraten wäre, die Beobachtungen zu unterbrechen. Im selben Augenblick richtet sich die Aufmerksamkeit der Anwesenden auf ein rauchartiges Gebilde,[1] einem sehr verdichteten Irrlicht ähnelnd, welches wie durch Zauberei nahe einer der Wände auftaucht. Dieses Gebilde, ohne zunächst deutlicher zu werden, zuweilen wie der Abglanz des Sonnenlichtes in einem Spiegel erscheinend, bewegt sich nach allen Richtungen im Saal umher, **betritt den von den Beobachtern gebildeten Kreis** und nimmt plötzlich, mit geradezu unbeschreiblicher Schnelligkeit, menschliche Gestalt an. Da steht nun, unter mehr als 100 Augen, die vor hemmungsloser Neugier brennen, ein junges Weib von zarten Formen, gekleidet in ein Gewand von sehr leichtem, fast durchsichtigem Schleierstoff, und sagt, an die Anwesenden sich wendend: 'Ich bin Walkyria, Walkyria Ferreira, kennt ihr mich nicht?' Mehrere unter den Anwesenden erklären, daß die körperliche Bildung des jungen Weibes genau, Zug für Zug, derjenigen der an der Schwindsucht verstorbenen Frau Professor Walkyria Ferreira gleiche. Sofort setzt Dr. Grumbitsch einen verwickelten und modernen, kürzlich aus Hamburg eingetroffenen Lautverstärker in Gang. Die seltsame Besucherin hustet anhaltend, unter unheimlichem Schweigen [der Anwesenden], und die sofort einsetzenden starken Erschütterungen des Lautverstärkers zeigen die Schwingungen an, die von ihrer Stimme in der Luft erzeugt [und von Dr. Grumbitsch gemessen] werden... Hr. J. Freitas Tinoco bereitet eine photographische Platte vor und übergibt sie den Herren Ribas y Assunpcion und J. Amarante, die den dafür vorgesehenen Apparat auf die geheimnisvolle Besucherin einstellen, die bald springt, bald umherschreitet, und es gelingt ihnen eine ausgezeichnete Aufnahme von vorne, die sofort dem Hrn. Freitas Tinoco eingehändigt wird. Die Entwicklung fällt gut aus und erweist die wirkliche Aufnahme eines körperlichen Wesens. Die Anwesenden sind sehr erregt [einige bis zu Tränen]... Das Medium, in dem oben beschriebenen starren und verkrampften Zustand verharrend, schluchzt laut und anhaltend. [Das Phantom,] bald lachend, bald hustend, spricht zu den Anwesenden, beginnt dann in geneigter Haltung sich in der Luft umherzubewegen, während fünf gezählter Minuten, ohne Berührung mit dem Fußboden oder irgendeinem Gegenstande; es wird neuerdings undichter, ätherisch, und so oft es an der Stelle angelangt ist, an der es zu allererst als unbestimmter Glanz erschien, wird es jedesmal weniger körperlich, mehr ätherisch, bis es völlig unsichtbar bleibt. Die Doktoren Grumbitsch und Ribas y Assunpcion stürzen in dieser Richtung vor, stoßen aber auf die gediegene und feste Mauer, die ihrem Zuschlagen und Abtasten nichts offenbart. Der

---

[1] forma esfumaceada.

Tonverstärker beginnt regelmäßig Laute, wie von Entladungen elektrischer Ströme, zu registrieren, über deren Herkunft wir nichts ausmachen können. — Das Medium erwacht schließlich und verharrt, mit emporgerichteten Augen, lange in stummer Entrückung... Es antwortet auf wiederholten Anruf nicht, es scheint nichts zu hören... Die einfache Beschreibung des Vorgefallenen (schließt der Bericht) überhebt uns irgendwelcher Erläuterungen.'[1]

Dritte Beobachtung: Im unmittelbaren Anschluß an einen hier noch nicht wiedergegebenen Vorgang fiel das Medium von neuem in Trans; eine inmitten des Zirkels auf einem Tische stehende Glocke wurde durch die Luft geführt und geläutet, und Mirabelli — erwacht — behauptete, einen alten, weißbärtigen Mann in weißem Hausrock, von einer himmelblauen Aureole umspielt, zu sehen. 'Plötzlich läßt sich ... ein starkes Geräusch hören, wie das Aufschlagen eines Absatzes auf den Fußboden, ... und alle [erblicken], dicht beim Tische, die Gestalt eines alten Mannes, mit allen vorher vom Medium beschriebenen Kennzeichen, der die Glocke in der Hand hält, die noch fortfährt, von Zeit zu Zeit zu läuten.[2] Im selben Augenblick erklären die Herren Col. Joaquim Soares und Dr. Octavio Moreira Cavalcanti, der Anwesende sei der Dr. Bezerra de Menezes, ein sehr bekannter Kliniker beklagten Andenkens. Dieser wendet sich mit den verbindlichsten Formen eines vollkommenen Kavaliers an die Anwesenden, spricht ihnen von sich selber und bestätigt, daß er es sei. Sprache und Manieren, gleich gehoben, machen auf alle Eindruck. Der Lautverstärker bezeugt die [Objektivität der] Stimme. Mehrere Aufnahmen werden gemacht, und die Doktoren Assunpcion und Archimedes Mendonça ... begeben sich zu dem [Phantom] und nehmen während 15 Minuten eine vollständige Untersuchung vor, nach deren Abschluß sie mit lauter Stimme und unter ihrer Verantwortung den Anwesenden erklären, daß es sich wirklich um eine normale und menschlich organisierte Person handle, deren anatomischer Bau und organische Funktionen [in jeder Hinsicht] vollkommen seien. Das [Phantom] selbst drückte, in der offenbaren Absicht, seine wirkliche Anwesenheit noch besser zu bekräftigen, allen [?] Anwesenden die Hand, trotz der Abneigung, welche die meisten dagegen bekundeten. Es war barfüßig. Es sprach von neuem, seinen Abschied ankündigend, und hing alsbald senkrecht schwebend in der Luft, das Gesicht dem Fußboden zugekehrt, ... worauf seine unteren Gliedmaßen zu verschwinden begannen, die Beine und der Bauch. Als nur noch die in der Luft schwebenden Arme und Brust verblieben, ruft der Dr. Archimedes Mendonça aus: 'Aber das ist zu stark!' und stürzt vorwärts, ergreift jenen halben menschlichen Körper, stößt einen lauten Schrei aus und stürzt bewußtlos zu Boden, wobei jene Körperhälfte, die noch in der Luft umherschwebte, augenblicklich verschwindet. [Zu sich gebracht] berichtet Dr. M., er entsinne sich, zwischen den Fingern eine schlaffe und schwammige Masse gehalten und einen furchtbaren Schlag empfangen zu haben — und danach nichts weiter.' Das sehr erschöpfte Medium wird entfesselt, die Kommission

1) aaO. 60 ff.   2) Vgl. o. S. 58 f. 94.

untersucht die versiegelten Türen und findet die Siegel unverletzt. Die einstimmige Ansicht der Anwesenden erklärt die Tatsachen für 'einfach unerklärlich'.[1]

Als einstweilen letzte Beobachtung aus der Mirabelli-Schrift sei folgende mitgeteilt.

Während einer Sitzung der Akademie, vertreten durch Dr. Carlos de Castro, Dr. Alfredo Navarro, Prof. Dr. med. Olegario de Moura, und in Gegenwart anderer durchweg gebildeter Personen; nach genauer Untersuchung des Raumes und Beobachtung verschiedener Phänomene, während das Medium in Transzustand im Sessel wieder innerhalb des Kreises der Beobachter saß, — 'erhob sich unter großem Geräusch, als fiele sie von der Wandbekleidung, deren Höhe mehr als 3 m beträgt, ... stehend auf einem Tisch inmitten des Kreises der Beobachter, eine menschliche Gestalt von arabischem oder marokkanischem Aussehn, mit erhobenem Arm, und richtete an uns das Wort in arabischer Sprache... [Unter allgemeinem erschrecktem Staunen] steigt der Neuankömmling, mit blitzenden Augen und stolzen Gebärden, vom Tisch herab, setzt sich unter die Beobachter und verharrt so, in selbstbewußter und gleichmütiger Haltung. — Dr. Olegario de Moura erhebt sich, nähert sich dem seltsamen Gast und berührt ihm die Stirn. Dieser läßt es geschehen, ohne seine stolze Haltung aufzugeben. Dadurch ermutigt, beginnt dieser Forscher, mit dem meisterlichen Geschick seines Berufes, ihn einer regelrechten klinischen Untersuchung zu unterziehen, die eine halbe Stunde dauert, unter der gespannten Aufmerksamkeit der Anwesenden. Am Schluß erklärt er diesen, daß er einen normal gebauten und völlig lebendigen Menschen vor sich habe. Noch vor dieser Aussage haben sich die Herren Dr. Carlos de Castro und Major Osorio de Barros erhoben und die Fenster und Türen untersucht, deren Schlüssel letzterer bei sich hat und die alle verschlossen gefunden werden. Während dieser Untersuchung wird der photographische Apparat in Bereitschaft gesetzt, und [wenige] Minuten darauf wird eine glänzende Aufnahme erzielt. Alle Anwesenden nähern sich einzeln der Gestalt, und diese, in stolzer Zurückhaltung und erhobenen Hauptes, spricht arabisch.

Trotz der häufigen Wiederholung derartiger Beobachtungen ist die Spannung und Erregung, die sie bewirken, stets die gleiche, besonders wenn sich der Abschluß der Erfahrung nähert, weil dann, ein Betrug vorausgesetzt, die geheimnisvollen Besucher sich schwerlich aus dem geschlossenen Kreise [der Beobachter] zurückziehen könnten, ohne daß die Täuschung entdeckt würde. [Sehr richtig, denn jetzt entfällt der Einfluß der Überraschung!] Der geheimnisvolle Araber, von dem man nur verstehen konnte, daß er sich Harun al Raschid nannte,[2] besteigt denselben Tisch, auf dem er erschien, und spricht von dort aus, mit ausgebreiteten Armen, von neuem in seiner Mundart. Das Medium, das auf Augenblicke in einen halbbewußten Zustand

---

1) S. 62f. 2) Wohl eine der so häufigen phantastischen Selbstbenennungen jenseitiger Persönlichkeiten.

Vollphantome der Experimentalsitzung

gekommen war, als das Phantom sich an seine Seite setzte, fällt von neuem unter Schluchzlauten in Trans; die Beobachter bilden einen Kreis um den Tisch und blicken mit brennenden Augen auf die darauf stehende Person, und es ist geradezu, als hielten alle den Herzschlag an, so tief ist das Schweigen... Der geheimnisvolle Araber erhebt sich plötzlich in die Luft, zögert etwa 10—12 Sekunden, und plötzlich, wie ein Blitz, ist nichts mehr zu sehn. Alle blicken noch ins Leere, als erwarteten sie noch etwas Außerordentliches, aber nichts dergleichen geschieht. [Alle Anwesenden bestätigen die Wirklichkeit des Beobachteten, auch die Untersuchung des Raumes, können aber keine Erklärung ersinnen: nur die Tatsache bleibt bestehen.] Das Medium kommt mit Schwierigkeit zu sich und verharrt stundenlang in einem Zustand nervöser Übererregung, so daß man für seine geistige Gesundheit fürchtet.'[1]

Die Schrift betont schließlich, daß alles Beschriebene nur einen kleinen Teil dessen darstelle, was die Akademie im Verlauf ihrer Arbeiten beobachtet habe; daß die wenigen Seiten des Buches die Bemühungen von Jahren zusammenfaßten, und daß weitere Beschreibungen nur Wiederholungen bringen könnten, welche eintönig wirken müßten. Die Beobachter verwahren sich in einem Schlußwort ausdrücklich gegen die Vermutung der Möglichkeit 'optisch-sensitiv-akustischer Illusionen', 'kollektiver Halluzinationen' oder 'allgemeiner Hypnotisierung'; dazu seien sie alle zu gesund, zu wenig veranlagt, zu mißtrauisch gewesen: 'wir glauben, daß die wenigen, die jemals einer solchen Auffassung zuneigten, angesichts dieser Untersuchungen jetzt anders urteilen werden.' Allen Vorurteilen und allem Spott zum Trotz hätten die Tatsachen sich den Beobachtern unwiderstehlich aufgedrängt und die Relativität unsres Wissens bewiesen. 'Mögen andre untersuchen und Versuche anstellen, und dann erklären, ob wir irren oder übertreiben.' 'Die Phänomene sind Wirklichkeit.'[2] — Für mein Teil aber muß ich bekennen, daß ich keine Möglichkeit sehe, dieser im Tone tiefster Überzeugung vorgebrachten abschließenden Erklärung die Zustimmung zu versagen. Zahlreiche gebildete Männer haben hier unter mustergültig vollkommenen Bedingungen Vorgänge beobachtet, die in ihrer Massivität und Greifbarkeit nicht zu überbieten sind und im Grunde völlig mit denen übereinstimmen, die auch in Europa von maßgeblichen Forschern beschrieben worden sind. Die sich häufenden Zeugnisse dieser Art besitzen für mein Urteil ein Gewicht, das den angesichts der Neuartigkeit der Phänomene natürlichen Zweifel zu Boden drückt. Die Berufung auf wissenschaftliche Denkgewöhnungen hat schließlich ihre Grenzen. Es ist leicht, zu erklären, wie Dessoir es bezüglich einer bloßen materialisierten Hand tat: daß solche Gebilde für Augenblicke aus dem Nichts entstehen sollen, bedeute eine solche Zumutung an den

---

1) S. 66f.   2) S. 5. 67f.

Verstand, 'daß ich für mein Teil mich ihr nicht mehr gewachsen fühle'; an den hergebrachten physiologischen Gesetzlichkeiten irre werden, 'heißt selber irre werden.'[1] Eine solche Denkart verkennt die ewige Relativität und Zeitgebundenheit menschlichen Wissens und beweist im Grunde einen Mangel an wissenschaftlicher Phantasie. Sehr vieles, was heute der Verstand jedes Naturforschers glatt verdaut, hätte in früherer Zeit, wäre es damals behauptet worden, genau die gleiche und gleich begründete Ablehnung erfahren; und oft hat völlige 'Unbegreiflichkeit' sich in ihr wahres Gegenteil verwandelt, nachdem einmal der Zusammenhang des Unfaßlichen mit andern wohlbekannten Tatsachen entdeckt oder aber ein völlig neuartiges Naturgesetz aufgestellt worden war. Wissen wir doch nicht einmal, ob Materialisationen wirklich als 'Entstehung aus dem Nichts' zu deuten sind; ob wir also nicht mit solchem Ausdruck ein Rätsel aufstellen, das tatsächlich gar nicht so besteht. Wir werden diesen Gedanken später noch zu prüfen haben.

Ein Wort schließlich über die Wiedergaben von Lichtbildern, die das Heft über Mirabelli enthält und die ich leider aus äußeren Gründen dem Leser hier nicht zugänglich machen kann. Eins von diesen (Nr. 3) zeigt den Vorgang der körperlichen Untersuchung des halbentkleideten Mediums durch sieben Herren; es sind, der Unterschrift nach, die 'namhaften Ärzte' Dr. Ch. Niemeyer und Dr. Alegretti Filho; der Baron de Ergonte, 'Literat und bekannter Forscher auf dem Gebiet der psychischen Wissenschaften'; Dr. Sylvio de Campos, 'berühmter Rechtsanwalt'; Dr. J. Motta, Direktor der Zeitung 'São Paulo', ein 'angesehener Advokat' und 'andere Herren von hoher gesellschaftlicher Stellung'. Ein Blick auf das Bild beweist auch dem Unbeteiligten, daß er es hier tatsächlich mit Männern von Bildung, Geistigkeit und Stellung zu tun hat, und widerlegt den haltlosen Verdacht, die Schrift sei eine Fälschung Mirabellis und seines Anhangs. An Photographien angeblicher Materialisationen enthält das Heft im ganzen 16 (wenn man die ihrer Undeutlichkeit wegen auszuschließenden nicht zählt), wovon 2 das Phantom allein zeigen, 13 dieses und das Medium, 3 außerdem noch einen oder mehrere Sitzer. Eine zeigt uns eins jener Phantome, welche nach Berichten des Heftes erkannt wurden (nämlich das Töchterchen des Dr. G. de Souza); eine das oben beschriebene Phantom des 'Arabers'. Fünf Bilder könnten auf normales Wachsein des Mediums schließen lassen; auf mindestens dreien zeigt es sich in einem unverkennbar stark veränderten Zustand. Auf einem der Bilder scheint das Phantom das Medium anzublicken; auf fünfen wirft es einen starken Schatten. Vier Bilder lassen das Phantom durchaus einem natürlichen Wesen

---

[1] Dessoir 282

Vollphantome der Experimentalsitzung

von Fleisch und Blut gleichen; auf dreien hat es etwas soz. unheimlich starres und totes an sich; auf allen ist es reich und 'natürlich' bekleidet. Mit allem diesem ist aber natürlich nichts Wesentliches ausgesagt, und die Bilder können keinesfalls über die Gewißheit hinausführen, die wir aus den Berichten schöpfen müssen; so daß der Nachdruck jedenfalls auf diesen ruhen muß.

Ich brauche nicht nochmals zu sagen, daß alle solche Zeugnisse dem Zweifler von vorn herein keinen andern Ausweg lassen, als die Annahme von Helfershelfern. Manchen gegenüber versagt sie bereits unzweideutig, und wir werden bald weiteren begegnen, die sie ebenso bündig ausschließen. Daneben aber mehrt sich bereits die Beobachtung von Einzelzügen, aus denen die Übernormalität der Erscheinungen unmittelbar hervorgeht. Ich will mich also nicht bei einer harmlosgroben Ausflucht aufhalten, die der bloße Fortgang der Darstellung klanglos in der Versenkung verschwinden lassen muß.

Zunächst wird der Glaube an die Echtheit von Materialisationen, auch wenn die gleichzeitige Beobachtung von Phantom und Medium nicht zustandekommt, sehr häufig verstärkt durch die vermehrte Zahl der Erscheinungen. Oft treten mehrere Phantome nach einander auf, und wenn diese Auftritte rasch auf einander folgen und die Phantome einander sehr unähnlich sind, so drängen sich die Schwierigkeiten auf, die einer mehrfachen Maskierung des Mediums in solcher Eile entgegenstehn; ganz abgesehen — wohlgemerkt! — von unmittelbaren Sicherungen gegen derartige Täuschungskünste überhaupt, wie der Untersuchung von Medium und Kabinett vor und nach dem Auftreten von Phantomen, der Fesselung des Mediums u. dgl. m. — Der folgende Bericht legt zunächst noch größeres Gewicht auf solche Sicherungen.

Es handelt sich um die schon erwähnte Palladino-Sitzung in Genua vom 1. Mai 1902 im Hause Avellino, bei der u. a. Prof. Morselli, E. Bozzano und Dr. Venzano anwesend waren. Als Kabinett diente die einzige Fensternische des Eßzimmers. Dieses Fenster wurde mit dunkelrotem Flanell überzogen, Eusapia von zwei Damen vollständig entkleidet, jedes Kleidungsstück von den Herren gegen das Licht gehalten und untersucht. Ein vollständiges Verzeichnis ihrer Bekleidung wird uns mitgeteilt, einschließlich eines 'zerknüllten weißen Taschentuches'. Die beiden Damen überwachten das Wiederankleiden des Mediums und führten es ins Sitzungszimmer. Ein Bericht über die Sitzung wurde sofort nach Schluß von Dr. Venzano aufgesetzt und von allen Teilnehmern beglaubigt.

Prof. Morselli und Sgr. Avellino banden Eusapias Hände, Körper und Füße einzeln mit vielen Knoten an das im Kabinett aufgestellte Feldbett. Das Licht war genügend stark, um die winzige Nonpareilleschrift lesen zu lassen, wie

Morselli ausdrücklich feststellte. 'Nach etwa einer Viertelstunde ... bewegten sich die Vorhänge, als würden sie von zwei Händen auseinandergeschoben, und in der oben gebildeten umfangreichen Öffnung erblickten wir das Gesicht eines jungen Weibes, dessen Kopf und sichtbarer Rumpfteil in schneeweiße Gewandung gehüllt war. Ihr Haupt schien mit vielen Binden des gleichen Stoffs umwickelt zu sein, sodaß nur ein kleiner eirunder Teil ihres Antlitzes unbedeckt war, genügend aber, uns Augen, Nase, Mund und Oberteil des Kinnes deutlich sehn zu lassen. Als Sgr. Bozzano äußerte, daß nur ein Teil des Gesichts wahrnehmbar sei, sahen wir zwei Fingerspitzen den Stoff auf beiden Seiten zurückziehn, um die Züge deutlicher und vollständiger zu zeigen. Ehe die Gestalt verschwand, neigte sie ihr Haupt zum Gruße und warf uns einen Kuß zu, dessen Geräusch von allen gehört wurde. — Wenige Minuten später [erschien auf die gleiche Weise und in ähnlicher Kleidung] ein Mann mit großem Kopf und mächtigen Schultern... Sgr. Bozzano und Prof. Morselli erklären, daß sie auch einen dichten Bart auf dem Kinn beobachtet hätten. Das Gesicht des Mannes blieb mindestens eine Minute lang sichtbar. Er verneigte sich mehrmals vor uns und zog sich dann zurück, nachdem er uns mehrere schallende Küsse zugeworfen hatte, begleitet von ausdrucksvollen Bewegungen des Kopfes. Als die Vorhänge sich geschlossen, hörte man das Klatschen von Händen innerhalb des Kabinetts. In diesem Augenblick vernahmen wir Eusapias Stimme in klagendem Ton nach Prof. Morselli rufen.' Nachdem dann dieser, wie oben beschrieben, einige ihrer quälenden Fesseln entfernt, erschien die gleiche Frauengestalt, wie zuvor, außerhalb des Vorhangs, auf seiner rechten Seite, neigte wiederholt das Haupt und zog sich zurück. Sie 'warf einen Schatten [infolge des Gaslichts] auf die Wand, und dieser Schatten folgte allen Bewegungen ihres Körpers.' — Eine andre Frauengestalt erschien dann auf der gleichen Seite des Vorhangs, deren einer Arm, nach dem Fallen der Gewandung zu urteilen, nur aus einem Stumpf bestand [was wohl zu merken ist]. 'Die Erscheinung hob und bewegte mehrmals dies halb-geformte Glied, dessen Schatten gleichfalls auf die Wand geworfen wurde und allen seinen Bewegungen folgte.'[1]

In manchen Fällen erreicht die gestaltliche Verschiedenheit der nacheinander erscheinenden Phantome einen solchen Grad, daß ihre durchgängige Darstellung durch das Medium an sich schon unglaubhaft wird, während die Annahme einer Mehrzahl von Helfershelfern durch die Sachverständigkeit der Beobachter oder die Örtlichkeit als solche, die Anordnung des Kabinetts oder die Stellung der Beobachter davor vollkommen ausgeschlossen erscheint. (Und dabei sehe ich hier noch völlig ab von der angeblichen 'Identifizierung' einzelner dieser Phantome!)

So schreibt Dr. Venzano über eine Sitzung mit der Palladino vom 20. Dez. 1900 im 'Circolo Minerva' folgendes: In dieser Sitzung kam, abgesehn von [einem später zu beschreibenden] Phantom, der Cav. Erba in Berührung

[1] APS VI 170ff.

mit der materialisierten Gestalt eines sehr vierschrötigen Mannes, dem sog. Geiste 'John [Kings', des 'Führers' der Eusapia]; Signa. Ramorino mit der Gestalt einer alten Frau, die eine ihrer Verwandten zu sein behauptete und in der Tat deren sämtliche Eigenschaften besaß; der Prof. Porro mit der Gestalt eines schlanken und zarten jungen Mädchens, dessen tonlose Stimme ihm erklärte, daß sie seine Tochter Elsa sei, die im Alter von kaum 7 Jahren gestorben war; und Sgr. Vassallo endlich wurde umarmt vom Phantom eines Jünglings, dessen Hände er lange in den seinen hielt und in dem er überzeugt war seinen verstorbenen Sohn Naldino zu erkennen.'[1]

Auch das folgende Beispiel läßt diese äußerste Vielgestaltigkeit erkennen. — Gegen Ende des Jahres 1891 veranstaltete die amerikanische Ges. f. ps. Forsch. unter dem Vorsitz des bekannten Rev. M. J. Savage (Boston) mit dem Medium Mrs. Roberts aus New York eine Sitzung in Onset (Mass.) in einem Saal, der nur eine Tür hatte und im 2. Stock lag. Das Medium wurde in einen fest gearbeiteten Käfig aus Eisendraht (zwischen Holzrahmen) gesetzt, dessen Tür mit starkem Bindfaden vernäht und außerdem mit einem Vorhängeschloß und einem besonderen Wachssiegel gesichert wurde. Mrs. Roberts' Kleidung war von einer Dame untersucht worden: sie bestand aus dunklen Stücken. Etwa 60 Personen waren anwesend; die Mitglieder der Ges. f. ps. Forsch. saßen in der ersten Reihe, darunter einige Ärzte. 'Mehr als dreißig Gestalten kamen während einer Stunde von der Stelle her, wo das Medium sich befand, und materialisierten sich vor ihm, in voller Sicht der Anwesenden. (Das Gas war 'herabgeschraubt' worden.) Die einzelnen Erscheinungen waren bald groß, bald klein, und wurden von denen erkannt, an die sie sich wandten... Auch mehrere Männergestalten, groß und stark von Wuchs, erschienen, und doch war das Medium eine kleine und schlanke Frau...'[2] — Das Merkwürdigste aber war, daß während dieser Sitzung das Medium plötzlich außerhalb des Käfigs und Kabinetts erschien, während doch alle Verschlüsse des ersteren bei sofortiger Untersuchung in hellem Gaslicht unverletzt gefunden wurden. Damit erscheinen die vorgenommenen Sicherungen entwertet. Man muß sich aber erinnern, daß auch Dr. Gibiers Medium Mrs. Salmon[3] aus einem wohlverschlossenen Eisenkäfig hinausgeführt worden ist,[4] und daß die einwandfrei bezeugte 'Entrückung' der Medien Guppy, Herne und Henderson aus ihren Zimmern[5] genau die gleiche Hindurchführung eines Leibes durch festen Stoff (wenn nicht durch eine uns verschlossene Dimension des Raumes) in sich schließt. Ich kann auf diese Dinge hier nicht eingehn, betone vielmehr nur, daß Mrs. Roberts' Erscheinen außerhalb ihres Käfigs bestimmt keinen Betrug beweist, sodaß das Argument aus der starken Verschiedenheit der einzelnen Phantome von dieser Tatsache nicht berührt wird.[6]

1) das. 164 f.   2) Erny 182 ff.   3) Mrs. Carrie M. Sawyer.   4) PS XXVIII 457 f.; ASP XI 3 ff. 65 ff.   5) Me 5. Dez. 1873; 26. Mai, 10. Juni 1871; SpM 1871 289 ff.; PsSc VIII 17 ff.   6) Weitere Angaben über Mehrheit u. Verschiedenheit d. Phantome s. Brackett 12 f. 18. 39. 47. 50; Seiling 6; RB 1925 303 f.; Holms 439 (nach Reichel); Doyle, Advent. 108.

Argumente aus der Objektivität der Erscheinung

Zu den mehr oder minder gleichzeitig mit dem Medium beobachteten zahlreichen und verschiedenen Phantomen gehören auch die von Frl. Elisabeth Tambke gelieferten, und ich will, um von vorn herein festeren Boden unter die Füße zu bekommen, die wichtigsten Berichte darüber hier einfügen, obgleich ich damit wieder wesentlich vorgreife; denn diese Phantome bieten gleichfalls jene Besonderheit dar, die erst auf einer späteren Stufe unsres Gedankenganges zu besprechen ist: sie ließen sich als Erscheinungen bestimmter Verstorbener identifizieren. Es soll also der Nachdruck auch hier nicht auf diesen Umstand gelegt werden, sondern bloß auf die Frage der Echtheit der Phantome überhaupt. — Der erste Bericht stammt von Hrn. Hinrich Ohlhaver, weitesten Kreisen bekannt als spiritistischer Schriftsteller mehr volkstümlicher Richtung. Die gemeinsamen Bestrebungen haben auch mir Gelegenheit verschafft, ihn persönlich kennenzulernen, und so kann ich hier eine selbständige Einschätzung seines Zeugenwertes bieten. Als Geschäftsmann großen Zuschnitts ist Hr. Ohlhaver durchaus ein Mensch des scharfen Blickes für die äußeren Dinge. Mehrere Erfindungen und ihre kaufmännisch-industrielle Ausnutzung hatten ihm — bis zum unverschuldeten Zusammenbruch — bedeutenden Reichtum verschafft. Dem Spiritismus stand er von Hause aus vollkommen ungläubig gegenüber und wurde nur durch andre veranlaßt, einen Blick in diese Dinge zu tun. Was er sah, führte ihn bald zu völlig unerwarteten Überzeugungen. Der Stil, in welchem er seine entscheidenden Erfahrungen beschreibt, läßt durchweg den nüchternen, genauen und streng wahrheitsliebenden Beobachter erkennen. Der folgende Bericht über seine erste Materialisationssitzung mit dem Medium Frl. Tambke (in Wilhelmsburg bei Hamburg, am ersten Sonntag des Juli 1890) beruht, wie mir Herr Ohlhaver schrieb, auf einem 'genauen Protokoll, welches mit allen Einzelheiten am folgenden Tage zusammen mit einem Herrn Zimmermann, der jener Sitzung auch beigewohnt hat, aufgesetzt wurde.'

Das Sitzungszimmer maß nur 4 m im Quadrat und enthielt an Möbeln nur die Stühle für die 18 Sitzer. 'Die eine Ecke war durch einen Vorhang von dem übrigen Teil des Zimmers abgeteilt. [Keins der beiden Fenster des zu ebener Erde liegenden Raumes führte in dies Kabinett, in welchem überhaupt nur 'etwa 3 Personen' Platz finden konnten.] Der Vorhang bestand aus einem dunklen, ungefütterten Wollstoff und war unter der Stubendecke befestigt, reichte aber nicht ganz bis auf den Fußboden herab, sondern ließ noch einen etwa handbreiten Raum frei... Er bestand aus vier Längsbahnen, die an jeder Seite etwas übereinandergriffen... Als Sitzgelegenheit für das Medium war ein Rohrsessel in das Dunkelkabinett gestellt. — Die Fenster des Zimmers waren durch Vorhänge verhängt, um den Eintritt des direkten

Vollphantome der Experimentalsitzung 139

Tageslichtes zu verhindern. Im Sitzungszimmer herrschte ein Dämmerlicht, das aber hell genug war, daß **alle Teilnehmer sich gut erkennen konnten und man die Zahlen auf dem Zifferblatt einer vorhandenen Wanduhr in 3 m Entfernung** noch zu sehen vermochte.' Nach genauen Angaben über die Anordnung der Teilnehmer und ihre Entfernung vom Kabinett (1,5 m) wird das erste Auftauchen von 'etwas Weißem' am unteren Vorhangrande beschrieben, sodann das einer mit einem 'Tüchlein' winkenden Hand, und schließlich das Hervortreten der ersten 'weißgekleideten Gestalt' durch eine der Vorhangspalten. Dies war 'eine weibliche Gestalt von wahrhaft holdem Liebreiz', die den meisten Anwesenden bereits wohlbekannte 'Margaritta', von der und ihrer Gewandung Herr Ohlhaver, da er 'in der vordersten Sitzreihe saß', eine bis ins kleinste gehende Beschreibung zu geben vermag, die uns hier indessen nicht zu interessieren braucht. Nachdem das Phantom mehrere Teilnehmer 'magnetisiert' hatte, u. a. auch den herbeigewinkten Ohlhaver an seinem linken Arm, 'in welchem [er] in der Tat seit einigen Tagen ein schmerzhaftes Gefühl hatte,' zog es sich ins Kabinett zurück, wobei 'die eine Längsbahn des Vorhangs mit offenbarer Absicht etwas ins Kabinett hineingezogen wurde, so, daß das stark gedämpfte Tageslicht an dieser Stelle ins Kabinett hineinfiel und ich sehen konnte, wie das Medium, Frl. T., schlafend auf dem Rohrsessel saß, den Kopf zur Seite geneigt. Dann beugte M. sich etwas zur Seite, ... ergriff die herabhängende Hand des Mediums, zog sie zu sich empor und zeigte mir die beiden ineinanderruhenden Hände. Diese beiden Hände bildeten einen erheblichen Kontrast, denn diejenigen des Mediums waren voll und rund, diejenigen von Margaritta aber zart und schmal.' 'M.' trat ins Kabinett zurück, aber noch ehe O. sich auf seinen Platz zurückbegeben, nochmals daraus hervor, grüßte nach allen Seiten, 'und dann war der Platz, wo sie soeben noch stand, plötzlich leer. Sie war nicht in das Kabinett zurückgetreten, sondern sie hatte sich vor unsern Augen dematerialisiert. — Kaum war das geschehen, nicht mehr als eine Sekunde später, wurde der Vorhang von innen heraus [durch das Medium] auseinandergehalten, und das Kabinett konnte beliebig untersucht werden... Außer dem schlafenden Medium und dem Rohrsessel war nichts vorhanden... Eine Stelle, etwas zu verstecken, war nicht vorhanden.'

'Annähernd 10 Minuten' später trat 'wiederum eine weißgekleidete, weibliche Gestalt aus dem Kabinett heraus,' die 'von den meisten Teilnehmern sogleich als die verstorbene Frau von Vater Tambke und als die Mutter des Mediums erkannt und begrüßt' wurde. Auch dies Phantom, das mehrere Teilnehmer persönlich und zärtlich begrüßte, wird von O. eingehend beschrieben, und zwar **stark abweichend** sowohl von 'Margaritta' als auch vom Medium, vornehmlich bezüglich der Hände; doch kann er für die **Erkennung** natürlich nicht Zeugnis ablegen. Als es schließlich ins Kabinett zurückgegangen war, 'ragte von dem weißen Gewand noch ein Teil, auf dem Erdboden liegend, gleich einer Schleppe unter dem Vorhang hindurch, etwa 50—60 cm in den Sitzungsraum hinein. Ich erwartete, daß dieser Teil des Gewandes ganz in das Kabinett hineingezogen würde... Es wurde [jedoch] allmählich immer winziger und durchsichtiger, bis es sich nach annähernd 2 Minuten gänzlich aufgelöst hatte.'

Das Medium kündigte nunmehr an, daß Hrn. Ohlhavers Vater versuchen wolle, sich zu materialisieren. Diese Gestalt trat zweimal nur in die Vorhangspalte, sodaß Einzelheiten noch nicht erkennbar wurden. O., der ans Kabinett herangetreten war, stand im Begriff, sich etwas enttäuscht zurückzuziehen, 'als der Vorhang wieder geöffnet wurde, dieselbe Gestalt nochmals erschien und [diesmal] aus dem Kabinett heraustrat. Vor dem Vorhang stand mein Vater. — Bei den vorhergehenden Materialisationen war ich ganz der kühle Beobachter gewesen. Es würde der Wahrheit nicht entsprechen, wenn ich es auch für diesen Fall sagen wollte. Ich war von einem Gefühl freudiger Dankbarkeit für diesen Beweis beherrscht...'

'Der dunkle Teint [meines Vaters] trat in der weißen Umrahmung [der haubenartigen Kopfbedeckung] intensiv hervor. Die sehr starken und dunklen Augenbrauen waren nahe der Nasenwurzel fast vereinigt. Die breite Stirn war ziemlich hoch und zurücktretend. Die Nase war gerade, mit schmalem Rücken. Schnurrbart und Kinnbart fehlten. Vom Backenbart war auf beiden Seiten nur eine kleine Ecke sichtbar. Mein Vater reichte mir beide Hände, neigte sich etwas zu mir nieder und küßte mir die Stirn. Nachdem er meine Hände eine kurze Zeit in den seinen gehalten hatte, ließ er sie fahren und strich die Kopfbedeckung, die nur sein Gesicht freiließ, überall weiter zurück, so daß der ganze Backenbart und auch ein erheblicher Teil des Haupthaares sichtbar wurde. Dann nahm er meine rechte Hand und führte sie einigemale über seinen Backenbart auf und ab. Die Haare des Backenbarts waren schon ergraut, kurz und stark, gerade so, wie sie zu seinen Lebzeiten gewesen waren. Ich konnte sehen, und noch besser, ich konnte fühlen, daß die Haare des Bartes an der Backe nicht flach anliegend, sondern abstehend waren, und die Haarspitzen waren nach oben gebogen. Mein Vater hatte die Angewohnheit gehabt, seinen Bart an den Backen immer nach oben zu streichen, wodurch die Haarspitzen nach oben gebogen waren. Auf dieses scheinbar nebensächliche Merkmal hätte ich wohl kaum geachtet, wenn er nicht meine Hand genommen und sie wiederholt über seinen Bart gestrichen hätte. Seine Hände waren wie zu Lebzeiten groß und sehnig, sie waren so groß, daß meine Hände von mittlerer Größe klein dagegen erschienen. Dabei waren sie in Haltung, Bewegung und Anpassung von voller Natürlichkeit. Der Ausdruck in seinem Gesicht kann am besten mit ruhiger Zufriedenheit bezeichnet werden. Während der ganzen Zeit hatte ich unmittelbar vor meinem Vater gestanden... Ich brauchte nichts mehr zu sehen. Ich hatte mich genügend überzeugt... Die Gestalt meines Vaters zog sich nun in das Kabinett zurück. Im gleichen Augenblick wurde der Vorhang durch das schlafende Medium weit geöffnet [der so oft beobachtete 'Wille-zum-Beweis']. Mehrere Teilnehmer gingen in das Kabinett hinein. Von der Gestalt und den weißen Gewandstoffen war keine Spur zu finden.'

Es traten im weiteren Verlauf dieser Sitzung nun noch drei Phantome auf: 'Marie Kindermann', die Tochter einer anwesenden älteren Dame, ungewöhn-

Vollphantome der Experimentalsitzung

lich lebhaft, mit einem Tituskopf von 'negerartig krausem', schwarzem Haar; ein 'altes Mütterchen', verrunzelt und weißhaarig, mit welken Händen und leicht gekrümmten Fingern, von einem der anwesenden Herren an der 'vollständigen Ähnlichkeit' als seine verstorbene Großmutter erkannt, deren 'Identität er nicht in Zweifel ziehen' könne; und schließlich ein sechsjähriger Knabe mit goldblondem und gelocktem Haar, der seinen anwesenden Bruder zärtlich begrüßte. Auf Ohlhavers Bitte setzte der Knabe einen seiner Füße in dessen hohle Hand: 'die Länge desselben war geringer, als die meiner Hand.'

Von keiner dieser Materialisationen wird gesagt, daß sie gesprochen habe; sie verständigten sich mit den Anwesenden durch Gesten oder durch den Mund des schlafenden Mediums. In späteren Sitzungen jedoch hörte O. einige auch reden. Er machte noch etwa 70 solcher Materialisationssitzungen mit und sah dabei 'Margaritta' 32 mal, 'Frau Tambke' 12, seinen Vater 5, 'Marie Kindermann' 9, die Großmutter 2 und den kleinen 'Gottlieb' 3 mal, stets mit genau den gleichen Merkmalen, die Ohlhaver in einer Tabelle sorgfältig zusammenstellt, wobei er Größen bis auf Zentimeter bemißt.[1]

Von dem Medium dieser Sitzungen sagt er, daß Frl. Tambke wegen 'ihrer selbstlosen Art, ihrer kindlichen Aufrichtigkeit und ihres sanften, heiteren Wesens der Liebling aller' gewesen sei. Die damals 23jährige junge Dame machte 'mit ihrer gesunden, leicht gebräunten Gesichtsfarbe den Eindruck eines heiteren, achtzehnjährigen Mädchens... Die blauen Augen blickten frei und vertrauend umher... Weltmännische Manieren waren nicht vertreten, wohl aber ein sympathisch berührender, ungezwungener Anstand und feiner Takt. Die kindliche Zutraulichkeit ihres Wesens erhöhte den angenehmen Eindruck natürlicher Frische. Diesem Wesen gegenüber den Verdacht schlauer Berechnung zu hegen, würde abgeschmackt gewesen sein.' 'Aus eignem Antrieb sprach sie niemals über ihre mediale Begabung, und Sitzungen zu halten, hatte sie wenig Neigung.' Sie 'saß' stets unentgeltlich, nur weil ihr Vater auf die Förderung spiritistischer Lehren Wert legte. Selbst kleine Aufmerksamkeiten wurden dankend verbeten. — Ich habe die Dame in ihren älteren Jahren kennengelernt, und obgleich ich weiß, wie wenig solche persönliche Eindrücke dem Zweifler gelten, dem jederzeit der Ausweg in das unberechenbare 'Unterbewußtsein' offensteht, so will ich doch nicht verschweigen, daß der Gedanke, dieses äußerst gütige, stille, mütterliche Wesen habe in seiner Jugend die abscheulichsten und feinstberechneten Betrügereien ausgeübt, um dann mit dem Betrogenen eine glückliche Ehe einzugehen, mir als der Gipfel menschlicher Unglaublichkeit erscheint. — Da übrigens Ohlhavers Bericht bei seinen Verwandten unerschütterlichem Unglauben begegnete, brachte er schließlich eine Sitzung mit Frl. Tambke im Hause seiner Mutter zustande. Vor dieser Sitzung entkleidete sich das Medium auf eigenen Wunsch in Gegenwart mehrerer Damen, legte dann dunkle Kleider der Schwester Ohlhavers und darüber deren Regenmantel an, 'der zu allem Überfluß noch am Halse und unten an den beiden Handge-

---

[1] Ohlhaver 119 ff.

lenken eng zugenäht wurde'. Acht Materialisationen erschienen und wurden 'klar erkannt'.[1]

Ohlhaver selbst erwartet den Einwand, daß seine 'Prüfungen wissenschaftlichen Anforderungen nicht genügten. Ich will es gelten lassen (schreibt er). Es war auch nicht meine Absicht, andre durch meine Prüfungen zu belehren, sondern ich wünschte nichts weiter, als mich selbst zu überzeugen, und das habe ich erreicht. Aber ich glaube sagen zu dürfen, daß die von mir angestellten Untersuchungen praktischen Anforderungen vollauf Genüge leisten.'[2] — Diese bescheidene Selbsteinschätzung scheint mir die Vertrauenswürdigkeit des Zeugen nur zu erhöhen. In der Tat sind nicht nur die Versuchsbedingungen, sondern vor allem auch die Beobachtungen selbst, wie man bei genauem Durchdenken finden wird, größtenteils so geartet, daß man sich ihrer Anerkennung nur entziehen kann, indem man den Erzähler eines Übermaßes subjektiver Erinnerungsfälschung (innerhalb 24 Stunden!) bezichtigt, das ihn als seelisch Belasteten schwersten Schlages hinstellen würde. Die Lebensleistungen des Mannes allein schon widerlegen eine so läppische Kritik, die ja überdies noch viele ihm mindestens Ebenbürtige treffen müßte. — Außerdem besitzen wir über Phantome des Mediums Tambke einen Sammelbericht du Prels und Andrer nach Sitzungen vom Frühsommer 1890, der Ohlhavers Angaben bis in Einzelheiten hinein bestätigt.

Sie fanden in München in einem noch unbezogenen, also 'vollkommen leeren' Atelier statt, in dessen einer Ecke ein dem oben beschriebenen völlig gleiches Kabinett hergerichtet worden war. Um dieses saß man 'in großem Halbkreis herum'. Das herrschende Halbdunkel 'gestattete, das Atelier seiner ganzen Ausdehnung nach zu überblicken, ja jedes einzelne Gesicht zu unterscheiden und zu erkennen'. Frl. Tambke 'wurde vor der Sitzung und unmittelbar danach von vier Damen, und zwar sehr gründlich' untersucht, desgleichen Kabinett und Lehnstuhl. Sie trug nur farbige Bekleidungsstücke, schwarze Strümpfe und hohe Knöpfstiefel, und während der Sitzungen anstatt des Kleides einen langen gelben und ungefütterten Regenmantel, der in der zweiten Sitzung sogar zugenäht war. (Die Türen waren verschlossen, das Medium aus guten Gründen ungefesselt.) Auch hier wurde im ganzen 4 mal beim Zurücktreten des Phantoms ins Kabinett 'sofort der Vorhang von innen heraus weit nach beiden Seiten geöffnet', so daß man 'beträchtlich lange das schlafende Medium sehen' konnte. 'Phantome und weiße Gewänder aber waren verschwunden'. Nach du Prels Meinung wären zur betrügerischen Herstellung der sehr verschiedenen Gewandungen, 'gering angesetzt, 20 m Stoff nötig gewesen'. Ihre Einschmuggelung trotz der Durchsuchung hält er für ausgeschlossen. Es wurde eine Photographie erzielt, auf welcher das Phantom 'deutliche, vom Medium ganz verschiedene Gesichts-

1) das. 147 ff.   2) das. 150.

züge zeigt'. Drei Zeugen erblickten unter dem unteren Vorhangsaum gleichzeitig den unteren Rand des Regenmantels des Mediums, links davon einen großen nackten Fuß mit ausgebildeten Nägeln, und rechts den unteren Teil einer weißen Gewandung. Auch hier blieb gelegentlich 'vor dem Vorhang ein weißer Stoff zurück...; er wurde aber nicht ins Kabinett gezogen, sondern verschwand allmählich, wie schmelzender Schnee.' (Vier Zeugen).

Was nun die Erkennungen während dieser Sitzungen anlangt, so kann man diejenigen der 'Mutter' des Malers Halm-Nikolai, Inhabers des Ateliers, und der 'Gattin' des Hrn. Dr. B. nur als mäßig überzeugend bezeichnen. Weit besser war die einer Freundin der anwesenden Baronin Poißl, 'Julie v. N.', die unerwartet auftrat und im Gegensatz zum Medium dunkelhaarig erschien, mit kurzer Nase, vibrierenden Nasenflügeln und dunklen Augen mit großen Pupillen und langen Wimpern. Ein dreimaliges Klopfen dieses Phantoms auf die Hand seiner Freundin war 'charakteristisch'. 'Auch die Hand des Phantoms glich genau derjenigen der Julie v. N.; Manieren, Lächeln, Kopfbewegungen' desgleichen. 'Eine Ähnlichkeit mit dem Medium war nicht vorhanden.' Die anwesende Frau v. Arnhard (bei der allerdings Frl. Tambke abgestiegen war) erkannte ihre Mutter u. a. an 'zwei Blatternarben unter den beiden Augen... Die Gesichtsfarbe war dunkel, wie in Wirklichkeit.' Herr v. A. fand die Gestalt 'wie hell leuchtend'. (Von dieser Dame gab es überhaupt keinerlei Bild.) Demselben Zeugen erschien die Ähnlichkeit des angeblichen Phantoms seiner eigenen Mutter 'frappant', in Bezug auf Nase, Stirn und Mund, die 'Gebärdensprache und die ganze Art, wie sie sich gab.' Dieser Ansicht pflichteten Frau v. A. und die Baronin du Prel bei, beides Verwandte der Erscheinenden.[1]

Noch überwältigender wird die Belastung der Helfershelfer-Theorie, wenn mehrere Phantome gleichzeitig wahrgenommen werden, und zuweilen auch gleichzeitig mit der Beobachtung oder Überwachung des Mediums. Die Annahme, daß ein Medium zwei, drei oder gar vier Genossen in die Behausung eines Fremden einschmuggeln könne, um sie dann aus einem Kabinett hervorgehn zu lassen, in das es selbst nur vor den Augen sämtlicher Anwesenden gelangen kann und das es bei voller Beleuchtung allein betritt, — eine solche Annahme richtet sich durch ihre verrannte Willkür selbst, — wieder abgesehn von etwaigen unmittelbaren Beweisen für die Übernormalität der erscheinenden Phantome.

In der dritten der Turiner Palladino-Sitzungen unter Lombrosos Leitung sah Dr. Visani Scozzi 'vor einem Fenster, durch welches einiges Licht drang, eine Schattengestalt sich bilden, die einem Manne von hohem Wuchse glich und deren Profil er in allen Einzelheiten erkennen konnte. Jedesmal, wenn das Phantom sich an dem Fenster vorüberbewegte, erklärten Graf und Gräfin Mainardi, daß es das ihres Neffen Theodor sei, der von ungewöhn-

---

1) du Prel, Stud. II 274 ff.

lichem Wuchs gewesen war. Während der ganzen Zeit aber hörte das als 'John King' eingeführte Phantom nicht auf, seine Anwesenheit hinter dem Dr. Scozzi zu bekunden. Es waren also gleichzeitig zwei deutlich unterschiedene Materialisationen zugegen.'[1]

Noch stärker war die Ungleichheit zweier Gestalten, die in der erst kürzlich erwähnten Genueser Sitzung im Hause der Avellinos beobachtet wurden. Nach den beschriebenen, einander ablösenden Erscheinungen 'öffneten sich [nach Dr. Venzanos Bericht] die Vorhänge in einer gewissen Höhe über dem Fußboden, und wir sahen eine Frauengestalt erscheinen, die ein kleines Kind in den Armen hielt, das sie wiegen zu wollen schien. Diese Frau, im anscheinenden Alter von etwa 40 Jahren, trug eine weiße Mütze, geschmückt mit Stickereien von derselben Farbe... Die Kopfbedeckung verhüllte zwar die Haare, ließ aber die Züge eines breiten Gesichts mit hoher Stirn erkennen. Der übrige Körper, soweit er nicht durch die Vorhänge verdeckt wurde, war in weiße Tücher gehüllt. Was das Kind betrifft, ... so mochte es dreijährig erscheinen. Der kleine Kopf war bloß, mit sehr kurzen Haaren; er befand sich etwas höher als der Kopf der Frau. Der Körper des Kindes schien in Windeln gewickelt zu sein, gleichfalls von leichtem und sehr weißem Stoff. Der Blick der Frau war aufwärts gekehrt, mit einem Ausdruck von Liebe zu dem Kinde, das den Kopf ein wenig gegen sie gewandt hielt. Die Erscheinung dauerte länger als eine Minute. Wir standen alle auf und traten heran, was uns gestattete, ihre geringsten Bewegungen zu verfolgen. Ehe der Vorhang sich wieder schloß, bewegte sich der Kopf der Frau ein wenig nach vorn, während der des Kindes, mehrmals nach rechts und nach links sich neigend, dem Gesichte der Frau mehrere Küsse versetzte, deren kindlicher Klang sehr deutlich an unser Ohr drang...' (Prof. Morselli entwarf eine Zeichnung dieser Erscheinungen, nach welcher der Maler Berisso ein ausgeführtes Bild anfertigte.)[2]

Die anschließend mitzuteilenden vier Berichte sollen nur gleichsam anhangsweise und unter Vorbehalt hier stehen. Jeder von ihnen hat manches für sich: der erste stammt von einem der größten Naturforscher des vorigen Jahrhunderts, dem man seinen Leistungen nach doch wohl besondere 'Augen im Kopfe' zutrauen möchte und dessen Aussagen nicht eben leichtzunehmen sind; die übrigen drei weisen wohlverbürgte Einzelheiten auf, die an sich schon die Übernormalität des Beschriebenen zu beweisen scheinen. Anderseits ist hinsichtlich des ersten zuzugeben, daß selbst die schärfste Beobachtungsgabe eines Zoologen und Botanikers keine Sicherheit gewährt gegen die besonderen Täuschungsmittel eines betrügerischen Mediums;[3] und von den Medien der übrigen drei Fälle ist Miss Wood unzweifelhaft mehr als einmal auf grobem Schwindel ertappt worden;[4] man müßte also annehmen,

---

1) bei Delanne II 553f. gleichzeitig sichtbar, Abgüsse liefernd). 2) APS VI 173. Vgl. Delanne II 218; 268. 270 (2 Phant. 3) Über Wallaces vornehme Vertrauensseligkeit s. Myers in Pr XI 218. 4) Podmore, Spir. II 105. 108. 112f.

daß sie echte 'Kräfte' nicht immer auszuüben vermocht und, so oft sie ein Versagen spürte, den Anforderungen ihres Berufes durch betrügerische Machenschaften zu genügen gesucht habe. Gegen Monck wissen auch die schärfsten Kritiker keine wirkliche Entlarvung ins Feld zu führen, und wir werden noch Leistungen desselben begegnen, die wiederum an sich eine normale Deutung auszuschließen scheinen. Mrs. d'Espérance endlich genießt (wie gesagt) auch bei den namhaften Gegnern unsres Gebietes wenigstens in 'moralischer' Beziehung den besten Ruf und wird von ihnen höchstens als bedauernswertes Opfer somnambulen Selbstbetruges hingestellt; ein Vorwurf übrigens, der durchaus in der Luft schwebt und an manchem noch Anzuführenden erlahmen muß. — Der erste Bericht, von Sir A. R. Wallace, F. R. S., ist offenbar erst längere Zeit nach der Beobachtung aufgezeichnet.

'Die Sitzung, schreibt er, fand in dem Vorderzimmer zu ebener Erde eines kleinen Privathauses [in Boston] statt; aus diesem Zimmer führte eine Schiebetür in ein Hinterzimmer, und eine gewöhnliche Tür auf den Flur. Das Kabinett wurde gebildet durch einen Stoffvorhang, der quer über die Ecke des Zimmers zwischen dem Kamin und der Schiebetür ausgespannt war. Auf der einen Seite war die Außenwand des Hauses, auf der andern die Wand des Hinterzimmers, und hier stand ein Schrank mit Porzellan. Ich wurde aufgefordert, das Vorderzimmer, den Fußboden, das Hinterzimmer und die Kellerräume, wo sich ein Heizapparat befand, zu untersuchen; ich tat es gründlich und bin gewiß, daß kein andrer Zugang — selbst für das kleinste Kind — außer den Türen vorhanden war. Dann wurde die Schiebetür geschlossen, [der Spalt] mit Heftpflaster überklebt und dieses persönlich gezeichnet. Die zehn Anwesenden bildeten einen Halbkreis vor dem Kabinett, und ich saß mit meinem Rücken gegen die Flurtür und dem Vorhang gegenüber, etwa 10′ entfernt. Eine Lampe mit rotem Schirm stand in der entferntesten Ecke hinter den Teilnehmern, bei deren Licht ich die Uhr ablesen und die Umrisse aller Anwesenden unterscheiden konnte, und da sie hinter mir stand, war der Raum zwischen mir und dem Kabinett recht gut[1] beleuchtet. Unter diesen Umständen kam es zu folgenden Erscheinungen: Eine weibliche Gestalt in Weiß trat zwischen den Vorhängen hervor, zusammen mit [dem Medium,] der schwarzgekleideten Mrs. Ross, desgleichen eine männliche Gestalt, alle bis zu einem ziemlichen Abstand vom Kabinett ... Nachdem diese sich zurückgezogen, erschienen drei weibliche Gestalten in weißer Gewandung und von verschiedener Größe. Diese traten bis zu 2 oder 3′ vor den Vorhang. Eine männliche Gestalt kam hervor, die ein anwesender Herr als seinen Sohn erkannte. Dann trat die hohe Gestalt eines Indianers in weißen Mokassins hervor; er tanzte und sprach, auch reichte er mir und Andern die Hand, eine große, kräftige, rauhe Hand. Eine weibliche Gestalt mit einem kleinen Kinde zeigte sich dicht beim Eingang zum Kabinett stehend. Ich trat heran (nachdem ich

---

1) very fairly.

dazu aufgefordert worden), befühlte des Kindes Gesicht, Nase und Haar, und küßte es, — offenbar ein wirkliches, lebendes Kind mit weicher Haut. Andre Damen und Herren stimmten dem zu. — Sobald die Sitzung beendet war, wurde das Gas angesteckt, und ich untersuchte von neuem die nackten Wände des Kabinetts, die Vorhänge und die Tür, die alle im gleichen Zustand waren wie zuvor und keinen Raum darboten, wo auch nur das Kind hätte versteckt werden können, viel weniger die übrigen Gestalten. — Während einer andern Sitzung, die unter den gleichen Bedingungen insbesondere für einige Freunde des Dr. Nichols und Mr. Brackett veranstaltet wurde, unter Prof. James' und meiner Teilnahme, ... erschienen acht oder neun verschiedene Gestalten, einschließlich eines großen Indianerhäuptlings in Kriegsbemalung und Federschmuck, sowie eines kleinen Mädchens, welches mit Miss Brackett sprach und spielte, dazu eines sehr hübschen und vollkommen entwickelten Mädchens, 'Bertha', des Geistes von Mr. Bracketts Nichte, die ihm bei verschiedenen Medien während zweier Jahre erschienen und ihm so gut bekannt ist, wie nur irgendeine seiner nächsten lebenden Verwandten. Sie spricht deutlich, was diese Gestalten selten tun, und Mr. Brackett hat sie häufig aus einer wolkigen Masse sich entwickeln und fast in einem Augenblick verschwinden gesehn.'[1]

Weniger auf der Verschiedenheit als auf der Vielzahl der gleichzeitig beobachteten Phantome beruht der Eindruck des folgenden Oxleyschen Berichtes, der noch dadurch bemerkenswert ist, daß er das Merkmal der Mehrzahl verknüpft mit einem der stärksten Beweise für die Objektivität des Einzelphantoms: nämlich der Anfertigung von Gußformen, wie sie eben normalerweise überhaupt nicht herstellbar sind. Ich belege die gleiche Verkoppelung zweier bedeutsamer Umstände dann noch durch zwei Beispiele, ehe ich mich theoretischen Überlegungen zuwende.

Oxleys Medium in jenem Falle war Dr. Monck, der auf seine eigene Bitte hin durchsucht wurde und dann das in einem Erkerfenster hergerichtete Kabinett betrat. In diesem waren die venetianischen Rollvorhänge herabgelassen, die inwendigen Fensterläden geschlossen und verriegelt, und über diese ein schwarzes Tuch gehängt, das am oberen Rande angenagelt war. Dicht an die Vorhänge des Kabinetts war ein 'großer kreisrunder Tisch' herangeschoben, an welchem die sieben Beobachter saßen, so daß ein unbemerktes Betreten oder Verlassen des Kabinetts bei dem im Zimmer brennenden Lichte, das 'jeden Gegenstand deutlich sehen ließ', völlig ausgeschlossen war. Auch hätte man jedes verdächtige Geräusch im Kabinett hören müssen; doch wurde nicht der geringste Versuch in der Richtung eines Betruges wahrgenommen. — Unter diesen Umständen 'zeigten sich bald zwei weibliche Gestalten, die wir unter den Namen 'Bertie' und 'Lilly' kannten, an der Berührungsspalte der beiden Vorhanghälften, und als Dr. Monck seinen Körper durch die Öffnung steckte, erschienen diese beiden Gestalten über dem

---

1) Wallace II 338f.

Vorhang, während zwei Männergestalten ('Mike' und 'Richard') ihn nach beiden Seiten auseinandertaten und sich ebenfalls sehen ließen. Wir nahmen also gleichzeitig das Medium und vier materialisierte Gestalten wahr, von denen jede ihre besonderen Züge hatte, die sie von den andern unterschieden, wie bei lebenden Personen.'[1]

Zwei dieser Phantome fertigten nun in dieser Sitzung Paraffin-Gießformen ihrer Gliedmaßen an. 'Zuerst gab 'Bertie' dem Mr. Reimers eine Gußform ihrer Hand und mir eine solche ihres Fußes, worauf 'Lilly' anfragte, ob ich eine solche von ihrer Hand wünschte, was ich bejahte; sie tauchte dann ihre Hand in das Paraffin (worauf ich aus dem Ton des Plätscherns im kalten Wasser schloß), und nach etwa einer Minute streckte sie ihren Arm durch die Vorhangspalte mit der auf ihrer Hand befindlichen Gießform und ersuchte mich, sie ihr abzuziehen. Ich langte quer über den Tisch hinweg; in einem Augenblick war ihre Hand herausgezogen, und die Gießform verblieb in meiner Hand.' Diese Gliedmaßen waren nach Oxley 'sicherlich nicht die des Mediums', und Aksakow selbst konnte an Umrißzeichnungen der Füße Moncks und 'Berties' (nach dem Abguß, bestätigt durch einen Vergleich mit dem ursprünglichen Abguß) feststellen, daß des ersteren Fuß um 3 cm länger war, als 'Berties'. Überdies aber ließen die Einzelmaße der Gießformen ihre normale Erzeugung überhaupt unmöglich erscheinen: 'Die Krümmungen der Finger zeigen, daß sie auf gewöhnlichem Wege nicht herausgezogen werden konnten, ohne die Gießform zu zerreißen, da das Handgelenk nur $2 \times 1^{1}/_{4}$ Zoll breit ist, während die Breite der Hand vom äußeren Daumen bis zum kleinen Finger $3^{1}/_{2}$ Zoll beträgt.' Auch erscheint auf dem Abguß 'keine Spur von Spalten oder Verbindungsfugen'. Von dem Fußabguß aber sagt Aksakow: 'Die von den Zehen gebildeten Höhlungen auf der Fußplatte mußten sich notwendigerweise mit Paraffin füllen und somit aufrechtstehende Scheidewände bilden, die bei natürlichem Herausziehen des Fußes völlig hätten abbrechen müssen: trotzdem ist die Gestalt aller Zehen eine vollkommen unverletzte... Noch eine andre Eigentümlichkeit desselben Fußes ist, daß die zweite Zehe über eine andre gelegt ist[2] und nach meiner eignen Messung an ihrer Wurzel 14 mm, in der Gegend des Nagels aber 19 mm breit ist; trotzdem sind die Zehenform und die feinen Hautlinien [die übrigens auch auf der Sohle erschienen] an der Zehenwurzel völlig wohl erhalten; alles dies hätte verschwinden und die Dicke der Zehe auf ihrer ganzen Länge die gleiche werden müssen, wenn die Zehe normalerweise [und nicht in dematerialisiertem Zustand] aus der Gießform herausgezogen worden wäre.' Überdies wurde das gesamte vorhandene Paraffin vor und nach der Sitzung gewogen und ein völlig übereinstimmendes Gewicht festgestellt.[3]

In ähnlicher Weise und mit gleichem Erfolge experimentierte Mr. W. P. Adshead mit dem Medium Miss Wood. Die beiden Phantome 'Meggie' und 'Bennie' materialisierten und dematerialisierten sich nicht nur vor den Augen der Sitzungsteilnehmer, sondern fertigten auch Gießformen ihrer Füße unter

---

1) Aksakow I 188. (Brief Oxleys an A. v. 24. März 1886). Vgl. Bozzano, A prop. 179.
2) beim Medium nicht der Fall.   3) Aksakow I 188—194.

148 Argumente aus der Objektivität der Erscheinung

den gleichen Bedingungen an, und zwar die je eines linken Fußes, welche von einander verschieden waren. Währenddessen saß das Medium in einem Käfig innerhalb des Kabinetts, das 'von allen Seiten so umgeben und bewacht war, daß keine Möglichkeit sich erdenken ließ, wie ein menschliches Wesen ohne sofortige Entdeckung hineingelangen konnte.' 'Meggie machte zuerst den Versuch. Aus dem Kabinett hervorschreitend, ging sie zu Mr. Smedleys Stuhl und legte ihre Hand auf dessen Lehne. Auf die Frage, ob sie des Stuhles bedürfe, nickte die Gestalt mit dem Kopfe. Mr. Smedley schob darauf den Stuhl bis vor die Eimer [mit dem Paraffin und Wasser] vor. Meggie setzte sich darauf und, ihre langen Gewänder emporraffend, tauchte sie ihren linken Fuß [abwechselnd in die beiden Eimer]..., bis das Werk vollendet war... [Darauf] legte sie ihren linken Fuß auf ihr rechtes Knie und ließ ihn dort ungefähr 2 Minuten lang ruhn. Dann zog sie die Form von ihrem Fuße, hielt sie empor, beklopfte sie ... und legte sie auf mein Ersuchen in meine Hand.' Nach einem bald abgebrochenen entsprechenden Versuch mit dem rechten Fuß begab sich das Phantom ins Kabinett zurück. Hierauf erschien 'Bennie' und vollbrachte genau das gleiche, nur in größerer Geschwindigkeit, während die Herren Smedley und Adshead so nahe zu seinen beiden Seiten saßen, daß jener von dem Phantom am Kopf gestreichelt werden und dieser die fertige Gußform in Empfang nehmen konnte, ohne seinen Sitz zu verlassen. Während dieser Vorgänge war die Käfigtür nicht 'festgeschraubt'. Aber ehe 'Bennie' 'verschwand', zog er unter einem Tisch eine Spieldose hervor und lehnte sie in Kippstellung an die Tür des Käfigs, sodaß, 'wäre die Tür geöffnet worden, die Spieldose rückwärts hätte umgeworfen werden müssen.' 'Bei Schluß der Sitzung wurde die Spieldose noch an der Käfigtür lehnend und das Medium innerhalb des Käfigs in Trans und an den Stuhl gefesselt gefunden.' — Ganz abgesehen nun von diesen Sicherungen ließen sich an den beiden erzielten Gußformen linker Füße wiederum folgende Maßabweichungen feststellen: Die von Bennie gefertigte war 9 Zoll lang und 4'' breit, diejenige Meggies 8'' lang und 2,25'' breit. (Solche Formen sind bekanntlich stets nur wenige mm dick.) Auf Aksakows Bitte opferte Mr. Adshead die Gußformen und ließ Abgüsse herstellen, an denen die entsprechenden Maße wie folgt festgestellt wurden: Für 'Meggie' — Fußumfang gegen den Spann zu $19^{1}/_{8}''$; Länge 8''; Umfang an der Wurzel der kleinen Zehe $7^{1}/_{2}''$; für 'Bennie' — $21^{1}/_{4}''$ bezw. 9'' und $9^{1}/_{2}''$. — 'Der ganze Hergang, schrieb Smedley über diese Versuche, vom ersten Eintauchen bis zur Fertigstellung der Gußform war deutlich zu sehn, und die Tatsache, daß diese Gußformen in der angegebenen Weise hergestellt wurden, ist so sicher bewiesen wie das Scheinen der Sonne oder das Fallen des Schnees. Ich bin bereit zu beeiden, daß sie in der beschriebenen Art verfertigt wurden. Als Fachmann im Eisenguß bin ich in der Lage, bestimmt zu behaupten, daß die Form nicht von den Füßen hätte heruntergenommen werden können, ohne daß die Füße vorher wenigstens teilweise dematerialisiert worden wären. Die sehr dünnen Wachsteile um die Zehen herum und zwischen ihnen sind vollkommen unversehrt.'[1]

Vollphantome der Experimentalsitzung

Mr. Oxley zog sogar am 11. April 1876 in Manchester einer 'kleinen Geistgestalt' unter ähnlichen Umständen persönlich eine Gußform vom Fuß, welche 8″ lang und 3″ breit war, während die Öffnung am oberen Ende der Form um den Knöchel herum nur 2,25″ im Durchmesser betrug. 'Und doch wurde der Fuß in einem Augenblick aus dieser kleinen Öffnung hervorgezogen, wobei die feinen Zwischenwände zwischen den Zehen ungebrochen blieben und die Hautlinien auf diesen Zwischenwänden zu sehen waren.'[2]

Ich schließe mit einem Bericht, der die Lieferung einer Gußform durch das uns bereits bekannte Vollphantom 'Nepenthes' der Mrs. d'Espérance beschreibt. Der Bericht bezieht sich auf eine Sitzung in Christiania unter Leitung des Dr. von Bergen im Hause des Prof. E.

Das Medium sagte: 'Sprechen Sie nicht zu mir; ich muß mich ruhig verhalten; bemühen Sie sich alle, ruhig und still zu verharren.' Das leichte Geräusch der sich in die Flüssigkeit eintauchenden und wieder daraus zurückziehenden Hand hielt einige Minuten lang im Schatten des Vorhangs an, während wir die weiße Gestalt voll über das Gefäß gebeugt wahrnehmen. Dann richtete sich Nepenthes auf und wandte sich an uns;... sie blickte umher, bis Hr. E. herzulief, der halbverborgen hinter einem andern Zuschauer saß; worauf sie sich ihm zuwandte, in der Luft schwebend und ihm einen Gegenstand reichend. 'Sie reicht mir ein Stück Wachs,' rief er aus; dann sich verbessernd: 'Nein, es ist die Gußform ihrer Hand; sie bedeckt diese bis zum Handgelenk; ihre Hand löst sich innerhalb der Gußform auf...' Die Gestalt glitt bereits auf das Kabinett zu, indem sie die Gußform aus Paraffin in den Händen des Hrn. E. zurückließ... Nach Schluß der Sitzung wurde die Form untersucht. Äußerlich erschien sie ungestalten, wie ein Klumpen, aus vielen übereinandergelegten Schichten Paraffin bestehend; aber durch die kleine Pulsöffnung hindurch sah man innen den Abdruck sämtlicher Finger einer sehr kleinen Hand. — Am Tage darauf brachten wir sie einem berufsmäßigen Modelleur (einem gewissen d'Almiri), um einen Abguß herstellen zu lassen. Er und seine Gehilfin betrachteten mit Verwunderung dieses Modell, und da sie feststellten, daß eine menschliche Hand sich zu seiner Herstellung nicht hätte herausziehen können, schlossen sie, daß es durch irgendeinen Kunstgriff erzeugt sein müsse. Als der Abguß fertiggestellt war, erschien vor unsern Augen eine sehr kleine Hand, bis zum Puls reichend, an der sich die Nägel vollkommen abzeichneten, wie auch die feinsten Linien der Knöchel, der Gelenke und der Handfläche. Die vollendet gebildeten Finger ... überzeugten den Künstler von dem übernormalen Ursprung der Gußform, indem sie in einer Art gekrümmt waren, bei der eine menschliche Hand sich nicht hätte herausziehen lassen.'[3] —

Ich beschließe diese Tatsachenschau mit einem Berichte des Dr. med. Edwin F. Bowers, Verfasser zahlreicher ärztlicher Schriften volkstüm-

---

1) Aksakow I 211—17; Delanne II 276f.   2) Tweedale 330f.; Aksakow I 182ff. Vgl. noch Delanne II 270. 281f. (Oxley wird von Podmore nicht erwähnt.)   3) Bozzano, Casi 130f.

lichen Gepräges und eines ähnlich gehaltenen, temperamentvollen Buches über seine jahrzehntelangen Erfahrungen auf parapsychischem Gebiet. Man wird seine Berichte insgesamt als wissenschaftliche Urkunden im Sinne der S. P. R. keineswegs gelten lassen können, und ich führe auch den nachstehenden nur wieder 'anhangsweise und mit Vorbehalten' an, einzelne Randbemerkungen des *advocatus diaboli* gleich dem Wortlaut einfügend. Ich wähle ihn hier aus, um dem wenig Belesenen ein typisches Beispiel zu liefern für eine fast unübersehbare Masse ähnlicher Berichte, in denen der gläubige Spiritist ohne weiteres 'Beweise' für die objektive Wiederkehr Verstorbener erblickt, während doch auch der kritischer Eingestellte es nicht gerade leicht finden kann, sie ohne weiteres beiseitezuschieben. Für zahllose Menschen ist der 'körperliche' Umgang mit Abgeschiedenen, das Reden und Händeschütteln mit ihnen, das Empfangen ihrer Zärtlichkeiten u. dgl. m. im Rahmen von Materialisationssitzungen zu einem nachgerade alltäglichen Erlebnis geworden, von dem sie mit der gleichen überzeugten Selbstverständlichkeit erzählen, wie vom Zusammentreffen mit Lebenden in den üblichen Formen der Geselligkeit. Wer solche Schriften — wie etwa die der Mrs. Marryat — liest, schwankt schließlich etwas haltlos zwischen zwei entgegengesetzten Einstellungen: soll er die Erzähler beneiden um solche Gewohntheit des Unerhörtesten, oder soll er sie bemitleiden wegen der Leichtigkeit, mit der sie gröbstem Betrug zum Opfer fallen? Soll er die Berichte bis auf den Grund verdammen in der Annahme, daß die frechsten Täuschungsmittel: Geheimeingänge in Fußboden und Wänden, ungestörte Einschmuggelung von Helfershelfern, dreiste Verkleidungen des Mediums bei gänzlicher Blindheit selbst gebildeter Zuschauer hemmungslos angewandt wurden; oder soll er den Angaben der Berichte trauen, die solche Mittel ausschließen wollen und bei der groben Handgreiflichkeit der Vorgänge oft wirklich auszuschließen scheinen? Der Bericht des Dr. Bowers mag also hier stehen als Beleg für eine sehr ausgedehnte Gattung: man wird seine 'starken Punkte' auch ohne Unterstreichung sogleich herausfinden und schließlich nicht übersehen können, daß im Grunde hier nichts behauptet wird, was die allerstärksten Zeugnisse für unsern Tatbestand doch ebenfalls belegen.

'Dr. Moore (schreibt Dr. Bowers) unterschied sich von jedem andern Medium, das ich je seine Phänomene habe hervorbringen sehn. Vor allem waren die Zimmer ..., in denen die Sitzungen stattfanden, nicht von ihm selbst gewählt. ['Dr. Moore **konnte** nicht nur dasselbe leisten in irgendjemandes Haus, wie in den (gewöhnlich benutzten) Räumen in East 37. Str., sondern tat es auch.'] In dem Hartholzfußboden waren keine Falltüren, und ebensowenig geheime Kammern hinter dem Kabinett. Denn das Kabinett bestand

Vollphantome der Experimentalsitzung

nur aus zwei dunklen Vorhängen an einer Leine, die wir selbst quer über eine Ecke des Zimmers gezogen hatten. Hinter dieser (sic) Mauer war der Garten; so konnte kein lebendes Wesen das Kabinett vom Rücken her betreten. [Das folgt natürlich nicht aus der bloßen Beschreibung des Kabinetts; von einer wirklich ausgeführten Untersuchung seiner Wände aber hören wir leider nichts.] Von vorne wäre es fast ebenso schwer gewesen. Denn wenn der ganze Kreis von 30 Mitgliedern versammelt war [und kein Helfershelfer darunter?], hatte die dem Kabinett zunächst stehende Stuhlreihe einen Abstand von höchstens 6 Fuß. Diese Stuhlreihen bildeten einen Halbkreis von Wand zu Wand. Die einzige Tür befand sich hinter der letzten Stuhlreihe; so daß, wenn irgendjemand durch die Tür hätte eintreten können — die übrigens vor der Sitzung stets verschlossen wurde —, er nur über die Köpfe der Anwesenden zum Kabinett hätte klettern können. Das Zimmer war von einer Rubinglaslampe schwach erleuchtet, wie die Photographen sie beim Entwickeln benutzen. Hatten die Augen sich an dieses Licht gewöhnt, wozu wenige Augenblicke genügten, so konnte jeder Gegenstand von der Größe eines Mannes oder selbst eines Kindes leicht unterschieden werden.

Dr. Moore saß außerhalb des Kabinetts, den Anwesenden voll sichtbar, ... während irgendein Phantom (spirit) in mehr oder minder materialisierter Gestalt aus dem Kabinett hervorglitt und einen Verwandten oder Freund begrüßte... Moore forderte gewöhnlich jeden beliebigen der Anwesenden auf, während der Vorgänge neben ihm zu sitzen, seine beiden Hände zu halten und seine Füße mit einem oder beiden eignen Füßen zu bedecken. Ich selbst habe dies mehrere Male getan. Unter allen diesen Umständen habe ich wiederholt Geister Verstorbener aus dem Kabinett hervortreten und die abgeteilte Nische verlassen gesehn. Bei einer oder zwei Gelegenheiten, als nicht so viele Sitzer zugegen waren und folglich mehr Raum zum Umhergehn verfügbar war, habe ich gesehn, wie diese Personen zu jemand gingen oder schwebten, der mindestens 10 oder 12 Fuß vom Kabinett entfernt saß, und dort ihre Botschaften soz. vertraulich ablieferten. Gelegentlich beugten sich diese Gestalten über jemand und küßten ihn auf die Stirn, ehe sie sich verabschiedeten. Ich bin mehrmals Zeuge dieses einzigartigen Beweises gewesen.

Die Geister machten sich nie die Mühe, ins Kabinett zurückzukehren und sich [dort] zu dematerialisieren. Nachdem sie ihren Besuch beendet, lösten sie sich anscheinend auf, indem sie in oder unter den Fußboden verschwanden. Zuweilen war dies Verschwinden ein allmähliches, zuweilen geschah es im Bruchteil einer Sekunde.

Unter den 30 Personen des Zirkels befanden sich Ärzte, Rechtsanwälte, ein Dozent an einer der Fakultäten der Columbia-Universität [in New York], eine Anzahl Studenten derselben aus verschiedenen Ländern, einschließlich eines bereits graduierten Japaners. Ferner der Richter Goff, ... ein würdiger und gelehrter Herr, der seine Überzeugung bekannte: daß die kleine Erscheinung, die mehrmals zu ihm hingeglitten war und leise zu ihm gesprochen hatte, seine vor nicht langem verstorbene Frau sei.

Die Sitzung begann gewöhnlich mit dem Absingen eines geistlichen Liedes oder einer andern bekannten Melodie... Dann folgten einige Augenblicke des Schweigens, plötzlich unterbrochen, durch eine kräftige, kehlig klingende Begrüßung, während eine hohe Gestalt, anscheinend in indianischer Kleidung, ... ins Zimmer trat. [Nach der Dematerialisierung dieses Wesens erschien gewöhnlich] seine kleine Nichte, ein Kind von anscheinend sechs Jahren. **Gelegentlich erschienen diese beiden Wesen gleichzeitig.** Das kleine Kind führte mit sich einen der süßesten und lieblichsten 'Einflüsse', die ich je erfahren — engelhaft ist das einzige Wort, um es auszudrücken —, und dazu ein höchst verblüffendes Rätsel. Denn diese kleine Person hatte während der 30 und etlichen Jahre ihres jenseitigen Lebens eine wahrhaft erstaunliche Menge von Wissen auf vielen Gebieten erworben. Der Lieblingsplatz dieses reizenden Mädels war [übrigens] auf den Knieen des Mediums. Sie hüpfte meist dort hinauf und machte es sich bequem, wie nur irgend ein lebendes Kind hätte tun können. [Der *advocatus diaboli* erinnert hier an die Puppen der Bühnen-Bauchredner. Aber woher kam d i e s e ?] Ich habe wiederholt anderthalb Fuß oder noch weniger von diesem Geistlein entfernt gesessen und sie über Sätze in Platos 'Republik' oder 'Phädo', Marcus Aurelius' 'Meditationen', Kants 'Kritik d. r. V.', Spencers 'Erste Prinzipien' und andre philosophische, naturwissenschaftliche und literarische Dinge ausgefragt. Gelegentlich berührten wir etwas, was das Kind 'in der Schule' nicht gelernt hatte. Dies geschah z. B. eines Abends, als ein Professor der Geologie es fragte, ob es ihm die Namen der Riesenreptilien des Mesozoikums angeben könne. Die indianische Elfe drehte den Kopf einen Augenblick zur Seite, wie ein kleiner Vogel. Dann erwiderte sie lebhaft: 'Nein, Doktor, das kann ich nicht. Aber wenn Sie einen Augenblick warten wollen, werde ich jemand herbringen, der es kann.' Und im Handumdrehn war sie verschwunden, wie ein Nebelstreif. Nicht mehr als 30 Sekunden konnten verflossen sein, als sie wieder aus dem Kabinett erschien, diesmal gefolgt von einer hohen Gestalt. In einer tiefen, etwas rauhen Stimme sagte diese: 'Unser kleiner Führer sagt mir, daß einer von euch Herren eine Frage über Paläontologisches an sie gerichtet hat, deren Beantwortung vielleicht in mein Gebiet schlägt. Ich bin Professor Geikie — Archibald Geikie [der bekannte, 1924 verstorbene englische Geologe]. Darf ich Sie bitten, Seite 338 meiner 'Geologie' nachzuschlagen.[1] Sie finden dort ein vollständiges Verzeichnis der Riesenreptilien der fraglichen Zeit.' Ich schrieb mir die Seitenzahl auf und fand, nach Hause zurückgekehrt, daß Geikie, dessen Buch ich in Hochschultagen benutzt hatte, darin eine vollständige Beschreibung der fossilen Überreste des Ichthyosaurus, des Plesiosaurus und anderer Saurier jener Periode geliefert hatte [und auf welcher Seite?]. — Es wurde schließlich etwas Gewohntes für dieses kleine indianische Mädchen, fachmännische Hilfe zu suchen, so oft sie etwas über die Grenzen ihres Wissens Hinausgehendes gefragt wurde...

... Eines Abends erschien der Bruder unsres studierenden Japaners und sagte zu seinem Bruder in Amerika, daß er von einer Flutwelle ertränkt

---

[1] Sir A. Geikies Textbook of Geology hat freilich 2 Bände!

Vollphantome der Experimentalsitzung

worden sei, welche ein Küstengebiet in Japan vor wenigen Minuten überschwemmt habe. Wir prüften diese Botschaft am nächsten Morgen nach und fanden sie restlos genau.'[1]

Mit dem Vorstehenden soll, trotz der Vorbehalte in einigen Fällen, die nackte Tatsache des objektiven Sitzungsphantoms, der 'Materialisation', als gesichert gelten. Das Vorgebrachte mag nicht jedem Leser schon das Gefühl der 'Wirklichkeit', also den vollen 'Glauben' verschafft haben. Doch werden die nachfolgenden theoretischen Erwägungen so viel an neuen Beobachtungen beibringen und so viel innere Zusammenhänge zwischen ihnen aufweisen, daß auch sie zur Glaubhaftmachung der Tatsache-an-sich nicht wenig beitragen werden. Der dauernd von Zweifeln Beschwerte sollte übrigens nicht vergessen, welchen Zuschuß an Gewißheit uns die zu Beginn dieses Abschnitts vorgeführten Tatsachen liefern. Es ist doch sehr wahrscheinlich (wenn nicht geradezu selbstverständlich), daß zwischen dem objektiven Spukphantom und dem objektiven Sitzungsphantom irgendeine Wesensverwandtschaft besteht. Indem wir uns von der Wirklichkeit der ersteren überzeugten, haben wir also auch schon ein günstiges Vorurteil für das letztere geschaffen. Gibt es objektive 'Erscheinungen' in wenigstens scheinbarer Unabhängigkeit von einem Medium, so ist es wahrscheinlich — angesichts der erwiesenen mannigfaltigen Hilfeleistungen von Medien dem Unsichtbaren gegenüber —, daß die Verwirklichung objektiver Sitzungsphantome im offenbaren Zusammenhang mit Medien erst recht möglich sein werde, wie es nunmehr tatsächlich den Anschein hat. Der dauernd von Zweifeln an letzteren Beschwerte sollte aber schließlich auch nicht vergessen, daß das ihm hier Vorgeführte, wie gesagt, nur ein Bruchteil des überhaupt Berichteten ist, und daß jenes Gefühl der Wirklichkeit für den, dem eigene Beobachtungen fehlen, nicht zuletzt von der Anhäufung schwer verwerfbarer Berichte abhängt. Gefordert wird allerdings in jedem Fall, daß man sich von der üblichen Verwechslung des Gewohnten mit dem Verständlichen freimache, und von der lächerlichen Einbildung, daß wir eine Einsicht in die Gesetze des Lebens besäßen, die uns befähigte, die Grenzen des Möglichen zu bestimmen. Wie viel von dem Allergewohntesten — etwa das Keimen einer Blüte im Frühling und ihre allmähliche Ausbildung zur Frucht — hat für die meisten den Grundzug des unfaßlich Wunderbaren völlig verloren, den es doch für diejenigen nie verliert, die sich der abstumpfenden Wirkung der Gewöhnung zu entziehen vermögen. Wie vieles anderseits an neuartigen Tatsachen leidlich durchschaubarer Art ist uns heute längst alltäglich

1) Bowers 15 ff.

geworden, was früheren Geschlechtern als Wunder oder, falls bloß behauptet, als völlig unglaubhaft erschienen wäre! Selbst geniale Köpfe älterer Zeit — ein Descartes oder Galilei — hätten die ihnen vorgeführte Tatsache des angeblichen 'Hörens' von Stimmen aus einem andern Erdteil — wenn nicht für 'okkult', dann eben für 'Schwindel' erklärt. Die Gabe, sich von solchen Fesseln der Gewöhnung freizumachen, ist allerdings den Menschen in sehr verschiedenem Maße eigen und setzt wohl im besten Fall einen gewissen ahnungsvollen 'Blick' für verhüllte Naturmöglichkeiten voraus, einen 'Spürsinn' für Zusammenhänge, die uns künftige Einsichten verheißen. Es gibt nicht nur eine Leichtgläubigkeit des beschränkten, sondern auch eine Schwergläubigkeit des unbeweglichen und unfruchtbaren Geistes. Aber die Berufung auf 'Undenkbarkeit' ist zu oft — von den Eleaten bis auf die Pariser Akademie vom Jahre 1790 — durch die Hartnäckigkeit der Tatsachen zum Spott geworden, als daß sie bei einem vorurteilslosen Denker heute noch verfangen könnte. Auch das 'Denkbar' der Zustimmenden ist diesen ja nicht gerade im Schlafe gekommen! 'Die Phänomene, die ich zu bezeugen bereit bin,' schrieb Will. Crookes, gewiß einer der größten unter den Zeugen für die Tatsache der Materialisation, 'sind so außerordentlich und so unmittelbar entgegengesetzt den festest eingewurzelten wissenschaftlichen Glaubensmeinungen, ... daß sogar jetzt, da ich mir die einzelnen Vorgänge vergegenwärtige, deren Zeuge ich gewesen, ein Widerstreit in meinem Geiste besteht zwischen der Vernunft, welche dies für wissenschaftlich unmöglich erklärt, und der Überzeugung, daß meine zwei Sinne des Gesichts und Getastes (und zwar im Einvernehmen mit den Sinnen aller übrigen Anwesenden!) keine falschen Zeugen sind, wenn sie gegen meine vorgefaßten Begriffe aussagen. Aber die Annahme, daß eine Art Wahnsinn der Verblendung sich plötzlich einer ganzen Gesellschaft verstandbegabter Personen bemächtigt, die doch bei andern Gelegenheiten völlig geistesgesund sind, und daß sie alle in den geringsten Einzelheiten und Besonderheiten der Vorgänge übereinstimmen, deren Zeugen sie gewesen zu sein glauben, — eine solche Annahme erscheint mir unglaubhafter als selbst die Tatsachen, die sie bezeugen.'[1]

---

1) Crookes 89f.

6. Die ideoplastische Theorie der Erscheinung

Überschauen wir die Gesamtheit der Tatsachen, die hier seit dem Aufwerfen der Frage nach der Objektivität von Phantomen vorgelegt worden sind, so können immerhin Zweifel an ihrer wesentlichen Einheitlichkeit und Zusammengehörigkeit entstehen. Fernerscheinungen Lebender und Sterbender, Spukerscheinungen und die Teil- oder Vollphantome der Materialisationssitzung — sind sie wirklich einer Art, und sind Begriffe denkbar, die uns die ganze Reihe einheitlich deuten lassen, — abseits vom (herkömmlichen) Begriff der 'Halluzination', dessen Anwendung auf die Gesamtheit dieser Erscheinungen für uns nun allerdings schon unmöglich geworden ist? Die Frage mag manchem ein sofortiges 'Nein' zu fordern scheinen. Trotzdem kann man sagen, daß ihre Bejahung durch wohlunterrichtete Theoretiker keineswegs selten ist. Und zwar sind es im wesentlichen zwei Begriffe, wennschon in leichten Abwandlungen und Übergängen, deren Anwendung durch die ganze Reihe hin versucht wird und die auch unsre Erörterung werden beherrschen müssen: der Begriff einer 'feineren' Leiblichkeit des Menschen, unsichtbar für gewöhnlich und für die meisten, aber unter bestimmten Bedingungen sichtbar werdend; und der Begriff des unter dem Einfluß einer Vorstellung *ad hoc* geschaffenen Phantoms. 'Astralleib', 'Ätherleib', 'Perisprit', 'Doppelgänger' (*double*) sind gangbare Fachworte für den ersten;[1] 'Ideoplastie' ist der gangbarste für den zweiten.[2] Beide bezeichnen unstreitig die tiefsten Rätsel und quälendsten Probleme, die im ganzen Bereich metapsychischer Forschung aufgegeben werden.

Ein Versuch, auch die gewöhnliche Fernerscheinung unter den Begriff der quasi-objektiven Verwirklichung einer Vorstellung zu bringen, ist uns bereits oben in Frederic Myers' Begriff des 'phantasmogenetischen Zentrums' begegnet. Hauptsächlich unter dem Eindruck der Tatsache kollektiver Wahrnehmung nahm dieser gedankentiefe Forscher offenbar an, daß der — vorwiegend unterbewußte — Drang oder Wille zur Beeindruckung eines Entfernten irgend etwas Wirkliches an jenem Ort erzeuge, was unter Umständen auch mitanwesenden Fremden die Wahrnehmung des 'Agenten' aufdringe. Freilich blieb der Begriff dieses für alle gemeinsamen phantomerzeugenden 'Zentrums' durchaus im Rätselhaften stecken: er drückte mehr eine Denkforderung — ein Postulat — aus, als einen deutlichen Gedanken. Diese Zurückhaltung im Formulieren des Unfaßlichen mag denkerische Weisheit sein: jedenfalls läßt sie das Marternde unsrer Lage doppelt empfinden.

---

1) Geschichtliches z. B. bei Brofferio 261f.   2) Zur Geschichte dieses Begriffs vgl. LO 1927 172ff.; Aksakow I 26f.; Buchner 314f.

Argumente aus der Objektivität der Erscheinung

Etwa die Mitte zwischen solcher abstrakten Haltung und der eindeutig realistischen Annahme eines feinstofflichen Doppelgängers zur Erklärung von Fern- und Spukerscheinungen nimmt G. F. Daumer ein, ein ziemlich vergessener deutscher Denker aus der Nachblüte romantischer Naturphilosophie, den es mit Zaubergewalt in die Schattenwelt des Unsichtbaren gezogen hat.

'Jedes organische Gebild,' schreibt er einmal, 'ist die Darstellung einer Idee, eines Urbildes, das sich durch Anziehung von äußeren, irdischen Elementen und Stoffen eine äußere, irdische Anschaulichkeit und Wirklichkeit gibt. Aber diese Idee ist nicht als bloßer Schatten zu betrachten, der nicht schon für sich eine gewisse Realität, ein gewisses Leben und Dasein hätte. Ein solcher Schatten ... wäre machtlos und könnte nicht bewältigend und gestaltend in die äußere, irdische Natur eingreifen [was ja das Spukphantom doch tut]. Die Idee, von der hier die Rede ist, muß schon ohnehin und von vorn herein etwas zugleich Reales, Lebendiges sein; und wenn sie sich einen Leib im gemeinen Sinne des Wortes anschafft, so ist das ein zweiter, durch welchen sie nur ins Extreme der Äußerlichkeit [der Stofflichkeit] übertritt.' Daumer spricht dann (wie später du Prel) von den bekannten 'Integritätsgefühlen' Amputierter als Empfindungen des 'andern, inneren Leibs', der das 'gewissermaßen leibliche Urbild des äußeren, sichtbaren Leibes' sei, der nach 'Wegdenken' des äußeren Leibes übrigbleibe, — des Geistes oder Gespenstes, das etwas 'von der Seele Untrennbares', 'zu ihr selbst Gehöriges' sei, 'nach welchem der Leib gebaut ist und das insofern ein zwischen Seele und Leib stehendes Mittleres, doch nur als Produkt der Seele, ist.' 'Das ist der festzuhaltende Grundbegriff unsrer Eidologie, der Lehre von der unmittelbaren Selbstrealisations- und plastischen Selbstdarstellungskraft der Menschenseele und ihrem Erzeugnis, welches ich Eidolon nenne...' Und er meint, daß, wenn die Seele erst ihren Leib aufgegeben habe, sie 'ihren immanenten Realismus in beliebiger Weise entfalten kann,' was sie in der Sichtbarmachung von allerlei Nebenwerk (auch Kleidung u. dgl.) betätigen könne. Doch 'ergeht sich die durch den Tod entfesselte plastische Kraft der Psyche (u. U.) auch in noch freierer und wechselvollerer Manier.' Und dies dehnt er dann bis zur Erzeugung von Fremdgestalten aus, wie sie sich etwa bei Spuken zeige, die aus mehr als einer Personenerscheinung bestehen: z. B. aus einer Mutter mitsamt ihrem Kinde, oder gar in dem Sichtbarwerden ganzer Versammlungen oder Schlachtenheere,[1] — wofür ich ja schon früher Belege gegeben habe.

Dem sofortigen Übergang zum Begriff des 'Doppelgängers' im Sinne einer feineren Leiblichkeit begegnen wir, wie mir scheint, am häufigsten bei französischen Fachleuten, die sich ja überhaupt am frühesten und ausgiebigsten mit der Erforschung der experimentellen 'Exteriorisation' phantomartiger Gebilde aus dem Körper Lebender beschäftigt haben.

---

1) Daumer I 75f. 84. 90f. 99.

Die ideoplastische Theorie der Erscheinung

Für Gabriel Delanne z. B. gibt es zwar auch 'telepathische Halluzinationen' mit 'wahrem' menschlichem Inhalt, — also Halluzinationen jener Art, in der Gurney und Podmore den echten Deutungsbegriff für alle Fernerscheinungen Lebender, Sterbender und Toter zu finden meinten. Sie verraten aber ihre telepathisch-halluzinatorische Wesensart dadurch, daß sie bei mehreren Perzipienten verschiedene Formen annehmen; etwa die eines Bildes bei dem einen, die eines Klanges beim zweiten, und bei einem dritten die eines bloßen schmerzlichen Gefühls. In allen Fällen kollektiver Beobachtung dagegen, wo besondere Merkmale des Phantoms oder gar seine Ortsbewegung von Mehreren übereinstimmend wahrgenommen werden, greift Delanne ohne weiteres zum Begriff der 'telepathischen Erscheinung',[1] welche 'die tatsächliche Anwesenheit der Seele (*âme*) voraussetzt', und das heißt: des 'perispritalen Leibes'. Wird dieser feinere Leib nicht allen am Ort seines Auftretens Anwesenden sichtbar, so beweist dies nach Delanne lediglich, daß die betreffende Erscheinung 'nicht genügend materialisiert ist, um die normale Sehkraft zu beeindrucken.' Diejenigen, die den perispritalen Leib dann tatsächlich wahrnehmen, seien dazu befähigt worden durch 'eine besondere [telepathische] Beeinflussung seitens des Agenten, welche sie hellsichtig machen könne.' Erst wenn die 'Materialisierung' des ausgesandten Doppelgängers einen genügenden Grad erreiche, 'um das gewöhnliche Licht zurückzuwerfen', werde er der normalsichtigen Beobachtung durch jeden Beliebigen zugänglich. Delanne scheut sich denn auch nicht vor der ausdrücklichen Behauptung, daß in Fällen solcher objektiven Fernerscheinung die 'Substanz' des Doppelgängers unter Umständen 'den Raum durchquert habe mit einer Geschwindigkeit, die sich derjenigen des Lichtes oder der Elektrizität nähere, ohne doch den gleichen Gesetzen zu gehorchen;' daß der *double* 'mit photographischer Treue alle Besonderheiten des Leibes — nach Form und Farbe —, ja selbst plötzlich entstandene, wie Wunden oder Quetschungen, wiederhole,' nicht minder 'Kleider und andre gegenständliche Zutaten'; ja daß z. B., wenn sich der Perzipient gerufen hört, dies 'eine Verdoppelung, eine wahre Materialisation des Stimmapparats der Erscheinung' beweise.[2]

Eine Mehrzahl unter denen, die sich auf unserm Gebiete Fachleute nennen dürfen, wird wahrscheinlich gegen solche Vereinheitlichung der Tatsachen gerade unter dem Begriff der 'feineren Leiblichkeit' nachdrückliche Verwahrung einlegen, und es gab eine Zeit, da ich mich ihnen sofort und unbedenklich angeschlossen hätte. Fortgesetztes Nachsinnen hat mich zu immer wachsender Zurückhaltung des Urteils geführt; denn auf keinem mir bekannten Gebiete von Forschung wird der denkerisch Bewegliche und Unvoreingenommene in gleichem Maße soz. hin- und hergerissen von Wunder zu Wunder und von Verwirrung zu Verwirrung. Alle Gedankengänge der philosophischen Naturwissenschaft wie auch der Erkenntnistheorie verknoten sich in diesen uner-

---

[1] apparition télépathique im Gegensatz zu hallucination télépathique. 113. 115. 141f. 152f. 156. 163. 201.

[2] Delanne I

hörten Tatbeständen in wahrhaft bestrickender Weise, und man darf wohl behaupten, daß wer uns restlos erklären könnte, was ein 'Phantom' ist, schon damit den größten Teil aller 'Welträtsel' gelöst hätte: es sollte mich wundern, wenn der Fortgang der Untersuchung nicht wenigstens dies dem Leser fühlbar machte. Es ist gerade die unerhörte Wandlung, die neuerdings die Grundbegriffe der Physik erlebt haben, vor allem die Auflösung des älteren starren Begriffs der Materie, was die Möglichkeit ganz neuartiger Lösungen auch unsres Problems nahezulegen scheint.

Materie gilt ja — so drückt ein geistvoller Denker in frei andeutenden Worten die Lage aus — nicht länger als etwas 'Absolutes'. Gewicht, Trägheit, Maße eines Körpers können veränderlich sein, sodaß 'nun keine einzige Eigenschaft mehr übrig bleibt, die als wirklich und im eigentlichen Sinne konstant bezeichnet werden kann... Die Vernichtung und die Schöpfung von Materie liegen jedenfalls durchaus im Bereiche wissenschaftlicher Vorstellungsmöglichkeit, vielleicht sogar im Bereiche experimenteller Möglichkeit', und Versuche im Sinn einer Dematerialisation rücken in den Gesichtskreis der Wissenschaft. Dann aber warum nicht auch solche der Schöpfung von Materie? 'Die Welt rauscht auf aus ihrer plastischen Stauung, und sie verrauscht... Sie ist nicht mehr die harte Substanz, sondern flüssige Funktion, nicht mehr starres Sein, sondern werdender, wechselnder Zustand. Die Welt ist nur mehr Verweltlichung. Mit ihrer Konstanz verliert die Materie ihre Absolutheit, mit ihrer Absolutheit ihre Selbständigkeit.' Der 'Weg auf zum Geiste hin und vom Geiste her' tut sich wieder auf. 'Materie ist Materialisierung. Der Aether, Wiege und Grab der Materie, ist nicht brauchbarer als — Gott. Er ist nur das Symbol jener Indifferenz, in der das Materielle zum Immateriellen, ja zum Geistigen übergeht.' — 'Nach heutiger Anschauung wächst die Masse mit der Geschwindigkeit, folglich mit der beschleunigenden Kraft. Folglich ist Masse nur das Korrelat der Kraft, der Widerstand, das Beharrende gegenüber dem Treibenden, das Passive gegenüber dem Aktiven. Ohne Kraft gäb's keine Masse... Eine geistige Bewegung wird durch Wiederholung beschleunigt und dadurch mehr und mehr ins Mechanische, Körperliche abgesetzt, gleichwie Bewegung mechanisch, körperlich wird, indem sie beschleunigt wird, und umgekehrt... Die Materie ist eine langsame Kraft, die Kraft eine rasche Materie. Und da es keine absolute Zeit gibt, könnte andern Sinnen als Materie sichtbar erscheinen, was uns als Energie erscheint, wie die Elektrizität, und umgekehrt.'[1]

Kürzer und nüchterner ausgedrückt: dem Physiker ist heute der Materiebegriff im alten Sinn, der Begriff von starren Teilchen irgendwelcher Art, von 'Wirklichkeitsklötzchen', restlos unter den Fingern zerronnen. Er kennt nicht mehr eine 'Substanz', die zunächst da sein muß, damit dann etwas an und mit ihr geschehen könne, sondern nur

---

1) Joël 358 ff. 392. 395. (z. T. nach Lodge, Life and Matter).

noch ein Etwas, was überhaupt die Welt von einem leeren (vierdimensionalen) Ordnungsschema unterscheidet.[1] Selbst die letzten Bestandteile, in welche die neueste Forschung das ehedem einheitliche Atom auseinandergelegt hat — Proton, Elektron, Neutron, Positron, Neutrino —, gelten nicht mehr als unzerstörbar; in der Vereinigung können sie — verschwinden und nur einen gewissen Betrag von — Energie übriglassen, 'das Einzige, was nach allem, was wir wissen, tatsächlich unzerstörbar ist.'[2] Anders ausgedrückt: es bleiben in diesem 'dynamistischen' Weltbilde schließlich nur 'Wirkungen' übrig, ein rastloses 'Sichdurchkreuzen von Billionen und aber Billionen von Wirkungen in kosmischer Ordnung'; mag man diese in die physikalische Rechnung (nach Slavek) als Licht-Quanten oder (nach Schrödinger) als 'Wellenpakete von Schwingungen' oder was sonst einführen, d. h. als 'periodische Veränderungen' irgendeiner Größe, gleichgültig welcher Art diese ist.[3] Wie das Beispiel gewisser lebender Physiker zeigt, ist von solcher Auffassung bis zum Satze, daß 'im Grunde' alles nur 'Geist' sei, kein weiter Schritt, und der Gedanke, daß ein geistiger Antrieb ein stofflich erscheinendes Gebilde hervortreibe, erscheint dann gewiß nicht mehr abenteuerlich. Ich habe denn auch schon lange die Ansicht vertreten, daß die heutige Entwicklung der Physik eine klärende Befruchtung bestimmter Gebiete des 'Okkultismus' erwarten lasse, und es hat mich nicht gewundert, als ein führender Theoretiker der neuesten Materie-Forschung (dessen Namen ich einstweilen glaube verschweigen zu sollen) mir brieflich versicherte, daß ihm die Tatsachen der Materialisation *a priori* keineswegs unwahrscheinlich erschienen. Darf man am Ende auch umgekehrt erwarten, daß führende Physiker sich bald genug aus den Tatsachen der Phantomatik — Anregung und Bestätigung ihres Nachdenkens holen werden?

Aus solchen Überlegungen heraus aber erscheint es nun bedeutsam, wenn sich der Theorie des schon bestehenden 'feineren Leibes', die ich oben aus Delanne belegte, heute eine andre gegenüberstellt, die von dem Begriff der Ideoplastie, der vorstellunggelenkten Erschaffung solchen Leibes ausgeht. Als ihr entschlossenster Vertreter dürfte Bozzano zu nennen sein. Er bezieht dabei sogar den Tatbestand ein, den sonst fast jeder noch von aller phantomatischen Objektivität zu sondern bestrebt ist: den Tatbestand der Halluzination. Wer wenigstens einige 'Erscheinungen' als 'telepathische Halluzinationen' betrachtet wissen will, der will sie damit eben auch als 'bloße Vorstellungen' bezeichnen (wennschon übernormal angeregte); er will sie insofern entgegensetzen allen Erscheinungen, denen irgendwelche Objektivität

---

1) Bavink 180.   2) Prof. P. Jordan in Geistige Arbeit, 5. April 1937.   3) Bavink 181 ff.

nicht abzusprechen wäre. Indem nun Bozzano auch der Halluzination schon Objektivität zuschreibt, auch sie als re ale Gedankenschöpfung bezeichnet, vertritt er einen Begriff, der heute gewissermaßen in der Luft liegt und seine eigentliche Geschichte wahrscheinlich erst vor sich hat.

Es ist schon seit langem aufgefallen, daß sowohl frei erzeugte als auch von außen suggerierte Halluzinationen sich unter Umständen verhalten wie 'wirkliche Dinge'. Bekannt sind z. B. die Versuche Binets u. A., das hypnotische Subjekt auf einem leeren Blatt Papier ein beliebiges Bild 'erblicken' zu lassen; mischt man dann dieses Blatt unter andere ihm völlig gleichende (die Erfüllung dieser Bedingung ist natürlich wichtig), so wird die Versuchsperson, wenn man ihr Blatt auf Blatt vorlegt, das 'Bild' stets nur auf demjenigen erblicken, auf dem es von Anfang an soz. suggestiv angebracht wurde. Stellt man das betreffende Blatt 'auf den Kopf', ohne daß die Person davon weiß, so erscheint ihr auch das Bild 'auf den Kopf gestellt'. Betrachtet es die Person durch ein Prisma, so erscheint das Bild verdoppelt, 'genau entsprechend den Gesetzen der Optik'; ein Opernglas vergrößert oder verkleinert es, je nach der Richtung, in der man es benützt; und hält man das Blatt vor einen Spiegel, so erblickt das Subjekt in diesem auch das suggerierte Bild.[1] — Die wissenschaftliche Erklärung dieser Vorgänge nimmt irgendwelche winzige, normalerweise kaum wahrnehmbare Besonderheiten der (nur scheinbar) einander 'völlig gleichenden' Blätter an — *points de repère* —, an denen die Versuchsperson das suggestiv belegte eben doch 'erkenne', und schreibt dann die 'natürlichen' optischen Veränderungen des Bildes der Wirkung der Erwartung zu;[2] eine Erklärung, die Bozzano schon mit den Beobachtungen nicht ganz im Einklang findet; während unser sonstiges heutiges Wissen über 'Gedankenschöpfungen' sie vollends überflüssig mache. — Die Frage erscheint mir aber doch noch nicht so spruchreif, wie Bozzano es hinstellt. Versuche bezüglich der dioptrischen Beeinflussung sind nämlich auch mit den bekannten Visionen auf spiegelnden Flächen und in Kristallkugeln gemacht worden und haben einstweilen leidlich verworrene Ergebnisse geliefert. Selbst bei sog. unwissentlichen Versuchen verhielten sich die Bilder bald ganz auffallend den optischen Gesetzen entsprechend (indem sie z. B. in waage- oder senkrechter Richtung verdoppelt wurden!), bald aber auch nicht; und zwar bei einer Versuchsperson, der Professorin Verrall, trotzdem diese sich bewußt war, bei ihren Visionen *points de repère* zu benutzen.[3] Diese mangelnde Eindeutigkeit der Erfahrung tut auch der Theorie der 'realen' Halluzination einstweilen Abbruch; wiewohl natürlich die völlige Ungeklärtheit des Problems der Halluzination auf wissenschaftlichem Boden ihr einigen Spielraum lassen mag.

Eine ähnlich 'realistische' Deutung läßt Bozzano sodann den 'Gedankenformen' zuteil werden, die manche 'Hellseher' in Gegenwart

---

1) Binet 280ff. Dagegen vgl. Pr VIII 500 über Miss A.   2) Zustimmend: Myers I 238.
3) Pr VIII 485f.; X 108.

Andrer wahrzunehmen behaupten, und über die namentlich aus theosophischen Kreisen merkwürdige Darstellungen vorliegen: bildmäßige 'Projektionen' nicht bloß von Menschen und Dingen, sondern oft von scheinbar ganz phantastischem, aber angeblich das Gefühlserleben des Betreffenden erkennbar symbolisierendem Gepräge.[1] Gedanken seien eben — Dinge; und Vorstellungen, Gefühle, Leidenschaften 'erzeugen' Formen, in denen sie sich darstellen.

>   ...thought creates
>   from its own wreck the thing it contemplates.
>   (Shelley.)

Es mag bemerkt werden, daß Bilder dieser Art sich gelegentlich in jenen rauchigen Nebel auflösen,[2] den wir noch genauer als Anfangs- und Endstufe unzweifelhaft objektiver Phantome kennenlernen werden; eine nachdenklich stimmende Ähnlichkeit, die wir übrigens auch an Visionen-im-Kristall beobachten.

Von hier aus ist dann nur noch ein Schritt zu den Gebieten, auf denen der Begriff der ideoplastischen Bildschöpfung seine seltsamsten und wichtigsten Anwendungen sucht: den Gebieten der übernormalen Photographie und der Materialisation. Die erstere Anwendung habe ich bereits kurz erwähnt,[3] und es ließen sich für sie sehr merkwürdige Beobachtungen ins Feld führen. Doch will ich auf diese nicht näher eingehn, da ich ja das ganze Gebiet von meiner Argumentation einstweilen ausgeschlossen habe. Ließe man die photographischen 'Extras' als ideoplastische Leistungen gelten, so ergäbe sich freilich erst recht die Versuchung, nun auch die flüchtigen Phantome der Fernerscheinung und des Spuks unter diesen verheißungsvollen Begriff zu bringen. 'Die Versuchung' sage ich einstweilen nur. Denn so dunkel unser Deutungsmittel auch sein mag, so schwer bestimmbar also auch seine Grenzen: schon bei den Spuk- und Fernerscheinungen kommen uns Bedenken gegen seine Zulänglichkeit, sobald wir uns vergegenwärtigen, wie sehr ihre 'Objektivität' doch offenbar über die der photographischen Extras hinausgeht. Während bei diesen allenfalls Spuren halb-passiver Bewegung zu entdecken wären (etwa bei Mehrfacherscheinen eines Extra auf der gleichen Platte), zeigt das sichtbare Phantom ja, wie wir wissen, nicht nur alle Natürlichkeit des Ortswechsels und des persönlichen 'Benehmens', sondern wirkt auch wie ein bewußtes und körperhaftes Wesen auf die Dinge. Wird mit der (allenfalls photographierbaren) 'Erscheinung' auch dieser ganze Apparat persönlicher Betätigung durch irgendjemandes 'Vorstellen' —

---

1) Vgl. Besant; E. A. Quinon in Lt 1901 401. 2) S. V. Turney in LO 1926 559.
3) o. S. 271.

'erschaffen'? Wir fühlen wohl: hier soll ein Schritt getan werden, den unser Denkgewissen nicht so leicht zustande bringt. Wieviel schwerer aber müßte ihm der weitere werden, der nunmehr unabweislich droht: auch die Materialisation der Sitzung als ideoplastisches Erzeugnis aufzufassen; die Materialisation, die im äußersten Falle — das hat uns bereits die obige Tatsachenschau bewiesen — im seelischen und körperlichen Auftreten von einem lebenden Menschen gar nicht zu unterscheiden ist, ja in manchen Fällen nicht von einem bestimmten Menschen. Es ist klar, daß erst auf dem Boden dieser Tatsachen die Problematik des Phantoms in ihrer ganzen Furcht- und Fruchtbarkeit uns umklammert, und wie man den Feind oft dort zuerst angreifen soll, wo er am stärksten ist, so auch ein Rätsel da, wo es sich am dunkelsten zeigt. Daß von der Erwägung der krassesten Formen des Phantoms auf seine 'milderen' Licht fallen werde, ist an sich wahrscheinlicher als das Umgekehrte. Darum soll auch unsere theoretische Bemühung, so aussichtslos sie erscheinen oder sein mag, von vorn herein auf die Tatsachen der Materialisation gerichtet werden. Es wird sich zeigen, daß auch hier der Ertrag zum mindesten nicht geringer ist, den wir für unser eigentliches Grundproblem von dieser Untersuchung des objektiven Phantoms erhoffen: für das Problem des Überlebens.

7. Die Anatomie der Materialisation

Ich beginne mit der Erörterung einer Vorfrage, deren Beantwortung alle ferneren Entscheidungen beeinflussen dürfte. Sind Materialisationen ihrem Gesamtbau nach, was sie auf den ersten Blick zu sein scheinen, nämlich abnorme Vollduplikate menschlicher Körper (bzw. Körperteile), oder aber täuschen sie diese echte Entsprechung nur vor und sind in Wahrheit sehr viel weniger?

In der Tat ist z. B. von E. v. Hartmann die Ansicht vertreten worden, es handle sich bei ihnen nur soz. um Hülsengebilde, also reine Oberflächenkörper aus menschenähnlich aufgebauten Stoffschichten.

Hartmann erklärt es für einfacher, anzunehmen, das Medium erzeuge durch seinen magischen Willen nur soz. eine Hülle 'sekundärer Kraftzentren' in Form einer Hand, anstatt die Gesamtheit der Kraftzentren, 'welche den Atomen und Molekülen der Hand in ihrer ganzen Dicke entsprächen'. Denn sollte eine solche vollständige Hand an einem unsichtbaren Körper sitzen? Dieser wäre doch wohl nur darum unsichtbar, weil er undicht wäre; und wäre er so undicht, so müßte er durch den Fußboden sinken und könnte der dichter materialisierten Hand keinen Halt bieten und sie nicht führen;

Die Anatomie der Materialisation

es sei denn, er werde durch Kräfte gehalten und bewegt, die seine Lage im Verhältnis zu den Dingen im Raum bestimmen. Dann aber könnten diese Kräfte, die ja doch aus dem Medium stammten, auch ebenso gut unmittelbar die 'Hand' halten, auch wenn diese eine objektive Leistung ausführt. In Wahrheit führe also das Medium selbst diese Leistung aus, indem es an der Oberfläche des bewegten Gegenstandes jene 'Kraftzentren' in der Oberflächenform einer Hand anordne.[1]

Verwandte Gedanken trägt Dr. Maxwell vor, wennschon ausdrücklich mit dem Gefühl ihrer Unbestimmtheit und Vorläufigkeit.

Nach ihm kann die 'Nervenkraft' des Mediums auf die 'Teilchen eines sehr flüchtigen Stoffes, etwa des Äthers oder sonst einer Art verdünnter Materie', einwirken und sie 'laden und zerstreuen nach Maßgabe der Kraftlinien, die bestimmt würden durch die Wirkung von Nervenzentren und Form annähmen entsprechend jenen besonderen Zentren. [Was das heißen soll, weiß hoffentlich Maxwell selbst.] [Diese Kraftlinien] würden eine gewisse Bildsamkeit besitzen, und diese würde in Beziehung zu jenen Zentren stehen und vorherrschend physiologische Aktivität besitzen [!]. Bestände diese Beziehung zu den höheren Vorstellungszentren, so würden wir bestimmte sinnvolle Formen erhalten, wie z. B. menschliche Gesichter, Tierköpfe und Gegenstände; stellte sich die Beziehung zu niederen Zentren her, so würden wir nur unbestimmte Formen erhalten,' also etwa (könnte man vermuten) jene höchst dürftig gestalteten 'Pseudopodien', 'Ektoplasmen' u. dgl. m., von denen neuerdings die Beobachtung 'physikalischer Medien' so viel berichtet.[2] — Beide Verfasser nehmen dann schließlich an, daß solche Formungen sichtbar werden dadurch, daß jene Kraftzentren etwa zugleich als 'Glimmpunkte' wirken, oder etwas dergleichen.

Auch die unmittelbare Beobachtung scheint zuweilen mindestens verwandte Meinungen angeregt zu haben. Gewisse Schilderungen der Mrs. d'Espérance glaubt v. Schrenck-Notzing im Sinn einer 'flächenhaften Darstellung' des Phantoms verstehen zu dürfen (mit fraglichem Rechte, wie ich glaube); auch der Comte Bullet habe Köpfe gesehen, die den Eindruck bloßer Masken machten, was die Annahme nahelege, daß zunächst eine Fläche materialisiert und diese dann 'modelliert' werde.[3] — Ferner könnte sich diese Vorstellung berufen auf gewisse Beobachtungen bei Eusapia. Einmal z. B. wird ein völlig menschlich gestaltetes Phantom hinter dem Vorhang des Kabinetts berührungsmäßig 'gefühlt', ein Phantom, das sich bewegt, das 'greift' oder 'stößt', ja selbst 'beißt', — und von dem man doch nichts sieht, wenn man hinter den Vorhang blickt, ja — auch nichts fühlt, wenn man es hinterm Vorhang zu greifen sucht![4]

---

[1] Hartmann, Geist. 106f. [2] Maxwell 168f. [3] Schrenck, Mat. 9f. [4] APS V 124. S. o. S. 104.

In einer andern Sitzung wurde Morselli an mehreren Körperstellen durch den Vorhang hindurch berührt und fühlte, 'wie sich eine Person hinter dem Vorhang an ihn lehnte und ihm die Arme drückte. Wir alle', schreibt Barzini, 'sehen diese Arme, umgeben vom Vorhang. Ich erhebe mich sofort, und das Medium an mich ziehend, stecke ich den Kopf in die Öffnung des Vorhangs, um ins Kabinett zu blicken. Dieses ... ist leer. Morselli greift hinter den Vorhang, dort, wo er sich bläht, und stellt fest, daß niemand da ist. Was von außen den Eindruck eines menschlichen Körpers macht, der sich bewegt, ist im Innern nur eine Ausbauchung des Stoffes.'[1]

Daß v. Hartmanns Vorstellung sehr beträchtliche Zumutungen an unsere Phantasie stellt, wird niemand bestreiten; doch muß man sich fragen, ob nicht jede andere Deutung ebenso große oder größere stellen würde. Wenn irgendwo, so gilt auf diesem unerhört neuartigen Gebiete der Satz, daß versuchte Hypothesen schwerlich kühn genug sein können, allerdings auch um so gründlicher auf ihre Durchführbarkeit zu prüfen sind. Die Hartmann-Maxwellsche hat jedenfalls den Vorzug der 'Sparsamkeit', d. h. sie sucht mit möglichst wenigen 'neuen' Annahmen auszukommen, unter denen überdies die einer objektiven Selbstverwirklichung von Vorstellungen ohnehin zu den Hauptbegriffen jeder Art von Phantom-Theorie gehört. Auch brauchen uns gewisse mit dieser Hypothese verknüpfte Folgerungen nicht ohne weiteres abzuschrecken: wie etwa die zur Deutung der Bewegungen und Leistungen des Phantoms erforderlichen. Wir müßten annehmen, daß jene bildsamen Häute von 'Kraftzentren' und 'Glimmpunkten' soz. wie Marionetten an den Fäden der 'Vorstellung eines bewegten Gliedes' oder 'einer bestimmten Handlung' hängen und von Stufe zu Stufe den natürlichen Wandlungen solcher Vorstellung folgen. Das Medium — vermutlich sein 'Unterbewußtsein' — 'stellt sich vor', daß ein Accordion im Gitterkäfig geschaukelt und gespielt wird, und alsbald setzt sich diese Vorstellung in ihrem ganzen Ablauf um in die ununterbrochne und 'natürliche' Erzeugung eines bewegten, handförmigen 'Oberflächengefüges von Kraftzentren', das allen sichtbar das Instrument bewegt und spielt. Toll, phantastisch! — Gewiß. Aber welche Vorstellung wäre weniger phantastisch?

Die Schwierigkeiten verdichten sich freilich bis ins Ungeheuerliche bei jenen Phantomen, die nicht nur von ihren Gliedmaßen und Gesichtern Abgüsse liefern oder mit Bleistiften schreiben, sondern auch vernehmlich und verständig zu uns reden. Sind auch Organe der Klangerzeugung und Silbenbildung durch 'Vorstellungskraft' so weit als 'Oberflächen' ausgebildet worden, als zu solcher Leistung mindestens erforderlich wäre, also ohne ihre weiteren 'physiologischen Hinter-

---

[1] PS XXXIV 219.

gründe'? Und wird dieser 'Mindestapparat von bloßen Oberflächen' durch einen 'Vorstellungsstrom' des Mediums gelenkt im Sinne einer Mitteilung oder Unterredung? Das alles ist 'möglich' — was ist denn unmöglich, das keinen Widerspruch-in-sich enthält? —, mag es uns noch so unwahrscheinlich vorkommen. Ob es dagegen wirklich sei, ist eine andere Frage, und manche Beobachtungen — nicht weniger zuverlässig als sonst die besten auf diesem Gebiet — sprechen in der Tat dafür, daß es nicht wirklich oder doch höchstens in seltenen Fällen wirklich sei. Dagegen nämlich sprechen alle Beobachtungen, die einen durchgehenden natürlich-anatomischen Bau des Phantoms oder Phantomteils soz. mit Händen greifen oder unmittelbar erschließen lassen; und solche sind uns ja schon in den Beschreibungen Mirabellischer Materialisationen begegnet. Doch will ich mich nicht mit dem Rückweis auf diese begnügen, sondern den neuen Tatbestand an sonstigen einschlägigen Beobachtungen fortschreitend entwickeln, wie s. Zt. den der Materialisation überhaupt. Ich beginne daher auch hier mit der einfachsten und so häufig einleitenden Form der Materialisation, mit den 'Händen'.

Schon Crookes hatte über die von ihm beobachteten Hände gesagt, es handle sich dabei nicht immer um 'bloße Formen', vielmehr erschienen sie zuweilen 'vollkommen lebensgleich und anmutig; die Finger bewegen sich und das Fleisch scheint ebenso menschlich zu sein, wie das irgend einer andern im Zimmer.'[1] Und Ochorowicz' Bericht über seine Warschauer Sitzungen mit der Palladino spricht von einer 'großen Hand, vollkommen lebendig, von länglicher Form, heller Hautfarbe, normaler Wärme und Dichte.'[2]

Mehr ins Innere gehend, beschreibt Prof. Bottazzi eine von ihm ergriffene und nicht losgelassene Hand als 'mit knochigen und groben Fingern' versehen (sie löste sich gleich darauf in seiner Hand auf). — 'Die Wärme', schreibt ferner Dr. Venzano, 'die von der kleinen Hand [bei Eusapia] ausging, die Fingerbewegungen der Beugung und Streckung, der von der Hand ausgeübte Druck und Zug sind Tatsachen, die sehr stark zugunsten unserer Schlußfolgerung sprechen: daß es sich um eine lebende Hand handelt mit einem Knochengerüst als Grundlage, Muskeln, Sehnen und Bindegeweben, wie sie alle zu einer Hand gehören, lebendig erhalten durch Gefäße, in denen Wasser und Blut fließt, regiert durch ein Nervensystem, dem sie alle Eigenschaften des Lebens verdanken.'[3] Dies sind Worte eines Arztes, gemünzt auf Gliedmaßen, die dem Beobachter im festen Zugriff seiner Hand — zerrinnen!

In das gestaltete Innere des Rumpfes von Phantomen dringen wir ein vermittelst Beobachtungen, die uns Leistungen derselben vorführen,

---

1) Crookes 102f. ('life-like').   2) Rochas, Motr. 162 (une main complètement vivante). Auch Geley (S. 320) und Bottazzi (ASP 1917 760) betonen diese normale Wärme einer 'Hand'. Vgl. die oben (S. 95. 149) beschriebenen 'Nägel' und 'Hautfalten' an Handabgüssen. Ähnlich Carrington Pr XXIII 456f.   3) ASP 1907 502f.

die wir kaum denken können ohne Beteiligung willkürlich bewegten Atems, des weiteren aber auch nicht ohne wechselnde Einstellungen aller spracherzeugenden Organe, vom Kehlkopf bis zur Lippe.

Während einer Sitzung des Dr. Gibier mit seinem Medium Mrs. Salmon am 10. Juli 1898 entwickelte sich auf höchst eigenartige Weise (die wir noch kennen lernen werden) ein Phantom, das 'Lucie' als seinen Namen angab. 'Die Gestalt bewegt sich gegen das linke Ende des Kreises der Anwesenden auf Mme D. zu und beugt sich über diese. Sie ergreift deren Hände, kehrt die Handflächen nach oben und bläst hinein, ... wobei wir den starken, regelmäßigen, ununterbrochenen Atem hören, der sich [zuweilen] leicht verstärkt, nach dem Gehörseindruck von einer Maschine oder dem Blasebalg einer Schmiede auszugehen scheint und ohne Unterbrechung mindestens 30 Sekunden dauert. Mme B. sagt aus, daß sie das Blasen auf den Händen und dem Gesicht fühlt.'[1] — Eins von Eusapias Phantomen, das uns Lombroso beschreibt, war eine für Sgr. R. erscheinende Frau von großer Schönheit (angeblich eine 2 Jahre zuvor Verstorbene), die 'mit warmem Atem gegen den Rücken der Hand des Sgr. R. hauchte, ihre Hand in seine Haare schob und ihn ganz leicht in die Finger biß.'[2]

Ähnlich behauptet Bozzano, daß während einer Palladino-Sitzung eine herkulische Gestalt, die er für die ihres 'Führers' 'John King' hielt, ihn umschlungen und sich an ihn gepreßt habe, wobei 'ein vollkommen geformter Kopf sich gegen den meinen drückt und ein warmer Atem über mein Gesicht hinstreicht. Der Kopf wendet sich ab und läßt mich seine bürstenartig geschnittenen Haare fühlen.' (Hier hätten wir also 'Kraftzentren' in Form einer Perücke.)[3] 'Er entfernt sich, und ich sehe deutlich sein Profil. Mit meinem Ellenbogen suche ich den Rumpf abzutasten und überzeuge mich, daß es der eines Hünen ist.'[4] Ähnlich bezeugt Dr. Venzano nach der bereits erwähnten Sitzung im Circolo Minerva vom 20. Dez. 1900: 'Ich fühlte einen Mund, von dem ein warmer Atem ausging, mein linkes Ohr berühren und mit leiser Stimme in Genueser Mundart eine Reihe von Sätzen aussprechen, deren Gemurmel auch den Sitzern hörbar war.'[5]

Ich fühle mich verlockt, hier noch ein Weiteres zu erwähnen, trotzdem die Kürze, in der es geschehn muß, mich vor dem Leser in eine mißliche Lage bringt. Die Tatsache der sog. 'direkten' Stimme, durch die mehrere Medien besonderen Ruf erlangt haben, kann m. E. heute als erwiesen bezeichnet werden.

Eine umstrittene Entlarvung (im Grunde nur Verdächtigung) eines derselben, George Valiantines, in Berlin[6] hat bei uns einen ungünstigen

---

1) bei Delanne II 510f. (Schrenck, Mat. 33 nennt G. einen 'hervorragenden Physiologen'). 2) ASP 1908 35. Vgl. N. v. Lwows Aussage RS 1875 56.   3) Gegen d. Beobachter geriebene Bärte: Delanne II 408. 553; Lombroso 76; o. S. 140.   4) Bozzano, Ipot. 32. Körperwärme auch: Gellona 69.   5) APS 1907 164. Ebenso Sir Ol. Lodge u. Mme de C. bei Geley 351. 352.   6) ZP 1929 586 ff. 650 ff. — Bradleys spätere 'Entlarvung' V.s (And after —) bezog sich nur auf 'Fingerabdrücke' und wird von Br. selbst der Entartung Vs. infolge seiner finanz. Erfolge zugeschrieben. Vgl. auch ZP 1932 136 ff. u. Pr XL 389 ff.

Boden für die Anerkennung der Tatsache geschaffen. Aber die Zeugnisse für Mrs. Wriedt sind mindestens ebenso gut, die für Sloan sind eigentlich durchschlagend. Mrs. E. S. French überzeugte in 20jährigen Versuchen einen der ersten Rechtsanwälte und Großunternehmer Amerikas, Mr. Edward C. Randall; und neben diesen stehen viele andre von Mrs. Everitts Zeiten[1] bis auf die heute berühmte, wenn auch umstrittene Margery — Frau Dr. Crandon — in Boston. Bradley, der Valiantine in Europa bekannt machte, erzielte die 'direkte Stimme' auch ohne ihn, allein mit seiner Frau sitzend,[2] und nicht wenige haben die Tatsache bei hellem Tageslicht beobachtet, also unter Bedingungen, die gründlichst ablagen von jenen, die den eigentlichen Grund zu Valiantines und Anderer Verdächtigung abgaben. Miss E. K. Harper, die Sekretärin W. T. Steads, bezeugt dies aus ihrer eigenen Erfahrung mit Mrs. Wriedt, die währenddessen nähte und zuweilen an der Unterhaltung mit der Stimme teilnahm,[3] und Mrs. E. Blake in Braderick, Ohio, hat 'Tausende bei Tageslicht' die direkte Stimme hören lassen. Zwei sachverständige Taschenspieler, darunter Mr. D. P. Abbott, ein Freund Prof. Hyslops, setzten sich nach eingehenden Versuchen für ihre Echtheit ein.[4] Zur Prüfung der direkten Stimme bei Frau Dr. Crandon ersann Dr. Richardson eine Vorrichtung, bestehend hauptsächlich aus einem mit Flüssigkeit gefüllten U-Rohr, worin die geringste Sprachbewegung des Mediums einen Ausschlag der beiden gleichgestellten Oberflächen bewirken mußte.[5] Noch weiter ging (u. a.) Dr. Abraham Wallace, der das Medium während der Versuche Wasser im Munde halten ließ, wobei betrügerisches Ausspeien des Wassers und nachheriges Wiedereinsaugen ausgeschlossen wurde durch einen chemischen Zusatz, der nur bei l a n g e m Behalten des Wassers im Munde eine zunehmend tiefe Färbung desselben bewirkt.[6] Zu allen diesen Sicherungen kommt aber schließlich noch der von fast allen Beobachtern angegebene Umstand, daß die direkte Stimme nicht selten zu hören ist, während das hierbei ja fast immer wache Medium g l e i c h f a l l s s p r i c h t;[7] oder der andere, daß gleichzeitig m e h r a l s e i n e a b n o r m e Stimme zu hören ist. Prof. Nielsson in Reykjavik hörte bei Indridi Indridason 'bisweilen zwei Stimmen gleichzeitig singen: eine weibliche Sopranstimme und einen männlichen Baß-Bariton.'[8] Ja von Home berichten General und Mrs. Boldero, daß sie in seiner Gegenwart zwei Stimmen, eine männliche und eine kindliche, sich unterhalten hörten, während das berühmte Medium gleichzeitig u n u n t e r b r o c h e n redete und, als man ihm dies verwies, als Grund angab: er habe verhüten wollen, daß man ihn der Bauchrednerei bezichtige, denn gleichzeitiges Sprechen und 'Bauchreden' sei unmöglich.[9]

Die Tatsache selbst besteht bekanntlich in dem deutlichen Hörbarwerden vieler persönlich gesonderter Stimmen — meist, aber keines-

---

1) 1855 (Podmore, Spir. II 64; Aksakow 464).   2) Bradley, Wisd. 3 ff. u. ö.   3) Moore 327.
4) Lt 1906 495. 511; 1908 75. Vgl. noch Funk, Riddle 155; C. Chapman (ref. n. Bozzano in ZmpF 1932 203 ff.); McIndoe in Lt 1921 494 üb. d. nichtberufl. Medium A. McCreadie.
5) Ref. ZpF 1928 94. Vgl. auch Pr XXXVI 126.   6) Lt 2. Febr. 1918.   7) Sir W. F. Barrett bei Moore 85; Bradley, Stars 14. 28. 167. 179; Wisd. 158. 318; Pr XXXVI 61; Kennedy bei Tweedale 270.   8) Nielsson 25.   9) Bericht an Prof. Barrett (Threshold 61. 62).

wegs immer, verstärkt durch Schalltrichter — in der Nähe des Mediums; Stimmen, die angeblich zum größten Teil sofort als die bestimmter Verstorbener erkennbar sind. Das, was sie in der Unterhaltung mit ihren anwesenden Hinterbliebenen äußern, liefert vielfach 'Identitätsbeweise', die zu den stärksten überhaupt berichteten gehören.[1] — Um wenigstens an einem Beispiel den Tatbestand etwas zu verdeutlichen, entnehme ich einige kurze Angaben den Berichten J. Arthur Findlays über das Stimmenmedium John C. Sloan, Berichte, die vor einigen Jahren, von Sir William Barrett, F.R.S., bevorwortet, in der angelsächsischen Leserwelt bedeutendes Aufsehen erregten.

Findlay nimmt in der City von Glasgow eine hochgeachtete Stellung ein. 'Wenige Männer', schrieb Barrett von ihm, 'erfreuen sich höheren Ansehens wegen ihrer Rechtschaffenheit und ihres gesunden Verstandes als er, und wenige sind in gleichem Maße gefeit gegen Betrug durch Schwindler und Scharlatane.[2] Sein fachmännisches Wissen machte ihn zum Vizepräsidenten der Glasgower Ges. f. ps. F., deren Präsident der Earl of Balfour ist. An seine Versuche mit Sloan ging er im Geiste 'entschiedenen Argwohns' heran, auch nachdem er bereits die ersten Stimmen 'gehört hatte. Niemand unter den Anwesenden kannte ihn unter seinem Namen, als er am 20. Sept. 1918 seine erste Sitzung mitmachte. 'Plötzlich (schreibt er) sprach eine Stimme dicht vor mir', und auf seine Frage, wer es sei, erwiderte sie: 'Dein Vater, Robert Downie Findlay, und fuhr dann fort, von etwas zu reden, wovon nur er und ich, sonst aber niemand auf Erden wußte... Aber mein Staunen wuchs, als, nachdem mein Vater geendet, eine andere Stimme den Namen der [einzigen] andren Person nannte, die zu Lebzeiten von der Sache gewußt hatte, und diese Stimme setzte die von meinem Vater begonnene Unterhaltung fort.' In weiteren Sitzungen 'sprachen viele verstorbene Freunde zu mir, gaben Namen und Adresse an und sagten mir Dinge, die kein Anwesender außer mir hätte wissen können... Freunde traten auf und sprachen zu mir von Angelegenheiten, von denen nicht nur kein Anwesender, sondern auch ich selbst nicht wußte, deren Tatsächlichkeit ich aber durch Nachforschungen feststellte... Ich beschloß nunmehr, bei nächster Gelegenheit neben dem Medium zu sitzen und, während eine Stimme sprach, mein Ohr dicht an seinen Mund zu legen. Ich hielt seine Hände von Beginn der Sitzung an, und während eine Stimme sprach, hielt ich mein Ohr dicht an seinen Mund. Ich fühlte des Mediums Atem, mein Ohr berührte seine Lippen, aber kein Ton drang aus ihnen hervor. Dies habe ich getan nicht ein- oder zweimal, sondern viele Male, bis ich schließlich überzeugt war, nicht nur daß der Vorgang der direkten Stimme echt war, sondern auch daß die Redenden wirklich die waren, die sie zu sein behaupteten.'[3] Denn Findlays Feststellungen waren die gleichen, ob nun die Sitzungen in Sloans Wohnung oder in dem Sitzungszimmer der Glasgower Ges. f. ps. F. stattfanden, ob weitere Personen zugegen waren oder das Medium mit Findlay und dessen Stenographin allein. Gerade in diesen Sit-

---

1) S. Bd. I S. 285f.   2) Findlay 7.   3) das. 56f. 59.

zungen zu Dreien lag Sloan 'in tiefem Trans, seine Hände in den meinen, seine Füße von den meinen kontrolliert, sein Kopf auf die Brust herabgesunken, und abgesehen von gelegentlichen Zuckungen, saß er reglos... Als Vorsichtsmaßregel hatte ich die Tür verschlossen und den Schlüssel in meine Tasche gesteckt.' 'Es war unmöglich, daß jemand im Zimmer verborgen war; diese Gewißheit verschaffte ich mir stets.'[1] 'Ich habe auch Stimmen bei Tageslicht gehört, sie sind aber stärker und besser entwickelt im Dunkeln oder bei Rotlicht, das nicht die gleiche zerstörende Wirkung wie weißes ausübt.' 'Oft habe ich — und haben Andre mit mir — zwei oder selbst drei Stimmen von verschiedenem Klang und persönlicher Unterscheidbarkeit gleichzeitig zu den Anwesenden reden hören, und zwar über verschiedene Dinge, die nur den Angeredeten bekannt waren, während entweder das Medium zugleich über etwas anderes zu den neben ihm Sitzenden sprach, oder ich mein Ohr ganz dicht an seinen Mund hielt, ohne daß ein Ton von seinen Lippen kam...'[2]

Zu solchen sachlichen Sicherungen gegen Betrug, auch den durch Bauchrednerei, wie sie übrigens in den Urkunden jedes Stimmen-Mediums berichtet werden, kamen aber hier noch persönliche, die ihren Eindruck auch auf den Unerfahrenen nicht verfehlen können. Sloan ist nämlich ein einfacher und herzensgütiger Arbeiter mit dem Einkommen eines solchen, der aber trotzdem jedes Angebot eines Entgelts für seine Sitzungen als beleidigend zurückweist. 'Er liebt die Zurückgezogenheit und ist im höchsten Grade bescheiden. Er macht sich nichts aus dem Lobe, das er so oft am Schluß eines solchen Abends erntet. Ich habe immer den Eindruck von ihm, daß er diese Sitzungen nicht mag und sie nur aus Pflichtgefühl bewilligt. Ich bin gewiß, daß er, sich selbst überlassen, nie seine mediale Gabe ausüben würde. Sein Pflichtgefühl und seine Herzensgüte' allein vermögen ihn dazu. 'Ich besitze', schreibt Findlay, 'Niederschriften von 39 Sitzungen mit Sloan; 83 verschiedene Stimmen haben zu mir gesprochen oder zu persönlichen Freunden, die ich mitgebracht hatte; 282 verschiedene Mitteilungen sind mir oder ihnen zuteilgeworden, darunter 180, die ich als 'ersten Ranges' bezeichnen kann, indem es sowohl dem Medium als sonst irgend einem Anwesenden unmöglich war, von ihrem Inhalt normalerweise etwas zu wissen.'[3]

So viel, in eiligem Vorübergehn, zur Beglaubigung unsres Tatbestands. Uns fesselt daran hier nur die Frage, ob solche Leistung ein Stück Phantom-Anatomie erweise. Ich muß nun sagen, daß, so sehr die Tatsachen in unserem Zusammenhang anregungsträchtig und darum der Erwähnung wert erscheinen, die Ausbeute, die sie für unsere Frage liefern, doch keineswegs gewiß ist. Vor allem weil, wie erwähnt, unmittelbare Beobachtungen von Phantomen während des Erklingens der Stimmen fast völlig fehlen. Die Sitzungsteilnehmer haben allerdings nicht selten jenes seltsame Gefühl einer 'Anwesenheit' an der

---

1) 86. 119f. 131.   2) 11. 30f.   3) 58. 60f. 64.

Stelle, von wo die Stimme hertönt, und Miss F. Compton konnte nach einer Valiantine-Sitzung in Bradleys Hause geradezu sagen: die Redenden 'schienen umherzugehen und deutlich bei uns im Zimmer zu sein... Ich war mir einer [anwesenden] Persönlichkeit ebenso sehr bewußt wie einer Stimme.'[1] Ja Bradley behauptet sogar, daß die materialisierten Hände einzelner Redender ihm auf den Kopf gelegt worden seien.[2]

Der einzige mir bekannte Bericht über die zusammenhängende Beobachtung einer typischen 'Stimmensitzungs-Stimme' (wenn ich so sagen darf) und einer Materialisation stammt von dem oben angeführten Dr. Edwin F. Bowers.

'Die packendste Erfahrung (schreibt er[3]), die ich je während der 35 Jahre meiner parapsychischen Forschungen gemacht habe, ereignete sich vor nicht langem in einer von Mr. Deckers Sitzungen. Ich saß neben meinem Bruder Charlie, als — nach einer Stunde hervorragender und höchst beweiskräftiger Botschaften — eine vor Erregung zitternde Stimme unmittelbar vor uns erklang: 'Charlie, mein Jonge.[4] Und Edvin!' Es war die unvergeßliche Stimme meiner Mutter, in ihrer geliebten irischen Mundart, unverändert seit dem Tage, da sie nach Amerika herüberkam, bis zu dem Tage, da sie vor neun Jahren starb. Mutter konnte nie lernen, 'Junge' zu sagen, und sprach das w in Edwin stets wie v aus. Nach einigen Minuten von Herzen kommender und zu Herzen gehender Begrüßungen und 'Gott-segne-euchs', währenddessen Mutters Stimme von allen Anwesenden deutlich gehört wurde, forderte sie uns beide auf, uns zu erheben. Dann legte sie, so natürlich, als wäre sie wieder im Fleische, einen Arm um meinen Bruder, den andern um mich, und zog uns dicht an sich, indem sie in gebrochenen Tönen und beinahe ekstatischer Freude von ihrer Liebe zu uns und von ihrem großen Glück über diese Wiederbegegnung sprach. Sie bat uns, 'für einander zu sorgen', sagte, daß sie auf jede ihr mögliche Art uns helfe, und bat uns nicht zu vergessen, daß wir alle, wann es Gottes Wille wäre, wieder beisammen sein würden. Sie nahm Charlies Hand in die ihre und führte sie über ihr Gesicht. Sie hob sie dann auf ihren Kopf und ließ ihn den für sie bezeichnenden Knoten seidenweichen Haares fühlen, in der altmodischen Art geflochten, wie sie ihn stets trug. Wie Charlie mir sagt, nahm sie dann sein Gesicht zwischen ihre Hände, zog es an das ihre herab und küßte ihn auf die Stirn. Dasselbe tat sie mit mir und sagte dann 'Ich muß jetzt gehen.' Es war ein bewegender Abschied. Und doch brachte er uns und denen, die dies alles mit anhörten, überwältigende Freude und Trost...'

Ferner muß man auch daran erinnern, daß die Stimmen meist mit einer objektiven Leistung einhergehen, wie man sie ähnlich in typischen Materialisationssitzungen beobachtet: dem rasend schnellen,

---

[1] Bradley, Wisd. 383.   [2] das. 420f. Vgl. Findlay 141!   [3] Bowers 85f.
[4] *my bye* (statt *boy*).

'zischenden' Umherbewegtwerden der (meist durch Leuchtstreifen sichtbar gemachten) Schalltrichter, welche dabei die Anwesenden an jeder von diesen 'gewünschten' Stelle sofort und unfehlbar mit äußerster Leichtigkeit berühren, — ein Kunststück, das — wie der Versuch wiederholt bewiesen hat — für Lebende in völliger Dunkelheit schlechterdings unausführbar ist.[1]

Endlich sei darauf hingewiesen, daß die 'Redenden' selbst, wenn man sie fragt, eine Theorie der 'Stimme' entwickeln, die diese ausdrücklich auf anatomisch-physiologische Grundlagen zurückführt.

Sie behaupten zunächst wieder, daß der Mensch einen 'ätherischen Leib' besitze, der 'in jeder Einzelheit ein Gegenstück des fleischlichen darstelle, in seinen innern wie auch äußern Organen.'[2] Zu Beginn einer Sitzung fertige einer der unsichtbaren Leiter aus Stoffen, die er teils selber liefere, teils dem Medium und den Sitzern entnehme, eine Maske in der ungefähren Form eines Mundes und Kehlkopfes an, die an einer passenden Stelle des Zimmers 'placiert' werde. Jeder Abgeschiedene, der zu sprechen wünsche, drücke sein Gesicht in diese vergleichsweise dichtere Maske (bestehend aus Stoffen von 'geringerer Schwingungszahl'!) und bedecke und 'bekleide' damit seinen eigenen 'Mund, Kehle und Zunge', wodurch diese Körperteile (nebst der Lunge!) in gewissem Maße materialisiert und zur Erzeugung von Worten im Bereich unserer Wahrnehmung befähigt werden. 'Dieser Zustand dauert nur kurze Zeit, häufig nicht länger als 10 Minuten, wo dann die Dematerialisierung einsetzt ... und [der Abgeschiedene,] obschon sein Mund zu sprechen fortfährt, nicht mehr gehört wird.'[3]

Dies alles mag, wer will, für blühenden Unsinn und reine Hirngespinste eines Mediums halten, das dann aber doch die Stimme selbst auf irgendeine andre übernormale Weise erzeugen müßte, von der es sich noch fragt, ob sie leichter zu glauben wäre als die uns hier berichtete. Ich selber möchte mich jeder Meinung über Dinge enthalten, die ja zunächst nur in Gestalt nicht nachprüfbarer Behauptungen uns entgegentreten; will aber doch, ehe ich diese flüchtigen Bemerkungen über die direkte Stimme beende, noch einige Tatsachen erwähnen, die vielleicht zu Gunsten der 'von drüben her' vorgetragnen Erklärung sprechen.

Erstens wird uns das Zustandekommen der Stimme von mehreren angeblichen Unsichtbaren durch verschiedene Medien genau übereinstimmend im obigen Sinne beschrieben, wobei doch anscheinend diese Aussagen völlig unabhängig von einander sind: der Rev. Duncan z. B. erhielt die gleiche Belehrung von einer nicht übel beglaubigten Stimmen-Persönlichkeit durch die beiden weiblichen Medien Moore i. J. 1928, also 4 Jahre vor dem Erschei-

---

1) Findlay 63. 75; Hegy 52. 57. Vgl. das Flexatone-Spiel — ZpF 1929 125 f.   2) Findlay 83 f.   3) Das. 85 f. (S. die stenographierten Aussagen (in direkter Stimme!) 137 f.) 142 f.

nen von Findlays Buch.¹ Sodann aber wird in Stimmen-Sitzungen häufig eine Beobachtung gemacht, die sehr gut übereinstimmt mit der obigen Angabe: es trete nach einiger Zeit eine 'Dematerialisierung der Maske' ein, worauf der ruhig weiterredende Abgeschiedene nicht mehr gehört werde. Jene Beobachtung gleicht etwa dem zeitweiligen 'Schwund', über den der Rundfunkhörer so häufig sich ärgern muß. 'Lange fortgesetztes Reden vermittelst direkter Stimme', sagt Findlay, 'ist etwas Ungewöhnliches. Nach einigen Minuten schwindet die Stimme dahin — *trails away* — und wird unhörbar, und man muß mitunter 5 Minuten warten, ehe sie wieder genügend Kraft geschöpft hat, um weiterzusprechen.'² Dies, scheint mir, ist ein deutlicher Hinweis zum mindesten auf die übernormale Natur des Vorgangs; es stimmt aber auch vorzüglich zusammen mit dem, was wir noch über Schwankungen des Zustands der Materialisierung hören werden. — Nur mit größtem Vorbehalt erwähne ich, daß bei Frau Dr. Crandon, die u. a. ja auch Stimmenmedium ist, gelegentlich ein sich lebend anfühlendes Gebilde beobachtet und photographiert worden ist, das einer Stimmröhre mit Kehlkopf ähnelt und von dem der 'Führer' 'Walter' (angeblich der verstorbene Bruder des Mediums) behauptete, es sei 'die Materialisation des Dinges, durch das er spreche'. Aus einer Materialisation dieser Art wurden während einer andern Sitzung angeblich deutlich langsame Atemzüge gehört, die von dem gleichzeitigen 'Schnarchen' des Mediums sowohl im Ton als auch im Rhythmus abwichen.³

Das würde natürlich zur Frage führen, ob dieser Atem etwa von einer angeschlossenen, wenn auch unsichtbaren Lunge 'Walters' nebst Zwerchfell 'usw.' geliefert worden sei! Seltsamer Weise aber teilen uns 'unsichtbare Redner' selber mit, daß sie nicht mit eigenem Atem sprächen, sondern dazu — des Mediums Atem benutzen!⁴ Hierzu würde die Angabe passen, daß die Stimme aufhörte — zwar nicht, wenn das betreffende Medium etwa die Zunge zwischen die Zähne klemmte, wohl aber, wenn es passiv am Atmen gehindert wurde; und in solchen Fällen wird uns dann auch folgerichtig bezeugt, daß gleichzeitiges Reden von Stimme und Medium nicht statthaben konnte, und daß z. B., wenn das Medium während des Redens der Stimme zu sprechen versuchte, es zwar Zunge und Lippen bewegen, aber keinen Ton hervorbringen konnte.⁵ Dies widerspricht, wie erinnerlich, zahlreichen andren Angaben, und unser Gedankengang endet somit in verwirrender Ungewißheit. (Ein Ausweg läge vielleicht in dem Gedanken, daß wo das Medium gleichzeitig zu sprechen imstande ist, die Sitzer gewissermaßen als Hilfsmedien herangezogen werden, was sich auch mitunter nach der Sitzung in Heiserkeit verriete.)⁶ Im ganzen also wird einstweilen die Frage offen bleiben müssen, wie weit

---

1) Duncan 61f.; vgl. 150. D.s Buch erschien erst 1—2 Jahre nach F.s.   2) Findlay 134.   3) PsSc VII 107.   4) 'John Watt' bei Holms 228.   5) Lt 1894 296.
6) Holms 229. Auf die mediale Mitwirkung von Sitzern komme ich noch zu sprechen.

das an sich unbestreitbare Phänomen der direkten Stimme uns eine voll-anatomische Ausbildung von Sprechorganen verbürgt.

Doch wenden wir uns von so wenig befriedigenden Betrachtungen zurück zu Beobachtungen der eigentlichen Materialisationssitzung. Da wäre denn zunächst nachzutragen, daß der am Munde des Phantoms so häufig gespürte 'Atem' anscheinend nicht nur durch eine Stimmritze strömt, sondern gelegentlich auch durch — Blasinstrumente.

In Gegenwart von Eusapia Palladino ist bei einer Gelegenheit eine Trompete nicht nur telekinetisch gehandhabt worden, sondern hat auch Töne von sich gegeben. Dr. Venzano z. B. berichtet über eine seiner Sitzungen mit Eusapia, daß gleich 'zu Beginn, während das Zimmer noch von einer 16-kerzigen Glühlampe erhellt war, man eine Trompete deutlich im Innern des Kabinetts spielen hörte, und zwar in verschiedenen Höhenlagen, sodaß der Ton niemandem entging.' Darauf erschien die Trompete zwischen den beiden Vorhängen, mindestens 90 cm über dem Kopf Eusapias, deren Hände 'reglos auf dem Tische lagen, kontrolliert von den unsrigen und allen Anwesenden vollkommen sichtbar. Nach einiger Zeit zieht sich die Trompete zurück und läßt währenddessen neuerdings einige Töne hören, die sich mehrfach wiederholen.' — Hier ist allerdings ein Blasender offenbar nicht gesehen worden; der Vorgang entspräche also insofern etwa deutlich 'handmäßigen' Leistungen, bei deren Verrichtung doch keine Hände gesehen werden.[1]

Aber die mehr innerlichen 'anatomisch-physiologischen' Feststellungen an Phantomen gehen, wie wir schon wissen, selbst über die Beobachtung von Lungen — oder doch von Leistungen, die anscheinend Lungen voraussetzen — sehr beträchtlich hinaus. Ich muß hier vor allem wieder an die mitgeteilten Schilderungen aus dem Beobachterkreise um Mirabelli erinnern, die ja die meisten der unmittelbar festzustellenden Lebensvorgänge mit größter Ausdrücklichkeit behaupteten. Wir hörten von Untersuchungen einiger Phantome durch mehrere Ärzte, Untersuchungen, die sich bis zu einer halben Stunde ausdehnten, die üblichen Methoden anwandten und die Untersucher zu dem ausdrücklichen Zeugnis bewogen, 'daß es sich wirklich um eine normale und menschlich organisierte Person handle, deren anatomischer Bau und organische Funktionen in jeder Hinsicht vollkommen seien.'[2] — Das beste Zeugnis dieser Art aber bezieht sich auf eins der 'klassischen' Phantome, — klassisch auch durch die Vollständigkeit seiner Lebensäußerungen.

'Eines Abends', schreibt Crookes, 'zählte ich die Pulsschläge 'Katies', ihr Puls schlug regelmäßig 75, während derjenige Miss Cooks, wenige Augen-

---

1) Gerosa bei Rochas, Motr. 67; Venzano in APS 1907 (VI) 83. Vgl. Ochorowicz in ASP 1909 72f.; Lombroso 76. Üb. ein angeblich Zigaretten rauchendes Phantom: RB 241 (Fr. v. Tonkli-Graz).   2) S. o. S. 128. 132.

blicke später, 90 erreichte, — ihre gewöhnliche Zahl. Indem ich mein Ohr auf Katies Brust drückte, konnte ich ihr Herz im Innern schlagen hören, und seine Schläge waren noch regelmäßiger als die des Herzens der Miss Cook, als sie mir nach der Sitzung dieselbe Prüfung gestattete. Auf gleiche Weise geprüft, erwiesen sich Katies Lungen als gesünder, verglichen mit denen ihres Mediums, denn Miss Cook war zur Zeit in ärztlicher Behandlung wegen eines schweren Katarrhs.'[1]

Mrs. Ross-Church — Florence Marryat — wird natürlich von niemandem als Zeugin mit Sir William Crookes verglichen werden; doch mag es sich empfehlen, wenigstens im Anschluß an dessen vorstehenden Bericht das folgende aus ihren Beobachtungen Katies anzuführen; wird sie doch immerhin mit Recht von Tweedale als eine 'starke Persönlichkeit, eine ausgezeichnete Schriftstellerin und ein Mensch von großem Scharfsinn und Beobachtungsgabe' bezeichnet.[2] Sie hat auch wiederholt mit Crookes zusammen den Katie-Auftritten beigewohnt. — 'An einem sehr warmen Abend', schreibt sie, 'saß Katie auf meinem Schoß inmitten der Sitzer, und ich fühlte den Schweiß auf ihrem Arm. Dies überraschte mich, und ich fragte sie, ob sie zur Zeit die Adern, Nerven und Ausscheidungen eines menschlichen Wesens habe. Ihre Antwort war: 'Ich habe alles, was Florrie [das Medium] hat.' Bei dieser Gelegenheit auch rief sie mich nach sich in das hintere Zimmer [das Kabinett], ließ ihr weißes Gewand fallen und stand vollkommen nackt vor mir. 'Nun kannst du sehen, sagte sie, daß ich ein Weib bin.' Und das war sie in der Tat, und zwar ein Weib von schönstem Wuchs, und ich untersuchte sie genau, während Miss Cook neben uns auf dem Fußboden lag.'[3]

Die Frage liegt nahe, ob solche Phantome, wenn ihnen wirklich ein anatomisch 'vollständiges' Inneres eignet, auch irdische Nahrung zu sich nehmen können, wenigstens solange sie völlig materialisiert sind. Der Versuch, diese Frage zu entscheiden, scheint seltsamerweise nur äußerst selten und gerade von den besten Beobachtern nicht gemacht worden zu sein. Die ausdrücklichsten Berichte dieser Art, die ich kenne, stammen vom Archidiakonus Thomas Colley, dessen Versuche mit Monck[4] den Anlaß gaben zur Aussetzung eines sehr hohen Preises für den berühmten Taschenspieler Maskelyne, wobei dieser — selbst vor Gericht — eine schmähliche Niederlage erlitt. Die von Colley berichteten Tatsachen sind allerdings nicht ganz eindeutig im Sinne unsrer Frage; aber ihre Dunkelheit ist anderseits so reich an theoretischer Anregung (wie wir bald sehen werden), daß ich hier, als an der

---

1) Crookes 126f.   2) S. 293. Man kann weite Strecken ihrer Schriften nicht lesen, ohne den Eindruck einer stolzen, charaktervollen und scharfsinnigen Persönlichkeit zu gewinnen. 3) Marryat, Death 142.   4) S. Podmore, Spir. II 246 (nach Sp 9. Febr. 1877). — Gegen Colley als Zeugen bringt Podmore nichts weiter vor, als daß er ihm 'Einbildungskraft' zuschreibt (aaO.); und zwar nur, weil Colley behauptet, gesehn zu haben, was er beschreibt. Dies aber ist von solcher Art, daß Podmores einzige Ausflucht in der Annahme von — Halluzinierung besteht! Welche Beobachtung ließe sich nicht auf diese Weise beiseite schieben? Dabei muß P. selbst (II 206) berichten, daß C. sich an einer Entlarvung Eglintons beteiligt habe.

passendsten Stelle, das Wenige doch anführen möchte, was mir von dieser Art zur Verfügung steht.

In einem von fünf Zeugen, darunter Colley, unterschriebenen Bericht heißt es, daß man den Versuch beschlossen habe, das Moncksche Phantom, den 'Mahdi', ein Glas Wasser trinken zu lassen. 'Das Ergebnis war, daß während der materialisierte Geist uns allen sicht- und hörbar dieses Wasser hinunterschluckte, die gleiche Menge Wasser alsbald aus dem Munde des Mediums ausgespieen wurde...'[1] — Einen entsprechenden Vorgang beobachtete Colley, als er den 'Mahdi' aufforderte, von einigen gebackenen Äpfeln zu essen, die dieser selbst aus einem Wandschrank herbeigetragen hatte. 'In diesem Augenblick war unser Medium 6—7' von der materialisierten Gestalt entfernt. ... Monck behauptete, daß er alles genießen würde, was der 'Mahdi' äße... Ich fragte mich, wie das wohl geschehen könne, und während ich mit der Rechten dem Mahdi einen Apfel darbot, hielt ich mit der Linken dem Medium ein Blatt Papier hin, auf das ich alsbald von seinen Lippen die Haut und die Kerne des Apfels fallen sah, den der 'Mahdi' aß. Papier und Abfälle habe ich aufgehoben... Beobachtungen dieser Art habe ich mehrmals wiederholt...'[2]

Nach allem Vorgebrachten müssen wir es für erwiesen halten, daß Vollphantome — oder, um ganz genau zu sein: daß mindestens gewisse Vollphantome — nicht bloß aus täuschenden Hülsen, bildsamen Häuten oder Schichten bestehn, sondern 'ausgefüllte' Leiber von menschlich-anatomischer Bildung und entsprechenden physiologischen Verrichtungen darstellen. Jedenfalls wird die Theorie diese äußerste Form der Tatsachen auch zu bewältigen und daher am besten gleich bei ihr anzusetzen haben. Die Möglichkeiten dieser Theorie sollen jetzt erwogen werden; welcher Ertrag dabei für das spiritistische Problem abfällt, wird sich zeigen müssen.

8. Die Abhängigkeit der Materialisation vom Medium

Soweit unsre abgrundtiefe Unwissenheit eine apriorische Einteilung der Lösungsmöglichkeiten überhaupt zuläßt, scheinen sich diese etwa folgendermaßen anzuordnen: Die letzte, entscheidende Anregung zum Auftreten von Phantomen entstammt entweder einer überpersönlichen Quelle (dieser Begriff ist uns schon bei früheren theoretischen Erwägungen vertraut geworden). oder einer persönlichen: im letzteren Fall aber läge die Wahl zwischen einer inkarnierten Persönlichkeit und einer nicht-inkarnierten, d. i., soweit es sich um menschliche Phan-

---

[1] Aus Sp 1877 II 287 bei Aksakow, Cas 207 (auch PS XXII 485). [2] bei Delanne II 524.

tome handelt, der Persönlichkeit eines Verstorbenen. — Eine zweite, schon berührte Einteilung von Möglichkeiten verläuft soz. senkrecht zu dieser: indem das Zustandekommen eines Phantoms entweder als **Erschaffung** gedeutet werden könnte, oder als bloße **Wahrnehmbarmachung** eines bereits bestehenden. Von diesen beiden Denkbarkeiten vereinigt die **erste** sich ungezwungen mit jeder der drei Möglichkeiten der ersten Einteilung: d. h. es ist an sich nicht schwieriger zu denken, daß eine 'überpersönliche Quelle' — sagen wir etwa: eine 'Erdseele' — durch eine Art von ideoplastischem Träumen ein objektives Phantom vorübergehend erschaffe,[1] als daß die gleiche Leistung durch das 'magisch wirkende Unterbewußtsein' eines Lebenden — des Mediums — vollzogen werde; oder aber durch den (vermutlich wesentlich magischen) Willen eines Abgeschiedenen. Dagegen besitzt die zweite Möglichkeit — die bloße Sichtbarmachung — nicht diese 'gleich leichte Denkbarkeit' in Verbindung mit jeder der drei Möglichkeiten der ersten Einteilung. Am leichtesten ließe sie sich offenbar unter spiritistischen Voraussetzungen denken: der Jenseitige besäße danach einen unsichtbaren Leib, den er mit Hilfe des Mediums wahrnehmbar machte. Was eine unsichtbare Präexistenz des Phantoms in Verbindung mit dem Medium zu bedeuten hätte, ist schon viel schwieriger zu begreifen. Soll es sich um eine unsichtbare Leiblichkeit des Mediums selber handeln? Dann müßten wir erstens annehmen, daß sie aus dem Medium 'herausgezogen' werden könnte, ohne daß dieses dabei ums Leben käme (und wir wissen schon, daß manche Medien während der Materialisation sogar wach sind); wir müßten ferner annehmen, daß jene Leiblichkeit ihr Aussehen willkürlich und gründlich verändern könne; denn das Phantom gleicht ja fast nie dem Medium. — Aber auch der unsichtbaren Präexistenz von Phantomen 'innerhalb' einer überpersönlichen Seele — sagen wir etwa wieder: der Erdseele — ist es schwer, einen guten Sinn beizulegen. Zunächst würden sie nicht eigentlich jener Seele angehören — denn es handelt sich ja um objektive Wesenheiten —, sondern einem Reiche unwahrnehmbarer Stofflichkeit, das nur jener Seele besonders 'nahestände'. Wir hätten also anzunehmen, daß in engem Wirkungszusammenhang mit einem überpersönlichen Geistwesen — unsichtbare Körper bestehen, die — wie ihr gelegentliches Sichtbarwerden beweist — den Körpern bestimmter Lebender völlig gleichen. Da die Annahme einer 'Erdseele' sich ohnehin fast unausweichlich mit dem Gedanken verknüpft, daß alle (auch die menschlichen) Einzelseelen 'in ihr enthalten' sind, so würde sich die Annahme aufdrängen, daß auch jenen

---

[1] Eine von Dr. R. Lipschitz ausgearb. Hypothese.

Die Abhängigkeit der Materialisation vom Medium

unsichtbar bestehenden Körpern, genau wie den auf Erden sichtbar lebenden, persönliche Teilseelen zugeordnet seien: womit wir auf die spiritistische Fassung der zweiten Reihe von Möglichkeiten zurückgeführt wären.

Doch auch abgesehn von der Schwierigkeit, diese beiden Formen unsrer zweiten Reihe auseinanderzuhalten, verspricht offenbar die Annahme der überpersönlichen Seele geringere Klärung unsres Problems als jede andre. Hier, wo uns Erscheinungen von ausgesprochen persönlichem Gepräge entgegentreten, ist es schwer zu begreifen, was uns zu jener Annahme überreden könnte. Sie ist gewiß nicht von vorn herein als ausgeschlossen zu betrachten; aber ebenso wenig, in Ermangelung bestimmter Hinweise, als eine der ernstlich zu prüfenden Deutungen. Diese ernstlich zu bedenkenden schmelzen demnach, wie mir scheint, auf folgende vier Möglichkeiten zusammen: Das materialisierte Phantom ist entweder

1) ein durch das Medium Erschaffenes, oder
2) eine bloß wahrnehmbar gemachte abnorme Körperlichkeit des Mediums selbst; oder aber es ist
3) ein durch einen Verstorbenen, wenn auch mit Hilfe des Mediums, Geschaffenes, oder
4) eine, wenn auch mit Hilfe des Mediums, blos wahrnehmbar gemachte Körperlichkeit des Verstorbenen.

Wir werden jetzt zu untersuchen haben, welcher von diesen Möglichkeiten — und in welchem Grade — die Einzelheiten der Beobachtungen Wahrscheinlichkeit verleihen. —

Sobald wir nach solchen Einzelheiten auszuschauen beginnen, drängen sich uns Tatsachen auf, die ohne weiteres beweisen, daß das Auftreten des materialisierten Phantoms **jedenfalls** in weitem, wenn auch schwer abzugrenzendem Umfang von einem Medium 'abhängt', also mindestens **auch** eine 'Leistung' des Mediums darstellt. Darauf deutet ja schon die Tatsache, daß die absichtliche, experimentelle Erzielung eines Phantoms nur möglich ist bei **Anwesenheit** eines Mediums. Dies gilt **vielleicht** sogar für die früher betrachtete Gruppe der spontanen und objektiven Spukphantome, wo die Verwendung eines Mediums zunächst fraglich erscheinen könnte, indem der Lebende solche Phantome doch häufig einfach 'antrifft', wenn er den Spukort betritt. Gleichwohl wird die Möglichkeit zu erwägen sein, daß auch bei ihnen Lebende irgendwelche 'mediale Beihilfe' leisten. Wir haben schon wiederholt von gewissen subjektiven Empfindungen der Spukbeobachter gehört, die, wie wir noch erfahren werden, eine seltsame Ähnlichkeit aufweisen mit Empfindungen des Materialisationsmediums.[1] Dabei wird eine

---

1) S. z. B. Daumer II 121; Jung 231; Kerner, Ersch. 184. 187 u. ö.

solche mediale Betätigung des Durchschnittsmenschen überhaupt wahrscheinlich gemacht durch die Beobachtung, daß auch die Beisitzer einer Materialisationssitzung nicht selten die Empfindungen des 'eigentlichen' Mediums teilen,[1] was vermuten läßt, daß sie an der Ermöglichung des Phantoms beteiligt seien: 'das Medium' also in solchen Fällen im Grunde als Gemeinschaftswesen aufzufassen sei, innerhalb dessen das 'eigentliche' Medium nur den Hauptanteil der Leistung aufbringe.

Zu diesen subjektiven Empfindungen gehört zunächst die je nach der Entwicklung der Phänomene in wechselndem Maß auftretende Ermüdung und Erschöpfung, welche die ständige — und im Grunde ja selbstverständliche — Behauptung der Medien, wie auch ihrer 'Führer' oder 'Kontrollen' bestätigt, daß die Materialisation eine gewisse 'Kraft' beanspruche, nach deren Verbrauch die Phänomene aufhören. An allen großen Materialisationsmedien wird die Beobachtung gemacht, daß sie, um leistungsfähig zu sein, über ein gewisses Maß von Gesundheit verfügen müssen,[2] und daß sie nach längeren Zeiten gehäufter Sitzungen — Erholungszeiten einschieben müssen, um neues 'Fluidum' anzuhäufen.[3] Nach einer Sitzung, die starke physikalische und Materialisationsphänomene geliefert hatte, war Eusapia noch am nächsten Tage wie aufgezehrt, 'stumpf verdrossen, einsilbig'; Mrs. d'Espérance fühlte meist während ihrer Sitzungen eine beträchtliche Behinderung des Atems, Lähmung der Gliedmaßen, weiter oder enger umschriebene Anaesthesien und seelische Hemmungen; Symptome, die sich mit der Auflösung der Materialisation wieder verloren.[4] — Ja im äußersten Falle liegt das Medium sprachlos, bleich, in kalten Schweiß gebadet da.[5]

Ist das Medium während der Leistung soweit bei sich, daß es sich selbst beobachten kann — das häufigere ist ja ein 'traumhafter' oder gar 'bewußtloser' Zustand —, so erhalten wir zuweilen Schilderungen, die solche Beobachtungen Dritter aufschlußreich ergänzen. — Mrs. Finch z. B. bezeugte 'Ziehen im Magen und Zittern im ganzen Körper.' 'Während der ganzen Zeit, da die Materialisationserscheinung den Teilnehmern sichtbar blieb, hatte ich das Gefühl, als würde ich buchstäblich in Stücke gerissen, und als sollte mein Leben aus meinem Körper fließen... Unwillkürlich verließen meine Füße den Boden, und es überkam mich ein sonderbares zusammenziehendes Gefühl, als würde mein Körper ganz starr und wie ein Ball, Kopf und Füße verbunden.' Sie war sich der außerordentlichsten Nervenanstrengung bewußt, zeigte starke Überempfindlichkeit für geringe Geräusche, konnte kein Wort hervorbringen, und die Zeit erschien ihr stark verlängert.'[6]

Zwei Tatsachen lassen sich als Bestätigung solcher Beobachtungen auffassen. Erstens scheinen die günstigsten Witterungsbedingungen von

---

1) Vgl. die Angaben u. Quellennachweise: Mattiesen 598f.; ferner Kardec 195ff.; Bottazzi in ASP 1907 656; Maxwell 42ff. 49ff. u. a. m.   2) Home, Révél. 166; ÜW IV 282.
3) Mrs. Finch: PS XXXIV 718ff.   4) d'Espérance 231; Aksakow, Cas 179f. 183; Seiling in ÜW II 20. Dagegen psych. Exaltation und Hyperästhesie: d'Espérance 246. 272; Aksakow, Cas 195.   5) Eus. Palladino: ÜW X 466; Mrs. Salmon: PS XXVIII 518.   6) PS XXXIV 722ff.

Materialisationsleistungen etwa die gleichen zu sein wie im normalen Durchschnitt die andrer schöpferischer Leistungen überhaupt, nämlich trockenes, klares Wetter, also hoher Barometerstand.[1] Zweitens finden wir, daß eine Störung des ruhigen Leistungsablaufs — also der Kraftentnahme aus dem Medium — dessen Erschöpfung bis zu dauernder Erkrankung steigern kann: wie z. B. im Falle der völlig ergebnislosen 'Ergreifung' der Mrs. d'Espérance zum Zweck der Entlarvung: dieser Zugriff eines Überklugen hatte ein mehrjähriges Siechtum der Dame zur Folge.[2]

Andre Beobachtungen am Vorgang der Materialisation scheinen das Band der Abhängigkeit zwischen Phantom und Medium noch enger zu knüpfen; auch hängen sie großenteils durch natürliche Übergänge mit einander zusammen, wodurch sich ihre Beweiskraft weiter erhöht. So erscheint z. B. die 'Erschöpfung' des Mediums — an sich ja zweideutig genug — durchaus bedingt durch eine häufig unverkennbare schöpferische Anstrengung während der Leistung.

An Eusapia beobachtete man häufig Anstrengungen fast wie einer Gebärenden, und bei Rudi Schneider hatten die krampfhaften Bemühungen, das 'Pressen, Schütteln, Armebewegen' so deutlich geradezu geschlechtliches Gepräge, daß es nicht selten zur Ausstoßung von Samen kam.[3]

Hieran schließen sich aufs engste Beobachtungen subjektiver und objektiver Art an, die eine wirkliche Ausscheidung von irgendetwas aus dem Leibe des Mediums zu beweisen scheinen. Zu den ersteren gehört vor allem das von Materialisationsmedien häufig vor oder auch während der Leistung bezeugte Gefühl von 'Spinneweben' auf der Körperhaut, besonders auf Gesicht und Händen, das sich mitunter bis zur Einbildung steigert, ein feiner seidner Schleier sei über Kopf oder Hände geworfen.[4] — Man möchte annehmen, daß diese Empfindung uns ihr Geheimnis verrät, wenn eine Erfahrene, nach besonders gespannter Selbstbeobachtung, die Angabe macht: 'Es schien mir, als könnte ich feine Fäden fühlen, die aus den Poren meiner Haut herausgezogen würden.'[5] Einige von Maxwell beobachtete Personen, die gleichfalls das Prickeln der Haut beschrieben, ließen dies zuweilen in ein Gefühl übergehn, 'als wären ihre Hände von kleinen Löchern durchbohrt, durch welche etwas entwich',[6] und es ist zu beachten, daß in unmittelbarem Zusammenhang damit auch das zuweilen 'sehr

---

1) z. B. d'Espérance 324; Livermore bei Owen, Deb. L. 388; Maxwell 34.　　2) d'Espérance 298f.　　3) Schrenck-Notzing, Mat. 88; R. Sch. 141.　　4) OR 1907 I 115; PS XVIII 550f.; Kerner, Ersch. 25. Vgl. Maxwell. 329. 331 (bei 'physikal. Phän.') und 114f. (Prickeln in d. Hand).　　5) d'Espérance 229. Ähnlich bei Planchetteschreiben: PS XXIV 292f.　　6) Maxwell 116.

deutliche' Gefühl den Körper durchziehender Ströme oder Wellen beschrieben wird. Ein besonders hochgebildeter und zur Selbstbeobachtung befähigter Mann gab an, daß, während der Erzeugung sehr deutlicher Klopftöne es ihm 'schien, als fände aus seiner Magengrube eine Ausströmung von etwas Stofflichem(!) statt,' eine Empfindung, die sich bei Manchen zuweilen bis zu Krämpfen in derselben Gegend steigert.[1]

Der Gedanke, daß es sich hier wirklich um feinstoffliche Ausscheidungen handle und daß diese die Grundlage des Materialisationsvorgangs bilden, wird nun des weiteren gestützt teils wieder durch Selbstbeobachtungen, teils durch Wahrnehmungen Dritter, — Feststellungen, die einen zeitlichen und somit vielleicht auch ursächlichen Zusammenhang der ganzen Reihe von den beschriebenen Hautempfindungen bis zur Entwicklung eines Phantoms aus dem Medium bekunden.

Mrs. d'Espérance hat, nach ihrer eigenen Angabe, zunächst jenes Spinnewebengefühl auf Rumpf und Händen. 'Dann habe ich die Empfindung, als ob die Luft mit Stoffen sich anfülle, wobei mein Atem gehemmt ist;' dann die Wahrnehmung von 'Dampfmassen', die sich nicht greifen lassen, nach allen Seiten sich wälzen, bis sie plötzlich stillstehn, 'und dann weiß ich, daß ein lebendes Wesen mir zur Seite ist. Aber immer habe ich ein Gefühl der Leere [also der Entleerung durch die 'Emanation'?], sobald ich die Spinneweben spüre.'[2] — Ebenso erklären aber nun auch anwesende 'Sensitive', also erhöht Wahrnehmungsfähige, daß sie, nachdem das Medium den 'feinen seidnen Schleier' über seinem Kopfe gespürt hat, einen 'grauen Nebel' um sein Haupt gelagert sähen.[3]

Vor allem aber wird der **Übergang** solcher dem Medium entströmender oder doch in seiner unmittelbaren Nähe auftauchender **'Nebel' in gestaltete Gliedmaßen und schließlich in volle Phantome** von den besten Beobachtern ganz ausdrücklich beschrieben.

'Bei vollem Lichte', schreibt z. B. Crookes, 'habe ich eine leuchtende Wolke über einer auf dem Tisch uns zur Seite stehenden Heliotropblume schweben, einen Zweig abbrechen und ihn einer Dame überbringen gesehn; und bei gewissen Gelegenheiten habe ich beobachtet, wie eine solche Wolke sich vor unsern Augen verdichtete, die Gestalt einer Hand annahm und kleine Gegenstände dahintrug... Ich habe mehr als einmal zunächst die Bewegung eines Gegenstandes gesehn, danach eine leuchtende Wolke, die sich um ihn zu bilden schien, und schließlich, wie sich diese Wolke verdichtete, Gestalt annahm und sich in eine vollkommen gebildete Hand verwandelte.'[4]

Ein völlig gleichartig beschriebener Ablauf führt aber auch zur Ausbildung ganzer Gestalten. In dem eben wiedergegebenen Falle wurde

---

1) Das. 88. 119. Ich gehe, wie man sieht, durchweg von der Voraussetzung einer gewissen metaphysiol. Äquivalenz von Materialisationen u. 'physik. Phänomenen' aus.   2) Aksakow, Cas 175. Vgl. 226.   3) OR 1907 I 115.   4) Crookes 101f. Vgl. Courtier 476.

das Hervorgehn des 'Nebels' aus dem Medium ebenso wenig unmittelbar beobachtet, wie in dem jetzt anzuführenden: doch lag der Ort seines ersten Auftretens auf der Verbindungslinie zwischen Beobachter und Medium und in nächster Nähe des letzteren.

Der Bericht stammt von Mrs. E. L. Th. Nosworthy in Liverpool und bezieht sich auf Sitzungen mit dem nicht-beruflichen Medium Mr. B., die in einem sehr kleinen Zimmer bei guter Beleuchtung stattfanden und deren maßgeblichster Teilnehmer Dr. med. William Hitchman war, Präsident der Anthropologischen Gesellschaft in Liverpool und Verfasser mehrerer physiologischer und therapeutischer Werke. Dr. H. bekundete in mehreren Briefen an Aksakow, daß er 'oft' Phantom und Medium gleichzeitig im Kabinett gesehn, sie beide auf ihre physiologischen Funktionen hin untersucht und beide gleichzeitig photographiert habe.[1] Auf eine dieser Sitzungen nun beziehen sich folgende Angaben der Mrs. Nosworthy: 'Kurz nachdem sich das Medium [in das sehr kleine Kabinett] zurückgezogen hatte, wurden die Vorhänge beiseitegeschoben, und ein trüber, schattenhafter Nebel erschien, in welchem der schwache Umriß einer menschlichen Gestalt erkennbar war; dieser Dunst verdichtete sich allmählich, ein Kopf und ein Arm bildeten sich in ihm aus, und der Arm begann alsbald in der dunstigen Masse unter ihm umherzurühren [ein typischer Vorgang, wie wir sehen werden], bis das Ganze die Gestalt eines hochgewachsenen Mannes annahm, gekleidet in ein weißes Gewand, ... [der alsbald] ins Zimmer vortrat und jedem der Sitzer einen Händedruck mit seiner starken, greifbaren Hand verabreichte; dann wurde uns mehr Licht gestattet, und wir konnten sehn, daß der Geist ein hoheitvoller, ernst blickender Greis war, mit lang herniederwallendem weißem Haar und Bart.' Dieser Greis hielt dann den Vorhang des Kabinetts empor und ließ alle Anwesenden nach einander herantreten, um ihn und das Medium im Kabinett gleichzeitig aus nächster Nähe zu betrachten.[2]

Das hier nur spärlich angedeutete, für unsern Zusammenhang wichtige Zwischenglied, nämlich das **unmittelbare Hervorgehen des 'Nebels'** — als Vorstufe der Phantombildung — **aus dem Medium**, liefern nun andre Berichte in größter Deutlichkeit. Wallace z. B. bezeugt es in mehreren Beschreibungen seiner Versuche mit Monck, und die grobe Faßlichkeit des Vorgangs läßt uns — zumal bei dem hohen Rang des Zeugen als geschulten Beobachters — über die vergleichsweise 'Spätheit' des Berichtes hinwegsehn.

'Bei vollem Tageslicht [an einem hellen Sommernachmittage], einige Fuß entfernt vor uns stehend, schien Monck in Trans zu fallen, zeigte auf seine Seite und sagte: 'Sehen Sie!' Wir sahen nun einen matt-weißen Fleck auf seinem Rock auf der linken Seite. Dieser wurde heller, schien zu flackern

---

[1] Entsprechende Angaben in einem Brief an Aksakow von J. Burns, einem wissenschaftlich gebildeten Geschäftsmann. Das Medium, Mr. B., war ein Mann von 'ganz unabhängiger Gesinnung' und starkem Widerwillen vor der Öffentlichkeit, dazu Geldangeboten völlig unzugänglich. (Aksakow 271.)   [2] Sp 1876 350f.; Aksakow 279f.

182 *Argumente aus der Objektivität der Erscheinung*

und sich nach oben und unten auszudehnen, bis er ganz allmählich eine wolkenartige Säule bildete, welche von der Schulter bis zu den Füßen [des Mediums] nahe seinem Leibe reichte. Dann trat Monck etwas zur Seite, während die wolkige Gestalt stillstand, aber mit ihm verbunden durch ein nebliges Band in der Höhe der Stelle, an welcher sie sich zuerst zu bilden begonnen.' Monck zertrennte dann mit der Hand dieses Band, und er und das Phantom entfernten sich von einander bis auf 5—6 Fuß. 'Die Gestalt hatte jetzt das Aussehn eines dicht eingehüllten weiblichen Wesens angenommen, dessen Arme und Hände eben zu sehen waren.' — Wallace hält dafür, daß die Einzelheiten der Beobachtung 'irgendwelche normale Art der Erzeugung dessen, was wir sahen, schlechterdings ausschlossen.'[1]

Größtenteils ähnlich lauten die Aussagen des Archidiakonus Colley über seine Beobachtungen an demselben Medium. Auch er sah die phantomhafte Bildung 'aus des Mediums linker Seite hervorwachsen. Zuerst erschienen mehrere Gesichter von großer Schönheit, eins nach dem andern ... [Darauf] während ich dicht neben dem Medium stand, es sogar berührte, sah ich so deutlich wie möglich mehrere Male Haupt und Körper einer Frau in vollkommener Bildung teilweise aus Dr. Monck etwa in der Gegend des Herzens hervorgehen. Dann, nach mehreren Versuchen, verließ eine vollausgebildete Gestalt das Medium, erst in einem nebligen Zustande, aber während des Hervorgehens fester werdend, und stand als gesonderte Persönlichkeit zwei oder drei Fuß von ihm entfernt, mit ihm durch ein dünnes Band wie von Spinneweben verbunden, welches auf meine Bitte Samuel, die 'Kontrolle', mit des Mediums linker Hand abtrennte...'[2]

Es muß unser Vertrauen in die Echtheit des Vorgangs, in die Glaubwürdigkeit der Beobachter und die der Medien erhöhen, wenn wir gerade die Seltsamkeiten des Ablaufs von vielen Seiten her unabhängig in übereinstimmender Form berichtet finden. Ich will daher, unter Berufung auf die früheren Vorbehalte, noch einige Zeugnisse auszugsweise anführen, die sich auf Materialisationen bei Eglinton beziehen.

Das leichtest wiegende von ihnen stammt von Mrs. Marryat: "Joey' [der 'Führer' des Mediums] kündigte an, daß der Versuch gemacht werden würde, zu 'zeigen, wie die Geister aus dem Medium erzeugt würden' ... Mr. Eglinton erschien mitten unter uns im Transzustande. Er kam rückwärts [aus dem Kabinett] ins Zimmer, als wehrte er sich gegen die Kraft, die ihn umherstieß, seine Augen waren geschlossen und er atmete mühsam. Als er so dastand, auf einen Stuhl gestützt, erschien eine dunstige Masse, einer Wolke Tabakrauch ähnelnd, auf seiner linken Hüfte, seine Beine wurden von auf- und niederschwebenden Lichtern beleuchtet, und ein weißes Gewebe ließ sich ihm auf Kopf und Schultern nieder. Die Masse wuchs an, und er atmete immer mühsamer, während unsichtbare Hände die schleierartigen Stoffe aus

---

1) Wallace II 330f. Vgl. auch PS IX 83f.; ÜW XIV 446. 408; PS XXI 485; Delanne II 644.
2) Aus Sp bei Podmore, Spir. II 245f. Vgl. APS II 392ff.; ÜW XIV 201ff.; Lambert 149f. Über Moncks — offenbar gelegentliches — Täuschen: Pr IV 101.

seiner Hüfte in langen Streifen hervorzogen, die alsbald nach ihrer Bildung verschmolzen und zu Boden sanken, von weiteren gefolgt. Die Wolke fuhr fort sich zu verdichten, und während wir den Vorgang angespannt beobachteten, war die Masse, in einem Augenblick, [soz.] verdampft, und ein vollkommen gestalteter Geist stand neben [Eglinton]. Niemand konnte sagen, wie er mitten unter uns sich aufgerichtet hatte, noch woher er gekommen; aber er war da...'[1]

Hiermit vergleiche man folgende sogleich niedergeschriebene Beobachtung des Mr. J.-H. Mitchiner in einer Sitzung mit Eglinton am 11. Febr. 1885. während welcher das Zimmer ununterbrochen durch eine Gasflamme soweit erleuchtet war, daß man zwar nicht lesen, aber jeden Anwesenden und alle Gegenstände sehen konnte. — Erst nach dem Erscheinen von vier verschiedenen Gestalten war Eglinton in Trans gefallen. Während er in diesem Zustand vor den Sitzern auf und niederschritt, bemerkte Mr. Mitchiner 'etwas wie ein weißes Taschentuch, das auf seiner rechten Hüfte hing.[2] Vor mir haltmachend, erfaßte Mr. Eglinton plötzlich mit krampfhaftem Griff [meine freie linke] Hand. [Das bei Eglinton so oft beobachtete 'Sammeln von Kraft aus dem Zirkel'.] Die an seiner Seite hängende Masse begann dann auf das Parkett zu hinabzusteigen und sich bis zu seinen Füßen hin anzuhäufen, indem sie seine Beine mit einer Art weißen Dampfes umhüllte, dessen Aussehn ich dem von Watte vergleichen möchte [ein für solche Beobachtungen typischer Vergleich]. Während dieser Zeit ließ das Medium klägliche Seufzer hören, und seine Verrenkungen konnten glauben lassen, daß er wahre Qualen litte [die bereits erwähnten 'Wehen' des Materialisationsvorgangs]. Als der Dampf (wenn man es so nennen soll) aufgehört hatte, aus seiner Seite zu fließen, formte er sich zu einer Säule und nahm das Aussehn eines menschlichen Körpers an. Man sah ihn dann sich verdichten, und ehe die Anwesenden von dem, was geschah, sich Rechenschaft hätten geben können, stand eine vollständige Gestalt von Fleisch und Knochen unter ihnen, ein großer und schöner Mann, in Weiß gekleidet. Diese Person trug einen Vollbart von dunkler Farbe; sie war einige Zoll größer als das Medium, was leicht festzustellen war, da beide neben einander standen... Mr. Eglinton ließ darauf meine Hand los, und während er sich mit unsicherem Schritt ein wenig von mir entfernte, konnte man eine Art weißen Bandes erkennen, etwa 4" dick, durch welches die Flanke des Mediums mit derjenigen des Geistes verbunden war.' Dieses Band wurde zertrennt und zog sich in Eglintons Körper zurück, der sich ins Kabinett begab, während das Phantom unter den Sitzern umherschritt und mehreren Personen die Hand drückte. Nach seinem Verschwinden war Eglinton so erschöpft, daß man die Sitzung sofort abbrechen mußte.'[3]

Als seltsamste Bestätigung für die Entstehung des Phantoms 'aus' dem Medium ist uns nun schon mehrmals die Tatsache begegnet, daß

---

1) Marryat, Death 126f. 2) Man vgl. Beschreibungen v. Schrenck-Notzings u. A. über flockig austretendes Ektoplasma. 3) Aus Lt bei Delanne II 646f. Vgl. die verwandte Schilderung des Ingenieurs McNab bei Erny 177.

beide durch ein 'Band' verbunden sind, das am Medium etwa dort ansetzt, wo der Austritt der Bildungsstoffe begann (meist an der Hüfte oder untern Brust), und anscheinend eine Verbindungsader für diese Stoffe abgibt, wenn nicht viel mehr. Man hat dies Band wohl auch als Nabelschnur der Phantomgeburt bezeichnet, und es ist erstaunlich (oder nicht, wie man's nimmt!), wie häufig von einander unabhängige Beobachter mit immer den gleichen Einzelheiten diese seltsame, gewiß nicht ohne weiteres zu erwartende oder zu erfindende Tatsache erwähnen; eine Übereinstimmung, die für mich eins der stärksten Argumente zu Gunsten der Echtheit und Abnormität des Materialisationsvorgangs bedeutet. Die Belege sind so zahlreich, daß nur eine kleine Auswahl gegeben werden kann.

Dr. Will. Hitchman lieferte Aksakow eine Zeichnung, nach welcher sich von der Herzgrube des oben beschriebenen Phantoms eines Greises nach der des Mediums B. ein leuchtendes Band zieht, das einen Glanz auf das Gesicht des letzteren wirft.[1] — Bei Monck beschreibt u. a. auch Mr. Gledstane dies Band in ziemlich den gleichen Ausdrücken wie den oben auf Eglinton angewandten. Auch hier zunächst das nebelhafte Hervorgehn des werdenden Phantoms aus der Herzseite des Mediums, dann seine Verdichtung und Ausgestaltung während es 'ans Medium angeheftet bleibt vermittelst eines dünnen Fadens, vergleichbar Sommerfäden...'[2]

Dieses Band kann willkürlich zertrennt, zerschnitten werden; darf es aber nicht zu jeder Zeit und unter allen Umständen ohne Schaden für beide Nächstbeteiligten, d. h. — wie ich glaube — besonders nicht vor Abschluß des jeweils bezweckten Bildungsvorgangs. Es erscheint mir also keineswegs als Widerspruch, vielmehr als sehr andeutungsreich für ein künftiges Verständnis dieser Vorgänge, daß die Zertrennung des Bandes zuweilen — vermutlich eben in vorgeschrittenen Zuständen der Materialisation — das Phantom nur freier und selbständiger dastehn läßt[3], in andern Fällen dagegen zu einem Schwächeanfall des Mediums und dem gleichzeitigen Hinschmelzen und Verschwinden des Phantomes führt.[4]

Wieweit das Band auch bei dem häufig beschriebnen Verschwinden des Phantoms ins Medium hinein soz. als Kanal benutzt wird, erscheint mir einstweilen nicht eindeutig klar. Nach manchen Beschreibungen geschieht dies 'Eingesogenwerden' fast mehr in den ganzen Körper des Mediums hinein, ohne daß dabei das Band eine aufdringliche Rolle spielte.

Colley sagt von einem Kinderphantom, es sei von Monck 'allmählich [in ihn] hineingezogen worden und sei verschwunden, indem es in dessen Körper

---

1) Aksakow 285 f. Vgl. RSMS 1907 319 (auch LO).   2) RS 1878 301.   3) z. B. nach Mitchiners Bericht, Delanne II 647.   4) Das. 648 über Eglinton.

Die Abhängigkeit der Materialisation vom Medium

hineinschmolz.' Wallace behauptet von einer andern Erscheinung ausdrücklich, 'sie habe sich langsam Monck genähert, sei weniger glänzend geworden, die wogende Bewegung des weißen Stoffes habe wieder begonnen, und das Ganze sei in den Körper des Mediums zurückgekehrt genau so, wie es daraus hervorgegangen war.'[1] — Dr. Carter Blake, nachdem er den deutlichen Anblick Eglintons und eines Phantoms gleichzeitig und einander gegenüber beschrieben, berichtet schließlich, das Medium habe sich gesetzt, und 'die Gestalt schien sich in seinen Körper hinein aufzulösen und sich mit ihm in der Höhe der Brust zu vereinigen.'[2]

Nun ist ja eben dies, wie wir hörten, eine der häufigsten Ansatzstellen des Bandes, und nach einzelnen Schilderungen hat es tatsächlich den Anschein, als ob bei Beginn der Auflösung die Nabelschnur jenes 'dampfartigen Fadens' wieder erschiene, worauf dann 'durch dieses zarte Band das Phantom allmählich vom Medium aufgesogen' würde.[3] Colley sagt, er sei nur 3—4 Zoll vom Phantom entfernt gewesen, als er diesen Vorgang beobachtete, sodaß er alle Einzelheiten genau bemerken, ja das Phantom noch umfangen konnte, als es bereits den schwarzen Anzug des Mediums berührte, ehe es in dieses einging. — Im allgemeinen habe ich aber doch den Eindruck, man müsse sehr vorsichtig mit der Annahme sein, daß alles an Bildung, Stoff und Funktion, was Medium und Phantom verbindet, soz. durch diese Nabelschnur hindurchmüsse (wie das vielleicht zwischen Mutter und Leibesfrucht der Fall ist). Wir sind der Tatsache des Bandes schon in andern Zusammenhängen begegnet[4] und dürfen sie nicht unterschätzen; doch sind wir von ihrem wirklichen Verständnis natürlich noch so weit entfernt wie der Wilde von einer wissenschaftlichen Embryologie.

Der hier durchweg gegebene Anschein, als trete der zur Bildung des Phantoms erforderliche Stoff aus dem Medium hervor und schließlich wieder in dieses zurück, — dieser Anschein, möchte man meinen, könnte als Wirklichkeit erwiesen werden durch eine Gewichtsabnahme des Mediums, die der Gewichtszunahme des Phantoms entspräche, und umgekehrt. Eine solche zweiseitige Gewichtsverschiebung nun ist bekanntlich oft genug behauptet worden.

Über einen Wägeversuch von Crookes mit Florence Cook, deren Gewicht bei voller Ausbildung 'Katie Kings' sich von 112 auf 68 Pfd. verringert haben soll, besitzen wir seltsamerweise nur das Zeugnis der Mrs. Marryat![5] — Ausführliche Nachrichten liegen vor über Versuche im Schoße der Brit. Assoc. of Spiritualists i. J. 1878, an denen u. a. auch maßgebende Versuchsleiter, wie der Ingenieur D. FitzGerald, Cromwell Varley, F. R. S., Prof. Barrett und Dr. C. Blake, Prof. der Anatomie am Westminster Hospital, sich beteiligten. Hier war ein Kasten-Kabinett auf einer selbstaufzeichnenden Waage aufgebaut,

---

1) Das. 644. 2) Erny 159. 3) Delanne II 522. 4) o. II 262f. 315. 317. 331. 350f. 358. 360f. 363. 375 ff. 5) Marryat, Death 141.

und es wurde während der Materialisation eine allmähliche (!) Gewichtsabnahme der Medien Williams und Haxby, in einem Falle um drei Viertel des normalen Gewichts, beobachtet.¹ ′ Als das Phantom das Kabinett verließ, sank Williams' Gewicht von 153 auf 33 Pfd. und verblieb so während einer halben Stunde. Haxbys normales Gewicht von 129 Pfd. ging während fünf Erscheinungen eines Phantoms um jeweils 93, 108, 80, 51 und 94 Pfd. zurück und stellte sich bei Rückkehr des letzteren ins Kabinett jedesmal wieder her. Der neben C. C. Massey u. a. anwesende Mr. Harrison, ein besonnener Forscher, stellte auf seiner Uhr den Zeitpunkt jeder dieser Erscheinungen fest und fand seine Aufzeichnungen mit den Kurvenschwankungen auf der sich drehenden Trommel übereinstimmend.[2] — Auch vom Medium Miss Fairlamb wird in einem öfters angeführten Bericht des Mr. Armstrong an Reimers behauptet, daß es, in einer wägbaren Hängematte eingenäht, beim Erscheinen des Phantoms bis zur Hälfte seines Gewichts, im ganzen um 60 Pfd. leichter geworden sei.[3] — An Eusapia Palladino dagegen ist m. W. nur eine Gewichtsabnahme um 21 Pfd. beobachtet worden.[4]

Leider sind Versuche dieser Art nur selten angestellt worden (verglichen mit der Massenhaftigkeit der Beobachtung von Vollphantomen überhaupt); von den oben erwähnten Medien gehört mindestens Williams zu den entlarvten; und ferner fehlt es fast völlig an entsprechenden Gewichtsmessungen von Phantomen; wir lesen nur gelegentlich, daß bei Wägungen dieser Art das Normalgewicht des Mediums festgestellt sein soll(!);[5] oder Miss Bates versichert uns, ein weibliches Phantom, das sich 'mit seinem vollen Gewicht' ihr auf den Schoß gesetzt, habe etwa so viel gewogen, wie 'ein kleines Kätzchen oder ein Damenmuff' geringster Größe.[6]

Allen obigen Angaben zum Trotz nun wird man sich kaum des Eindrucks erwehren können, daß überaus häufig während des Auftretens eines Phantoms von anscheinend leidlich normalem Menschengewicht (und von einer Kraft, die zum Wirbeln von Stühlen und Aufheben Lebender hinreicht!) das Medium doch keinerlei unmittelbar auffallende Gewichtsverringerung erleidet. Ich möchte daher einstweilen noch meinen, daß bedeutende Gewichtsabnahmen des Mediums — soweit einwandfrei festgestellt! — doch nur Ausnahmen bilden, und daß die Formel 'Leichterwerden des Mediums = Gewicht des Phantoms' noch lange nicht erwiesen ist, daß also auch die Stoffbeschaffung zum Aufbau des letzteren nicht in ganz 'grober' Weise als 'Entnahme' aus dem Medium — oder doch aus diesem allein! — zu deuten ist.[7]

1) Sp 3. u. 17. Mai 1878; Lt 1886 19. 195. 211. 273; auch PS VIII 52; Harrison 61; Wallace II 334f.   2) Sp 31. Mai 1878, 17. Okt. 1879 (Holms 396).   3) PS 1881 52f. 4) Pr XXIII 313. Von Grunewald festgestellte Gewichtsschwankungen hält Blacher (36) für möglicherweise bloße 'Telekinesen' der Waage!   5) PS 1881 52f.   6) Bates 27.   7) Dabei wird noch von 'spontanen' Gewichtsschwankungen des Mediums (nach Art der 'Levitation') abgesehn.

Schon Armstrong stellte die Frage, was denn vom Medium übrig bleibe, wenn das Phantom den größten Teil, oder gar den vollen Betrag von dessen Gewicht erlangt habe. Theoretische Folgerichtigkeit müßte ja im äußersten Falle sein völliges 'Verschwinden' fordern. Nun fehlt es ja nicht an Zeugnissen, die außer einer Gewichtsabnahme auch eine teilweise oder gar restlose Dematerialisation des Mediums behaupten.

Mrs. Marryat berichtet Derartiges in sehr verdächtigen Ausdrücken von der gelegentlich entlarvten Miss Showers, einer nicht berufsmäßig als Medium tätigen Generalstochter,[1] und an Aksakows und Andrer vielumstrittenen, m. E. viel zu leichtfertig in den Wind geschlagenen Bericht über die Dematerialisierung mindestens beider Beine der Mrs. d'Espérance — vielleicht bei einer Gelegenheit ihres ganzen Körpers — will ich nur erinnern.[2] — Auch von dem bekannten Theosophen Olcott liegt die Behauptung vor, daß das Medium Mrs. Crompton am 20. Jan. 1874 während einer Materialisation trotz schärfster Sicherungen (versiegelte Fäden durch die Ohrlöcher!) vollständig verschwunden gewesen sei, während das Phantom bei drei Wägungen drei verschiedene Gewichte gezeigt habe: 77, 59 und 52 Pfd. Am Ende der Sitzung fand sich das Medium wieder vor, blaß und kalt, mit schweißbedeckter Stirn, 'ohne Atem und Puls' und in Starrkrampf; Fäden und Siegel erwiesen sich als unversehrt. Es wog 121 Pfd.[3] — Etwa zwei Jahrzehnte später hat Prof. Nielsson an I. Indridason die völlige Dematerialisation des linken Armes beobachtet, welcher 'vollständig verschwand und nicht zu finden war, obgleich wir Licht machten und das Medium genau untersuchten.'[4]

Aber auch solche Berichte — ihre Vertrauenswürdigkeit vorausgesetzt! — bedeuten wiederum seltene Ausnahmen unter den zahllosen, die nichts von wahrnehmbarem Stoffverlust des Mediums erwähnen; und so bleibt auch von dieser Seite her der Vorgang der Stoffbeschaffung einstweilen dunkel und muß der künftigen Forschung anheimgestellt werden, wennschon in allgemeiner Weise unsre heutigen Kenntnisse irgendeine Abhängigkeit des Phantoms vom Medium auch hinsichtlich des Baustoffs beweisen dürften. —

Außer allen solchen stofflichen Zusammenhängen von Medium und Phantom deuten sich indessen häufig auch physiologisch-funktionelle an: nämlich eine gewisse umgrenzte Gemeinsamkeit motorischer und sensibler Vorgänge.

Schon während ausgesprochen handmäßiger übernormaler Leistungen der Eusapia, also bei Telekinesen, die man am natürlichsten einem unsichtbaren

---

1) Marryat, Death 111.　　2) Aksakow, Cas (auch PS XXI 337 ff. 387).　　3) Delanne II 664 ff. — Nach Angaben 'Walters' durch Mrs. d'Espérance würde 'Verschwinden' des Mediums nur 'Verdünnung' bis zur Unsichtbarkeit beweisen.　　4) Nielsson 21 f. (Erklärung von 7 Zeugen unter Eidesangebot). (Ich übergehe, nur um der Kürze willen, die merkwürdigen und möglicherweise im Sinne der augenblicklichen Fragestellung aufschlußreichen Tatsachen der 'Reperkussion' von Farbstoffen von dem verschwindenden Phantom auf das Medium.

Gliede in Form einer Hand zuschreiben könnte, ist es aufgefallen, daß das Medium gleichzeitig eine 'ähnliche' Muskelhandlung ausführt. Während es z. B. die Hand des Kontrollierenden kneift, erfolgt ein Saitenzupfen an der entfernten Gitarre;[1] während es den Abdruck einer Hand innerhalb des Kabinetts hinter ihm erzeugt, reibt es seine entsprechenden Fingerballen auf dem Sitzungstisch außerhalb des Kabinetts.[2]

Aber auch während der Verwirklichung eines Vollphantoms läßt sich diese 'motorische Synchronie' beobachten. Ich rechne es nicht hierzu, wenn Eusapia während des Auftretens eines wandelnden, redenden, atmenden, küssenden und anscheinend auch identifizierbaren Phantoms dem 'Adressaten' desselben ununterbrochen die Hand bis zur Schmerzhaftigkeit preßt:[3] hier handelt es sich anscheinend nur um ein Anzeichen der allgemeinen schöpferischen Mitbeteiligung, um eine Einzelheit des 'Gebärakts'. In andern Fällen dieser Art dagegen scheint die Entsprechung der Bewegungen eine genaue zu sein. Aksakow z. B. erhielt von Mrs. d'Espérance die Angabe, daß wenn ihr Vollphantom 'Yolande' einen Gegenstand ergreife, sie ihre Muskeln sich zusammenziehen fühle, 'als wenn es meine Hände wären, die ihn gefaßt hätten.'[4]

Die Theorie auch dieser motorischen Synchronie wird einstweilen wohl noch ungewiß bleiben, zumal der Tatbestand ja nicht bei allen Medien und nirgends durchgängig beobachtet wird. Daß das Medium nur Phantombewegungen nachahme, von denen es zunächst auf normalem Wege Kenntnis erlangt, erscheint mir am unwahrscheinlichsten. Eher schon könnte man annehmen, daß jene Bewegungen irgendwie dem (bewußten oder unbewußten) 'Willen' oder der 'Anregung' des Mediums entspringen, seine körperliche Mitbewegung aber eine rein 'sympathetische' sei (wie wir alle ja leicht solche Mitbewegungen ausführen, wenn wir am Gelingen einer schwierigen Leistung eines Andern als Zuschauer Anteil nehmen.)[5] Es könnte aber auch ein noch engerer und innerlicherer Zusammenhang beider Bewegungen bestehn, entsprechend einer tieferen Wesensgemeinschaft von Phantom und Medium; worauf uns aber erst die Frage nach dem eigentlichen Wesen des ersteren zurückführen soll.

Neben motorischen Funktionsbeziehungen erwähnte ich auch schon solche der Sensibilität.

Wurden z. B. die bei Eusapia beobachteten phantomatischen 'Arme' gestochen, so empfand sie den Schmerz, 'als wären es ihre eigenen.'[6] — Entsprechende Selbstbeobachtungen bei Berührungen des Phantoms berichtete Mrs.

---

1) Courtier 469; vgl. 474. 511; APS VI 275f.; ÜW VII 65; Pr XXIII 514. 517. 562 u. ö.
2) PS XXXIV 525; Rochas, Motr. 138; ASP 1907 692 u. o. Vgl. ferner Geley 302 (während Schreibens einer Schreibmaschine!); Lombroso 84; Maxwell 59. 106. 109f.; Aksakow, Cas 180. 182 usw.   3) Bozzano, Ipot. 35.   4) Aksakow, Cas 180. 182.   5) So ÜW IV 95. — Bezeichnenderweise fehlten synchrone Bewegungen z. B. bei Home (JSPR 1894 343).   6) Lombroso 88. Vgl. ÜW V 86; XIV 204; PS XXIV 338.

d'Espérance. In dem Augenblick, da 'Yolande' sich den Dorn einer Rose in die Hand stach, will das Medium den Stich an einem eigenen Finger gefühlt haben; und während der Versuche, Paraffinformen der Phantomhand zu erzielen, empfand Mrs. d'Espérance das Brennen der geschmolzenen Masse an ihrer Hand.[1] Ähnliche Angaben kommen von Monck, dessen Phantom von Funken des Kaminfeuers getroffen wurde,[2] und vom Medium Rostagno, das, während Prof. Falcomer eine 'fluidische' Hand ergriff, den Ausruf tat: 'Drücken Sie mich nicht so, Sie tun mir weh!'[3]

In keinem dieser Fälle scheint eine normale Beobachtung der dem Phantom zugeführten Reize durch das Medium ausgeschlossen gewesen zu sein, und dies könnte natürlich vermuten lassen, die Empfindungen des letzteren seien überhaupt nur autosuggestiv erregt worden. Vor solchem Zweifel warnt indessen die Erinnerung an die sehr häufigen Angaben, zumal älterer Beobachter, über Gemeinsamkeit der Empfindung zwischen Hypnotiseur und 'Somnambuler'[4], sowie an die merkwürdigen Versuche Rochas' u. a. bezüglich der 'Exteriorisierung' empfindender 'Schichten' in tiefer Hypnose, auf die ich im Rahmen gleich folgender Erörterungen eingehn will, die aber auch schon in früherem Zusammenhang gestreift wurden.

9. Die Theorie des 'feineren' oder 'fluidalen' Leibes

Eine weitreichende Abhängigkeit des Phantoms vom Medium ist mit den angeführten Tatsachen zweifellos erwiesen, und es liegt nahe, im Anschluß daran zunächst die Frage zu erwägen, welche der beiden Formen animistischer Phantom-Theorien dadurch am ehesten empfohlen wird. Vorausgesetzt also, daß diese Tatsachen das Ganze oder doch Wesentliche dessen sind, was eine solche Theorie bestimmen muß: sprechen sie mehr für die Nachaußenversetzung und Sichtbarmachung von etwas, was im Medium bereits fertig vorgebildet war, oder für die Erzeugung von etwas wesentlich Neuem nach Zielvorstellungen und mit Mitteln des Mediums? Ist also — kurz gesagt — das Phantom der Experimentalsitzung der 'fluidale' oder 'Astralleib' (im Ganzen oder in Teilen) des Mediums, oder ist es dessen 'ideoplastische Schöpfung'?

Der Begriff eines im menschlichen Körper verborgenen Fluidalleibes (oder gar mehrerer ineinandergefügter 'feinerer' Leiblichkeiten) ist

---

1) Aksakow, Cas 182. 185; vgl. PS XXII 484.   2) Delanne II 523.   3) Falcomer in RSMS Juni 1909 744.   4) Ich kann hierauf nicht eingehen. Man unterrichte sich etwa bei du Prel, Magie II 94ff.; Janet in RPh April 1886; Pr I 224ff.; II 17f. 205ff.; III 424ff.; Gurney II 324ff. 338ff. 666ff.; Myers I 209f.; Perty, M. E. I 202ff.

bekanntlich ein uralter und weitverbreiteter; er ist zahlreichen religiösen und philosophischen Lehrgebäuden gemeinsam; er wird heute von einflußreichen theosophischen und okkultistischen Schulen mit unvermindertem Nachdruck verfochten und hat auch unter Hochschul-Gelehrten noch in den letzten Jahrzehnten Vertreter gefunden.[1] Die hauptsächliche Schwäche, die diesem Begriff anhaftet, beruht darauf, daß man ihn fast nie bis ins Letzte durchdacht hat. Man begnügt sich mit der unbestimmten Behauptung einer allgemeinen Formähnlichkeit des 'Fluidals' mit dem fleischlichen Leibe, ohne entschlossen die Frage zu stellen, ob diese Ebenbildlichkeit sich wirklich bis in die feinsten mikroskopischen Einzelheiten aller Gewebe und Organe erstrecke, die uns ja größtenteils erst neuere Forschung erschlossen hat; ob ihm also auch eine 'Duplizierung' aller jener physiologischen Funktionen zuzuschreiben sei, die erst durch jene feinsten Einzelheiten möglich und verständlich werden. Man redet zwar allgemein von 'Organen' des Astralleibs; aber die Frage, wieweit diese Durchorganisierung gehe, und was — soweit sie etwa von der völligen Ebenbildlichkeit gegenüber der des fleischlichen Leibes abweicht — ihr genaues Verhältnis zu den Organen und Organverrichtungen der anerkannten Physiologie sei, — diese Frage wird von unsern 'Geheimwissenschaftlern' mit verräterischem Schweigen umgangen.[2] Man läßt etwa den Astralleib präexistieren und nach der Geburt soz. das Musterbild für eine langsame 'Materialisierung', d. i. die Ausbildung des heranwachsenden fleischlichen Leibes abgeben.[3] Dies würde natürlich wieder jene 'völlige Ebenbildlichkeit' voraussetzen. Man übergeht aber die Frage, was denn der Astralleib in seiner Präexistenz mit allen den Bestandteilen angefangen habe, die nur in unsrer stofflichen Welt ihren Sinn offenbaren: z. B. mit dem ganzen Apparat der leiblichen Fortbewegung (einschließlich des letzten 'motorischen Neurons'!), wenn doch in der 'Astralwelt' der bloße 'Wille' die Ortsveränderung bewirken soll; oder mit dem gesamten Verdauungsapparat, wenn doch dort nicht wie hienieden gespeist wird, usw. Delanne, der diese verwirrenden Fragen wenigstens aufwirft, weiß auch nicht mehr zu erwidern, als daß alle bloß irdisch verwertbaren Organe des Astralleibs im entkörperten Leben eben 'latent' verbleiben und daß ihr Vorhandensein beweise, daß das 'intelligente Prinzip' — das sich wiederverkörpernde! — seine 'Fähigkeiten' eben auf Erden — *ici-bas* — entwickelt habe.[4]

Angesichts dieser beklemmenden Probleme ist es doppelt bemerkenswert, daß selbst ein wissenschaftlich gründlich geschulter Geist außer-

---

[1] Genaueres Mattiesen 570 Anm. 5; Perty, Blicke 276.   [2] Der bekannte Spiritist W. H. McKenzie spricht z. B. von Duplikaten auch der Organe, läßt sie aber in der 'Zellenstruktur' abweichen! (McKenzie 23 ff. 44.)   [3] z. B. du Prel, Tod 108; Bozzano, LO 1927 260.   [4] Delanne II 127 f.

halb aller Geheimlehren den Gedanken eines feineren Leibes von voller Übereinstimmung mit dem grobstofflichen zu vertreten gewagt hat.

Mr. Fournier d'Albe, Physiker von Fach, geht dabei von der Unterscheidung verhältnismäßig wesentlicher und unwesentlicherer Bestandteile der lebenden Zelle aus, in allem Tatsächlichen auf Wilson als Gewährsmann sich stützend. Zu den ersteren zählt er natürlich den Zellkern, unter dessen zahlreichen feineren Bestandteilen er aber gleichfalls Unterschiede der Wichtigkeit vermutet. Den jedenfalls vorauszusetzenden wesentlichsten gibt er den Namen 'Psychomeren' (die vielleicht mit Weismanns Biophoren teilweise identisch seien) und hält nun eine zusammenhängende Herausziehung aller dieser lebenswichtigsten Bestandteile für denkbar, die dann eine Art gasförmigen Körpers von der Gestaltung des menschlichen Leibes bilden würden, aber von weit geringerer Dichtigkeit, als die Luft. Bedenke man, daß nach heutiger Anschauung das 'Atom' doch unendlich viel mehr 'Zwischenraum' in sich schließe, als Elektronen und Ionen, so erscheine eine solche Aussonderung der lebenswichtigen Bestandteile des Leibes wohl möglich. Nach modern-physikalischer Anschauung sei der Leib ohnehin nur eine Art Nebel, aus dem sich wohl ein noch feinerer Nebel herausziehen und dann wieder in seine frühere Lage zurückbringen lassen müsse.[1]

Auch hier erhebt sich natürlich sogleich ein Einwand. Gewisse Teile unsres Körpers, u. a. die für seine Haltung und Bewegung bedeutsamen, sind unverhältnismäßig arm an jenen 'vitalsten' Zellbestandteilen und würden daher in einem Psychomerenleibe nicht entsprechend vertreten sein: z. B. die knochigen, die bandartigen, die fettigen, die bindegewebigen Teile. Tiefer noch würden die Unterschiede im Gebiete des Nervensystems greifen. Die große Ausdehnung der meisten Neuronen (der Nervenzellen mit ihren mannigfachen Fortsätzen) steht in sehr mißlichem Gegensatz zu dem winzigen Teilgebiet derselben, welches die für sich fortbestehenden Psychomeren vertreten würden. Und Ähnliches gilt für die wichtigen Isolierungsvorrichtungen der Nervenfasern. Aber vor allem: jede organische Leistung besteht mehr oder minder in einer Wechselwirkung von Elementen, die eben darum nicht von einander getrennt werden können, ohne ihren Sinn zu verlieren. Auch das Wesen der Psychomeren bestände vor allem in ihrer Funktion; ihre Herausziehung aus diesem Zusammenhang würde sie der Möglichkeit natürlichen Wirkens berauben und eben darum, scheint mir, zu raschem Untergang verurteilen. Der Psychomerenleib wäre eine Anhäufung von Schwungrädern ohne Achsen, von Blüten ohne Stengel und Wurzel, von Herzen ohne Adern und Blut.

---

[1] Fournier d'Albe 106 ff. 145 ff. — Im folgenden schließe ich mich eigenen früheren Ausführungen an (Mattiesen 572—4). Einzelnachweise daselbst.

Diese Schwierigkeiten nun würden schwinden, wenn wir uns entschlössen, den angenommenen feineren Leib nicht zu einem 'qualitativen Auszug' zu machen, sondern zu einem restlosen Doppel des 'groben' Leibes. Der Begriff von Materien innerhalb Materien, Äthern innerhalb Äthern ist in der modernen Physik gelegentlich angedeutet worden. Warum also sollte eine solche Schichtung des Objektiven soz. in 'Ebenen' von wachsender 'Feinheit' nicht auch dem lebenden Körper als Ganzem und gleichsam von Atom zu Atom zugeschrieben werden? Und wäre die — vorübergehende oder dauernde — 'Auseinanderlegung' dieser ineinandergeordneten Mehrheit von Körpern, selbst durch den 'magischen' Willen eines Mediums, wirklich wunderbarer, als die Errichtung eines wirkungsfähigen 'Hülsenleibes' draußen im Raume durch eben diesen Willen? Verwandte Gedanken mögen selbst Crookes vorgeschwebt haben, als er in einer bekannten Präsidenten-Rede vor der *Brit. Association* den Geist-Körper — *spirit-body* — als kontinuierlich mit dem physischen Leibe bezeichnete, *raised to an indescribable number of vibrations;* oder den Professoren B. Stewart und P. G. Tait, als sie in einem ehemals berühmten Buche v. J. 1876 die Lehre von einem unsichtbaren, den Tod überdauernden Körper vortrugen, der gleichfalls aus 'ultramateriellen Elementen' bestehen sollte, — Elementen, aus denen Atome — Wirbel-Atome nach damaliger Vorstellung — erst entstehen sollten. — Aber freilich: auf alle diese Anschauungen würden die Bedenken sich anwenden lassen, die ich schon oben teilweise aussprach: hat dieser Duplikat-Leib alle Funktionen des sichtbaren Menschenleibes — Kreislauf, Ernährung, Fortpflanzung usw. —, und wenn ja: was sollen sie ihm in einer unsichtbaren Welt?

Aber abgesehen von allen Spekulationen dieser Art: gibt es Erfahrungsbeweise für das Dasein eines Astralleibs? Die bekannten Unversehrtheitsgefühle Amputierter sind geltend gemacht worden; doch behauptet sich ihre okkultistische Deutung schwerlich gegen die der Wissenschaft, die sich auf fortbestehende Erinnerungsvorstellungen der verlorenen Gliedempfindungen und daraus entspringende Illusionen und Halluzinationen beruft. Wir lesen zwar auch von erfolgreicher 'magnetischer' Behandlung von Schmerzen, die 'im' verlorenen Gliede gefühlt wurden, wenn diese Behandlung sich nur auf das 'unsichtbare Doppel' des verlorenen Gliedes erstreckte. Und gegen die naheliegende Deutung solchen Erfolges durch Suggestivwirkung richten sich andre Beobachtungen, wonach z. B. Stiche 'in' das fehlende Glied hinein auch dann noch schmerzhaft empfunden wurden, wenn alle Vorsichtsmaßregeln getroffen waren, um die künstlich geblendete Versuchsperson über den Zeitpunkt des Stiches im unklaren zu lassen. Aber weder erscheinen mir diese Versuche sehr vertrauenswürdig, noch schließen sie — streng genommen — 'telepathische Suggestion' aus. — Hellseher können allerdings angeblich die fehlenden Gliedmaßen noch sehen; wie denn z. B. Kerner von der Frau Hauffe behauptet (leider ohne auf Einzelheiten einzugehen), sie habe 'die ganze Form des verlorenen Gliedes ... noch immer im Bilde des Nervengeistes (durch den Nervengeist gebildet ...) am Körper' gesehn. Doch müßte man natürlich, ehe man eine so folgenschwere Lehre auf so leichten Unterbau gründete, sehr viel mehr Versuche mit Hellsichtigen fordern, denen fraglos jede Vorbelastung durch Geheimlehren fehlt. — Ich lese endlich von ausgedehnten Versuchen zweier holländischer Physiker, Dr. Matla und Dr. Zaalberg van Zelst (im Haag), zur Erforschung des physischen und chemischen Aufbaus des Astralleibes, die schließlich zu einer Bestimmung seines 'spezifischen Gewichts' — '12.24 mg leichter als Wasserstoff und 176.5 mal leichter als Luft' (sic) — geführt hätten; auch sollte er in sehr engen Grenzen ('etwa um 8 mm') zusammenziehbar und ebenfalls (aber nur um '1.26 mm') ausdehnbar sein, sein Gesamtgewicht 'etwa 69.5 g' betragen und dies mit den Ergebnissen des Dr. Duncan McDougall gut übereinstimmen, welcher bei Sterbenden eine etwa gleich große Gewichtsverminderung feststellen konnte.[1] Doch habe ich mir Einsicht in den Eigenbericht der beiden Herren nicht verschaffen können und bin völlig außerstande, mir über den Wert ihrer Angaben auch nur ein annäherungsweises Urteil zu bilden.

Das bisher Ausgeführte zusammenfassend, würde ich sagen, daß die Lehre vom 'feineren Leibe' teils auf leidlich kühnen wissenschaftlichen Spekulationen, teils auf leidlich unsicheren und mehrdeutigen Beobachtungen beruht, und daß kein Grund zu ihrer ernsthaften Einfügung in unsren Gedankengang bestände, — wenn eben nicht die unbestreitbare Beobachtung von Phantomen, vor allem anatomisch durchgebildeten, dieser Lehre immer wieder neue Lebenskraft zuführte. Ich kann hier nicht alles vorlegen, was mein eigenes logisches Gewissen nie hat zur Ruhe kommen lassen, so oft ich den fraglichen Begriff endgültig zu 'verabschieden' bereit war. Ich kann nur dies: seine Denkbarkeit hypothetisch zugestehend, auf die wichtigsten Tatsachen hindeuten, die etwa seine Anwendung im Rahmen der erwiesenen Abhängigkeit des Phantoms vom Medium empfehlen. Ich denke dabei vor allem an Tatsachen, die den Anschein erwecken, als träte bei der Phantombildung ein fertig gebildeter 'fluidaler' Körper oder Körper-

---

[1] Ref. Carrington, Psych. Phen. 160 ff.

teil aus dem Leibe des Mediums aus. Hierzu ist zunächst zu dem Vorgebrachten Einiges nachzutragen.

In seinem Bericht über eine Palladino-Sitzung vom 15. Juli 1895 schreibt Sgr. Berisso: 'Eusapia wurde unruhig und aufgeregt. Plötzlich wölbte sich die rechte Seite des [hinter ihr hängenden] Vorhangs hervor und bedeckte teilweise den Vorderarm des Mediums, der von Dr. Venzano kontrolliert wurde. Kurz darauf sahen meine Frau, Dr. Venzano und ich deutlich eine Hand und einen Arm in einem dunklen Ärmel aus der vorderen und oberen Gegend der rechten Schulter des Mediums hervorgehn. Dieser Arm bewegte sich über das Vorhangstück hin, das auf dem Tische lag, ergriff das Glas und führte es an Eusapias Mund; sie lehnte sich zurück und trank mit Gier. Danach stellte der Arm das Glas auf den Tisch zurück, und wir sahen, wie er sich schnell zurückzog und verschwand, als kehre er in die Schulter zurück, aus der wir ihn hatten hervorgehn sehen.' Während der ganzen Dauer des Vorgangs lagen Eusapias kontrollierte Hände bei vollem Licht für jedermann sichtbar auf dem Tisch.[1] — Prof. Galeotti sah deutlich eine 'medianimische Verdoppelung' des linken Arms desselben Mediums.[2] 'Ich sehe, rief er dabei aus, zwei linke Arme, identisch im Aussehn; der eine ist auf dem kleinen Tisch, und es ist der, den Sgra. Bottazzi [als Kontrollierende] berührt; der andre scheint aus Eusapias Schulter zu kommen, sich ihr zu nähern, sie zu berühren, dann zurückzukehren und wieder mit ihrem Körper zu verschmelzen...' — Mr. H. Carrington, der wohl bedeutendste Teilnehmer an den Neapeler Palladino-Sitzungen des 'Taschenspieler-Komitees', bezeugt das gleiche in folgenden Worten: 'Ich sah mehrmals einen dritten Arm, genau dem der Eusapia gleichend, aus ihrer Schulter hervortreten und den rechts von ihr sitzenden Versuchsleiter berühren. Beide Hände Eusapias lagen dabei sichtbar auf dem Tische.'[3] — Eine ähnliche Beobachtung wiederum machte schon während der Neapeler Sitzungen des Jahres 1893 der St. Petersburger Zoologe Prof. Wagner, wenn auch mit geringerer Bestimmtheit,[4] und auch Prof. Bottazzi, der namhafte Physiologe, sah bei späterer Gelegenheit einen solchen Arm 'sich gleichsam in Mme Palladinos Körper zurückziehn'.[5] — Dr. Ochorowicz endlich berichtet, daß in einer Sitzung am 9. Jan. 1894 in Warschau Eusapia in Trans unter dem Einfluß der Suggestion ihm greifbar den Vorgang ihrer Handspaltung vorgeführt habe. 'Ich hielt ihre linke Hand von den Fingern bis zum Ellbogen und fühlte, wie eben diese linke Hand sich verdoppelte, unter Schmerzerscheinungen materialisierte und von der andern Seite her sich um meine eigene Hand legte. Die Rechte Eusapias hielt Hr. Swiencicki in bedeutender Entfernung.'[6]

Hat es hier nicht wirklich den Anschein, als würde ein 'feinstoffliches' Glied, ein 'ätherisches' oder 'astrales Duplikat' des fleischlichen, aus dem entsprechenden Körperteil des Mediums soz. einfach

---

1) APS VI 100f.   2) Das. 422; Lombroso 88.   3) ASP 1910 312.   4) Rochas, Motr. 115.   5) APS VI 413.   6) PS XXI 100. Vgl. noch Hellenbach, Geburt 80; Henslow 123 (nach Prof. Larkin).

herausgedreht, um eine Handlung zu verrichten, die der überwachte, also 'verhinderte' fleischliche Arm des Mediums nicht verrichten kann? — Dieser Anschein wird noch verstärkt durch die gelegentliche (schon oben angedeutete) Feststellung, daß zwischen dem normalen und dem entsprechenden 'exteriorisierten' Gliede eine bis ins kleinste gehende anatomische Übereinstimmung besteht.

Hr. v. Siemiradski, der im Frühling 1894 an einer Reihe von Palladino-Sitzungen teilnahm, denen u. a. die Professoren Lombroso, Richet, Danilewski, Dr. Dobrzycki (Schriftleiter der Warschauer 'Med. Ztg.') und Dr. v. Schrenck-Notzing beiwohnten, berichtet von einem Abdruck, den Eusapias 'fluidische Hand' auf einem mit Ruß geschwärzten Teller (auf dem Sitzungstisch) erzeugte. Von allen Händen der Anwesenden, einschließlich Eusapia, zeigte keine einzige irgendwelche Rußspuren. Als Eusapia später auf normale Weise einen ähnlichen Abdruck erzeugte, erwies ein Vergleich der beiden Abdrücke 'eine schlagende Ähnlichkeit oder, richtiger gesagt, die Identität in der Anordnung der Hautlinien'.[1]

Eine verwandte Beobachtung bezüglich eines fluidischen Fußes bei Eglinton wird aus einer Sitzung mit diesem berichtet, an der u. a. Dr. Carter Blake, St.-G. Stock, M. A., und Ingenieur G. FitzGerald teilnahmen. Hier wurden, nach dem Bericht des letzteren, vermittelst des früher beschriebenen Verfahrens u. a. zwei identische Paraffinabgüsse eines rechten Fußes erzielt, die sich bei Untersuchung durch Dr. Blake als 'der Gestalt nach genaue Gießformen von Mr. Eglintons Fuß erwiesen.' Dabei waren E.s Füße und Hände zusammen- und dann an seinen Stuhl gebunden, und diese Bande wurden nach der Sitzung unversehrt vorgefunden und mußten zerschnitten werden, da das Lösen der Knoten sich als 'unmöglich' erwies. Nach der Fesselung der Füße wurde der rechte derselben so weit vorgestreckt, daß der Gummizugstiefel während der ganzen Sitzung — bis auf wenige Sekunden 'ununterbrochen' — von mehreren Anwesenden im Auge behalten werden konnte. Nur einmal zeigte er eine 'leichte Bewegung', als wäre das Medium von Krämpfen befallen, — bei Eglinton nichts Seltenes, wie wir wissen. Nach dem Urteil der Anwesenden war eine Entfernung des Fußes aus Stiefel und Wollsocken durch das Medium bei der Art seiner Fesselung ohne Entdeckung 'ganz unmöglich'.[2] Immerhin macht man bei allem über Eglinton Berichteten gewisse Vorbehalte.

Anschließend möchte ich noch auf Mitteilungen des Arztes E., des 'angesehenen und geachteten Leiters eines bekannten heilpädagogischen Instituts im Rheinland', verweisen, für deren Glaubwürdigkeit sich der frühverstorbene Zoologe der Münchner Technischen Hochschule, Prof. Karl Gruber, einsetzt. E. beobachtete 'teleplastische' Bildungen bei nervös Erkrankten. Als eine von diesen, eine schwer leidende Frau (man vermutet eine Hysterische, was für die Zusammenstellung mit Medien nicht bedeutungslos wäre) dem

---

1) Rochas, Motr. 135. 2) Aus Sp 1876 206f. bei Aksakow 207ff. Die Beobachtung kann nicht als erstrangig gelten. — Vgl. Harrison in Sp 1876 I 298 (Aksakow 609).

Argumente aus der Objektivität der Erscheinung

Arzt ihre Zunge zeigen sollte, bot sich diesem folgender seltsamer Anblick: 'Über ihr erhob sich sozusagen eine zweite Zunge, nicht ganz so lang und breit, wie die richtige Zunge, dieser aber doch ähnlich. Die Farbe spielte zwischen Weiß und Grau. Die Dicke war etwa $1/3$ cm, an den Rändern weniger. Das Gebilde hob und senkte sich $1/2$—1 cm über der Zunge, je nach dem Ein- und Ausatmen der Kranken.' Je mehr es dem Arzt gelang, die Kranke zu beruhigen, desto mehr 'nahm auch das Gebilde an Umfang und Dicke ab, blieb aber am Nachmittag noch deutlich sichtbar.' Es verschwand allmählich am Tage darauf. — Das gleiche will E. noch an zwei andern weiblichen Kranken beobachtet haben, von denen die eine sich selbst als Medium bezeichnete.[1] — Man fragt sich auch hier, ob es sich etwa um eine 'Herausspaltung' des feinstofflichen Zungen-'Duplikats' gehandelt haben könne.

Hätten wir aber so erst ein Glied des Mediums in seiner fluidischen Doppelgestalt nach außen versetzt vor uns, so wäre der Schritt bis zur Hinausverlegung des ganzen Astralleibs eigentlich nicht größer als ehedem der Schritt von einem Teilphantom zu einem Vollphantom überhaupt. An Berichten über ein solches Grenzphänomen fehlt es in der Tat auch nicht. Die mir verfügbaren sind allerdings von größter Fragwürdigkeit; und wenn ich sie gleichwohl anführe, so tue ich es nur, um nichts zu übergehen, was einer animistischen Deutung von Phantomen zu gute kommen könnte.

Bei einer Dunkelsitzung der Brüder Davenport will man, als plötzlich ein Streichholz entzündet wurde, das sitzende Medium, mit den Händen an seinen Stuhl gebunden, und zugleich den vollkommenen Doppelgänger seines Körpers in dessen Bekleidung in den Körper des Mediums hinein verschwinden gesehn haben. Dies habe sich mehrfach ereignet, und bei einer Gelegenheit, bei der zunächst sogar der Vater des Mediums einen Betrug seines Sohnes festgestellt zu haben glaubte, versicherten 'nicht weniger als 20 Personen feierlich. daß sie nicht nur deutlich die Gestalt am Tische — den Doppelgänger oder das Phantom des Ira Davenport — erblickt, sondern auch den nach ihrer Annahme aus Fleisch und Blut bestehenden Knaben zu gleicher Zeit ruhig in seinem Stuhl hätten sitzen sehn. Das Phantom war zum Knaben hingeglitten, hatte ihn aber sichtbar garnicht erreicht; denn es schwand in einer Entfernung von etwa 6' von dem Ort, wo der Knabe saß, ins Unsichtbare dahin.' — Der Rev. Ferguson selbst, der die Davenports in England einführte und genau studierte, bezeugt, daß er bei zwei Gelegenheiten die volle Gestalt des Ira Davenport in einer Entfernung von 2—5' von dem am Stuhl gefesselten Medium gesehen habe.[2]

Endlich bezeugt Brackett, er habe unter hunderten von materialisierten Gestalten auch solche gesehen, 'welche Doppelgänger des Mediums zu sein schienen und ihm so völlig ähnlich sahen, daß ich geschworen hätte, es sei

---

[1] Gruber in PS 1924 654. [2] Ferguson 109; Sp 1873 154. 170. Die Davenports gelten heute meist als indizienmäßig überführte Betrüger; vgl. Podmore II 55ff. Vgl. üb. andre Medien: Sp 1876 I 205; 1879 I 133; Lt 1884 351.

Die Theorie des 'feineren' oder 'fluidalen' Leibes

das Medium selbst, wenn ich nicht ihre Dematerialisierung gesehen oder von der Gestalt ins Kabinett geführt worden wäre, wo ich das Medium in Trans vorfand.'[1]

Was hier noch fehlt, nämlich die unmittelbare Beobachtung des Hervorgehens der Vollgestalt aus dem Medium selbst, das wird z. B. im Falle der Mrs. d'Espérance behauptet, wenn auch in einem Bericht und von Zeugen, die mir nicht das gleiche Vertrauen einflößen wie andre in den Urkunden dieses bedeutenden Mediums. Danach wollen die Herren A. Weinholtz und R. Rahn gesehen haben, wie eine ganze Gestalt 'aus [dem sitzenden Medium] heraus' sich erhoben habe, das doch 'auf seinem Stuhle regungslos sitzen' blieb, während sein Doppelgänger (dies wäre u. U. sehr beachtenswert) sich in eine weißliche Lichtsäule hineinbegab, die sich 'ungefähr zwei Schritte vor dem Medium' gebildet hatte, worauf er sich alsbald wie eine Lebende zu benehmen vermochte.[2]

Ich brauche kaum zu bemerken, daß alles dies an einen andern, hundertfach behaupteten Tatbestand natürlichsten Anschluß hat: nämlich den des sog. Doppelgängers Lebender, sofern auch diesem objektive Leistungen und damit das Merkmal einer gewissen Stofflichkeit zugeschrieben werden. Wir haben diesen Tatbestand in früherem Zusammenhang ausgiebig kennen gelernt,[3] und ich muß den Leser nachdrücklich dorthin verweisen. —

Von einer andren, gleichfalls schon berührten Tatsachenreihe könnte man bezweifeln, ob sie in diesem Zusammenhang Erwähnung fordre: ich meine jene seltsamen 'Exteriorisierungen' vollständiger Doppelgänger, welche französische Forscher, vor allem Rochas und Durville, durch 'magnetische Striche' bei manchen Personen erzielt haben wollen. Hier ist es die sonderbare Art der Entstehung, was den Vergleich mit den eben berührten Tatsachen fraglich macht. Nach Durville z. B. soll die Absonderung dieser *doubles* einsetzen in Gestalt von zwei unbestimmt geformten, 'hin- und herschwankenden Säulen' — *colonnes flottantes* — zu beiden Seiten des Körpers, die sich erst nachträglich an der Stelle der einen von ihnen vereinigen sollen, zunächst in Form einer 'unbestimmten dampfigen Masse', die dann aber schrumpfe und schließlich die völlig menschliche Form eines genauen Doppelgängers der Versuchsperson annehme. Diese angeblichen Abweichungen der Entstehung von derjenigen der Medien-Doppelgänger sind möglicherweise nicht allzu ernst zu nehmen; denn Durvilles Angaben beruhen anscheinend wesentlich auf den Aussagen der somnambulen Subjekte selbst, von deren Befähigung zu gültiger Beobachtung wir

---

1) Brackett 82. 2) ÜW I 11f. 3) o. II 363ff.

natürlich garnichts wissen. Jenen Abweichungen stehen andre Angaben gegenüber, die diese Bildungen eher mit der früher beschriebenen Phantomerzeugung aus Wölkungen, die das Medium verlassen, zu vergleichen gestatten. So sollen z. B. zu jener 'magnetischen' Doppelgängerbildung — Ausströmungen beitragen, die das Subjekt an vielen Teilen seines Körpers empfindet, und zwar unangenehm, ja schmerzlich empfindet; das allmählich auch seelisch immer selbständiger werdende Phantom, das angeblich physische Wirkungen ausüben kann und sich in Spiegeln reflektieren soll, steht mit dem Subjekt durch eine 'fluidische Schnur' in Verbindung, die hüben wie drüben an den uns schon bekannten Ansatzstellen mündet — Nabel-, Milzgegend oder dergl. — und als Verbindungsweg für Stoff- und Empfindungsübertragung dient; was wieder an die Übertragung von Reizungen des Phantoms auf das Medium erinnert. Es ist denn auch bemerkenswert, daß uns berichtet wird, die Versuchsperson könne während solcher Verdoppelung durch die eigenen Sinneswerkzeuge überhaupt keine Empfindungen aufnehmen, sondern nur durch Reizung des Phantoms (weshalb ja hier von 'Exteriorisation der Empfindung' gesprochen wird), und man habe in seiner Nähe den Eindruck der 'Kälte' oder eines 'kühlen Hauches', — ein typisches Merkmal vieler Phantome, wie wir bereits wissen.[1]

Ich will die Frage der Verläßlichkeit dieser und verwandter Beobachtungen, wie auch die Frage der völligen Einheitlichkeit aller vorgetragenen Tatsachen der Verdoppelung garnicht aufwerfen; ich will vielmehr beides voraussetzen, da es offenbar geeignet ist, die Stellung des Animisten unsrem Problem gegenüber zu stärken. Ich will also annehmen, daß alle jene Tatsachen wirklich beweisen, daß durch Hinausversetzung von etwas, was restlos dem Medium entstammt, Phantome oder Phantomteile verwirklicht werden können, und daraufhin nunmehr die Frage wiederholen, ob hiermit eine Deutung von Materialisationen durch 'Exteriorisierung des feineren Leibes des Mediums' bewiesen sei.

Die Antwort, die sich mir nach unvoreingenommener Überlegung aufdrängt, besteht in einem 'Ja, vielleicht', doch mit der gleich hinzugefügten Einschränkung: daß damit sicherlich nicht die Gesamtheit der Tatsachen erfaßt sei. Dieses 'Vielleicht' aber hat ein doppeltes Gesicht. Nach der einen Seite hin will es betonen, daß wir bei unserer 'abgrundtiefen Unwissenheit' in diesen Dingen uns hüten müssen, eine Möglichkeit vorschnell beiseite zu schieben, die auch nur das Mindeste

---

[1] Rochas, Sens. 52 ff.; Durville in AOP 1908 291 ff. Vgl. Lombroso 291 (Eusapia); ÜW IV 204. Ganz ähnliche Angaben machte Cornilliers in diesen Dingen angeblich ganz unwissendes kleines Medium Reine: Cornillier 10. 20. 24.

zu ihren Gunsten anführen kann. Nach der andren Seite hin aber soll es verhindern, daß solche Unwissenheit uns verführe, gewisse Schwierigkeiten der bezeichneten Auffassung zu übersehn. Es liegt doch z. B. nahe zu vermuten, daß (wie schon einmal angedeutet) die Hinausverlegung eines Astralkörpers — im Ganzen oder in Teilen — nur möglich wäre bei gleichzeitiger Stillegung der normalen Körperlichkeit zum mindesten in den Grenzen jener Hinausverlegung. Gehört ein 'fluidisches Gegenstück' zu unsrem Lebenshaushalt, so kann man sich schwerlich eine Herausnahme desselben aus dem Getriebe denken ohne starke Beeinträchtigung, wenn nicht gar Stockung der Lebensverrichtungen. Nun ist ja solche Stockung oft genug anscheinend gegeben: während Eusapias 'dritter' Arm sich betätigt, liegt der entsprechende fleischliche, vermutlich reglos, auf dem Sitzungstisch; und während des Auftretens wie vieler Phantome nicht liegt das Medium in der tiefen Betäubung des Trans! Aber auch wenn wir das als genügend betrachten dürfen (also nicht etwa sofortigen Tod zu erwarten brauchen): ich bin nicht sicher, daß das Medium in allen betrachteten Fällen auch nur im Trans war. Mrs. d'Espérance scheint während außerordentlichster Materialisationen so häufig in anscheinend normalem Zustand gewesen zu sein,[1] daß wir es auch im oben erwähnten Fall vermuten möchten. Zum mindesten wäre, falls die erwähnte Schwierigkeit zu Recht besteht, schon damit allein bewiesen, daß nur ein Bruchteil aller Materialisationen auf Hinausversetzung eines feineren Leibes des Mediums beruht; denn daß manche Medien während des Auftretens von Phantomen wach sind, reden und mitbeobachten, ist uns bereits bekannt und wird aus weiteren Beispielen noch erhellen.

Auch eine andere Schwierigkeit kann gegen die hier fragliche Theorie des Phantoms nur geltend gemacht werden, falls eben mehr als ein Bruchteil solcher Erscheinungen durch sie gedeutet werden soll. Ich bringe diese Schwierigkeit gleichwohl zur Sprache, denn es ist gegen sie ein Begriff ins Feld geführt worden, der, falls gültig, die Geltungsgrenzen jener Theorie beträchtlich erweitern würde. — Man darf natürlich erwarten, daß der hinausversetzte Fluidalkörper seinem fleischlichen Bruder ähneln, nein mehr: ihm völlig gleichen werde; und in den angeführten Fällen wurde dies ausdrücklich betont; ja es wurde fast durchweg erst aus dieser schlagenden Ähnlichkeit geschlossen, daß es sich um den hinausversetzten 'Fluidal' des Mediums handle. Nun braucht ja nicht erst betont zu werden — was schon oft belegt ist und sich immer wieder bestätigen wird —, daß auch nur leidliche Ähnlichkeit zwischen Phantom und Medium durchaus eine

---

[1] d'Espérance 336; ÜW I 9. 12; Eus. Palladino: APS VI 165; PS XXVIII 628.

Ausnahme ist. Vorausgesetzt also, daß fleischlicher und fluidaler Leib sich durchaus gleichen, wäre damit unsere Theorie für die Mehrheit aller Phantome widerlegt. Das Denkmittel, womit der Vertreter der Astralleib-Theorie gleichwohl ihren Geltungsbereich zu erweitern sucht, ist merkwürdig genug und außerdem geeignet, zwischen ihr und ihrer Gegnerin: der ideoplastischen, eine überraschende Brücke zu schlagen. Man schreibt nämlich dem Medium, bzw. dessen schöpferischer Transpersönlichkeit, die Fähigkeit zu, das Aussehen des hinausversetzten Fluidalleibs durch Wunschvorstellungen zu verändern und damit jede bezweckte 'Ähnlichkeit' zu verwirklichen.[1] Allan Kardec, der Vater des französischen Spiritismus, scheint es gewesen zu sein,[2] der diesen Begriff der 'Transfiguration' zuerst aufstellte, wenn auch in etwas anderer Anwendung: er beschreibt nämlich Beobachtungen, nach denen gewisse Personen zu Zeiten die Gabe offenbaren, vollständig das Aussehen Anderer, und zwar anscheinend stets von Verstorbenen(!), anzunehmen.

So berichtet er (u. a. nach dem Zeugnis eines Arztes) von einem 15jährigen Mädchen in der Umgebung von St. Etienne, an der sich in den Jahren 1858/9, 'hunderte von Malen' und ohne ihren eigenen Willen, Gesicht, Blick, Stimme und Aussprache so veränderten, daß man jeweils einen bestimmten Toten vor sich zu haben glaubte. 'Die Illusion war vollkommen.' Wenn sie ihren verstorbenen Bruder darstellte, soll sich sogar ihr Gewicht beinahe verdoppelt haben! — Kardec unterscheidet durchaus zwischen solcher echten Transfiguration und einer bloßen Veränderung der Züge durch Muskelwirkungen; diese könnten das Gesicht wohl von wechselndem Alter, häßlicher oder schöner erscheinen lassen; aber eine Frau bliebe da doch immer eine Frau. Die echte Transfiguration dagegen komme durch eine wirkliche Umbildung des hinausversetzten Fluidals, des 'Perisprit', zustande: die Verdichtung desselben mache das fleischliche Gesicht ganz unwahrnehmbar, es bilde sich vor diesem soz. eine perispritale Maske, die einen Toten darstellen könne, falls eben ein Geist 'sein eigenes Fluidum mit jenem vermische'.[3]

Dr. J. Maxwell, ein besserer Gewährsmann als Kardec, erhielt einen verwandten Bericht von einem offenbar gut gebildeten Verwaltungsbeamten. Dieser saß eines Tages seinem 90jährigen, im Lehnstuhl schlummernden Vater gegenüber, als er bemerkte, 'daß dessen Gesicht allmählich ein ihm fremdes Aussehen annahm. Ich stellte schließlich fest, daß sein Gesicht in erstaunlichem Grade dem meiner [3 Jahre zuvor verstorbenen] Mutter glich. Es war wie eine über sein Gesicht gebreitete Maske derselben. Mein Vater hatte seit langem keine Augenbrauen mehr, und doch bemerkte ich jetzt über seinen geschlossenen Augen die sehr ausgeprägten schwarzen Brauen, die meine Mutter sich bis in ihre letzten Tage bewahrt hatte. Augenlider, Nase und Mund waren die meiner Mutter... Die Erscheinung dauerte etwa

---

1) Delanne II 312.   2) Tischner, Gesch. 57; Delanne II 313.   3) Kardec 105f.

10—12 Minuten, dann schwand sie nach und nach dahin, und mein Vater nahm sein gewohntes Aussehn wieder an.' Nach dem Erwachen gefragt, ob er von seiner Frau geträumt habe, verneinte er dies. Der Erzähler fügt hinzu, daß er selbst an eine Sinnestäuschung geglaubt hätte, wenn nicht die 31jährige Bediente seines Vaters während der Erscheinung das Zimmer betreten und das gleiche gesehen hätte. Er hatte zu ihr nur gesagt: 'Jeanne, sehen Sie doch den Herrn schlafen', worauf sie nähertretend ausgerufen habe: 'O, wie er der armen gnädigen Frau gleicht! Das ist ja ganz außerordentlich.'[1]

Aksakow bringt einen Eigenbericht des Chicagoer Mediums Mrs. Crocker, an der — bei Kaminfeuer und Mondlicht! — mehrere Sitzungsteilnehmer in gleicher Weise eine völlige Veränderung des Gesichts nach Größe, Form und Ausdruck wahrgenommen hätten: selbst ein 'dichter schwarzer Bart' sei erschienen, und ihr Schwiegersohn habe ausgerufen: 'Aber das ist mein Vater!' Bald danach, während die Anwesenden ihr Gesicht im Auge behielten, habe dieses die Züge 'einer alten Frau in weißen Haaren' angenommen; sie selbst sei währenddessen bei vollem Bewußtsein gewesen, habe aber die starke Empfindung eines Prickelns am ganzen Körper gehabt![2]

Endlich sei folgender Bericht des Dr. E. F. Bowers kurz zusammengefaßt: B.s kürzlich verstorbener Schwager hatte eine Grundschuldforderung ausbezahlt, die der Gläubiger aber jetzt nochmals geltend machte, während die Empfangsbescheinigung über die Auszahlung von der Witwe vergeblich gesucht wurde. Während einer Mahlzeit mit seiner Gattin (der Schwester des Verstorbenen) und der sehr medial veranlagten Mrs. Vanderbilt Pepper wurde diese 'von dem leichten Schauder ergriffen, der ihrem Eintritt in den Trans vorherzugehen pflegte. Das Aussehn ihres Gesichts veränderte sich in verblüffender Weise, denn es nahm die Züge des verstorbenen Bruders meiner Frau an. Mit einer Stimme, die der des letzteren fast völlig glich, sprach Mrs. Pepper. Der Inhalt ihrer Kundgebung war, daß der Verstorbene sich [auf mancherlei zartfühlende und sehr persönliche Art identifizierte und eine Vertrautheit mit allen Angelegenheiten der Familie bewies, die kein Lebender denkbarerweise hätte besitzen können. Zugleich] versicherte er seiner Schwester, daß die auf ihrem alten Heim in Pittsburg ruhende Hypothek ausgezahlt worden sei. Die erledigte Urkunde wurde in dem oberen rechten Schubfach eines altmodischen Schreibbüros gefunden werden, das in der Eingangshalle des Hauses stand. Besonderer Nachdruck wurde darauf gelegt, daß zwar in eben diesem Schubfach nachgesucht, daß aber ein [Geheim]verschlag am Ende des Schubfachs übersehen worden sei, worin die Urkunde nebst einer Reihe andrer wichtiger Papiere gefunden werden würde.' Ein sofortiger Fernruf der alten Haushälterin in dem Pittsburger Heim führte zu deren umgehender erregter Meldung, 'daß sie den erledigten Grundschuldbrief gefunden habe... Keine lebende Seele wußte, wo der Verstorbene vor seinem Tode diese Urkunde versteckt hatte... Die Botschaft des Geistes ersparte der Familie große geldliche Verlegenheiten.'[3]

1) ASP 1906 35. Vgl. APS II 379 ff.; Holms 391; Wyld 49; Underwood 35 f.   2) Aus Sp 1875 (17. Sept.) bei Aksakow, Cas 211.   3) Bowers 23 ff.

Dieser Art sind die beobachteten Tatsachen der Transfiguration. Wie man sieht, bieten sie uns nur eine erste Stufe dessen, was man voraussetzen müßte, falls man Vollphantome von durchaus eigenartiger Erscheinung als Transfigurationen des Mediums deuten wollte. Darüber hinaus aber muß man sagen, daß die vorgebrachten Tatsachen ja nicht einmal soviel beweisen, als sie beweisen sollen: nämlich eine plastische Veränderung des halbwegs hinausversetzten 'fluidalen Gesichts' der betreffenden Personen; es könnte sich ebensogut um die bildnerische Behandlung eines ihnen entnommenen bloßen 'Stoffes' handeln (dessen Entweichen das gelegentlich bezeugte Prickeln andeuten würde). So betrachtet aber schwebt der ganze Gedanke einer Modelung des Fluidalkörpers des Mediums völlig in der Luft. Er erweist sich als eine Annahme, zu deren Gunsten eindeutige Tatsachen einstweilen noch nicht aufgewiesen sind.

Ihre Erwägung hat uns nun aber vor die einzige Theorie des Phantoms geführt, die, soweit ich sehe, auf animistischem Boden neben der des 'Fluidals' noch in Frage kommt: die Theorie der Ideoplastie. Und deren Grenzen sind einstweilen noch garnicht abzusehen. Hat doch ein feinsinniger Vertreter unseres Faches, der verstorbene Eberhard Buchner, sogar die Möglichkeit in die Erörterung werfen können, daß auch die Durvilleschen *doubles* nur Versuche der ideoplastischen Darstellung des eigenen Körpers des Subjekts in fluidalem Stoffe seien. Und er hat dann weiter selbst die von Schrenck-Notzing beschriebenen teleplastischen Gebilde mit jenen *doubles* zu vergleichen gesucht. Beide erwüchsen aus 'Emanationen', sogar an den gleichen Körperteilen; beide ständen durch ein 'Band' oder durch 'Fäden' mit dem Leibe des Mediums in Verbindung; beide seien für Berührungen empfindlich. Freilich erscheine der exteriorisierte Fluidal nachgerade als denkendes und handelndes Wesen. Aber wenn schon die Empfindung hinausversetzt werden könne, 'warum sollte dieser Spaltungsvorgang nicht noch weiter getrieben werden können, bis zur Übertragung des Ichgefühls an das teleplastische Gebilde?' Allerdings erscheint Buchner selbst diese Vergleichung schließlich 'nicht recht überzeugend', und er entscheidet sich, wennschon zögernd, für eine Theorie des feinstofflichen Leibes, die sogar in Durvilles Tatsachen 'eine auf medialem Wege zustande kommende Herausstellung tiefer innerer ... Wesenheiten' sehen würde.[1] Aber Andre gehen entschlossner den Weg, auf dem er wieder umkehrt, und die Erwägung der ideoplastischen Theorie selbst in ihren verwegensten Formen bleibt uns keinesfalls erspart.

---

1) Buchner 318f.

10. Die ideoplastische Theorie der Materialisation

Es ist klar, daß wir damit nicht einen Schritt vom Schwierigeren zum Leichteren tun. Hier liegt ja der Ausgangspunkt der Materialisation nicht in etwas schon körperlich Geformtem, das lediglich ideoplastisch zu modeln wäre, sondern voraussetzungsgemäß in etwas bloß Stofflichem (wenn auch vielleicht 'Lebendig-Stofflichem'), das ganz von Grund aus erst zu gestalten ist. — Der neue Schritt bereitet mir aber noch eine andre Schwierigkeit. Denn die Tatsachen, auf die sich die ideoplastische Theorie weitaus am einleuchtendsten berufen könnte, gehören meiner Meinung nach größtenteils zu den erst schlecht gesicherten, die ich denn auch von allen bisherigen Erörterungen ausgeschlossen habe, — gleich den Medien, an denen sie beobachtet wurden. Ich denke an jene einfacheren Formen materialisierter Gebilde, wie sie namentlich aus Veröffentlichungen v. Schrenck-Notzings, Grubers u. a. bekannt sind. Von den betreffenden Medien — Eva Carrière, Kathleen Goligher, Nielsen, Linda Gazerra, Laszlo, den Brüdern Schneider u. a. — scheinen mir die meisten heute endgültig entlarvt und erledigt zu sein und hauptsächlich die beiden Schneider Aussicht auf schließliche allgemeine Anerkennung zu haben. Es ist denn auch nur aus Entgegenkommen gegen diejenigen, die meine angedeutete Stellungnahme für übertrieben halten, anderseits weil die ideoplastische Theorie der spiritistischen Auffassung von Phantomen Schwierigkeiten bereitet, daß ich jene angeblichen Tatsachen hier unter stärkstem Vorbehalt in meinen Gedankengang einbeziehe.

In diesem Sinn also sage ich: daß jenen einfachsten Formen materialisierter Gebilde gegenüber der Gedanke an Exteriorisierung fertiger fluidaler Körperteile gar nicht aufkommen kann. Die in 'gasförmigem', mehr flüssigem oder mehr festem Zustande austretende 'Primordialsubstanz', der graue oder weiße Nebel, Rauch, Wolke, die teigige, schaumige, flockige Masse des 'Teleplasma', die ins 'Wirkungsfeld' strömende 'Emanation' oder das in Gestalt von Flecken, Knoten, Kolben, Fäden, Strängen, Geweben, Schleiern und was sonst den Leib des Mediums verlassende Ektoplasma — sie alle hätten, obgleich schon in sich beweglich, die entscheidende Entwicklung erst vor sich, die aus ihnen die mannigfachen, z. T. phantastischen Gebilde entstehen läßt, von denen angeblich ein großer Teil der telekinetischen Leistungen aufgebracht wird. Erst sollen es bloße 'Ausläufer', 'Hervorwüchse' wunderlicher Form sein, 'Pseudopodien', wie man sie zuweilen genannt hat; dann werden es 'handartige Greiforgane', aber 'ganz flach' und in wechselndem Maß von Stelle zu Stelle verdichtet; oder

'Stümpfe', gegabelte 'Klauen', 'pfötchenartige Erzeugnisse' u. dgl. m. Über mannigfaltige Zwischenstufen sollen diese mehr willkürlich und dürftig gestalteten Gebilde in wohlgeformte Hände mit Nägeln, nach anderer Richtung hin in deutlich erkennbare Köpfe übergehn.[1] Zuweilen will man das Hervorgehen wohlgeformter Gliedmaßen unmittelbar aus der 'Primordialsubstanz' beobachtet haben. Hier ein Beispiel:

'Während das Medium', schreibt v. Schrenck-Notzing, (nämlich Eva C.) 'beide Vorhangflügel mit den Händen umklammerte, entstand zwischen ihren Füßen vor uns ein weißer Fleck, und aus demselben wuchs mit der Richtung nach oben eine weiße Rauchsäule, an deren Spitze sich eine deutlich erkennbare Hand formte, die bis zu den Knien Evas emporstieg und dann verschwand.'[2]

Ähnlich aber entstehen auch Köpfe und Gesichter. 'Ich habe', schreibt Dr. Geley, 'in gewissen Fällen ein Gesicht oder eine Hand flach erscheinen und dann unter meinen Augen die drei Dimensionen annehmen sehen.' Oder: 'Auf den Knien des Mediums erscheint ein weißer Fleck, der sehr schnell eine runde, unregelmäßige Masse bildet. Vor unsern Augen öffnete sich die Masse und sonderte sich in zwei durch ein Band von Stoff verbundene Teile; aus dem einen kam das Gesicht einer Frau mit bewundernswert geformten Zügen zum Vorschein. Besonders die Augen hatten den Ausdruck vollen Lebens. Nach einigen Augenblicken verwischte sich das Ding, wurde allmählich unsichtbar und verschwand.'[3]

Wieder einige Schritte abwärts, wenn man will, haben wir jene 'larvenhaften' Hände, Arme und Köpfe, 'schlecht geformt' oder absonderlich im Umriß; Köpfe, die gleichwohl allen hörbar 'küssen' können;[4] Köpfe, die fast nur noch 'konvexen Gebilden auf langen Hälsen', 'dunklen, ausgefransten Stümpfen' oder dem 'oberen Ende eines großen Cellos' gleichen;[5] schließlich 'unbestimmte weißliche Formen im Kabinett', — 'undefinierbare Larven', deren kurze Dauer und verschwommene Umrisse nicht erlauben, ihre Gestalt zu erkennen.[6] Und alles dies läßt sich wiederum photographieren, im gewöhnlichen Verfahren, oder neuerdings unter Verwendung infraroter Strahlen zur Bildung soz. von Schattenrissen.[7]

Bezüglich dieser unvollkommenen Materialisationen nun soll nach dem Urteil mancher Forscher eine Abhängigkeit der Gestaltung von Leitvorstellungen ('Autosuggestionen') des Mediums feststehen, — oder, was ja auf dasselbe herauskommt: von Suggestionen der Sitzungsteilnehmer.[8] Schrenck-Notzing z. B. erzählte vor dem Beginn einer Sitzung dem Medium Willy Schneider von der Bildung 'medialer Kraft-

---

1) Nach Gruber, Okkult. 84 ff.; Schrenck, Mat. 504 ff. 81. 89. 101. 113; Richet 408. 415.
2) Schrenck, Mat. 112. Abb. 26.   3) bei Lambert 125.   4) Carrington 176.
5) Morselli II 425 f.; Pr XXIII 445 f.   6) Morselli I 402.   7) Über letzteres Verfahren: Pr XLI 89 ff.   8) z. B. Schrenck, Mat. 85. 94.

linien' bei andern Versuchspersonen, worauf Willy in der Sitzung selbst zum erstenmal schnurartige Materialisationen hervorbrachte.[1]

Auch das wahrnehmbare Verhalten des Mediums soll mitunter auf diese Seite seiner Leistung hinweisen. 'Es fiel mir auf,' schreibt z. B. Gruber,[2] 'daß Willy Schneider in der Periode der Sitzung, in der es zu Materialisationen von fester Konsistenz kommt, regelmäßig mit den Händen formende oder knetende Bewegungen macht, als habe er eine Masse vor sich, aus der er das gewünschte Materialisationsgebilde gestaltet.' Wennschon wir uns hier an die früher besprochne 'motorische Synchronie' zwischen Medium und Phantom erinnert fühlen, so brauchen wir in solchen Bewegungen doch schließlich nicht mehr zu erblicken, als den unwillkürlichen Ausdruck eines vorstellungsgetriebenen, also ideoplastischen Schaffens. Ja das Medium deutet oft genug seinen besonderen Schaffenswunsch nicht nur durch Gebärden an, sondern spricht ihn auch eindeutig aus (gleichgültig ob im Anschluß an eine ihm gegebene Anregung oder völlig aus sich): wie wenn die Transpersönlichkeit z. B. erklärt: 'Ich versuche nun eine Hand zu materialisieren', oder: 'Es gelingt mir heute nur, einen Stumpf oder zwei Finger zu bilden.'[3]

Wollten und könnten wir uns nun aber auch theoretisch zur Ruhe setzen in diesem Bereich animistischer Ideoplastik, so würde uns bald die Frage aufscheuchen: wie weit wir diesen Begriff denn auszudehnen gedenken. Soll er das Ganze der Materialisationserscheinungen umgreifen? Wir kennen bereits ihre äußersten Grenzen aus mancherlei Beispielen. Sollen also — sagen wir — auch Phantome von der Art der 'Katie King' als zeitweilige Gedankenschöpfungen des Mediums aufgefaßt werden, — Phantome also, die eine vollständige anatomische Ausbildung nebst ihren Funktionen erkennen lassen, die überdies — vergessen wir das nicht! — in jeder Hinsicht als seelisch geschlossene und selbständige Wesen vor uns stehen? Ihr Abstand von allem soeben Aufgezählten ist offenbar ein gewaltiger, sowohl was körperliche Ausbildung anlangt, wie auch hinsichtlich der bewiesenen Belebung. 'Ektoplastische' Gliedgebilde sollen einem Willen gehorchen; aber diesen könnten wir doch mühelos als den unterbewußten des Mediums begreifen. Medien der ideoplastischen Leistung einfacher Art sollen mehrfach auch Vollphantome dargeboten haben, und dies zeitlichpersönliche Beisammen könnte ja zur Annahme eines auch wesentlichen Zusammenhangs beider Arten verlocken. Aber zwingend wäre diese Folgerung offenbar nicht. Warum sollte eben jene Veranlagung,

---

1) bei Lambert 135. Vgl. noch Blacher 31 Anm.; ZmpF 1932 86 (nach David-Neal). Du Prel (Tod 77) erinnert treffend an das 'Versehen' der Schwangeren.   2) Okkult. 88.
3) Gruber, Erk. 257.

welche die ideoplastische Formung einer 'Emanation' gestattet, nicht auch die leichtere Hinausversetzung fluidaler Körperteile oder selbst des ganzen 'Fluidals' begünstigen? Ja warum schließlich nicht selbst die Sichtbarmachung des Fluidals eines Abgeschiedenen? Oder gar seine ideoplastische Darstellung unter seiner eigenen Leitung?[1] Alle diese denkbaren Vorgänge, möchte man annehmen, gehören einem metaphysiologischen Grundbereich an, und ihr gemeinsames Vorkommen bei einem Medium, ja in einer Sitzung würde noch keineswegs ihre theoretische Gleichsetzung fordern. Eusapias Vollphantome werden uns noch zu äußersten Fragestellungen zwingen, — und doch erzeugte auch sie ganz schlichte ideoplastische Gebilde.[2]

Je mehr uns aber die Möglichkeit aufgeht, daß Materialisationen sehr verschiedenen Ursprungs und Wesens bei einem Medium, ja zu gleicher Zeit auftreten, desto fragwürdiger wird der Versuch, auch die anatomisch durchgebildeten und persönlich-lebendigen Vollphantome unter den Begriff der Ideoplastie zu zwingen. Gewiß müßten uns schon einfache Formen der Ideoplastik an Gedanken gewöhnen, bei denen dem Gelehrten älterer Schulung soz. der Verstand aus den Fugen zu gehen droht; aber auch dem Wagemutigen mag es als eine verzweifelte Zumutung erscheinen, ein vom lebenden Menschen nicht mehr unterscheidbares Phantom durch die 'magische Imagination' eines Mediums in wenigen Augenblicken ins Dasein treten zu lassen, — wenn nicht aus dem Nichts, so doch aus völlig ungestaltetem Rohstoff.

Und doch hat diese Zumutung auch Gelehrte von unbezweifelbarem Verantwortungsgefühl nicht geschreckt. Selbst ein Bahnbrecher zwar wie Schrenck-Notzing umgeht den letzten Sprung, indem er die echte Ähnlichkeit von Materialisationen mit 'lebenden Organismen' in Zweifel zieht und sich auf den bescheideneren Begriff bloßer 'mehr oder minder gut entwickelter Impressionen von Formfragmenten' zurückzieht.[3] Aber diese Haltung erklärt sich wohl daraus, daß die Medien dieses Forschers ihm die äußersten Formen der Materialisation nie vorgeführt haben, die anderswo beobachteten aber von ihm bei seiner Meinungsbildung außer acht gelassen werden. Bei Eva C. wurden zwar — auf Augenblicke! — phantomale Vollgestalten gesehen; aber in den meisten von ihnen glaubte Schrenck-Notzing das bloß durch weiße Gewandung 'transfiguierte' Medium zu erkennen,[4] und überdies hat keins dieser scheinbaren Vollphantome die geringsten Anzeichen von Leben dargeboten.

---

1) vgl. o. S. 176. 2) Auch bei Frau Silbert beobachtete man die gleiche Verschiedenartigkeit der 'Materialisationen': Gruber, Erk. 229. 3) Schrenck, Mat. 523.
4) Das. 57f. 61. 68. Ein einziges Mal (93) spricht er vorsichtig von einem weißbärtigen Manne. Das Medium war angeblich stets schon in der nächsten Sekunde wieder in seinem schwarzen Trikot zu erblicken (56. 71).

Andere packen den Stier entschlossener an den Hörnern. Der Biologe Prof. Gruber will auch 'in der Erscheinung eines ganzen Phantoms' — wobei die letzten Grenzen solcher 'Ganzheit' allerdings nicht ausdrücklich bezeichnet werden —, 'so ungeheuerlich sein Eindruck auf den naturwissenschaftlich vorgebildeten Beobachter zunächst sein mag..., doch nur eine graduelle Steigerung des [dürftigeren] ideoplastischen Vorgangs' erblicken.[1] Und Prof. Blacher, der technische Chemiker der Rigaer Universität, hat den anerkennenswerten Mut, auch ein Phantom wie 'Katie King' — unstreitig ein Musterbild der leiblich und seelisch menschenähnlichen Materialisation — für die 'immer von neuem vorgenommene Realisierung einer Idee' zu erklären, ja zuweilen die bloße 'Moment-Realisation' einer schöpferischen Vorstellung des Mediums. Er stellt dabei die Tatsache der Materialisation in eine Reihe nicht nur mit der 'biologischen Zweckschöpfung' überhaupt, sondern auch mit der übernormalen Beherrschung organischer Wachstumsvorgänge, wie sie z. B. die hysterischen Neubildungen offenbaren.[2] Hatte nicht Schleich — ein immerhin über die Schranken seines Fachs hinausdenkender Arzt — aus ähnlichen Gründen die Hysterie als eine 'metaphysisch' zu deutende Krankheit bezeichnet?[3] Der neue Vitalismus eines Driesch spricht wieder von der 'Entelechie', die auch die normalen Wachstumsvorgänge der Ontogenese, der Entwicklung des Einzelwesens, vortreibt und steuert.[4] Wo aber sonst könnte solches entelechische Wirken zu Hause sein als in jener 'magischen' Tiefe, an die der Transzustand das wache Denk- und Wunschleben näher heranführt und die sodann vom gestalten-schöpferischen Medium unter dem Einfluß von Fremd- und Autosuggestivvorstellungen ausgenutzt wird?

Alles dies macht uns die heute von Parapsychologen genährte Hoffnung verständlich, daß eine vitalistisch denkende Biologie für die Anerkennung des Materialisationsvorgangs gewonnen werden könne; mehr noch: daß sie in diesem eine Bestätigung ihrer Grundbegriffe finden werde. In der Tat läge der hauptsächliche Unterschied zwischen einer normalen und einer magisch-phantomalen Wesensentstehung auf dem vergleichsweise nebensächlichen Gebiete der Zeitmaße.[5] Die mediale Erzeugung eines Vollphantoms würde in Sekunden oder Minuten das vollbringen, wozu die Natur für gewöhnlich Jahre benötigt. Aber schließlich — was sind solche Unterschiede, gegen die Dauer anderer Naturvorgänge gehalten? Wir sind es heute gewohnt geworden, 'rela-

---

1) Erk. 269. Vgl. 259.   2) Blacher 34; PS 1924 346. Ebenso Barnard 90. 102.   3) Schleich 249 ff.   4) S. z. B. Driesch, Phil. d. Org. 400 ff., bes. 446 f. 483 ff.   5) Zur Vergleichung von Ontogenese und Materialisation vgl. du Prel, Stud. II 143 f.; Prof. Santoliquido in RM 1928 Nr. 5 (ref. ZpF 1929 63); Kröner in ZP 111 f.

tiv' zu denken. Auch läßt die Beobachtung selber manche 'natürliche', d. h. im Grunde doch nur: gewohnte biologische Maße seltsam zerfließen. Wir können nicht an gewissen Versuchen vorübergehen, die uns das Wachstum von Pflanzen unter der Einwirkung 'magnetisierender Striche' in schier unfaßlichem Grade beschleunigt zeigen.[1] Und gut beglaubigte 'Wunderheilungen' zwingen uns, die Herstellung neuer Gewebe in einer Geschwindigkeit zuzugestehn, die gegenüber der von normalen Heilungen wiederum eine kaum faßbare Beschleunigung bedeutet.[2] Allerdings könnte wohl das anzunehmende **Fehlen eines normalen 'Keimes'** im Falle von Vollphantomen Bedenken wecken; doch scheint mir diese Schwierigkeit geringer zu wiegen als die der anzunehmenden Beschleunigung, sofern wir voraussetzen, daß auch ein Keim für sich allein, ohne die Entelechie als 'quasi-psychische Richtungs-Dominante', die normale Wesensentstehung nicht restlos deuten kann; daß uns somit das **wichtigere Teil** verbleibt, wenn wir die ideoplastische Schöpfung eines Mediums als eine Abart entelechischen Wirkens deuten dürfen. — 'Uferlose Spekulationen!' Gewiß. Aber in unsrer verzweifelten Lage diesen unerhörten Tatsachen gegenüber — was bleibt uns andres übrig, als nach allen Seiten hin die Denkmöglichkeiten zu ertasten, und selbst, wo wir uns noch nicht binden können, sie wenigstens andeutungsweise herauszustellen und zu verketten? Ist auch mit dem Begriff der Ideoplastie garnichts 'erklärt', so wäre damit doch ein **vertrautes Rätsel** — das der natürlichen Gestaltschöpfung — an einer bislang verkannten Stelle neu in Ansatz gebracht. Jedenfalls aber kann ich es nicht[3] für einen durchschlagenden Einwand gegen die ideoplastische Theorie des Vollphantoms halten: daß das Medium doch sicherlich nicht die anatomisch-physiologischen Kenntnisse besitze, welche die zureichende Verwirklichung seiner Zielvorstellung erfordern würde; denn fraglos hätten wir diese in die unterbewußten 'Tiefen' seines Wesens zu verlegen, wo das **Verhältnis von Leben und Wissen** ein wesentlich andres sein dürfte als im Bereich verständigt-tagwachen Planens und Handelns; wo daher auch so oft ein rätselhaft vollkommener Instinkt des Erkennens und Heilens von Krankheit beheimatet ist.[4] Anders ausgedrückt: wir brauchen jenem seelischen Triebpunkt in der schöpferischen Tiefe des Mediums, welcher das phantomale Gebilde erzeugt, nicht ('anthropomorphisierend') ein planendes 'Vorstellen', ein bewußt-bildmäßiges Zielsetzen zuzuschreiben; vielmehr nur ein, wenn auch durch Vorstellungen angeregtes und aus-

---

1) Vgl. du Prel, Ph. d. M. 156; Stud. I 47 ff.; JM 20. Jan. 1899; BIGP 1905 Nr. 2; d'Espérance 263 ff. (auch PS 1886 455 ff.); Prof. Schröder in ZmpF 1930 108 ff. 149 ff.
2) Vgl. z. B. Hoestenberghe; Loth 201 ff.; AL XXIV 112 ff. 163 ff.; Boissarie 107 f.
3) wie Delanne (II 222. 309).   4) Vgl. z. B. du Prel, Ph. d. M. 160 ff.

Die ideoplastische Theorie der Materialisation

gelöstes, so doch in der Auswirkung unbewußt-schöpferisches Tun, wie es auch der Entelechie der normalen Wesenswerdung eigen wäre. —
Ich habe jetzt mein Bestes getan, die beiden möglichen animistischen Theorien der Materialisation nach ihren stärksten Seiten darzulegen und einander gegenüberzustellen. Die letzten Abschnitte enthielten alles, was m. W. die eine oder andre Erklärung empfehlen kann. Was sonst noch bisher an Beschreibungen der Entstehung von Phantomen oder Phantomteilen vorgelegt wurde, vermag m. E. eine Entscheidung nach dieser oder jener Seite hin nicht zu bestimmen; es bleibt, bei unsrer Unwissenheit in diesen Dingen, zunächst im Zweideutigen stecken; ganz abgesehn von der Frage, wieweit wir den letzten Einzelheiten von Berichten trauen dürfen, die vielfach von Laien der Beobachtungskunst herstammen und unter erschwerenden Bedingungen zustande gekommen sind. Die durchschnittliche Schilderung des Auftretens von Vollphantomen spricht, wie erinnerlich, von ausgeschiedenen Stoffen, 'Dampfmassen', 'Nebeln', die sich dann ballen und verdichten, bis — zuweilen plötzlich — das fertige Gebilde dasteht. Aber soweit ist Eindeutigkeit nach irgendwelcher Richtung hin wohl noch durchaus zu vermissen. Formt das Medium aus ungestaltetem Stoff (den es zunächst abgibt) ein menschenähnliches Wesen, so könnten sich die Stufen dieser Leistung wohl ungefähr so darstellen. 'Materialisiert' es dagegen eine ausgeschiedene (und etwa noch bildsam veränderte) 'feinere' Leiblichkeit bis zur Wahrnehmbarkeit, so könnte sich m. E. der Vorgang für den äußeren Beobachter gleichfalls so abspielen; wir müßten dann die 'Nebelmassen' gewissermaßen als die angehäufte 'Mutterlauge' auffassen, aus welcher die Einlagerung von Stoff in das vorgebildete 'Gerüst' erfolgte; oder meinetwegen als ein Nebenergebnis der Tatsache, daß dieses unsichtbare Gerüst zur Sichtbarkeit 'aufquölle'. Und wenn wir, wie in Mrs. Nosworthys Bericht über das Medium B., von schwach sichtbaren Umrissen einer Gestalt innerhalb des Nebels lesen,[1] so könnte das zwar besonders für die zweite Deutung zu sprechen scheinen; doch sehe ich keine Schwierigkeit, es auch mit der ersten in Einklang zu bringen: die ideoplastische Bildung würde sich eben schon abzeichnen, während neuer Bildungsstoff sie noch umlagerte.

Auch die oft betonte Plötzlichkeit des Abschlusses der Bildung spricht, wir mir scheint, nicht eindeutig für die Präexistenz der zustandekommenden Gestalt. Ebenso wenig aber die Tatsache, daß mitunter nur eine 'Wölkung' dort wahrgenommen wird, wo wir auf Grund der ebenda vollzogenen Leistung doch schon eine — nur nicht allge-

---

[1] o. S. 181.

mein wahrnehmbare — Hand voraussetzen müssen, — die dann zuweilen auch nachträglich, wohl infolge weiterer Verdichtung, allgemein sichtbar wird. Es ist ja überhaupt eine sehr gewöhnliche Tatsache der Phantomatik, daß selbst völlige Unsichtbarkeit weder Tastbarkeit, noch (was beinahe dasselbe ist) die Möglichkeit objektiver Leistungen ausschließt.[1] Ich brauche den Leser bloß zu bitten, die frühere Beschreibung des unsichtbaren 'Fassadenmenschen' bei der Palladino nachzulesen.[2] Auch sonst scheint die unmittelbare Beobachtung zu zeigen, daß bestimmte Teile eines Phantoms vollständiger und deutlicher materialisiert sind als andere,[3] oder daß gewisse Phantome, im Ganzen oder in Teilen, nur eine gleichsam unfertige Ausgestaltung erfahren haben.[4] Aber auch alle solche Feststellungen erscheinen mir theoretisch durchaus zweideutig. Wir könnten sie natürlich zusammenreimen mit dem Begriff einer vorgebildet bestehenden Gestalt, die sich nur — etwa von Ort zu Ort und von Augenblick zu Augenblick — in wechselndem Maße verdichtete;[5] aber sie vertragen sich ebenso gut mit der Annahme, daß die Ausführung eines 'ideoplastischen Gesamtplans' — hinsichtlich des Ganzen oder von Teilen — sich in wechselndem Maß ihrem Endziel nähere. — Und Ähnliches gilt bei genauer Überlegung von den Arten des Wiederzerfalls und Verschwindens von Phantomen, mag dieses nun als ein Hinschmelzen 'wie Wachs',[6] oder Zerbröckeln und Sich-zersetzen,[7] oder als Schrumpfen und Kleinerwerden,[8] oder sonstwie beschrieben werden.

Seltsam anregend — fast über solche Zweideutigkeiten hinaus — könnte die gelegentliche Angabe erscheinen, daß während der Phantomentstehung innerhalb der 'Mutterlauge' (wie ich es oben nannte) anscheinend halbwegs 'unsichtbare Hände' am Werke seien, um an der Anordnung der 'Stoffe' teilzunehmen.[9] Diese Hände könnten wieder als etwas Präexistierendes erscheinen. Ein derartiger Bericht stammt von einer Zeugin (Mrs. Marryat), der ich nur mäßiges Gewicht zuschreiben kann: es mag sich hier um übereilte Ausdeutung von Wahrnehmungen handeln. Doch wird der künftige Theoretiker auch dies im Auge behalten müssen. — Ebenfalls weniger zweideutig könnte die

---

1) Vgl. hierzu noch Geley 313f. 318f. Sichtbarkeit ohne Tastbarkeit: z. B. Aksakow, Cas 186f.   2) o. S. 163f.   3) S. z. B. du Prel, Stud. II 282. 285; Delanne II 726.
4) Vgl. z. B. du Prel, aaO. 288; Owen, Deb. L. 397. 409; Aksakow 729; ÜW XIV 450. Vgl. die Tatsache der Erzeugung von 'Hand'-Abdrücken in Ton, über den ein Bogen Papier gespannt ist! (z. B. Prof. Acevedo in PS XXVII 153f.) und die Tatsache des häufigen Versinkens von Phantomen im Boden (z. B. d'Espérance 256; ÜW II 158; XIV 470f.; Richet 371 u. a. m.).
5) Fournier d'Albe (148f. 159) faßt dies als 'Kondensierung' um die extrahierten 'Psychomeren' herum auf. (Vgl. o. S. 191.)   6) Leonard 137.   7) Owen, Deb. L. 394. 396; Erny 145.   8) PS XXVII 237; XXVIII 517. Auch die Tatsache der Größenunterschiede des 'gleichen' Phantoms zu verschiedenen Zeiten dürfte mehrdeutig sein. (Vgl. z. B. du Prel Stud. II 282; APS V 313; PS XXVIII 577; Sp 1876 II 257; ZP 1926 20.)   9) Vgl. o. S. 181. 182f.

Beobachtung erscheinen (die wir Colley verdanken), wonach gelegentlich Phantome und Phantomteile, z. B. Köpfe, 'in vollkommener Bildung', also fertig geformt aus dem Leibe des Mediums (Monck) hervorgegangen wären.[1] Ist es nicht an sich unwahrscheinlich, daß, falls das Medium ein menschenähnliches Gebilde 'urzeugt', es dieses 'innerhalb seines Leibes' tun werde, um es dann aus diesem hervortreten zu lassen? Ist es anderseits nicht wahrscheinlich, daß, falls es solche Gebilde aus seinem eignen fluidischen Leibe 'modelliert', diese Leistung soweit mit der Hinausversetzung zusammenfallen werde, daß der Eindruck entstände, es trete ein fertiges Fremdphantom aus dem Leibe des Mediums? Allerdings spricht Colley sogar von 'mehreren Gesichtern', die aus Moncks linker Seite hervorgegangen seien; aber sie traten 'nach einander' auf; und so bleibt schließlich nur das Bedenken bestehn, daß 'Gesichter' aus einer 'Seite' hervorgehn, und nicht aus dem — Kopfe; wie doch Eusapias 'dritter Arm' sich aus ihrer Schulter hervorstreckte!

Alle solche Sonderbarkeiten ließen sich mit sehr zahlreichen Berichten belegen; aber ihre vorläufige Undurchschaubarkeit läßt mich darauf verzichten. Wir kämen einstweilen kaum über lauter 'Vielleicht', 'Wahrscheinlich' und 'Möglicherweise' hinaus, die sich überdies auf Angaben bezögen, wie man sie noch oft und von verlässigsten Zeugen wiederholt zu sehen wünschte, ehe man bereit wäre, ernsthaft über sie zu theoretisieren. Und dennoch: aus solchen Einzelheiten wird dereinst, wenn sie erst alle bis ins kleinste gesammelt sind, die unausbleibliche Wissenschaft von diesen Vorgängen erstehn; und solche Einzelheiten wird die Forschung umso rascher und ergiebiger feststellen, je eher eine verständige Wandlung der wissenschaftlichen 'öffentlichen Meinung' sie von der Nötigung entbindet, ihre ganze Aufmerksamkeit auf die bloße Sicherung gegen 'Betrug' zu richten.

In dieser unvermeidlich unentschiedenen Lage halte ich es für den logisch erträglichsten Ausweg, die bisherige Tatsachenschau abzuschließen mit der hypothetischen Zugestehung beider wettstreitenden Theorien und ihrem vorläufigen Einbau in unsre Argumentation. Ich tue dies aber keineswegs bloß wegen der Unmöglichkeit einer Entscheidung; sondern ebenso sehr, weil ich es für denkbar halte, daß beide Theorien wahr sind. Wenigstens ist es mir unmöglich einzusehn, warum der menschliche Besitz ideoplastischer Schöpferkraft sich nicht vertragen sollte mit dem Besitz einer feineren Leiblichkeit (oder beliebig vieler!) neben der fleischlichen.

---

1) o. S. 182. Vgl. Delanne II 165. 206 ('Hände' bei d. Palladino).

Aber wie dem auch sei: die Frage, die sich mir nun zunächst aufdrängt, ist die: ob nicht schon die bisher besprochenen Tatsachen objektiver Phantomatik auch für das spiritistische Problem Bedeutung haben. Diese Frage scheint mir ein sehr bestimmtes Ja zu fordern: unter dem Gesichtswinkel beider Theorien sind die Tatsachen geeignet, eine spiritistische Auffassung gewisser Materialisationen mindestens vorzubereiten. Liegt die richtige Deutung im Hervortreten oder in der Modelung eines fluidalen Leibes, so besitzt der Mensch eben etwas, was sein persönliches Fortleben wohl verständlich zu machen helfen könnte; sind wir doch gewohnt, unsern Leib — also warum nicht auch eine andre Leiblichkeit? — als eins der *principia individuationis* aufzufassen. Und wenn auch das Fortbestehen des Fluidalleibs über den Tod hinaus erst noch zu beweisen wäre, so ist doch anderseits sein Untergang zugleich mit dem des fleischlichen Leibes noch nie beobachtet worden, wäre also gleichfalls erst zu beweisen. Die 'Präformationstheorie' des animistischen Phantomforschers kann also garnicht umhin, dem Spiritisten gewisse Möglichkeiten, ja Wahrscheinlichkeiten für den Unterbau seiner Lehre zu liefern.

Aber Ähnliches gilt auch von der — 'epigenetischen' — Theorie phantomaler Ideoplastik. So betrachtet, würden unsre Tatsachen sich allen denen gesellen, die eine Umkehrung der herkömmlichen Anschauung vom Verhältnis des Seelischen zum Körperlichen befürworten. Nach dieser Anschauung ist eigentlich noch immer (wenn es auch heute nicht mehr so roh wie ehedem in Worte gefaßt wird) das Seelische ein Enderzeugnis des Organischen, und das Organische ein Enderzeugnis des Mechanischen. Die Tatsachen der Ideoplastie dagegen lassen vielmehr das Organische als ein Erzeugnis des Seelischen erscheinen; von wo dann nur noch ein Schritt zu der heute wieder vordringenden Ansicht ist, daß alle 'Materie' eine Schöpfung des Geistes sei.[1] Damit ist nun freilich wieder nicht das Fortleben eines Persönlich-Seelischen nach dem Zerfall seines fleischlichen Leibes erwiesen; aber es ist ein Standpunkt gewonnen, auf dem auch solches Fortbestehn weit glaublicher und natürlicher erscheint als auf dem herkömmlichen. Denn wenn ein verkörpertes Persönlich-Seelisches imstande ist, das organische Gehäuse eines Einzelwesens zu erzeugen (wie nach der Voraussetzung das Medium das Phantom erzeugt), so liegt auch die Möglichkeit nahe, daß ein solches Seelisches für sich selber ein 'organisches Gehäuse' erzeuge, in welchem es persönlich fortbestehen kann. —

Aber auch mit allem bisher Besprochenen ist das — wie mir scheinen will — 'größte Wunder' der Phantomerzeugung (in animistischer Auf-

---
1) Vgl. die Ausführungen Barthels und Glogaus: ZP 1926 426f. 430.

Die ideoplastische Theorie der Materialisation

fassung!) noch gar nicht berührt. Die äußerste Form der Materialisation zeigt uns ja nicht nur einen vollentwickelten Leib, sondern offenbar auch eine **ichhafte Persönlichkeit 'in'** diesem Leibe. Es wäre m. E. eitle Mühe, dies als bloßen Schein abtun zu wollen; etwa in allem Reden und Tun des Phantoms ein **bloß als Bewegung 'hinausverlegtes'** Reden und Tun des Mediums sehn zu wollen. Wenn irgendwo der Analogieschluß von menschlichem Gebaren auf ein menschliches Innenleben gelten soll, so muß er auch hier gelten. Die bisherigen Belege lehren es vielfach schon deutlich, und die weiteren werden es schließlich über jeden Zweifel erheben: das Vollphantom ist, solange es 'da ist', auch in den Grundtatsachen seelischen Lebens ein volles Ebenbild des wachen Menschen. 'Katie King', in ihrem Handeln und Reden (selbst mit dem eignen Medium!), war nicht weniger 'Vollmensch' als dieses selber, — solange sie 'da war'. Nach animistischer Auffassung 'existierte' sie nur, solange sie 'da war', d. h. sichtbar, greifbar und hörbar war. Sie war, wie Blacher uns versicherte, die 'Moment-Realisation' einer schöpferischen Vorstellung ihres Mediums; Florence Cook ließ sie also von Sitzung zu Sitzung entstehn und vergehen — Körper, **Kleider und Bewußtsein** —, wie das Kind eine Seifenblase nach der andern (wenn auch jede der vorigen gleich) entstehen und zerplatzen läßt. — Aber 'Katie King' zeigte, wie wir hörten, auch kurze Pausen des Verschwindens innerhalb **einer** Sitzung; sie begab sich ins Kabinett und war, wenn man den Vorhang in der nächsten Sekunde öffnete, nicht mehr da, — um etwa bald danach wieder aufzutreten. Liegt nicht **hier** wenigstens die Vermutung nahe (und wäre sie nicht jedenfalls 'sparsamer'), daß 'Katie' bloß vorübergehend **unwahrnehmbar** geworden sei (wer weiß, durch welche Änderung ihres 'Aggregatzustandes')? Wenn aber dies: wodurch unterschied sich die 'unsichtbar körperliche' Katie von einem — 'Geiste', wie er doch als eine mögliche Form des Begriffs dem Spiritisten vorschwebt?

Ich will diese Frage hier nur andeuten: sie wird uns sehr bald in noch viel peinlicherer Fassung entgegentreten. Jedenfalls führt uns offenbar schon die animistische Theorie so nahe an den spiritistischen Tatbestand heran, daß die Unterschiede beider geringer erscheinen als ihre Ähnlichkeiten. Die Tatsache, die diese letzte Annäherung beider bewirkte: die persönliche Beseelung des Phantoms, ist aber fraglos zugleich auch die, welche der animistischen Auffassung die größten Schwierigkeiten bereitet, also den spiritistischen Anschein im Falle der Vollmaterialisation am stärksten begünstigt. Sie **verselbständigt** das Phantom in einem Maße, dessen Möglichkeit man sich nicht träumen lassen würde, solange man nur die behaupteten einfacheren Gebilde der ganzen Reihe ins Auge faßte. Sie regt denn auch ganz natürlich die Frage an, ob eine weitere Steigerung dieser Selbständigkeit uns nicht schließlich völlig den spiritistischen Tatbestand darbieten würde, an den uns die bisherigen Beobachtungen schon so nahe heranführten. Ich habe mehrfach angedeutet, daß diese erst einen Teil des ganzen Gebietes darstellen; eine Erweiterung ihrer Grenzen wird jetzt zur Notwendigkeit.

11. Die körperliche Selbständigkeit der Materialisation

Es könnte zunächst scheinen, als verrieten schon in rein körperlicher Hinsicht manche Materialisationen eine größere Selbständigkeit, als die meisten zuletzt erwähnten Beobachtungen erkennen ließen. Nicht freilich alle bisher angeführten. Zumal bei einigen der Mirabellischen z. B. wurde ein unmittelbares Hervorgehn aus dem Medium keineswegs behauptet. Dieser Umstand verdient vielleicht noch stärkere Betonung und Belegung. Daß jede Materialisation zu ihrer Verwirklichung eines Mediums bedarf, wird ja allgemein angenommen, und daraus könnte zu folgen scheinen, daß sie auch aus dem Medium entstehen müsse. Trifft dies auch nur für die meisten Materialisationen zu? Oder entstehen am Ende viele nur mit Hilfe des Mediums in seiner Nähe, so daß die Verlockung entstände, den Keimpunkt ihrer Bildung überhaupt nicht im Medium zu suchen? Ich führe einige weitere Tatsachen an, die in diesem Sinne aufgefaßt werden könnten; wobei ich bemerke, daß nunmehr, da die Wirklichkeit von Materialisationen an sich als gesichert gelten soll, der Nachdruck sich von der groben Beglaubigung auf die Beobachtung einer bestimmten Einzelheit verschiebt. Immerhin wähle ich die Berichte natürlich auch ferner nur aus dem Bereich der vertrauenswürdigeren Medien und Beobachter.

Ein nicht genannter Teilnehmer an Mrs. d'Espérances Sitzungen aus der Zeit des Erscheinens 'Yolandes' liefert folgende, offenbar auf genauer Beobachtung beruhende Schilderung der Ausbildung dieses Phantoms: 'Zuerst bemerkt man einen feingewebigen, wolkigen Fleck von irgendetwas auf dem Fußboden vor dem Kabinett. Dieser vergrößert sich allmählich, indem er sichtbar sich ausdehnt, als wäre es ein belebter Fleck[1] Musselin, bis er einen Umfang von etwa $2^{1}/_{2}$ zu 3 Fuß hat und eine Höhe von einigen Zoll — vielleicht 6 oder mehr. Gleich darauf beginnt es langsam in oder nahe der Mitte emporzusteigen, als befände sich ein menschliches Haupt darunter, während das wolkige Gewebe auf dem Fußboden mehr das Aussehen von

---

[1] patch.

Musselin annimmt, der den so geheimnisvoll aufsteigenden Teil mit Falten umgibt. Wenn das Ganze eine Höhe von 2 oder mehr Fuß erreicht hat, sieht es aus, als befinde sich ein Kind darunter,[1] das seine Arme in allen Richtungen bewegt, als wolle es etwas darunter Befindliches anordnen. Es fährt fort, sich zu erheben, häufig ein wenig herabsinkend, um dann wieder höher als zuvor anzusteigen, bis es eine Höhe von etwa 5' erreicht hat, wo dann die dazugehörige Gestalt sichtbar wird, als ordnete sie die Falten des Stoffes um sich an. Gleich darauf erheben sich die Arme beträchtlich über den Kopf und werden durch eine Masse wolkiger Geistergewandung hindurch auseinanderbewegt — und Yolande steht entschleiert vor uns, anmutig und schön, beinahe 5' hoch, mit einer turbanartigen Kopfbedeckung, unter der hervor ihr langes schwarzes Haar über Schultern und Rücken herabhängt. Ihre Gewandung, von orientalischem Schnitt, läßt jedes Glied und jede Linie des Körpers erkennen... Dieser Vorgang nimmt insgesamt 10—15 Minuten in Anspruch.'[2]

Von dem Phantom 'Nepenthes'[3] bei demselben Medium heißt es noch bezeichnender: Mrs. d'Espérance 'zog sich ins Kabinett zurück, und man sah eine kleine weiße Wolke auf dem Fußboden inmitten des Zimmers sich bilden; sie erhob sich, senkte sich, wobei sie an Umfang zunahm, und als sie die Höhe eines Menschen erreicht hatte, wurde sie leuchtend, und man sah eine Frau von geradezu vollendeter Schönheit aus ihr hervorgehen...'[4]

Sonderbarer, bei genauer Betrachtung aber leidlich übereinstimmend mit diesen Schilderungen lautet eine andre, die Dr. Paul Gibier, der New Yorker 'hervorragende Physiologe', von einem Materialisationsvorgang entwirft. 'Auf dem Fußboden am Kabinett zeigt sich ein weißer Punkt... Nach 2 oder 3 Sekunden nimmt er die Größe eines Eies an und bewegt sich wie die Eierschalen, die man in einer Schießbude auf einem Wasserstrahl tanzen sieht. Schnell verlängert er sich, wird eine Säule von ungefähr 1 m Höhe und 10 cm Durchmesser, dann 1,5 m mit zwei Querbalken am oberen Ende in T-Form. Es sieht aus wie Schnee oder eine dichte Dampfwolke. Die Seitenarme des T bewegen sich und entsenden eine Art von Schleier; das Ding wird größer und nimmt erst undeutlich, dann immer klarer die weißliche Gestalt einer verschleierten Frau an. Zwei weiße Arme kommen unter dem Schleier hervor und werfen ihn zurück. Er verschwindet, und wir sehen eine reizende Mädchengestalt..., die mit kaum vernehmbarer Stimme uns den Namen 'Lucie' nennt.'[5]

Auch F. W. Pawlowski, Prof. der Anatomie an der Michigan-Universität, welcher Sitzungen mit Franek Kluski hatte, gibt an, das dem Medium entströmende 'Ektoplasma' als Formungsstoff für Hände, Köpfe und Vollphantome nicht beobachtet zu haben. 'Im Falle Kluski erschienen die Phantome meist unerwartet, hinter oder neben dem Medium [aus leuchtendem Rauch

---

1) so! (underneath). 2) d'Espérance 254f. Vgl. PS XXIV 311; XXVII 236; ÜW XIV 447f.; Erny 182ff.; Brackett 65. 3) vgl. o. S. 105. 149. 4) Aus RSMS Mai 1900 bei Delanne II 649. 5) PS XXVIII 516. Vgl. Lombroso 244f.; Seiling 6. — Danmar (82f.), der über 1000 Vollmaterialisationen gesehen haben will, erklärt eine Entstehung wie die beschriebene für die typische.

oder Nebel]... Sehr oft jedoch erschienen sie in einer **Entfernung vom Medium hinter dem Rücken der weit abseits sitzenden Teilnehmer**, und oft auch in einem **entfernten Teil des Sitzungsraums**. Bei verschiedenen Gelegenheiten erschienen die Phantome hinter meinem Rücken; ich wurde ihrer gewahr durch das Geräusch ihres Atems, das ich deutlich hören konnte, noch bevor die mir gegenüber Sitzenden sie sahen... Die Erscheinungen bewegten sich rund um den Tisch und um die Teilnehmer; sie machten so seltsame Bewegungen und Sprünge, daß wenn sie wirklich mit dem Medium durch eine ektoplasmische Schnur oder ein solches Band verbunden gewesen wären, die Teilnehmer damit hätten umwickelt werden müssen. Ich habe in diesem Kreise auch nie von den Teilnehmern eine derartige ektoplasmische Verbindung erwähnen gehört.'[1] (Der letztere Umstand ist wohl kaum entscheidend: das 'Band' könnte ja nicht nur 'dehnbar', sondern selbst für feste Körper durchdringbar sein.)

Auch von dem Phantom des sog. 'assyrischen Priesters', das Pawlowski selber zweimal bei Kluski sah, behauptet er, es sei 'ziemlich entfernt von uns in der Mitte des Zimmers aufgetaucht,' habe sich schließlich 'tiefer ins Zimmer zurückgezogen und sei verschwunden.' Diese im Kluski-Zirkel häufig auftretende Gestalt eines alten Mannes glich geradezu 'einer Leuchtsäule': 'das von ihr ausstrahlende Licht ist so hell, daß nicht nur alle Sitzungsteilnehmer, sondern auch nahe wie entfernte Gegenstände im Sitzungsraum beleuchtet werden. Als ich die Erscheinung selbst sah, waren die Innenseite der Hände und die Herzgegend stärker leuchtend als der übrige Körper... Der alte Mann trug eine hohe, kegelförmige Kopfbedeckung und war mit einem langen [faltigen] Gewand bekleidet... Er kam mit hoheitvollen Schritten auf uns zu... Mit den Händen beschrieb er dreieckige Figuren. Zugleich sprach er mit tiefer, feierlicher Stimme... Seine Sprache war ziemlich gaumig und für uns alle unverständlich, obwohl die Sitzungsteilnehmer wohl etwa zwölf verschiedene Sprachen beherrschen... Mit ihm kam eine große Welle ozonhafter Luft, sodaß der Raum noch lange nach Schluß der Sitzung davon erfüllt war...'[2]

Annähernd ebenso weit geht ein Bericht Smedleys, nach welchem zuerst 'eine **schwach leuchtende Wolke in der Ecke nahe der Zimmerdecke** wahrgenommen wurde. Sie bewegte sich auf die Mitte des Zimmers zu, und der Oberkörper eines Mannes erschien in ihr, welcher dicht über der Mitte des Tisches hin- und herschwebte, ... ohne daß ein sichtbarer oder greifbarer Unterleib vorhanden war. Er hielt ein seltsames Licht in seiner Hand, welches so hell wurde, daß es genügendes Licht im Zimmer verbreitete, um das Lesen einer Zeitung zu gestatten [die englischen Zeitungen haben bekanntlich eine **sehr kleine Schrift**]. (Es war kein Armleuchter im Zimmer.) Er begrüßte uns mit einem 'Guten Abend', hatte eine wohlklingende tiefe Baßstimme, dunkle Augen, dichtes Haar und einen langen Bart. Er gestattete uns, seine Lampe zu untersuchen. Seine Finger fühlten sich so natürlich an wie meine eigenen. Nachdem er eine Anzahl Fragen beantwortet hatte,

1) ZP 1926 19.   2) Das. 12.

wünschte er uns wiederum 'Guten Abend' und schwebte über unsre Häupter hinweg zu der Stelle, wo er zuerst erschienen war, wobei seine wunderbare Lampe sich verdunkelte, bis beide entschwanden.'[1]

Den Gipfel dieser räumlichen Unabhängigkeit des Phantoms vom Medium dürfte ein Bericht des Prof. Nielsson über den schon erwähnten I. Indridason bezeichnen. 'Zu Weihnachten 1906 ... benutzten wir zwei Zimmer, die wir im Hause des Hrn. Einar H. Kvaran gemietet hatten. Wir saßen mit dem Medium zusammen in einer ziemlich großen Stube, und nebenan befand sich eine kleine Kammer, von der die 'Kontrollen' behaupteten, daß sie diese zu eignem Gebrauch benutzten. Etwas vor Weihnachten fing diese Kammer an, sich mit einem hellen weißen Licht zu erfüllen, und in diesem erschien eine Gestalt, die der verstorbene Herr Jensen zu sein behauptete. Er zeigte sich zuerst zwischen den Vorhängen und rief mit echt Kopenhagener Aussprache: 'Können Sie mich sehn?' Nach Neujahr zeigte er sich in der Stube, wo wir saßen, mit dem Medium in tiefem Trans unter uns... Oft gelang es ihm, sich 7—8mal an einem Abend an verschiedenen Stellen des Zimmers zu zeigen, und häufig sahen wir das Medium und die materialisierte Gestalt gleichzeitig... Er erlaubte uns stets, seinen Körper zu befühlen, ehe er ihn wieder auflöste.'[2]

Das oben gelegentlich bezeugte **Verschwinden** des Phantoms an der Stelle seines ersten Erscheinens dürfte einigermaßen die Regel sein: ist es z. B. dem Fußboden entstiegen, so versinkt es auch in diesen, wennschon nicht gerade am völlig gleichen Fleck. Jedenfalls zeigt auch das Ende seines Auftretens häufig **nicht ein Verschwinden ins Medium hinein, sondern eine Auflösung in einiger Entfernung von diesem**.

'Yolande' z. B., wenn sie sich zur Dematerialisierung anschickt, hüllt sich in das überflüssige Gewebe, wie in einen 'großen Brautschleier', und beginnt dann langsam zu 'sinken' und ihren Körper unter den Stoffen aufzulösen. 'bis er kaum noch oder garnicht mehr Yolande gleicht. Dann fällt sie noch weiter zusammen, bis sie nicht mehr einer menschlichen Gestalt ähnelt' und schließlich nur noch ein Häufchen Stoffe am Boden liegt, das 'langsam, aber sichtbar in Nichts zerschmilzt'. Dieser ganze Vorgang dauert $2^1/_2$—7 Minuten.[3]

Das gleiche Verschwinden in den Fußboden hinein bezeugt nach mehrfacher übereinstimmender Beobachtung auch Mr. G. Bolton. — 'Die Füße und Knöchel verschwanden zuerst; dann sanken langsam die Beine abwärts bis hinauf zu den Hüften; danach der Körper bis zum Halse, nach einigen Abschiedsworten gefolgt vom Gesicht, während der Scheitel etwa 30 Sekunden oberhalb des Fußbodens verblieb, wobei das blendende Weiß der [Kopfbedeckung] deutlich über dem dunkelfarbigen Teppich zu sehen war. Die Dematerialisierung dauerte, vom Beginn bis zum Abschluß, etwa $1^1/_4$

---

1) bei Tweedale 314. Vgl. ferner Holms 440 (Miller).   2) Nielsson 22 ff. (Soz. gleichzeitige Tagebuchaufzeichnungen). An einem Abend sahen 40 Personen 'Jensen' 11mal erscheinen.
3) d'Espérance 254 ff.

Minuten und erfolgte jedesmal bei künstlichem Licht, allen Anwesenden deutlich sichtbar.'[1]

Etwas abweichend wird uns einmal die Dematerialisierung des Phantoms 'Nepenthes' inmitten der Beobachter geschildert. 'Sie stand mitten unter uns und neigte langsam den Kopf zurück, auf welchem der gewohnte Stirnreif erglänzte. In wenigen Minuten, ohne daß das geringste Rauschen zu hören gewesen wäre, hatte diese übermenschliche Nepenthes sich in eine kleine leuchtende Wolke verwandelt, nicht größer als ein menschlicher Kopf, über dem noch das Stirnband erglänzte; dann nahm dieser Glanz ab, das Diadem löste sich auf und verschwand seinerseits.'[2]

Besonders eindrucksvoll — offenbar weil unter äußerem Drängen — geschah die Dematerialisation der oben von Dr. Gibier geschilderten 'Lucie'. Dieser, Dr. L. und Mr. T.-S. hatten sich — unabhängig von einander — erhoben, um die Gestalt aus noch größerer Nähe zu betrachten, wobei Dr. Gibier sogar vor den Eingang zum Kabinett zu stehen kam. 'Lucie' mag dies für einen 'einkreisenden Angriff' gehalten haben; jedenfalls zog sie 'hastig' eine Menge ihres Gewandstoffs, den sie auf den Knien der Sitzer ausgebreitet hatte, wieder an sich, 'stürzte zu unsern Füßen zusammen, wie ein Kartenhaus, gerade als ich meine Hände ausstreckte, um sie anzurühren, und verschwand fortschreitend und in höchstens 2 Sekunden, wie sie gekommen war, aber diesmal etwa 50 cm von den Vorhängen entfernt, in deren Nähe ich stand und die sich nicht bewegten. Tatsächlich versperrte ich den Eingang zum Kabinett, und sie hätte dasselbe nicht betreten können, ohne über mich hinwegzuschreiten. Kurz ehe der letzte weiße Punkt ... auf dem Teppich verschwand, bückte ich mich, um die Hand daraufzulegen, konnte aber keine Spur mehr von ihm fühlen; es war nichts mehr da.' (Dr. Gibier vergewisserte sich augenblicklich der fortbestehenden Fesselung des Mediums, Mrs. Salmon.)[3]

Wie die Entstehung, so soll aber auch die Auflösung des Phantoms gelegentlich nicht einmal im Sitzungszimmer geschehen. Ein Bericht dieser Art — wenn auch zweiter Hand — findet sich in den Aufzeichnungen einer guten Zeugin, der schon mehrfach erwähnten Miss E. K. Bates. Mr. Knapton Thompson, ein 'scharfsinniger und praktischer' Großkaufmann und Erfinder englischer Herkunft, pflegte bei dem Medium Mrs. Stoddart Gray in New York das Phantom seiner vor einigen Jahren verstorbenen Tochter zu treffen. An dem fraglichen Abend war dieses aus dem Kabinett hervorgetreten, und Miss Bates hörte das Medium 'deutlich' zu dem neben ihr (Miss Bates) sitzenden Mr. Thompson sagen: 'Wollen Sie nicht Ihre Tochter ins nächste Zimmer führen? Wir sind unser viele heute, und Sie würden dort mehr Ruhe haben.' 'Mr. Thompson erhob sich sofort, begrüßte die materialisierte Gestalt, und beide begaben sich durch die Flügeltür ins Empfangszimmer.' Miss Bates hatte ihn über andern Erscheinungen ganz vergessen, als sie be-

---

1) bei Tweedale 327. Ähnlich Delanne II 328 (Mrs. Allen).   2) bei Bozzano, Casi 132.   3) bei Delanne II 511f. Vgl. Brackett 12; Bates 78 (Versinken durch den Teppich, unmittelbar vor einem 'skeptischen jungen Arzt', Dr. Covernton; Medium — Mrs. Stoddart Gray in Newyork).

Die körperliche Selbständigkeit der Materialisation

merkte, daß er zurückgekehrt war und wieder neben ihr saß. 'Ich fragte ihn sofort, wo er seine Tochter gelassen habe. Eine gute halbe Stunde mußte zwischen seinem Fortgehn und Zurückkehren verstrichen sein. Er sagte, ganz einfach und als ob es sich um das Natürlichste handelte: 'O, sie hatte keine Lust, in dies Zimmer voller Menschen zurückzukommen. Wir plauderten eine halbe Stunde, und dann dematerialisierte sie sich, und ich kam allein zurück.'[1]

Diese Schilderungen stimmen mit den früher mitgeteilten in vielen Einzelheiten gut überein, weichen aber in einem von den meisten derselben ab: Ausgangs- und Endpunkt der wahrnehmbaren Entwicklung des Phantoms ist nicht ein Fleck am Leibe des Mediums, sondern eine angebbare Stelle in dessen näherer oder fernerer Umgebung. — Fragen wir nun aber, ob ein solcher Abstand des anscheinenden 'Keimpunkts' vom Medium eine weitgehende körperliche Selbständigkeit des Phantoms beweise, so kann die Antwort vorsichtigerweise nur verneinend lauten. Die erwähnten Entfernungen scheinen in den meisten Fällen etwa 1 m und nur gelegentlich mehr als 2 m betragen zu haben. Das günstigste 'Wirkungsfeld' für die Phänomene bei Willy Schneider z. B. (die doch durchaus 'medialen' Ursprungs waren) lag 1—1.20 m von der rechten Hüfte des Mediums entfernt.[2] Dieses Maß wird allerdings in einigen der obigen Beispiele beträchtlich überschritten; indessen — wie dürften wir uns bei so unverstandenen Dingen schon jetzt auf Zahlen festlegen? Eine bloß unwahrnehmbare 'Nabelschnur' mag, wie schon angedeutet, auch solche 'im Raum' entstehende Phantome mit dem Medium verbinden; oder die 'Kanalisierung' der 'Stoffzufuhr' durch ein solches 'Band' mag nicht in jedem Fall erforderlich sein, vielmehr durch eine mehr 'zerstreute' Abgabe und gestaltende 'Wiederverdichtung' in einigem Abstand ersetzbar sein,[3] oder gar durch eine vom Medium 'gelenkte' Zusammenziehung aus der Umgebung an einer entfernten Stelle. Was müssen wir nicht alles für möglich halten, wo wir so wenig wissen!

Gleichwohl gibt es wieder eine Tatsache, die uns mahnt, diese Beobachtungen von 'Abstand' zwischen Medium und Phantom-im-Entstehen als möglichen Beweis einer körperlichen 'Selbständigkeit' des letzteren nicht zu unterschätzen. Ich meine die Tatsache des objektiven Spukphantoms 'draußen im Raume'. Daß auch ein lebendig wandelnder und etwa gar photographierbarer Spuk, wie der auf Schloß Bernstein,[4] zu seinem Erscheinen und Wirken irgendwelcher 'medialen Beihilfe' bedarf, mag man immerhin für wahrscheinlich halten;

---

1) Bates 210f. Verschwinden in der Luft (Mirabelli): o. S. 130f. 133.   2) Gruber, Erk. 209.
3) Vgl. eine Beschreibung (RSMS 1900 697), wonach der Phantomrest, nachdem sich das Phantom, von einem der Sitzer an den Händen gehalten, dematerialisiert hat, ins Kabinett zu rollen scheint.   4) vgl. o. S. 29 ff.

daß er aber in so naher und enger Abhängigkeit von einem Lebenden stehe wie die Materialisation der Sitzung von ihrem Medium, darauf deutet meines Wissens auch nicht das Geringste. Ich habe in einem früheren Buch[1] die Merkmale zusammengestellt, welche Experimental- und Spukphantomen gemeinsam sind, also eine gewisse Wesensverwandtschaft beider Arten andeuten. Solche Merkmale beziehen sich z. B. auf die Art der Bildung aus 'Nebeln' oder 'Wölkungen';[2] aber auch auf gewisse seltene Empfindungen der Perzipienten von Spukphantomen, die jenen die Rolle 'medialer Beihilfe' zuzuschreiben scheinen. Sie berichten z. B., sie seien während der Erscheinung gehemmt, benommen, 'übel', unfähig zu reden oder zu stehen gewesen, ja einzelne beschreiben sogar jene eigenartigen 'spinnewebigen' Hautempfindungen, die wir als typische Begleiterscheinungen von metaphysikalischen Leistungen oder Materialisationen kennen.[3] Es muß allerdings betont werden, daß solche Angaben merkwürdig selten sind; daß sie gerade bei vielen der erstaunlichsten objektiven Spukphantome völlig fehlen, und daß sie jedenfalls nicht über das hinausgehen, was auch die Teilnehmer an Materialisationssitzungen erfahren. Jeden Perzipienten eines objektiven Spukphantoms für ein Materialisationsmedium im engern Sinn zu erklären, ihm die wirkliche Erzeugung solcher Erscheinungen zuzuschreiben, wäre demnach ein grober Irrtum. Sonst müßten wir doch wenigstens zuweilen bei Perzipienten von Spukphantomen auch die krasseren Begleiterscheinungen des Materialisationsmediums finden: die krampfhafte Muskelanspannung, die 'Geburtswehen' und Zuckungen, den tiefen Trans, die besorgniserregende Erschöpfung, u. dgl. m. Nichts von alledem zeigt die Erfahrung, und das ist schon fast Beweises genug, daß beim objektiven Spukphantom, d. h. dem räumlich freizügigsten, der 'Keimpunkt' und schöpferische Antrieb in 'ihm' selbst gelegen ist; daß also hier die räumliche Absonderung vom Perzipienten auch Selbständigkeit des Wesens bedeutet.

Aber die Ähnlichkeiten zwischen Spuken und Sitzungsphantomen gehn noch weiter. Auch im Experimentierzimmer werden z. B. mitunter jene 'Schritte' gehört, die wir als gewöhnlichsten Bestandteil des soz. medienfreien Spukes kennen. Bei Kluski wurden sie während der Warschauer wie auch der Pariser Sitzungen vernommen, gelegentlich zugleich mit dem ja ebenfalls typisch spukigen 'Rascheln wie von schleifenden Gewändern',[4] und Morselli glaubte sie auch im Kabinett der

---

1) Mattiesen, Kap. LVI (590 ff.). 2) Bei Spontanphantomen z. B.: Pr X 125; Gurney I 526 f.; II 75. 123. 182. 449 f.; Lombroso 319 f. Auch bei 'Halluzinationen' (z. B. Boismont 257 ff.); aber bez. dieser stellt sich ja auch die 'Wirklichkeits'-Frage (vgl. o. S. 159 f.). 3) Vgl. o. S. 179 f. 4) Geley 302. 313. 315. 343.

Die körperliche Selbständigkeit der Materialisation

Eusapia zu hören.[1] — Das seltsamste beiden Arten von Phantomen gemeinsame Merkmal aber ist jene bekannte von ihnen ausgehende 'eisige Luft', der 'kalte Wind' oder 'Hauch' in der Nähe des Phantoms. Ich habe mich auch über diese Tatsache in jenem früheren Buch ausführlich geäußert;[2] sie dürfte eine sehr eindringende Sonderuntersuchung verdienen. Sie würde uns hier aber allzuweit vom Wege abführen, zumal das Problem noch dadurch verwickelt wird, daß auch bei anscheinend völlig 'subjektiven' übernormalen Leistungen — beim sog. Rutengehen, bei automatischem Schreiben, bei telepathischen Eindrücken, beim Fernschauen mit dem Bewußtsein der Ortsanwesenheit — die Empfindung einer 'eisigen Luft' oder gar eines 'kalten Windes' auftritt. Immerhin kennzeichnet sich die überwältigende Mehrzahl aller Kälte-Beobachtungen durch das gleichzeitige Auftreten eines (häufig kollektiv wahrgenommenen) Phantoms, von welchem die Eiseskühle auszugehen scheint; oder doch telekinetischer Leistungen, bei denen die Beteiligung phantomhafter Gliedmaßen mindestens zu vermuten ist.[3] Hier dürfte die natürlichste Deutung vielleicht doch darin liegen, daß die fragliche metaphysiologische Leistung dem Lebenden, der sie medial ermöglicht, (und etwa noch der umgebenden Luft?) eine gewisse Energiemenge, also auch Wärme, entzieht; werden doch gerade auch jene 'Ausströmungen', die man zuweilen an Medien unzweifelhaft objektiv beobachtet, als kalt empfunden, von den Experimentierenden wie vom Medium selbst;[4] und empfinden doch zuweilen 'Sensitive' sogar gewisse Lebende als 'kalt' und geben als Grund dafür an, daß diese ihnen 'magnetische Kraft' entzögen.[5] Der Umstand aber, daß diese Kälteempfindung ebensowohl bei den Materialisationen der Sitzung wie bei den Phantomen des Spuks empfunden wird, kann dann offenbar eine weitere Angleichung beider Gruppen im Sinne der Objektivität begründen.

Es bleibt also dabei: das objektive und doch nicht als ideoplastische Materialisation vom Perzipienten erzeugte Spukphantom verleiht der Tatsache Bedeutung, daß auch das Phantom der Sitzung zuweilen in 'räumlicher Unabhängigkeit' vom Medium auftritt, d. h. nicht unmittelbar aus seinem Körper hervorgeht. Die räumliche Freizügigkeit des Sitzungsphantoms kommt also wohl als möglicher Hinweis auf seine 'körperliche Selbständigkeit' in Betracht. Daß dieser Hinweis aber keineswegs zwingend erscheint, liegt an der Denkbarkeit unsichtbarer Verbindungen zwischen Medium und Phantom. — Ich muß auch daran

---

1) APS V 353.   2) Mattiesen 592ff. Das. Einzelnachweise für das Folgende.
3) Mattiesen 593; ferner Holms 303; Henslow 84 (bei direkter Stimme!).   4) Maxwell 310; PS XXXIV 722; APS III 22; V 306f. 352; VI 106; Pr XXIII 458 u. ö.   5) ATM XI, 1 43ff.; Daumer, Hauser I 10; Reichenbach I 139ff.; du Prel, Stud. I 154.

erinnern, daß wir in einem früheren Zusammenhang objektiv wirksame Phantome Lebender kennen gelernt haben, die gelegentlich in noch viel weiteren Abständen von den letzteren, also gewissermaßen ihren Medien auftraten, als bei Sitzungsphantomen je beobachtet wird.[1] Natürlich gleichen jene Phantome ihrem Entsender völlig, während ja die nicht unmittelbar aus dem Medium hervorgehenden Sitzungsphantome ihrem Medium durchaus unähnlich sind. Um beide Arten einander anzugleichen, müßte man also im letzteren Falle noch Ideoplastie voraussetzen; und so verfilzt sich auch diese letzte Vergleichung wenig aussichtsreich mit den schwierigsten Problemen der Phantomatik.

12. Die seelische Selbständigkeit der Materialisation

In der Hoffnung, festeren Boden unter den Füßen zu gewinnen, spiele ich indessen nunmehr den Begriff der Selbständigkeit auf das seelische Gebiet hinüber, wo er uns, nach oben Gesagtem, weit reichere Ausbeute verspricht. Als sonderbarstes Bestandstück des Vollphantoms in animistischer Auffassung stellte ich es hin, daß das Medium nicht nur einen leidlich normalen Vollkörper 'schaffen', sondern ihn auch mit einem persönlichen Innenleben ausstatten sollte, das sich von dem des Mediums deutlich unterscheidet. Dieser seelischen Unterschiedenheit, die schon in früheren Beispielen zuweilen bis zur Gegensätzlichkeit anstieg, müssen wir jetzt genauer nachgehn. Damit nähern wir uns den oft sehr flüchtig beiseite geschobenen Kernproblemen der Phantomatik.

Daß schon für sich beobachtete 'Hände' ein leicht erkennbares eigenwilliges Leben verraten, ist im Bisherigen so oft belegt worden, daß ich es hier kaum noch besonders zu betonen brauche. Auch ist ihre Geschicklichkeit selbst in feinsten Leistungen — oft auch im Dunklen — der Selbständigkeit ihres Handelns durchaus angemessen. Ein Beispiel für jede dieser Eigentümlichkeiten:

Dr. Mucchi berichtet über eine Eusapia-Sitzung in der Turiner Psychiatrischen Klinik: 'Ich war im Begriff, das Kabinett zu betreten [vor welchem das Medium saß], wurde aber von zwei aus nichts gemachten Händen zurückgestoßen. Ich fühlte sie; sie waren gewandt und flink, sie faßten mich, schoben mich rückwärts ... und zogen mich vorwärts, wenn ich zurückwich... [Dieser Kampf dauerte einige Zeit.] Endlich faßte ich den Tonklumpen, den diese Hände so hartnäckig für sich beanspruchten. Als ich mich zurückzog, warfen sie mich mit einem heftigen Stoß hinaus, der alles beinahe über den

---

1) s. Bd. II S. 372 ff.

Die seelische Selbständigkeit der Materialisation

Haufen warf. Auf dem Ton fanden sich zwei oder drei Eindrücke wie von einer geschlossenen Faust.'[1]

Anderseits wurde dem Prof. Schiaparelli, dem berühmten Astronomen, gelegentlich in Eusapias Gegenwart die mit zwei Federn befestigte Brille so kunstvoll abgenommen, daß erst das Vermissen des Druckgefühls ihn veranlaßte, sich zu überzeugen, daß er sie nicht mehr trug. Ja in Lombrosos Gegenwart wurde ein Teller mit Mehl so geschickt 'das oberste zu unterst' gekehrt, daß kein Stäubchen verstreut wurde.[2]

Die gewalttätigen wie die geschickten Hände in allen solchen Fällen gehörten 'John King', dem 'Führer' der Eusapia, an, dessen mächtige Gestalt bei andern Gelegenheiten auch als Ganzes gesehen wurde. Der Animist faßt solche Führer-Persönlichkeiten, wie schon gesagt, als festgewohnte 'Personationen' des Transbewußtseins auf, zugleich als Ausdruck einer seelischen 'Spaltung', wie sie der heutigen Psychopathologie und Hypnologie längst geläufig geworden ist. Die Begriffe dieser suggestiven 'Persönlichkeitsbildung' sind es denn auch, die wir durchweg in erster Linie an den Tatsachen seelischer 'Selbständigkeit' von Phantom-Leistungen zu erproben haben. Sind dies Handlungen bloßer Gliedmaßen, so erscheint es nicht schwierig, ihre 'Selbständigkeit' im 'Unterbewußtsein' des Mediums verwurzelt zu denken, das sich hier nur eben abnormer 'Organprojektionen' bedienen würde. Sitzt das handelnde Glied an einem ganzen Phantomleibe, so entsteht freilich die Frage, ob wir diesen insgesamt als umfassendere 'Projektion' betrachten sollen, oder ob der Anschein uns zwingt, die seelische Lenkung der Handlung 'ins Phantom selbst zu verlegen'. Im letzteren Fall ergäbe sich die eigenartige Nötigung, das 'Spalt-Ich' des Mediums als Ganzes in einen ideoplastischen Sonderleib verlegt vorzustellen. Die Frage, was davon zu denken sei, noch verschiebend, aber ständig vor Augen haltend, betrachten wir zunächst die Leistungen phantomhafter Teilgebilde in ihrer sich steigernden 'Selbständigkeit'.

Von musizierenden und von schreibenden 'Händen' ist schon früher die Rede gewesen; die Fälle ließen sich mühelos vermehren; doch geht die Selbständigkeit dieser Leistungen fast nie über das der automatisch-unterbewußten Schicht ohne weiteres Zuschreibbare hinaus. Die folgende Beobachtung Prof. M. Seilings mag immerhin vorgelegt werden, weil das gesamte Gehaben der schreibenden Hand einen seltsam eigenpersönlichen Eindruck macht.

In einer seiner Sitzungen mit Mrs. d'Espérance ließ sich diese Papier und Bleistift reichen, um möglicherweise durch automatische Schrift zu erfahren,

---

1) APS V 309. Wir entsinnen uns solchen 'Stoßens' im Wesleyschen Spukhaus. (Vgl. o. S. 34. 54 u. Owen, Footfalls 165.)   2) Rochas, Motr. 67. 32. (Ich erinnere an das unglaublich geschickte Umherwirbeln des Schalltrichters in Dunkelsitzungen für 'direkte Stimme': o. S. 171.)

warum bei dieser Gelegenheit die 'Geister' 'aus dem Kabinett nicht recht herauswollten... Doch kaum hatte das Medium das Papier auf den Schoß gelegt, um sich zum Schreiben anzuschicken, als sich aus dem Kabinett langsam eine Hand näherte, die sich dann plötzlich wie ein Raubvogel des Papiers und Bleistifts bemächtigte und ... nach heftigen Bewegungen mit dem Papierbogen an der Spalte des hinderlich scheinenden Vorhangs verschwand. Gleich darauf hörte man deutlich schreiben, und zwar entsprach der Ton des dadurch verursachten Geräusches ganz dem Umstand, daß sich im Kabinett keine Unterlage zum Schreiben, weder ein Tisch, noch ein Stuhl, befand. Dann sah man die Hand mit dem einmal durchgerissenen Papier auf den mir gegenübersitzenden Kapitän T. zukommen, welcher es ergriff und dem Medium zurückgeben wollte. Allem Anschein nach ganz unwillig über dieses Vorhaben, riß die Hand das Papier von neuem gewaltsam an sich, schüttelte es im Kabinett nochmals heftig und gab es dem Kapitän mit einer Gebärde zurück, aus der man leicht schließen konnte, daß er es behalten solle, was er dann auch tat. Vermutlich sollte auf diese derbe, teilweise komisch wirkende Art festgestellt werden, daß das Medium bei Herstellung der Schrift in keiner Weise beteiligt war, daß man also eine direkte Geisterschrift erhalten habe. Auf dem Papier standen die sehr deutlich ... geschriebenen Worte: 'Jag skall hjälpa dig' (Ich werde dir helfen).'[1]

Das Problem verschärft sich ein wenig, wenn die Tätigkeit phantomhafter Gliedmaßen sich gegen das Medium richtet, — das sie doch erzeugt haben und lenken soll.

Eusapias Kopf wird z. B. einmal von einer aus dem Vorhangspalt hervorkommenden sehr großen Hand ergriffen und 'heftig rückwärtsgezogen', sodaß sie 'um Hilfe ruft'.[2] — Ein andermal erhält sie, als sie sich neugierig umwendet, von einer im Kabinett auftretenden Hand einen kräftigen Nasenstüber.[3] — Wieder bei andrer Gelegenheit, als die Drs. Herlitzka und Foà, Assistenten des Prof. Mosso, eine photographische Platte in Stellung bringen wollen, wird dies 'von einer gewaltigen Hand verhindert, die weder einem der Anwesenden noch auch dem Medium gehört' und in erbittertem Kampf die Platte offenbar zu zerbrechen sucht. Das Medium erklärte selbst, daß in den Sitzungen Willenskräfte tätig seien, die dem Willen der Anwesenden und seinem eigenen entgegenwirken.[4] — Oder man erwäge folgenden von Dr. V. Scozzi berichteten Vorfall: Zu vorgerückter Stunde und bei allgemeiner Erschöpfung schlägt Graf Mainardi die nächste Sitzung für den folgenden Tag vor, was auch durch drei Schläge der Kontrolle 'John King' gebilligt wird. Nur Eusapia widerstrebt unter verschiedenen Vorwänden, deren jeder jedoch durch zunehmend kräftige Schläge zurückgewiesen wird. Als das Medium doch noch mit zitternder Stimme neue Einwände macht, 'hört man das Geräusch von zwei kräftigen Ohrfeigen, die auf ihr Gesicht niederfahren und natürlich jeden weiteren Widerstand ihrerseits abschneiden.' Eu-

---

1) Seiling 8. 10 (die Worte hatten guten Sinn). Leidliches Licht.   2) APS VI 104
3) PS XIX 557.   4) Lombroso 235. Vgl. Prof. Porro in RSMS Okt. 1901 221.

sapias Füße und Hände waren dabei noch streng überwacht, wie während der ganzen Sitzung.[1]

Solchen Vorgängen gegenüber weist der Animist darauf hin, daß auch unterbewußte oder 'alternierende' Spaltpersönlichkeiten nicht bloß sehr starke Wesensabweichungen gegenüber dem bewußten oder normalen Ich offenbaren, sondern auch oft diesen Gegensatz in Handlungen neckender oder gar boshaft feindseliger Art betätigen. Ich brauche nur an die berühmte 'Sally' der unglücklichen Miss Beauchamp zu erinnern, die namentlich die milde und weltscheue 'B I' mit unablässigem Schabernack verfolgte, ihr Spinnen oder Schlangen durch die Post zuschickte, fertige Häkelarbeiten wieder auftrennte, u. dgl. m.[2] Bei Hysterischen überhaupt versteigen sich bekanntlich außerbewußt erzeugte Handlungen zuweilen bis zu schwerer Selbstschädigung der Kranken — Verwundungen u. dgl. —; und müssen wir nicht, nach animistischer Anschauung, alle Medien der Gattung hysterisch Gespaltener zuzählen?

Dies alles ist, abstrakt betrachtet, kaum zu widerlegen. Aber nicht überall wirkt es sonderlich überzeugend. Das Trans-Ich des Mediums ist für den Animisten vor allem dasjenige Zentrum, welches die Phänomene und ihre Beglaubigung in jeder Hinsicht fördern will. Warum also verhindert die 'fluidische' Hand bei Eusapia eine photographische Aufnahme, die doch nur dieser Beglaubigung dienen würde?

Ein weiterer Umstand, der unser Problem zu verschärfen scheint, ist die nicht selten beschriebene Gleichzeitigkeit mehrerer verschiedener Verrichtungen durch Phantomglieder.

In einer der letzten Palladino-Sitzungen der Genueser Reihe faßte Sgr. Barzini über den Haaren des Mediums eine fremde Hand, die sich bewegte; gleichzeitig aber blähte sich die linke Seite des Kabinettvorhangs auf, gehalten von einer Faust, die sich vorbewegte und den Stoff über den das Medium Kontrollierenden schüttelte, während Bozzano, 1 m von Eusapia entfernt, sich mehrmals an der Schulter berührt fühlte.[3]

Bedeutsamer noch sind die Fälle, in denen irgendwelche 'Hand'-Leistung mit dem Auftreten eines gesonderten Vollphantoms zeitlich zusammenfällt.

In einer von Dr. Scozzi beschriebenen Palladino-Sitzung z. B. wurde dieser (aus bestimmter Veranlassung) von einer 'großen Hand' (angeblich derjenigen 'John Kings') am Kopfe gedrückt, 'magnetisiert und massiert'. Während dieser ganzen Zeit aber unterhielten sich Graf und Gräfin Mainardi

---

[1] bei Delanne II 228. Vgl. Brofferio 235 (Ohrfeige); Tummolo 456, Hegy 92 ('schallender Schlag ins Gesicht des Mediums') und Eusapias 'Levitation' troz starken Widerstrebens: APS VI 87f. Vgl. Falcomer 65 (Fortziehen des Stuhls und Niederstürzen des Med.); 64 (Nadelstechen); Vassallo 77 (Furcht d. Mediums); Hegy 62 (zu-Boden-werfen des Mediums).
[2] Prince 156 ff. Vgl allgemein Mattiesen 59 ff. 63 ff.   [3] Lombroso 201 (das. weiteres).

mit einem Phantom, das ihr verstorbener Neffe Teodoro zu sein vorgab, sich während eines großen Teils der Sitzung kundgab und ihnen Beweise seiner Liebe lieferte.¹

'In einer Mailänder Sitzung,' schreibt Lombroso, 'als Eusapia in besonders tiefem Trans lag, sahen wir ... zur Rechten die Gestalt einer Frau erscheinen, die zu mir ein undeutliches Wort äußerte, anscheinend 'Schatz'. In der Mitte, mir zunächst, befand sich die schlafende Eusapia, und darüber schwoll der Vorhang mehrmals hervor; gleichzeitig bewegte sich zur Linken ein Tisch im Kabinett und wurde von dorther ein kleiner Gegenstand auf den Tisch in unsrer Mitte verbracht.' Lombroso erblickt in solchen mehrfachen Vorgängen ausdrücklich ein Argument gegen die Theorie, nach welcher die Phänomene auf eine 'Projektion oder Transformation der psychischen Kräfte des Mediums' zurückzuführen seien, wie er dies früher selbst vertreten habe.²

Prof. Porro wiederum, in seinem Bericht über die Sitzungen im Circolo Minerva, beschreibt die Unterhaltung seines Platznachbarn mit einem von 'John King' völlig verschiedenen Wesen, das jenem deutlich hörbar die Hand auf den Mund hielt, um ihn am Sprechen zu verhindern. Etwa gleichzeitig traten aber auch Kinderhände auf, 'und endlich erforderte während des ganzen Abends die Beförderung von Blumen und des Tamburins — Hände, um sie zu halten.' Auch Porro ist der Ansicht, daß solche gleichzeitigen mehrfachen Phänomene der übereilten 'Hypothese einer Verdoppelung des Mediums' einen 'sehr schweren Schlag' versetzen.³

Es ist nicht leicht, das Gewicht solcher Argumente überzeugend einzuschätzen. Der Animist kann erwidern — und hat erwidert⁴ —, daß die beobachteten Grenzzahlen 'gleichzeitiger' Spaltungen nicht notwendigerweise die höchst-möglichen seien, und daß gerade das Medium Verlockungen habe, hierin das Äußerste zu leisten, weil eben weitestgehende Spaltung als spiritistisches Argument betrachtet werde! Dies ist natürlich eine Form des üblichen Verfahrens, Voraussetzungen, die der grundsätzlich vertretene Standpunkt erfordert, eben zu machen; und ich will mit solch abstrakter Aufstellung von Möglichkeiten nicht abstrakt streiten. Ich sage nur: sollte die hier immerhin bezeichnete Schwierigkeit durch weitere noch überboten werden, denen nicht so leicht auszuweichen wäre, so würde sie fraglos mit ins Gewicht fallen.

Gehen wir indessen dazu über, die seelische Selbständigkeit, wie sie hier an Phantomgliedern belegt wurde, nun auch auf dem weit schärfer problemauftreibenden Boden des Vollphantoms zu betrachten, nachdem die letzten Beispiele bereits eine Mischung beider Formen gezeigt haben. Wir finden auch hier die höchste Selbständigkeit und Eigenart im persönlichen Auftreten der einzelnen Phantome, selbst

---

1) bei Delanne II 219f. 2) ASP 1908 34. 3) RSMS Okt. 1901 223. Vgl. das. Mai 1903 459. 4) Barnard 50.

Die seelische Selbständigkeit der Materialisation

rasch nach einander, wenn nicht gar gleichzeitig auftretender, und das alles sogar während voller Erhaltung der wachen Persönlichkeit des Mediums.

Dr. Geley z. B. beschreibt selbstbeobachtete Materialisationen bei Kluski, an denen meist die Gesichter der am deutlichsten, aber nicht der einzig sichtbare Teil gewesen zu sein scheinen. Diese Gesichter waren von natürlicher Größe und stellten sehr verschiedene Typen dar: z.B. ein altes zahnloses und verfaltetes Weib (mit 'sehr deutlichen Zügen'), einen 'jungen Mann, mit großen schwarzen Augen und dünnem Schnurrbart', ein 'schönes männliches Gesicht' u. dgl. m.[1] Diese Gesichter nun, sagt Geley, 'waren lebendig. Ihr sehr lebhafter Blick heftete sich fest auf die Beobachter. Ihre ernste und ruhevolle Physiognomie strahlte den Ausdruck strenger Würde aus. Diese Wesen schienen sich der Wichtigkeit ihrer Rolle bewußt zu sein.' Da das Rotlicht im Sitzungszimmer nur schwach war, ergriffen sie, um sich besser betrachten zu lassen, häufig eine der auf dem Tisch liegenden Leuchtplatten und führten sie ans Gesicht. 'Bei andern Gelegenheiten erhellten sich die materialisierten Gestalten ... durch einen phosphoreszierenden Stoff ... Ziemlich häufig aber waren die Gesichter auch selbstleuchtend.'[2] — Wenn in diesen Sitzungen Gußformen erzielt worden waren, so legten andre dieser Wesen eine unverkennbare Teilnahme dafür an den Tag. 'Ich habe in Warschau,' sagt Geley, 'eins dieser Wesen die Leuchtplatte ergreifen sehn, deren Licht es auf die Handgußformen richtete, die es lange und mit leidenschaftlicher Neugier betrachtete.'[3]

Es lohnt sich, diese Aussagen durch eine Schilderung zu ergänzen, welche Prof. Pawlowski von eben diesen Phantomen Kluskis entwirft. 'Das Überraschendste und Bemerkenswerteste an diesen Erscheinungen, soz. das für mich Wichtige daran, war ihr vollkommen menschliches Betragen. Sie benahmen sich wie Teilnehmer an einer Gesellschaft. Bei ihrem Rundgang um den Tisch begrüßten sie die ihnen vertrauteren Sitzer mit einem Lächeln des Erkennens, während sie Neulinge aufmerksam betrachteten. Der neugierige Ausdruck ihrer Augen ist schwer zu beschreiben und gleicht dem von Kindern im Alter des Erwachens der Vernunft... Einige Phantome benehmen sich sehr gesetzt, andre zeigen eine heitere Veranlagung. Ich konnte aus ihren Bemühungen, unsre Blicke, unser Lächeln, unsre Fragen und Antworten zu verstehn, wie auch aus ihren Handlungen entnehmen, daß ihnen sehr daran liegt, uns zu überzeugen, daß sie wirkliche Wesenheiten und keine Illusionen oder Halluzinationen sind.'[4] (Gegenüber dem Ausweg des Zweiflers, daß es sich eben um lebende Menschen handle, verweist Pawlowski auf die immer wieder auftretenden Materialisationen bloßer Hände, Arme und Köpfe und auf die besonders bei Erschöpfung des Mediums verringerte Größe der Phantome. — Auch v. Klinckowström weiß sich Kluski gegenüber nur mit der Annahme von Helfershelfern herauszureden und betont zu diesem Zweck, daß gewisse von ihm ausführlich herangezogene Sitzungen in Klus-

---

1) Geley 281f. 391. 2) Das. 280. 3) Das. 288f. Über das eigentümlich klingende Reden dieser Phantome s. das. 318. 4) ZP 1926 20 (nach JAmSPR).

kis eigner Wohnung stattfanden, ja daß die einzige — vermutlich unzulänglich 'verriegelte' — Tür sich 'im Rücken des Teilnehmer-Halbkreises, im dunkelsten Teil des großen Raumes' befunden habe.[1] — Man kann sich leicht aus Geleys Werk überzeugen, daß viele völlig gleichartige Sitzungen nicht in Kluskis Behausung stattfanden, sondern z. B. in der des M. Jules Roche, oder im Pariser Institut Métapsychique.[2] — Überhaupt erscheint mir v. Klinckowstroems Beitrag über Kluski als einer der schwächsten des Dreimännerbuches, und angesichts der vielen bedenkenlosen 'Erweisungen' von Medienbetrug in jenem Werke wiegt es gewiß nicht leicht, wenn der Verf. schreibt, Kluski solle mit dieser Zergliederung der Sitzungsberichte 'keineswegs des Betruges angeklagt werden. Es handelt sich für uns lediglich um eine rein akademisch-theoretische Untersuchung, ob die Sitzungsprotokolle jede Betrugsmöglichkeit ausschließen oder nicht.'[3] Dann hätten aber die Berichte doch in sehr viel größerem Umfang 'zergliedert' werden sollen, und nicht unter Bevorzugung von Sitzungen, die in der Wohnung des Mediums stattfanden.)

Von Mrs. d'Espérances mehrfach erwähnter 'Yolande' sind uns die typischen Stufen der Bildung und des Verschwindens sehr oft in glaubwürdiger Weise beschrieben worden, und wir dürfen wohl sagen: wenn es echte lebendige Vollphantome gibt, so ist dies ein Musterbeispiel für sie. Nun, folgendes ist die Beschreibung, die uns das Medium nach allem von ihm selbst Beobachteten (es war ja meist vollwach), nach Berichten von Sitzern und nach gleichzeitigen Aufzeichnungen des Hrn. F. von Yolandes seelischer Eigenart liefert.

Schon bei ihrem ersten Auftreten 'erschien ihre Wißbegierde grenzenlos. Alles, was sie sah, fesselte sie aufs höchste, von den Kleidern der Anwesenden bis zu den Möbeln im Zimmer. Die Orgel war ihr besonderes Entzücken, und es gelang ihr rasch, die Liedweisen nachzuahmen, welche Mrs. B. für sie spielte, obschon sie nie imstande war, die Blasebälge zu bedienen, deren Zweck sie anscheinend nicht begreifen konnte.' Eine ähnliche, nach mancherlei Versuchen ergebnislose Neugier zeigte 'Yolande' für eine Trompete, welche einer der Herren, ein Polizeidetektiv, eines Abends zu ihrem Vergnügen spielte. Dagegen wußte sie einige Silberglöckchen, die ihr jemand gegeben hatte, wohl zu verwenden; sie band sie um Hand- und Fußgelenke und ließ sie zum Tanz erklingen. 'Yolande entwickelte bald eine bemerkenswerte Geschicklichkeit. Ihr fruchtloser Betätigungsdrang, ihre kindliche Neugier und ihr Staunen über jedes ihr vor Augen kommende neue Ding erweckte unser aller Anteilnahme. Sie hatte eine große Vorliebe für leuchtende Farben und glitzernde Gegenstände, untersuchte mit gespanntester Aufmerksamkeit die Schmucksachen, welche die Damen trugen, schmückte sich zuweilen damit und schien aus den bewundernden Bemerkungen der Anwesenden größtes Vergnügen zu schöpfen. Eine Dame brachte einmal einen persischen Seidenschal von glänzendster Farbe mit, den Yo-

1) DMB 405.   2) Geley 280f. 284.   3) DMB 407.

Die seelische Selbständigkeit der Materialisation

lande mit großem Entzücken betrachtete und alsbald um ihre Schultern und Hüften schlang. Man konnte sie garnicht bewegen, sich davon zu trennen...'[1]

Es ist wertvoll, aus der Feder eines Forschers vom Range Crookes' Berichte zu besitzen, die im Grunde nicht weniger besagen als der eben angeführte, den der völlige 'Laie' noch eher bezweifeln mag. Schon die früher wiedergegebenen Schilderungen 'Katie Kings' liefern das Bild einer seelisch durchaus selbständigen Persönlichkeit; aber auf den gleichen Ton ist alles gestimmt, was Crookes je über dies Phantom geschrieben hat.

'Wie könnte ein Lichtbild [und er besaß ja Dutzende von Aufnahmen 'Katies'] ... den ständig wechselnden Ausdruck ihrer höchst beweglichen Züge wiedergeben, bald von Trauer überschattet, wenn sie einige der bitteren Erfahrungen ihres vergangenen Lebens berichtete, bald lächelnd mit der ganzen Unschuld eines glücklichen Mädchens, wenn sie meine Kinder um sich versammelt hatte und sie mit den Geschichten ihrer indischen Abenteuer unterhielt.'[2] Einmal 'fragte sie mich, ob sie ein Experiment versuchen dürfe, nahm die Phosphorlampe aus meiner Hand und verschwand hinterm Vorhang, nachdem sie mich gebeten, ihr nicht nachzublicken. Nach wenigen Minuten gab sie mir die Lampe zurück, weil es ihr, wie sie sagte, nicht gelingen wolle, da sie die ganze Kraft schon aufgebraucht habe; doch wolle sie es ein andermal wieder versuchen. Mein ältester Sohn, ein Knabe von 14 Jahren, der mir gegenüber in solcher Stellung saß, daß er hinter den Vorhang blicken konnte, teilt mir mit, er habe die Phosphorlampe anscheinend im Raum über Miss Cook umherschweben und die reglos auf dem Ruhebett liegende beleuchten gesehn, aber niemand, der die Lampe hielt.'[3]

Ich darf nicht eine Äußerungsweise seelischer Selbständigkeit übergehen, die natürlich auch erst bei voller Ausbildung des Phantoms zur Geltung kommen kann: sein Reden. Die Tatsache ist ja schon in vielen um andrer Beweispunkte willen angeführten Berichten miterwähnt worden; sie gewinnt aber hier erst ihre volle Bedeutung. Wir wissen bereits, daß das Phantom sehr häufig den Anwesenden Rede und Antwort steht, wenngleich in andern Fällen sein Ausdrucksvermögen sich auf Mienenspiel und Gebärden beschränkt. Es genügt eigentlich, an 'Katie King' zu erinnern, deren Reden eben erst erwähnt wurde; denn dies Phantom ist vorbildlich auch in der Beziehung, daß sein Reden sich nicht nur an die Sitzer richtete, also an Personen, die wesentlich außerhalb des Materialisationsvorgangs stehen, sondern auch an sein Medium selbst, was natürlich im Sinn unsrer augenblicklichen Frage eine starke Zuspitzung bedeutet. Dieser Tatbestand ist in den früheren Beschreibungen 'Katies' schon belegt worden, mag aber bei seiner Wichtigkeit hier noch von weiteren Zeugen erhärtet werden.

1) d'Espérance 248 ff.   2) Crookes 126.   3) Das. 119 f.

Aksakow hatte in einer seiner Londoner Sitzungen mehrfach mit 'Katie' Frage und Antwort getauscht, als sie ihm auf seinen Wunsch, in unmittelbarem Anschluß an ihr Erscheinen, das Medium im Kabinette zeigte.[1] An diese kurze Verhandlung nun schloß sich, nach seinem Bericht, 'ein merkwürdiges Zwiegespräch' zwischen der erwachenden Florence Cook und Katie, die ihr Medium 'von neuem einschläfern' wollte, wobei aber Katie schließlich nachgeben mußte und sich verabschiedete.[2] — Ein andres Gespräch zwischen diesen beiden, das gleichfalls einen deutlichen Gegensatz zutagetreten ließ, berichtet Mr. Harrison aus der Sitzung vom 25. Aug. 1872 im Cookschen Hause. Als Katie gewisse Verrichtungen mit einem Stoffgewebe ihrer Gewandung ausführte, widersetzte sich Miss Cook mit den Worten: 'Geh fort, Katie, ich mag nicht so gerieben werden;' worauf Katie (immer fortreibend): 'Sei nicht töricht; nimm ab, was du auf dem Kopfe hast, und sieh mich an.' Miss Cook: 'Ich will nicht. Laß mich, Katie, ich mag dich nicht. Du machst mir bange.' Katie (immer weiter reibend): 'Wie albern du bist!' Miss C.: 'Ich will mich nicht zu diesen Dingen hergeben, ich mag sie nicht, laß mich in Ruhe.' Katie: 'Du bist doch nur mein Medium, und ein Medium ist einfach ein Werkzeug, dessen sich die Geister bedienen.' Miss C.: 'Nun wohl, wenn ich nur ein Werkzeug bin, so mag ich nicht auf diese Art erschreckt werden. Geh fort.' Katie wiederum: 'Sei doch nicht töricht...' usw.[3] — Man braucht diese Wiedergabe nicht für wörtlich genau zu halten und darf doch glauben, daß Harrison eine Unterhaltung von betonter innerer Gegensätzlichkeit zwischen zwei Wesen angehört habe, deren jedes man auch für sich hat reden hören.

Wie diese (übrigens leicht vermehrbaren) Beispiele zeigen, läßt auch das Auftreten von Vollphantomen auf ein selbständiges und durchaus persönliches Innenleben schließen, das mitunter selbst in Denkart und Stimmung vom Medium deutlich abzuweichen scheint. Ich brauche nun nicht zu wiederholen, daß der Animismus auch solchen Beobachtungen gegenüber sich nur durch den Rückgriff auf Tatsachen der Spaltungspsychologie zu helfen vermag. Vor allem natürlich den Fällen gegenüber, wo das Medium und sein charakterlich verschiedenes Phantom gleichzeitig bewußt sind, — wie im Falle d'Espérance-Yolande; denn die Spaltungspsychologie zeigt solche Ungleichheit des Wesens ja auch beim nicht-'alternierenden', sondern 'konzentrischen' Ich-Zerfall, bei dem das 'zweite' Ich gleichzeitig mit dem Wachbewußtsein 'am Leben' sein kann. Und ich will gleich hinzufügen, daß ich keinen Fall von seelischer Selbständigkeit des Phantoms gegenüber dem Medium kenne, wo jene über Maß und Art dessen hinausginge, was in der Psychopathologie — abseits aller spiritistischen Fragestellung — beobachtet worden ist.[4]

---

1) S. o. S. 110.   2) Aksakow 266.   3) Aus Sp Mai 1872 bei Delanne II 356. Vgl. das. 382; Geley 344. 351 (Unterredner: Sir Ol. Lodge).   4) Ich sehe hier noch ab von der Frage der 'Identifizierung' von Phantomen!

Die seelische Selbständigkeit der Materialisation

Trotzdem verläuft die spaltungspsychologische Verarbeitung der eben dargelegten Tatsachen keineswegs so glatt, wie die Oberflächlichkeit des Animisten annehmen möchte. Zunächst muß schon auffallen, daß Medien, bei denen Phantome von seelischer Selbständigkeit häufig auftreten, im übrigen eigentlich nie eine Neigung zu seelischer Spaltung erkennen lassen. Nicht wenige bedeutende Materialisationsmedien haben 'in Zivil', also abseits ihrer medialen Leistungen, den Eindruck gesunder und ausgeglichner seelischer Veranlagung gemacht.[1] Oder es wird ihnen nicht mehr nachgesagt als die erhöhte Reizbarkeit des auf irgendeinem Gebiete überbegabten Wesens. Dies muß sehr seltsam erscheinen im Hinblick auf die ungeheuerliche Neigung zu seelischem Zerfall, die wir in Fällen sehr zahlreicher und mannigfaltiger Phantomerscheinungen anzunehmen hätten. Wir lesen ja oft genug von Sitzungen, in denen acht, zwölf, ja bis zu vierzig und mehr Gestalten das Kabinett verließen. Die unterschiedliche seelische Ausstattung aller dieser Wesen mag schon infolge der Kürze ihres Auftretens meist dürftig genug sein. Aber auch das in dieser Hinsicht ohne weiteres Feststellbare beweist — schon zahlenmäßig — eine unerhörte Steigerung gegenüber allem pathologisch Beobachteten. — Dieser Einwand nimmt aber gleich noch eine andre Form an. Die angebliche Neigung zur seelischen Spaltung in 'materialisationsmedialer' Ausprägung wird, wie wir wissen, ausschließlich durch den Willen-zum-Experiment ausgelöst. In verblüffendem Gegensatz dazu betätigt sich die krankhafte Neigung zum Zerfall durchaus spontan, und nur in engsten Grenzen gelingt es dem Arzt, einzelne Spaltungsformen experimentell hervorzulocken.[2]

Man mag diesen Einwänden die Spitze abzubrechen suchen durch die Annahme: die ausschließliche Betätigung der Spaltungsneigung in experimentell-spiritistischen Formen sei eben eine besondere 'Idiosynkrasie' der sogenannten Medien. Dies wäre zwar eine willkürliche Annahme, ausschließlich gemacht, um eine vorgefaßte Meinung gegen auftauchende Schwierigkeiten zu verteidigen; aber sie wird — wenigstens auf dem Boden der bisher betrachteten Tatsachen allein — nicht leicht zu widerlegen sein.

Indessen sind die Bedenken gegen die animistische Auffassung noch nicht erschöpft. Gegenüber den eindeutig krankhaften Tatsachen der Spaltungspsychologie zeichnen sich ja doch die medialen Leistungen durch den weiteren grundlegenden Umstand aus, daß der angeblich abgespaltene Ich-Teil sich in einen besonderen phantomhaften Leib verlegt, von dem wir dann wohl anzunehmen hätten, daß er soz. die charakterlich symbolisierende Verkörperung der seelischen Beson-

---

1) Vgl. z. B. Ohlhaver I 146 (Frl. Tambke); Geley 214f. (Kluski).   2) Vgl. Mattiesen 757.

derheiten der Spaltpersönlichkeit darstelle! Das übliche Sich-gleichen der Phantomgestalten von einem Auftreten zum andern würde dann der üblichen In-sich-Geschlossenheit der einzelnen Spalt-Iche entsprechen. Wir müßten also die oben angenommene 'Idiosynkrasie' gleich noch mit einer zweiten verkoppeln: die sog. Materialisationsmedien betätigen ihre Bereitschaft zum seelischen Zerfall ausschließlich im Rahmen der (meist spiritistischen) Experimentalsitzung, und sie verlegen ihre Spalt-Iche vermittelst der zeitweiligen Schöpfung einer übernormalen Leiblichkeit in den Raum hinaus. Sonderbar, in der Tat; höchst sonderbar. Aber was sind wir nicht bereit zu glauben, wenn es uns nur der angeblich größten aller Sonderbarkeiten enthebt: der Annahme unsichtbarer wirklicher Wesen.

Gleichwohl muß ich hier gewisse Tatsachen erwähnen, die — wenigstens auf den ersten Blick — diese Sonderbarkeit zu vermindern oder doch mit andern unwidersprechlichen Tatsachen zu verknüpfen scheinen. Die eine hat uns schon früher genauer beschäftigt: ich meine die Tatsache, daß auch der anscheinend nicht-mediale Mensch sich zuweilen aus seinem Leibe hinausversetzt fühlt und dort, wohin er versetzt zu sein glaubt, als objektiv tätiges Phantom erscheint.[1] Dieser Vorgang bedeutet offenbar eine gewisse Annäherung an den hier vom Animisten behaupteten; eine 'Annäherung'; denn das phantomal in die Ferne versetzte Ich ist hier nicht gleichbedeutend mit einem Spalt-Ich; wir könnten es eher als 'das Traum-Ich' des Betreffenden bezeichnen; aber in den meisten Fällen scheint es ja sogar mit seinem Wach-Ich leidlich zusammenzufallen!

Indessen kann ich mit einer genaueren Entsprechung aufwarten. Ich habe schon einmal eine höchst seltsame und zuverlässige Beobachtung angeführt, nach der ein echtes krankhaftes Spalt-Ich sich in der Ferne kundgegeben hat — und zwar anscheinend halbwegs auch als Phantom. Der Fall sei hier in Erinnerung gebracht.

Ein gewisser John Black (pseud.) fühlte sich infolge eines Unfalles 'seelisch verändert' (das ärztliche Zeugnis über ihn liegt vor), genau wie wir ja das Haupt-Ich auf traumatischer Grundlage Gespaltener 'verändert' finden. Von einer klinischen Beobachtung der abgespaltenen 'zweiten Phase' lesen wir nun zwar in dem Berichte nichts. Wir glauben sie aber nach allen ähnlichen Fällen mit Sicherheit voraussetzen zu dürfen. Jedenfalls bekundete sich bei völlig Fremden, die von Black garnichts wußten, durch Klopflaute und als Erscheinung ein 'John Black', der seine Wohnung angab, seinen Unglücksfall beschrieb, schon 'einmal gestorben' zu sein behauptete, sich einer gewissen Untreue bezichtigte und bestimmte Wünsche äußerte, — was sich durchweg, einschließlich aller von Black genannten Namen und Daten, als völlig richtig

[1] Bd. II Abschn. VI, bes. 362ff.

Die seelische Selbständigkeit der Materialisation

und sinnvoll erwies. Dieser Black behauptete schließlich, der 'wahre John Black' zu sein, der aber gezwungen gewesen wäre, John Blacks Körper zu verlassen, in den 'ein Andrer' eingegangen sei, sodaß er jetzt 'ohne Körper' sei: er könne nur dann in jenen Körper wiedereingehn, wenn der 'andre' Black 'fürchterlich aufgeregt' sei.[1]

Der Erfahrne erkennt sogleich die Verwandtschaft mit berühmten Fällen seelischer Spaltung: vor allem die Erzeugung durch Unfall, das Gefühl des 'Andersseins', die gelingende volle Verschmelzung in Augenblicken der Erregung. Das Besondere des Falles aber liegt darin, daß anscheinend ein abgespaltenes Teil-Ich — vermutlich sogar während des Wachseins des 'Anderen' — sich in der Ferne, also außerhalb des Leibes — zu betätigen vermochte. Diese Betätigung bestand in der Erzeugung von Klopflauten, aber nicht nur darin. 'Black II' wurde, wie gesagt, während der Sitzungen, in denen er durch den Tisch und durch automatisches Schreiben 'sprach', auch noch 'gesehen': als 'dunkel gekleidete Gestalt' schon vor der ersten Sitzung, und dann wieder während der Klopfton-Unterhaltung. Falls wir dies gesehene Phantom als eine beginnende Materialisation deuten dürften, so hätten wir uns dem vom Animisten behaupteten Tatbestand offenbar bedeutsam genähert. Natürlich ist jene Deutung durchaus fraglich: es kann sich sehr wohl um eine bloße 'wahre' Halluzination gehandelt haben. Aber auch abgesehen davon besteht noch ein Unterschied zwischen der Fernerscheinung Blacks und unsern Materialisationen: der erscheinende 'Black II' hielt sich immer noch für einen Black, ja für den eigentlichen und wahren Black; während unsre Phantome doch stets als besondere und durchaus selbständige Personen auftreten. Wir wissen zwar auch in der Spaltungspsychologie von Fällen, in denen die 'zweite' Persönlichkeit sich einen neuen Namen zulegt und soz. ein völlig besondres und selbständiges Leben beginnt, von dem früheren versunkenen nach Wesen und Beruf durchaus verschieden.[2] Hier könnte in der Tat die Ungleichheit zwischen krankhaften und medialen Fällen sich noch weiter zu verringern scheinen. Und doch ist sie keineswegs aus dem Wege geräumt. Denn auch abgesehen wieder davon, daß die angebliche mediale Spaltpersönlichkeit sich objektiv materialisiert: es muß doch auffallen, daß unter diesen Spalt-Ichen der Materialisationsmedien sich niemals Phantome finden, die das 'andere' oder 'eigentliche' Ich des Mediums zu sein behaupten, was doch an sich mit großer Wahrscheinlichkeit zu erwarten wäre. Man mag einwenden, daß dies Ausbleiben von Fällen, die dem Animisten anscheinend Recht geben würden, eben auf die 'spiritistische Autosuggestion' des Mediums zurückzuführen sei: es müsse ihm ja daran liegen, seine

---

1) Pr IX 84—92.   2) Vgl. den klassischen Fall des Ansel Bourne: Pr VII 221 ff.

Phantome stets 'als Geister aufzuziehen'. Dieser Einwand hat beträchtliche Kraft; aber die Seltsamkeit des völligen Fehlens (soweit ich mich besinnen kann) von Materialisationen, die sich als 'zweite Iche' des Mediums vorstellen, beseitigt er nicht.

Dieses Ausbleiben findet ein Seitenstück in der äußersten Seltenheit von echten Vollmaterialisationen Lebender überhaupt (außerhalb aller Sitzungen) und dem völligen Fehlen (soweit meine Kenntnis reicht) von Materialisationen Lebender, die sich eindeutig als deren Spaltpersönlichkeiten darstellen und zweifellos während des Wachseins der Betreffenden auftreten (wie ja doch das Medium während des Auftretens 'seiner' Phantome häufig wach ist!).

Ich kenne überhaupt nur einen oder zwei angebliche Belege für das Auftreten von Materialisationen Lebender. Der mehrerwähnte Kluski soll gesagt haben, daß ihm gewöhnlich (!), nachdem er an Sitzungsabenden zu Bett gegangen, die Sitzer des Abends erscheinen; sie gehen im Raum umher, nehmen die Leuchtplatte und beleuchten sich selbst für ihn.[1] — Nun erscheint es mir sehr zweifelhaft, ob hiermit wirklich echte Materialisationen angedeutet seien; denn ein Medium ist nach der Sitzung erschöpft; es dürfte schwerlich unmittelbar vor dem ersehnten Schlaf mit seiner Spielfolge von vorne beginnen. Auch wäre es ein unerhörter Zufall, wenn nur in diesen nachträglichen Leistungen eine Gattung der Materialisation in wahrer Häufung sich zeigte, die Kluski nie in seinen Sitzungen auch nur versuchte, und die auch sonst noch nie ein Medium versucht hat. Daß es sich also hier um bloße Halluzinationen handle, ist um so wahrscheinlicher, als sie, nach Kluskis Angaben, 'seine Ruhe unterbrechen', also anscheinend in den Zustand zwischen Wachen und Schlafen fallen.

Der andere Beleg steht in den Eusapianischen Urkunden: der Fall eines Vollphantoms, das starken Eigenwillen verriet, über das mir aber zwei sich widersprechende Berichte vorliegen: nach deren einem soll es das Phantom einer Lebenden gewesen sein, nach dem andern stellte es einen 'zwei Jahre zuvor Verstorbenen' dar. In jedem Falle hätte das Beobachtete für unser Argument Bedeutung.

'Eines Tages sagte Eusapia zu Sgr. R.: 'Dies Phantom kommt für dich.' In der Tat sah man eine Frau von großer Schönheit erscheinen..., deren Arme und Schultern von den Vorhangrändern bedeckt waren, aber doch so, daß man die Formen hindurch erkennen konnte. Ihr Kopf war von einem sehr feinen Schleier bedeckt; sie blies einen warmen Atem gegen den Handrücken des Sgr. R., führte seine Hand in ihre Haare und biß ihn leicht in die Finger. Während dieser Zeit ließ Eusapia langgezogene Seufzer vernehmen, die eine schmerzhafte Anstrengung verrieten und aufhörten, als das Phantom verschwand. Die Erscheinung wurde von zwei andern Anwesenden bemerkt und kehrte mehrmals zurück. Man versuchte dann eine Aufnahme von ihr. Eusa-

[1] ZP 1926 18.

pia und John waren einverstanden, aber das Phantom gab uns durch Zeichen der Hand und des Kopfes zu verstehen, daß es dagegen sei, und zerbrach zweimal die Platte. Man bat darauf um den Abdruck seiner Hände, und obgleich Eusapia und John versprachen, das Phantom unsren Wünschen gefügig zu machen, gelang es ihnen nicht. In der letzten Sitzung gab Eusapia das ausdrückliche Versprechen [man hörte im Kabinett am Gußeimer arbeiten und R. hatte bereits die Form in Händen], aber eine Phantomhand kam aus dem Vorhang hervor und zerbrach sie in kleine Stücke. Es handelte sich, wie wir in der Folge erfuhren, um eine Frau, die gute Gründe dafür hatte, kein Zeugnis ihrer Persönlichkeit hinterlassen zu wollen.'[1]

Es ist klar: ob ein solches Phantom nun das einer Lebenden oder eines Verstorbenen ist, es als die Verkörperung eines Spalt-Ichs des Mediums zu fassen, erschiene jedenfalls als das weitaus schwierigste; denn es setzt ja seinen Willen nicht nur gegen den des Mediums, sondern auch gegen den 'John Kings', der doch selbst schon ein Spalt-Ich des Mediums sein soll!

Übersehen wir schließlich auch nicht, daß solcher weitgetriebenen Selbständigkeit des Phantoms durchweg auch das Bewußtsein des Mediums von einem Fehlen jeglicher seelischen Verknüpfung zwischen ihm und jenem entspricht: ein Umstand, der fraglos keinen Beweis völliger Sonderung enthält, im Gesamtrahmen bezeichnender Tatsachen aber wohl Erwähnung verdient.

Von ihrem Phantom 'Yolande', dessen seelisches Eigenleben oben geschildert wurde, sagt die gebildete und zur Selbstbeobachtung wohl befähigte Mrs. d'Espérance: 'Abgesehn von Leiden, (wenn solche Yolande zugefügt werden,) fühle ich keinerlei Band zwischen ihr und mir bestehen, soweit mein persönliches Ich in Frage kommt. Ich fühle sehr wohl, daß ich nichts verloren habe außer dem körperlichen Gefühl; ich weiß, daß ich weder Denkvermögen noch Urteilskraft eingebüßt habe, wenn Yolande da ist, indem meine Vernunft im Gegenteil dann noch klarer ist als zu andern Zeiten. Wiewohl sie mir Teile meines Körpers entnimmt, weiß ich doch, daß sie meine geistigen Fähigkeiten unangetastet läßt... Ich betrachte Yolande als ein von mir gesondertes Eigenwesen; ich bin schlechthin sicher, daß sie ihre eigene persönliche Ichheit besitzt, ihre eigenen Sinne, ihr eigenes Bewußtsein, getrennt von allem, was mir gehört.'[2]

Zusammenfassend möchte ich sagen: Wir begegnen schon im Bereich der namenlosen oder anscheinend 'phantastisch' benannten Phantome einer seelischen Selbständigkeit, die, wenn auch nicht eine strenge Widerlegung animistischer Deutung, so doch auf ihrem Boden höchst sonderbar ist, von sicheren Vergleichungen abliegt und somit Bedenken weckt. Daneben aber ist zu betonen, daß die völlige Hinausverlegung einer so selbständigen Ich-Persönlichkeit in eine vom Medium geson-

---

1) Lombroso 204f. auch Brackett 54ff.   2) Aksakow, Cas 182f. 191. Vgl. Geley 295 (Kluski) und etwa

Argumente aus der Objektivität der Erscheinung

derte abnorme Leiblichkeit an sich schon dem spiritistischen Tatbestande außerordentlich nahe kommt; denn damit wird die Annahme einer Bindung alles seelischen Geschehens an das Gehirn durchbrochen, von der doch auch die übliche Theorie der seelischen Spaltungen ausgeht. Hier verlegt ja, nach animistischer Auffassung, das Medium einen Teil seines Ich in einen Leib hinaus, der uns ebensogut in unwahrnehmbarem wie in wahrnehmbarem Zustand entgegentreten kann; und daß die Ähnlichkeiten des ersteren Falles mit dem 'spiritistischen Tatbestande' wesentlicher sind als die Unterschiede von ihm, wird schwerlich zu bestreiten sein. Man kann daher sagen, daß schon die bisher betrachteten Tatsachen dem Kampfziel des Animisten jedenfalls viel von seiner Wünschbarkeit nehmen.

'Die bisher betrachteten Tatsachen'. Denn in Wahrheit ist das Wichtigste von dem, worauf der Eindruck der seelischen Selbständigkeit von Phantomen beruht, bisher noch gar nicht erwogen worden. Nicht ehe dies geschehn ist, können wir an einen Abschluß unserer Überlegungen denken.

13. Identifizierte Materialisationen: 1. Körperliche Kennzeichen

Nur an wenige der bisher erwähnten Phantome ist die Frage gerichtet worden: wer sie seien; nur einzelne, die ich ausdrücklich 'vorgreifend' einführte, sind 'erkannt' worden oder haben sich sonstwie selbst identifiziert. Die meisten bisher berücksichtigten traten uns namenlos entgegen, oder trugen soz. phantastische Namen, die wir als gleichgültig beiseite ließen. Jetzt aber können wir nicht länger den Umstand übersehen, daß sehr viele Phantome beanspruchen, identifizierbare Persönlichkeiten Verstorbener zu sein, und daß sie den Beweis dafür antreten mit manchen der Mittel, die überhaupt der Identifizierung dienen können. Wir wollen die bisher beigebrachten Fälle dieser Art im Folgenden nicht vergessen; doch aber die Fragen, die sie und alle ähnlichen stellen, erst jetzt ernstlich aufwerfen. — Ehe ich aber diese Aufgabe angreife, wiederhole ich mit Nachdruck eine schon früher gemachte Bemerkung: die Tatsächlichkeit von Materialisationen überhaupt gilt auf dieser Stufe der Untersuchung als gesichert, und unsre Frage richtet sich hier, wie schon seit längerem, auf Einzelheiten der Beobachtung. Dies entbindet mich zwar nicht von der Pflicht, meine

Identifizierte Materialisationen: 1. Körperliche Kennzeichen

Belege nur aus den besten verfügbaren zu wählen und stark verdächtigte Medien aus dem Spiel zu lassen. Es gestattet mir aber, Berichte einzuführen, auch wenn sie jener Angaben entbehren, die sie zu Beweisen der Tatsache der Materialisation überhaupt machen könnten. Ich fordere also z. B. vom Einzelberichte nicht — und bitte auch den Leser nicht zu fordern —, daß alle Maßregeln zur Sicherung des Sitzungsraumes gegen den Eintritt von Helfern ausdrücklich erwähnt, oder daß für jeden Augenblick des beschriebenen Vorgangs eine genügende Überwachung des Mediums genau beschrieben werde. Man wird ohnehin finden, daß die folgenden Beobachtungen fast durchweg solcher Art sind, daß nur allergröbste Täuschungsmaßnahmen dabei in Betracht kämen, die denn auch schon durch gröbste Sicherungen auszuschließen sind; und die Anwendung solcher Sicherungen dürfen wir den durchweg gebildeten Beobachtern ohne weiteres zutrauen.

Ich beginne mit einem Beispiel, das uns noch kaum über die **Selbstbenennung** als Grundlage der Identifizierung hinausführt. Es wird von Bozzano aus der Palladino-Sitzung vom 8. Juni 1901 im Hause der Familie Avellino berichtet:

'Nach einer Pause von einigen Augenblicken [nach einer Materialisation 'John Kings'] drückt mir Eusapia die Hand mit einer schmerzlich empfundenen Kraft, während sich eine zarte und leichte Hand mir auf die Stirne legt, dann auf die linke Schulter, danach auf die rechte, und schließlich auf die Brust. Ich begreife, daß sie über mich das Zeichen des Kreuzes macht... Diese Hand legt sich mir an die Lippen, und ich drücke ihr einen verehrungsvollen Kuß auf. Ich erkenne mit Sicherheit eine Frauenhand, die mich mit Liebkosungen überschüttet. Zwei Arme umschlingen meinen Nacken, ein warmer Atem streift mich, und zwei Lippen, auf die meinigen gelegt, drücken ihnen einen glühenden Kuß auf; ich erwidre ihn mit Gefühl und bemerke, daß diese Lippen große und qualvolle Anstrengungen machen, Worte hervorzubringen, was Eusapias hochgradige Erschöpfung nicht zuläßt. Ich frage 'John' aufs dringendste, ich bitte diese weibliche Gestalt inständig, mir zu sagen, wer sie sei; endlich gelingt es einer schwachen, aber deutlichen Stimme, in unverkennbarer Genueser Mundart die Worte auszusprechen: 'Ich bin deine Mutter.' Ein Kuß, heißer noch als die vorigen, erfolgt mit Nachdruck, und unsre Seelen verschmelzen in inniger Liebe. Alle Anwesenden haben gleich mir diesen Kuß, diese Worte und Seufzer gehört. Während dieses ganzen Auftritts hört Eusapia, in ihrem Stuhle hingelehnt, nicht auf, mir die Hand so heftig zu drücken, daß ich mich anstrengen muß, die Vorgänge mit genügender Aufmerksamkeit zu verfolgen. Fünf oder 6 mal stellt sich, auf mein dringendes Bitten, die geliebte Gestalt wieder dar und küßt mich, worauf sie schließlich, ehe sie sich endgültig entfernt, das einzige Wort 'Add'o' ä ßert.'[1]

---

1) Bozzano, Ipot. 34f.

Argumente aus der Objektivität der Erscheinung

Das Wiederauftreten desselben Phantoms am 16. Juni, acht Tage später, schildert Bozzano mit folgenden Worten: 'Eusapia gibt an, daß sie eine weibliche Gestalt hinter mir sehe. Eine zarte Hand macht auf meiner Stirn und Brust das Zeichen des Kreuzes... Ich bemühe mich auf jede Weise, kaltes Blut zu bewahren; ich taste das Medium nach allen Richtungen ab und vergewissere mich, daß es reglos verharrt. In diesem Augenblick werde ich von zwei Armen, die aus der dem Medium entgegengesetzten Richtung kommen, zärtlich umfaßt. Ein Mund drückt einen Kuß auf meine Lippen und macht vergebliche Anstrengungen zu sprechen. Meine Stellung dem Licht gegenüber erlaubt mir, die Gestalt in allen Einzelheiten genau zu erkennen. Die Arme lösen sich, und zwei Hände, die sich unter meine Achselhöhlen schieben, fordern mich auf, mich zu erheben; dann drücken sie auf meine Knie, und ich knie mich hin. Sie legen sich dann auf meinen Kopf zum Zeichen des Segens, und einer schwachen, aber von allen deutlich gehörten Stimme gelingt es schließlich, diese Worte auszusprechen: 'Gott segne dich.' Indem mich dann die Gestalt einen Augenblick verläßt, wendet sie sich an Dr. Venzano, veranlaßt auch ihn niederzuknien, und segnet ihn gleichfalls. Das feierliche Schweigen wird nur durch die Stimme Eusapias unterbrochen, die, völlig wach, alle Einzelheiten dieses Vorgangs fortlaufend beschreibt... Nach einigen weiteren Begebnissen verläßt uns die Gestalt, indem sie im Tone tiefer Traurigkeit Lebewohl sagt.'[1]

Der starke Gefühlston dieses Berichts könnte seinen Wert zu beeinträchtigen scheinen; aber die hervorragenden Eigenschaften des Zeugen, unsere Kenntnis der getroffenen Sicherungen gegen gröbsten Betrug (der allein hier in Frage käme) und die Übereinstimmung des Vorgangs mit so vielen sonstigen, bestens verbürgten bei Eusapia und andren Medien lassen einen ernstlichen Zweifel gar nicht aufkommen. Wir buchen also zunächst als neue Einzelheit die ausdrückliche Selbstbenennung des Phantoms.

Ein weiteres Beispiel derselben entnehme ich den Zeugnissen über die Warschauer Kluski-Sitzung vom 20. Nov. 1920 im Potockischen Hause. Die kürzere, aber wesentlich übereinstimmende Niederschrift Dr. Geleys übergehend, führe ich gleich den ausführlichen Bericht des Grafen Julius Potocki an, für den die fraglichen Teilphantome erschienen.

'Das Medium sitzt [bei leichtem Rotlicht] vor dem Tisch außerhalb des Dunkelkabinetts. Dr. Geley hält die linke Hand des Mediums, Potocki die rechte. Die Anwesenden bilden Kette. Das Medium fällt rasch in Trans, was man aus der besonderen Art seines Atmens schließt. Über und seitlich von dem Medium erscheinen glimmernde Lichter. Ich empfinde Berührungen und fühle, daß jemand sich zwischen mir und Franek [Kluski] befindet. Zu meiner Linken beginnen die Vorhänge des Kabinetts sich zu beleben und auszubau-

---

1) Das. 47 ff. (gekürzt). Vgl. Brofferio 271; PsSc VI 115 f.; Falcomer 77.

Identifizierte Materialisationen: 1. Körperliche Kennzeichen

schen, als schöbe ein Wind sie vor sich her. Ich fühle, daß jemand, mit einem Vorhangschleier umhüllt, sich über mich beugt und mir sehr deutlich das Wort 'Thomasch' (polnisch für Thomas) ins Ohr spricht. Dann buchstabiert er dieses Wort durch Klopftöne. Ich frage: 'Ist dies Thomas Potocki?' (ein vor 8 Jahren verstorbener Vetter, dem ich sehr nahegestanden hatte.) Ich erhalte ziemlich kräftige und wiederholte Schläge auf die Schulter, die meine Frage zu bejahen scheinen. (Mein Vetter war ein feuriger und überschwänglicher Mensch gewesen. Es waren geräuschvolle Schläge auf die Schulter, die von allen Anwesenden gehört wurden.) Ich danke ihm dafür, daß er gekommen ist, und frage ihn, ob ich irgendetwas für ihn tun könne. Schweigen. Ich frage ihn, ob er den Astralkörper meiner vor 3 Jahren verstorbenen Schwester sehe. Antwort: Ja. Und im selben Augenblick fühle ich eine Frauenhand sich sanft auf meine Stirne legen und das Kreuzeszeichen, von einem Kreis umschlossen, darauf machen, wie es meine Schwester zu Lebzeiten immer tat, wenn sie von mir Abschied nahm. Ich erkenne deutlich ihre Hand, die vom Rande des vor mir auf dem Tische liegenden Leuchtschirmes leicht erhellt wird. Ihre Hand gleitet mehrmals vor meinen Augen vorüber, und mehr und mehr glaube ich sie zu erkennen. Sie drückt mir die Hand und tätschelt liebkosend mein Gesicht. Ich habe nicht den geringsten Zweifel mehr, daß es wirklich ihre Hand ist, denn ich erkenne ihre Berührung. Bald darauf bildet sich eine leuchtende Kugel vor meinem Gesicht. [Diese beschreibt auch Dr. Geleys Bericht.] Die Kugel entfernt sich, kommt dann ganz dicht an mein Gesicht heran, und ich gewahre zu meinem großen Staunen und meiner nicht geringeren Freude die völlig erkennbaren Züge meiner Schwester, die mir wie zu Lebzeiten zulächelt. Sie erscheint mir sehr viel jünger, so wie sie mit 25 Jahren aussah.[1] (Sie ist mit 54 Jahren gestorben.) Nach einigen Sekunden verschwindet der Kopf, und neue Berührungen und ein Kuß beenden das Erlebnis.'[2]

Ich habe diese Phantomauftritte im Zusammenhang angeführt, wie die Erfahrung sie verknüpfte, obwohl der zweite keine Selbstbenennung enthält. Dagegen erfolgte hier die Identifizierung auf Grund sehr viel bedeutsamerer Merkmale, nämlich solcher der **äußeren Erscheinung**. In Bozzanos Fall war von derartigen Erkennungsmitteln nicht eigentlich die Rede, und bloße Zärtlichkeit des Verhaltens kann man ja überhaupt nicht als Grundlage einer Identifizierung gelten lassen; denn selbst die rein erfundene Schöpfung eines 'Mutter'-Phantoms durch das Medium müßte sich derartiger Eigenschaften bedienen. Im Falle des Grafen Potocki aber tritt die bekundete Zärtlichkeit durchaus zurück gegenüber der Erkennung auf Grund zweier entscheidender Bestandstücke der leiblichen Persönlichkeiten: Hände und Gesichtszüge.

Man mag eine solche Erkennung bemäkeln, weil sie bei nur 'leichtem Rotlicht' erfolgte. Diese aus an sich durchaus verständlichen Gründen

---

[1] Bez. dieser Möglichkeit von 'Verjüngung' vgl. u. Abschn. IX.   [2] Geley 282 ff. Vgl. das. 313 f.

240 Argumente aus der Objektivität der Erscheinung

häufig, aber bei weitem nicht immer, dürftige Beleuchtung des Versuchsraums liefert überhaupt das Hauptargument, auf das sich die grundsätzliche Bezweiflung der 'Erkennung' von Phantomen beruft. Auch braucht ja über die Gefahr von Illusionen in der Dämmerung kein Wort verloren zu werden; sie wird um so größer sein, je flüchtiger die Phantome auftreten, je größer die Erregung des Beobachters ist, je stärker eine persönliche Wunsch- oder Erwartungsvorstellung ihn beherrscht. Dabei wird noch vorausgesetzt, daß seine Erinnerung an den Verstorbnen eine klare ist; Augen-Gedächtnis aber wird von der Psychologie vielen Menschen nur in beschränktem Maße zugestanden. In Sonderheit dürften solche 'Erkennungen' dem Zweifel offen liegen, die erst zustande kommen, nachdem ein Phantom sich als ein bestimmter Jemand vorgestellt hat oder von andrer Seite benannt worden ist.

Alles dies ist um so überzeugender, je abstrakter es ausgesprochen wird. Und in solcher abstrakten Aufstellung von Irrtumsmöglichkeiten gefällt sich ja der grundsätzliche Verneiner unsres Gebiets mit Vorliebe. Vor der genaueren Betrachtung der besseren oder gar besten Einzelfälle versagt sie meist sehr rasch. Sicherlich lassen sich 'Erkennungen' von Phantomen aufzeigen, welche die Aussagefähigkeit unbegabter und gefühlsbeherrschter Menschen in ein beschämendes Licht rücken. Man kann sich die Genugtuung vorstellen, womit ein so zärtlicher Liebhaber negativer Belege, wie Podmore, etwa das Zeugnis J. W. Truesdells anführt, wonach in Sitzungen des Mediums Mrs. Andrews[1] in Moravia ein Quäkerhut mehreren Anwesenden als Erkennungsmerkmal für gestorbene Verwandte gedient haben soll;[2] oder Dr. Horace Furness' Beschreibung von Sitzungen, während deren er in jedem der auftretenden Phantome, nach Größe, Gestalt, Form und Zügen, genauestens das Medium selbst, die Andern dagegen unfaßlicherweise jeweils einen ihrer Verstorbenen zu erkennen glaubten.[3] Aber Podmore gibt von 'guten' Erkennungsfällen eben nahezu nichts, und wo er ihre kurze Erwähnung nicht umgehen kann, da hilft er sich mit dem allgemeinen Einwurf: die berichteten Einzelheiten genügten nicht zur Bildung eines Urteils über den Wert der Erkennung.[4] Man darf dabei nicht vergessen, daß Podmore, auf Grund einer ähnlich willkürlichen Behandlung der Zeugnisse, von der Annahme des Nichtvorkommens echter Phantome überhaupt ausgeht: womit ja die Frage der Gültigkeit von Erkennungen auch schon entschieden ist. Dieser verneinende Standpunkt kommt für mich nicht mehr in Frage, und es ist klar, daß die erwiesene Gegebenheit von Materialisationen der Frage ihrer

---
1) Nicht Anderson, wie Podmore schreibt.   2) Truesdell 83.   3) Seybert Report 150.   4) Podmore, Spir. II 114 ff. Vgl. die 'positive' Erörterung des Problems bei Delanne II 377.

Identifizierte Materialisationen: 1. Körperliche Kennzeichen

Erkennung nicht nur eine neuartige Grundlage, sondern auch eine überragende theoretische Bedeutung sichert; denn erst mit der Erkennung empfängt das allgemeinere Problem der vollen 'spiritistischen' Identifizierung von Phantomen den entscheidenden Auftrieb. Wir wissen ja längst aus vielen Berichten — und ich könnte es leicht durch viele weitere beweisen —, daß von einem bloßen Übersehen oder 'Fortillusionieren' der gestaltlichen Übereinstimmung zwischen Materialisation und Medium (im ganzen oder in Teilen) gar nicht die Rede sein kann.

Daß z. B. die 'Hände' bei der Eusapia den ihren meist völlig unähnlich waren — und zwar nach verschiedenen Richtungen hin —, bezeugen die allerverlässigsten unter ihren Beobachtern.[1] Bei Mrs. Roberts in Boston, einer 'kleinen mageren Frau', erschienen in Gegenwart des Rev. M. J. Savage, eines 'namhaften Arztes' und anderer Mitglieder der Amer. Ges. f. ps. F. — 'mehrere Gestalten großer und kräftiger Männer.'[2] Bei Mrs. d'Espérance unterschieden sich der materialisierte 'Walter Tracy' (ein Yaleman), die 'katzenartig' bewegliche, schlanke, olivenhäutige junge 'Araberin', die wunderbar schöne und hoheitvolle 'Y-Ay-Ali' sowie andere Gestalten ebenso sehr vom Medium, wie von einander.[3] Eglintons 'Abdullah' war äußerlich völlig verschieden von seinem Medium, mit dem zusammen er photographiert wurde; Eusapias 'John King' ist ein Riese neben der kurz und dick gebauten Neapolitanerin, und so fort durch das halbe Verzeichnis der beobachteten Vollphantome.

Ich habe keinen Zweifel darüber gelassen, daß ich in dieser gänzlichen Unähnlichkeit kein entscheidendes Argument gegen eine echte Schöpfung solcher Gestalten durch ihre Medien erblicke; so ungelegen sie dem Animisten auch sein muß, wenn man bedenkt, daß dem 'magischen Unterbewußtsein' des Mediums ein Schaffen nach der eignen körperlichen 'Vorlage' eigentlich näher liegen sollte. Hat aber dieser Gedanke auch nur einige Berechtigung, so erhebt sich um so dringender ein sehr bedeutsames Problem in den Fällen, wo jene Ungleichheit die Richtung auf das Äußere einer bestimmten Persönlichkeit hin nimmt, d. h. wo das Phantom durch sein Äußeres (im Ganzen oder in Teilen) zur Identifizierung mit einem Verstorbenen herausfordert; also eben in Fällen der äußeren Erkennung. Gute Fälle solcher Erkennung-im-Ganzen aber haben wir schon früher z. B. unter den Phantomen Mirabellis und des Frl. Tambke angetroffen,[4] und es wird sich jetzt nur darum handeln, diesen Einzelumstand, auf den erst hier der Nachdruck fällt, noch weiter zu erhärten. Ich gebe zunächst zwei Belege aus Berichten über Materialisationen bei Mrs. d'Espérance.

1) Vgl. o. S. 91; Morselli I 443 ff. Ähnlich Proff. Bottazzi, Porro, Wagner, Bozzano, Venzano u. a.   2) nach Erny bei Delanne II 515.   3) d'Espérance 245. 248. 251. 257 f.
4) o. S. 130 f. 140 f. 143.

In der zweiten einer Reihe von Sitzungen, die ein Kreis von höheren Staatsbeamten, Schriftleitern, Ärzten und Schriftstellern mit ihr veranstaltete und bei denen 'alle Vorsichtsmaßregeln gegen Einmischungen von außen ergriffen waren,' 'sah man die Gestalt eines Mannes ruhig aus dem Kabinett hervorkommen, einen Augenblick beim [außerhalb des Vorhangs sitzenden] Medium haltmachen und uns alle nach einander mit den Blicken mustern, als suche er jemand. Ich glaube, daß im ersten Augenblick niemand von uns daran dachte, daß dies kein gewöhnlicher Mensch sei. Er war von der Größe des Mediums, von mächtigem Wuchs und stark ausgeprägten Zügen... Wir warteten schweigend darauf, daß er das Wort ergreife. Als sein Blick auf Hrn. A. fiel, begab er sich mit festen und feierlichen Schritten zu ihm. Hr. A. erhob sich, hielt ihm die Hand hin, die er erregt ergriff, und beide standen sich Auge in Auge gegenüber. Wir waren alle verblüfft über die große Ähnlichkeit zwischen ihnen; auch war niemand von uns überrascht, als wir Hrn. A. mit der lebhaftesten Empfindung ausrufen hörten: 'John, mein Bruder John!' ... Hr. A. sagte uns [nach dem Verschwinden der Gestalt], daß kein Irrtum möglich sei; daß Haltung, Züge und Bewegungen durchaus die seines vor 5 Jahren verstorbenen Bruders gewesen wären. Man hatte stets über ihre große Ähnlichkeit gesprochen.'[1] — Über die Lichtverhältnisse in dieser Sitzung finde ich keine näheren Angaben. Die ihr vorausgegangene erste hatte bei Tageslicht begonnen, und im Nebenraum des Sitzungszimmers standen brennende Lampen bereit, deren Licht mehrfach geregelt wurde.

Ein verwandter Bericht über das gleiche Medium stammt von dem bekannten d'Espérance-Forscher Fidler: 'Mr. Hugh Biltcliffe, mein hochgeschätzter Freund, starb vor etwa Jahresfrist. Er war eine in Gateshead wohlbekannte Persönlichkeit, [der Frau d'Espérance übrigens erst kurz vor seinem Tode bekannt geworden, als er schon hochgradig abgezehrt war, sodaß sie ihn 'niemals in seinem normalen Aussehn erblickt' hatte]... Als wir glaubten, daß die Sitzung ihrem Abschluß nahe sei, erschien in der Vorhangöffnung ein schöner, großer, wohlgebauter Mann mit dunklem Bart und ebensolchem Haar, in lange weiße Gewänder gekleidet. Alles in allem eine hoheitvolle und vornehme Erscheinung. Augenblicklich erkannte ich in ihm meinen Freund Mr. Biltcliffe. Auch seine Frau, die meine und eine andre anwesende Dame erkannten ihn sofort nach seinem Erscheinen. Zwei Herren, die weiter zurück saßen, nannten gleichfalls meines Freundes Namen und fragten, ob [er es wohl sei]... Er kam dicht an mich heran und reichte mir die Hand zum Gruße. Seine Hand, etwas größer als die meine, war warm, weich und natürlich. Er erfaßte die meine kräftig und fest, wie er zu Lebzeiten gewohnt gewesen...'

An einer Sitzung 10 Tage danach nahm Mrs. Biltcliffe mit ihren beiden kleinen Töchtern teil, der 13jährigen Agnes und der 7—8jährigen Sarah. Wieder erschien mein Freund und zeigte sich uns... In dem Augenblick, da er vor uns hintrat, lief die kleine Sarah, ein kluges, begabtes Kind, auf ihn zu, und er nahm sie in seine Arme und küßte sie. Sie hing sich an ihn, als

---

1) Delanne II 347 (Bericht eines Rechtsanwalts in Harper i Luften).

Identifizierte Materialisationen: 1. Körperliche Kennzeichen 243

wollte sie gar nicht von ihm lassen, und mußte ihm von ihrer älteren Schwester abgenommen werden, die ebenfalls ihren Vater umarmte und küßte...'[1]

Hier beruht die Eindruckskraft des Berichts offenbar auf der großen Zahl der Erkennenden. Der erste von diesen erkennt sofort (was nicht bedeutungslos ist); bezüglich der übrigen ist die Vermutung nicht zu widerlegen, daß sie unter dem Einfluß soz. suggestiver Äußerungen des Hrn. Fidler über seine Erkennung gestanden haben; wenngleich auch ihr Erkennen als ein sofortiges geschildert wird. Außerdem müssen wir wohl annehmen, daß die an der nachfolgenden Sitzung beteiligten Hinterbliebnen genau wußten, was sie zu erwarten hatten, und dieser Umstand entkräftet natürlich auch das sonst durch seine Unbefangenheit wertvolle Zeugnis der Kinder. — Von dem zuvor erwähnten Phantom des 'Bruders John' des Hrn. A. erfahren wir, daß es einen Ring, den letzterer während der Sitzung trug, auf eine 'sehr bezeichnende Weise zwischen seinen Fingern gedrückt' habe, — bezeichnend, weil dieser Ring dem angeblich Erscheinenden zu Lebzeiten gehört hatte; und bei dem Phantom des Mr. Biltcliffe mag der Willige das zärtliche Verhalten gegen sein Töchterchen als identifizierende seelische Äußerung in Betracht ziehn. Doch habe ich es hier mit solchen Dingen noch nicht zu tun.

Von Phantomen bei dem Medium Ada Besinnet aus Toledo, U.S.A., die auch in London Sitzungen gab, schreibt Sir Arthur Conan Doyle u. a. folgendes: 'In drei Fällen, denen meiner Mutter, der Mutter meiner Frau und meines Neffen, war die Ähnlichkeit schlechterdings verblüffend — *startling* — und ließ sich so klar und kalten Blutes feststellen, daß ich darauf einen Eid vor Gericht ablegen könnte. Der Gesichtsschnitt meiner Mutter war ein ungewöhnlicher, sodaß nicht der geringste Zweifel obwalten konnte. Ich kann mit unbedingter Gewißheit schwören, daß die Gesichter keine Ähnlichkeit mit dem des Mediums hatten, sondern lebendige Abbilder der Verstorbenen waren.'[2]

Hier leitet die Beobachtung ihr Gewicht von der Persönlichkeit des Zeugen ab; denn wie sehr der Gegner auch geneigt sein mag, aus A. C. Doyles spiritistischer Werbetätigkeit eine Verdächtigung seiner Aussagen abzuleiten: dem Arzte, dem Schriftsteller großen Zuschnitts, dem weitgereisten Manne von Welt eine so geringe Beobachtungsgabe zuschreiben, daß er ein höchst vertrautes Gesicht von 'ungewohnlichem Schnitt' nicht hätte identifizieren können unter Umständen, die ihm selbst die Gewißheit der Eidesbereitschaft verschafften, — das überschreitet schon fast die Grenzen vernünftiger Bemängelung menschlichen Zeugnisses.

1) d'Espérance 277 ff.   2) bei Tweedale 307 Anm.

Argumente aus der Objektivität der Erscheinung

Ich schließe diese Reihe von Erkennungen nach allgemeiner Ähnlichkeit mit einem Beispiel, worin die Identifizierung ausschließlich durch einen Dritten erfolgt, der die verstorbne Person **nicht gekannt hatte**, also erst durch Bilder über ihr Äußeres belehrt werden mußte. Dieser Umstand ist insofern von Bedeutung, als er eine illusionierende Bearbeitung des wirklich Gesehenen im Sinne von Erinnerungs- und Wunschvorstellungen ausschließt.

Während einer Palladino-Sitzung in den Räumen des Circolo Minerva am 10. Febr. 1902, an der u. a. Bozzano und Sgr. Fel. Avellino teilnahmen, das Medium zwischen den Herren Evaristo Testa und Giocondo Faggioni saß und das Zimmer durch eine im Vorzimmer aufgestellte Kerze schwach erleuchtet war, — kam 'eine [deutlich erkennbare] Hand hinter dem Vorhang hervor, die sich auf Sgr. Testa zu bewegte, ihn berührte, liebkoste und sich dann rasch zurückzog. Darauf bewegt sich der Vorhang von neuem heftig, bauscht sich auf und heftet sich an das Gesicht des Sgr. Testa, welcher deutlich die Berührung eines vollständig materialisierten Antlitzes zu fühlen behauptet. Er hat noch nicht den Satz beendet, als wir alle einen Kuß auf seinem Gesicht erschallen hören. Sgr. Testa bittet die sich kundgebende Persönlichkeit, ihren Namen zu nennen, worauf hinter dem Vorhang schwache Töne hörbar werden, ... als machte dort jemand die größten Anstrengungen, ein Wort auszusprechen. Tatsächlich gelingt es diesen Tönen bald, sich zu einer dünnen, klanglosen, mühsamen menschlichen Stimme zu verdichten, welche soz. buchstabenweise den Satz hervorbringt: 'Ich bin deine Mutter, ... mein Sohn.' Es folgen weitere Küsse, Liebkosungen und lange zärtliche Umarmungen. Sgr. Testa, mehr denn je auf einen entscheidenden Identitätsbeweis erpicht, bittet die Gestalt, sich sichtbar zu zeigen. Es erfolgt eine zustimmende Antwort. Und siehe da, der Vorhang öffnet sich in der Mitte, und etwa 40 cm über Eusapias Kopfe zeigt sich ein weiblicher Oberkörper, der sich langsam abwechselnd vorwärts bewegt und wieder zurückzieht... Die Herren Faggioni und Bastorino, die sich dafür in besonders günstiger Lage befinden, versichern, daß sie deutlich nicht nur die Seitenansicht, sondern auch die Linien des Antlitzes unterscheiden, und die Angaben, die sie darüber machen, stimmen unter einander durchaus überein.' Sie überzeugen auch Sgr. Testa und veranlassen ihn zu noch dringenderen Bitten um deutliche Sichtbarmachung. Sgr. Faggioni, im Ton des Bedauerns über die Zerstörung einer schönen Täuschung, bemerkt darauf, die Gestalt könne doch wohl nicht Testas Mutter sein, denn er sehe deutlich, daß es sich um eine jugendliche Person handle. Worauf Testa: 'Aber ja, aber ja, meine arme Mutter starb mit 20 Jahren.' 'Dies wußte niemand von den Anwesenden, da Testa erst wenige Tage zuvor dem Minerva-Klub beigetreten war. — Am Tage nach der Sitzung nun stellte Testa eine Reihe von Lichtbildern junger Damen, alle aus der Jugendzeit seiner Mutter, mit einem Bilde derselben zusammen und legte sie sämtlich Sgr. Faggioni vor. Dieser sah sie sich aufmerksam an und entschied sich für das Bild der Mutter: 'Dies ist die Gestalt, die ich sah.'[1]

[1] Bozzano, Casi 228ff. (nach d. von B. verfaßten processo verbale).

Identifizierte Materialisationen: 1. Körperliche Kennzeichen

Die früher berichtete Identifizierung des Hrn. Ohlhaver sen. durch seinen Sohn und die der Mutter der Frau v. Arnhard führten uns indessen schon über den Bereich jener Erkennungen nach 'allgemeiner Ähnlichkeit' hinaus, gegen die allein der Zweifler stets seine ebenso unwiderleglichen wie nichtssagend-abstrakten Angriffe richtet. Man wolle sie sich hier noch einmal vergegenwärtigen. 'Aufwärtsgestrichene Bartspitzen' oder Blatternarben an bestimmter Stelle sind Identifizierungsmittel, die — polizeilich gesprochen — weit eher unter den Begriff 'besonderer Kennzeichen' fallen als unter den einer allgemein einzuschätzenden Ähnlichkeit, über die ein Streit der Meinungen statthaben könnte. An Berichten über solche Identifizierung von Phantomen nach 'besonderen Merkmalen' ist aber auch sonst kein Mangel. Ich will zunächst einen der merkwürdigsten aus dem meist als verdächtig betrachteten Schrifttum anführen, um dann durch weitere zu zeigen, daß Fälle dieser Art auch in sicheren Breiten zu finden sind. Jenes Beispiel wird von der uns bereits bekannten Mrs. Marryat geliefert, und es bleibt dem Leser überlassen, den mit verblüffend sachlicher Genauigkeit abgefaßten Bericht nach Gutdünken einzuschätzen.

Im Jahre 1860 hatte die Erzählerin Erlebnisse, die ihr die äußersten körperlichen und seelischen Leiden verursachten. Sie kehrte Mitte Dezember nach England zurück und gebar dort am 30. Dez. eine Tochter, Florence, die aber schon nach 10 Tagen wieder starb. 'Das Kind wurde mit einer höchst seltsamen Verunstaltung geboren... Auf der linken Seite der Oberlippe befand sich ein Mal, als wenn ein halbkreisförmiges Stück Fleisch mit einer Kugelgußform herausgeschnitten worden wäre, sodaß ein Teil des Zahnfleisches bloßlag. Auch war die Gurgel im Schlunde versenkt, sodaß das Kind während seines kurzen Erdendaseins künstlich ernährt werden mußte, und der Kiefer selbst war so verkrümmt, daß, falls es bis zum Zahnen gelebt hätte, die zweiten Zähne nach vorn zu stehen gekommen wären.' Mehrere, z. T. von auswärts zugezogene Ärzte erklärten, daß sie einen ähnlichen Fall noch nie beobachtet hätten, und schoben die Mißbildungen auf die schmerzlichen Erfahrungen der Mutter vor der Geburt. Der Fall wurde (unter falschem Namen) in der bekannten englischen medizinischen Wochenschrift 'Lancet' beschrieben. Schon in Mrs. Marryats erster Sitzung mit Mrs. Holmes nun (1873) erschien das Phantom eines jungen Mädchens mit dicht umwickeltem Kinn und Mund und behauptete, es komme für Mrs. Marryat, von der es aber nicht erkannt wurde. Der Gedanke, daß ihr Kind inzwischen 'herangewachsen' sei, kam dieser gar nicht in den Sinn. Stark beeindruckt, erschien sie indessen nach 2 Tagen wieder zu einer Sitzung bei demselben Medium; die gleiche Gestalt trat auf, und Mrs. Holmes behauptete steif und fest, daß sie für Mrs. Marryat komme, ja daß sie bei der letzten Sitzung versucht habe, Mitteilungen zu machen. Mrs. Marryat blieb aber auch jetzt noch dabei, daß sie nie eine Verwandte im anscheinenden Alter des Phantoms verloren habe, worauf sich dieses 'traurig entfernte'.

'Einige Wochen danach empfing ich von Mr. Henry Dunphy (dem Herrn, der mich bei Mrs. Holmes eingeführt hatte) die Aufforderung, an einer nichtöffentlichen Sitzung teilzunehmen, die Florence Cook, das bekannte Medium, in seinem (Dunphys) Hause am Upper Gloucester Place abhalten würde. Der Doppelsaal war durch Samtvorhänge geteilt, hinter denen Miss Cook in einem Armstuhl saß, und die Vorhänge waren in halber Höhe mit einer Nadel zusammengesteckt, sodaß eine große Öffnung in Form eines V verblieb. Da ich Miss Cook gar nicht kannte, war ich erstaunt, eine Stimme zu hören, welche anordnete, daß ich am Vorhang stehen und dessen unteren Teil zusammenhalten sollte, während die Gestalten oben erscheinen würden. Natürlich konnte ich in dieser Stellung jedes Wort hören, das zwischen Miss Cook und der Stimme gewechselt wurde. Das erste Gesicht, das sich zeigte, war das eines mir unbekannten Mannes; dann folgte eine Art erschrockener Unterhaltung des Mediums mit seiner 'Kontrolle'. 'Nimm es fort. Geh fort! Ich mag dich nicht. Rühre mich nicht an, du erschreckst mich! Geh fort!' hörte ich Miss Cook ausrufen. [Die Stimme griff beruhigend ein] und unmittelbar darauf kam dasselbe junge Mädchen an der Vorhangöffnung in Sicht, das ich bei Mrs. Holmes gesehen hatte, verbunden wie damals, aber mit den Augen mich anlächelnd.' Nach der Sitzung fragte die Erzählerin Miss Cook nach dem Grunde ihrer offenbaren Furcht vor der Erscheinung. 'Ich kann es Ihnen kaum sagen', erwiderte das Medium, 'ich weiß nichts von ihr. Sie ist mir völlig fremd, aber ihr Gesicht scheint mir nicht voll entwickelt zu sein. Etwas ist mit ihrem Munde nicht in Ordnung, und dadurch erschreckt sie mich.' Dies machte Mrs. Marryat nachdenklich, aber eine briefliche Anfrage bei Miss Cook und durch sie bei 'Katie King' förderte nichts weiter zutage, als daß das junge Mädchen mit Mrs. Marryat 'eng verknüpft' sei. Da aber auch 'John Powles' (eine Schreibkontrolle der Marryat) ständig behauptete, daß es ihr Kind sei, machte sie angestrengte Versuche bei sich zu Hause, mit diesem in Verkehr zu kommen, aber ohne Erfolg.

'Während der nächsten 12 Monate hatte ich zahlreiche Sitzungen mit verschiedenen Medien, und mein Geist-Kind (wie es sich selber nannte) verfehlte nie zu erscheinen. Bei einigen berührte es mich mit der Hand eines Kindes, damit ich sie als die seine erkenne, oder legte seinen Mund gegen den meinen, damit ich die Mißbildung seiner Lippe fühlen möchte; durch andere sprach es oder zeigte mir sein Gesicht.'

Aber der Höhepunkt dieser Erfahrungen sollte in einer Sitzung mit Florence Cook kommen, zu der sich Mrs. Marryat mit William Harrison und Miss Kislingbury zusammenfand. 'Es war ein sehr kleines Zimmer, etwa 8 zu 16 Fuß groß, ohne Teppichbelag und ohne Möbel; darum trugen wir drei Rohrstühle für uns hinein. Quer vor die eine Zimmerecke, etwa 4' über dem Fußboden, nagelten wir einen alten schwarzen Shal und legten dahinter ein Kissen nieder, damit Miss Cook ihren Kopf dagegen lehnen könne. Florence Cook, die eine Brünette ist, klein und schmächtig von Gestalt, mit dunklen

Augen und Haaren, die sie in reichen Locken trug, hatte ein hochgeschlossenes graues Wollkleid an, mit hochroten Bändern garniert... Nachdem sie sich hinter dem schwarzen Schal auf den Fußboden gesetzt (wobei ihr grauer Rock hervorragte) und ihren Kopf gegen das Kissen gelehnt hatte, schraubten wir das Gaslicht ein wenig herab und nahmen in den drei Rohrstühlen Platz.' Zuerst wurde eine 'große weiße Hand' mehrmals durch den Vorhang hervorgestreckt, dann wurde dieser 'aufgehoben, und eine weibliche Gestalt kroch auf allen Vieren hinter ihm hervor, stand auf und blickte uns an.' Da das Licht die Züge nicht deutlich erkennen ließ, riet man zuerst auf Mrs. S., eine jüngst verstorbene Freundin des Mr. Harrison, die ihm ein Erscheinen für diesen Abend zugesagt hatte und um derentwillen die Sitzung angesetzt worden war, — dann auf eine verstorbene Schwester (Emily) der Mrs. Marryat, endlich auf eine Freundin der Mrs. Kislingbury; wozu die Gestalt jedesmal den 'Kopf schüttelte'. 'Wer mag es sein?' bemerkte ich neugierig gegen Mr. Harrison. 'Mutter, kennst du mich nicht?' klang es in Florences flüsternder Stimme. Ich sprang auf, um ihr entgegenzugehen und rief aus: 'Mein liebes Kind, ich hätte nie erwartet, dich hier zu treffen.' Sie aber sagte: 'Geh zurück auf deinen Stuhl, so will ich zu dir kommen.' Ich nahm wieder Platz, und Florence kam durchs Zimmer und setzte sich auf meinen Schoß... Sie war schwer und hatte feste Gliedmaßen. Diese Sitzung fand zu einer Zeit statt, da Florence etwa 17 Jahre alt gewesen sein muß. 'Florence, mein Liebling,' sagte ich, 'bist du es wirklich?' 'Schraube das Gas auf,' erwiderte sie, 'und sieh meinen Mund an.' Mr. Harrison tat nach ihrem Wunsch, und wir alle sahen deutlich jene seltsame Mißbildung an der Lippe, mit der sie geboren war, — eine Mißbildung, möge man bedenken, von der einige der erfahrensten Ärzte gesagt hatten, sie sei 'so selten, daß sie nie zuvor dergleichen gesehen hätten'. Sie öffnete auch ihren Mund, um uns zu zeigen, daß sie keinen Schlund hatte... Derweil rief Miss Cook, die hinter ihrem schwarzen Schal gestöhnt und sich viel bewegt hatte, plötzlich aus: 'Ich kann es nicht länger aushalten', und kam ins Zimmer hervor. Da stand sie in ihrem grauen Kleide mit roten Bändern, während Florence in weißer Gewandung auf meinem Schoße saß. Aber nur einen Augenblick lang, denn sobald das Medium völlig sichtbar war, sprang das Phantom auf und stürzte hinter den Vorhang. [Nachdem Miss Cook ausgescholten und gleichfalls dorthin zurückgekrochen war,] erschien Florence wieder, wobei sie sagte: 'Laß sie das nicht noch einmal tun. Sie erschreckt mich zu sehr... Ich fürchte, sie will mich fortschicken, Mutter.' ... Sie blieb noch eine Weile, schlang ihre Arme um meinen Nacken, legte ihren Kopf an meine Brust und küßte mich Dutzende von Malen. [Sie verglich ihre Hand eingehend mit derjenigen ihrer Mutter und sagte:] 'Zuweilen zweifelst du, Mutter, und traust deinen Augen und Ohren nicht; aber hiernach darfst du nie wieder zweifeln. Bilde dir nicht ein, daß ich im Geisterlande so aussehe. Die Entstellung hat mich längst verlassen. Aber ich habe sie heute angenommen, um dir Gewißheit zu geben... Ich bin dir immer nahe...' Mr. Harrison sagte mir später, daß Florence fast 20 Minuten bei uns geblieben war... Ich habe sie seitdem noch oft gesehen und gehört, aber ohne das Mal am Munde.' — 'Es war ein schlichtes Kind, ohne die rechte Fähigkeit sich auszudrücken, das mir im Jahre 1873 erschien; es ist ein Weib voller Einsicht und zarter Warnungen, das jetzt [1890] zu mir kommt. Und doch erscheint sie mir wie eine 19jährige...' — Als Mrs. Marryat im Oktober 1884 Amerika besuchte, erschien ihr dort die Tochter wieder. Erwähnt werden u. a. die Medien Florence Cook, Arthur Coleman, Mrs. Hatch, W. Eglinton und die Misses Berry. Bei den letzteren hatte sich Mrs. Marryat das Pseudonym 'Mrs. Richardson' beigelegt. 'Während der Sitzung bemerkte deren Leiter, Mr. Abrow: 'Hier ist ein junges Mädchen, welches sagt, daß wenn ihre Mutter Mrs. Richardson heißt, sie zum drittenmal geheiratet haben müsse, seitdem sie sie zuletzt gesehen.'[1]

An Berichten dieser Art und Herkunft geht auch der wissenschaftliche Parapsychologe meist mit vornehmer Nichtbeachtung vorüber. Aber schließlich: mit welchem Recht? Mrs. Marryat war unstreitig eine hochbegabte und stolze Frau, willensstark, im Ausdruck klar, im Streite scharf und schlagend; ihre Erfahrung mit Medien aller Art war eine ungewöhnlich ausgebreitete; auch wissen wir, daß sie über ihre Erlebnisse auf diesem Gebiet ein Tagebuch führte.[2] Selbst wenn man von obigem Bericht eine Anzahl von Einzelzügen als romanhafte Ausschmückung abzöge, verbliebe ein Rest von Beobachtungen so massiger und unvergeßlicher Natur, daß wer nicht geradezu 'krankhaftes Lügen' vermuten will, um die Glaublichkeit der wichtigsten Angaben nicht herumkommt. Und schließlich: worin unterscheiden sie sich von Angaben der besten Zeugen, die je auf unserem Gebiete aufgetreten sind?

Um zunächst ein verwandtes Beispiel aus dem heller belichteten Bereich der Palladino zu wählen, übersetze ich die Berichte Venzanos und Bozzanos über die körperliche Identifizierung eines Phantoms aus der engsten Verwandtschaft des ersteren. — Bozzanos Niederschrift der Sitzungsvorgänge enthält darüber u. a. folgendes:

'Zu meiner Linken, etwas mehr als 1 m entfernt, war eine kleine Tür, durch deren Öffnung ein schwaches Licht drang. Plötzlich erfaßten 'Johns' Hände meine Schläfen und zwangen meinen Kopf, sich nach jener Seite zu wenden. Ich begriff, daß er dies in bestimmter Absicht tat, und verdoppelte die Sorgfalt meiner Beobachtungen. Sehr bald nahm ich ganz unten eine Art schwarzen Kegels wahr, mit unbestimmten, rauchigen und wechselnden Umrissen. Diese wenig umfangreiche Masse, die sich vor mir verdichtete, schien belebt zu sein oder, besser gesagt, durch eine rasche drehende Bewegung erschüttert zu werden. Sie nahm rasch zu, bis sie nach wenigen Augenblicken Höhe und Umfang eines Mannes erlangt hatte. Dann, in weniger Zeit, als man braucht, es zu beschreiben, wurde ich gewahr, daß diese Erscheinung

---

[1] Marryat, Death 73 ff. Man fragt sich freilich, wieso das Phantom die Mutter erkenne, was es denn von 'Gas' wissen könne, wieso es englisch rede, u. a. m. — Vgl. d. Fall Aksakow II 732.   [2] aaO. 297.

Identifizierte Materialisationen: 1. Körperliche Kennzeichen

Aussehn und Umriß eines menschlichen Wesens angenommen hatte. Diese Gestalt befand sich nicht mehr als zwei Schritte von mir entfernt. Alle Anwesenden bemerkten, daß das durch die Tür hereindringende Licht unerwartet und beinahe vollständig verdunkelt wurde... In diesem Augenblick erhob die Palladino meine Hand und bewegte sie in der Richtung auf die Gestalt zu. Sofort ergriffen zwei andere Hände die meine und führten sie aufwärts. Ich fühlte einen weichen langen Bart, der kitzelnd über meinen Handrücken hin- und zurückstrich. Danach wurden meine Finger über die Züge eines Gesichtes hingeführt. Ich konnte mich so vergewissern, daß das Gesicht nicht dasjenige 'Johns' war. Eusapia zog meine Hand ruckartig an sich. Einen Augenblick darauf begann dieselbe Gestalt hinter meinem Rücken vorzuschreiten; gleichzeitig erschien der Lichtschein von der Türe her wieder. Fast unmittelbar darauf verkündete Dr. Venzano, daß eine Hand die seine ergriffen habe und sie aufwärts ziehe. Bald hörten wir alle den Klang eines lauten Kusses über seinem Kopf.' Es folgte die gleiche Berührung mit dem Barte, den Dr. Venzano als einen spitz geschnittenen bestimmen konnte, und sodann die uns hier besonders angehende Beobachtung, über die ich aber nur Dr. Venzanos Bericht, als den erster Hand, anführen will. Folgendes, schreibt dieser, habe sich seinem 'Gedächtnis tief eingeprägt': 'Als meine Hand, von einer anderen geleitet und aufwärts gezogen, auf die materialisierte Gestalt stieß, hatte ich sofort den Eindruck, eine breite Stirn zu berühren, an deren oberem Rande eine Masse ziemlich langen, dichten und sehr feinen Haares wuchs. Während dann meine Hand allmählich abwärts geführt wurde, betastete sie eine etwas 'adlerförmige' Nase und tiefer darunter einen Schnurrbart und ein Kinn mit Spitzbart. Vom Kinn aus wurde meine Hand ein wenig aufwärts geführt, bis sie, an dem offenen Munde angelangt, sachte vorwärtsgestoßen wurde, so daß mein Zeigefinger, noch immer von der führenden Hand gehalten, in die Mundhöhle eindrang, wo er über den Rand einer Reihe von Oberkieferzähnen hin gerieben wurde, welcher gegen das rechte Ende hin vier Backenzähne fehlten. [Während dieses ganzen Weges von der Stirn bis zu den Zähnen] drückte die führende Hand die meine und zwang sie mit offenbarer Absicht, an gewissen Punkten Halt zu machen, als ob jeder von diesen ein besonderes Kennzeichen bedeutete. Ich muß bemerken, daß ich, beim Vergleich der gelieferten Kennzeichen mit denen einer mir sehr teuren Person, mich nicht erinnern konnte, ob ihr die vier Backenzähne auf der rechten oder auf der linken Seite gefehlt hatten; daß ich aber später durch eingehende Nachforschungen in der Familie feststellen konnte, daß dieser Mangel mit dem bei der Materialisation beobachteten genau übereingestimmt hatte.'[1]

Unter den 'besonderen Kennzeichen' eines Menschen (im polizeilichen Sinn) spielen bekanntlich die stets persönlich verschieden verlaufenden Tastleisten der Fingerballen eine überragende Rolle, und es ist sicherlich bemerkenswert, daß auch diese gelegentlich zur körper-

---

1) APS VI 158ff.

lichen Selbstidentifizierung von Phantomen benutzt worden sein sollen.[1] Der bekannteste Fall dieser Art ist der des 'Walter Stinson', verstorbenen Bruders und 'Führers' der Frau Dr. Crandon in Boston, die als das Medium 'Margery' die Federn zahlreicher Forscher und Kritiker beschäftigt hat. 'Walter' ist m. W. nie als Vollphantom gesehen worden; das würde aber natürlich nicht widerlegen, daß die angeblich von ihm erzeugten Daumenabdrücke einer zeitweiligen und teilweisen Materialisierung seiner Hand entstammen. Der Fall ist freilich stark umstritten. Ich gebe zunächst die Darstellung seiner Befürworter wieder.

Danach wurden diese Daumenabdrücke, die außer den Tastleisten auch die 'winzig kleinen Schweißdrüsen' erkennen ließen, unter strengsten Bedingungen[2] auf vorher gezeichneten Stücken von Zahnarzt-Wachs (sog. 'Kerr') hergestellt, das auf Anordnung 'Walters' in heißem Wasser erweicht worden war und nach dem Erkalten eine leicht zu prüfende 'anatomische Urkunde' abgab. Derartiger Abdrücke wurden allein in der Zeit vom August 1926 bis zum 15. April 1928 — siebzig Stück erhalten. Alle — mit nur 5 Ausnahmen — stimmen genau überein ('sind derselbe Daumenabdruck', sagt Dr. Crandon) und gleichen niemals dem eines der Sitzer. Einige von ihnen sind Negative, einige Positive, und diese wie jene wurden sowohl in konkaver, als auch in konvexer Form erhalten. Überdies aber 'sind einige die Spiegelbilder anderer; d. h. sie entsprechen diesen Leiste für Leiste, sind aber in allen Richtungen umgekehrt. Über die Feststellungen dieser Identität unter einander und der Spiegelumkehrung liegen schriftliche Zeugnisse von Polizei- und sonstigen Regierungsbeamten in Washington, Boston, Berlin, München, Wien und London (Scotland Yard) vor. Es sei nicht einzusehn, wie die Spiegelabdrücke auf einer Wachsmasse in einer dreidimensionalen Welt erzeugt werden können. 'Walters' Daumenabdrücke ähneln in wesentlichen Einzelheiten denen Margerys [also seiner Schwester] zu 45%, denen der gemeinsamen Mutter zu 70%. Diese Ähnlichkeitsgrade entsprechen genau den im Falle von Bruder und Schwester sowie Sohn und Mutter zu erwartenden.' Auch ein Paraffin-Abguß von 'Walters' Hand (erhalten am 17. Mai 1924) zeigte den gleichen Daumenabdruck.[3]

Identische Daumenabdrücke des angeblich gleichen (unsichtbaren) Phantoms wurden nun aber auch durch andere Medien erhalten, und zwar in offenbarem Zusammenhang mit den durch Margery erzielten. Schon am 23. Sept. 1927 regte 'Walter' selbst entsprechende Versuche an und bezeichnete Dr. Hardwicke in Niagara Falls als ersten Teilnehmer einer solchen paraphysischen 'Kreuzkorrespondenz'. Am 23. Febr. 1929 kam er auf den Gedanken zurück, bezeichnete weitere Medien als in Aussicht genommene Teilnehmer am Versuch und ordnete gleichzeitig abzuhaltende Sitzungen der Zirkel um Margery, Dr. Hardwicke und Mrs. Litzelmann an. Unter 'strengsten Bedingungen',[4] bei genauer Vergleichung mit den Fingerabdrücken aller

---

1) Vgl. o. S. 100. 195.   2) S. ZP 1928 153.   3) PsSc VII 129f. Näheres JAmSPR April 1928.   4) Kontrolle des Mediums; von jedem Wachsstück wurde ein Teil abgebrochen und nachher angepaßt; die Stücke wurden mit geheimen Zeichen, Siegeln usw. versehen.

Identifizierte Materialisationen: 1. Körperliche Kennzeichen 251

Anwesenden und unter mehrfachen experimentellen Anordnungen Walters wurden Abdrücke erzielt, die mit den früheren und unter sich formal (aber **nicht ganz in der Größe!**) identisch waren; und zwar beim ersten derartigen Versuch in Niagara Falls 77 Minuten später als in Boston durch Margery und 42 Minuten nach dem dortigen Sitzungsschluß; beim zweiten — um 47 Minuten später. Die Identität dieser Abdrücke mit den früher erhaltenen und ihre Verschiedenheit von denen aller Sitzungsteilnehmer wurde von dem Bostoner Fingerabdruck-Sachverständigen Fife beglaubigt. Um übrigens dem Einwand zu begegnen, daß sämtliche Abdrücke vermittelst eines Stempels hergestellt würden, verabredete 'Walter' mit Fife (dessen darauf bezügliche Gedanken er erriet) am 9. Sept. 1929 die Herstellung eines deutlich '**unvollkommenen**' Abdrucks seines Daumens, also eines von den bisherigen verschiedenen, aber doch als mit ihnen wesentlich identisch erkennbaren. Die Ausführung dieses Vorhabens erfolgte **alsbald in der gleichen Sitzung** (ehe also einer der Anwesenden eine Ahnung von dem Plane gehabt), weshalb Fife die 'normale' Herstellung der so erzielten Abweichungen für ausgeschlossen erklärt.[1]

Die Daumenabdrücke glichen nun aber nicht nur einander, d. h. sie verbürgten nicht nur eine von den Händen aller Sitzungsteilnehmer verschiedene 'Hand', sondern sie glichen auch der Daumenhautbildung Walter Stinsons zu Lebzeiten. Ehe dieser i. J. 1912 die Eisenbahnfahrt antrat, auf der er tödlich verunglückte, hatte er sich rasiert. 'Das Rasiermesser wurde von seiner Mutter in einem Koffer beiseite gelegt; kein andrer Mann gehörte zu ihrer Familie, und der Behälter wurde nicht geöffnet vor dem Mai 1927 [also 9 Monate **nach** Erhalten der ersten Wachsabdrücke]. Erst dann übergab ihn Walters Mutter dem Sachverständigen für Fingerabdrücke. Er öffnete ihn mit Mühe, holte das Messer mit einer Zange heraus und brachte auf dem Griff einen zunächst unsichtbaren Daumenabdruck zum Erscheinen, von dem er erklärte, daß er in jeder vorhandenen Linie mit den 'Walter'-Abdrücken übereinstimmte.'[2]

Die behauptete 'Entlarvung' dieser Stinsonschen Daumenabdrücke geschah durch die Herren Dudley, Carrington und Goodby. Diese wiesen die 'Übereinstimmung derselben mit einem Abdruck nach, den ein gelegentlicher Sitzungsteilnehmer (der mit dem angenommenen Namen Dr. Kerwin bezeichnet wird) ein Jahr zuvor dem Medium übergeben hatte.[3] — Gegen diese Entlarvung ist aber vieles eingewendet worden, und anscheinend mit guten Gründen schon aus den **berichteten Tatsachen** heraus. Zunächst aus der Herstellung der Abdrücke selbst. Mr. Bird behauptet, daß wenigstens einzelne in Gegenwart eines Polizeioffiziers (und zwar auch dieses **allein**) mit '100-prozentiger Sicherheit der Kontrolle von Händen und Füßen des Mediums' erzielt worden seien. In drei Sitzungen trug Margery eine Art Wundverband um die Finger, und ihre Hände waren an die Armlehnen eines Stuhles festgebunden; wobei das Medium, nach dem Zeugnis angesehener

---

1) PsSc IX 25 ff. Auch ZmpF 1930 274 ff. 328 ff. 372 ff. Erfolge auch bei Alleinsitzen des kontrolliert gefesselten Mediums. 2) PsSc VII 130. 3) BBSPR XVII, ref. ZP 1933 281 ff.; vgl. Pr XLI 115 ff.

Mitglieder der Amerikan. Ges. f. ps. Forsch., 'steif wie eine Mumie war' und sich überhaupt nicht rühren konnte.[1] Auch Dr. Tillyard, F. R. S. und Chef-Entomologe der Australischen Regierung, erzielte nach seiner Angabe 'Walter'-Daumenabdrücke, während er allein mit Margery im abgeschlossenen Versuchszimmer saß: das Medium war mit Klebestreifen an seinen Stuhl gefesselt, und von den Enden dieser Streifen verlief eine blaue Signierung auf die Haut des Mediums; jede Bewegung desselben hätte diese Zeichnungen unterbrechen müssen; sie wurden aber am Schluß der Sitzung unversehrt gefunden. Dr. Tillyard führte überdies eine lebhafte Unterhaltung mit 'Walter', während das Medium durch die von Dr. Richardson ersonnene Vorrichtung völlig am Sprechen verhindert war: es hielt, wie beschrieben, das eine Ende eines U-Rohrs im Munde, gefüllt mit einer Flüssigkeit, deren Oberfläche bei geringster Luftdrucksteigerung eine ablesbare Verschiebung erlitten hätte. 'Es erscheint mir, schreibt Dr. T., gänzlich unmöglich, eine Beweislücke in diesem wunderbaren Ergebnis zu entdecken... Diese Sitzung ist für mich der Gipfelpunkt meiner gesamten psychischen Forschungen...'[2]

Aber auch die Art der Abdrücke selbst liefert Beweisgründe. Die Herstellung von Spiegelbild-Abdrücken ist nach Bird überhaupt unerklärlich. Die angeblich sofortige Lieferung eines linken Daumenabdrucks, nachdem ein 'Sachverständiger' nach der Möglichkeit eines solchen gefragt hatte, gäbe gleichfalls zu denken, wenn wirklich keinerlei unbemerkte Anregung der Frage anzunehmen wäre. — Ein Juwelier erklärte, einen Stempel genau nach dem Muster der Abdrücke nur für 25 Guineen herstellen zu können, und zwar ohne Gewähr für den Erfolg; Margery aber hätte 'nach Maßgabe der genauen Analysen' im Besitz von 47 solcher Stempel sein müssen, — was also angeblich eine Auslage von rund 25000 Mk. erfordert hätte. Gewisse Handabdrücke bei Margery sollen auch eine so starke Rückwärtsbiegung der Finger und der Handfläche nach oben, in einem Falle bis zur Zylinderform, gezeigt haben, wie sie normalerweise überhaupt nicht möglich ist.[3]

Sind alle diese Angaben anzuerkennen, so müßte in der Tat die behauptete Entlarvung für nicht bündig erklärt werden. Wir ständen dann vor einer Tatsache von großer Wichtigkeit, wie uns spätere theoretische Überlegungen zeigen werden.

14. Identifizierte Materialisationen: 2. Seelische Kennzeichen

Von körperlichen Merkmalen als Grundlagen der Erkennung wende ich mich jetzt solchen zu, die dem seelischen Leben des anscheinend Materialisierten angehören, und führe zunächst zwei Beispiele an, in denen der Eindruck der Identität durch Handlungen erzeugt wird, die

---

1) ZP 1928 152. 2) S. den Brief Tillyards an Sir Ol. Lodge (v. 11. 8. 1928) — aus PR — bei Findlay 28f. — Vgl. ferner ZP 1934 186 (nach JAmSPR Sept. 1932); PS 1924 60.
3) ref. ZP 1934 186.

Identifizierte Materialisationen: 2. Seelische Kennzeichen

ehedem 'Gewohnheiten' des betreffenden Verstorbenen bildeten, also gleichsam noch den Außenbezirken seiner Persönlichkeit angehörten.

Das erste berichtet die Baronin Anna Peyron unmittelbar nach ihrer ersten Sitzung mit der ihr bislang unbekannten Mrs. d'Espérance. Diese saß in weißer Kleidung bei recht gutem Licht vor dem Kabinett; alle Personen und Gegenstände waren 'deutlich sichtbar'. Das Medium kündigte die Anwesenheit eines Geistes an (sie wisse nicht, für wen er komme!), und auf Einzelfragen aller Sitzer der Reihe nach wurde die Baronin durch drei Schläge als die Betreffende bezeichnet, weshalb sie ihren Platz (Nr. 9) mit dem des Dr. v. Bergen, rechts vom Medium, vertauschte. Mrs. d'Espérance suchte die ziemlich Erregte zu beruhigen. 'Bald umfaßten zwei große Hände, die einer hinter mir befindlichen Person anzugehören schienen, mein Gesicht von beiden Seiten. Sie waren schwer, groß und durchaus lebendig, und zogen meinen Kopf nach hinten. Ein Gesicht beugte sich über das meine, und ich wurde geküßt. Deutlich sah ich dies Gesicht und diese lächelnden Lippen, die mich küßten. Das war weder mein Vater, noch meine Mutter, noch meine Schwester, sondern mein Sohn, mein geliebter Claes! Keineswegs hatte ich ihn erwartet. Ich sprach zu ihm: 'Claes, bist du das wirklich? Küsse mich wieder!' und erhob meine Hände zu ihm. Er neigte sich und küßte mich auf den Hals, hinter dem Ohr, wie er es seit seiner Kindheit stets, sonst aber niemand getan hatte. Ich erhob mich und wandte mich um, und stand ihm gegenüber. Ich hätte ihn gern mit meinen Armen umfaßt, aber er drückte mich auf meinen Sitz zurück, indem er sanft die Hände auf meine Schultern legte. Ich sah ihn völlig deutlich, ohne die Möglichkeit eines Irrtums oder einer Halluzination. Während dieses ganzen Auftritts war ich mir vollkommen des Mediums in unsrer Nähe bewußt und sah, wie es sich an Dr. v. Bergen heranbewegte, um mich näher an meinen Sohn heranzulassen...'[1]

Im zweiten Beispiel verwebt sich der fragliche Umstand bereits mit andern, die den Persönlichkeitserweis beträchtlich verstärken, aber an sich weiterer Belegung bedürfen: denn was das Phantom 'spricht', geht kaum über das hinaus, was das Medium selbst aus flüchtiger Bekanntschaft mit dem Sitzer ableiten mochte. Im übrigen soll es uns nicht stören, daß die identifizierende 'Gewohnheit' hier mit einem bisher vernachlässigten Bestandstück von Phantomen zusammenhängt: ihrer Kleidung. Wir werden es später noch besprechen.

'In einer Sitzung in Rom mit dem Medium Politi [über das ich nirgends etwas Ungünstiges erwähnt finde] hörte Sgr. Senarega seinen Vornamen aussprechen: Erné, in gedehntem Ton und im Tonfall der Genueser Mundart, so wurde er in der Familie genannt. Darauf nahmen Alle das Geräusch eines absichtlich geschüttelten und geriebenen seidenen Rockes wahr, und das Medium sagte ihm, daß dies seine Mutter sei, die so tue, um von ihm erkannt

---
1) RSMS Okt. 1907 253f. (aus Lt 14. 9. 1907).

zu werden. Sie war gestorben, als Senarega jung war, und hatte ihn wenig gekannt. Etwas später hörte man die Worte 'mein Sohn', und der Oberkörper einer Frau lehnte sich aus dem Kabinett hervor, neigte sich über den Tisch und verschwand dann im Saal. Auf Anfrage schrieb eine Tante mütterlicherseits dem Sgr. Senarega, 'daß seine Mutter so sehr die Gewohnheit gehabt hatte, ihr Kleid in dieser Weise zu schütteln, daß es eine 'Manie' geworden war, über die man sich lustig machte.' Politi hatte niemals Beziehungen zu Senarega oder seiner Familie gehabt. Mehrere Mitglieder des Zirkels behaupteten nachher, in einem ihnen vorgelegten Lichtbilde der Mutter das Phantom zu erkennen; Sgr. S., der das Gesicht desselben nicht deutlich gesehen hatte, hält mit seinem Urteil zurück.[1]

Die folgenden Beispiele zeigen uns den natürlich besonders wichtigen Tatbestand des Redens eines identifizierbaren Phantoms in steigender Ausbildung; das erste verknüpft damit Handlungen, welche durchaus persönliche Erinnerungen anzuzeigen scheinen. Die Bedeutung dieser Wissen-verratenden Handlungen wird im ersten Fall allerdings dadurch beeinträchtigt, daß sie auf Wunsch und Erwartung des Sitzers hin erfolgten, der damit eine — wenn auch telepathische — Suggestion ausgeübt haben könnte. Die Tatsachen, die ich im Auge habe, finden sich in den ausgezeichneten Berichten des Sgr. L. A. Vassallo über die schon erwähnten Palladino-Sitzungen im Genueser 'Circolo Minerva', an denen neben ihm noch andre hervorragende Beobachter teilnahmen.[2]

Es war in der ersten derselben, daß ihm sein verstorbener Sohn Naldino zuerst erschien. Eine lebhaft in Vassallos Richtung grüßende jugendliche Hand war über dem Kopf der reglos im Halbschlaf liegenden Eusapia hinter dem Vorhang hervorgekommen. Nachdem Dunkelheit hergestellt war, fühlte Vassallo um sich her einen 'jähen Ausbruch von Kundgebungen der Freude'. 'Ich empfinde deutlich die Berührung einer Person vom Rücken her: zwei Arme umschlingen mich kräftig mit immer erneuter leidenschaftlicher Zärtlichkeit; zwei feine und nervöse Hände, den vorher von Allen gesehenen gleichend, drücken meinen Kopf, überschütten mich mit Liebkosungen aller Art; ein Licht, welches ich nicht sehe, das aber von den Andern übereinstimmend beschrieben wird, scheint meinen Kopf zu umgeben, und ich empfange immer wieder lange und heftige Küsse, die gleich mir alle Andern deutlich hören. Das charakteristische Ganze dieser körperlichen und geistigen Kundgebungen läßt keinen Zweifel mehr für mich bestehn; umso weniger, als eine Hand, identisch mit der gesehenen, lange in meiner Rechten verweilt (während ich mit der Linken fortgesetzt die Rechte des Mediums drücke...) und der Tisch mit raschen Klopftönen Sätze buchstabiert, die in ihrem vertraulichen Sinne nur mir verständlich sind... Trotzdem erbitte ich zum Überfluß noch einen Beweis, der mir auch sofort gewährt wird, indem die Klopftöne einen der drei Namen meines Sohnes buchstabieren, einen Namen,

---

1) RSMS Jan. 1906 441 (aus LO Dez. 1905). Vgl. o. S. 239.   2) Vassallo 35 ff.

um den nur die allernächsten Verwandten wußten: Romano... Ich sage zu ihm: Weißt du, Naldino, daß ich stets ein teures Andenken an dich bei mir trage? Und sofort drückt ein Finger zwei oder drei mal gegen die innere Tasche meines Rocks,... wo sich das Bild meines Sohnes befindet. [1] Auf die Bitte des Vaters um sichtbares Erscheinen wird gedämpftes Licht gefordert; Prof. Porro, Dr. Venzano und ein dritter Herr sehen darauf gleichzeitig, und nachdem ihm die Stelle bezeichnet, auch Vassallo selbst, 'ganz deutlich eine scharf umrissene Person', die sich zweimal auf ihn zuneigt. Diesen Umriß Naldinos zeichnet V. gleich darauf bei hellem Licht auf den Tisch, und alle übrigen, 'besonders die Herren Porro und Prati, die von ihren Plätzen aus das Profil am besten hatten sehen können,' bestätigen die Übereinstimmung.

In der fünften Sitzung fragte V. den abermals erschienenen Naldino: 'Weißt du, ob ich etwas an mir habe, was dir sehr lieb gewesen ist? Ich hatte kaum die Worte geäußert, als mir die Krawattennadel herausgezogen und vor dem mir gegenüber sitzenden Prof. Porro niedergelegt wurde. In der Tat war dies eine Nadel, die Naldino, als ein Geschenk Ermete Novellis, stets im höchsten Grade geliebt und bevorzugt hatte. Überflüssig zu erwähnen, daß keiner der Anwesenden eine Ahnung von diesem Gegenstande hatte.'[2] — Es folgten dann die gleichen Umarmungen und Zärtlichkeiten wie in der früheren Sitzung, 'vermischt mit abgerissenen Sätzen, die auch von den Andern gehört werden, in Genueser Mundart und jener besondern Stimmfärbung, die für mich jeden Zweifel ausschließt.[3] Deutlich höre ich die unvergeßliche Stimme zu mir sagen: 'Papa, mein lieber Papa!' ... Und dann, immer wieder, ein 'O Gott', nicht des Schmerzes, sondern der überströmenden Freude.' Weitere allgemein gehörte Küsse werden von der Äußerung begleitet: 'Gieb sie der Mama.' — Nach dem Verschwinden des Phantoms forderte der Tisch Licht. Sobald die weiße elektrische Lampe angedreht war, sah man eine menschliche Gestalt, eingehüllt in den sehr dünnen Vorhang des Kabinetts, dem noch aufrechtstehenden Vassallo sich nähern (zwei Hände hatten ihn unter den Achseln gefaßt und emporgezogen) und ihn umarmen, während eine Hand, gleichfalls vom Vorhang bedeckt, ihn griff und einige Zeit festhielt. Eusapia verharrte während dessen reglos auf ihrem Stuhl und jede ihrer Hände in Berührung mit denen der sie Überwachenden.[4]

Sehr ähnlich stellt sich ein Erlebnis des Sgr. Massaro aus Palermo in der Mailänder Palladino-Sitzung vom 26. Nov. 1906 dar, über das mir aber nur ein Bericht des gleichfalls anwesenden Lombroso vorliegt. Es zeichnet sich durch einen merkwürdigen Umstand aus (die vorherige Ankündigung durch ein andres Medium), der uns an früher beigebrachte Fälle von 'Entsprechungen' erinnert.

Sgr. Massaro hatte 'vor einiger Zeit' durch den Tisch von seinem verstorbenen Sohne das Versprechen einer Materialisation in Mailand erhalten. In

---

1) Vgl. hiermit die Episode der Elsa Porro: das. 63f.   2) Ähnliche Selbstidentifizierungen durch Gegenstände (Ringe) s. du Prel, Stud. II 284; Marryat 256.   3) Zur Identifizierung durch Stimmklang vgl. ZpF 1929 126; ZmpF 1932 206f.   4) Vassallo 68ff.; APS VI 109f.; Lombroso 89; Bozzano in PS XXVIII 629.

jener Sitzung nun 'sah' die Palladino 'einen Jüngling von ferne kommen, ... aus Palermo', wie sie auf eine Frage des näheren angab; worauf sie die Worte beifügte: 'ein lebendes, in der Sonne gemachtes Bild'. Niemand verstand dies; nur Massaro erinnerte sich dabei, daß er in seiner Brieftasche eine auf freiem Felde gemachte Aufnahme bei sich trug. Gleichzeitig fühlte er ein lebhaftes Klopfen an seiner Brust, gerade an der Stelle, wo sich das Bild befand, und fühlte sich durch den Vorhang hindurch zweimal auf die rechte Wange geküßt, dann deutlich geliebkost, und schließlich die lebhaften Berührungen einer Hand, die in die innere Rocktasche eindrang, gerade auf die Brieftasche zu. 'Diese wurde geöffnet, so daß das Bild zum Vorschein kam.' Es folgten erneute Liebkosungen, 'und dann fühlte sich Massaro an der Brust gepackt, bis zum Vorhang gezogen und wiederholt geküßt. Schließlich kam die Erscheinung mit dem Kopf vor den Vorhang. Der Kopf war mit einer weißen Binde umwickelt, und Massaro erkannte seinen Sohn.'[1]

Ein gleichfalls verwandtes Erlebnis hatte in der dritten dieser Sitzungen Prof. Morselli, der mit dem (bereits erwähnten) Phantom seiner Mutter 'ein kurzes vertrauliches Zwiegespräch' führte, worauf diese ihn (bei Rotlicht) in der gleichen Weise durch den Vorhang hindurch mit Liebkosungen bedachte. Während dessen nun aber geschah noch folgendes: 'Die Hand dieser Wesenheit hebt die Linke des Sgr. Morselli empor (schreibt Vassallo) und führt sie an die Stirn des schlafenden Mediums, in die Gegend der rechten Augenbraue, worauf Morselli, uns gänzlich unverständlich, ausruft: 'Ich begreife, ... ich begreife, was du mir andeuten willst; aber dort war es nicht.' Es folgen fruchtlose Anstrengungen, immer den gleichen Punkt anzudeuten, bis — mit einer ungeduldig heftigen Bewegung — der Finger Morsellis rasch an seine Stirn auf einen ganz bestimmten Punkt hingeführt wird, worauf er ausruft: 'Ah, nun sind wir da!' Und nun erklärt er uns, daß seine Mutter an diesem Punkt, nahe der Augenbraue, eine kleine Warze gehabt hatte.'[2] Der Leser mag selbst entscheiden, ob bei der freiwilligen Ingangbringung dieser Suche durch das Phantom viel Sinn darin liege, ein 'unbewußtes Führen' von dessen Hand durch Morselli zu vermuten.

Soweit bei den geschilderten Vorgängen die Wissenskundgebungen des Phantoms nicht nur durch Gebärden und Handlungen, sondern auch durch Reden erfolgten, blieb uns deren Inhalt vorenthalten; anscheinend weil er zu vertraulich war. Die gleiche Unterlassung muß man leider ziemlich vielen Zeugnissen über Begegnungen mit erkannten Phantomen zum Vorwurf machen. Die Abneigung gegen Bekanntgabe solcher Unterhaltungen ist verständlich, aber um der Forschung willen zu bedauern. Ich möchte gleichwohl noch einige Berichte anführen, welche gleichfalls die eindrucksvollsten Bestandteile mit dem Schleier der Verschwiegenheit bedecken; denn in der Häufung vermögen sie doch den Eindruck der nichts verbergenden zu verstärken. Hier ist zu-

---

1) Lombroso 90f.   2) Vassallo 56ff. (Morselli erscheint hier unter dem Decknamen Mirelli.)

nächst ein solches Beispiel aus der Feder einer, die selbst als Medium größten Ruhm gewonnen hat.

'[Während einer Materialisationssitzung mit einem ungenannten Medium]', schreibt Mrs. Leonard, 'fühlte ich plötzlich eine Kälte über mich kommen, und im selben Augenblick meinen Nachbarn, einen Seeoffizier, leicht erschauern. [Wir hielten uns während der ganzen Sitzung an den Händen.] In wenigen Sekunden war mir eiseskalt geworden. Desgleichen offenbar dem Seeoffizier, nach seiner Hand zu urteilen. Er wandte sich an mich und flüsterte: 'Fühlen Sie etwas? Furchtbar kalt im Rücken, nicht wahr?' Ich stimmte zu: die Kälte schien von hinter uns her zu kommen. Ich blickte über meine rechte Schulter, ohne mich in meinem Stuhl zu bewegen, und erblickte zu meiner Verwunderung dicht hinter uns die schneeweiße, stattliche Gestalt einer Frau, genau wie ein reizendes Bildwerk aus Marmor oder Alabaster anzuschauen. Ihre Augen waren geschlossen, ihre Hände wie im Gebet gefaltet; sie bewegte sich auf uns zu, als wandelte sie in tiefem Schlaf. Langsam ging sie zwischen uns hindurch. Da unsre Hände verbunden waren, ging sie durch unsere Arme und Hände hindurch. Genau im Augenblick ihres Hindurchgehens zwischen uns verstärkte sich die Kälte noch hundertfach, obschon ich das einen Augenblick zuvor nicht für möglich gehalten hätte. Ich habe nie etwas Ähnliches gefühlt. Wir sahen deutlich ihr Profil, während sie so nahe vorüberging. 'Großer Gott!' sagte mein Nachbar, 'es ist meine Mutter. Aber warum sieht sie so aus?' Sie bewegte sich — man kann es kaum Gehen nennen, denn sie schien über den Fußboden hinzugleiten, ohne Beine und Füße zu bewegen — auf die Vorhänge [des Kabinettes] zu und verschwand. Einige Minuten später erschien sie wieder, glücklich und belebt, und hatte eine sehr persönliche Unterredung mit ihrem Sohn, der, wie er mir zu verstehen gab, von allem, was sie ihm sagte, tief befriedigt war.'[1]

Ein weiteres Beispiel entnehme ich den schon mehrfach verwendeten wertvollen Erinnerungen der Miss Katherine Bates, der bekannten Reiseschriftstellerin aus den besten Kreisen englischer Bildung. Diese beschreibt mehrere Sitzungen mit einem ungenannten amerikanischen Medium, während welcher neben andren lebensvollen Gestalten auch ein 5 Jahre zuvor in Deutschland verstorbenes, ihr befreundet gewesenes Kind auftrat, welches sie Muriel nennt. Als dieses das winzige Kabinett verließ, das Miss Bates vorher untersucht hatte, streckte sie die Hände vor und fragte: 'Erinnerst du dich nicht meiner Hände? Ich war so stolz auf meine Hände' (was völlig zutraf). Gefragt, ob sie nicht eine Botschaft für ihre lebende Schwester habe, erwiderte sie 'ohne das geringste Zögern': 'Sage der armen Jessie...', worauf ein 'besonders passender' Auftrag folgte. Der Geist sprach 'leise und mit Mühe', küßte Miss Bates' Hand und 'schwand vor meinen Augen dahin, ... indem er sich in die Luft auflöste.' — In einer Sitzung 10 Tage danach erschien 'Muriel' wieder; desgleichen aber in einer weiteren Sitzung mit einem anderen Medium, Mrs. Stoddart Gray, die der Miss Bates völlig fremd und

---

1) Leonard 148. — Den Offizier nennt sie an extremely practical, straightforward, 'no nonsense about him' type of man, nach dem Eindruck ihrer Unterhaltung mit ihm.

von ihr aus 30 Medien in einer Zeitung ausgesucht worden war. Hier bat Muriel die Sitzerin um einen Kuß. 'Sie hatte einen unbeschreiblichen Hauch von Frische und Reinheit an sich, die sie auch im Leben ausgezeichnet hatte. Als Miss Bates zunächst tat, als erkenne sie sie nicht, und schwieg, flüsterte das Phantom: 'Kennst du mich nicht?', und auf die Frage nach ihrem Namen: 'Nun, ich bin doch Muriel.'¹

Der nachfolgende Bericht Dr. Venzanos, auf unmittelbar nach der Sitzung gemachten Aufzeichnungen fußend, geht zwar gleichfalls nicht auf letzte Einzelheiten des Gespräches ein, läßt sich aber doch zu Angaben herbei, aus denen wir den ungefähren Inhalt der vertraulichen Unterhaltung erschließen können. Danach scheint das Phantom ein Wissen offenbart zu haben, das jedenfalls nicht auf das des Mediums zurückging, und von einer Art, wie sie im Verkehr mit Lebenden wohl zur Identifizierung einer Persönlichkeit ausgereicht hätte.

'Trotz des matten Lichtes konnte ich deutlich die Palladino und die übrigen Sitzer sehen. Plötzlich nahm ich wahr, daß sich hinter mir eine Gestalt von ziemlicher Größe befand, die ihren Kopf auf meine linke Schulter legte und heftig schluchzte, so daß die Anwesenden es hören konnten; sie küßte mich wiederholt. Ich nahm deutlich die Umrisse dieses Gesichtes wahr, welches mein eigenes berührte, und fühlte das sehr feine und reiche Haar in Berührung mit meiner linken Backe... Klopflaute des Tisches gaben den Namen einer nahen Verwandten an, die keinem Anwesenden außer mir bekannt war. Sie war vor nicht sehr langer Zeit gestorben, und aus Unverträglichkeiten des Wesens hatten sich ernstliche Zwistigkeiten mit ihr ergeben. So wenig erwartete ich diese Auskunft, daß ich zunächst an eine zufällige Übereinstimmung des Namens dachte; aber während ich im Geiste dies überlegte, fühlte ich einen Mund mit warmem Atem mein linkes Ohr berühren, welcher mit leiser Stimme in Genueser Mundart eine Reihe von Sätzen flüsterte, deren Gemurmel den Sitzern hörbar war. Diese Sätze, mehrmals unterbrochen von Weinen, baten mich um Verzeihung wegen des mir geschehenen Unrechts, mit einer Fülle von Einzelheiten in Bezug auf Familienangelegenheiten, die nur der Betreffenden bekannt sein konnten... Ich hatte kaum die ersten Silben [einer Bitte, auch mir zu verzeihen] geäußert, als zwei Hände... sich mir auf die Lippen legten und mich verhinderten weiterzusprechen. Die Gestalt sagte dann zu mir: 'Ich danke dir', umarmte und küßte mich, und verschwand.'²

Der folgende Bericht geht zum erstenmal wirklich ins Einzelne, beschränkt sich aber auf eine einzige Angabe geäußerten Wissens. Auch ist dieses von einer Art, die zunächst befremden könnte, indem es sich auf den Zustand der Leiche der angeblich Erscheinenden bezieht. Doch wird sich der Leser entsinnen, daß schon die Betrachtung der Motive

---

1) Bates 23 ff. — Vgl. ferner Prof. Cassias Bericht (aus LO) bei Delanne II 577; Vassallo 48. 57; Doyle in PS 1925 207 f.   2) APS VI 164.

Identifizierte Materialisationen: 2. Seelische Kennzeichen

von Spuken und andern Kundgebungen uns Erlebnisse vorführte, die verwandte Sorgen Abgeschiedener andeuten. Der etwas 'romantische' Beigeschmack, welcher der folgenden Erzählung anhaftet, schwächt sich also ab, wenn wir sie in größerem Zusammenhang betrachten.

Mrs. d'Espérance berichtet von einem ihr bekannten Ehepaar Miller, daß die Frau den spiritistischen Ansichten ihres Gatten mit großer Schärfe entgegengetreten war. Sie starb, und einige Tage nach ihrer Bestattung nahm er an einer Sitzung im Fidlerschen Hause teil. Während derselben erschien — Mrs. Miller aus dem Kabinett. 'Obgleich an diese unglaublichen Dinge sehr gewöhnt (sagt Mrs. d'Espérance, die ja damals, wach und außerhalb des Kabinettes sitzend, 'ihre' Phantome beobachtete), war ich doch von Staunen überwältigt. Kein Irrtum schien möglich: das waren ihre Züge, ihre Gebärden; das war sie selbst in jeder Hinsicht. Sie wurde sofort erkannt von allen, die sie gekannt hatten. Ihr Gatte, vom Gefühl übermannt, wollte sie umarmen, aber sie tat einen Schritt zurück und sprach zu ihm in strengem Ton: 'Was hast du mit meinem Ring getan?' Ein Donnerschlag hätte uns nicht in größere Bestürzung versetzen können. 'Meine Liebe, ich habe nichts mit deinem Ring getan', erwiderte der arme Mann, 'ist er denn nicht an deinem Finger?' Und er brach in Tränen aus, während Mrs. Miller ins Kabinett zurückging...' Miller erzählte nun, daß seine Frau vor ihrem Tode ihm aufgetragen habe, ihr nicht die beiden Ringe abzuziehen, die sie stets trug; was er ihr auch versprochen hatte und ausgeführt zu haben glaubte. Er verstand den Vorwurf seiner Frau gar nicht. Alle Anwesenden ergriffen gefühlsmäßig seine Partei. Erst nach seiner Heimkehr erfuhr Miller von seiner Tochter, daß diese, ohne von dem Wunsch der Mutter zu wissen, ihr die beiden Ringe unmittelbar vor der Bestattung abgezogen hatte in der Meinung, ihr Vater werde sich später freuen, sie zu besitzen.[1]

Der Anschein der Identifizierung einer vom Medium unabhängigen, selbständigen Persönlichkeit eines Abgeschiedenen verstärkt sich nun offenbar bedeutend, wenn die Äußerungen des Phantoms durch Mittel erfolgen, die dem Medium überhaupt nicht zur Verfügung stehen; wenn also das Phantom seine Aussagen niederschreibt in Gegenwart eines Mediums, das des Schreibens unkundig ist, oder sich einer Sprache bedient, die dem Medium unbekannt ist.

Von den großen Materialisationsmedien wurde die Palladino stets als völlig lese- und schreibunfähig bezeichnet.[2] Die äußersten Grenzen solchen Bildungsmangels dürften nicht leicht festzustellen sein; ich übergehe daher einen Bericht Avellinos, nach welchem das z. Zt. unsichtbare Phantom 'John' auf die Frage nach dem Verbleib einer gewissen Person das Wort 'tot'[3] geschrieben habe. Bozzano, der diese Tatsache mitteilt, fügt ihr aber eine weitere, wesentlich eindrucksvollere hinzu: In einer andern Sitzung bei den

---

1) d'Espérance 280 ff.   2) Pr XXIII 311.   3) also wohl morto (decesso, defunto?).

Argumente aus der Objektivität der Erscheinung

Avellinos habe sich eine 'Persönlichkeit' als der 'jüngere Bruder' des Hausherrn eingeführt. 'Letzterer bat in Gedanken um einen geschriebenen Identitätsbeweis und legte seine mit einem Bleistift bewaffnete Hand auf einen Bogen Papier. Da dieser z. T. bereits mit Schrift bedeckt war, wurde ein neues Blatt vom Nachbartisch herangebracht [offenbar durch mediale Kraft] und schob sich unter den Bleistift. Darauf legte sich eine Kinderhand auf die des Sgr. Avellino, nicht gleichgerichtet mit seiner Hand und Unterarm, sondern so, daß die Fingerspitzen der einen denen der andern entgegenkamen. Unter diesen Bedingungen wurde ein Satz von 18 Worten niedergeschrieben, der genau auf die in Gedanken gestellte Frage Avellinos antwortete. Und zwar bedeckten die ersten vier Worte das ganze erste Blatt, dann wurde dieses fortgenommen und durch ein andres ersetzt, das sich unter den Bleistift schob, und da die dem Tisch aufliegende Hand Avellinos dies zunächst verwehrte, wurde sie emporgehoben durch die des sich kundgebenden Wesens, und das Blatt glitt vor, bis der Bleistift sich über seinem oberen Teil befand. Sieben weitere Worte wurden auf dieses zweite Blatt geschrieben, das dann seinerseits durch ein drittes ersetzt wurde, auf welches die letzten 7 Worte geschrieben wurden.'[1]

Hier scheinen die Grenzen von Eusapias Schreibkunst (die sich auf ihren Namen beschränkte) deutlich überschritten zu sein, ganz abgesehn natürlich davon, daß es bestimmt nicht ihre normale Hand war, die den Bleistift führte.

Den Tatbestand des vollentwickelten Phantoms mit dem der Fremdsprachigkeit oder 'Xenoglossie' verknüpft der nachstehende Fall, wennschon die 'Äußerungen' wenig umfangreich sind und fast mit der beliebten Annahme einiger 'Brocken' als Sprachbesitz jedes Mediums abgetan werden könnten. Doch ist der Bericht auch in anderer Hinsicht lehrreich.

Es handelt sich um die Sitzung des Dr. Gibier mit dem Medium Mrs. Salmon in Newyork vom 10. Juli 1898, bei der nur 7 Personen, alle dem Dr. Gibier gut bekannt, anwesend waren, darunter seine Institutsaufseherin Mrs. C. und sein Assistent Dr. L. Das Medium saß hinter dem Vorhang in einem 'hölzernen Kabinett', dessen Hinterwand in der Kopfhöhe des sitzenden Mediums zwei Löcher hatte. Ein starkes Seidenband war um den Hals des Mediums geführt und hinten mittels eines chirurgischen Knotens festgebunden, der durch einen weiteren Knoten gesichert und so fest angezogen war, daß der Zeigefinger zwischen Hals und Band knapp durchkommen konnte. Die beiden Enden des Bandes waren durch die beiden Löcher geführt und so weit angezogen, daß der Kopf des Mediums die Wand leicht berührte; dieses Band war dann durch einen stark zugezogenen Doppelknoten festgelegt, so daß Mrs. Salmon buchstäblich geknebelt war und ihre Stellung nicht verändern konnte. Nach verschiedenen flüchtigen Teilmaterialisationen 'zeigte sich ein weißer

---

[1] Bozzano, Ipot. 45f. Dies widerlegt auch die zweiflerische Einstellung von Joire 486.

Gegenstand am unteren Rande der geschlossenen Vorhänge ... und entwickelte sich rasch nach der Höhe zu. Er ähnelte dem Unterteil eines Gewandes. Gleich darauf öffnen sich plötzlich die Vorhänge und eine Frauengestalt, ganz in Weiß gekleidet, kommt aus dem Kabinett hervor und rasch auf die Damen D. und B. zu, welche gleichzeitig ausrufen: 'Blanche, Blanche!' Die Erscheinung wirft sich Mme B. in die Arme und sagt zu ihr auf französisch **ohne jeden Akzent:**[1] 'Meine Tante, meine Tante, ich bin so glücklich, Sie zu sehen', und zu Mme B. gewandt: 'Und dich auch, Victoria.' [Nach gegenseitigen Umarmungen und] auf Blanches Erlaubnis hin tritt der anwesende Maler T.-S. vor und faßt ihre Hand, [die er für völlig menschlich erklärt. Auch Dr. Gibier prüft die Gestalt genau, die etwa 2 Minuten lang mehr als 1 m vor dem Kabinett verweilt:] sie ist mindestens 10 cm größer als das Medium und ziemlich schlank, während das Medium eine Fünfzigerin und einigermaßen beleibt ist. Die Stimme des Phantoms ist schwach und etwas pfeifend und hat nichts von der des Mediums, das überdies keine zwei Worte französisch kann... Das Gesicht ist voll und frisch, anscheinend das einer 20—25 jährigen, und ohne jede Ähnlichkeit mit dem des Mediums... [Nachdem Blanche im Kabinett verschwunden] fasse ich das Seidenband, das aus dem Kabinett herausführt, und vergewissere mich, daß nichts sich verändert hat.'[2]

Auch nicht viel weiter führen uns gewisse Angaben, die der uns bereits bekannte Anatom Prof. Pawlowski über Phantome Kluskis macht und die hier mit einigem Vorbehalt angeführt seien.[3] Diese Phantome, sagt er, hätten 'verschiedenen Nationen angehört und gewöhnlich deren Muttersprache gesprochen', aber dessen ungeachtet auch in andren Sprachen an sie gerichtete Worte verstanden (wohl durch **Vorstellungsübertragung?** — wie sie denn auch auf bloß gedachte Wünsche oder Fragen stets eingegangen wären). 'Bei einer Gelegenheit konnte ich deutlich den Ausdruck der Erwartung im Gesichte der Erscheinung eines Türken (von den andern Teilnehmern oft gesehen) wahrnehmen, der sich vor mir verneigte und sagte: Chokjash Lehistan![4] Als er bemerkte, daß ich ihn nicht verstand, wiederholte er freundlich lächelnd dieselben Worte. Nicht wissend, was er wollte, aber aus dem Freundschaftsgefühl des Polen für seine ritterliche Nation heraus, sagte ich zu ihm: Vive la Turquie! Man konnte deutlich sehen, wie erfreut er darüber war. Er lächelte, seine Augen strahlten, er kreuzte die Arme, verbeugte sich und verschwand. Ich schrieb mir seine Worte in polnisch-phonetischen Lauten auf meinem Notizblock auf. Am nächsten Tage ließ ich sie mir von einem Kenner der Sprache übersetzen und fand, daß sie bedeuten: Es lebe Polen.'[5]

---

1) Dr. Gibier, Leiter des Pasteur-Instituts in Newyork, war Pariser.   2) Nach Gibier, Recherches in ASP Jan.-Feb. 1901. Richet (420) nennt diese Experimente 'bemerkenswert, schön und entscheidend, durchgeführt von einem Gelehrten, der von einem aufgeklärten Skeptizismus beseelt war' und damit andere Materialisationsberichte 'aufs glänzendste bestätigte'. Der größere Sprachbesitz des Phantoms soll zwar 'gar nichts beweisen'; doch gibt Richet, wie das so seine Art ist, keinerlei Grund für dieses Urteil an.   3) JAm SPR XIX Sept. 1925 48ff.; ZP 1926 5ff.   4) Bozzano, A prop. 205, schreibt 'Chokiask Lehistan'.   5) ZP 1926 21.

Auch Eusapias 'John King' soll nach Lombrosos Zeugnis in Neapel und Turin 'unmittelbar und mit Vorliebe' auf Englisch geantwortet haben, also in einer 'dem Medium vollkommen unbekannten Sprache', die z. Zt. nur einer der Anwesenden verstand. Doch vermisse ich Angaben über Umfang und Inhalt der Äußerungen, nach denen man sich ein Urteil bilden könnte, wie weit sie wirklich über das gewöhnliche Wissen eines Mediums hinausgingen, das doch immerhin weit herumgekommen war und auch mit Engländern zu tun gehabt hatte.[1] — In Genua, im Hause Gellona, soll das Wesen, welches Abdrücke in Ton erzeugte und sich damit als echte Materialisation erwies, mit dem Herrn Jurjewitsch vom Pariser Institut psychologique 'russisch gesprochen' haben, wobei Herr J. die Äußerungen den Anwesenden übersetzte.[2] — In einer von Dr. Scozzi beschriebenen Sitzung, in welcher materialisierte Wesen durch 'Zärtlichkeiten großer und kleiner Hände' ihre Gegenwart verrieten, führte die anwesende Frau Singer anscheinend mit ihrem verstorbenen Vater und ihren Kindern eine Unterhaltung in der dem Medium völlig unbekannten deutschen Sprache.[3] — Aber auch diese bemerkenswerten Angaben bleiben, wie man sieht, leider allzu sehr im Allgemeinen und Unbestimmten stecken.

Über die unleugbare Lückenhaftigkeit solcher Berichte führen nur wenige Fälle von Xenoglossie des Phantoms hinaus. In dem nachstehenden, sehr bekannten werden die glücklicherweise niedergeschriebenen fremdsprachigen Äußerungen ausführlich mitgeteilt. Es handelt sich um das uns schon bekannte Phantom 'Nepenthes' bei Mrs. d'Espérance, über das der Bericht eines 'höheren Beamten' sich folgendermaßen äußert.

'Nepenthes erschien schöner als je... Als sie Hrn. E. über sein Notizbuch gebeugt schreiben sah, hielt sie inne und betrachtete ihn; dieser ersuchte sie darauf, einen Satz für ihn zu schreiben, und bot ihr Notizbuch und Bleistift an, die jene auch entgegennahm. Hr. E. erhob sich, stellte sich hinter sie und beobachtete sie. Beide befanden sich zur Seite des Mediums, aber ein wenig nach rückwärts; wir betrachteten die Gruppe der drei mit gespannter Erwartung. 'Sie schreibt,' verkündete Hr. E. Wir sahen die beiden Köpfe über die schreibenden Finger gebeugt, deren Bewegungen sich deutlich verfolgen ließen. Bald darauf wurden Notizbuch und Bleistift Hrn. E. zurückgegeben, der hochbeglückt Platz nahm. Wir untersuchten das Blatt und fanden darauf mit größter Deutlichkeit griechische Buchstaben geschrieben, die aber allen Anwesenden unverständlich waren. Am Tage darauf ließen wir sie aus dem Altgriechischen ins Neugriechische übersetzen und daraus in unsere Sprache. Dies ist ihr Inhalt: Ich bin Nepenthes, deine Freundin; wenn dein Geist von übermächtigem Schmerz bedrückt sein wird, so rufe mich, Nepenthes, und ich werde alsbald herbeieilen, deine Leiden zu lindern.'[4]

1) Nach Lombroso in ASP Feb. 1909 bei Delanne II 233.   2) Aus LO Mai 1906 aaO.
3) Nach Scozzi aaO. Vgl. noch Aksakow 732.   4) bei Bozzano, Casi 132f. — $N\eta$-$\pi\varepsilon\nu\theta\eta\varsigma$
= ohne Leid; auch Beiname des Apollon.

Identifizierte Materialisationen: 2. Seelische Kennzeichen

Das folgende, ebenso ausdrückliche Beispiel entnehme ich wiederum Miss Bates' Aufzeichnungen. 'Während einer Sitzung mit Mrs. Stoddart Gray in Newyork erschien [bei dem Licht von 5 mehr als halb aufgedrehten Gasbrennern] u. a. ein Phantom in weißer Schwesternkleidung am Eingang zum Kabinett, und das Medium fragte, ob irgendein Anwesender deutsch sprechen könne, da dieses Wesen weder englisch noch französisch noch italienisch zu verstehen scheine, während sie (Mrs. Gray) das Deutsche nur am Klang erkenne.' Nachdem ein anwesender Herr ohne rechten Erfolg sich versucht hatte, bot sich auch Miss Bates an, die das Deutsche gut beherrschte.[1] 'Sobald ich mich der Gestalt näherte, schien sie Kraft zu gewinnen [Miss Bates war selbst in hohem Grade 'medial'], trat vollends aus dem Kabinett und sagte zu mir in feinstem Deutsch ...: 'Ich bin die Schwester von Mme Schewitsch (der Name einer ausländischen Bekannten, mit der ich den Nachmittag verbracht hatte). Ich weiß, daß Sie heute nachmittag bei meiner Schwester waren.' ... Sie sprach mit genügender Kraft, und ich konnte ihre gewählten und vorzüglich ausgesprochenen Worte gut verstehen. Aber irgendeine unüberwindbare Hemmung schien sie zu hindern, mir zu sagen, was sie mitteilen wollte, und die verzweifelten Anstrengungen, dieses Hemmnis zu überwinden, waren im höchsten Grade peinlich zu beobachten... 'Sind Sie nicht glücklich?' [fragte ich.] 'Nein, nein! das ist es nicht.' ... Die Worte 'Achtung'[2] und 'Krankheit' wurden mehrfach gebraucht, aber keine bestimmte Botschaft kam zustande.' Man gab dem Phantom Schreibgerät, und es setzte sich zum Schreiben nieder, warf aber den Bleistift wieder hin und sagte 'in höchst unglücklichem und verzweifeltem Ton: 'Nein, nein, ich kann es nicht einmal schreiben', und verschwand vor meinen Augen, während es sich am Tisch erhob.' Miss Bates fügt — wie mir scheint — mit Recht hinzu, daß ein betrügerisches Phantom die dem Medium irgendwie bekannt gewordene Tatsache des vorausgegangenen Besuches bei Mme Schewitsch leicht zu einer glaubhaften Botschaft hätte ausnutzen können.[3] Die Unfähigkeit, eine Mitteilung 'loszuwerden', ist ein seltsamer, aber nicht nach Schwindel aussehender Zug.

Als das im ganzen merkwürdigste Beispiel von Xenoglossie eines Phantoms erscheint mir das berühmte der 'Estelle Livermore'. Dieses faßt überhaupt so viele wichtige Züge unsres Gebietes zusammen, daß ich der Versuchung nicht widerstehen kann, hier am Schluß dieser Tatsachenschau etwas mehr darüber mitzuteilen, als was den eben behandelten Punkt betrifft.

Mr. Livermore, ein Bankherr, verlor im Jahre 1860 durch den Tod seine Gattin (von Owen als 'Estelle' bezeichnet), die noch auf dem Sterbebette den Wunsch geäußert hatte, es möge ihr nach dem Tode vergönnt sein, ihn ihres Fortlebens zu versichern, worin er indessen z. Z. nichts weiter erblickte als eine Äußerung ihrer Liebe, denn weder er noch seine Gattin glaubten damals im mindesten an spiritistische Tatsachen, betrachteten vielmehr das ganze Gebiet mit Widerwillen. Auch in seinem großen Schmerz über den

---

1) being a German scholar ...   2) ? — dies soll warning heißen!   3) Bates 31 ff.

Argumente aus der Objektivität der Erscheinung

Verlust der geliebten Frau hielt Livermore am Gedanken einer Trennung für immer fest, und erst Dr. Gray, Estelles Arzt von deren Kindheit an, vermochte ihn zu einem Versuch mit dem Medium Kate Fox zu veranlassen. — Die Sitzungen mit dieser, deren Zahl im Laufe von 6 Jahren (1861—66) auf 388 stieg, fanden teils in der Foxschen, teils in der Livermoreschen Wohnung statt, und da beide Familien während dieser Zeit umzogen, im ganzen in vier Wohnungen. 'In allen Fällen ... wurden Türen und Fenster wirksam gesichert und das Zimmer gründlichst untersucht. Bei einigen der ersten Sitzungen wurden 3 oder 4 Teilnehmer als Nebenzeugen zugelassen,' doch fand man bald, daß die besten Ergebnisse erzielt wurden, wenn nur ein Sitzer zugegen war, so daß Mr. Livermore zumeist allein saß.

Die erste Sitzung, am 23. Jan. 1861, brachte 'Klopftöne', das erste Dutzend — 'Berührungen', 'Mitteilungen', Telekinesen und 'Schrift'. In der 12. machte Estelle ihrem Gatten Hoffnungen auf ihr Erscheinen, und nach dem Auftreten von 'Lichtern' sah man in der 24. Sitzung (14. März) zum erstenmal 'die dunklen Umrisse einer Gestalt, die sich umherbewegte'. Drei Tage danach wurde für den folgenden Tag die Sichtbarmachung bestimmt in Aussicht gestellt. 'Sichert die Türen und Fenster, denn ich will, daß der Beweis jeden Zweifel ausschließt, zu deinem und der andern Besten.' — Diese Sitzung fand im Foxschen Hause statt, aber die ganze Familie außer dem Medium war abwesend. Livermore 'versiegelte die Fenster, versiegelte und verschloß die Türen und stellte schwere Möbelstücke gegen sie; dann durchsuchte er das Zimmer gründlich und löschte das Gaslicht aus. Bald kamen die Worte: 'Ich bin hier in [voller] Gestalt', darauf erschien ein kugelförmiges Licht unter knackenden Geräuschen. Nach einiger Zeit wurde ein verschleierter Kopf daraus, und L. erkannte, aber nur einen Augenblick lang, die Züge Estelles. Dann war eine Gestalt sichtbar,' beleuchtet von Lichtern. 'Während dieser ganzen Zeit hielt L. beide Hände des Mediums.' Alle diese Angaben beruhen auf sofort niedergeschriebenen tagebuchartigen Aufzeichnungen des Beobachters.

Wesentlich weiter führte die Sitzung vom 18. April, die 43. der ganzen Reihe,[1] vielleicht weil 'klares Wetter' herrschte.[2] Nach längerem Warten und starken telekinetischen Leistungen 'stieg ein leuchtender Stoff wie 'Gaze' vom Fußboden hinter uns auf, bewegte sich im Zimmer umher und stellte sich schließlich vor uns hin... Er nahm die Form eines bedeckten menschlichen Kopfes an, ... berührte mich, ging dann zurück und näherte sich von neuem. Ich erkannte eine längliche Masse, ausgehöhlt auf der uns zugekehrten Seite, und in dieser Höhlung war das Licht sehr stark. Dort hinein blickend, schaute ich nach einem Gesicht aus, aber keines erschien. [Die allbekannte Erwartungshalluzination!] Wieder entfernte sich das Ding und näherte sich dann von neuem: diesmal gewahrte ich ein Auge.' Bei der dritten Annäherung 'hatte die Gaze ihre Form verändert; eine weibliche Hand hielt sie gefaßt, den unteren Teil eines Gesichts verdeckend; aber der obere Teil war

---

1) Vgl. auch schon die vom 15. 4. (Sargent, Planchette 57; Bozzano, A prop. 158).   2) Vgl. o. S. 178 f.

Identifizierte Materialisationen: 2. Seelische Kennzeichen

enthüllt: es war Estelle selbst — Augen, Stirn und Ausdruck in vollkommener Ähnlichkeit[1]... Die Gestalt erschien mehrmals wieder, wobei die Erkennung jedesmal an Vollständigkeit gewann. Etwas später lehnte sich ihr Haupt gegen das meine, wobei das Haar über mein Gesicht fiel.' (Miss Fox' 'Hände waren die ganze Zeit über durch mich gesichert'[2].) 'Die Gestalt blieb eine volle halbe Stunde sichtbar, und jede Bewegung war deutlich wahrzunehmen. Dann kam die Botschaft [wohl durch Klopftöne]: 'Sieh jetzt, wie ich emporsteige.' Und alsbald erhob sich die Gestalt in vollem Lichtglanz[3] zur Decke, verblieb dort einige Augenblicke schwebend, sank dann langsam herab und verschwand. — Nachher zeigte sie sich zwischen uns in einem Spiegel. Der Widerschein der Gestalt darin war deutlich sichtbar, denn das Licht [offenbar der Gestalt] war so hell, daß man die Adern einer darunter befindlichen Marmorplatte sehen konnte.' Ein andres mal machte das erscheinende Licht 'jedes Möbelstück' in seiner Nähe 'deutlich sichtbar' (81. Sitzung).

Am 21. April endlich wurde das ganze Gesicht Estelles sichtbar materialisiert, mit einer weißen Rose im Haar. 'Das ganze Haupt und Gesicht schwand und wurde wieder sichtbar wenigstens 20mal, wobei die Vollkommenheit der Erkennung in jedem einzelnen Fall im Verhältnis zur Stärke des Lichtes stand.'

In der 66. Sitzung, vom 2. Juni, in der L. wiederum ermahnt worden war, das Zimmer zu untersuchen und die Schlüssel der Türen an sich zu nehmen, sah er nach einem raschelnden Geräusch eine Gestalt neben sich stehen, die ihre Hand auf seinen Kopf legte, er wurde aufs Haupt geküßt und sah Estelle 'deutlich vor dem Lichte'. 'Miss Fox wurde in diesem Augenblick so aufgeregt, daß ihre nicht zu unterdrückenden Rufe des Staunens und Entzückens die Erscheinung zeitweilig zu beunruhigen schienen; denn sie wich zurück und kehrte nicht wieder, ehe sich jene nicht beruhigt hatte.' — In diese selbe Sitzung fiel nun aber auch die erste Äußerung in einer dem Medium unbekannten Sprache. 'Eine Karte, die ich mitgebracht hatte, wurde mir aus der Hand genommen und nach einiger Zeit mir sichtbar zurückgestellt. Auf dieser fand ich eine Mitteilung, sehr schön in reinem 'idiomatischem' Französisch geschrieben, wovon Miss Fox nicht ein Wort verstand; sie besaß nicht die geringste Kenntnis dieser Sprache.' Mrs. Livermore hatte, wie ihr Gatte in einem Brief an B. Coleman sagt, das Französische in Schrift und Rede vorzüglich beherrscht.[4]

Solcher Botschaften nun, teils in französischer, teils in englischer Sprache, erhielt Mr. Livermore etwa 100 auf Karten, die er gezeichnet hatte und bei sich trug; ihre Beschriftung erfolgte, während er die Hände des Mediums in den seinen hielt, und zwar, wie Aksakow zusammenfaßt, 'unmittelbar durch die Hand Estelles ... und einigemal sogar unter den Augen des Herrn Livermore, bei einem plötzlich erzeugten Licht, das ihn sowohl die Hand als auch die ganze Gestalt deutlich erkennen ließ. Der Vorgang dieses Schreibens wird von L. einmal mit folgenden Worten geschildert: 'Ich hatte mehrere Bogen Papier mitgebracht, größer als gewöhnlich und ganz verschieden von

---

1) in perfection.   2) secured.   3) brightness.   4) Aksakow 656.

den bis dahin von mir benutzten, und mit besonderen Zeichen markiert. Ich hatte sie auf den Tisch niedergelegt, von wo sie fortgenommen wurden, um dann nahe dem Parkett wiederzuerscheinen, 3 oder 4 Zoll über dem Teppich schwebend. Ich konnte dies nicht genau beurteilen, weil das Licht neben der Oberfläche des Blattes nur einen Umkreis von 3 oder 4 Zoll auf jeder Seite hell beleuchtete... Plötzlich erschien über diesem Blatt eine unvollkommen ausgebildete Hand, die zwischen ihren Fingern einen kleinen silbernen Bleistifthalter hielt; diese Hand begann sich ruhig über das Blatt hinzubewegen, von links nach rechts, wie man schreibt; wenn sie ans Ende einer Zeile gelangt war, bewegte sie sich zurück, um eine neue zu beginnen... Die schreibende Hand war nur zeitweilig völlig ausgebildet; nach einer Weile schrumpfte sie zu einer Anhäufung dunklen Stoffes zusammen, von etwas geringerem Umfang als eine normale Hand; doch fuhr [auch diese] fort, den Bleistift zu führen, und am unteren Rande des Blattes angelangt, kehrte sie es um und begann die Rückseite zu beschreiben... Unter solchen Umständen war offenbar jede Möglichkeit des Betruges ausgeschlossen; ich hielt mit meinen Händen beide Hände des Mediums umfaßt, die Tür war verschlossen, ich trug den Schlüssel in der Tasche, ich hatte von vorn herein alle nur möglichen Vorsichtsmaßregeln ergriffen.'[1] — Im übrigen war die Handschrift dieser Mitteilungen ein genaues Ebenbild der Handschrift Estelles zu ihren Lebzeiten. 'Die Identität der Schrift mit der Handschrift meiner Gattin (schrieb L. an Coleman) erwies sich bei genauer Vergleichung als eine vollkommene; der Stil des Phantoms und seine Handschrift sind für meinen Verstand zwingende Beweise für die Identität der Schreiberin, selbst abgesehn von allen sonstigen noch überzeugenderen Beweisen, die ich erhalten habe.' Mr. Coleman lagen einige dieser beschriebenen Karten sowie Handschriftproben der lebenden Estelle vor, und auch er fand sie 'genau übereinstimmend'.[2]

Schließlich wurden, wie uns z. B. die Aufzeichnungen über die Sitzungen vom 12. und 29. Nov. 1861 lehren, gelegentlich noch zwei weitere Phantome beobachtet, eins davon als 'Träger des Lichtes'; und einmal zeigte sich ein verstorbenes Kind des Bruders des Mr. Livermore und drückte ihm die Hand. In der gleichen Sitzung ergriff bald danach eine andere große Hand die seine ('wahrscheinlich die des Dr. Franklin') und schüttelte sie so kraftvoll, 'daß sie meinen ganzen Körper in Schwankungen versetzte'.[3]

Die vorstehenden Angaben sind nur ein kleiner Bruchteil dessen, was Owen über die Erscheinungen 'Estelles' mitteilt, und Owens Mitteilungen sind ein winziger Bruchteil von dem, was ihm in den Aufzeichnungen Livermores vorgelegen hat. Der Eindruck des Falles nach den obigen Auszügen ist also nur ein Schatten dessen, den eine Beschäftigung mit den gesamten Urkunden gewähren würde. Gleichwohl mag hier, am Abschluß unserer Tatsachenschau, und ehe wir zu entschei-

---

[1] Sargent, Planchette 62; Bozzano, A prop. 161f. u. a. bei Delanne II 442. [2] Coleman 30. 33. 35. Wiedergabe [3] Sargent, aaO. 68. — S. allg. auch Owen, Deb. L. 383—401.

Identifizierte Materialisationen: 2. Seelische Kennzeichen

denden Überlegungen ansetzen, die Frage noch einmal aufgeworfen werden, wie denn der entschlossene Zweifler sich mit Berichten abfindet, für die der vorstehende als Muster gelten darf.

Weder das Buch der Herren v. Gulat-Wellenberg, Rosenbusch und Graf v. Klinckowstroem noch das umfangreichere der Frau Dr. Moser erwähnen die Livermoreschen Berichte. Letztere erwähnt lediglich Klopflaute in Gegenwart des Mediums Kate Fox, gegen deren Echtheit sie keinen Zweifel zu hegen scheint. Das Dreimännerbuch führt die bekannten 'Geständnisse' der Schwestern Fox an,[1] die aber von ihnen selbst widerrufen wurden und sich anscheinend nur mit Klopflauten befaßten. Mrs. Sidgwick berichtet von Untersuchungen, nach denen die Foxschen Klopftöne durch willkürliche Verschiebungen des Kniegelenks (!) erzeugt worden seien.[2] Dagegen bezeugt Owen, in Gegenwart von Miss Fox Schläge wie von einem starken Mann mit einem dicken Knüppel gehört zu haben: sie hätten einen Tisch zerschmettern müssen [wenn sie wirklich so erzeugt worden wären]. Bei andern Gelegenheiten hörte er Getöse wie vom Fallen einer Kanonenkugel, so daß das ganze Haus erbebte. Da nun Klopftöne aller Arten wirklich zu den bestbeglaubigten übernormalen Vorgängen überhaupt gehören, so muß ich jede durchschlagende Verdächtigung der Schwestern Fox auf dieser Grundlage durchaus bezweifeln. Halten wir uns also an ihre Materialisationen, die ich nur bei Podmore kritisiert gefunden habe.

Dieser entschlossenste unter den englischen 'Negativisten' glaubt nun allerdings den Fall 'Estelle' nicht gänzlich verschweigen zu dürfen. Aber auch eine Erwähnung kann der Unterdrückung der Wahrheit dienen, sofern sie nur das, was sie erwähnt, geschickt zu wählen und durch die Art der Erwähnung in ein ungünstiges Licht zu rücken versteht. Podmore widmet den Beobachtungen Livermores im ganzen 16 Zeilen von den fast 700 Seiten seiner 'Geschichte' — oder richtiger: Zerklitterung — des Spiritismus, und zwar in folgender, mit feinem Bedacht gewählter Form: 'Mr. Livermore, von Schmerz über den eben erlittenen Verlust seiner Gattin niedergebeugt, wurde von Dr. Gray, einem der spiritistischen Vorkämpfer in Amerika, zum Versuch überredet, durch ein Medium einen Verkehr mit seiner Frau zu eröffnen... In den anfänglichen Sitzungen, ja durchweg, mit Ausnahme weniger Gelegenheiten, bei denen ein oder mehrere vertrauenswürdige Freunde, wie etwa Dr. Gray, zugelassen wurden, saß Mr. Livermore allein mit dem Medium und im Finstern. Unter diesen ungewöhnlich günstigen Bedingungen erschien, in strahlender Gewandung, eine weibliche Gestalt, welche vom Sitzer ohne weiteres[3] als die seines verstorbenen Weibes erkannt wurde. Später erschien auch Benjamin Franklin und wurde von Dr. Gray und Andern gesehen.'[4] Dies ist alles.

Hieraus sollen wir offenbar zunächst entnehmen, daß Livermore sich während seiner Beobachtungen in einem Zustande seelischer Erschütterung befand, der ihn zu verlässigen Wahrnehmungen und wirksamen Vorsichtsmaß-

---

1) DMB 98f.   2) Pr IV 47.   3) readily.   4) Podmore, Spir. II 95f.

regeln gegen gröbste Täuschung völlig unfähig machte, wie er wohl auch der Beeinflussung durch den 'spiritistischen Vorkämpfer' von vorn herein widerstandslos unterlegen war. Der Leser erfährt nicht, daß zwischen dem Tode der Gattin und der ersten Sitzung eine Zeit verstrichen war, in der die Wirkungen selbst eines tiefen Schmerzes sich schon zu mildern begonnen haben mußten; daß Livermore die ersten Aufforderungen zu Sitzungen mit Verachtung abgelehnt hatte;[1] daß, als er sich dann doch dazu herbeiließ, jede Sicherung gegen Betrug ergriffen wurde und ein sehr großer Teil der fast 400 Sitzungen in Livermores eigner Wohnung stattfand. Auch wäre es sinnlos zu glauben, daß ein Mann des tätigen Lebens größten Stils während voller 6 Jahre, anstatt mit wachsender Erfahrung auch seine Beobachtung zu schärfen, in einem Geisteszustande verharrt sei, der ihn dem hahnebüchensten Betruge hemmungslos auslieferte; denn die Einschmuggelung zweier Helfershelfer in Livermores Haus ist ja doch das mindeste, was Podmore voraussetzen muß. In der Tat ist die Schilderung des Mannes, die wir von Owen (der ihn gut kannte) erhalten, das gerade Gegenteil des Bildes, das uns Podmore beibringen möchte. 'Mr. Livermore ist im strengsten Sinn des Wortes ein Mann der Tat und des Geschäfts. Er hat sich während des größten Teils seines Lebens und bis zum heutigen Tage mit geldlichen und gewerblichen Unternehmungen umfangreicher, zuweilen riesiger Art befaßt und ist in diesen ... ausnahmelos erfolgreich gewesen. Selbst während der Zeit seiner spiritistischen Versuche führte er gewaltige Geschäfte durch, welche ständige Wachsamkeit und Verantwortungsgefühl erforderten. Wir haben also nicht einen Träumer vor uns, der sich in seinem Studierzimmer vor der Welt verschließt, um seinen Gedankengespinsten nachzuhängen; keinen Theoretiker, der einen Lieblingsgedanken zu beweisen wünscht, und wenn auch einen Mann von entschiedenen Überzeugungen, so doch nicht einmal einen Schwärmer.' Und Dr. Gray schrieb über ihn an eine englische Zeitschrift u. a.: 'Ich habe ihn von seinem frühen Mannesalter an gekannt und bin sein Hausarzt. Er ist einer Irreführung der Sinne weniger ausgesetzt als fast jeder andre meiner zahllosen Kranken und Bekannten.'

Allerdings sucht Podmore auch diesen letzten Gewährsmann zu entwerten. In einer jener feinen Verdächtigungen zwischen den Zeilen, die stets sein letztes Auskunftsmittel bilden, wenn gröbere Widerlegungen nicht zur Hand sind, bezeichnet er Dr. Gray, wie wir sahen, als 'vertrauenswürdigen Freund'. Es ist kaum möglich zu verkennen, was damit angedeutet werden soll: nämlich daß das Medium dem Dr. Gray auch darin 'trauen' durfte, sein blinder Glaube an Geister werde ihn unwillkürlich zu einem Verbündeten des Betruges machen. Geht doch der Gegner ohnehin von dem Satze aus, daß wer

---

[1] An Owen schrieb Livermore (26. 7. 1871): 'Ich begann jene Untersuchungen als ein völliger Zweifler (an out-and-out sceptic). Sie wurden unternommen zu dem ausschließlichen Zweck, mir selber Klarheit zu verschaffen (to satisfy my own mind) ... Nach gründlicher und sorgfältiger Prüfung fand ich zu meiner Überraschung, daß die Phänomene wirklich waren ... Sie können sich darauf verlassen, daß meine Berichte in jeder Einzelheit frei von Übertreibungen sind.' Und er schließt mit erstaunlicher Unvoreingenommenheit: 'Der Ursprung jener Phänomene [also ihre spiritist. oder aber animist. Deutung] ist eine offene Frage.'

Identifizierte Materialisationen: 2. Seelische Kennzeichen

an die Möglichkeit der Wiederkehr Verstorbener glaubt, schon darum als unglaubwürdiger Zeuge von niederem Verstande zu betrachten sei. Demgegenüber sei erwähnt, daß nach Owens Angabe Dr. Gray 'in Newyork als einer der angesehensten und erfolgreichsten Ärzte der Stadt bekannt' war. Er nahm an 10 von Livermores Sitzungen teil, sah 'Estelle' einmal und 'Dr. Franklin' mehrfach. — Einen weiteren Zeugen aber verschweigt uns Podmore völlig: nämlich den Hrn. Groute, Livermores Schwager, der ebenfalls von Hause aus völliger Zweifler war. In der ersten Sitzung, der er beiwohnte (Nr. 346, am 28. Feb. 1863), hielt er des Mediums Hände, sah das Phantom 'Franklin' und ging 'augenblicklich an die Türen, um sich zu vergewissern, daß sie noch verschlossen waren'. Da er immer noch zweifelte, kam er nach einer Woche abermals zu einer Sitzung, in der er selbst die Sicherung der Türen und Fenster übernahm. Er hielt auch wieder des Mediums Hände, ja die des Hrn. Livermore! 'Franklin' erschien, mit einem 'Licht' in der Hand, um eine gründliche Untersuchung zu ermöglichen. Groute betrachtete und berührte ihn, und bekannte dann, daß er überzeugt sei.

Was schließlich das Medium Kate Fox betrifft, so nennt Owen sie 'eins der arglosesten und 'impulsivsten' Menschenkinder, denen ich je begegnet bin; ebenso wenig fähig, einen wohlerwogenen Betrug zu planen und durchzuführen, wie ein zehnjähriges Kind fähig wäre, eine Regierung zu leiten.' Und Dr. Gray sagt von ihr, sie habe 'jederzeit alles, was sie nur irgend konnte, getan, um eine ehrliche Prüfung jedes einzelnen Phänomens und eine gerechte Entscheidung darüber zu fördern.' Freilich, Owen, der weit herumgekommene Diplomat, und Gray, der Weltstadtarzt von Ruf, waren beide Spiritisten und folglich ebenso wenig imstande, menschliche Charaktere einzuschätzen wie Tatsachen genau zu beobachten und zu beschreiben.

Sehen wir aber auch von den Zeugen ab, so verbleibt doch noch die Frage, ob denn eine Vortäuschung des in gröbsten Zügen Berichteten überhaupt glaublich, geschweige wahrscheinlich sei. Entsinnen wir uns z. B. dessen, was über die allmähliche Entstehung von Estelles Gesicht in einer stark leuchtenden Höhlung, oder über das Hinschweben beider Phantome über den Tisch und die Köpfe der Sitzer gesagt wird (auch Dr. Gray sah 'Franklin' gelegentlich 'etwa 2 Fuß über seinem Kopf')[1], und machen wir uns klar, welcherlei Geräte und Vorrichtungen das 'argloseste Menschenkind' bezw. seine durch versiegelte Türen und Fenster eingedrungenen Helfershelfer in einem fremden Hause hätten verbergen und entfalten müssen, um solche Phänomene vorzutäuschen. Aber von solchen Dingen erfährt eben Podmores Leser nichts, und gewiß nicht aus Mangel an Raum in einem Buche, das für jeden Zeitungsulk[2] und jede Hypothese über Medientricks beliebige Seiten zur Verfügung hat. Selbst die gewaltsamste Deutelei unsrer Kritiker — dies darf man ganz allgemein aussprechen — gelangt unfehlbar an den Punkt, wo ihr kein andres Auskunftsmittel mehr bleibt als — Verschweigen.

---

1) 355. Sitzung v. 1. Mai 1863.   2) S. z. B. Spir. II 97f.

15. Argumente für die spiritistische Auffassung identifizierter Materialisationen

Kehren wir indessen von dieser Abschweifung zu unsrem Gedankengang zurück, der uns nunmehr vor die Frage stellt, wie sich der Animist mit der letzten Tatsachenreihe abfinden kann. — Es läßt sich nicht bestreiten, daß diese das unbefangene Urteil ohne weiteres zu einer spiritistischen Auffassung der fraglichen Materialisationen führen muß. Wenn ein Phantom, anscheinend leidlich unabhängig von einem Medium sich bildend, einem bestimmten Verstorbenen völlig gleicht, sich anwesenden Hinterbliebenen gegenüber benimmt, wie jener sich benommen hätte; wenn es weiß, was jener wissen würde, seine Sprache spricht oder schreibt, auch wenn sie dem Medium fremd ist, — so muß der von 'wissenschaftlichen' Bedenken unbeschwerte Verstand schließen, daß hier der 'erkannte' Verstorbene irgendwie 'selbst anwesend' sei; und diesen Schluß haben nicht nur die geistig Armen gezogen, die solchen Phantomen gegenüberstanden, sondern auch Personen, welche die Schärfe ihres Denkens auf andren Gebieten bewiesen haben. Man stößt nicht selten auf die Auffassung, daß die Begegnung mit dem seelisch identifizierten Vollphantom eines Verstorbenen den stärksten Beweis des Fortlebens darstelle, der sich überhaupt denken lasse, und tatsächlich hat wohl nichts anderes in ganz gleichem Maße die persönliche spiritistische Überzeugung hervorgerufen.

Trotzdem ist dies Schlußverfahren auch von solchen Animisten bestritten worden, die das Auftreten von Phantomen der geschilderten Art für erwiesen halten. Und abstrakt gefaßt, liegen auch die Begriffe auf der Hand, mit denen diese Bestreitung zu arbeiten hätte. Es ist ja klar, daß der Animist die identifizierbaren Phantome soz. als Verschmelzungserzeugnis zweier Leistungen auffassen muß: sofern es sich um Phantome überhaupt handelt, wird er jeden bei nicht-identifizierbaren angewandten Deutungsbegriff auch hier ins Spiel bringen; alle Merkmale und Äußerungen dagegen, die zur Identifizierung beitragen, wird er auf ein Wissen des Mediums zurückführen, das dieses sich irgendwie angeeignet und dann in seine phantomschöpferische Leistung 'eingeschmolzen' habe. Jene Aneignung von Wissen wäre also das einzige Neue in den letzten Tatsachenreihen und ihrer Deutung. Während wir bei den nicht-identifizierbaren Phantomen die ideoplastische Zielsetzung in die unterbewußte Phantasie, in das 'Traumleben' des Mediums verlegen dürfen, wäre uns hier ein festes Vorbild in vergangener Wirklichkeit gegeben, dem die Phantomschöpfung sich anzupassen hätte; ein Vorbild, dessen das Medium sich zunächst bemächtigen müßte. Dabei lassen die Tatsachen keinen Zweifel darüber, daß eine normale Erlangung dieses Vorbilds nur in seltenen Fällen überhaupt in Frage kommt: auch der Animist muß ohne weiteres zugestehn, daß die meisten identifizierbaren Phantome dem Medium Fremde darstellen, daß also die Theorie hier ohne die Möglichkeiten übernormalen Wissenserwerbs nicht auskommt. Sofern sich dieser Erwerb auf das Äußere des Toten bezöge, würden wir also auf frühere Erörterungen zurückverwiesen, die von bloßen 'Erscheinungen' (ohne deutliche Merkmale der Objektivität) handelten. Sofern aber dieser Erwerb sich auf 'Wissensinhalte' und 'Fähigkeiten' des Toten bezöge, kämen die animistischen Theorien zur Deutung von 'Kundgebungen' in Frage.[1] Wir wollen also eine animistische Ableitung des gesamten übernormalen Wissens, das die Erzeugung einer identifizierbaren Materialisation erfordert, als möglich voraussetzen und zunächst nur die Schwierigkeiten erwägen, die auch dann noch einer animistischen Deutung der letztbesprochnen Phantome erwachsen.

Nicht alle von Spiritisten angeführten allgemeinen Schwierigkeiten dieser Art haben logische Durchschlagskraft. Ich will nur eine erwähnen: nämlich die man in der Tatsache des Auftretens nicht-erwarteter identifizierbarer Materialisationen hat finden wollen.[2] Dieser Tatbestand könnte den Willen-zum-Auftreten in das Phantom selbst zu verlegen scheinen. Und doch widerlegt das Fehlen jeder bewußten Erwartung und ihr entsprechender soz. gespannter Erinnerungsvorstellungen noch nicht die Wirksamkeit solcher Vorstellungen und Erwartungen im 'Unterbewußtsein' des Sitzers. Das überraschende Auftreten identifizierbarer Phantome erscheint zwar unter spiritistischen Voraussetzungen besonders 'natürlich'; aber ein starkes Argument zu ihrer Stützung liefert es keineswegs.

Mehr zu denken gibt die Tatsache, daß identifizierbare Materialisationen ausnahmelos, oder fast ausnahmelos Verstorbene darstellen. Zwar soweit man die 'inhaltliche Anregung' ihrer Erzeugung in der Erwartung eines Sitzers sucht, mag jene Ausschließlichkeit natürlich erscheinen; denn der Sitzer besucht ja das ihm als solches bekannte Materialisationsmedium gerade mit der Erwartung, falls überhaupt Bekannte, dann jedenfalls Verstorbene auftreten zu sehn. — Nicht so einfach aber läge der Fall, sofern wir den Keimpunkt der identifizierbaren Materialisation ins Medium verlegen; etwa dann, wenn die Art der Sitzungsphänomene noch gar nicht feststeht, also erst abgewartet werden muß, wie bei allen vielseitigen Medien vom Schlage Homes oder Mirabellis. In diesem Fall wäre doch zu erwarten, daß das Medium

---

1) Bd. I 10 ff. 223 ff. 335 ff.   2) Delanne II 319; APS VI 161.

gelegentlich auch das leiblich-seelische 'Bild' eines Lebenden dem 'Wissen' des Sitzers entnehmen und in einer Materialisation darstellen werde; es sei denn, wir nehmen an, das Medium merke es jedem im Unterbewußtsein des Sitzers gespeicherten Bilde gleich an, ob es einen Lebenden oder Verstorbenen darstellt, und 'wähle' stets — im Sinne seiner 'spiritistischen Befangenheit' — nur Bilder Verstorbener. Diese Annahme braucht dem Animisten nicht schwierig zu erscheinen; doch kann sie auch keineswegs als selbstverständlich gelten. Es ist vielmehr nicht unwahrscheinlich, daß das Medium durch besonders 'gespannt' und 'lebendig' vorgefundene Erinnerungsbilder Lebender gelegentlich auch zu deren phantomatischer Darstellung angeregt werde; und daß wir diesem Falle soz. nie in der Erfahrung begegnen, muß sehr zu denken geben; es ist ein Umstand, der den überwältigenden spiritistischen Anschein solcher Vorgänge entschieden steigert.

Diese Überlegung wird ergänzt durch die andre, daß die Ableitbarkeit nicht-identifizierter Phantome aus der schöpferischen Phantasie des Mediums auf animistischem Boden zwar glaubhaft genug erscheint, in Wahrheit aber doch nur in seltensten Fällen erwiesen worden ist; ein durchgreifendes Argument zugunsten bloß animistischer Phantomdeutung kann sie also keineswegs liefern: sie bleibt Behauptung. Für die psychologische oder psychanalytische Einzeldeutung auch nur der materialisierten 'Führer'-Gestalten, geschweige sonstiger unerkannter Materialisationen ist bis heute buchstäblich nichts geleistet worden.

Weitere animistisch nicht leicht zu beantwortende Fragen entspringen der Vielheit von Auftritten eines Phantoms mit stets gleichen Merkmalen der Identifizierung. Wenn diese einzelnen Auftritte ausschließlich durch ein Medium erfolgen, so scheint mir freilich die bloße Mehrmaligkeit des Vorgangs kein neues Problem zu begründen. Delanne zwar stellt die Frage, wo und wie denn das Vorbild solcher mehrfachen Leistungen im Medium 'stereotypiert' sei; denn das immer wieder verwirklichte Muster erweise sich als 'unzerstörbar' über lange Zeitstrecken hin.[1] — Nun, nach allem, was wir über die erstaunliche Zähigkeit und Treue des unterbewußten Gedächtnisses wissen, erscheint dies keineswegs verwunderlich, zum mindesten bei bloß soz. makroskopischer Identität des Phantoms zu verschiedenen Zeiten. Die Lage mag sich zu ändern scheinen, wenn Übereinstimmung in winzigsten Merkmalen vorliegt. Sgr. Gellona z. B. hat behauptet, daß die in den Palladino-Sitzungen vom 1. und 3. Aug. 1905 in Ton abgedruckten

---

1) II 321.

'Hände' sich als identisch selbst in den Tastlinien erwiesen hätten.¹ Auch Hr. Reimers hat in einem Brief an Aksakow betont, daß die vom Phantom 'Bertie' gelieferten Handabgüsse durchweg bis in die 'Linien und Falten' miteinander übereinstimmten.² — Ich meine indessen, daß auch eine solche fast mikroskopische Übereinstimmung eines Phantoms mit sich selbst zu verschiedenen Zeiten nicht unbedingt die Grenzen denkbarer Gedächtnisleistung des Mediums überschreitet.³ Von jener seelischen 'Tiefe', wo äußerste 'Hypermnesie' und magische Bildkraft soz. verschmelzen, mag es erlaubt sein zu erwarten, daß eine einmal abgelaufene Leistung sich wirklich übereinstimmend wiederholen könne.⁴

Die Problemlage würde sich erst ändern, wenn solche Übereinstimmung auch an mehreren Erscheinungen des gleichen Phantoms bei verschiedenen Medien sich feststellen ließe. Doch stehen wirklich gute Belege dieses Tatbestandes mir nicht zur Verfügung. Und übrigens: so nahe auch der Gedanke läge, daß ein Phantom, das in gleichem Aussehen bei drei Vermittlern auftritt, damit einen gemeinsamen 'Keimpunkt' seiner Verwirklichung außerhalb aller dreier erkennen lasse, — so wäre ein strenger Beweis dafür doch auch daraus nicht zu gewinnen.⁵ Die Bildentnahme aus dem Sitzer, die nach animistischen Grundsätzen dem einen Medium möglich ist, müßte voraussetzungsgemäß auch einem anderen möglich sein. Und tun sie somit alle das gleiche, so muß — oder kann doch — auch das Ergebnis das gleiche sein.

Diesen naheliegenden Einwendungen des Animisten ließe sich indessen eine Schwierigkeit entgegenstellen: wenn sich nämlich die Gleichheit der Erscheinung durch mehrere Medien erweisen ließe auch im Falle nicht-identifizierbarer Phantome, also solcher, die nach animistischer Anschauung ihren 'inhaltlichen Keimpunkt' nicht im gleichbleibenden Sitzer haben müßten, sondern im — wechselnden Medium; denn hier entstände die Frage, ob eine solche 'Vererbung' des schöpferischen Bildes sich überhaupt annehmen lasse.

Das Vorliegen eines solchen Falles ist von Delanne behauptet worden. Er bezieht sich auf die Phantome 'Bertie' und 'Lily', welche die Herren Reimers und Oxley bei Mrs. Firman, einer 'unwissenden Arbeiterin', beobachteten.

---

1) Aus LO Dez. 1906 bei Delanne II 223.   2) das. 265.   3) Es handelt sich hier, wohl gemerkt, nicht um die Frage, ob die Erzeugung solcher feinsten Merkmale in Übereinstimmung mit denen des vormals Lebenden die übernormalen Fähigkeiten des Mediums in der Erlangung der betreffenden 'Wissensgrundlagen' überschreite. Dies ist eine Frage für sich, auf die ich gleich eingehe.   4) Damit soll natürlich eine Ableitung solcher Formidentität aus dem Fortbestehen eines 'unsichtbaren Leibes' nicht widerlegt sein; ebenso wenig soll geleugnet werden, daß eine Ableitung solcher Formidentität aus einem fortlebenden Träger der 'organischen Erinnerung' an einen bestimmt geformt gewesenen Leib besonders 'natürlich' wäre.   5) Dies gegen Delanne II 694 u. ö.

und von denen sie Handabgüsse erzielten, die sowohl von einander als auch von der Hand des Mediums sehr stark abwichen, bei jedesmaliger Gewinnung aber sich selbst durchaus gleichblieben. Solche Handabgüsse nun sind von den gleichen Forschern auch durch das Medium Monck erzielt worden, und die genau beschriebenen Versuchsbedingungen, wie auch die Tatsache, daß zeitweilig vier Phantome gleichzeitig vom streng kontrollierten Kabinett her sichtbar waren, dazu die stark gekrümmte Fingerhaltung der (nahtlosen!) Abgüsse sollen beweisen, daß die Paraffinhandschuhe, die von den Phantomen aus dem Kabinett herausgereicht und von den Sitzern selber abgezogen wurden, echte übernormale Gebilde waren. Aber — bei diesen Versuchen war auch Mrs. Firman anwesend, also das Medium der früheren 'Bertie'- und 'Lily'-Abgüsse, und nichts würde uns hindern zu vermuten, daß sie entweder 'medial mitgewirkt', oder doch das ideoplastische Urbild auf Monck 'übertragen' habe. Überdies vermisse ich in den Berichten eindeutige Angaben darüber, daß die bei dieser Gelegenheit und die früher erhaltenen Abgüsse anatomisch völlig mit einander übereingestimmt hätten; und ähnliches gilt erst recht von Photographien dieser Phantome, welche nachher durch mehrere Medien erzielt sein sollen; sie sind offenbar viel zu undeutlich gewesen, um eine wirkliche Vergleichung mit den Abgüssen zu gestatten.

Immerhin müssen wir festhalten, daß der hier behauptete, aber nicht erwiesene Sachverhalt, falls einmal streng erhärtet, uns vor eine wirklich neue Problemlage stellen würde. Ließe sich die völlige anatomische Übereinstimmung von zwar 'anonymen', aber denkbarerweise identifizierbaren Phantomen bei mehreren Medien feststellen, zwischen denen keine normale Verständigung stattgehabt hätte, so ständen wir vor einer Tatsache von überwältigend spiritistischem Anschein. Dem Animisten verblieben dann wohl nur noch zwei Ausflüchte. Entweder müßte der Sitzer, vorausgesetzt, daß der gleiche an beiden Versuchen teilnahm, das Bild des früheren Phantoms mit solcher Genauigkeit in sich gespeichert haben, daß das zweite Medium, dies Bild aus ihm 'schöpfend', ein wirklich genaues Doppel zu schaffen vermöchte. Oder das zweite Medium müßte jenes Bild in den Erinnerungen jenes ersten Mediums unmittelbar 'lesen'. Beide Ausflüchte haben jenes Gepräge verzweifelter Konstruktionen, in die eine Theorie verfällt, wenn sie sich widersprechenden Tatsachen gegenüber um jeden Preis zu retten sucht. Vergleichsweise schlicht und natürlich erschiene die Annahme, daß jene Gleichheit der Erscheinungen auf der Identität des unsichtbaren Wesens beruhte, welches beide erzeugte.

Aber die möglichen allgemeinen Schwierigkeiten der animistischen Theorie identifizierbarer Phantome sind hiermit noch nicht erschöpft. Wir sind Fällen begegnet — und müssen jederzeit auf neue gefaßt sein —, in denen die Identifizierbarkeit sich selbst auf anatomische Winzigkeiten erstrecken sollte, wie die Tastleisten der Hand. Ich habe oben die äußerst 'entgegenkommende' Voraussetzung gemacht, daß das Medium, wenn es einmal irgendein Bild solcher Einzelheiten sich gemacht und verwirklicht habe, es so genau festzuhalten vermöge, daß es bei einem künftigen Phantom die völlig gleichen Einzelheiten wiederzuerzeugen imstande wäre. Wie aber, wenn diese Einzelheiten nicht nur von Phantom zu Phantom, sondern auch bei einem Phantom und seinem menschlichen Vorbild übereinstimmen, wenn es sich also für das Medium darum handelt, das wirklichkeitgetreue und deshalb identifizierende Bild dieser Einzelheiten erst zu erlangen? Denn wo wäre dieses Bild zu finden? Wer besitzt ein 'Bild' seiner Tastleistenlinien? Wer vollends besitzt dieses Bild hinsichtlich eines Andern, eines Toten? Der Animist mag natürlich den lieben Gott oder 'das Absolute' als daktyloskopisches Universalarchiv bemühen. Oder er mag — ganz theorielos — von zeitlich-hellsehender Rückschau auf den (inzwischen verwesten) Körper eines Verstorbenen, oder (in Walter Stinson's Falle) von hellsichtiger Wahrnehmung eines Fingerabdrucks auf einem verborgenen Rasiermesser reden. Wie weit er freilich bei solchem Rechnen mit 'Möglichkeiten' sich wohl fühle, wage ich gar nicht erst zu fragen.

Man mag nun einwenden (was ich ja selbst soeben annahm): daß auch der Verstorbene zu Lebzeiten eine genaue Vorstellung seiner Daumenzeichnung nicht besessen habe und somit auch im Jenseits keine besitze. Und dennoch liegt der Fall für den 'Besitzer' des Fingers von Grund auf anders als für das Medium. Zugestanden, daß keiner von ihnen eine 'Vorstellung' hat, die zur ideoplastischen Nachbildung führen könnte: so müssen wir eben auf einen andern Zusammenhang zwischen dem eigentlichen Erzeuger der Materialisation und den anatomischen Einzelheiten derselben zurückgreifen. Ein solcher 'anderer' Zusammenhang ist im Falle des fremden Mediums schlechterdings nicht zu erdenken (und mindestens Dr. Hardwicke und Mrs. Litzelmann waren ja Walter Stinson gegenüber völlig Fremde). Im Falle des Verstorbnen dagegen, des ursprünglichen Fingerbesitzers, liegt solcher Zusammenhang auf der Hand, trotzdem er seiner Art nach einstweilen vollkommen undurchschaubar ist. So dunkel das Wesen objektiver Phantome und das des Daseins nach dem Tode auch sein mag: sobald wir den Überlebenden nicht als 'bloßes Bündel von Vorstellungen' auffassen — ja vielleicht sogar, wenn wir ihn so auffassen (nur eben weit genug, um alles zu Lebzeiten unbewußt Gebliebne miteinzubeziehen) —, dürfen wir ihm auch noch dasjenige zuschreiben, was während seines Lebens den Leib erbauen half und somit zu diesem Bau ein schöpferisches, 'organisches' Verhältnis hatte.[1] Dann aber liegt kein Grund vor, dies Verhältnis auf den anatomischen Bau 'im großen und ganzen', also auf die Merkmale einer ungefähren Identifizierbarkeit einzuschränken; vielmehr erscheint es natürlich, in jenem Überlebenden auch die Möglichkeit der Nacherzeugung 'feinster' leiblicher Merkmale anzusetzen. (Und schließlich: wie grob sind 'daktyloskopische Kennzeichen', verglichen mit anderen, wirklich mikroskopischen!) Angenommen also auch, daß der Verstorbene nicht ein unsichtbares 'astrales Doppel' seines ehemaligen Leibes besitze, das er bei der Materialisation bloß sichtbar zu machen hätte (und das wäre natürlich die einfachste Ableitung unserer Tatsache als Identitätsbeweises), — so wäre doch vom Verstorbenen mit unbestreitbarer Natürlichkeit die Nacherzeugung auch feinster anatomischer Einzelheiten zu erwarten, während sie im Falle des Mediums immer erst einen 'Vorstellungserwerb' voraussetzen würde, für den uns jedes sonstige Seitenstück fehlt.

Dieser Gedanke eines organisch-schöpferischen Verhältnisses der tiefsten seelischen Schichten — und damit wohl eben des Überlebenden! — zum Aufbau des Leibes und des ihn wiedergebenden Phantoms — dieser Gedanke führt uns aber gleich noch auf eine weitere Schwierigkeit der animistischen Theorie, die m. W. noch nie beachtet worden ist. Sie gründet sich auf die Tatsache, daß auch Materialisationen von Tieren, und zwar gleichzeitig und gleichartig mit menschlichen Materialisationen, beobachtet werden. Ehe ich darlege, wieso dieser seltsame Tatbestand ein spiritistisches Argument enthält, muß ich ihn zunächst an sich erhärten und in seiner Mannigfaltigkeit veranschaulichen; denn er dürfte zu den weniger bekannten unseres Gebiets gehören.

Die reichhaltigsten und lehrreichsten Tatsachen dieser Art scheinen mir die bei Franek Kluski beobachteten zu sein, dessen berühmter 'Pithekanthropos' überdies beinahe einen Übergang von der menschlichen zur tierischen Materialisation bildet.

In seiner ersten Mitteilung über dieses Wesen nannte es Dr. Geley ausdrücklich 'eine Art Mittelding zwischen Affen und Menschen, ... mit sehr langen Armen und Händen...' Sehr anschaulich beschreibt es der Bericht über die Warschauer Sitzung vom 30. August 1919, an der allerdings Beobachter von wissenschaftlichem Ruf nicht teilnahmen. 'Es war ein Wesen von der Größe eines erwachsenen Mannes, stark behaart, mit dichter Mähne und struppigem Bart. Es stak gleichsam in einer knirschenden Haut; seine Erscheinung war die eines tierischen oder urzeitmenschlichen Wesens. Es sprach

---

[1] Ich verweise hier allgemein auf du Prels Lehre vom 'transzendentalen Subjekt' als zugleich 'organisierendem Prinzip'. Vgl. z. B. Ph. d. M. 391 ff. bes. 409 ff.; Mon. Seel. 87 ff.; Entd. I 32 ff. u. ö.

Spiritistische Auffassung identifizierter Materialisationen

nicht, stieß aber mit den Lippen heiser-rauhe Töne aus, schnalzte mit der Zunge und knirschte mit den Zähnen wie in vergeblichem Versuch, sich verständlich zu machen. Wenn man es rief, kam es heran; es ließ seine wollige Haut liebkosen, berührte die Hände der Anwesenden und kratzte sie ihnen mit etwas, was Krallen weit mehr als Nägeln glich. Es gehorchte der Stimme des Mediums und tat den Sitzern nicht wehe, indem es sie nur sehr zart berührte. Dies bedeutete einen Fortschritt; denn in früheren Sitzungen hatte dies Wesen eine sehr grobe Gewalttätigkeit bewiesen. Es hatte eine unverkennbare Neigung..., Hände und Gesicht der Anwesenden zu lecken, die seine recht unangenehmen Zärtlichkeiten abwehrten. Es gehorchte jedem geäußerten oder auch nur gedachten Befehl des Mediums.'[1] — In der Sitzung vom 3. Sept. 1919 zerrte der 'Pithekanthropos' eine anwesende kleine Hündin an den Haaren und den Ohren, worüber diese in Wut geriet und bellte, bis sie sich unter einem Sofa versteckte und nicht mehr rührte.[2] — Prof. Pawlowski, der den Pithekanthropos 'nur einmal sah oder vielmehr fühlte, als er sich an mir rieb',[3] nahm gleichzeitig einen 'ganz seltsamen Geruch wahr, den ich im Augenblick nicht benennen konnte, den mir aber einige andere mit dem Phantom mehr vertraute Sitzungsteilnehmer als den eines nassen Hundes bezeichneten. Bei dieser Gelegenheit ging er hinter mir vorüber und zu der Dame neben mir, welche die Hand des Mediums hielt. Er durchbrach die 'Kette' und unterbrach damit die Sitzung, indem er die Hand der Dame ergriff und sie gegen sein Gesicht rieb. Dies erschreckte die Dame so sehr, daß sie laut aufschrie.'[4]

Die einzige ausführliche Bezweiflung dieses Wesens, die ich gefunden habe, nämlich die des Grafen v. Klinckowstroem, beruft sich darauf, daß die Sitzungen, in denen der Pithekanthropos auftrat, in Kluskis eigner Wohnung stattfanden und im wesentlichen vom Medium selbst geleitet wurden, während die Sitzer 'offenbar nichts weniger als Skeptiker' waren. 'Nach Lage der Dinge kann [Kluski] hier ohne Helfershelfer nicht gut gearbeitet haben. Man hat nur die Wahl, entweder diese ganz unglaubwürdigen Dinge als Tatsachen hinzunehmen oder die einzige Sicherheitsmaßnahme gegen Betrug, nämlich die Verriegelung der Tür von innen, als unzureichend zu betrachten. Ich glaube, daß die letztere Annahme immer noch wahrscheinlicher ist als die erstere. Denn wir befinden uns ja in Kluskis Arbeitszimmer. Es besteht also für den Skeptiker die Möglichkeit, daß der Riegel so eingerichtet ist, daß ein Helfershelfer ihn von außen lautlos öffnen und schließen und so das Zimmer unbemerkt betreten und verlassen kann. Die Tür befindet sich laut Situationsplan im Rücken des Teilnehmerhalbkreises, im dunkelsten Teil des großen Raumes, etwa 5 m von der schwachen Lichtquelle entfernt. Von da unbemerkt bis hinter den Stuhl des Mediums zu gelangen, konnte nicht schwer sein. Der Vorhang des Büchergestells wie überhaupt diese dunkle Zimmerecke dürfte einem Helfershelfer die Möglichkeit, sich zu verstecken, geboten haben, wenn das nötig erschien. Auch wurden, wie ausdrücklich vermerkt ist, zu-

---

1) Geley 296; RM 1921 201.   2) aaO. 298. Man beachte diese Mitperzipienz des Tieres und vgl. o. S. 9 ff.   3) denn der P. erschien nur bei Dunkelheit.   4) ZP 1926 10 f.

weilen Schritte und andere Geräusche gehört. [Das Rotlicht scheint ziemlich schwach gewesen zu sein.] ... Dieses Wesen kann, nach der Beschreibung, nur als zahmer Affe angesprochen werden, bezw. ein Helfershelfer hat in der Maske eines Menschenaffen, in einem knisternden Fell (*'peau craquante'*), diese Rolle gespielt.' Vielleicht sei, meint Hr. v. Kl., die 'kuriose Idee, ein solches Wesen als 'Materialisationsphänomen' auftreten zu lassen, auf Joh. V. Jensens Roman 'Madame d'Ora' zurückzuführen, wo in einer phantastisch geschilderten spiritistischen Betrugssitzung ein Vertreter des *'missing link'*, einer Zwischenform zwischen Uraffe und Neandertaler auftritt.[1]

Den Gedanken an einen zahmen Affen wird man gewiß sehr gern von der Erörterung ausschließen: denn daß Kluski, in jahrelanger Zusammenarbeit mit seinen Sitzungsgenossen und darunter manchen scharfen Beobachtern lebend, ein solches Tier habe dauernd verborgen halten können, ist mehr als unwahrscheinlich. Bleibt also ein Helfershelfer in Affenhaut, vorzugsweise wohl einer Gorillahaut, — wenn wir die Behauptung der 'Größe eines erwachsenen Mannes' glauben wollen. Die Beschaffung einer Gorillahaut, die Bereitstellung eines Helfers und die Einrichtung eines beiderseits der Tür zu bedienenden Riegels — dies alles bedeutet einen abgefeimten Betrug von größtem Ausmaß. Ein solcher stände in schreiendem Widerspruch zu allen Aussagen über Kluskis Persönlichkeit: über den geistig bedeutenden und hochgebildeten Künstler — *très sympathique et attachant* —, der nur zum Besten der Wissenschaft in vollendet selbstloser Weise seine Gaben ausübt, die sich übrigens in typischen Formen von früher Kindheit an gezeigt haben.[2] Freilich — über den wahren, verborgenen oder gar unterbewußten Charakter von Medien spricht ja nicht der persönliche Bekannte oder Freund das entscheidende Wort, sondern der Kritiker, und dieser erklärt Kluski für einen durchtriebenen Schurken, der einen zweiten Schurken in einer Gorillahaut sich materialisieren läßt. So grober Betrug bei einem Medium, dem nie Entlarvung auch nur nahegekommen ist! Wie dem auch sei: die Einschätzung seines Affenmenschen wird natürlich nicht wenig abhängen von der Meinung, die man über Materialisationen überhaupt mitbringt. Wer durch alles Bisherige von ihrer völligen Bezweiflung bereits abgedrängt ist, wird auch Berichte über Tiermaterialisationen mit durchaus neuen Augen ansehn.

Aber solche allgemeine Überlegungen sind nicht das einzige, was wir der ritterlichen Kritik des Grafen Klinckowstroem entgegenstellen müssen. Ihr Angelpunkt ist offenbar der Umstand, daß das behauptete Phänomen in einer Umgebung auftrat, in welcher Kluski allerdings ein völlig freies Schalten und Walten möglich war. Was sie uns aber verschweigt, ist dies: daß das gleiche Phänomen auch unter völlig andersartigen Umständen beobachtet wurde, welche den vorgebrachten Verdacht von vorn herein ausschließen. — Nicht lange nach den Warschauer Sitzungen mit Teilnehmern, 'deren unbekannte Namen für den Fernerstehenden nichts bedeuten,'[3] wurde Kluski im Pariser Institut Métapsychique International geprüft, wo der Kreis der Beobachter immerhin Männer von einigem Rufe einschloß: Prof. Richet,

---

1) DMB 405f.   2) Geley 214f.   3) DMB 404f.

Spiritistische Auffassung identifizierter Materialisationen

Camille Flammarion, M. A. de Gramont, Dr. Geley. Kluski saß vor den offenen Vorhängen eines Kastenkabinetts innerhalb des 45 qm umfassenden Laboratoriumsaals des Instituts, im Halbkreis umringt und eingeengt von den Beobachtern. Dieser Saal ist fensterlos und hat zwei Türen auf der vom Kabinett abgelegenen Seite, die nach dem Eintritt des Mediums und der Versuchsleiter 'stets mit dem Schlüssel abgeschlossen wurden.' Lichtquellen waren eine Rotglaslampe von 50 Kerzen und einige 'große Schwefelzink-Lichtschirme'. Kluskis Hände wurden von den beiden neben ihm Sitzenden gehalten, die auch seine Knie und Beine mit den ihrigen berührten. Im übrigen verhielt er sich während der Sitzungen 'fast völlig reglos,' legte nur zuweilen (falls im Tieftrans) seinen Kopf auf den vor ihm stehenden Tisch oder auf die Schulter eines der Kontrollierenden. 'Seine Hände bewegten sich nie.' Trotz dieser fast völligen Reglosigkeit zeigte Kluski stets eine starke Erschöpfung durch die Vorgänge, die nach Schluß der Sitzung so sehr anwuchs, daß er sich hinlegen mußte, leicht schwitzte, schmerzhaftes Herzklopfen empfand, große Mengen Wasser trank und gelegentlich sogar Blut spie. Dr. Geley darf also die Lage in die Worte zusammenfassen: 'Der allergeschickteste Taschenspieler würde lahmgelegt sein unter den Bedingungen, die für Kluski während der Sitzungen bestanden: in einem Raume ohne technische Vorrichtungen — *non truquée* —, dessen Betreten in der Zeit zwischen den Versuchen ihm verboten war, ohne die Möglichkeit von Helfershelferschaft und mit den beiden reglos gehaltenen Händen.'[1]

Nun denn: auch unter diesen Umständen ist der 'Pithekanthropos' beobachtet worden. Dies geschah u. a. in der Sitzung vom 20. Nov. 1920, die, wie wir an andrer Stelle des Geleyschen Buches erfahren, überhaupt reich war an völlig eindeutig echten Materialisationen: die früher beschriebenen Erscheinungen des Bruders und der Schwester des Grafen Potocki fielen in diese Sitzung;[2] außerdem wurde u. a. eine 'lange und feingebildete Hand nebst Arm' gesehen, die sich unter Geleys Augen bildete, 'sich langsam über die Beobachter hin, dann am Medium vorüber bewegte und Mme Geley berührte, die ... mir gegenüber saß ... Es war eine sehr schöne Männerhand ... Vorderarm und Arm waren mit einem sehr regelmäßig längsgefalteten weißen Gewebe bedeckt. Das Medium trug einen schwarzen Mantel.' Die Handkontrolle in dieser Sitzung wurde von den Herren Flammarion und Geley und von Mme Flammarion ausgeübt.[3] Über den Affenmenschen aber heißt es: 'Dieses Wesen, das wir den Pithekanthropos benannt haben, hat sich mehrere Male in unsren Sitzungen kundgegeben. In der Sitzung vom 20. Nov. 1920 fühlte einer von uns, wie dessen großer zottiger Kopf sich schwer gegen seine rechte Schulter und Backe lehnte. Dieser Kopf war mit dichten und groben Haaren bedeckt. Ein Geruch wie von Rotwild, von 'nassem Hund' ging von ihm aus.[4] Als darauf einer der Anwesenden seine Hand vorstreckte, ergriff sie der Pithekanthropos und leckte sie dann lange drei verschiedene Male. Seine Zunge war groß und weich.'[5]

1) Geley 225. 227. 229.   2) das. 282 ff.   3) das. 235 f.   4) v. Klinckowstroem (DMB 406): 'Ein Affe hätte sich wohl auch durch seinen Geruch verraten; von einem irgendwie auffallenden Geruch ist aber in den Protokollen nicht die Rede.'   5) Geley 288.

Argumente aus der Objektivität der Erscheinung

Wir finden uns nun also wieder vor die 'Wahl' gestellt, 'entweder diese ganz unglaubwürdigen Dinge als Tatsachen hinzunehmen oder' — einen nach Paris mitgebrachten Helfershelfer in der gleichfalls mitgebrachten Gorillahaut durch die von innen verschlossene Tür eintreten zu lassen. Daß diese Wahl ein wesentlich anderes Gesicht zeigt als die in Warschau uns freigestellte, wird vielleicht auch Graf Klinckowstroem nicht bestreiten. Ich persönlich bekenne mit dem Gefühl stärkster Gewißheit, daß mir seine advokatisch auswählende und verschweigende Kritik hiermit erledigt erscheint.

Übrigens möchte ich anhangsweise erwähnen, daß auch bei einem andern polnischen Medium ein ähnliches Tierphantom beobachtet worden ist. Jan Guzik gehört zu denen, die ich bisher wegen ihres allgemeinen Rufes völlig übergangen habe. Er ist in Krakau durch eine Blitzlichtaufnahme des betrügerischen Spiels überführt worden, und auch ein Komitee der Sorbonne in Paris gelangte nach einer Reihe schwacher Sitzungen auf Grund von Indizien zur Leugnung echter Leistungen. Und dennoch haben fast alle, die Guziks bewußten und eingestandenen Betrug in Rechnung stellen, an der häufigen Erzeugung echter und bedeutender Phänomene durch ihn festgehalten: so der sehr sachkundige und kritische Dr. E. Osty-Paris, Dr. Geley, Prof. Richet, A. de Gramont, R. Sudre, Dr. Kröner u. a. Gelehrte und Ärzte.[1] Aus den gesamten Urkunden über Guzik kann der vorurteilslose Unbeteiligte wohl den Eindruck gewinnen, daß er ein echtes Medium war, das, so oft es sich 'kraftlos' fühlte, zu bewußtem Betruge griff.

Unter dieser Voraussetzung gewinnen Angaben bedeutender Beobachter über eine Sitzung Wert, die am 20. April 1923 im Saale des Dr. Geley in Paris stattfand, also in Räumen, wo die Einführung von Helfern an sich nicht wohl anzunehmen wäre. Anwesend waren Sir Oliver Lodge, der namhafte englische Physiker, und seine Gattin, Prof. Richet, Mme Le Bert, Dr. Lassablière. M. Sudre und Dr. Geley, also eine sehr ansehnliche Versammlung von Fachleuten; nicht dagegen Herr Jelsky, der häufige Begleiter des Mediums, der denn auch der Verdächtigung nicht entgangen ist. Der Raum wurde sorgfältig durchsucht, die Türen wurden mit gezeichneten Klebestreifen von innen soz. versiegelt, die Hände des Mediums einzeln von Lodge und seiner Gattin kontrolliert. Unter diesen Umständen fand es das genannte Ehepaar möglich, in unmittelbarem Anschluß an die Sitzung folgendes zu bezeugen.

Prof. Lodge: 'Meine Frau wird [im Dunkeln] wie von einem zahmen Tier berührt; das Medium führt ihrer beider verschlungene Hände nach hinten, und sie fühlt mit ihrem Handrücken etwas wie die haarige Brust eines auf den [Hinter]pfoten aufrecht stehenden großen Hundes oder eines Mannes von geringem Wuchs. Richet meinte, es könne ein Urmensch sein. Überdies vernahmen wir Schritte, die eher die eines Menschen als die eines Hundes waren. Die Damen urteilten, daß es ein großer Affe oder ein Orang-Utan sein könne. Lady Lodge war diesmal die einzige, die ihn fühlte. Die Empfindung beim Berühren dieser Haare, die eine feste Brust zu bedecken schienen, war

---

[1] Näheres und Literatur bei Moser 727 ff.

Spiritistische Auffassung identifizierter Materialisationen

sehr eigenartig. Das Phänomen bot sich dar in Kopfhöhe meiner Frau, während sie saß.'

Lady Lodges schriftliches Zeugnis stimmt mit obiger Fassung gut überein. Es schließt mit den Worten: 'Das Auffallendste für mich in dieser Sitzung war das Berühren des Wesens, welches aufrecht hinter meinem Stuhl stand, bedeckt mit glattem und straffem Fell. Ich muß meine Hand über eine Fläche von ungefähr einem Fuß [Durchmesser] hinbewegt haben.'[1]

Sowohl bei Kluski als auch bei Guzik sind noch andre tierische Phantome beobachtet worden, von einer Art, wie sie einem Schwindler ganz neuartige Aufgaben stellen würde. Ein 'Menschenaffe' müßte von einem menschlichen Helfershelfer gespielt werden, der sich am Schluß der Sitzung auf dieselbe Weise entfernen könnte, wie er gekommen wäre. Was sollen wir aber sagen, wenn die auftretenden Tiere — Löwen, Katzen, Eichhörnchen, Vögel u. dgl. m. sind, die ebenso rätselhaft verschwinden, wie sie auftraten? Daß ein Helfershelfer sie durch die irgendwie geöffnete Tür hereinläßt, mag denkbar sein. Aber wo bleiben sie, wenn wieder Licht gemacht wird? Während der Sitzung haben sie sich frei — man wird gleich sehen, wie frei zuweilen — umherbewegt. Würde es wohl möglich sein, sie im Dunkeln wieder zu fangen, ohne daß sich dies durch Rufe und Geräusche aller Art, durch Anstoßen u. dgl. unmißverständlich verriete? Man müßte annehmen, daß diese Medien nicht nur mit einem Helfershelfer, sondern auch mit einem kleinen Tierpark nach Paris gereist seien, dessen Verheimlichung außerhalb der Sitzungen wieder neue Schwierigkeiten bereiten würde.

Über Kluski schreibt der Anatom Prof. Pawlowski zusammenfassend: 'Von Tierphantomen zeigen sich meistens: Eichhörnchen, Hunde und Katzen. Bei einer Gelegenheit kam ein Löwe, und ein andermal ein großer Vogel, ein Falke oder Bussard. Ich selbst sah [nur] die beiden zuerst erwähnten Erscheinungen. Sie betrugen sich ganz ihrer Natur entsprechend: das Eichhörnchen hüpfte ganz natürlich auf dem Tische umher. (Ich kenne die Art dieser Tiere sehr genau, da ich viel auf dem Lande lebe.) Der Hund lief schweifwedelnd um den Tisch, sprang auf den Schoß der Sitzungsteilnehmer und leckte ihr Gesicht. Kurzum, er betrug sich in jeder Hinsicht wie ein zahmer Hund. Der Löwe aber benahm sich, wie mir berichtet wurde, bedrohlich; er schlug mit dem Schweife und streifte dabei die Möbel. Die erschreckten Sitzungsteilnehmer waren unfähig, das Tier zu beherrschen, sie brachen die Sitzung ab, indem sie das Medium weckten [und damit anscheinend auch den Löwen zum — Verschwinden brachten]. Der Bussard flog umher, mit den Flügeln an den Wänden und an der Decke anschlagend. Als er sich endlich auf der Schulter Kluskis niederließ, wurde er mit Blitzlicht aufgenommen, da ein gebrauchsfertiger Apparat vor dem Medium stand.'[2]

1) Geley 345f.   2) ZP 1926 10.

282 Argumente aus der Objektivität der Erscheinung

Bei diesem Bilde, das der Leser in Geleys Werk bei S. 296 findet, hat die Kritik des Grafen v. Klinckowstroem wiederum eingehakt. 'Der rechte Flügel (schreibt er) ruht über dem Kopf des vornüber gebeugten Mediums (sonst würde der Vogel herunterfallen). Ein lebender Vogel wird nun in sitzender Stellung niemals seine Flügel ausspannen; wohl aber gibt man diese Position, die den fliegenden Vogel darstellen soll, gern ausgestopften Vogelbälgen.'[1] Dies ist, mit Verlaub zu sagen, Unsinn, der nach gewissenhafter Prüfung klingen soll. Der Flügel liegt nicht dem Kopfe des Mediums auf (wie auch ein 'als besonders tüchtig empfohlener Präparator' feststellte), und man braucht nicht ein Alfred Brehm zu sein, um zu erkennen, daß ein eben vom Flug zum Sitzen übergehender Vogel genau die aufgewiesene Haltung einnehmen könne.[2] Und geflogen soll ja doch der Vogel unmittelbar vor der Aufnahme sein. Freilich erwähnt Hr. v. Klinckowstroem dies nicht. Er würde, falls man ihn preßte, wahrscheinlich zugeben, daß die Aufnahme das Medium an den Händen gehalten zeigt, trotzdem man diese selbst nicht sieht, sondern nur die entsprechende Armstellung; aber er würde wohl behaupten, der 'Helfershelfer' habe den ausgestopften Vogel an Wänden und Decke herumgefegt und dann auf Kluskis Schädel niedergelegt. Allerdings wurde dieser Rätselmensch weder beim Licht der Rotlampe und der Leuchtplatten noch beim Blitzlicht gesehn. Und auf welche Weise wohl wird er das Eichhörnchen, den Hund und die sonstigen Tiere gehandhabt haben? Hierüber äußert Hr. v. Kl. nicht einmal Vermutungen; er zieht es vor, diese übrigen Bestien unerwähnt zu lassen...

Aus den Niederschriften der Pariser Guzik-Sitzungen im Institut Internat. Métaps. lassen sich ähnliche Beobachtungen ausziehen.

Am 11. April 1923 (anwesend Prof. Leclainche vom Institut de France, Prof. Cunéo, Chirurg der Pariser Hospitäler, Mme G., M. Xav. Leclainche, Dr. Geley und M. de Jelski, wobei die beiden erstgenannten je eine Hand des Mediums halten) heißt es: 'Man bemerkt etwas wie die Materialisation einer Tiergestalt (vom Umfang eines Hundes mittlerer Größe). Alle Anwesenden nehmen sehr deutlich den bezeichnenden Geruch eines nassen Hundes wahr, der stets die Erscheinungen dieser Art begleitet. Dieser Geruch tritt mit Beginn der Erscheinung auf und verschwindet augenblicklich mit ihr.'[3]

Am Tage darauf (anwesend u. a. Dr. Osty, Dr. Geley, M. Cornillier) heißt es von einer ähnlichen Erscheinung: 'Die beiden Kontrollierenden haben den sehr deutlichen Eindruck der Anwesenheit eines kleinen Hundes, der auf ihren Stuhl springt, dann auf ihre Knie, sie streift und liebkost, mit ihrem Stuhl zu spielen scheint, usw.'[4]

Am 13. April (anwesend u. a. Prof. Richet): 'Diese [Hunde]gestalt streift Mme S..., läuft unter ihrem Stuhl hindurch und spielt dann mit der Handtasche, die sie auf den Knieen hat.'

Am 23. April (anwesend u. a. Sir Oliver Lodge, Graf A. de Gramont, Dr. Geley, Graf du Bourg de Bozas): 'Die Gestalt eines Hundes (von der Größe

---

1) DMB 406.   2) Der 'tüchtige Präparator' scheint denn auch keineswegs auf ein ausgestopftes Tier geschlossen zu haben. Seine ganze Analyse ist überhaupt völlig 'an den Haaren herbeigezogen'.   3) Geley 336f.   4) das. 337.

eines Foxterriers) läuft zwischen den Beinen der Mme de C... und des neben ihr sitzenden M. de Gramont hindurch. Alle beide fühlen diese Berührungen. Der 'Hund' springt auf die Knie der Mme de C..., die sein Fell fühlt, dann auf ihre Schultern. [Sie empfängt die] bei Hunden gewohnten Liebkosungen.'[1]

Am 27. April, im großen Saal des Inst. Mét. Intern., springt der 'Hund' dem Dr. Lassablière auf die Kniee, drückt sich zwischen seinem Rücken und der Stuhllehne hindurch und steigt ihm zur Schulter empor.[2]

Am 5. Mai, als man Sägespäne über das ganze Parkett gestreut hatte, fand man nach Abschluß der Sitzung 'Spuren, die an die einer Hundepfote von mittlerer Größe erinnern.'[3]

In allen diesen Sitzungen wurde jede Hand des Mediums dauernd von einem der Teilnehmer gehalten; der Saal war durchsucht worden, die Türen waren mit gezeichneten Klebestreifen gesichert. Hr. de Jelski nahm nicht annähernd an allen teil — in der Tat nur an 22 von insgesamt 58 —, und die stärksten Phänomene fielen ebenso gut in Sitzungen mit als in solche ohne seine Anwesenheit. Die Frage, wie diese Tiere in den verschlossenen Raum hinein, wie sie wieder aus ihm hinausgelangten, ohne ihr Kommen und Gehen durch tierische Laute zu verraten, hat m. W. keiner unsrer scharfsinnigen Kritiker auch nur aufgeworfen.

In 'Anlehnung' an diese unwidersprechlichen Beobachtungen von Tierphantomen durch Wissenschaftler und gebildete Laien gewinnen dann auch weitere, darunter ältere Berichte an Gewicht, die an sich mit jenen bez. des Ranges der Bezeugung nicht wohl zu vergleichen sind.

Wir finden z. B. Hundephantome beschrieben während Sitzungen um die Mitte der 70er Jahre des vorigen Jahrhunderts, bei denen die angenommene Tochter des französischen Obersten M. als Medium diente;[4] oder während der Cambridger und Wimbledoner Sitzungen (v. J. 1914) des bekannten Stimmenmediums Mrs. Wriedt, wobei das Tier, ein Wachtelhund, betastet und sein 'Kläffen' gehört wurde.[5] — Bozzano erwähnt noch einen bei Mrs. Corner (Florence Cook) materialisierten Affen; eine in Gegenwart des Feldmarschalls Lord Wolseley durch ein nicht-berufliches Medium materialisierte Robbe, sowie ein der indischen Fauna angehöriges wildes Tier.[6] — Ganz neuerdings hat Dr. Reginald Hegy, ein Johannesburger Arzt, aus den sehr mannigfaltigen Beobachtungen eines privaten Zirkels Vorgänge der gleichen Art berichtet, wobei eine Mrs. Schoen das Hauptmedium stellte. Nach mehrfachen, auch identifizierten menschlichen Materialisationen (bis zu acht in einer Sitzung) erschien eines Abends das Phantom 'eines kleinen Hundes, der aufgeregt von einem Sitzer zum anderen rannte, wobei er jeden einzelnen mit seinen Pfoten kratzte und zu ihm emporsprang und seine Pfoten, ja selbst die Klauen deutlich von den Anwesenden gefühlt wurden. Die natürliche Art, wie der kleine Hund von Mr. Schoen zu seiner Schwester und wieder zurück rannte und dabei in seiner Aufregung sich buchstäblich überschlug, bot einen

---

1) das. 349. Vgl. 341. 343. 362.   2) S. 354. — Vgl. das Phantom eines auch gesehenen Hundes: BCRMB 1929 31.   3) Geley 360.   4) Gibier, Psych. 210.   5) Lt 1914 296; vgl. das. 1921 490; Moore 282.   6) Lt 1907 275; Bozzano, Animaux 140.

unvergeßlichen Anblick dar. Dann aber geschah etwas Seltsames. Das kleine Wesen mit seiner ektoplastischen Umhüllung kehrte nicht ins Kabinett zurück. sondern 'schmolz' vor unseren sehenden Augen 'dahin'.[1]

Schließlich aber möchte ich nicht versäumen, auf gewisse **Abdrücke von Tierformen**, insbesondere Tierfüßen hinzuweisen, die uns hier ebenso **objektive** Beweise liefern, wie die früher besprochenen Abdrücke und Gußformen menschlicher Körperteile. Einen 'unter strengsten Bedingungen' von M. Noël Jaquin auf berußtem Papier erhaltenen Abdruck eines Schmetterlings von 2 Zoll Spannweite findet man in Bradleys bekanntem Buch *'The Wisdom of the Gods'*[2] beschrieben und abgebildet, und derselbe Zeuge berichtet von dem ähnlichen Abdruck zweier Vogelfüße, mit deutlicher Abzeichnung der 'zellenförmigen Hautbildung'.[3] Auch in einem der bedeutendsten Spukberichte älterer Zeit, dem über den 'Trommler von Tedworth', finden sich 'Krallenabdrücke' auf der ausgestreuten Asche erwähnt.[4] — Das seltsamste Beispiel dieser Art aber, das ich kenne, findet sich in der mustergültigen Arbeit der Professorin Verrall über ihre automatischen Schriften; es verdient, hier kurz wiedergegeben zu werden.

Am 11. Mai 1901, 11.10 abends, schrieb ihre Hand u. a. folgendes, teilweise in lateinischer und griechischer Sprache: 'Eile nicht. Datiere dies. Das ist es, was ich gewollt — endlich... A. W. V. [Namensbuchstaben ihres verstorbenen Gatten] und vielleicht noch ein andrer. Der an den Füßen haftende Kalk hat die Schwierigkeit überwunden...' Es folgten die Zeichnung eines laufenden **Vogels** mit undeutlich halbmenschlichem Kopf (?) und darunter die Worte: *et hoc genus omne* — 'und diese ganze Sorte.' — Am 13. Mai brachte die *'Daily Mail'* einen Bericht anscheinend zweier Londoner Rechtsanwälte über eine seltsame Beobachtung in einem Zimmer der bekannten Rechtskollegien, aus welchem spukige Vorgänge den Inhaber vertrieben hatten. Die Nacht vom 11. auf den 12. Mai verbrachte der Berichterstatter mit einem Freunde in diesen leeren Räumen. 'Maßregeln wurden ergriffen, um jedes Eindringen zu verhindern, und gemahlener Kalk wurde in den beiden kleineren [offenbar den 'spukigen' von den vier] Zimmern ausgestreut, 'um jeden oder alles auszuspüren, was kommen oder gehen würde'. Die Beobachter sahen, wie eine Tür aufgeklinkt und langsam geöffnet wurde. und hörten den Ton des Türgriffs. Dies war um 12.43. Um 12.56 geschah dasselbe an einer andern Tür. Beide Türen wurden [von den Beobachtern] geschlossen, und keinerlei Spur war auf dem Kalkpulver zu sehen. Um 1.32 morgens öffnete sich die Tür zur rechten Hand abermals wie zuvor, und um 1.37 die zur linken. Um 1.40 schlossen sich beide Türen gleichzeitig 'von selbst'. Zwischen 1.45 und 1.55 geschah dasselbe noch zweimal... Die letzten Öffnungen erfolgten um 2.07 und 2.09, und beide Beobachter bemerkten

---

1) Hegy 59f.   2) S. 430.   3) aaO. 409f.   4) JSPR IX 25. 39. 206. Der Fall wurde von dem Philosophen Jos. Glanvill untersucht; der deutsche Leser findet ihn dargestellt z. B. bei Görres III 370ff.; vgl. das. 376.

Spuren auf dem Kalk in den zwei Zimmern. Bei der Untersuchung erwiesen sich diese als 'scharf umrissene Fußspuren eines Vogels in der Mitte des Fußbodens, drei im Raum zur Linken und fünf in dem zur Rechten.' Diese Spuren waren unter einander identisch und hatten einen Umfang von genau $2^3/_4$ Zoll; man könnte sie den Fußspuren eines Vogels von der ungefähren Größe eines Truthahns vergleichen. Sie zeigten drei Zehen und einen kurzen Sporn nach rückwärts zu. Nichts weiteres geschah. Die Fußspuren wurden um 2.30 gesehn; [die Herren] warteten bis 3.30 und gingen dann heim.'[1]

Es ist müßig darüber nachzudenken, ob wirklich dasselbe Wesen die Türen öffnete und die Fußspuren erzeugte; noch weniger brauchen wir nach einer Erklärung dafür zu suchen, daß Mrs. Verralls wohl unbestreitbar auf diese Vorgänge anspielende 'Schrift' reichlich 3 Stunden vor dem ersten Türöffnen erfolgte. Das Ausstreuen des Kalks dürfte zwar dem Schreiben vorausgegangen sein; aber der Verfasser des Berichts in der *'Daily Mail'* bezeugte auf Befragung durch Mr. Piddington, ein namhaftes Mitglied der Ges. f. ps. Forsch., daß er und sein Freund nicht im mindesten vorausgesehn oder erwartet hätten und daß nichts Vorhergegangenes hätte andeuten können, der Störenfried werde ein Vogel sein. Noch weniger hatte natürlich Mrs. Verrall eine normale Voraussicht des Kommenden oder auch nur eine Kenntnis des vorausgegangenen Spuks bei den ihr offenbar völlig fremden Rechtsgelehrten. Es steht also fest, daß unter Bedingungen, die jede Täuschung ausschlossen, echte Fußspuren von einem unsichtbaren Wesen erzeugt worden sind, das mindestens an seinen Füßen (und vermutlich am ganzen Leibe, wenn wir an Mrs. Verralls Zeichnung denken) nicht menschlich gebildet war und vielleicht — einer 'ganzen Sorte' angehörte. —

Das Merkwürdigste an Tierphantomen nun aber ist, daß nach allen Regeln der Ähnlichkeit nicht wenige von ihnen als 'identifiziert' zu gelten haben!

Der vom Oberst M. beobachtete Hund ist angeblich als sein vor einigen Jahren verstorbener erkannt worden. Von dem 'indischen wilden Tier' heißt es, es sei von den Knien des Mediums auf die einer anwesenden Dame gesprungen, von der es s. Zt. aufgezogen und gezähmt worden war, und habe durch 'sehr charakteristische Schreie, identisch mit denen, die es zu Lebzeiten unter gleichen Umständen auszustoßen pflegte,' seine Freude ausgedrückt.[2] — Ähnliches gilt von dem gleichfalls schon erwähnten Wachtelhund, sowie von einem Collie, der einem Freunde des Mr. A. J. Wood gehört hatte und den Mrs. Wriedt den Kopf auf die Knie seines Herrn legen sah, während die Sitzer bloß von ebendorther 'ein kräftiges und fröhliches Bellen' erklingen hörten.[3]

Ein ausführliches Zeugnis dieser Art liefert uns auch Mrs. Leonard, das berühmte und allgemein geachtete Medium, bezüglich einer Sitzung mit einem wohlbekannten, aber nicht genannten Materialisationsmedium: 'Ein kleiner

---

[1] Pr XX 328 ff. Vgl. den gehörten 'Tritt eines großen Vogels': Maxwell 293.   [2] Bozzano, Animaux 140.   [3] Lt 1921 490.

Hund zeigte sich bei schwachem Rotlicht (neben **vielen** menschlichen Gestalten), der einem der Sitzer gehört hatte und ebenso erfreut war, seiner Herrin erscheinen zu können, ja noch viel aufgeregter darüber, als selbst die menschlichen Geister, nach seinem Schnauben und Keuchen und ruckhaft abgerissenen Bellen zu urteilen... Die Besitzerin des Hundes saß neben meinem Manne, und als der Hund zu ihr hinlief, setzte er seine beiden Vorderpfoten auf ihr Knie, während seine beiden Hinterbeine auf meines Mannes Füßen standen, der mir nachher sagte, daß der Hund ungefähr so viel gewogen habe, wie ein Hund jener Rasse (es war ein Pekineser) in seinem stofflichen Leibe wiegen würde. Wir hatten zufällig damals einen Pekineser, der häufig auf unsern Füßen stand, um aufs Knie zu klettern...' — Die Sitzung fand in einem — bis auf die Stühle — unmöblierten Zimmer (offenbar nicht bei Leonards) statt, das uns genau beschrieben wird. Alle Sitzer kannten einander, aber nicht das Medium. Daß es der Hund der Leonards gewesen, ist also wohl ausgeschlossen.[1]

Ähnliches berichtet schließlich Rev. Duncan aus einer seiner zahlreichen und eingehend beschriebenen Sitzungen mit den Damen Moore, von denen schon früher die Rede war.[2] Am 30. Mai 1930 erklärte die 'Stimme' ihres Führers, 'Andrew Wallace', der anwesenden Mrs. Stewart, es sei ein Hund anwesend, namens Rex,[3] der ihr gehört habe und den er völlig richtig als Foxterrier beschrieb; außerdem aber eine 'winzige Katze, die Ihnen auch gehörte... Sie hatten sie eine lange Zeit.' 'Ja, bestätigte Mrs. Stewart, siebzehn Jahre, und ich habe mich oft gefragt, ob unsre Hunde und Katzen den Tod überleben.' 'Gewiß,' erwiderte 'Wallace', 'sie leben so lange, als eure Liebe zu ihnen dauert. Danach gehen sie an ihren eignen Ort.' 'Darauf (schreibt Duncan) geschah etwas höchst Unheimliches. Wir hörten geisterhaftes Bellen [eines Hundes] und das Miauen einer Katze,[4] welche die Medien durch Namensruf an sich zu locken suchten, während sie im Zirkel umherliefen. Wir fühlten sie nach der unverkennbaren Art der Tiere an unsern Beinen hinstreifen, und die Katze versuchte auf Mrs. Stewarts Schoß zu klettern.'[5] — Während einer Sitzung der gleichen Medien am 2. Juni 1932 mit Duncan und den Rev. A. F. Webling behauptete die Stimme, eine 'Dame' nenne den Namen Toby. 'Ich [Rev. Webling] fragte: Wer ist Toby? ['Wallace'] antwortete: 'Ein Hund. Er ist sehr erfreut, Sie zu sehn. Er ist an Ihrer Seite.' Auf dieser? fragte ich, indem ich meine Hand (in der völligen Dunkelheit) emporhielt, oder auf der andern? 'Auf der andern', war die Antwort. Ich senkte meine Hand, wie um ihn zu streicheln, und fühlte etwas stoßend an meinem Bein vorüberstreifen... Gleichzeitig hörten wir alle drei- oder viermaliges leises, aber deutliches Bellen.'[6]

Dies alles mag, wer will, mit 'Fußstößen des Mediums, Suggestion und Erwartungshalluzination' abtun. Mir braucht nicht viel an der Beglaubigung solcher Besonderheiten zu liegen: als Tatsache über-

---

1) Leonard 137. 2) Bd. I 303; II 88. 254. 3) Der Name müßte wohl gedankenleserisch erlangt worden sein; aber 'aus' wem? 4) Duncan offenbar versehentlich: we heard the ghostly barking and mewing of a cat ... 5) Duncan 105f. 6) das. 131.

haupt erscheinen Tiermaterialisationen so gut verbürgt wie menschliche, und im Vertrauen darauf dürfen wir ruhig davon Kenntnis nehmen, daß in manchen Fällen die näheren Umstände nicht bloß auf Tiere im allgemeinen, sondern auf 'bestimmte', einst am Leben gewesene hindeuten. Mr. Webling, übrigens ein erfahrener Sitzer, bezeichnet nicht nur den eben beschriebenen Auftritt als seine vierte Begegnung mit 'Toby', sondern gibt auch bezeichnenderweise an, er habe starke Ströme kalter Luft auf der linken Seite gefühlt, solange das Tier 'dort war'.[1] Ja was noch mehr zu denken gibt: in einer Sitzung, die er tags darauf mit einem andern Medium, Mrs. Vaughan, hatte, sagte deren 'Führer' zu ihm, mit dem bezeichnenden Spürsinn des Psychometers: 'Sie haben einen Hund berührt,' und fügte die unübersetzbaren und andeutungsreichen Worte hinzu: *There was a psychical condition in a dog.*'[2] — Man muß auch schließlich wissen, wie umfangreich die Beweise nicht nur für übernormale Fähigkeiten höherer Tiere sind, sondern vor allem auch dafür, daß diese Tiere häufig als sichtbarer Spuk auftreten, ganz in der Weise menschlicher Spuke. Dabei würde natürlich jede Beobachtung, die zugunsten der Objektivität eines Tierspuks spräche, auch die Wirklichkeit von Tiermaterialisationen befürworten; in derselben Weise, wie die Tatsächlichkeit objektiver Menschenspuke den Glauben an echte materialisierte Phantome stärken mußte. Es sind aber mindestens die Fälle kollektiv wahrgenommener Tierspuke sehr zahlreich,[3] und selbst für die Tatsächlichkeit objektiver Wirkungen von Tierspuken läßt sich der oben berichtete Fall von Vogelspuren auf Kalk anführen.

Ausführlicheres Eingehn auf diese Dinge würde hier viel zu weit führen;[4] doch darf als erwiesen gelten, daß das Problem des Überlebens mindestens der höheren Tiere teilweise ähnlich gelagert ist wie das des menschlichen. Wir haben denn auch durchaus keinen Grund, materialisierte Phantome von Tieren wesentlich anders einzuschätzen als die von Menschen. Schreiben wir diesen 'anatomische Durchbildung' nach dem Muster Lebender zu, so haben wir keinen Anlaß, sie jenen abzusprechen. Finden wir bei menschlichen Phantomen Atemwerkzeuge, die nicht nur 'hauchen' und 'blasen', sondern auch eine Stimme erzeugen, so können wir schwerlich umhin, die 'heiser-rauhen Töne'

---

1) vgl. o. S. 103. 221.   2) Dem Sinne nach etwa: Ich spüre den spukigen Einfluß eines Hundes! — Solche flüchtige Winke wiegen häufig mehr, als der ganze hausbackene Scharfsinn des wissenschaftlich verbildeten Kritikers. — Vgl. ähnliche Tier-Erkennungen: Moore 266; Holms 230; ZpF 1929 126.   3) S. Bozzano, Anim. 121 ff. 136 ff. 151 ff.
4) Reiches Material bei Bozzano 9 ff. (aktive Telepathie); 46 ff. (passive Tel.); 93 ff. (Vorahnungen); 151 ff. (medial oder spukhaft wahrgenommene Tiere). Vgl. ferner: JSPR XIII 58 ff. 256 ff.; XV 249 ff.; XXIV 12 f.; Sulzer 16 f.; Hellenbach, Geburt 264 f.; ZpF 1927 57; Hill, Invest. 161; Thomas, Life 135 ('Aussagen' üb. Fortleben von Tieren).

des 'Pithekanthropos', das fröhliche Bellen von Hundephantomen beim Erkennen ihrer Herren, das Miauen einer Phantom-Katze, das 'Stoßen', 'Streifen', 'Springen' und 'Klettern' dieser Tiere ähnlich zu deuten. Man stoße sich doch nicht an der unerhörten Ungewohntheit solcher Feststellungen! Wer die heute schon unerschütterlichen Tatsachen menschlicher Phantomatik entschlossen durchdenkt, dessen 'Verstand' wird auch vor materialisierten Phantomen von Tieren jene Waffenstreckung vollziehen müssen, die schon manchen der fruchtbarsten Erweiterungen unsres Weltbildes vorausgegangen ist.

Damit aber haben wir die tatsächlichen Grundlagen des Arguments beisammen, das ich hier ins Auge faßte. Ich habe an früherer Stelle dem Gedanken widersprochen: man dürfe dem Medium die Erzeugung einer auch anatomisch durchgebildeten Materialisation nicht zuschieben, weil ihm die 'Kenntnisse' fehlten, die dabei vorausgesetzt würden. Dieser Behauptung hielt ich den Gedanken entgegen, daß bei solcher Erzeugung das bewußte Wissen sicherlich nicht die entscheidende Rolle spielen könne, sondern nur die soz. 'organische Selbstkenntnis' eines körperlichen Unterbewußtseins, also jene 'Entelechie', worin lebendiger Baugedanke und schöpferisches Vermögen, Wissen und Werden zusammenfallen. Hieraus aber würde ohne weiteres folgen, daß ein Materialisationsmedium nur solche Wesen 'erzeugen' könne, die ihm 'ähnlich' sind, zum mindesten in den Grundzügen leiblichen Aufbaus, und nur allenfalls in nebensächlichen persönlichen Zügen von ihm abweichen.

Daß schon gewisse menschliche Phantome diese Voraussetzungen aufs äußerste anspannen, dürfte von Vielen zugestanden werden; daß aber tierische Phantome jene Voraussetzungen vernichten, wird man wohl ohne weiteres einräumen müssen. Wenn sie auch anatomisch das sind, was sie zu sein scheinen — und ich sehe kein Entrinnen vor diesem Zugeständnis —, so können sie ihre Verwirklichung gerade in allem Wesentlichen dem Medium nicht verdanken; denn dieses besitzt nicht die bewußten, und noch viel weniger die 'unterbewußt-organischen' Kenntnisse, deren es zu solcher Verwirklichung bedürfte. Soweit auch hier zum mindesten ein Zusammenhang bildender Zielvorstellungen wirksam sein muß, kann er nicht im Medium liegen, sondern nur — das ist die weitaus natürlichste Deutung — in dem erscheinenden Tierwesen selbst. Anders ausgedrückt: es fehlt dem Medium der angemessene 'entelechische Keim' für die Verwirklichung einer Tier-Materialisation, über den es für eine menschliche allenfalls verfügen mag. Daß es eine Hilfsleistung auch bei der tierischen aufbringt, beweist natürlich die Tatsache, daß Vollmaterialisationen von Tieren nur bei

Spiritistische Auffassung identifizierter Materialisationen

einem Medium auftreten, das sich auch sonst als fähig zu dieser Art von Leistung erwiesen hat. Aber gerade die Tiermaterialisation läßt uns die wesentliche Zweiteilung des Vorgangs erkennen: die Teilung in eine Komponente des Formens, und eine andre des Materialisierens, d. h. der Verwirklichung in wahrnehmbarem Stoff. Zugleich beweist uns der anscheinend medienlose Tierspuk, daß es Vorstufen des tierischen Phantoms gibt, bei denen die Formkomponente sich gründlicher durchsetzt als — sagen wir — die der 'Verdichtung'.

Vielleicht wird dieser Gedankengang auf entschlossene Gegnerschaft stoßen mit der Begründung, daß er das 'persönliche Überleben' auch von Tieren voraussetze, ein Zugeständnis, das doch unmöglich sei. Ich will diese Frage hier nicht erörtern und darum einen Zusatz machen, der unsern Gedankengang retten kann auch für den, der ein Überleben von Tieren schlechterdings nicht glauben will. Es wäre nämlich offenbar denkbar, daß die 'Komponente des Formens' im Falle von Tiermaterialisationen einer außer- und übermenschlichen Quelle entstamme, und nicht dem einzelnen Tierwesen selbst; also sagen wir, jener 'kosmischen' oder 'Erdgeist'-Quelle, die wir zugunsten animistischer Theoretik schon mehrfach versuchsweise zugestanden haben. Man brauchte dabei aus solchem Zugeständnis nicht zu folgern, daß ja dann auch menschliche identifizierbare Materialisationen aus jener umfassenden Quelle gedeutet werden könnten, also jede spiritistische Beweiskraft einbüßen. Die Denklage ist vielmehr die, daß der spiritistische Beweis für den Menschen aus gänzlich andersartigen Tatsachen geführt worden ist, und daß aus dieser Bewiesenheit nun alles ein neues Gewicht bezieht, was die Beteiligung bestimmter Persönlichkeiten an ihrer Materialisation andeutet. Bei Tieren ist jener Beweis noch nicht geführt, und so darf uns hier der Nachweis genügen, daß überhaupt ein außer-medialer Ursprung der 'Formungskomponente' denkbar sei, nachdem wir diese ins Medium jedenfalls nicht verlegen können.

Natürlich vereinfacht sich der ganze Gedankengang für den, der am Begriff des Überlebens wenigstens höherer Tiere keinen Anstoß nimmt. Aber auch dann wäre es eine Frage von untergeordneter Bedeutung, ob wir uns den unentbehrlichen 'formliefernden Einfluß' als einen unsichtbar vorgebildeten Tierleib denken, oder als eine bloße Entelechie, die sich (mit Hilfe des Mediums) ideoplastisch verwirklicht. In beiden Fällen stehn wir dem Gedanken des tierischen Überlebens mindestens sehr nahe. In der Tat ja läßt sich in manchen Fällen das erscheinende Tier als ein bestimmtes verstorbenes identifizieren, und dies begründet natürlich die gleiche Möglichkeit auch für Tierphantome, bei denen eine Identifizierung zunächst nicht möglich ist.

Dieser Satz überträgt sich dann aber unausweichlich auf menschliche Materialisationen, und zwar gleicherweise auf zunächst nicht-identifizierbare wie auf ausreichend identifizierte. Und mindestens für die letzteren liefern uns die Tatsachen der Tiermaterialisation einen Hinweis darauf — wenn nicht geradezu einen Beweis dafür —, daß jedenfalls der 'formliefernde Einfluß' in dem Wesen gesucht werden muß, welches durch das Phantom dargestellt wird: im Falle identifizierter menschlicher Phantome also in dem erscheinenden Verstorbenen. In andern Worten zusammengefaßt: Tiermaterialisationen zwingen uns, den Vorgang der Materialisation ganz allgemein in zwei 'Faktoren' zu zerlegen, deren einen — die Beschaffung des Formbildes (im weitesten Sinne) — wir sicherlich nicht dem Medium zuschieben können; wohl aber allem Anschein nach den andern: nämlich die stoffliche Darstellung überhaupt. Dies drängt uns — zumal im Zusammenhang mit allen übrigen spiritistischen Beweisen — eine ähnliche Zweiteilung auf für menschliche Materialisationen: auch hier können wir das Wirken des 'persönlichen Formbildes' weit natürlicher und einfacher in den Erscheinenden selbst verlegen als in das Medium. — Mag es somit auch überraschen, daß der uns soviel 'fernerliegende' Vorgang der Tier-Materialisation ein Argument zugunsten menschlichen Überlebens liefern soll, so ist dies doch ganz natürlicherweise der Fall.

Wir sehen also: auch wenn man die Frage noch zurückstellt, wie denn das Medium das 'Bild- und sonstige Wissen' erlange, um die körperliche und seelische Persönlichkeit eines Verstorbnen in einer Materialisation darzustellen, — auch dann noch fehlt es nicht an allgemeinen Argumenten für die spiritistische Deutung gewisser Sitzungsphantome. Hierzu gesellt sich aber noch ein letzter Gedanke. Ich habe schon zweimal darauf hingewiesen, wie nahe wir dem spiritistischen Tatbestande kommen mit der Voraussetzung (zu der den Animisten die Beobachtung ja zwingt), daß das Medium ein eigenes Spalt-Ich in das von ihm erzeugte Phantom hinausverlege. Diese Voraussetzung nimmt natürlich noch bedenklichere Formen an, wenn dies hinausverlegte Ich dem Ich eines Abgeschiednen bis zum Verwechseln gleicht; wenn es also das dem Toten lebendig ähnelnde Phantom befähigt, seine Hinterbliebnen unter den Anwesenden herauszufinden, sie in persönlich-bezeichnender Weise zu begrüßen und zu behandeln, sich über vertraulichste Dinge mit ihnen zu unterhalten, eine Aussöhnung zu erbitten, teure Andenken zu bezeichnen usw., — und das alles etwa noch in Mundarten oder Sprachen, die dem Medium fremd sind. Hier also wäre dieses nicht einmal 'frei' in der seelischen Ausstattung jener rätselhaften Bewußtseinsknospung, die es von sich ablöst und körperumgeben in den Raum hinausstellt — des eignen Hirns vergessend! —; sondern es wäre an ein persönliches Vorbild gebunden, das es sich zunächst auf übernormale Weise verschaffen müßte. Und eine solche Leistung soll es unter Umständen mehrmals binnen kurzer Zeit oder gar gleichzeitig vollbringen, ja es soll etwa noch dieser 'maskierten' Hinausverlegung seiner unterbewußten Seelensplitter mit wachen Sinnen und Gedanken zuschaun und sich mit ihnen unterhalten!

Solchem theoretischem Gewebe gegenüber erhebt sich denn doch die Frage, ob es gegenüber der spiritistischen Deutung, mit der es im Ergebnis ja fast zusammenfällt, sich soweit durch Einfachheit, Natürlichkeit und Glaublichkeit auszeichne, daß die Bekämpfung jener Deutung mit solchen Mitteln überhaupt noch lohnt. Ich habe bereits in einem früheren Buch[1], im Zusammenhang mit krasseren Formen der Ich-Spaltung und dem oben erwähnten Falle 'Black', den Gedanken entwickelt, daß schon gewisse Teil-Iche anscheinend 'Geistern' gleichen, die ihren Körper nur zeitweise 'besitzen'; daß auch der Unterschied zwischen einer 'Transpersönlichkeit' des Mediums und dem Ich eines Abgeschiedenen mitunter fast verschwindet, und daß ein wirklich hinausversetztes Teil-Ich (wie das des John Black) sich von einem Abgeschiedenen wesensmäßig überhaupt nicht mehr sondern läßt; — sprach doch das fernerscheinende Ich des Black tatsächlich die Meinung aus, schon 'einmal gestorben' zu sein! Aber die stark spiritistische Artung des Falles Black wird von dem hier zu deutenden Tatbestand ja noch überboten: denn 1. glaubt das (angebliche) hinausversetzte Teil-Ich ein bestimmter Verstorbener zu sein und vermag dessen Rolle auch 'inhaltlich' durchzuführen; 2. verkörpert sich dieses Ich in einem selbständigen Vollphantom, das dem Leibe jenes Verstorbenen gleicht, dessen Rolle es durchführt. Die Frage, worin ein völlig abgetrenntes, in einem identifizierbar gestalteten Leibe hinausversetztes, ein als Fremder maskiertes Eigenleben führendes Spalt-Ich sich noch von einem 'Geiste' im Sinne der spiritistischen Materialisationstheorie unterscheide, — diese Frage zu beantworten, dürfen wir dem Animisten überlassen. Der Versuch wird ihm zu einer eigenartigen Entdeckung verhelfen: im Bestreben, einem verhaßten Gegner um jeden Preis auszuweichen, hat er ahnungslos die Grenze überschritten, die ihn von jenem trennte, und fast ehe er merkt, daß er bereits auf feindliches Gebiet gelangt ist, wird er sich entwaffnet finden und an Übergabe denken müssen. —

---

1) Mattiesen 771. Vgl. o. S. 232f.

Was ich hier zugunsten der 'Formung' einer identifizierbaren Materialisation durch den Dargestellten selbst gesagt habe, verträgt sich aber auch vorzüglich mit allem, was früher zugunsten des Überwiegens von Autophanien gegenüber Heterophanien vorgebracht wurde, und die Frage drängt sich daher nochmals auf, wieweit wir die gewonnene Auffassung der Materialisation — namentlich als durchorganisiertes Gebilde — nun etwa rückwärts auf die 'objektiven' Phantome des Spuks und der Fernerscheinung Lebender ausdehnen dürfen; wie weit also schließlich doch eine Einheitlichkeit des Wesens innerhalb der ganzen Reihe aufgestellt werden könne.

Nun, diese Frage soll hier dennoch nicht aufgeworfen werden. Ich verzweifle an ihrer Lösung. Die etwaigen Zusammenhänge und Übergänge zwischen dem, was Daumer als 'objektives Eidolon' bezeichnete, und einem metaphysiologischen Vollphantom wie 'Katie King' erscheinen mir einstweilen undurchschaubar; es sei denn, man vereinheitliche sie insgesamt von vorn herein unter dem Begriff des durchgebildeten 'feineren Leibes'. Davon aber halten mich immer noch gewisse hier und da geäußerte Bedenken ab, so daß ich denn auch eine Deutung identifizierter Materialisationen als 'ideoplastischer Autophanien Verstorbener' nicht völlig von der Hand weisen kann.[1] Uns muß die Feststellung genügen, daß auch ganz abseits von solcher gänzlichen Vereinheitlichung die verschiedenen Gattungen objektiver Phantome jeweils spiritistische Indizien liefern, ja daß ihre letzte Ausgestaltung geradezu den spiritistischen Tatbestand darbietet. Ich meine daher, daß die langwierige Untersuchung dieses Abschnitts nicht ohne lohnenden Ertrag geblieben ist, mag er auch geringer eingeschätzt werden als der gewisser anderer Abschnitte.

16. Erledigung von Bedenken

Unsre Erörterung objektiver Phantome im spiritistischen Sinn ist hiermit zwar im wesentlichen, aber noch nicht restlos beendet. Mir liegt noch zweierlei ob, ehe ich sie abschließen kann. Erstens muß ich gewisse Tatsachen erwähnen, die eine Abhängigkeit auch der identifizierten Materialisation vom Medium anzeigen; um von ihnen glaubhaft zu machen, daß sie dennoch nicht eine restlose Erschaffung durch das Medium beweisen; was ja die vorstehenden Errungenschaften in Frage stellen würde. Sodann aber ist eine Frage zu erledigen, die ich bisher ausdrücklich beiseite ließ, und die doch ihrerseits für die Theorie

---

[1] Vgl. hierzu Bozzano, A prop. 208 ff.; 'Myers' Aussagen Pr XXI 215. 218.

der Phantombildung nicht ohne Bedeutung ist: die Frage der Kleidung und des sonstigen sachlichen Zubehörs der Phantome. —
Eine Beteiligung des Mediums auch bei identifizierten Phantomen verrät sich schon in seiner Selbstbeobachtung. Das Medium weiß z. B. manchmal (auch wenn dies normal nicht möglich ist), welches Phantom im Augenblick gegenwärtig ist. Oder es weiß, welches Phantom eines Verstorbenen auftreten wird.

Das erstere hat Mrs. d'Espérance, falls wir ihr Zeugnis wörtlich nehmen dürfen, von der Gesamtheit ihrer Phantome behauptet, unter denen allerdings identifizierbare eine Minderheit gebildet zu haben scheinen. Angaben der letzteren Art dagegen finden wir z. B. bei der Palladino. Zu Lombroso sagte sie einmal, als dieser um ein vergleichsweise geringfügiges 'physikalisches Phänomen' bat: 'Daß du dich auf solche Kleinigkeiten versteifst! Ich vermag viel mehr: ich kann dir deine Mutter zeigen. Daran solltest du denken.' Worauf — eine halbe Stunde später, als auch Lombrosos 'lebhafter Wunsch' diese Richtung genommen — das oben beschriebene Phantom auftrat, das mancherlei sprach, den Forscher mit 'Cesare fio mio' anredete und ihn küßte.[1]

Ist das identifizierte Phantom vollkommen verwirklicht, so tritt gelegentlich die früher besprochne 'Gemeinschaft der Empfindungen' zwischen ihm und dem Medium in seltsamem Grade ein. Ich kann dies mit der bekannten Schilderung belegen, die Mrs. d'Espérances Tagebuch von ihrem subjektiven Erleben während des Auftritts des Phantoms 'Anna' entwirft, das wir (dem Gegner zuliebe) zu den identifizierten rechnen wollen, da es mit 'erregten Rufen: Anna, mein geliebtes Kind' begrüßt wurde.

'Jemand erhebt sich,' schreibt das Medium, 'und umschlingt die Gestalt... Ich fühle meinen Körper hin- und herschwanken, und alles wird finster vor meinen Augen. Ich fühle jemandes Arme um mich, obgleich ich allein auf meinem Stuhle sitze. Ich fühle jemandes Herz durch meine Brust schlagen. Ich fühle, daß etwas geschieht... Niemand beachtet mich. Aller Augen und Gedanken scheinen auf die weiße, schlanke Gestalt gerichtet zu sein, die dort steht, umschlungen von den Armen der beiden schwarzgekleideten Frauen... Es muß mein eigenes Herz sein, das ich so deutlich schlagen fühle. Aber diese um mich geschlungenen Arme? Sicherlich empfand ich nie eine Berührung deutlicher als diese. Ich beginne mich zu fragen, welches denn ich bin: die weiße Gestalt, oder die, die auf dem Stuhle sitzt? Sind es meine Hände, die sich um den Hals der alten Dame schlingen, oder sind es die, die auf meinen Knien liegen...? Sicherlich sind es meine Lippen, die geküßt werden. Es ist mein Gesicht, das von den Tränen naß ist, die diese guten Frauen so reichlich vergießen. Aber wie kann das sein? Es ist ein gräßliches Gefühl, seine eigene Identität in dieser Weise schwinden zu fühlen.'[2]

In diesen Äußerungen will übrigens Baerwald ein unwillkürliches und

---

1) Lombroso 90.   2) d'Espérance 340 ff.

psychologisch merkwürdiges Zeugnis für ahnungslosen Medienbetrug erblicken. Er nimmt an, daß hier und in ähnlichen Fällen das 'Medium im Zimmer umherwandelt, als sei es ein Geist, ... und alles das geschieht vollkommen gutgläubig, weil das Wachbewußtsein des Mediums gar nicht den Eindruck hat, daß es selbst mit diesen 'Geistern' identisch sei, vielmehr redet es sich ein, es stehe als Zuschauer daneben oder befinde sich sogar an einer ganz andren Stelle.' Es herrsche eben hier eine 'weitgehende Persönlichkeitsspaltung bei gleichzeitiger Anwesenheit beider Seelenhälften'. Mrs. d'Espérance habe also nur **geglaubt**, auf einem Stuhl zu sitzen, während sie in Wahrheit den 'Geist Anna' personierte; sie sei 'zu objektivem Betrug gedrängt' gewesen und habe doch 'keine Ahnung davon' gehabt, daß sie betrog, weil sie ihre 'Handlungen in völliger Verzerrung erblickte.'[1]

Wir lesen dies mit einigem Staunen, denn wir entsinnen uns ja, daß Mrs. d'Espérance während ihrer Materialisationen mehr oder minder wach bewußt zu sein und demgemäß auch die Phantome selbst zu beobachten pflegte. In der Tat enthält ihr 'Tagebuch'-Bericht unmittelbar vor dem oben Mitgeteilten die Angabe, daß sie **außerhalb des Kabinetts zwischen zwei ihr sehr willkommenen Kindern** gesessen habe, 'die mit einander und mit mir wie ein kleines Paar Elstern schwatzten;' daß sie die Zeit auf einer Uhr im Zimmer habe ablesen können, daß sie sich verschiedener Gegenstände u. a. an einen Sitzer entledigt habe, daß ihr das gute Singen aufgefallen sei usw. Nach zwei sehr lebendigen und von Mrs. d'Espérance genau beobachteten und geschilderten Materialisationen tritt nun jene 'Anna' auf, und es setzt die obige merkwürdige Schilderung medialer Empfindungen ein. 'Niemand (schreibt das Medium) ist mir nahe, außer den beiden Kindern, niemand beachtet mich,' usw. wie oben angeführt. Wir sehen also, daß das Medium noch **völlig offen dort sitzt**, wo es zu Beginn der Sitzung Platz genommen und wo es an sich sehr wohl hätte 'beachtet' werden können: nämlich **vor dem Kabinett zwischen den Kindern**. Wie will Baerwald diese Tatsache mit seiner spaltungspsychologischen Auslegung vereinbaren, der jene doch schneidend widerspricht? Ich bedaure, es ohne Umschweif sagen zu müssen: er beseitigt die unbequeme Tatsache durch eine Fälschung des Wortlauts. Aus dem Satze 'Niemand ist mir nahe außer den beiden Kindern' **streicht er die vier letzten Worte**. Vielleicht versehentlich? Und nur zufällig gerade die einzigen unerwünschten Worte? Dies hieße leider dem Zufall allzu viel zuschreiben. Baerwald kürzt nämlich Mrs. d'Espérances Bericht noch an fünf anderen Stellen. Jede dieser belanglosen Kürzungen gibt er gewissenhaft durch Punkte (...) an. Einzig bei der vorteilhaften Kürzung tut er dies nicht. —

Die beschriebene Empfindungsgemeinschaft nun zweier Wesen könnte natürlich den Gedanken nahelegen, daß das vorübergehend vorhandene dem dauernd vorhandenen gänzlich 'entstamme'; wird doch die gleiche Gemeinschaft auch bei Materialisationen beobachtet, zu

---

1) Baerwald 152 ff. Vgl. o. S. 106 f.

Erledigung von Bedenken

deren spiritistischer Auffassung nichts verleitet. Und doch ist dieser Schluß durchaus nicht zwingend. Zunächst sind Beobachtungen von Empfindungsgemeinschaft keineswegs die Regel. In der eben angeführten Sitzung der Mrs. d'Espérance trat sie nur bei einem von vier Phantomen auf. Und auch bei andern Phantomen weiterer Sitzungen hat dies Medium nichts Ähnliches erlebt. Das Gleiche gilt von zahlreichen anderen Medien, deren Phantome von ihnen seelisch völlig 'abgeschlossen' erscheinen, und die auch — um dies gleich mit zu erwähnen — keineswegs wissen, welches Phantom demnächst auftreten werde, oder welches augenblicklich anwesend ist. Es dürfte danach richtiger sein, solche Zusammenhänge des Empfindens und Wissens bloß als gelegentliches Nebenerzeugnis der Mitwirkung des Mediums bei der Verwirklichung des Phantoms zu betrachten, als Ausdruck einer Einfühlung des Mediums in das Phantom, die nicht das Geringste gegen ihre völlige personhafte Sonderung beweist. Ich habe schon bei der früheren Erwähnung der 'Synästhesie' auf ähnliche Beobachtungen der Hypnotik verwiesen. Ältere und neuere Forschung ist immer wieder auf die Tatsache gestoßen (an der m. E. garnicht zu zweifeln ist), daß häufig zwischen Hypnotiseur und Versuchsperson, zwischen 'Magnetiseur' und 'Somnambuler' ein Zusammenhang des Empfindens und Wissens besteht,[1] bei dem (was wohl zu beachten ist) der vollwache Versuchsleiter die Rolle des Phantoms, nämlich des Übertragenden, und das abnorm-bewußte Subjekt diejenige des Mediums, also des Empfangenden, übernimmt. Ist es aber sinnlos, aus diesem Grunde die persönliche Sonderung der beiden am Versuch Beteiligten zu leugnen, wie könnten wir aus dem ähnlichen Verhältnis zwischen Medium und Phantom einen Beweis für die seelische Erzeugung des letzteren durch jenes gewinnen wollen?

Neben diesen Bedenken aus der Selbstbeobachtung des Mediums sind andere zu erwägen, die schon durch die äußere Beobachtung den Anwesenden aufgedrängt werden und nicht einmal der Bestätigung durch das Medium bedürfen. So gehen auch der Erzeugung eindeutig identifizierter Phantome zuweilen starke physiologische, besonders auch motorische Erregungen des Mediums voraus oder parallel, die ihm eine wesentlich schöpferische Rolle dabei zuzuschieben scheinen. Die Tatsache ist schon früher flüchtig gestreift worden,[2] und ich will sie hier nur noch an einem besonders eindrucksvollen Beispiel erhärten.

Es handelt sich um eine Mirabelli-Sitzung, die um 9 Uhr Vorm. unter dem Vorsitz des Dr. Estanislau de Camargo und in Anwesenheit u. a. der Drs. J. F. Schmidt und Alberto Ribeiro abgehalten wurde. — 'Mirabelli sitzt [offen

---

1) vgl. o. S. 188f.   2) vgl. o. S. 179. 188.

vor den Anwesenden] auf seinem Stuhl. Er erblaßt tief. Seine Augen sind herausgetrieben, er windet sich, röchelt, als drosselte ihn jemand an der Gurgel. Allmählich tritt ein Tieftrans ein, und das Medium fällt in eine wahre Lethargie, die von heftigen klonischen Zuckungen unterbrochen ist. Temperatur 36,2, Puls 128... Die Pupillen sind erweitert, die Augen glasig, die Haut völlig unempfindlich. Starker Ausbruch kalten Schweißes. Offensichtlich werden an die Kräfte des Mediums die höchsten Ansprüche gestellt... Plötzlich hört man auf einem Tisch im Saale drei Schläge, und eine kindliche Stimme ruft: Papa! — Dr. Ganymedes de Sousa, einer der Anwesenden, erklärt mit verhaltener Stimme, daß er die Stimme seines Töchterchens erkenne, das in der Bundeshauptstadt einer Grippe-Epidemie zum Opfer gefallen ist. Während alle in höchster Bestürzung warten, sieht man inmitten des Kreises, ohne es sich erklären zu können, an der Seite des Mediums die Gestalt eines Mädchens erscheinen. Der Vater, kaum seinen Sinnen trauend, verläßt den Kreis, geht dem Kinde entgegen, indem er es als seine Tochter anruft, und schließt es lange in die Arme... Unter Schluchzen und Tränen versichert der Vater, daß er wirklich seine Tochter in den Armen halte und daß ihr Kleid dasselbe sei, worin sie begraben worden. Nur durch die Leichenfarbe unterscheide sie sich von der Lebenden. — Während dies vor sich ging, schien das Medium nahe daran, seinen letzten Atemzug zu tun: Mirabelli saß zusammengekauert da, wachsfarben, mit völliger Muskelerschlaffung, schwachem und pfeifendem Atem, ohne Puls. Die Anwesenden durchlebten Augenblicke der höchsten Anspannung der Aufmerksamkeit... Der Oberst Octavio Vianna, erregt und entschlossen, stand auf, um das Unglaubliche persönlich zu sehen. Er umfaßte das Geschöpf mit den Armen, fühlte ihm den Puls, schaute ihm in die tiefen und traurigen Augen, sprach zu ihm und erhielt Antworten in einer eintönigen und ausdruckslosen Stimme, ... aber voll guten Sinnes... Er kehrte völlig überwältigt auf seinen Platz zurück und versicherte, daß es sich wirklich um ein menschliches Wesen handle... Dr. de Sousa, immer noch die Tochter an seine Brust drückend, erinnerte sie an tausend Vorfälle ihrer Kindheit und intime Angelegenheiten und erhielt stets verständnisvolle Antworten.' — Die Erscheinung wurde aufgenommen, nachdem sie sich zu diesem Zweck den Armen ihres Vaters entwunden hatte.[1] Darauf erhob das Phantom sich in die Luft und bewegte sich darin in der Art eines Fisches, wobei die aufgestandenen Teilnehmer hinter der Erscheinung hergingen, die mit der Hand leicht zu erreichen war. Das Medium vollführte zu den Schwimmbewegungen des Phantoms gleichzeitige Bewegungen der Unterarme. Dieses verschwand plötzlich. 'Es war 36 Minuten lang bei vollem Tageslicht unter strengsten Bedingungen in einer Versammlung gebildeter Männer sichtbar gewesen, die sich alle davon überzeugten, daß sie ein vollkommen menschliches Wesen vor sich hatten... Mirabelli kam unter den Bemühungen der Anwesenden zu sich.'[2]

---

[1] Wiedergabe veröffentlicht.   [2] Mirabelli 55f. Auch ZP 1927 457f. (Bericht unterschrieben von 10 'Drs.', vermutlich zumeist Ärzten (nur einer bezeichnet sich als Rechtsanwalt).

Daß Mirabellis Verhalten seine wesentliche Beteiligung am Zustandekommen des Phantoms beweise, wird niemand bestreiten. Aber bedeutet diese Beteiligung notwendigerweise seine völlige 'Erschaffung' desselben, einschließlich der körperlichen Ähnlichkeit mit der Verstorbenen und ihrer seelischen Äußerungen? Davon kann natürlich keine Rede sein, auch wenn die Art der Beteiligung zunächst völlig undurchschaubar und mehrdeutig bleibt. Wir haben erst eben wieder am Tierphantom gelernt, die 'Komponente der Formung' beim Materialisationsvorgang von derjenigen der stofflichen Verwirklichung zu unterscheiden, und nichts hindert uns anzunehmen, daß auch die bloße Bestreitung der letzteren, also eine vergleichsweise äußerliche 'Beihilfe', sich in körperlichen Anzeichen von der bei Mirabelli beobachteten Heftigkeit äußern könne. Auch besagt es natürlich nichts gegen solche Auffassung, daß wir die gleichen heftigen Symptome zuweilen bei Materialisationen beobachten, die nicht zu spiritistischer Deutung verlocken. Hier wäre eben im äußersten Falle auch die formende Leistung ins Medium zu verlegen, die körperliche Erregung aber wieder aus der 'stofflichen Verwirklichung' herzuleiten. Zu dieser Auffassung berechtigt uns aber vor allem die Beobachtung, daß krasse Anzeichen dieser Art durchaus nur einen Sonderfall, ja vielleicht eine seltene Ausnahme bilden. Ich möchte es fast als meinen Eindruck bezeichnen, daß die Verwirklichung identifizierbarer Phantome im Durchschnitt unter ruhigeren Formen vor sich gehe, als die von nicht-identifizierbaren und insofern noch eher auf Schaffenskräfte des Mediums allein zurückführbaren. Frl. Tambke z. B. lag während ihrer massenhaften identifizierten Materialisationen in ruhigem Schlaf; nur selten scheint aus dem Kabinett ein Seufzen ertönt zu sein,[1] wie es ja auch der normal Schlafende zuweilen hören läßt. Eusapia lag gleichfalls in vielen ähnlichen Fällen ruhig schlafend vor dem Vorhang an der Brust der sie Überwachenden. Mrs. d'Espérance saß meist als stille und wache Mitbeobachterin außerhalb des Kabinetts. Und Ähnliches ließe sich bei Monck[2] und vielen anderen Medien identifizierbarer Phantome belegen. Man gewinnt also den Eindruck, daß die übermäßige körperliche Erregung gewisser Medien während der Phantomerzeugung auf persönlichen Sonderbedingungen beruhe, die eine ruhige Abgabe jener stofflichen und Bildungs-Beihilfen hindern, welche ja auch die spiritistische Theorie des Phantoms dem Medium zuschreiben muß.

Das andere äußerlich feststellbare Merkmal solcher Beihilfe liegt in der oft bemerkten, entweder teilweisen oder zeitweiligen Ähnlichkeit identifizierter Phantome mit dem Medium. Und zwar ist

---

[1] du Prel, Stud. II 278.   [2] z. B. Delanne II 526f.

diese Zeitweiligkeit anscheinend auch so zu verstehen, daß die Ähnlichkeit während eines Auftretens soz. kommt und geht.

Von den größtenteils identifizierten Phantomen der Münchner Tambke-Sitzungen bezeugt du Prel zusammenfassend: daß 'manchmal die Ähnlichkeit mit dem Medium vorhanden war, aber verschwand und der größten Unähnlichkeit Platz machte.' — Der Maler Halms-Nikolai — also ein Bildeindrücke besonders scharf erfassender Zeuge — sagt vom Phantom seiner Mutter, die sich u. a. durch Hindeuten auf einen gerade für sie bedeutungsvollen Ringstein identifizierte: daß 'die Ähnlichkeit im Gesichte schwand', während sie sich durch den zurückgeschobenen Vorhang gegen ihn vorbeugte; 'sie nahm etwas Ähnlichkeit mit dem Medium an, aber auch nur für kurze Zeit.' Und die Baronin Poißl bezeugt von einem Phantom, welches dem der vorzüglich erkannten Jugendfreundin Julie v. N. anscheinend unmittelbar vorausging: 'Der Figur nach hätte die Gestalt meine verstorbene Mutter sein können, die Gesichtszüge aber waren die des Mediums.'[1]

Es liegt auf der Hand, wie groß die Versuchung für den hastigen Zweifler sein muß, in solchen Angaben Hinweise auf Betrug zu sehen. Wer die Tatsachen genau kennt, wird von dieser Versuchung schwerlich auch nur berührt werden. Er weiß, daß solche dem Medium verdächtig ähnelnde, aber eben nur teilweise ähnelnde Phantome in einer Sitzung und unter den gleichen Betrug ausschließenden Bedingungen auftreten neben anderen, die keine Spur solcher Ähnlichkeit erkennen lassen; während das betrügerische Medium, falls es überhaupt seine Züge verbergen könnte, dies doch in allen Fällen täte und nicht nur in einzelnen. Er weiß ferner, daß jene zeitweilige Anähnlichung an das Medium auch bei Phantomen beobachtet wurde, die ihrer Beglaubigung nach zu den klassischen, auch wenn sie nicht zu den identifizierten gezählt werden dürfen; wobei natürlich zu überlegen ist, daß Nicht-Identifiziertheit keineswegs Nicht-Identifizierbarkeit überhaupt bedeutet.

'Katie King' ist das bekannteste Beispiel hierfür. Crookes selbst, ihr größter Beobachter, hat ihre sehr bedeutenden körperlichen Abweichungen vom Medium aufgezählt: unverletzte Ohrläppchen statt durchbohrter, Finger von anderer Länge, abweichende Gesichtsbildung, das Fehlen einer Halsnarbe, die Miss Cook besaß, usw.[2] Und doch haben sich Beobachter von Rang davon überzeugen können, daß 'Katie' zu Zeiten in wechselndem Maß eine Ähnlichkeit mit dem Medium annahm. Mr. Enmore Jones z. B. stellte solche bezüglich der Tönung der Haut, der Art sich zu bewegen und der Klangfarbe der Stimme fest.[3]

Beweist nun solche Ähnlichkeit den restlosen Ursprung des Phantoms aus dem Medium? — Zunächst ist ja festzuhalten, daß diese pro-

---

1) du Prel, a. a. O. 282. 284. 285.   2) Delanne II 493. 497f.   3) das. 726 (Prinz Sayn-Witgenstein).

Erledigung von Bedenken

blematische Ähnlichkeit überhaupt nur bei einer kleinen Minderheit aller echten Phantome beobachtet worden ist; der überwältigenden Mehrheit fehlt sie völlig. Aber wäre auch ein geringes Maß von Ähnlichkeit bei genauester Prüfung in schlechthin jedem Falle festzustellen, — könnte die Tatsache eine so umfassende Lehre tragen, wie die animistische Deutung der gesamten Phantomatik, trotz aller aufgewiesenen Schwierigkeiten? Ich glaube: keineswegs. Wir brauchten bloß in Fällen von Medien-Ähnlichkeit identifizierter Phantome eine Einmischung bildnerischer Zielvorstellungen des Mediums anzunehmen, die Mitbeteiligung einer 'animistischen Komponente', die das Ergebnis leicht abbiegt, seinen wesentlichen Herkunftssinn aber unberührt läßt.[1] Es erscheint mir sogar leidlich naheliegend, dies zu erwarten. Nimmt der Verstorbene ein Medium irgendwie in Anspruch, um seine eigene Gestalt zu verwirklichen, vermöge eines bildgeleiteten Formwillens, einer 'ideoplastischen Entelechie', so erscheint es beinahe wahrscheinlich, daß dadurch die entsprechende 'seelische Gegend' des Mediums in 'Miterregung' geraten und ihre Beteiligung eine Mischung von Ähnlichkeiten zuwegebringen werde, wie wir sie ja in den Ähnlichkeitsbeziehungen fast jedes Kindes zu beiden Eltern täglich beobachten. Am wenigsten, scheint mir, dürfte dabei die rein seelische Persönlichkeit solchen Beimischungen ausgesetzt sein, und wir würden danach erwarten, daß, wenn die gleiche Phantompersönlichkeit sich durch mehrere Medien verwirklicht, sie allenfalls gewisse körperliche Ähnlichkeiten mit jedem von diesen aufweisen, geistig dagegen stets nur sich selber gleichen werde. Es ist immerhin beachtenswert, daß genau dieses Verhältnis als beobachtet behauptet wird.[2]

Die letzten Ausführungen scheinen eine bestimmte Theorie des identifizierten Phantoms vorauszusetzen, nämlich die ideoplastische. Doch will ich damit keineswegs den Eindruck erwecken, als hielte ich sie für die einzige, die dem spiritistisch deutbaren Vollphantom gewachsen ist. Auch mit der 'Präformations-Theorie' hat man die Tatsache der Ähnlichkeit von Phantom und Medium zu versöhnen gesucht, indem man den 'fluidischen' Körper des Geistes durch das 'Kraftfeld' des Mediums Abwandlungen erfahren ließ.[3] Wir werden, bei unsrer großen Unwissenheit, diese altehrwürdige theoretische Alternative nie aus den Augen verlieren dürfen, für die ja — gerade auf den ersten Blick — so vieles spricht und auch 'Stimmen von drüben' sich einsetzen.[4] Allerdings würden wir sie in jedem Fall auch gegenüber identifizierten Phan-

---

[1] Delannes Ableitung solcher Ähnlichkeit aus der Herkunft der verwendeten 'Materie' aus dem Medium ist fraglos ein grober Irrtum (II 323). Der Nachdruck liegt natürlich auf dem bildnerischen Faktor des Vorgangs. (So auch du Prel, aaO. 280f.)   [2] Brackett 42. Vgl. auch Aksakow 185.   [3] So verstehe ich Delanne II 725.   [4] Ohlhaver I 143.

tomen schwerlich ohne gewisse Zugeständnisse an den Begriff der Ideoplastik durchführen können; falls nämlich die häufig behauptete Tatsache einer gewissen Mehrformigkeit oder 'Polymorphie' des einzelnen Phantoms sich als richtig erweist; d. h. das Erscheinen desselben Phantoms zu verschiedenen Zeiten in abgewandelter Gestalt: etwa entsprechend verschiedenen Lebensaltern seines verflossenen irdischen Daseins.[1] Auch die gelegentliche Behauptung 'von drüben', daß 'besondere Kennzeichen' (im früher besprochnen Sinne) etwa nur zum Zwecke der Identifizierung 'angenommen' würden, dem 'verklärten Leibe' aber nicht mehr anhafteten, erfordert offenbar ideoplastische 'Ergänzungen' einer Theorie des fluidischen Körpers. Damit wäre freilich die Einheitlichkeit der Theorie in einer wissenschaftlich bedauerlichen Weise durchbrochen. Und ist einmal eine gewisse Erschaffung von Gewebeformen — unter dem Antrieb einer Zielvorstellung! — zugestanden, so kann natürlich grundsätzlich auch die völlig durchgeführte Form der ideoplastischen Deutung spiritistischer Phantome nicht mehr abgelehnt werden.

17. Die Kleidung der Materialisation

Diese kaum zu überwindende theoretische Zweideutigkeit wiederholt sich nun schließlich angesichts jener seltsamen Besonderheit menschlicher Materialisationen, die wir bisher immer stillschweigend hinnahmen, obwohl sie doch ein sehr aufdringliches Problem enthält: ihrer Bekleidung. Ein Problem: denn sowohl die Theorie der ideoplastischen Urzeugung als auch die der Sichtbarmachung eines fluidischen Leibes könnte die Erwartung begründen, daß das Phantom nackt auftreten werde. Unbekleidete Phantome aber sind von äußerster Seltenheit. Und wenn wir Mrs. d'Espérances 'Walter' glauben dürften, daß er sich, trotz des starken Wunsches, nicht habe zeigen können, weil er die anwesenden Damen nicht durch Nacktheit verletzen wollte, und doch noch nicht die Kunst besaß, sich Kleider zu beschaffen,[2] — so hätten wir nicht nur ein lobenswertes Motiv für die ständige Bekleidung des Phantoms entdeckt, sondern eigentlich auch schon ein Argument gegen ihre Präexistenz. Indessen liegt ein anderes, weniger gefühlsmäßiges Motiv sehr viel näher. Die Tatsache, daß diese Bekleidung fast immer leuchtend weiß ist, hat zur Vermutung geführt, daß sie dem Phantom beim Verlassen des Dunkelkabinetts einen Schutz

---

1) S. z. B. Brackett 19; Geley 260; Delanne II 318; PS XXXIV 716; ÜW IV 77.
2) d'Espérance 244.

gegen das leicht schädigende Licht des Sitzungsraumes gewähren soll,[1] so schwach dies meist auch sein mag. Der Gedanke, daß die Ausbildung des Phantoms, wie jeder Keimvorgang in der Natur, des schützenden Dunkels bedarf, ist gerade von biologisch geschulten Materialisationsforschern oft ausgesprochen worden.[2] Selbst der Kopf der Phantome, wiewohl für den Verkehr mit den Lebenden und zur Selbstidentifizierung (nächst den Händen) am reichlichsten entblößt, ist meist so weit als möglich mit Hüllen umgeben. Aber — und das erscheint in mehr als einer Hinsicht bedeutsam — diese Stoffe sind sehr wechselnd in Art und Beschaffenheit.

'Jene Zuschauer', sagt du Prel von den Münchener Tambke-Sitzungen, 'die zu den Phantomen traten, beobachteten, daß die Stoffe im Gewebe und in der Feinheit je nach dem Phantom verschieden waren. Auch waren die Phantome verschieden drapiert; die Kopfteile zeigten sich entweder wie von einer Haube umschlossen oder lose umwunden oder verschleiert; die Ärmel eng oder weit.'[3] — Ganz das gleiche hatte vorher schon Herr Ohlhaver festgestellt. 'Die weiße Kleidung', schreibt er von seiner ersten Sitzung, 'war bei allen materialisierten Gestalten nicht allein in der Anordnung verschieden, sondern der weiße Stoff war bei jeder Gestalt anders, zarter oder gröber, weicher oder härter. Das war mir in der ersten Sitzung schon aufgefallen, und das fand ich später hundertfältig bestätigt.'[4] Ein Umstand, der allein schon die betrügerische Erzeugung der Phantome widerlegen kann; denn wie viel Stoffe soll ein Medium schließlich 'einschmuggeln'?

Aber auch bei demselben Phantom besteht die Gewandung nicht immer aus dem 'gleichen' Stoffe. Zuweilen scheint der Unterschied nur von wechselnden Graden der Verdichtung abzuhängen. 'Katie King' z. B. 'reichte in einer Sitzung etwas zum Anfühlen hin mit den Worten: 'Fühlt dieses, es ist Geistergewebe'. Als man es durch die Finger zog, fühlte es sich an wie Spinneweben; feine Seide war grob und rauh dagegen. 'Nun fühlt es materialisiert', fuhr sie fort, und jetzt fühlte es sich an wie ein dichter, gewebter Stoff.' Nach andern Angaben scheinen sich die wechselnden Eigenschaften des Stoffes auf verschiedene Auftritte dieses Phantoms verteilt zu haben. 'Katie,' behauptet Mrs. Marryat, 'war stets mit einer weißen Gewandung bekleidet, aber diese wechselte in der Beschaffenheit. Zuweilen hatte sie Ähnlichkeit mit Flanell, bei andern Gelegenheiten mit Musselin oder Jakonet, am häufigsten glich sie einer Art Tüll aus dichter Baumwolle.'[5] Wobei wir nicht vergessen dürfen, daß diese Angaben aus Frauenmund und soz. von Frauenhand kom-

---

1) Vgl. o. S. 116 und Bates 21; Ohlhaver I 142. 2) z. B. Gruber, Okkult. 86f.
3) Stud. II 277. 'Zu solcher Maskerade dürften, gering angesetzt, 20 Meter Stoff nötig gewesen sein. Wer nun glauben kann, das Medium hätte diese an sich verbergen können [trotz der Entkleidung durch mehrere Damen] oder sie wären trotz der Überwachung des [Sitzungsraums] hineinpraktiziert worden, mit dem ist nicht weiter zu streiten.' 4) Ohlhaver I 140.
Vgl. PS XXI 340 ('florähnlich, durchsichtig'); Gruber, Erk. 255 ('spinnwebartig'); du Prel, Stud. II 285 ('gelblicher, auch dichter im Gewebe'). Bez. Stoffüberzug über in Ton sich abdrückenden 'Händen' und 'Köpfen' vgl. Acevedo II 250ff.; PS XXXII 702 (Dr. Gellona); XIX 558. 5) Marryat, Death 143.

men. — Eine andere Dame von Welt und Geschmack verzichtet sogar auf jeden Vergleich: 'Ich faßte diesen Stoff an,' schreibt Miss Bates, 'und hielt ihn in meinen Händen. Er hatte Körperlichkeit, war aber wie Spinnweben und ganz unähnlich irgendeinem Gewebe, das ich je in einem Laden gesehen.'[1] — Ein Stück 'Geisterdraperie' bei Katie King ist angeblich sogar (von Miss Douglas) einer Fachhandlung — Messrs. Howell & James — vorgelegt worden mit dem Wunsch, ihr desgleichen zu liefern; aber die Herren 'sagten ihr, daß sie das nicht könnten und den Stoff für ein chinesisches Erzeugnis hielten.'[2]

Diese Begutachtung wurde ermöglicht durch eine Tatsache, die durch ihre Beglaubigungen ebenso merkwürdig ist wie durch ihre Ausnahmen: von Phantomgewändern sind ziemlich häufig Stücke abgeschnitten worden, und diese haben sich zuweilen, wenn nicht unbegrenzt, so doch länger gehalten, als die Gestalten, denen sie entstammten.

Von einem Gewandstück, welches das Phantom der 'Mutter' des Herrn v. Arnhard sich an 'genau bezeichneter Stelle' abschneiden ließ, nachdem sie Hrn. Ohlhaver zu diesem Zweck herangewinkt, schreibt der Sohn, daß er es noch aufbewahre. 'Der Stoff des [vorher zum Winken benutzten] Sacktuches schien mir so fein wie Spinnengewebe; der des Kleides ungemustert, gröber und weniger prachtvoll als der, den das Phantom meiner Schwiegermutter trug.'[3] Auch Hr. Ohlhaver sagt, daß die abgeschnittenen Stücke der Gewandung der Tambke-Phantome sich 'meistens dauernd' erhielten.[4] Und das gleiche gilt von denen der Mrs. d'Espérance. Hofrat Seiling, der einem derselben in Helsingfors ein Stück des Schleiers entnahm, beschreibt es nach mikroskopischer und chemischer Untersuchung als 'weißen Krepp von äußerster Feinheit und reiner Seide'. Er konnte noch längere Zeit danach Aksakow eine Probe vorlegen.[5]

Andere abgeschnittene Proben dagegen — und dies trägt natürlich viel zur Beglaubigung ihrer abnormen Herkunft bei — lassen sich nicht aufbewahren; sie 'verschwinden', 'lösen sich auf', früher oder später.

Hr. Ohlhaver z. B. berichtet, daß die oben beschriebene Materialisation seines Vaters ein etwa 25 cm im Geviert messendes und 'ungewöhnlich weich und zart' sich anfühlendes Tuch einem der Teilnehmer in die Hand gelegt und diese dann 'zugedrückt' habe. 'Dieser Teilnehmer hielt die Hand fest geschlossen, so daß das Tuch ihm nicht entzogen werden konnte. Auch die zunächst sitzenden Teilnehmer befühlten das Tuch. Es wurde dem Augenschein und dem Gefühl nach immer winziger und war der geschlossenen Hand nach ungefähr einer halben Minute restlos entschwunden.'[6] Während einer der Livermoreschen Sitzungen, der außer diesem auch Dr. Gray beiwohnte, wurde die Erlaubnis zum Abschneiden eines Stücks der Gewandung des

---

1) Bates 22. 2) Nach W. H. Harrison bei Fournier d'Albe 286. 3) du Prel, Stud. II 288. 4) Ohlhaver I 141. 5) Aksakow, Cas. 72. Vgl. PS XXI 340. 394f. 6) Ohlhaver I 134; vgl. 141.

Phantoms erteilt. Beide Herren machten davon Gebrauch. 'Eine Zeitlang war das Gewebe fest, so daß man daran ziehen konnte, ohne es zu zerreißen. Sie hatten beide Zeit, es sorgfältig zu untersuchen, ehe es dahinschmolz.[1] Man wird, besonders durch Ohlhavers Bericht, an die festumklammerten Phantomhände erinnert, die sich nicht dem Griff entziehen, sondern in nichts auflösen. Im übrigen sind wir ja diesem Hinschmelzen von 'Geisterstoff' auch an nicht abgeschnittenen Gewandungsteilen schon begegnet: ich erinnere z. B. an die 'Schleppen', die in den Tambke-Sitzungen unter dem Vorhang des Kabinetts hervorragten, nachdem das Phantom sich zurückgezogen hatte, und die nicht 'hineingezogen', sondern 'immer winziger und durchsichtiger' wurden, bis sie sich schließlich 'gänzlich auflösten', wie 'eine Dampfwolke oder schmelzender Schnee'.[2]

Die Tatsache der Bekleidung von Phantomen dürfte den Meisten ein Argument gegen die Präexistenz des Phantoms insgesamt zu liefern scheinen. Man geht dabei von der Annahme aus, daß es sinnlos sei, in der Welt der Unsichtbaren auch noch Kleider (und sonstige Dinge) bestehen zu lassen, die bei der Materialisation durch Verdichtung lediglich sichtbar zu machen wären. — Nun, so ohne weiteres selbstverständlich ist dies alles doch nicht. Der Begriff einer unsichtbaren Welt, bestehend aus den 'feineren', 'ätherischen Ebenbildern'[3] — am Ende gar — aller Dinge der Welt hat bekanntlich eine ziemliche Geschichte. Aber auch abgesehn von aller Empfehlung durch Herkommen, wird man gestehen müssen, daß er für den, der erst einmal den Gedanken einer feineren Leiblichkeit des Menschen und der Tiere 'verdaut' hat, viel von seiner Seltsamkeit verlieren müßte. Tatsächlich fehlt es nicht an Behauptungen 'sensitiv' Veranlagter, daß sie die 'Duplikate' in den Dingen sehen könnten. Was insbesondere die 'Geister' von Kleidern betrifft, so ist auch auf Angaben zu verweisen, wonach die gelegentlich aus dem Medium hervortretenden Gliedmaßen — also das 'Doppel' seiner normalen? — sich bekleidet gezeigt hätten. Der oben erwähnte 'dritte' Arm der Eusapia, der ein Glas Wasser an ihren Mund führte, war 'bedeckt mit einem dunklen Ärmel',[4] wobei wir wohl annehmen dürfen, daß das Medium ein dunkles Kleid trug. Auch bei dem vielseitig medialen W. St. Moses beobachtete man zuweilen 'Phantomarme und -hände, die eine Verdoppelung der Arme des Mediums, der Rockärmel, Hemdmanschetten und alles übrigen darstellten und sich gewöhnlich, von der Schulter ausgehend, oberhalb der wirklichen Arme hinausstreckten.'[5] Außer solchen seltenen und auch wohl weiterer Bestätigung bedürftigen Beobachtungen ist aber nichts mehr an Erfahrungsgründen für die Annahme einer unsichtbaren Dingewelt anzuführen.

---

1) Owen, Deb. L. 397.   2) Ohlhaver I 128f.; du Prel, aaO. 283.   3) *counterparts.*   4) APS VI 100.   5) Myers II 546; vgl. allenfalls Aksakow 121 (aus Sp 1875 I 151).

— Behauptungen zwar — besonders 'von drüben her' — über eine solche Welt sind, wie wir noch hören werden, im Überfluß gegeben; aber auch in ihnen scheint mir die Lehre von der gedanklichen Erschaffung der 'Dinge' und insbesondere auch der 'Kleider'[1] durchaus vorzuherrschen. Überdies ist die Möglichkeit nicht zu vergessen, daß die angeblich beobachteten 'Duplikate' von Kleidern, wie etwa in Moses' Fall, in Wahrheit ideoplastische Zusatzerzeugnisse des Augenblicks gewesen seien. Einer der eindeutigsten Vertreter der Lehre vom Astralkörper, S. J. Muldoon, hat die Überzeugung geäußert, daß häufig während der Hinausversetzung dieses Leibes (die er, wie wir wissen, zahllose Male erlebt hat) aus der 'Aura' desselben, zuweilen in einem Augenblick, entsprechend den Vorstellungen des Austretenden eine Gewandung geschaffen werde. Geschehe dies nicht, so sei der Astralkörper nackt.[2]

Stehen also schon die, die es 'eigentlich wissen müßten', vorwiegend auf der Seite der ideoplastischen Theorie der 'Kleidung', so sprechen die äußern Beobachtungen in Sitzungen erst recht zu ihren Gunsten. Schon eine bestimmte Art von Mehrformigkeit der Gewandung ließe sich hier anführen.

Brackett berichtet, das Phantom seiner Nichte, das stets 'in einem sehr schönen leuchtenden Gewande' erschienen war, sei bei einer Gelegenheit in einem 'schwarzen Kleide' aufgetreten. Auf seine Enttäuschung darüber habe sie zunächst mit einem erklärenden Scherz geantwortet; dann aber, während er und sein Freund sie betrachteten, 'verschwand das schwarze Kleid in einem Augenblick, und sie stand strahlend in ihrem schönen Gewande vor uns.'[3]

Die stärksten Gründe jedoch liefern die zahlreichen Beobachtungen der eigentlichen Erzeugung übernormaler Gewandstoffe selbst.

So schildert Dr. Gibier die Erschaffung von Stoffen durch das Phantom 'Lucie' wie folgt: 'Die Gestalt bewegt sich ... auf Mme D. zu und beugt sich über sie. Sie ergreift ihre Hände, deren Innenfläche sie nach oben kehrt, und bläst darauf. Im selben Augenblick und wie unter dem magischen Einfluß dieses Hauches erhebt sich eine Flut von Spitzen (oder von Tüll) aus den Händen der Mme D. und breitet sich über unsern Köpfen aus, während wir den starken, regelmäßigen, ununterbrochenen Atem hören, ... mindestens 30 Sek. lang. Mme D. sagt uns, daß sie diesen Atem auf den Händen und im Gesichte fühle. Die Gestalt nimmt den Schleier in ihre Hände, hebt ihn über ihren Kopf, wo er sich zu verdichten scheint, breitet ihn aus und bedeckt uns buchstäblich mit dieser wogenden Wolke leichten Gewebes.'[4]

---

1) Thomas, Life 128. 156. Weiteres im IX. Abschnitt.   2) Muldoon 208 ff. Vgl. Julia 37 f. Erschaffung zwecks Identifizierung behauptet: Bozzano, A prop. 161. — Ich übergehe die fast aussichtslose Theorie des 'Apports' wirklicher Kleidung.   3) Brackett 20.
4) PS XXVIII 517.

Die Kleidung der Materialisation

Die Beschreibungen verschiedener Zeugen ähneln sich verblüffend und stützen einander infolgedessen unverkennbar. Miss Bates schreibt von einer Sitzung mit Mrs. Cadwell in Newyork, bei der die 'Tochter' eines der Anwesenden erschien: dieses Phantom habe sie gebeten, heranzukommen und ihr bei der Materialisierung ihres weißen Schleiers zu helfen. 'Ich stand dicht über sie gebeugt und hielt mein eigenes Kleid hin, und während sie ihre Hände hin und her rieb, kam eine Art weißer Spitzen oder [weißen] Netzes, wie ein Schaum, aus ihnen hervor und lag auf meinem Kleide, das ich zu ihr emporhielt.' (Es war dieser 'spinnewebige' Stoff, den Miss Bates mit keinem andern zu vergleichen wußte. — Das Phantom trug dabei ein enganliegendes ärmelloses Gewand.)[1]

Ich schließe, um dann zu einigen Erwägungen überzugehn, mit einer sehr ähnlichen Schilderung Bracketts nach einer seiner Sitzungen mit Mrs. Fay.[2] Das Phantom seiner Nichte Bertha, das er um 'etwas Bedeutsames' gebeten hatte, da es ihm im Augenblick besonders kräftig zu sein schien, 'führte mich in die Mitte des Zimmers, schaute mir lächelnd ins Gesicht und sagte: 'Ich will dir zeigen, wie wir die Gestalten im Kabinett bekleiden.' (Sie hatte mir wenige Augenblicke zuvor erklärt, daß die Gestalten zuerst materialisiert und dann mit Stoffen umwoben würden.) Sie streckte ihre [bis zu den Schultern] nackten Arme[3] aus, drehte sie so, daß jedermann sehen konnte, sie habe nichts in den Händen, legte ihre Handflächen an einander und rieb sie, als rolle sie etwas zwischen ihnen. Sehr bald glitt ein Stoff, gleich weißen Spitzen, aus ihren Händen herab. Sie fuhr damit fort, bis mehrere Ellen desselben auf dem Teppich lagen, ... hob dann das Gewebe auf und machte daraus einen langen Rock um mich herum, welcher ohne Naht zu sein schien. Darauf aufmerksam gemacht, daß die Ärmel fehlten, griff sie meine Arme nach einander auf und materialisierte Ärmel darüber.' Zuletzt 'nahm sie mir den Rock ab, rollte ihn dicht zusammen, bearbeitete ihn einige Augenblicke — und er war verschwunden.'[4]

Es wäre wohl läppisch, sich darauf zu berufen, daß diese Schilderungen an gewisse Leistungen unsrer Zauberkünstler erinnern und überdies größtenteils von Zeugen ohne wissenschaftlichen Rang und Ruf herstammen. Ich glaube nicht, daß durch solche Ausflüchte etwas zu gewinnen ist. Die Tatsache der Materialisation steht nun einmal fest. Aber selbst die bestbeglaubigten Phantome zeigen sich bekleidet; diese Kleidung muß irgendwelchen Ursprung haben, und wir können es nur als Erleichterung empfinden, wenn einzelne Phantome, die schließlich sonst in allem den bestbeglaubigten gleichen, uns einen Blick in das Rätsel dieser Zutat gewähren. Auch geht ja diese seltsame Erzeugung von Stoffen nicht entfernt unter den Bedingungen vor sich, die der Zauberkünstler mindestens fordert. Schon die Untersuchung von Raum

---

1) Bates 21 f. Vgl. o. S. 302. 2) Über ihre Beglaubigung durch Crookes s. die törichte Verdächtigung bei Podmore, Spir. II 157 ff. 3) 'So daß jede Möglichkeit einer Täuschung ausgeschlossen war', sagt Brackett. 4) Brackett 26 f.; vgl. 32.

und Medien vor und nach der Sitzung schließt die betrügerische Beschaffung der gezeigten Stoffmassen meist völlig aus. Es ist natürlich unleugbar, daß wir die Erzeugung der Stoffe nicht entfernt bei allen Materialisationen beobachten; aber abgesehen davon, daß sie zumeist ins Kabinett zu verlegen ist, erinnere ich auch daran, wie sehr gewisse Beschreibungen der Phantombildung den Anschein erweckten, als erfolge diese innerhalb einer Masse wie mit Händen bewegten 'Nebels', aus dem sich dann auch die Gewänder — als Lichtschutz für alles Weitere — zu bilden scheinen.

Im übrigen besitzen wir Berichte über gewisse Sonderfälle von Gewebeherstellung, die wohl die Glaubhaftigkeit der vorstehenden noch weiter erhöhen können. Ich meine die bekannten und seltsam übereinstimmenden Beschreibungen der Ausbesserung zerschnittener Phantomgewandungen. Hier setzt sich sogar das mehrfache Zeugnis von Crookes ein.

Nachdem er selbst ein Stück aus dem Saum von 'Katie Kings' Gewand geschnitten hatte, forderte er sie auf, dieses wieder 'ganz' zu machen. Darauf habe Katie den verletzten mit einem andern Teil des Gewandes bedeckt. und schon nach 3—4 Sekunden habe er (Crookes) durch Prüfung sich überzeugen können, daß die Schnittwunde verschwunden war.[1]

Einige Abweichungen und eine beträchtliche Größensteigerung der Leistung enthält der folgende Bericht des Mr. W. H. Harrison, den man als guten Zeugen bezeichnen darf: 'Katie saß auf dem Fußboden außerhalb des Kabinetts, an ihrer Seite Mr. Crookes, an der andern Mr. Tapp, beide dicht bei ihr... Katie schnitt etwa ein Dutzend Stücke aus dem untern Teil des Saumes ihres weiten Gewandes und machte sie mehreren Beobachtern zum Geschenk; große Löcher blieben im Gewande zurück, einige davon groß genug, um eine geballte Faust hindurchzustecken.' Harrison, einem Einfall folgend, bat sie darauf, die Schäden des Stoffes wieder zu heilen. 'Kaum hatte ich diese Bemerkung gemacht, als sie ruhig den durchlöcherten Teil ihres Gewandes mit einem andern Teil desselben, der von Löchern frei war, bedeckte und dann wieder enthüllte, was bei ihren ruhig langsamen Bewegungen kaum mehr als 3—4 Sekunden in Anspruch nahm. Der Gewandsaum war plötzlich völlig heil, — nicht ein Loch war zu sehn. Mr. Crookes fragte, ob er ihn prüfen dürfe, und sie willigte ein; er zog den untern Rand des Gewandsaums Zoll für Zoll durch seine Hände, prüfte ihn genau und bezeugte, daß weder ein Loch, ... noch eine Naht irgendwelcher Art vorhanden war. Mr. Tapp erbat hierauf die gleiche Erlaubnis, und nach langer sorgfältiger Prüfung gab er dasselbe Zeugnis ab.'[2]

Hier befinden wir uns offenbar auf wesentlich festerem Boden. Zwar ist der Bericht, was die Handlungen und Äußerungen der Herren Croo-

---
1) ÜW XIV 461.   2) Sp 1877 218 (Aksakow 125f). Vgl. Sp 1874 I 235. 258f.; 1877 I 182; Lt 1885 258. Aksakow hatte ein von K. K. abgeschnittenes Stück Stoff bei Harrison gesehn.

kes und Tapp betrifft, natürlich nur zweiter Hand; und daß er keineswegs sofort nach dem Erlebnis niedergeschrieben wurde, entnehmen wir Harrisons Bemerkung, daß er die Namen einiger weiterer Anwesender vergessen habe. Anderseits waren die äußeren Bedingungen der Beobachtung besonders günstige: Harrison versichert, daß sie 'bei hellem Gaslicht' erfolgte. Endlich sei erwähnt, daß Mrs. Ross-Church (Florence Marryat), die ebenfalls bei dieser Sitzung zugegen gewesen war, uns einen Bericht über den gleichen von ihr selbst (anscheinend bei andrer Gelegenheit) beobachteten Vorgang liefert, der nur in einem kleinen Zuge von dem obigen abweicht: 'Katie King' nämlich habe den zusammengefalteten und dann gründlich zerschnittenen Rock (Mrs. M. erwartete 30—40 Löcher zu sehen) 'sanft geschüttelt, während wir dicht vor ihr standen', worauf nicht ein einziges Loch mehr zu finden gewesen sei.[1]

Ich müßte sehr irren, wenn alle solche Beobachtungen nicht leidlich eindeutig für eine ideoplastische Herleitung der Gewänder von Phantomen sprächen. Und deren gelegentliche Behauptung, daß sie den Stoff zu diesen Schöpfungen durch 'Dematerialisierung von Teilen' der Kleidung des Mediums gewönnen,[2] sowie die gelegentlich behauptete seltsame und theoretisch schwer durchschaubare Tatsache der 'Reperkussion' von Schnittbeschädigungen der Phantomgewandung auf die Kleidung des Mediums[3] — dies beides würde nur Ergänzungen jener Herleitung im einzelnen bedingen, ihren Grundgedanken aber unangetastet lassen. Dabei glaube ich aber nicht, daß selbst der Beweis solcher ideoplastischen Herleitung unsre Theorie des Phantomleibes im gleichen Sinne festzulegen brauchte; d. h. ich würde es nicht für bedenklich halten, eine 'präformationistische' Theorie gewisser Materialisationen mit einer ideoplastischen Ableitung ihrer Gewandung zu verkoppeln. Denn was hat die Frage nach dem Vorhandensein eines 'feineren' Leibes unmittelbar zu tun mit der Frage nach der Wirklichkeit ideoplastischer Kräfte? Die letztere ist eine Frage fast der 'Weltanschauung'; die erstere betrifft eine Einzelheit des menschlichen Aufbaus.

Hiermit muß ich die Erörterung der Objektivität von Phantomen und ihres Beitrags zum Problem des Überlebens abbrechen. Ich spreche absichtlich von einem bloßen Abbrechen. Denn ich bin mir genau be-

---

1) Marryat, Death 147f. Vgl. Brackett 34. 36 (Mrs. Fay); ZmpF 1932 174 (Wiederherstellung durch Daraufklopfen; Bericht der Frau M. Krüger).   2) nach Gibier PS XXVIII 580; vgl. Sp 1878 I 15 (Aksakow 124).   3) d'Espérance 337f.; Sp 1876 II 257; Holms 420. Mit-Dematerialisieren übergebener Gegenstände und Kleidungsstücke beim Schwinden des Phantoms: Delanne II 321f.; d'Espérance 252f.

wußt, wie bruchstückhaft und vielfach unbefriedigend, in bloßen Andeutungen endigend das meiste Vorgebrachte ist. Ich habe nicht mehr versuchen können, als aus der Masse behaupteter Beobachtungen einige der anscheinend verlässigeren auszusieben und ein wenig Ordnung in den so gegebenen Stoff zu bringen, um damit wenigstens die Fragen ins Licht zu rücken, welche die künftige Forschung zu behandeln haben wird. Und gewiß ist es schon ein Gewinn, wenn auf solche Weise die Aufmerksamkeit kommender Beobachter in besondere Richtungen gelenkt wird. Auf kaum einem Gebiete der Metapsychik hat man im gleichen Maße das Gefühl, in den allerersten Anfängen des Begreifens zu stecken; zugleich aber auch die Hoffnung, von der anerkannten Wissenschaft her Befruchtungen zu erfahren. Diese Hoffnung stützt sich darauf, daß sowohl die Physik hinsichtlich der Fassung des Begriffs der Materie als auch die Physiologie hinsichtlich der Fassung des Begriffs des Lebens sich in einer Umgestaltung befinden, die den Problemen der objektiven Phantomatik unverkennbar entgegenkommt. Mag in allem diesem noch manches chaotisch erscheinen, so handelt es sich doch um ein fruchtbares und trächtiges Chaos, um eine Denklage, der man die Verpflichtungen der Zukunft nachgerade anfühlt, sofern man nur ein wenig 'wissenschaftliche Phantasie' besitzt. Ich darf daher zufrieden sein, wenn die hiermit abgebrochenen Darlegungen als eine bescheidene Anregung wirksam werden, das Problem des Phantoms nicht außer acht zu lassen, wo um die letzten Deutungen des Lebens gerungen wird.

Achter Abschnitt

Das Argument aus den sog. Büchertesten

Die Frage, ob die sog. Bücher- und Zeitungsteste — die *book-* und *newspaper-tests* der englischen Forschung — die Grundlage eines besonderen spiritistischen Beweisverfahrens abgeben, ist von mehr als einem Fachmann bejaht worden.[1] Sie soll hier vorurteilslos geprüft werden. — Für diejenigen, denen die Sache selbst nicht bekannt sein sollte, will ich zunächst Mrs. Sidgwicks vorzüglich klare Beschreibung anführen. 'Die sog. Bücherteste... bestehen in Versuchen seitens Mrs. Leonards Kontrolle 'Feda',[2] den Inhalt einer bestimmten Seite eines bestimmten Buches anzugeben, die Mrs. Leonard mit ihren körperlichen Augen nicht gesehen hat und die zur Zeit der Sitzung dem Sitzer nicht bekannt ist. Feda sagt z. B. dem Sitzer, der Kommunikator wünsche, daß er (der Sitzer) zu dem Büchergestell zwischen dem Kamin und dem Fenster in seinem Arbeitszimmer gehe und auf dem, von unten gezählt, dritten Bücherbrett das siebente Buch, von links gezählt, vornehme und es auf der 48. Seite öffne, wo er etwa am Ende des ersten Drittels eine Stelle finden werde, die als passende Botschaft des Kommunikators an ihn angesehen werden könne. In den besten typischen Fällen ist das Innere der Wohnung des Sitzers und zuweilen sogar sein Name der Mrs. Leonard unbekannt. Der Sitzer selbst erinnert sich wahrscheinlich nicht bewußt, welches Buch genau an der bezeichneten Stelle steht, und selbst falls er das Buch gelesen hat, was häufig nicht der Fall ist, ist es doch so gut wie sicher, daß er nicht weiß, was auf der bezeichneten Seite steht. Ein guter Büchertest schließt daher Telepathie seitens des Sitzers als Erklärung aus und erschwert im höchsten Grade die Annahme, daß Feda ihr Wissen von irgendeinem menschlichen Wesen herleitet. Es scheint daher, daß sie entweder imstande ist, reines Hellsehen auszuüben — d. i. ein Wissen physischer Erscheinungen zu erlangen, die außerhalb des Sinnenbereiches Aller liegen —, oder aber in Verbindung mit irgendeinem (verkörperten oder leiblosen) Geiste steht, der diese

---
1) Außer Ch. D. Thomas z. B. Messer 121; Driesch in ZP 1927 486, nicht mehr in Par. 133.   2) Dies die bekanntesten, von denen allein Mrs. S. spricht. Wir haben aber auch Bücherteste durch Mrs. Garrett, Mr. Botham u. a. Medien.

Fähigkeit besitzt. Und eben weil Bücherteste Telepathie seitens des Sitzers ausschließen, behauptet Feda, Wert auf sie zu legen. Sie sagt zu einem Sitzer, der noch keinen bisher erhalten hat: 'Der Kommunikator wünscht Ihnen einen von den Büchertesten zu liefern, ... Teste, die es den Leuten unmöglich machen zu glauben, daß Telepathie im Spiele sei.' ... Feda ist aber nach ihrer Darstellung meist nicht diejenige, die selbst das Innere der geschlossenen Bücher wahrnimmt. Dies ist vielmehr eine Leistung des Kommunikators.'[1]

Ein einziges Beispiel soll dieser allgemeinen Beschreibung mehr Leben verleihen.

Mrs. Beadon, deren Gatte in Mesopotamien gefallen und nach amtlichen Nachrichten so begraben worden war, daß die Eingebornen keine Spur von dem Grabe sollten entdecken können, erhielt im September 1917 durch Feda folgenden Buchtest: 'In einem fast quadratischen Raum eine Reihe von Büchern, vom Fenster zur Zimmerdecke sich erstreckend. Von rechts nach links das 5. Buch, S. 71 oder 17 im zweiten Absatz, etwa in der Mitte der Seite, wird man eine Botschaft von ihm an Sie finden.' Schließlich entschied sich Feda für S. 71 und sagte, auf demselben Bücherbrett seien ein schmutzigbraun gebundenes, ein rötliches und ein altmodisches Buch. Die angegebene Stelle betreffe Vergangenes, habe aber auch eine Beziehung zur Gegenwart. 'Sie gibt eine Antwort auf einen Gedanken, der Sie eine zeitlang viel mehr beschäftigte als jetzt. Auf der Seite gegenüber ist ein Hinweis auf Feuer und ein anderer auf Licht.' — Der bezeichnete Raum erwies sich als das Eßzimmer von Mrs. Beadons Mutter, bei der sie vorübergehend wohnte. Mrs. Leonard hatte das Haus nie betreten. Die beschriebenen Bände fanden sich auf dem bezeichneten Büchergestell. Das 5. Buch von rechts aus war ein Band Gedichte von O. Wendell Holmes. Diese Gedichte hatte Mrs. Beadon nie gelesen. Der zweite Absatz auf S. 71 enthielt ein Gedicht mit folgender Stelle: 'Der müde Pilgrim schlummert, seine Ruhestätte ist unbekannt ... nur sein Gedächtnis lebt fort.' Das Gedicht betrifft frühe Ansiedler in Amerika, hat also gleichzeitig Beziehungen zur Vergangenheit wie zur Gegenwart, nämlich zur unbekannten Grabstätte des Gatten; auch hatte sich Mrs. Beadon früher längere Zeit ständig mit der Frage beschäftigt, ob man nicht mit Hilfe der beteiligten Offiziere die Grabstätte finden und dann mit einem Kranze schmücken könnte. Auf der gegenüberliegenden Seite ist die Rede von dem 'Strahl der Feuersäule', auch findet sich dort das Wort 'Licht'. Somit stimmen alle Angaben Fedas über das Buch. Seltsamerweise steht auch auf der andern von Feda genannten Seite — 17 — desselben Buches ein Gedicht, wo von Toten die Rede ist, deren Gräber nicht mehr gesehen werden können. Dagegen findet sich keine verwandte Stelle auf irgendeiner andern Seite des Buches.[2]

Wie dies Beispiel noch deutlicher als die vorausgeschickte allgemeine Beschreibung erkennen läßt, finden wir also in einem erfolgreichen

---

1) Pr XXXI 242 f.   2) XXXI 260 ff. Andere Beispiele bei Lambert in ZP 1927 204 ff.

Büchertest die Ineinsverarbeitung zweier übernormaler Leistungen: die hellseherische Einsichtnahme in ein Buch und die Vergleichung oder In-Beziehung-Setzung des so Entnommenen mit irgendwelchem Wissen oder Erinnern des Sitzers (oder sonst eines Lebenden)[1], welches Wissen und Erinnern dem Medium gleichfalls normalerweise unbekannt ist und — falls wir auf eine animistische Deutung dringen — selbst erst durch 'Lesen' in den Vorstellungen (auch den unbewußten) des Sitzers erlangt werden müßte. Der ganze Vorgang hätte also in jedem Fall etwas sehr verwickelt Zielstrebiges: aus der 'unendlich' großen Menge verfügbarer Stellen in Büchern und der ebenso großen Masse persönlicher Erinnerungen eines Lebenden müßte je eine ausgesucht werden, die sich sinnvoll aufeinander beziehen lassen.

Das erste Bedenken, das angesichts einer solchen erstaunlichen Leistung zu überwinden wäre, rechnet natürlich mit der Möglichkeit, daß diese Aufeinander-Bezogenheit in jedem Falle nur eine künstlich zurechtgemachte, im Grunde also zufällige sei.[2] Die Berechtigung dieses Bedenkens läßt sich leicht nachprüfen: nämlich durch 'falsche', 'fingierte' Bücherteste, bei denen man willkürlich irgendwelche Bücherstellen benennt und sie zu einer gleichfalls willkürlich gewählten Erinnerungsvorstellung in Beziehung zu setzen versucht; oder aber für eine durch ein Medium bezeichnete Erinnerungsvorstellung eine passend beziehbare Stelle auch in andern Büchern als den bezeichneten — etwa auch auf der benannten Seite — zu finden sucht. Das letztere Experiment hat z. B. der Rev. Ch. D. Thomas unternommen, indem er die Angaben des Mediums auf ein Dutzend Bände zur Rechten und Linken des bezeichneten anzuwenden versuchte. Das Ergebnis war eindeutig negativ. Thomas wandte ferner die Beziehungsvorstellungen von 40 echten Versuchen auf völlig willkürlich gewählte Bände und auf mehrere Seiten eines jeden von ihnen an. Das Ergebnis war gleichfalls ein entschieden negatives; die Ausnahmen bezogen sich fast restlos auf inhaltsarme und nichtssagend allgemeine Vorstellungen (wie wenn etwa an der Buchstelle eine Andeutung von 'Anstrengung' oder 'etwas auf Farbe Bezügliches' gefunden werden sollte). Wo aber die Angaben des Kommunikators über solche Allgemeinheiten hinaus auf Einzelheiten eingingen, da lieferte der Zufall nur selten etwas den echten Versuchen auch nur annähernd Vergleichbares. 'Innerhalb der 40 Bücherteste, bei denen mein Vater (als Kommunikator) in 35 Fällen erfolgreich gewesen war, erzielte der Zufall nur 14 Treffer, obgleich bei jeder Angabe das Sinnentsprechende auf drei verschiedenen Seiten gesucht

---

[1] Im Falle von Testen, die für Abwesende bestimmt sind! [2] Baerwalds Erwägung betrügerischer Vorbereitung durch heimliches Eindringen in Wohnungen usw. ist nicht ernstzunehmen (Phän. 332).

wurde, um dem Zufall weiteren Spielraum zu gewähren.'[1] — Zu den gleichen negativen Ergebnissen gelangte die äußerst gewissenhafte Mrs. Sidgwick, wie auch Col. Baddeley in der rechnerischen Bearbeitung einer längeren Reihe rein fingierter Versuche.[2]

Versagt die Zufallsdeutung, so ist doch noch mit dem Versuch des Gegners zu rechnen, die Leistung wenigstens auf bloße Telepathie zurückzuführen, wobei die Rolle des 'Senders' natürlich jemandem zufiele, der die betreffende Buchstelle erinnert, auch wenn er überzeugt wäre, sie nicht zu kennen. Ich brauche kaum zu sagen, daß Baerwald diesen Versuch unternommen hat, und zwar an der Hand eines bestimmten Falles, in welchem er überdies annehmen muß, daß die Sitzerin das erforderliche Buch-Wissen erst aus dem Unterbewußtsein eines Dritten (und natürlich selbst unbewußt) habe 'schöpfen' müssen. 'Das war dann nichts, als ... dreieckige Telepathie, an deren Vorkommen sich kaum noch zweifeln läßt.'[3] Aber ganz abgesehen davon, daß solches 'Schöpfen' nichts mehr mit dem physikalischen Vorgang zu tun hat, an dem doch jedem Telepathistiker allein gelegen ist (um der Rettung des herkömmlichen 'Weltbildes' willen!): so scheitert diese Auslegung doch schon daran, daß der Büchertest ja ein Wissen nicht bloß um das 'Aussehen der Bücherreihe und die Ordnung der einzelnen Bände' voraussetzt (wie Baerwald schreibt), sondern auch um die genaue Stelle gewisser Worte auf bestimmten Seiten. Wird man auch solches seiten- und zeilenweises Erinnern dem Unterbewußtsein des telepathischen Senders aufbürden wollen? Nun, ich zweifle nicht, daß der Gegner, in die Enge getrieben, auch davor nicht zurückschrecken würde. Doch müßte dann sein mühsam zurechtgeleimtes Argument an gewissen weiteren Versuchen zusammenbrechen, die er — wir wollen hoffen, nur leichtfertig, aber jedenfalls zu seinem Unglück — übersehen hat.

Diese Experimente waren so eingerichtet, daß kein Lebender überhaupt wußte, aus welchem Buch die benutzte Textstelle gewählt worden war: es wurde z. B. ein Buchhändler gebeten, 'ein Dutzend alter Bände herauszugreifen,[4] ohne die Titel anzusehen, und sie in einem Paket einzusenden, welches ungeöffnet in [eines Dritten] Arbeitszimmer verblieb. Ich empfing,' schreibt Mr. Thomas, 'Teste aus diesen Bänden in zwei Sitzungen mit Mrs. Leonard im November und Dezember 1918. Protokolle wurden in Maschinenschrift niedergelegt und ein Durchschlag Mr. Bird [jenem Dritten] eingehändigt, ehe wir das Paket öffneten, das ich jetzt zum erstenmal sah ...' Trotzdem gelangen auch diese Versuche in unbestreitbarer Weise. In einem anderen Falle begab sich Mr. Bird mit dem eingetroffenen Paket des Buchhändlers in ein

---

1) Thomas, New Evid. 42. 45. 47 ff. 2) Pr XXXI 279 ff.; XXX 606—20. 3) A. a. O. 333. 4) gather.

dunkles Zimmer, entfernte die Umhüllung und legte die Bücher in einen eisernen Kasten, den er verschnürte und versiegelte und dann Mr. Thomas übergab. Auch aus diesen Büchern wurde eindeutig geschöpft.[1] — In wieder andern Versuchen bezogen sich die Angaben auf Bücher, deren Seiten noch nicht aufgeschnitten waren, oder die der Sitzer erweislich nicht kannte, oder die sich ungeöffnet in weit entfernten Häusern befanden, die weder das Medium noch der Sitzer je betreten hatten.[2] Ja einmal, als in des Rev. Thomas Abwesenheit seine Bücher abgestaubt und in veränderter Reihenfolge auf die Borte zurückgestellt worden waren, begannen die Angaben über einen neuen Test mit den Worten: 'Hat jemand dein Arbeitszimmer durcheinandergebracht? Er [der Kommunikator] ist der Meinung. Die Bücher, wiewohl auf den gleichen Brettern wie zuvor, sind alle an andern Stellen.'

Läßt sich also ein Bestandteil des Hellsehens bei Büchertesten sicherlich nicht bestreiten,[3] so entscheidet doch erst die Frage, von wem dies Hellsehen ausgeübt werde, über die etwaige spiritistische Bedeutung der Versuche. Nach ihrer Selbstdarstellung fällt diese Rolle einem Jenseitigen zu, und zwar einem, der sich auch außerhalb solcher Versuche erfolgreich identifiziert hat. Aber dieser letztere Umstand geht uns hier offenbar nichts an; denn es fragt sich ja jetzt, ob die Tatsache erfolgreicher Bücherteste an sich ein neues spiritistisches Argument ergibt oder nicht. Das könnte sie, soweit der hellseherische Anteil dabei mitspricht, natürlich nur, falls ein Lesen in geschlossenen Büchern zwar Geistern zugeschrieben werden dürfte, nicht aber Lebenden. Und davon kann ja keine Rede sein. Wir müssen es also für durchaus möglich halten, daß auch Mrs. Leonards 'Unterbewußtsein' diese Gabe in ausreichendem Maße besitzt, um alle Textstellen ihrer Bücherteste selbst zu beschaffen. Ob sie dann weiterhin über die Gabe verfüge, die mit diesen Texten zu vergleichenden Erinnerungen des Sitzers oder des angeblichen Kommunikators aus jenem oder sonst einem Lebenden zu 'schöpfen', — das ist eine Frage, die, wie wir schon wissen, an sich für das spiritistische Problem von größter Bedeutung ist, aber natürlich wieder nicht etwas Eigentümliches der Theorie der Bücherteste bildet. Schreibt man dem Medium aber die Fähigkeit solchen Schöpfens zu (wie ja an sich auch ich es getan habe)[4], so entfällt, abstrakt gesehen, jede Nötigung zu einer spiritistischen Deutung von Büchertesten; denn wenn von zwei Leistungen jede für sich allein eine solche Deutung nicht erfordert, so ist nicht einzusehn, wie ihre Verkoppelung es tun sollte.

1) Thomas, New Evid. 66f. 70f.   2) Thomas, Life 114f.; New Evid. 109. 113; Glenconner 34; JSPR XX 196.   3) Lesen geschlossener Bücher oder verdeckter Wörter außerhalb Büchertesten s. z. B. Mattiesen 398 ff. (zahlreiche weitere Nachweise das.); Dahl 231; Haddock 188f. u. a. m.   4) I 356 ff.

Mir scheint, daß auch der Rev. Thomas, der eifrigste Erforscher von Büchertesten, sich dieser Einsicht in ihren Mangel an Beweiskraft nicht hat verschließen können.

'Man darf nicht übersehen', schreibt er gelegentlich, 'daß selbst wenn menschliche Fähigkeiten der Aufgabe gewachsen wären, dies den spiritistischen Ursprung der Botschaften nicht widerlegen würde. Wir hätten dann im besten Fall bewiesen, daß unter günstigen Umständen ein menschliches Wesen tun könnte, was vermutlich ebenso gut ein Geist zu leisten befähigt wäre. Dann aber fiele die Beweislast offenbar denen zu, die den spiritistischen Ursprung dieser Büchertestе behaupten, und wir wären verpflichtet, noch weitere Beweise beizubringen... Solche weitere Beweismittel sind bereits zur Hand in den als Zeitungstestе bezeichneten Leistungen, welche später, als die Bücherteste, aufgetreten sind.'[1]

Wird hier die unzulängliche Beweiskraft der bisher besprochenen Teste offenbar zugestanden, so ist nun noch zu betonen, daß auch jene 'weiteren Beweismittel' unsern Tatbestand in Wahrheit um nichts bereichern. Denn was ist das Neue, das jene Zeitungstestе ins Spiel führen? Lediglich dies, daß der Text, der zum Vergleich herangezogen wird, nicht in irgendeinem Buch enthalten ist, sondern — in einer erst im Entstehen begriffenen Zeitung, meist in den 'Times' vom 'morgigen Tage'. Der Kommunikator gibt also an, daß an einer bezeichneten Stelle einer bestimmten Spalte auf einer ziffernmäßig benannten Seite der kommenden Ausgabe des Blattes sich ein Name oder eine bestimmte Anspielung auf etwas finden werde, was für den Sitzer Bedeutung habe; und zwar gibt er dies an zu einer Zeit, da mindestens von entsprechender Zusammensetzung der fraglichen Seiten und Spalten in der Druckerei noch nicht die Rede sein kann.[2]

Die Zeitungstestе setzen also an die Stelle einer räumlichen Hellsehleistung eine zeitliche, oder, wenn man will: eine räumlich-zeitliche. Aber ganz abgesehen von dem möglichen Einwand, daß zeitliche Bezüge beim Hellsehen überhaupt keine wesentliche Rolle spielen:[3] warum sollte die Erlangung der gedruckten Vergleichstexte dem Medium nicht ebenso gut durch Vorschau möglich sein, wie durch Fernsehen?[4] Mr. Thomas meint, seine Zeitungstestе bewiesen, 'daß die Kommunikatoren ein Wissen liefern können, das kein Lebender besitzt.'[5] Dieser Satz ist unwidersprechlich, wenn er sich auf 'normales Besitzen' beziehen soll. Er erweist sich aber als zweideutig angesichts der Möglichkeit, daß die Testvorstellungen zum übernormalen Besitz eines Lebenden gehören: nämlich von diesem 'vorgeschaut' werden, wie doch

---

1) Thomas, New Evid. 89.   2) S. z. B. Thomas, a. a. O. 119 ff. 127. 132; Life 139 f. 37; JSPR XX 89 ff.   3) Die Beschreibung des Wie der Leistung bei Zeitungstesten ähnelt durchaus der bei Büchertesten: vgl. Thomas, New Evid. 13. 33; Life 120 f. mit Life 141. 204 ff.   4) Vgl. die verwandten Fälle bei Joire 189 ff.   5) Life 37. 149.

Lebende vieles vorschauen. Wenn also Mr. Thomas seine Behauptung auch so faßt: 'daß Zeitungsteste den bestimmten Beweis der Kundgebung eines Bewußtseins liefern, das nicht das irgendeiner Person auf Erden ist',[1] so begeht er, was die Logiker eine Erschleichung nennen, auf Grund einer ungenauen Ausdrucksweise im ersten Satz.[2]

Indem ich so die Bücher- und Zeitungsteste als selbständiges spiritistisches Argument ablehne, wünsche ich doch nicht im mindesten zu behaupten, daß die von zahlreichen Beobachtern berichteten Teste dieser Art tatsächlich nicht spiritistischen Ursprungs seien. Vielmehr glaube ich, daß **im Rahmen der gesamten spiritistischen Beweisführung ein solcher Ursprung — mindestens zahlreicher Bücherteste — mit Sicherheit anzunehmen ist.**

'Thomas sen.' z. B. verwandte mehrfach in seinen Versuchen Tatsachen, die seinem Sohne unbekannt waren und nur durch Einsichtnahme in die Tagebücher des Verstorbenen oder Befragung seiner Verwandten bestätigt werden konnten; desgleichen aber auch Vorstellungen, die ihm persönlich besonders 'liegen' mußten, die mit seinen früheren Studien oder intimen und besonders verwickelten Erinnerungen in engem Zusammenhang standen.[3] Überhaupt zeigte die Auswahl der Textstellen, im ganzen genommen, ein für den angeblichen Kommunikator sehr charakteristisches Gepräge. 'In vielen Fällen', schreibt der Sohn, 'offenbaren die Teste eine theologische und religiöse Geistesrichtung. Dies wird nicht zureichend erklärt durch die Tatsache, daß die verwendeten Bücher in der Bibliothek eines Geistlichen standen;[4] denn von 26 Bücherbrettern in meinem Arbeitszimmer enthalten nur 8 — biblische, religiöse und homiletische Schriften; und doch wurde aus diesen Fächern weitaus die Mehrzahl der Teste gewählt. Unter den Büchern, die ich aus meines Vaters Bibliothek übernahm, befinden sich vier Bände von Pressensés 'Anfängen des Christentums'; aus diesen wurden nicht weniger als 15 Teste geliefert, darunter 13 aus einem Bande, d. i. so viele, wie aus keinem anderen Buch. [Thomas sen. hatte dies Werk persönlich mit einem Register versehen!] ... In einer Gesamtzahl von 209 Stellen ... waren nicht weniger als 110 in Büchern ausgewählt, die in irgendeinem Sinn von Religion handelten. Aus meinen zahlreichen naturwissenschaftlichen Werken wurden nur 2 Teste geschöpft; mein Vater aber hatte stets nur geringes Interesse für derlei Forschungen bewiesen. Ich besitze 7 Fächer mit Büchern gefüllt, die ich besonders wert halte und in denen ich häufig etwas nachschlage; und doch ist nie ein Test aus diesen gewählt worden ... Aber diese Bücher befassen sich mit Dingen, die für meinen Vater zu Lebzeiten keinen Reiz besaßen ... Ich bin ein Liebhaber von Lyrik und hätte wohl erwartet, daß Teste dieser Art am leichtesten bei Dichtern zu entdecken gewesen wären; mein Vater

---

1) Das. 13.   2) Vgl. selbst 'Fedas' (!) sehr viel bescheidenere Einschätzung der Zeitungsteste: New Evid. 119.   3) New Evid. 128. 188. 24 ff.   4) Auch Thomas jun. ist ja Geistlicher.

dagegen las selten Gedichte und fand es stets schwierig, etwas davon auswendig zu lernen. Es ist nun auffallend, daß er meine 55 Bände Poesie durchweg übergangen und außer einer flüchtigen Anspielung auf Milton keinerlei Teste aus ihnen geliefert hat; wohl aber aus drei Bänden Dante, einem Werk, das er stets hochschätzte, weil sein Vater es übersetzt hatte. Aus diesen Dante-Bänden wurden 8 Teste geliefert!'[1]

Eine so genaue 'selektive' Übereinstimmung zwischen den literarischen Bevorzugungen eines Verstorbenen zu Lebzeiten und der Auswahl der angeblich von ihm ausgehenden Bücherteste spricht offenbar sehr stark zugunsten seiner wirklichen Beteiligung bei diesen. Und solche 'inhaltliche Hinweise' auf den Urheber finden sich ziemlich häufig in Versuchen dieser Art. Ich erinnere auch an den Fall des Mediums, dem ein von ihm 'geschautes' 16jähriges Mädchen auftrug, 'in dem vierten von oben in einem Stoß von Büchern oder Papieren' bestimmte Worte aufzusuchen, die von der Kommunikatorin mit ganz leichten Abwandlungen angegeben wurden.[2] — Besonderer Art ist auch der Hinweis auf die Selektivität der Buchtestworte in einem unter mehreren von Mrs. McKenzie mitgeteilten Versuchen, an denen Mrs. Garrett als Medium beteiligt war.

Der an sich schon reichlich identifizierte Kommunikator bat seine Frau, zu Hause ein bestimmtes Buch aufzusuchen — 'oberste Borte links, 3. Buch von links', worin sie auf S. 50, Zeile 3—11, etwas finden werde, was sie belustigen und an ihn erinnern werde. Sie fand an der angegebenen Stelle, nur eine Borte tiefer, in einem alten Buch ihres Gatten (Beckfords 'Briefe aus Italien'. 1805), 'das sie nie gelesen oder bemerkt hatte', folgende Unterredung zwischen einem Einsiedler und einem jungen Tunichtgut: 'Vater, sagte dieser, Ihr seid zu bedauern, wenn es keine andere Welt gibt. Sehr wahr, mein Sohn, erwiderte der Einsiedler, aber du wirst noch weit mehr zu bedauern sein, wenn es eine gibt.' Diese Stelle war angestrichen, dürfte also eine betonte Erinnerung des Kommunikators dargestellt haben, der überhaupt ein Liebhaber pointierter Geschichten gewesen war. Die Sitzerin faßte übrigens die Stelle als scherzhafte Antwort auf ihre inneren Zweifel an der Echtheit der Kundgebung auf.[3]

Lady Glenconners Berichte über die Bücherteste ihres im Kriege gefallenen Sohnes 'Bim' enthalten gleichfalls einige schlagende Beispiele dieser Art.

Einmal sollte eine bezeichnete Buchstelle eine 'Anspielung' enthalten auf 'einen kleinen Gegenstand', den die Mutter vor langem besessen hatte. 'Etwas, was Sie zu tragen pflegten,' meldete Feda. 'Sie besaßen es schon als Mädchen; er sagt, Sie werden lächeln, wenn Sie die Worte finden, aber sie passen.' Die bezeichnete Stelle ergab die Worte: 'Der Spiritismus geht Hand in Hand mit der Schönheit und Schlichtheit Christi.' Was 'der kleine Gegenstand'

[1] New Evid. 90 ff.   [2] S. I 292.   [3] PsSc VI 132 f.

wäre, begriff Lady Glenconner erst, nachdem sie zu Hause die Buchstelle aufgesucht hatte. Sie besaß seit ihren Mädchentagen einen dreiteiligen, auseinanderklappbaren Ring, der zwei über einem Paar Herzen geschlossene Hände trug. 'Bim' hatte ihn gut gekannt und auch gewußt, daß die Mutter ihn schon vor der Hochzeit besessen hatte.[1]

Bei einer andern Gelegenheit (17. Dez. 1917) erklärte Feda, 'Bim' wünsche eine Botschaft an seinen Vater zu senden. 'Dies Buch ist ganz besonders für seinen Vater; unterstreichen Sie das, sagt er. Es ist das 9. Buch auf der 3. Borte, von links aus gezählt, auf dem Büchergestell rechts von der Tür, wenn Sie in den Saal gehen; nehmen Sie den Titel und sehen Sie sich S. 37 an.' Der Titel des bezeichneten Buches lautete 'Bäume', und auf S. 36 ganz unten und 37 oben fanden sich die Worte: 'Manchmal erblickt man seltsame Spuren in dem Holz; diese rühren von einem Bohrkäfer her, der den Bäumen großen Schaden zufügt...' Und nun die Erläuterung: Lord Glenconners überragendes Interesse galt der Forstwirtschaft, die er u. a. in Deutschland studiert und auf seinen Besitzungen gründlich angewendet hatte. Bei Wanderungen durch seine prachtvollen Waldungen dämpfte er das Entzücken der Begleiter oft durch seine langausgesponnenen Klagen über 'den Käfer'. Dies 'Thema' war der Familie so vertraut, daß 'Bim' gelegentlich leise zur Mutter gesagt hatte: 'Paß auf, ob wir wohl durch diesen Wald kommen, ohne etwas vom Käfer zu hören.' Und wenn der Vater irgendeine Sache übermäßig trübe ansah, hatte der Sohn ihm vorgehalten: 'Alle Wälder haben ihren Käfer.'[2]

Ein Element der Xenoglossie[3] scheint einem andern Buchtest eigen zu sein, den Mrs. Garrett als Medium einem ihr persönlich unbekannten Sitzer lieferte.

Es meldete sich angeblich der Sohn dieses Sitzers, machte mehrere Mitteilungen, bedauerte, daß seine Mutter sich nicht zu trösten vermöge, und bestimmte schließlich eine Nachricht ganz besonders für sie: Sie habe ein Buch in einer fremden ('andern') Sprache an ihrem Bette liegen. Trotzdem der Sitzer wiederholt widersprach, seine Frau lese nur englisch, bat der Sohn doch darum, sie möchte auf Seite 23 des Buches nachlesen, die zwei letzten Abschnitte seien besonders für sie bestimmt. Heimgekehrt, berichtete der Sitzer das Vorgefallene seiner Frau, die sich erst nach anfänglichem Erstaunen erinnerte, daß sie Molières 'Eingebildeten Kranken' gekauft, aber nicht gelesen habe. Auf Seite 23 unten in dem Exemplar heißt es: 'Ich werde deinen Schritten folgen, um dir all die Zärtlichkeit, die ich für dich hege, darzutun', und 'O, mein Liebling, du brichst mir das Herz, doch tröste dich.' Der Sitzer und seine Frau behaupten beide, das Buch nicht gelesen zu haben; ihr Sohn aber habe fließend französisch gesprochen.[4]

Derartige Fälle lassen nur eine Deutung zu für den, der bereits von spiritistischen Voraussetzungen auszugehn vermag. Sie werden aber

---

1) Glenconner 47 f.; vgl. 93.   2) a. a. O. 58 ff.   3) Vgl. Bd. I 250 ff.
4) Aus PsSc X Okt. 1931 ref. in ZP 1932 93.

noch überboten von andern, in denen solche inhaltliche Hinweise auf den Kommunikator sich verknüpfen mit irgendwelchen jener **formalen** Bestandstücke, die uns sog. 'pluralistische' Argumente zugunsten der Unabhängigkeit des Kommunikators lieferten.[1] Ein weiterer von Lady Glenconners Sohn gelieferter Buchtest mag den Übergang zu diesen abschließenden Angaben vermitteln.

Am 2. Juli 1918 erhielt die Dame einen Brief von dem **ihr unbekannten** Rev. Ch. Thomas, der sich denn auch wegen seines Schreibens entschuldigte und mitteilte, er sei zweimal durch 'Feda' von jemandem, der sich für Lady Glenconners Sohn ausgab, gebeten worden, ihr viele liebende Grüße sowie eine Botschaft in Form eines Büchertestes zu schicken. Der Test bezog sich auf ein Buch in Thomas' Bibliothek, doch hatte dieser ganz natürlicherweise keinerlei Sinn darin entdecken können. Er war aber beauftragt worden, der Mutter zu schreiben: sie werde den Hinweis schon verstehen. — Der gewählte Text verwies auf das 44. Kapitel des Buches Jesus Sirach, welches beginnt: 'Laßt uns loben die berühmten Männer und unsere Väter nacheinander.' Dieses Kapitel hatte 'Bim' von **Anfang bis zu Ende besonders gut gekannt und hochgeschätzt.** 'Ich setze dies an die Spitze aller englischen Prosa', hatte er einmal von der Übersetzung zur Mutter gesagt, und überdies den 6. Vers mehrfach humorvoll auf seinen Vater angewandt.[2]

Das Identifizierende dieses Buchtestes springt in die Augen; es wird vielleicht noch unterstrichen dadurch, daß er geliefert wurde kurz vor Bims Geburtstag, und daß die zweite, dringendere Aufforderung zur Mitteilung an die Mutter anscheinend an diesem Geburtstag selbst erfolgte (Mr. Thomas hatte zunächst gezögert, an die fremde Dame zu schreiben). Aber das Merkwürdigste an dem Test ist doch eben diese Lieferung durch einen **Dritten, Fremden,** der die Sinnbeziehung des gewählten Textes nicht verstehen konnte. — Das hiermit gegebene Element von 'Entsprechung'[3] findet sich auch in andern Fällen.

In einem von Thomas berichteten erhielt dieser durch Feda den Hinweis auf eine bestimmte Buchstelle ('Seite 3') in seinem Hause, der aber von den verstorbenen Verwandten einer gewissen Mrs. Drummond (pseud.) ausgehen sollte. Auf besonderen Wunsch seines 'Vaters' machte Thomas wieder entsprechende Mitteilung; doch konnte Mrs. Drummond auf S. 3 nichts Sinnvolles finden. Als sie ihre Kommunikatoren (eben jene Verwandten) um eine Erklärung des Irrtums bat, erhielt sie mehrmals durch Hellhören und durch Tischkippen die Antwort: 'Seite 8'. Mr. Thomas, dem sie dies mitteilte, sandte ihr nunmehr eine Abschrift der Seite 8 des betr. Buches. Ehe Mrs. Drummond diese las, hatte sie durch Mrs. Leonard eindeutige Aussagen über eben das erhalten, wovon auch auf der Seite 8 die Rede war.[4]

---

1) Vgl. Bd. II 1 ff. 2) Glenconner 83 ff. 3) Vgl. Bd. II 50 ff. 4) Thomas, Life 117 ff. (auch JSPR 1922 376 f.) Vgl. auch den Bericht bei Thomas, New Evid. 15 ff.

Das Argument aus den sog. Büchertesten

Das seltsame Pluralitätsspiel dieses Falles scheint geradezu ein Zusammenarbeiten der zwei verschiedenen Lebenden zugehörigen Kommunikatoren zu verbürgen.[1]

Neben dem Argument aus der Entsprechung ist es auch das aus der 'technischen Sonderung' der Kommunikatoren,[2] was innerhalb der Büchertest-Versuche für die pluralistische Unabhängigkeit jener spricht. Mr. Thomas konnte statistisch erhärten, daß 'einzelne Kommunikatoren eine große Menge von Erfolgen erzielten, andere dagegen ganz und gar nicht. Dieser Unterschied stimmt zu den wiederholten Behauptungen meines Vaters, daß ... es Zeit und Übung erfordere, jene Hellsichtigkeit zu entwickeln, die zur Genauigkeit im Einzelnen bei diesen Versuchen benötigt wird.'[3] Anderseits darf man wohl sagen, daß dieser Unterschied sich nur sehr gezwungen (falls überhaupt) erklären ließe, wenn die gesamte Leistung dem Medium zugeschrieben würde, dessen hellsichtige und gedankenleserische Befähigung doch für **alle** Sitzer und Personationen eine leidlich gleiche sein müßte.

Aber noch ein drittes der pluralistischen Argumente, das aus der 'Reaktion' des Kommunikators auf Besprochenes und dem Nichtverstehen der 'Kontrolle', läßt sich aus den Büchertesten belegen.[4]

Ein von Thomas berichteter Buchtest war, wie sich erwies, aus L. A. Weatherleys 'The Supernatural?' gewählt, einem Werk, das den Gedanken spiritistischer Kundgebungen durch Medien verspottet. Hier hatte Feda gesagt: 'Sie werden Ihren Spaß haben, wenn Sie das Buch sehen,' und mehrfach behauptet, 'Thomas sen.' **lache**, wenn er an das Buch und dessen Beziehung auf ihn selber denke. Ja sie unterbrach mehrmals ihre Bemerkungen, um zu sagen, wie belustigt der Kommunikator sei; **anscheinend ohne selbst den Grund zu begreifen**.[5] Natürlich ist es belustigend, wenn ein Geist sein Fortleben zu beweisen sucht durch Bezugnahme auf ein Buch, das die Möglichkeit des Fortlebens verspottet.

Aber auch an Indizien, die unmittelbar die **aktive Rolle** bei diesen Versuchen eben den angeblichen Kommunikatoren zuweisen,[6] fehlt es am Ende nicht. Mehrere der obigen Beispiele ließen persönlichen **Nachdruck und Wiederholung** in der Übermittlung des Testes erkennen,[7] und die Gesamtheit der Bücher- und Zeitungsteste wird uns immer wieder dargestellt als zielstrebig überlegte und zusammenhängende Unternehmung Jenseitiger, entworfen von Abgeschiedenen hohen geistigen Ranges, aus einer höheren 'Sphäre', als der des Kommunikators selbst, und durchgeführt vermöge der Zusammenarbeit Mehrerer.[8]

---

1) Vgl. ferner den auch unter Gesichtspunkten der Xenoglossie und der Pluralistik sehr bemerkenswerten (leider auch sehr verwickelten) Fall: Pr XLIV 38 ff.   2) Vgl. Bd. II 190 ff.   3) Life 117.   4) Vgl. Bd. II 5 ff. 12 ff.   5) New Evid. 52 f. Vgl. auch Allison 75.   6) Vgl. Bd. I 407 ff.   7) Z. B. 'Unterstreichen Sie das'! Vgl. Glenconner 31.   8) New Evid. 13. 158 f. 201 f.; Pr XXXI 314. 316.

Wie man sieht, spricht — im Rahmen der spiritistischen Gesamtbeweisführung — nicht weniges dafür, daß Bücher- und Zeitungsteste wirklich den Ursprung haben, den sie behaupten, und die Verknüpfung so vieler spiritistischer Hinweise mit einer Betätigung (dem Hellsehen), die gerade bei Jenseitigen besonders natürlich erscheint, im Rahmen einer Unternehmung von starker und klarbewußter Zielstrebigkeit, ergibt ein Ineinander von bedeutender Eindruckskraft. Gleichwohl verpflichtet uns logische Strenge zu dem Schlußurteil, daß das Neue und Unterscheidende der Bücherteste an sich einen selbständigen Beweis für das Fortleben nicht in sich birgt.

Neunter Abschnitt

Allgemeine Widerstände gegen die Anerkennung des Spiritismus

1. Alogische Widerstände

Im 'Schlußwort' des zweiten Bandes habe ich bereits kurz auf den seltsamen Widerstreit hingewiesen zwischen der überwältigenden Natur der Beweise für ein persönliches Fortleben und dem geringen Einfluß, den sie auf das Denken unsrer Gebildeten ausüben. Ich habe auch in wenigen Worten die Gründe angedeutet, die m. E. diesen Widerstreit erklären. Unwissenheit — selbst teilweise Unwissenheit der Fachleute — hinsichtlich aller oder mancher Möglichkeiten der Beweisführung mußte zunächst betont werden, sowie der Druck 'akademischer' Wissenschaft als eine Hauptquelle dieser Unwissenheit, indem er die Behandlung des Problems in die Abgeschlossenheit gewisser Fachkreise verweist. Aber diese Erklärung genügt nicht. Auch wo man Unwissenheit nicht voraussetzen mag, will die Gegnerschaft nicht schweigen und Übereinstimmung sich nicht herstellen. Selbst wem die Waffen stückweis aus der Hand geschlagen werden, der verläßt lieber wortlos den Kampfplatz, ehe er sich offen besiegt bekennt.

Das Nachdenken über diesen seltsamen Widerstand hat mich seit langem überzeugt, daß dabei Gründe mit im Spiel sind, die in der Einzelerwägung des Für und Wider nicht zutagetreten, ja die vielleicht dem Gegner nicht einmal immer deutlich bewußt sind. Auch der wissenschaftliche Geist hat seine verschwiegenen Hemmungen, seine 'Idiosynkrasien' und *idola specus*. Auch er wird nicht nur von der nackten Folgerichtigkeit des Arguments geleitet, sondern mitunter von fast triebhaften Neigungen und Abneigungen. Daß solche an der Feindschaft gegenüber der spiritistischen Lehre beteiligt sind, steht für mich zweifellos fest; ebenso freilich, daß darüber hinaus auch gewisse Gedanken logischer Prägung mitreden, die weit eher der sachlichen Erörterung zugänglich sind. Beide habe ich in jenem Schlußwort bereits kurz aufgezählt. Wir werden sie aber genauer prüfen und, soweit möglich, beseitigen müssen, falls wir den Weg freilegen wollen für eine vorurteilslose Würdigung jener ins einzelne gehenden Argumente, die uns bisher beschäftigt haben. —

Was zunächst gewisse völlig alogische Widerstände betrifft, so müssen wir — klingt es auch lächerlich — schon in dem Namen der umstrittenen Lehre ein für Viele wirksames Hindernis der Zustimmung erblicken. An der Geschichte von Worten arbeitet ja unablässig ihr Gebrauch im Munde sehr Zahlreicher mit. Diese Geschichte umfaßt aber keineswegs bloß die feinere Ausarbeitung und Klarlegung von Bedeutungen, sondern auch die Anhäufung von Wertungen aller Arten um das Wort. Zahllose Worte führen Lob oder Tadel, hochtönige Anerkennung oder feinberechnete Verspottung des Bezeichneten unmittelbar mit sich; und dieser Dunstkreis von Anerkennung oder Verurteilung wandelt sich mit der Zeit, zusammen mit sozialen oder sittlichen Wandlungen der menschlichen Gemeinschaft, mit denen des Wissens und Glaubens, kurzum der 'öffentlichen Meinung' aller Gesellschaftsschichten. Bei der heutigen starken waage- und senkrechten Spaltung der Kultur widersprechen sich diese Wertungen-durch-Worte natürlich häufig sehr bedeutend. Das Wort 'mystisch', in gewissen religiösen Kreisen mit scheuer Ehrerbietung umkleidet, gilt unter Ärzten und Naturforschern beinahe als Schmähwort. Und Ähnliches ließe sich an Worten wie 'völkisch', 'modern', 'sittsam' und vielen weiteren aufweisen.

Es ist unbestreitbar, daß das bloße Wort 'Spiritismus', gleich andern unsres Gebiets, während der langen Zeit, da der Begriff und die entsprechende Forschung von aller gangbaren Wissenschaft und 'Weltanschauung' meilenweit ablagen, eine Wolke der Verachtung und Lächerlichkeit um sich gesammelt hat, die es Vielen noch heute schwer macht, sich der Sache selbst ganz ohne ein heftiges Vorurteil zu nähern. Dem neueren wissenschaftlichen oder volkstümlichen Materialismus, der seine Wurzeln bis an die Wende des 18. Jahrhunderts zurücktreibt und seine Blüte um die Mitte des 19. entfaltete, mußte die aufkommende Erforschung der Berührungen mit dem Jenseits als die törichteste aller geistigen Verirrungen erscheinen, und seiner Mitarbeit an der 'Wortgeschichte' der zugehörigen Fachausdrücke, hauptsächlich vermittelst einer stets der herrschenden Meinung nachbetenden Presse, ist es zu danken, daß der Ausdruck 'Spiritist' noch heute für Viele von einem durchdringenden Hauch gefühlsmäßiger Abwertung umgeben ist. Ganze Schwärme von Worten wie 'Dummkopf', 'Finsterling', 'Aberglauben', 'Betrug' schwingen dabei halbbewußt mit. Sagt man von jemand, er glaube an Geister, er behaupte, ein Gespenst gesehn zu haben, er bilde sich ein, mit einem Abgeschiedenen in Verkehr zu stehn, so klingt für Viele augenblicklich eine Note vernichtender

Lächerlichkeit oder der Verdächtigung als krankhaft an. Man erzählt sich zwar gerne 'Geistergeschichten', wenn das Gespräch in einer Gesellschaft zu stocken droht; aber man tut es mit dem Gefühl, sich zu einer unterhaltsamen Kinderei herabzulassen. Mag also ein Denker sich mit 'Gründen' zum 'Spiritismus' bekennen, es hängt ihm — noch vor aller selbstverständlichen Widerlegung — für die Mehrheit der Makel der Torheit oder Verschrobenheit an, und es ist die Furcht, sich mit diesem Makel zu behaften, was Manchen von ruhiger Erwägung selbst der 'Gründe' abhält; was ihn die Möglichkeit, zum Spiritismus bekehrt zu werden, mit Abscheu von sich weisen und jedem beliebigen Argumente zustimmen läßt, wenn es ihm nur die sofortige Abkehr zu ermöglichen scheint. Man würde denn auch manchen Gegnern die Überprüfung ihrer ablehnenden Haltung mindestens erleichtern, wenn man die verfehmte Lehre unter neuem Namen zur Erörterung stellte; und wenn Driesch als solchen den Ausdruck 'Monadismus' vorschlägt, so mag — bewußt oder unbewußt — eine zarte Rücksicht auf die terminologischen Nerven gewisser Berufsgenossen dabei mitspielen. Es wäre fraglos — akademisch betrachtet — mehr *comme-il-faut,* sich einem aufdringlichen Problem gegenüber als Monadisten zu bezeichnen, anstatt als Spiritisten. Fragt es sich doch auch, ob die 'Wunder des Hypnotismus' — deren bedenkliche 'Wunderhaftigkeit' noch heute nicht allen Ärzten ganz aufgegangen zu sein scheint — sich ihrer heutigen Anerkennung erfreuen würden, wenn man sie noch immer in der Sprache der 'Mesmeristen' und 'Somnambulen' aufzutischen wagte.

Daneben freilich ist nicht zu leugnen, daß zur Verfehmung des Wortes 'Spiritismus' und zur übereilten Ablehnung der Sache selbst der Schwindel nicht wenig beigetragen hat, der sich einzelnen Arten der fraglichen Beobachtungen beigemischt hat. Gerade diejenigen, die bereits eine Abneigung gegen die Sache mitbringen, suchen durch törichte Verallgemeinerung solcher Vorfälle das ganze Tatsachengebiet und dementsprechend auch alle Medien in Verruf zu tun. Wer sich ein ruhiges Urteil bewahrt, wird allerdings leicht erkennen, daß gerade die für die spiritistische Fragestellung wichtigsten Erfahrungen, nämlich die metapsychischen, vom Betrug fast völlig unberührt dastehn, ja daß der größte und zugleich wertvollste Teil der Urkunden dieses Teilgebiets den üblichen Grundlagen normalpsychologischer Urteile an Gesichertheit nicht das geringste nachgibt. Was aber den unleugbaren Schwindel anlangt, so sollte man nicht vergessen, daß kein Gebiet, auf welchem menschliche Wünsche und Gefühle stark beteiligt sind, von Schwindel frei bleibt, wenn er auch meist in weniger greifbaren und schwerer nachweisbaren Formen auftritt, als unter falschen 'Medien'. Wer aber würde die Heilkunde ablehnen, weil es Kurpfuscher gibt, oder die Rechtswissenschaft, weil sie von Rechtsverdrehern mißbraucht wird, oder die Religion, weil auch Priester von ihr leben, die ein durchdringendes Auge als Schwindler entlarven würde? —

Ebenso oberflächlich gedankenlos, wie das Vorurteil auf Grund von Betrügereien, ist eine andre Anklage, die sehr oft als Vorwand übereilter Abkehr von unsrem ganzen Fragengebiet benutzt wird. Ich meine die Beschwerde über die 'Trivialität' der Kundgebungen Abgeschiedener.[1] Diese Klage geht offenbar von der Voraussetzung aus, daß nur gewichtigste und erleuchtendste Äußerungen von ihnen erwartet werden dürften, nicht aber jenes Kramen in gleichgültigsten Erinnerungen, mit denen die Erfahrung der Sitzungen ihre Geister beschäftigt zeige.

Die Antwort auf diesen landläufigen Einwurf ist so oft und ausgiebig erteilt worden, daß ich mich mit kurzer Zusammenfassung begnügen darf. — Zunächst wird man zugeben müssen, daß dies Bedenken auch animistischen Gedankengängen — und gerade ihnen — nicht eben willkommen sein muß. Beschafft das Medium aus 'nicht-spiritistischen' Quellen den Stoff zum Bilde des Verstorbenen, wie es menschlichen Erwartungen entsprechen mag: warum erfüllt es das angebliche Verlangen des Sitzers nach Erhabenheit und Weisheit nicht ausgiebiger? Hat es doch voraussetzungsgemäß völlig freie Hand in der Wahl der Farben des Bildes.

Ferner aber: wer heißt uns dem Jenseits Vorschriften machen über den Stil, in dem seine Bewohner aufzutreten haben? Geht etwa der Spiritismus aus — und darf er ausgehn — von einer vorgefaßten Ansicht über den geistigen Rang der Abgeschiedenen, oder hat er es, als echte Wissenschaft, allem zuvor zu tun mit der einfachen Tatsachenfrage, ob es ein Jenseits gebe und Bewohner darin, die ehemals Menschen waren? Gerade die wissenschaftliche Haltung müßte uns vor einem Argument bewahren, das Geschmacksfragen der Erforschung von Wirklichkeiten überordnet. 'Wenn sich das künftige Leben als ein Tollhaus oder Zufluchtsort für Schwachsinnige erwiese, so würde das die Beweise für sein Dasein nicht berühren,' schrieb Hyslop einmal schlagend derb.[2] Und Myers hat mit einem feinen Vergleich daran erinnert, daß jeder, auch der schwächste und verworrenste Widerhall von drüben her uns recht sein sollte, sofern er nur als solcher glaubhaft ist: hätte etwa Kolumbus umkehren sollen, 'als ihm das erste Treibholz von Amerika entgegenschwamm, weil es nutzlos sei, einen Weltteil zu entdecken, der nur aus toten Ästen bestehe'?[3]

1) Selbst bei vorurteilslos dem Spiritismus Gegenüberstehenden; s. z. B. Messer 120.
2) Hyslop, Science 299.   3) Pr VI 340.

Indessen gestehn solche Erwiderungen dem Gegner schon viel mehr zu, als nötig ist. Erstens nämlich verfolgt die 'Trivialität' der Aussagen fast immer einen mehr als naheliegenden und sehr vernünftigen Zweck, der denn auch den Urheber der Aussagen selbst nichts weniger als gehaltlos erscheinen läßt. Wir wissen, daß sie ihn 'identifizieren' sollen. Und wie das Experiment erwiesen hat, könnte wirklich nichts so gut als eben 'triviale' Kleinigkeiten zu solcher Identifizierung dienen.

Versuche dieser Art veranstaltete Hyslop zwischen zwei Versuchspersonen in verschiedenen Gebäuden der Columbia-Universität, die bloß durch den Fernsprecher mit einander verbunden waren. Nur der eine von ihnen wußte, wer sich am andern Ende des Drahtes befand, und jener hatte dem Ahnungslosen 'Botschaften' zu senden, ohne ihm seinen Namen zu nennen, bis dieser seine Persönlichkeit erkannte oder aber das Spiel aufgab. Es stellte sich heraus, 'daß diese Personen, Studenten und Professoren der Universität, durchweg sogar noch trivialere Tatsachen wählten, als wir anscheinend zum gleichen Zweck durch Mrs. Piper erhalten. In der Tat, falls wir nach dem geistigen Rang jener Kundgebungen über den Draht urteilen wollten, so könnten wir Professoren und Studenten der Columbia-Universität nicht von Stiefelputzern und Straßenjungen unterscheiden.'[1]

Im übrigen darf man nicht übersehn, wieviele von jenen 'trivialen' Äußerungen Jenseitiger bloß als Antwort auf Fragen des Sitzers auftreten, der wieder sehr vernünftigerweise eben durch solche Fragen sich Gewißheit bez. seines Gegenüber zu verschaffen trachtet.

Zweitens aber: der Einwand der Trivialität entstellt ja selbst schon in weitem Umfang die Tatsachen. Kundgebungen von bedeutender sprachlicher und geistiger Wertigkeit, von hohem philosophischem, sittlichem oder religiösem Gehalt liegen in solcher Menge vor, daß man über die Unkenntnis derer staunen muß, die mit jenem Einwand so leicht bei der Hand sind. Natürlich brauche ich die in solchen hochstehenden Kundgebungen enthaltenen Ansichten im Einzelnen nicht zu erörtern; es ist gleichgültig, wie weit sie mit den unsern, ja wie weit sie untereinander übereinstimmen: denn warum sollte jenseits des Todes die Verschiedenheit des Denkens nicht ebenso groß sein, wie bei uns? Nur Torheit und Unwissenheit könnten den Abgeschiedenen sogleich eine Art von Allwissenheit zuschreiben, anstatt — wofür wir gute Gründe haben — viele von ihnen hinsichtlich ihrer 'Erkenntnis' noch unter manchen Erdenbewohner zu stellen. Wenn mit dem naheliegenden und auch 'von drüben her' unablässig betonten Gedanken einer seelischen Kontinuität des dies- und des jenseitigen Lebens Ernst gemacht wird, so folgt schon daraus ohne weiteres auch das Dasein von geistig und sittlich tiefstehenden Persönlichkeiten im Jenseits. Be-

---
[1] Hyslop, Science 300f. Ausführlicher Bericht: Pr XVI 537—623.

steht der weitaus überwiegende Teil alles irdischen Redens in leeren Plattheiten, warum sollte uns von drüben her durchweg ein besserer Klang entgegentönen? —

Eine andre nicht zu übersehende Begründung der Abneigung gegen den Spiritismus entspringt wieder deutlicher **gefühlsmäßigen Einstellungen**, also dem weiten Gebiete dessen, was James den *Will-to-believe* nannte, den Willen-zum-Fürwahrhalten, und in vielen Fällen auch den *Will-to-disbelieve* hätte nennen können. Es ist der **Wunsch nach Vernichtung**, die triebhafte Abneigung gegen ein Fortleben, die natürlich auch allen Beweisen desselben Abbruch tut. Ich will auf die seelischen Wurzeln solcher Abneigung gar nicht eingehn. Genüge die Feststellung der Tatsache, der wohl ein jeder schon bei Mitmenschen — unglücklichen, aber seltsamerweise auch glücklichen — begegnet ist, und die zum Überfluß auch auf dem zeitgemäßen Wege des 'wissenschaftlichen Fragebogens' erhärtet worden ist.

Eine 'Umfrage' des ehemaligen amerikanischen Zweiges der Londoner Ges. f. ps. F., deren Ergebnisse der geistvolle Oxforder Philosoph F. C. S. Schiller dargestellt hat,[1] belehrt uns darüber, daß nicht nur das Bedürfnis nach persönlichem Fortleben keineswegs die Verbreitung hat, die man geneigt ist ihm zuzuschreiben,[2] sondern daß auch sein **Gegensatz** — unabhängig, wohlverstanden, von 'wissenschaftlichen Gegengründen', also auf rein gefühlsmäßiger Grundlage — die seelische Lebenshaltung zahlloser Menschen bestimmt. 'Wir suchen ganz natürlicherweise die Welt einzuschränken, mit der wir als Menschen in Beziehung stehen müssen, weil Glück die Anpassung an die Umgebung voraussetzt, und weil, je umfassender die Umgebung, desto mannigfaltiger und verwickelter auch unser Aufwand an Kraft sein muß, desto schwieriger also, *ceteris paribus,* der Vollzug der Anpassung. Die Abneigung aber des fähigen Menschen gegen einen allzu weiten und seherischen Lebensausblick entartet leicht zu gefühlsmäßigem Widerwillen gegen alles, was den unmittelbaren Gesichtskreis allzu sehr auszudehnen droht. Von der Kraft dieses Gefühls hat man sich kaum noch eine genügende Vorstellung gemacht. In seinen leichtfertigen Formen gefällt es sich in der Erklärung, Mrs. Pipers Mediumschaft habe dem Tode einen neuen Schrecken verliehen; in seinen ernsthafteren steigert es sich zu einem wahren Widerwillen gegen alle 'psychische Forschung' und Haß gegen ihre Vertreter.'[3]

Aber woher auch gespeist: die Sucht nach zeitlicher Begrenzung des Daseins, der Wille zur Vernichtung kann sich zu feierlich-inniger Be-

---

1) Pr XVIII 416—53. 2) 2007 von 3321 Beantwortern erklärten ihre Gleichgültigkeit in der Frage des Fortlebens (aaO. 429). 3) aaO. 445f. Ein gutes Beispiel instinktiver Vernichtungssehnsucht eines gesundheitlich Schadhaften bietet der namhafte engl. Kulturhistoriker J. A. Symonds (Brown 416). S. spricht z. B. von the immeasurably precious hope of ending with this life the ache and languor of existence.' Auch ein Spiritist (!), J. A. Hill, fühlte nicht unähnlich. — Einige kluge Bemerkungen über dies Nicht-weiterleben-wollen bei Myers (II 294 und Pr VI 340).

geisterung emporsteigern, und die Argumente des Spiritisten müssen diese Mauern umso fester finden, gerade je weniger Erfahrung und Denken ihrem Mörtel beigemischt sind.

2. Weltanschauliche Vorurteile

Dies alles mußte gesagt werden, ehe wir uns klarer begrifflich gefaßten Bedenken und 'Hemmungen' des Gegners zuwenden konnten. Unter diesen überragt unstreitig der Einwand, der sich der breitesten weltanschaulichen Verwurzelung rühmen darf: er entstammt der wissenschaftlichen oder volkstümlichen Form dessen, was man als 'anthropologischen Materialismus' — sei es auch in 'monistischer' Fassung — bezeichnen kann. Für die Mehrzahl akademischer Gelehrter und 'gebildeter' Laien gilt der Satz als unbestreitbare Wahrheit, daß der Bestand einer fühlenden, wollenden und denkenden Persönlichkeit den eines leidlich gesunden 'physiologischen' Leibes und vor allem Nervensystems unbedingt voraussetzt, und daß folglich ihre Zerstörung unausbleiblich das Aufhören persönlichen Seelenlebens nach sich zieht. Gehirn und Seelenleben stehn, wie uns die Entwicklungsgeschichte, die Psychopathologie und die Erfahrung des täglichen Lebens beweisen, in so engem Zusammenhang, daß jede Veränderung des Gehirns auch eine entsprechende Wandlung des seelischen Erlebens mit sich führt, das Ende des einen also auch das Aufhören des andern zur Folge haben muß.[1]

Die Widerlegung dieses Irrtums — wobei natürlich von allen spiritistischen Beweisen abzusehen ist — kann hier nur flüchtig angedeutet werden, da eine ausführliche Darstellung ein Buch im Buche erfordern würde. — Schon im Rahmen einer soz. 'physiologischen Logik' sind die obigen Sätze offenbar falsch. Die durchweg erwiesene Abhängigkeit eines bestimmten Ablaufs — persönlichen Seelenlebens — von einem gewissen 'Faktor' — normal-physiologischer Nerventätigkeit — widerlegt nicht, daß jenes Geschehen überdies noch in gleichem Umfang von einem zweiten Faktor abhängig sei. Vorausgesetzt, daß seelisches Leben im Leibe das 'Produkt' zweier (geschweige mehrerer) Faktoren ist, so müßte zwar jede Veränderung eines 'Faktors' — nämlich des nervösen — eine entsprechende Veränderung des Produktes zur Folge haben; die Frage der Beteiligung eines weiteren Faktors wäre aber damit in keiner Weise berührt. Das Vorhandensein dieses

---

[1] Für wenigstens unwahrscheinlich, angesichts der Verknüpfung des Seelischen mit dem Gehirn, erklärt Prof. Pigou das Überleben des Todes (Pr XXIII 288).

andern Faktors müßte natürlich für sich durch Beobachtungen oder Überlegungen oder beides bewiesen werden. Es ist aber auch reichlich bewiesen worden durch die Tatsache, daß das seelische Geschehen Abmessungen, 'Dimensionen' besitzt, die über die des physiologischen Geschehens hinausgehen. Diesen Nachweis findet man in zahlreichen Schriften über das Leib-Seele-Problem im Rahmen der 'anerkannten' Psychologie.[1] Überdies muß auch diese zugeben, daß für sie die tatsächlichen Beziehungen zwischen Bewußtseins- und Gehirnabläufen ein undurchdringliches Rätsel bilden; daß somit *a priori* gar kein Grund besteht, ihre Trennbarkeit für unmöglich zu erklären.[2] Jedenfalls wird man den wirklich beobachteten Tatsachen vollauf gerecht mit der Annahme, daß das Nervensystem zwar die Voraussetzung, aber nicht die zureichende Ursache darstelle für das Auftreten bewußt-seelischen Lebens innerhalb eines fleischlichen Leibes.

Es ist nun aber klar, daß die Lage sich sogleich zu Gunsten einer mehr spiritualistischen Auffassung verschiebt, sobald die Anerkennung der metapsychischen Tatsachen hinzutritt (ich rede wiederum nicht von eigentlich spiritistischen). Hier ist nur in der kleinen Gruppe der sog. Telepathistiker, die lediglich Telepathie als Tatsache anerkennen und jedes andre übernormale Geschehen durch sie zu deuten suchen, die Hoffnung noch nicht erstorben, ein physiologisch-mechanistisches Weltbild zu retten. Indessen hat — wie ich schon im Eingangskapitel dieses Buches erwähnte — genauere Zergliederung auch dieses Hoffen längst als trügerisch erwiesen, indem sie eine physikalisch-vibratorische Theorie der Telepathie aus den Tatsachen selbst widerlegte; auch ist es heute unbestreitbar, daß die restlose Rückführung der räumlichen und zeitlichen Hellsehleistungen auf telepathische Vorgänge nicht gelingen kann. Der Mindestbestand nicht mehr zu leugnender metapsychischer Tatsachen genügt also schon (zumal wenn man von Barnards m. E. unhaltbaren Gedankengängen absieht)[3] zur 'Zertrümmerung des ganzen Aufbaus der Wissenschaft'[4] im Sinne der mechanistischen Psychophysik und zur Sicherung irgendeiner Art spiritualistischer Lösung des sog. Leib-Seele-Problems. Damit aber ist auch für die Erfahrungsbeweise des Spiritismus als einer metapsychologischen Sonderhypothese zum mindesten die Bahn freigelegt.

Daß mit solchen Aufstellungen noch keine befriedigende 'Lösung' gegeben ist, daß die Einzeldeutung der beobachteten Abhängigkeiten

---

1) Ich verweise allg. auf Arbeiten von E. Becher, Busse, Driesch, Erhardt, Höfler, Külpe, Rehmke, Bergmann, Wentscher, Gutberlet, Ladd, James, Bergson u. a. m.   2) Th. Flournoy in Pr XVIII 50.   3) s. o. I 6f.   4) ein Ausdruck Podmores (Nat. 345). Vgl. Hennig, Wunder I 234.

seelischen Lebens von den Grundlagen körperlichen Wachstums (Hormone!) und Funktionierens sehr schwierige Einzelfragen aufwirft, das braucht nicht erst betont zu werden. Aber der Fortschritt der Erkenntnis geschieht ja nicht selten in der Weise, daß irgendeine Tatsache festgestellt wird, die zunächst jeden Zusammenhang mit den bisher anerkannten vermissen läßt, und daß dann erst die Wege aufgesucht werden, die beide miteinander verbinden. So auch muß und wird sich die festgestellte Tatsache des Ich-Bewußtseins außerhalb des Leibes und des persönlichen Fortlebens nach seiner Zerstörung dereinst als eine der stärksten Anregungen erweisen, die Bedingungen des Zusammenhangs zwischen seelischem Geschehen und seinen körperlichen Grundlagen während des 'Lebens' besser zu verstehn, als bisher möglich war.

3. Schwierigkeiten im Begriff des Fortlebens selbst

Ernster zu nehmen sind gewisse Bedenken, die sich an die Zugestehung der nackten Tatsache persönlichen Überlebens anschließen, sobald man diese in einzelnen begrifflichen Folgerungen oder besonderen Ausgestaltungen zu durchdenken versucht. — Hier muß zunächst schon der Begriff eines zeitlich-unendlichen persönlichen Fortlebens überhaupt durchaus fragwürdig erscheinen. Diese Fragwürdigkeit läßt sich (mit Barnard) etwa in folgendes Entweder-oder kleiden: 'Eine nicht sich wandelnde Persönlichkeit kann nicht als ewig fortlebend gedacht werden, denn sie müßte bestehen, ohne weitere Erfahrung zu machen (Erfahrung würde sie ja wandeln); Dasein ohne Erfahrung aber ist kaum als ein Leben anzusehen. Fordern wir dagegen, daß die Persönlichkeit unsterblich und einer Ewigkeit ununterbrochen wechselnder Erfahrung unterworfen sei, so können wir nicht erwarten, daß sie immer erkennbar dieselbe bleibe. In einer unendlichen Zeit würde eine Unendlichkeit von Erfahrungen stattfinden müssen, die unausbleiblich einen unendlichen Wandel in jeder beliebigen Persönlichkeit bedingt. Der Begriff einer 'statischen', weil unveränderlichen Persönlichkeit... ist im Grunde ein Selbstwiderspruch, denn Leben setzt Wandel voraus... Wir stehen somit vor folgender Wahl: entweder wir halten alle Entwicklung an und verewigen eine Persönlichkeit, die im Augenblick ihres Todes in dieser Welt offenbar unvollkommen ist und von Wert nur mit Bezug auf ihr Leben in dieser Welt; oder aber wir müssen zugeben, daß die Persönlichkeit in ihrem ewigen Leben eine unendliche Mannigfaltigkeit von Erfahrungen durchmacht, und uns dann damit abfinden, daß sie sehr bald nicht mehr erkennbar die gleiche sein wird, die wir auf Erden kannten.'[1]

Baerwald vertritt verwandte Gedanken in etwas andern Wendungen: 'Das Verewigenwollen des zufälligen Einzelwesens ist nicht nur der Ausdruck einer engen Auffassung vom Weltall, nein letzteres würde durch das dauernde Weiterexistieren der Individuen wirklich klein und arm werden. Denn auf Tod und Neugeburt ruht der Reichtum und der Fortschritt des Kosmos, Tod ist 'ein Mittel, viel Leben zu haben'. Körperliche und seelische Verkalkung [und Stagnation] ist die unvermeidliche Folge eines zu langen Einzellebens. ...Und überdies ist es der Tod des schlecht Angepaßten und das Überleben des Passenden, das durch Selektion die Entwicklung vorwärts treibt.' Im Gegensatz zu Barnard läßt er also eine ewige Fortentwicklung des Individuums offenbar auch im Jenseits 'an den Bedingungen des Lebens scheitern'. Anderseits würde die Annahme einer sofortigen 'Verklärung' der Individuen im Jenseits ihre Identität mit den gestorbenen Individuen aufheben, 'also unserer Sehnsucht nach Fortdauer keine Befriedigung bieten'.[2]

Diese so geistreich gefaßten Gedanken fallen sofort in sich zusammen, wenn man sich klar macht, daß die spiritistische These an sich nichts mit dem Begriff der Unsterblichkeit, d. h. eines zeitlich ewigen einzelpersönlichen Fortlebens zu tun hat. Ja ich bin mir nicht ganz sicher, ob die Angeführten diesen Begriff dem Spiritismus wirklich mit voller Überzeugung zuschreiben, oder ob nicht ein dunkles Bewußtsein der Spiegelfechterei sich hinter ihren Ausführungen verbirgt. Ich selber habe, wie der Leser weiß, das Wort 'Unsterblichkeit' nicht ein einziges mal gebraucht, vielmehr stets mit gutem Bedacht nur von 'Überleben' gesprochen. Der Gedanke, ein 'Individuum' — 'Hans Müller' — mit allen seelischen Zufälligkeiten, die es zu einer bestimmbaren Persönlichkeit machen, während grenzen-loser Zeiten 'identisch' fortleben zu lassen, hat in der Tat für mich alle Schrecken einer wesentlichen und moralischen Undenkbarkeit. Anderseits möchte ich meinen, daß eine dem Tode folgende Entwicklung, die uns nach einer gewissen Zeit bis zur 'Unkenntlichkeit' verändert zeigte, für eine sinnvolle Sehnsucht nach Fortdauer nichts Abschreckendes haben kann, ja im Gegenteil den tieferen Sinn dieser Sehnsucht erst enthüllen würde, vorausgesetzt, daß die Kontinuität 'persönlicher' Wandlung dabei gewahrt bliebe. Selbst in diesem Leben blicken wir oft mit besonderer Genugtuung auf überwundene Entwicklungsstufen zurück, in denen wir 'uns' kaum noch erkennen können: der Gedanke an den erzielten inneren 'Fortschritt' in mancherlei Hinsicht entschädigt uns reichlich für den Verlust des größeren Teils des damaligen 'Ich'; nur verlangen wir, daß die Erinnerung uns lehre, 'wir' seien es selbst,

---

1) Barnard 237f.   2) Baerwald, Okk. 382f.

die diesen Wandel vollzogen haben. Solche Willigkeit zur Wandlung können wir uns fraglos in einem künftigen Leben noch sehr gesteigert denken. Ja das Bedürfnis, innerhalb einer zusammenhängenden Entwicklung überhaupt als identisches Ich, als 'derselbe' erkennbar zu bleiben, mögen wir uns drüben als schließlich völlig schwindend denken; zumal wenn wir den Boden einer Weltanschauung betreten, welche die Einzelwesen aus Gott oder in Gott entstehen und nach unabsehbaren Wegen der Entwicklung wiederum 'in Gott aufgehen' läßt. Setzen wir aber gar voraus, daß dieser Entwicklungsweg unter anderem auch durch **mehr als ein Erdenleben** führe, so könnte ja solchen 'Wiederverkörperungen' jeweils die Auflösung der 'Außenwerke' der Persönlichkeit und ihre Rückführung auf einen 'Wesenskern von Lebensstrebungen' vorausgehn. Auch dies würde einen gewissen Abbau des 'identifizierbaren Ich' im Jenseits voraussetzen, und dennoch eine **wesentliche Kontinuität des Einzelnen** auf seinem 'Wege durch die Unendlichkeit' bestehen lassen. Ja es könnte diesem 'Abbau' sehr wohl eine Entwicklung der irdisch-identifizierbaren Persönlichkeit im Jenseits voraus- oder gar parallelgegangen sein. Baerwald will eine solche 'Entwicklung' mit dem Hinweis auf die vorausgegangene Vergreisung des Erdenbürgers zweifelhaft machen, weil alles 'allzulange' Einzelleben der 'Verkalkung' verfalle. Aber er übersieht dabei erstens, daß im Lichte der Tatsachen, die hier als erwiesen unterstellt werden, diese Verkalkung größtenteils, und wahrscheinlich ausschließlich, auf der Abnutzung des **grobstofflichen** Leibes beruht; und zweitens, daß in einem jenseitigen Leben, selbst wenn wir auch dort eine 'Stagnation' des Lebens- und Wachstumstriebs für möglich halten, doch auch ihr **Zeitmaß** ein gänzlich andres sein müßte, den völlig veränderten Lebensbedingungen entsprechend, so daß die Möglichkeit bedeutender Entwicklungen gegeben wäre, bis zu jener Rückführung auf den 'Wesenskern', die einer Wiederverkörperung vorausginge. Der Gedanke einer sofortigen 'Verklärung' aber — (was hieße das überhaupt?) — läge einer solchen jenseitigen Entwicklungslehre natürlich gänzlich fern.

Auf die etwaigen Beweise für die Tatsache einer 'Wiederverkörperung' kann hier nicht eingegangen werden; dies würde wiederum ein Buch-im-Buche erfordern. Der Belesene weiß, wie viel auch in neuerer Zeit zu ihren Gunsten beigebracht worden ist. Ganz abgesehn von Rochas' umstrittenen Versuchen der hypnotischen 'Rückschraubung' des Erinnerns über den Zeitpunkt der Geburt hinaus[1] handelt es sich um die immer wieder berichteten Fälle, in denen Kinder behaupten,

---

1) Rochas, Leben.

sich eines Lebens in genau beschriebener Umgebung bei bestimmten Personen als ihren damaligen Eltern zu erinnern, und in denen diese Erinnerungen nachgeprüft und bestätigt werden.[1] Ich will zu alledem hier nicht Stellung nehmen und nur die eine Bemerkung machen: daß ich bisher noch in keiner der einschlägigen Arbeiten die ehrliche und wirklich befriedigende Lösung der größten Schwierigkeit gefunden habe, die aus solchen Feststellungen entspringt: nämlich der **Vereinigung der beiden Erbgänge**, die im Falle einer sich wiederverkörpernden Seele zur Deckung gebracht werden müßten: der soz. physiologischen Erbschaft von den Eltern des neuen Menschenwesens und der 'Erbschaft', die jene Seele aus ihrer eigenen Vergangenheit mitbrächte. Hier liegen vielleicht sehr tiefe und fruchtbare Probleme verborgen; doch können sie, wie gesagt, jetzt nicht weiter behandelt werden. Ich will nur bei dieser Gelegenheit betonen, daß für den 'bloßen' Spiritisten als solchen die erbliche Bestimmung des Einzelnen durch seine Eltern nicht ohne weiteres eine Denkschwierigkeit bedeutet: ihm könnte ja die Annahme genügen, daß der später überlebende Teil sich **erst während des neuen Lebens ausbilde**, und zwar unter mindestens teilweiser Beeinflussung durch die Entwicklungsantriebe, die in der Erbmasse der Eltern enthalten sind.

Im übrigen scheint mir Hill mit Recht zu vermuten, daß ein bloßes Überleben des Todes überhaupt meist auch das sei, was die Menschen unter 'Unsterblichkeit' verstehen. 'Sie sehnen sich in der Regel nicht nach endlosen Zeiträumen des Daseins oder plagen sich mit der Metaphysik der Zeit. Nein, sie wünschen bloß soz. eine Ausdehnung des gegenwärtigen Zustands; irgendeine Gewißheit oder Hoffnung, daß der Tod nicht äußerste Finsternis und Vernichtung bedeute.'[2] Gerade aber, wenn schon dieses richtig ist, dürfen wir vermuten, daß wenn die Zeit zu der 'Rückführung auf den Wesenskern' als dem gründlichsten Wandel im jenseitigen Dasein gekommen wäre, auch das **Verlangen nach Fortbestand des empirisch-identischen Ich geschwunden sein werde**; oder daß jener gründlichste Wandel **nicht eher eintreten werde, als bis dies Verlangen abgestorben ist**. Jeder Wiederverkörperungsglaube setzt ja letztlich nicht bloß voraus, daß dem Einzel-Ich eine 'Auflösung in Gott' bevorstehe, sondern auch, daß diese Auflösung der Gegenstand seines tiefsten **Verlangens** werden wird, selbst wenn es nicht schon hienieden den Sinn des religiösen Urtriebs gebildet hat.[3] —

---

[1] Ein vorzüglich beurkundeter Fall bei Hearn 267 ff. Eine Zusammenstellung mehrerer z. B. bei Shirley. [2] Hill, Invest. 14. [3] Neben allem obigen ist schließlich auch noch der Gedanke eines 'zweiten Todes' in Jenseits zu erwägen (s. z. B. Barrett, Threshold 287). Auch d'Assier lehrte in eigenartiger Weise ein in jedem Falle nur kurzes Überleben.

Schwierigkeiten im Begriff des Fortlebens selbst

Eine Einzelfrage freilich drängt sich in diesem Zusammenhang gleich noch auf, die man gewiß auch zu den allgemeinen Schwierigkeiten des Jenseitsglaubens zählen kann. Ich meine die Frage, auf welcher 'Altersstufe' denn die Abgeschiedenen die 'persönlich-identischen' Abschnitte ihres jenseitigen Lebens verbringen. Bleibt — um nur die Grenzfälle zu nennen — ein verstorbenes kleines Kind oder gar Ungeborenes durch lange Zeiten in diesem geistigen Puppenstande? Tappen geistig erstarrte Greise ebenso lange in dieser beklagenswerten seelischen Verfassung dahin? — Ich kann auch hier keine unüberwindlichen Schwierigkeiten, ja nicht einmal schwer überwindliche sehen. Die einhellige Behauptung der Jenseitigen selbst in dieser Frage besagt, daß allzu früh Entschlafene sich weiter entwickeln bis zur Erreichung der Vollreife, daß aber an Jahren weit Vorgeschrittene auf etwa die gleiche Stufe der Vollreife zurückkehren, die demnach als die normale 'Altersstufe' der Jenseitigen anzusehen wäre. 'Wir wachsen auf bis zu 30', sagt einmal 'David Duguid', 'und wir gehen zurück auf 30.'[1] Ja der lebende Dr. Hodgson gründete sogar ein spiritistisches Argument auf die Tatsache, daß als Kinder Gestorbene nicht entsprechend dem Erinnerungsbilde der Überlebenden 'auftreten', sondern eben als Herangewachsene.[2]

Ist diese allgemein vertretene Lehre so unglaubwürdig, daß es nicht lohnt, ihren Denkbarkeiten nachzusinnen? Ich meine eher: die Gründe zu ihren Gunsten liegen auf der Hand, sobald wir uns über die Anschauungen des mechanistischen Physiologismus erheben. Natürlich: steckt die gesamte Triebkraft der Entwicklung in den physikalisch-chemischen Spannungen des Keimes, die sich während des Wachstums, allenfalls unter Mitwirkung äußerer Reize, 'entladen', und ist die Entfaltung des 'Geistes' nur Ausdruck einer funktionellen Entwicklung des Gehirns unter den Reizen der Erfahrung, so muß mit der Zerstörung des stofflichen Leibes auch jedes weitere Wachstum der Persönlichkeit abgeschlossen sein. Stellen wir uns aber (wie wir hier logischerweise dürfen) auf den Boden metapsychischer, ja spiritistischer Voraussetzungen, wonach diesem Wachstum letzten Endes eine individualisierte 'Entelechie' zugrundeliegt, vielleicht gar eine, die das Ergebnis vorgeburtlicher Entwicklung, den Wesenskern vergangener Leben darstellt; eine 'potentielle Persönlichkeit', die sich zu 'aktualisieren' strebt, — unter solchen Voraussetzungen stellt sich alsbald die Frage: wann denn eine solche Aktualisierung zu vorläufigem Stillstand zu kommen geneigt sein werde? Offenbar, wenn sie die Gipfelleistung ihres 'Span-

---

1) Sims 42. Vgl. allg. Doyle, Revel. 97; Pr XVIII 261 ff. XXXII 13; Allison 288; Barker 37. 40.   2) Pr XIII 383 ff.

nungspotentials' erreicht hat: wenn jene potentielle Persönlichkeit die ihr wesentlich bestimmte und mögliche Vollreife erlangt hat, ihre leibliche Selbstdarstellung oder 'Inkarnation' bis zum bezweckten Höchstzustand vollzogen hat. Was dagegen wird den wiederbeginnenden Abstieg dieser Inkarnation bedingen? Ein Erschlaffen der 'Entelechie', des 'Geistes' im Menschen? Oder aber die physiologisch bedingte Abnutzung des fleischlichen Leibes, welche die Pathologie des Alterns uns verstehen lehrt? Die Antwort kann für den Metapsychologen nicht zweifelhaft sein. Aus ihr aber folgt auch, daß während der Abnutzung des Leibes die Entwicklungsstufen von 'innerem' und 'äußerem' Menschen, die sich bisher einander genähert, nunmehr sich wieder von einander zu trennen beginnen; daß also der 'innere Mensch', während des aufsteigenden Lebens 'älter' als der 'äußere', nunmehr 'jünger' als dieser zu sein beginnt. — Nehmen wir aber weiter an, daß der ins Jenseits Übergetretene entweder in einer 'feineren' Leiblichkeit fortlebt oder sonst irgendwie sich eine 'phantomale Erscheinung' schafft,[1] — welcher Entwicklungsstufe seines inneren Menschen wird diese, jedenfalls nicht im physiologischen Sinne abnutzbare, zu entsprechen scheinen? Offenbar der Stufe der 'Reife', d. h. der vollendeten Inkarnation der Entelechie.

Der hier angedeuteten Ansicht kommen aber auch alle Beobachtungen zuhilfe, die uns 'unter' der sich (normal oder krankhaft) verändernden 'wachen' Persönlichkeit ein irgendwie überlegenes seelisches Kerngebilde (also nicht bloß beliebige 'unterbewußte' seelische Bestände) wirksam zeigen; also z. B. 'unter' zerrüttetem Seelenleben ein gesund verharrendes Ich, das etwa eine geistesklare 'Führung' durch 'automatische' Eingriffe ausübt: ungewolltes Schreiben eines Arms, 'gehörte' Anweisungen u. dgl. m.[2] Hierher gehört vielleicht z. T. auch das seltsame, von älteren Schriftstellern mystischer Richtung vielfach ausgeschlachtete Klarwerden Geistesgestörter vor dem Tode; ein Problem, das ich indessen nicht aufrollen will, da der naheliegenden metapsychologischen Deutung doch mancherlei Schwierigkeiten entgegenstehen und es an rein physiologischen, wenn auch nur mutmaßlichen Erklärungen nicht eben fehlt. Immerhin sollten wir uns in diesem Zusammenhang die seit Swedenborgs Zeiten[3] von Jenseitigen und Jenseitssehern immer wieder aufgestellte Behauptung merken, daß geisteskranke Verstorbene ihr gesundes Seelenleben zurückerlangen. Einer, der in vorübergehender Geistesstörung sich selbst entleibt hatte, berichtet, er habe zunächst drüben 'im Augenblick nicht gewußt, wo [er] war: ich fühlte mich nur sonderbar und freier, ... mein

---

1) Ich komme auf diese Frage bald noch zurück.   2) Vgl. Mattiesen 83 ff. 111 ff. 257 f.   3) s. z. B. Tafel II 277.

Schwierigkeiten im Begriff des Fortlebens selbst

Kopf war leicht, ... meine Gedanken klärten sich, als ich bemerkte, daß ich meinen natürlichen Leib verlassen hatte.'[1]

Und noch eins. Die hypnotistische Beobachtung hat auch akademische Forscher zu der seltsamen Ansicht geführt, daß eine wirkliche Wiedererweckung früherer Lebenszustände möglich sei.

Krafft-Ebing suggerierte z. B. einer 33jährigen Dame, sie sei 7 Jahre alt. 'Nicht nur sind Mienen, Gesten, das ganze Gebaren, der intellektuelle und gefühlsmäßige Bestand der eines siebenjährigen Kindes, ... nicht nur stimmen die Resultate bei öfterer Wiederholung des Versuches durchaus mit einander überein, sondern es wird auch die Identität der so geschaffenen Persönlichkeiten mit den wirklich einst gewesenen in allen Einzelumständen, auch hinsichtlich der Schriftzüge, festgestellt. Besonders eindrucksvoll war das bis zu kindlichem Weinen sich steigernde Befremden der zum siebenjährigen Kinde Gewandelten über das so veränderte Aussehen der Mutter, die bei dem Versuche anwesend war. Das Gebotene war so plastisch, so natürlich und empirisch wahr, zugleich so improvisiert, daß es, als Neuschöpfung aufgefaßt, eine schauspielerische Leistung dargestellt hätte, deren kaum die genialste Künstlerin von Beruf, geschweige eine Persönlichkeit von so geringem schauspielerischen Talent, wie Frl. P., fähig wäre.'[2]

Man übersieht sogleich die natürliche Verwandtschaft solcher Beobachtungen mit dem hier vermutungsweise über das 'Alter' der Jenseitigen Gesagten. Eine in der irdischen Ich-Entwicklung, also auch im Vorgang des Alterns, ja Vergreisens überholte Altersstufe besteht als Möglichkeit in uns fort und kann selbst im Leibe durch geeignete Mittel von neuem verwirklicht werden. Dies macht es glaublicher, daß auch der Tod eine Altersstufe von neuem verwirkliche, die 'vom Standpunkt der Entelechie aus' als die normale und 'naturgewollte' des Betreffenden erscheinen muß. Die Persönlichkeit gliche einer seelischen 'Zwiebel', deren innere Schichten unter Umständen bloßgelegt werden können; und falls, wie Rochas ja behauptet hat, diese Bloßlegung experimentell sogar über den Zeitpunkt der jeweiligen Geburt und Zeugung hinaus möglich wäre, so gewänne unsre augenblickliche Betrachtung einen überraschenden Anschluß an die — ja immer soz. im Hintergrunde der spiritistischen Behauptung lauernde — Wiederverkörperungslehre: der erste Zustand des Alt-Gestorbenen im Jenseits entspräche einem gewissen Abbau der seelischen 'Zwiebel'; ihr völliger Abbau aber träte erst ein, wenn der 'entelechische Antrieb' persönlichen Überlebens sich erschöpft hätte und somit jenes 'Kerngebilde' des Ich sich enthüllte, das entweder zu neuer Verkörperung schritte oder aber berufen wäre, durch gänzlich neuartige Stufen der Wesensentfaltung seinen Weg 'auf

---

[1] 'F. A. M.' in Pr XIV 17. Vgl. Perty II 160 und Spir. 291.   [2] bei Vogl 237f.

Gott zu' fortzusetzen, durch jene 'Sphären' des Geisterreichs hindurch, die — nach seiner übereinstimmenden Selbstdarstellung — zwischen der Sinnenwelt und dem Herzen der Welt sich ausspannen.

Zusammenfassend kann ich also keineswegs finden, daß die Frage des 'Alters der Geister' der spiritistischen Lehre Schwierigkeiten bereitet, die alle ihre Erfahrungsbeweise im entferntesten aufwiegen; mehr aber war ich ja nicht verpflichtet, hier zu beweisen. —

Ich schließe die Erörterung einer Schwierigkeit an, die ich zwar nirgends ausgesprochen gefunden habe, von der ich mir aber denken kann, daß sie unausgesprochen Manchen an der vollen Würdigung spiritistischer Beweise hindert. Sie bezieht sich auf die Zahlenverhältnisse der Bewohner des Dies- und des Jenseits. — In jeder Stunde sterben gegenwärtig schätzungsweise 3000 Menschen auf der Erde. Diese Zahl muß gewaltigen Wandlungen unterlegen haben, denn die Bevölkerung unsres Weltkörpers hat in geschichtlichen Zeiten sehr bedeutend zugenommen.[1] Ist die Bevölkerung des Jenseits entsprechenden Schwankungen unterworfen? Oder vielmehr: nimmt sie außerordentlich viel rascher zu, als die Bevölkerung der Erde je gewachsen ist, sofern doch diese sich nach Geschlechterfolgen mißt, jene aber nach 'Geistergenerationen', d. h. nach der vermutlich sehr viel längeren Dauer des Fortlebens identifizierbarer Persönlichkeiten im Jenseits?

Die Verlegenheiten dieser Fragestellung wachsen offenbar, wenn wir die Wiederverkörperungslehre als wahr unterstellen und mit der des Überlebens verknüpfen, wenn wir also annehmen, daß jeder neugeborene Erdenbürger soz. aus dem Jenseits stammt; denn würde ein solcher Kreislauf der Wesen nicht fordern, daß die Bewohnerzahl von Dies- und Jenseits einigermaßen die gleiche sei und — bleibe?

Ich glaube, daß auch diese Verlegenheiten sich bei genauerem Nachdenken verflüchtigen, zumal wenn wir unsre Unwissenheit in allen dabei beteiligten Grundvoraussetzungen in Rechnung stellen. Setzen wir die Möglichkeit der Wiederverkörperung beiseite, nehmen also eine Neuentstehung von Seelen an (aus irgendeinem seelischen Grundbestande, und etwa gleichzeitig mit der Zeugung des Einzelwesens), so erscheint allerdings die Folgerung unabweislich, daß im Verlauf der Erdenzeit die Zahl der Jenseitsbewohner sehr stark anwächst. Indessen — warum sollte sie nicht? Müssen wir befürchten, daß eines Tages das Jenseits keinen Raum mehr für seine Insassen haben werde? Dafür läßt sich nicht der geringste Grund erdenken. Überdies gäbe es auch dann eine fast sichere Möglichkeit zahlenmäßiger Verminderung: die 'Fort-

---

[1] Nach statist. Berechnungen allein von 1910—26 um 250 Mill.

Schwierigkeiten im Begriff des Fortlebens selbst

entwicklung' der Übergetretenen durch die 'Sphären' hin, also das, was man den 'Abgang auf Gott zu' nennen könnte.

Aber auch die, wie gesagt, schwierigere Voraussetzung, die Wiederverkörperungslehre, stellt uns nicht vor unüberwindbare Verlegenheiten. In diesem Falle fände ein Abgang aus dem Jenseits auch nach der Seite des Diesseits zu statt, und daß er dem Zugang vom Diesseits her jederzeit vollkommen entsprechen werde, ist natürlich nicht anzunehmen. Die zu erwartenden Unter- oder Überschüsse nötigen uns also zu Annahmen über ihren möglichen Ausgleich. Eine solche Hilfsannahme, und zwar nach meinem Gefühl die 'gezwungenste', würde Wiederverkörperungen auch nach andern Weltkörpern hin, oder von ihnen her, stattfinden lassen; eine zweite wiederum den 'Abgang auf Gott zu,' oder die völlige Neuentstehung von Wesen 'aus' ihm; eine dritte würde auf die sehr wahrscheinlichen Schwankungen in der Länge der Jenseitsentwicklung hinweisen, welche die zur Wiederverkörperung bestimmten Seelen durchzumachen hätten; eine vierte auf die Denkbarkeit endgültigen Zerfalls von Entelechien, des 'Versickerns' von Wesen, ihrer Auflösung in *mind-stuff*, ihrer 'Verschmelzung' mit andern Wesen, — oder was weiß ich sonst. — Solche Hilfsannahmen leisten schon Beträchtliches, und wir können keineswegs sicher sein, daß sie die einzig verfügbaren sind. In jedem Falle muß uns unsre Unwissenheit in allen Fragen menschlicher Eschatologie durchaus warnen, aus so dunkel erschaubaren Schwierigkeiten jenseitiger Art einen wirklichen Einwand gegen sichere Erfahrungswahrheiten ableiten zu wollen, wie die spiritistische Lehre eine darstellt. —

Ich weiß nicht, ob ich anschließend eine weitere Schwierigkeit darin finden soll, daß für den Spiritisten nun noch die Frage entsteht, ob auch den Tieren (oder doch den sog. höheren) ein Fortleben nach dem Tode zuzugestehen sei. (Der Spiritist ist es ja gewohnt, daß ihm, sobald er seine Überzeugung äußert, allerhand Fragen wie Pistolen auf die Brust gesetzt werden; als ob seine Fähigkeit, über jede Einzelheit des unsichtbaren Lebens Auskunft zu geben, auch über die Wahrheit seiner Grundlehre entschiede.)

Ich habe an mehreren Stellen des Buches Tatsachen erwähnt, die für die Entscheidung dieser Frage Bedeutung zu haben scheinen.[1] Ich will auch gern gestehn, daß ich persönlich nichts dagegen hätte, die Frage für die 'höheren' Tiere, ja selbst für alle Wesen mit irgendwelchem Innenleben zu bejahen. Doch kann ich nicht finden, daß die Art der Antwort für unsre Stellungnahme in der spiritistischen Hauptfrage

---

1) I 170 ff. 222; II 402 f.; o. S. 276 ff. Vgl. ferner Pr XXX 487 ff.; XXXII 46 ff.; VIII 130; Thomas, Life 135.

von irgendwelcher Bedeutung ist. Es handelt sich eben hier um eine Sonderfrage, die ihrerseits nur durch Beobachtungen und Schlüsse daraus zu beantworten ist. Daß sie ganz andren Bedingungen der Lösbarkeit unterliegt, als jene Hauptfrage, ist ohne weiteres klar; die 'sprachlosen' Tiere versagen uns ja eins der wichtigsten Mittel der 'Identifizierung': die Aussage über Erinnerungen. Es ist daher jedenfalls methodisch richtig, die Frage des Überlebens von Einzelwesen zunächst dort anzugreifen, wo die Bedingungen ihrer Lösung die günstigsten sind: beim Menschen. Wer aber meint, diese Entscheidung werde irgendwie beeinflußt von der Entscheidung, ob Tiere überleben oder nicht, der gebe uns erst Gründe für diese Meinung an. Ich selber sehe keine, solange die Frage der seelischen Verwandtschaft von Mensch und Tier nicht restlos geklärt ist.

4. Schwierigkeiten bezüglich der jenseitigen Umwelt

Wenden wir uns nunmehr den eigentlichen Fragen nach Wesen und Art des Jenseits selber zu, in deren Nähe uns die vorstehenden Überlegungen schon mehrfach führten, so stehen wir damit vor einer der wirksamsten aller 'allgemeinen Denkhemmungen', auf die der Spiritist bei seinem Gegner stößt. Die Frage, wie denn 'die Geisterwelt aussehe', wird ihm zumeist mit besonderem Nachdruck 'auf die Brust gesetzt'; deutet er aber gar an, was er darüber zu wissen glaubt, so hat er erst recht verspielt. Denn es sind vor allem die Schilderungen des Jenseits, die dieses selbst uns liefert, was seinen Anspruch auf Wirklichkeit widerlegen und damit auch die um alles Vertrauen bringen soll, die über das Wie ihres Überlebens nichts Besseres aufzutischen haben als solchen 'offenbaren Unsinn'. Diese Schilderungen sind ja bekanntlich größtenteils von einer verblüffenden Anschaulichkeit, und eben gegen diese wendet sich der Zweifel des Animisten. Denn ein 'Geisterreich' müßte doch gänzlich wirklichkeitsferne Unfaßlichkeit besitzen.

Es ist in hohem Grade mißlich, daß ich diese Fragen nur noch flüchtig besprechen darf. Daß sie eine äußerst eingehende Behandlung verdienen, ist mir ebenso gewiß, wie daß eine solche nicht mehr lange auf sich warten lassen wird: das liegt gewissermaßen 'in der Luft'; wie ja stets die Lage einer Forschung gewisse Fragen und Lösungen in der Luft liegen läßt. Indessen würde diese Aufgabe einen starken Band für sich erfordern, während ich mich, am Ende meines langen Weges, auf knappen Raum beschränkt finde. Ich will also nur in Umrissen die empfangenen Schilderungen des Jenseits (durch seine Bewohner selbst) zusammenfassen und dann in Kürze etwas zu ihrer Deutung sagen, und damit zugleich über die Schwierigkeiten, die der Gegner hier zu finden glaubt.

Die Quellen, die ich dabei benutze, wähle ich etwas willkürlich und halb zufällig aus sehr reichen Beständen aus, entsprechend der durchaus vorläufigen Natur der nachfolgenden Darlegungen. Erst eine künftige 'Jenseitskunde' wird mehr oder minder den ganzen verfügbaren Stoff zu verarbeiten suchen und dabei natürlich mit einer 'Kritik' der Einzelquellen beginnen müssen, zu der hier nur geringe Ansätze geboten werden. Seit Swedenborgs Berichten über angeblich Selbstgehörtes und -gesehenes — *ex auditis et visis* — hat die Zeit der deutschen 'Somnambulen' einiges Einschlägige geliefert (was hier jedoch übergangen wird), und erst seit A. J. Davis und W. St. Moses haben uns vor allem angelsächsische Medien eine reiche Ernte an Jenseitsschilderungen Verstorbener beschert. Nur aus diesen wähle ich die zu verwertenden Einzelheiten aus, um ein ungefähres Bild des ziemlich übereinstimmend Behaupteten zu gewinnen und daran die Frage seiner Deutbarkeit und Glaublichkeit zu knüpfen. Dagegen lasse ich alles beiseite, was in religiösen oder geheimwissenschaftlichen Gemeinschaften über das Wesen des Jenseits gelehrt wird, sofern es von körperlich Lebenden auf Grund besondrer Erkenntniskräfte erschaut sein soll. Eine künftige Jenseitskunde wird natürlich auch diese Behauptungen zu einem abschließenden Vergleich heranziehn; einstweilen aber besteht für uns immerhin der Unterschied, daß die Wahrheitsansprüche solcher Lehrer für den Unbeteiligten schwerlich nachprüfbar sind, während die angeblichen Schilderungen Jenseitiger voraussetzungsgemäß von solchen ausgehen, die selbst erlebt haben, was sie beschreiben; so daß nur etwa die Zuverlässigkeit jener Voraussetzung zu prüfen bleibt, also der 'Geisterstand' der Schildernden. Eine Ausnahme von der obigen Regel habe ich denn auch nur zugunsten Swedenborgs gemacht, dessen Ansprüche auf eigenes Gesehen- und Erlebthaben mit besonderem Nachdruck geäußert werden;[1] aber auch diese Heranziehung begnügt sich mit Hinweisen auf die bei ihm zu findenden Seitenstücke zu Angaben Jenseitiger selbst. Daß dieser Parallelismus so weit geht, als unter Berücksichtigung der leicht vermutbaren Fehlerquellen zu erwarten und zu fordern ist, wird man kaum leugnen können.[2]

Der Übertritt ins Jenseits erfolgt also, wie wir hören, oft durch eine gewisse Zeit der 'Verdunkelung oder Bewußtlosigkeit' hindurch, oder

---

[1] S. z. B. Swedenborg § 46. 74. 440f. u. ö.   [2] Deshalb braucht noch nicht an eine Beeinflussung der jüngeren Quellen durch die ältere gedacht zu werden. (Vgl. Myers II 219.) Ich komme auf diese Frage zurück.

doch der Benommenheit in einem 'schlafumfangenen Frieden an einem Orte gedämpften Lichtes'. Dieser Zwischenzustand dient zugleich als 'erfrischender Schlaf', der neue geistige Kräfte schenkt; es finden in ihm aber auch Träume statt, in denen Bilder aus dem verflossenen Erdenleben aufsteigen, beseligende oder beklemmende.[1] Diese Angaben finden, wie ich im Vorübergehn bemerken will, ihre klärenden und bestätigenden Seitenstücke in der Psychologie der Lebenden: sie erinnern an die 'Synkopen' zwischen Zuständen alternierender Persönlichkeiten und an die gelegentliche 'panoramatische Lebensschau' im Augenblick des Sterbens oder einer Todesgefahr.[2] — 'Erwacht' der Verstorbene dann endgültig, so findet er sich in einem gestalteten Leibe wieder, einem 'astralen Ebenbilde des stofflichen Körpers', wie 'George Pelham' es einmal ausdrückt, einem 'ätherischen' oder 'geistigen Leibe', wie andre ihn nennen.[3] Dieser Geistleib ist, wie schon oben besprochen, 'jünger' im Falle älterer Personen, oder hat doch die Neigung, mit der Zeit die Form der ersten Lebensreife anzunehmen, während er im Falle Frühverstorbener auf diesen Reifezustand 'allmählich zuwächst und dann haltmacht.' In jedem Fall 'offenbart er den wahren Menschen', den 'geistigen Zustand', so daß er schon deshalb auch bei jugendlich Verstorbenen, aber seelisch Vorgeschrittenen die Form der Reife zeigt.[4] — Da er einem rein geistigen Leben dient, fehlen ihm die Organe der Fortpflanzung und Schwangerschaft (soll doch überhaupt die Geschlechtertrennung drüben allmählich schwinden) sowie der Verdauung und Einverleibung von Nahrung. Gleichwohl wird dem Geistleibe etwas der Ernährung wenigstens Ähnliches zugesprochen, indem erneuernde Kräfte unablässig in ihn einströmen: 'wir atmen soz. unsre Nahrung ein', wie 'Etta Thomas' einmal sagt, — gewisse 'kosmische Strahlen', wie 'Myers' es nennt; und zwar nicht durch Atmungsorgane, sondern mit dem 'ganzen Organismus', der dadurch 'unterhalten und mit Leben neu geladen' wird.[5] — Ebenso haben auch die Jenseitigen ihre Zeiten der Ruhe und Erholung, die unsrem Schlafe ähneln; und dieser Schlaf wird bald als 'völlige Empfindungslosigkeit', ja als 'immer traumlos' bezeichnet, bald als nur teilweise Verdunkelung des Bewußtseins.[6] — Von Krankheiten ist der Geistleib notwendigerweise frei; doch folgt die erinnernde Vorstellung ehemaliger leiblicher Leiden den Verstorbenen zuweilen ins Jenseits und erzeugt dann in

---

1) Pr XIII 301; XXI 192. 203; XXIII 152; JSPR XVII 172f.; ZpF 1929 158; Hill, Invest. 257f.; Cummins I 38; II 29; Swedenborg § 462. (Alle folgenden Belege sind nur Einzelbeispiele aus zahlreichen verfügbaren.) 2) S. Mattiesen 179. 757; 106ff. 3) Pr XIII 301; XXVIII 384; Thomas, Life 108. 247ff.; Barker 24; Findlay 124. 4) Thomas, Life 108; Amicus 37f.; Owen I 62; Swedenborg § 363. 457. 5) Amicus 36. 39. 47; Cummins II 35f.; Thomas 111; Pr XI 88; Findlay 123. 6) Amicus 38; Thomas, Life 111f.; Barker 37; Julia 7.

ihnen vorübergehend etwas dem früher Erlittenen Ähnliches, zumal bei der Annäherung an ein Medium, also an die Welt der Körperlichkeit.[1]
— Im Zusammenhang mit früher Gesagtem mag auch die Angabe bedeutsam erscheinen, daß der Geistleib 'lichthaft' ist — 'Geister sind ganz Licht', sagt 'Phinuit' einmal —, was ja im Grunde der Aussage entspricht, daß Geister in den Lebenden deren 'Geist' an seiner Lichthaftigkeit erkennen; was ihnen, wie wir wissen, das Auffinden des besonders lichthaften Mediums erleichtert.[2]

Die Bewohner des Jenseits erscheinen sich selbst 'bekleidet', und zwar auf sehr mannigfaltige Weise.[3] (Wobei wir uns erinnern, daß auch im irdischen Leben Exkurrierende sich fast niemals nackt erscheinen.)
— Ihre Fortbewegung geschieht auf verschiedene Art: entweder 'mit den Füßen' auf anscheinend 'festem Grund und Boden' (durch den sie aber, sobald sie 'wollen', 'hindurchsinken können'), und zwar mit großer 'Schönheit des Gleichgewichts und der Bewegung'; oder sie 'gleiten' (etwa wie der Lebende im Traum), ohne daß die Füße den Boden berühren, durch die Luft; und auch hier wird uns gelegentlich diese 'weiche, anmutig gleitende Bewegung' als 'voll Ruhe und edler Würde und Kraft' geschildert. Nur bei sehr großen zu durchmessenden Entfernungen soll die Bewegung — und zwar durch den bloßen Willen-zur-Ortsveränderung — soz. mit Gedankenschnelle vor sich gehen.[4]

Hiermit ist bereits ausgesprochen, daß die Jenseitigen in einer 'räumlichen' Welt zu leben glauben, und zwar in einer der irdischen ebenso ähnlichen, wie ihre Körperlichkeit der unsrigen ähnelt. Sehen wir von gelegentlichen Aussagen ab, daß etwas wie eine vierte Dimension im Jenseits bestehe, so daß seine völlig zureichende Beschreibung unmöglich sei,[5] so ist die überwiegende Masse aller Schilderungen des zunächst erreichten Zustands mit dem Wesen der Räumlichkeit geradezu getränkt, ja mit dem einer erdenhaft erfüllten Räumlichkeit. Unsre Welt, sagt 'Etta Thomas' einmal zu ihrem Bruder, 'ist ein Ort wie die Erde auch und sieht ebenso aus.' 'Es wäre nicht richtig, die Erde als eine körperliche Welt zu beschreiben und die unsrige als das geistige Leben. Denn ihr könnt das Geistige auch auf eurer Erde haben, und wir haben sicherlich viel vom Körperlichen in unsrer Welt.'[6]

Um gleich ein Beispiel hierfür zu geben: man lebt auch drüben zunächst in Häusern; ja das erste, was der Neuankömmling erlebt, ist, daß man ihm hilft, ein Heim zu wählen. Doch sind weder die Mühen der Haushaltung so umständlich wie auf Erden noch auch die Zwecke der

1) Thomas 107. 127; Pr XXIV 221; ZpF 1929 158.   2) Pr XI 93; XIV 18. 37; XVI 313; o. II 291f.   3) Barker 30; Thomas 156. Auch diese Kleidung dem inneren Zustande 'entsprechend': Swedenborg § 178.   4) Thomas 128; Barker 24f.; Pr XI 88; ZpF 1929 159; Owen I 143.   5) Owen I 2: what you call a fourth dimension does exist here, *in a way*.   6) Thomas 127.

Behausung die gleichen. Einer freilich liegt darin, ein Heim zu haben, worin man mit seinen Freunden oder mit Fremden gesellig zusammenkommt.[1] Andre werden in folgender Schilderung eines Hauses angedeutet: Dieses 'ist viereckig, und doch sind der Wände nicht bloß vier, noch stehen sie in [rechten] Winkeln zu einander. Auch sie gehen in einander über, und die äußere und innere Atmosphäre vermischen sich durch sie hindurch. Diese Wände sind nicht zu unsrem Schutze da, sondern zu andren Zwecken, und deren einer ist es, unsre Schwingungen zu verdichten, sie in ihrer Versendung nach entfernten Gegenden auszurichten, wo unsre Hilfe benötigt und gewünscht wird. Auf gleiche Weise auch erreichen wir die Erde und erfühlen, was ihr dort tut, und senden euch Worte der Belehrung oder Hilfe... Hierher auch steigen die Bewohner höherer Sphären herab [worüber später mehr] und werden vermittelst dieser Häuser und andrer vorbereiteter Einflüsse für uns fühlbar, so daß wir mit ihnen Umgang haben können... Von diesem Hause aus spenden wir denen Kraft, die von Zeit zu Zeit aus den niederen Sphären uns zugesandt werden, so daß sie während ihrer Anwesenheit unter uns die Bedingungen unsrer Sphäre ohne starkes Unbehagen ertragen, sich mit uns unterhalten, uns sehen und hören können, was ihnen sonst unmöglich wäre.'[2]

Diese Bauten sind von der größten Mannigfaltigkeit in Bezug auf Maße, Ausstattung, Stil und Schmuck. Besonders diejenigen, die dem Unterricht und der geistigen Fortbildung der Jenseitigen dienen, werden uns oft mit erstaunlichen Einzelheiten geschildert, worunter Bäder und Musikzimmer fast die geringsten sind. Ein solches Gebäude, dreiflügelig errichtet von einem frommen Denker, der im Erdenleben ein einfacher Verkäufer in einer Tuchhandlung gewesen war, ist aus 'undurchsichtigen Kristallblöcken geschichtet, deren jeder einen großen Gedanken ... enthüllt und offenbart', und längs des Frieses, der die Wände von der Kuppel darüber trennt, erscheinen bekannte Bibelworte in schillernden Buchstaben. Die einzelnen Flügel des Baues dienen der religiösen, der philosophischen und der naturwissenschaftlichen Belehrung.[3]

Solche Bauten stehen bald einzeln in 'Landschaften', bald bilden sie Bestandteile geschlossener Siedlungen wechselnden Umfangs. Die jenseitige Landschaft wird meist in lieblichen, ja berückenden Bildern beschrieben: leuchtend, satt in den Farben, baum- und wiesenreich, sanft hügelig, stromdurchschlängelt; zuweilen wieder offenbart sie ausgesprochen 'heroischen' Gebirgscharakter. Dabei sollen bemerkens-

---

1) Thomas 153. 157; Swedenborg § 184.   2) Owen II 76f.   3) Owen I 13; Amicus 74f.

werter Weise, wenigstens nach gelegentlicher Aussage, die entfernten Gegenstände keine perspektivische Verkürzung zeigen — 'die Perspektive war buchstäblich verwandelt' —; auch waren alle Einzelheiten dieser Landschaft von allen Seiten gleichzeitig sichtbar! — eine Besonderheit, die der Wahrnehmung von Gegenständen im Jenseits überhaupt nicht selten zugeschrieben wird: sie werden als Ganzes, von allen Seiten gleichzeitig 'erfaßt', — eine theoretisch vielleicht andeutungsreiche Angabe.

Auch die Siedlungen sind, wie gesagt, von sehr wechselnder Größe: zuweilen bloße Häusergruppen, etwa an den Fuß eines mächtigen Baues von tiefer Bedeutung hingeschmiegt, zuweilen 'Städte', zwar nicht von Mauern, aber von 'Wachttürmen' umgeben, die u. a. der Bewillkommnung Herannahender dienen; denn Straßen führen von diesen Ortschaften in die Weite hinaus. Selbst ein 'London' soll es drüben geben: 'aber es ist nicht euer London.' Auch ganze Gegenden verbinden sich gleichsam zu geographisch-politischen Einheiten, in denen die Angehörigen irdischer Völkerschaften sich neuerdings zusammenfinden können.[1] Dabei wird uns gesagt, daß nicht Blutsbande drüben in jedem Falle die Menschen zusammenführen, sondern vor allem seelische Verwandtschaft. Soll es doch sogar 'Gruppen' von zwanzig, hundert, tausend Seelen geben, die alle 'von einem Geiste genährt werden'; Gruppenseelen, deren Glieder ihr Inneres, ihre Erinnerungen und Erfahrungen in immer steigendem Maße einander nach- und miterleben.[2]

Der tätige Lebensinhalt der Jenseitigen ähnelt in manchem dem der Irdischen, weicht aber natürlich im allgemeinen und vor allem seinem Sinne nach sehr bedeutend von diesem ab; denn der irdische Kampf um Reichtum, Genuß und Macht liegt ja abgeschlossen dahinten, und an seine Stelle sind Strebungen der inneren Entwicklung religiös-sittlicher Art getreten. Wir hören von solchen, die nur Botengänge zu tun haben oder Gärten bauen; andre dagegen geben sich geistigen Berufen hin, wirken als Erfinder oder Forscher, als bildende Künstler aller Art, als Dichter oder Musiker. Gerade der letzteren Kunst wird immer wieder eine bedeutende Rolle zugeschrieben, und wir hören nicht nur von Singenden, sondern auch von Musik, die unauffindbaren Quellen entströmt, von keinem bestimmten Punkte herzukommen scheint und soz. einen 'Teil der Atmosphäre' ausmacht.[3] Aber wohl der größte Teil jenseitigen Handelns dient, wie schon angedeutet, der geistigen Entwicklung der Einen durch die Andern, also der Belehrung und Erziehung, der seelischen Beeinflussung in jeder Form. Zahllos sind die

---

1) Thomas 131f.; Amicus 22.   2) Amicus 50; Cummins I 51. 62; Swedenborg § 52. 44. 383. 427. 510.   3) JSPR XIX 121; Thomas 153ff.; Barker 62f.; Owen I 4.

Berichte über Anstalten dieser Art, angefangen von 'Kindergärten' mit allen zweckdienlichen Einrichtungen (einschließlich eines Kasperle-Theaters!), bis zu 'Schulen', 'Kollegien' und 'Universitäten', die alle erdenklichen den Umständen angemessenen Lehrgegenstände umfassen. Entsprechend fehlt es auch nicht an Büchern und ganzen Büchereien.[1] Jedenfalls gehört gegenseitiges Fördern und Helfen zur häufigst behaupteten Lebenserfüllung der Jenseitigen, vor allem auch gegenüber den eben Angelangten und durch die Neuheit der Umgebung Verwirrten. Was nicht ausschließt, daß in den niederen Sphären, neben der sonst vorherrschenden Liebesgesinnung, auch Leidenschaften, Haß und Sünde sich offenbaren,[2] oder doch ein sehr mannigfaltig getöntes rückschauendes Hängen an irdischen Erinnerungen, Beziehungen und Gütern: die frühere Untersuchung der 'inneren Motivierung' von Spuken oder Kundgebungen hat uns reiche Belege hierfür geliefert.[3]

Daß der Verkehr der Jenseitigen unter einander ein wesentlich telepathischer sein soll, erscheint uns beinahe selbstverständlich; liegt es doch nahe, die übernormalen Fähigkeiten des Lebenden als die normalen des Überlebenden anzusetzen. 'Die Sprache der andern Seite', die der Neuling zu 'lernen' hat, ist offenbar eine rein gedankliche; sie wird gelegentlich als 'drahtlose Telephonie' bezeichnet. Wir begegnen sogar der Aussage, daß der eine die Gedanken des andern 'sehe'.[4] Und Ähnliches gilt dann natürlich auch hinsichtlich des Verkehrs mit den Lebenden. 'Wir sehen dich,' sagt 'Mrs. Owen' zu ihrem Sohn, 'aber mit andern Augen als die deinen. Unsre Augen sind nicht an die Wirkung von Licht gewöhnt, wie ihr es auf Erden habt. Unser Licht ist ein wesentlich andres, eine Art durchdringenden Elements, vermöge dessen wir eure innersten Gedanken erkennen können, und zu diesen sprechen wir — zu euch selbst, und natürlich nicht zu euren äußeren Ohren.' 'Wie hörst du mich reden, Liebster,' fragt 'Mrs. Mitchell' durch Mrs. Piper, 'wenn wir doch nur durch den Gedanken sprechen?' Vielleicht mit diesem telepathischen Vermögen auch hängt es zusammen, daß man drüben nach eignem Wunsche jeden andern jederzeit 'treffen' kann.[5]

Eine letzte Einzelheit mag zum Abschluß dieser vorläufigen Übersicht besprochen werden. Die bisherigen Angaben lassen nicht nur die Umwelt der Jenseitigen als eine räumliche erscheinen, sondern auch ihr Leben als ein zeitlich verlaufendes. Hier haben indeß die Aus-

---

1) Thomas 153. 158; Barker 40. 48 ff. 62 f.; Amicus 58 ff.; Owen II 150 f.; IV 61 ff.; Swedenborg § 337. 391.   2) Pr XXX 527; Barker 36; JSPR XIX 244 f.; Swedenborg § 506.
3) Bd. I 160 ff. 417 ff.   4) Pr XVIII 297; ZpF 1929 159; Findlay 127; Owen I 39; Swedenborg § 494 (doch s. § 235 über angebl. Organ-Sprechen).   5) Pr XIII 380; Owen I 22; Lodge 106.

sagen etwas zunächst Verwirrendes. Gelegentlich nämlich wird uns versichert, daß die 'Geister keine Zeit haben', oder doch 'keine Vorstellung von Zeit'; und dem scheint die andre Aussage zu widersprechen: 'Zeit gibt es hier drüben. Wo Folge ist, da ist Zeit.'[1] Der Widerspruch löst sich m. E., wenn wir als gemeinsamen Sinn der Behauptungen annehmen, daß die Jenseitigen keine Zeit in unsrem Sinne haben, klar eingeteilt durch Sonnenlauf und Wechsel der Jahreszeiten, und daher kaum die Möglichkeit, sich mit uns über Stunden, Tage, Wochen und Jahre zu verständigen, — was ja durch manche Unstimmigkeit zwischen Kommunikatoren und Sitzern beim Anberaumen von Sitzungen sich belegen läßt.[2] 'Es gibt hier (heißt es also gelegentlich) keine willkürlichen Zeiteinteilungen wie Nacht und Tag.' Oder allgemeiner: 'Wir haben keine fest bestimmte Zeit in unsrer Welt; darum kommen uns mehr oder minder die Zeitbedingungen in eurer Welt abhanden, wenn wir in unsere eingehn.'[3] Dies scheint die wahre Lage nach beiden Seiten hin zu bezeichnen. Das Erleben der Jenseitigen ist ein zeitliches, aber verglichen mit dem unsrigen ein gleichsam flüssigeres und gerade infolge seiner inneren Spannung ein weniger nach äußeren Maßen eingeteiltes. 'Dauer, wie ihr sie versteht, ist hier unbekannt. Wir haben natürlich eine Aufeinanderfolge der Ereignisse, aber keine willkürlichen Zeitmaßstäbe... Auf Erden habt ihr auf das Vergangene zurückgeblickt; hier wird eure Vergangenheit zu einer lebendigen Triebkraft[4] in eurer Gegenwart... In jedem praktischen Sinne ist das Leben für uns hier ein wunderbar Gegenwärtiges, und so eigenartig und erstaunlich ist dies in seiner Auswirkung, daß wir, wenn wir wollen, uns in uns selbst zurückversetzen und tatsächlich eine frühere Erfahrung in allen Einzelheiten nochmals durchleben können. [Ebenso] bewegen wir uns vorwärts in die Unermeßlichkeiten der Zukunft, die Gesamtheit alles dessen, was wir je gewesen und was wir erfahren. Man mag sagen 'Ich bin' oder 'Ich werde sein', aber man kann nicht wahrheitsgemäß sagen 'Ich war'. Dies ist sehr schwierig zu erklären und noch viel schwieriger für euch restlos zu verstehen; aber es ist ewig wahr.'[5] Ich meine, daß wir mit einigem guten Willen den Sinn solcher dunklen Aussagen wohl erfassen können: das Erleben der Jenseitigen ist zeitlich, aber mit einer Überbetonung der Gegenwartsart und von größerer subjektiver Flüssigkeit, verglichen mit der 'harten' Zeiteinteilung der Erde. Das Bestehen einer 'zeitlosen' metaphysischen Welt wird damit natürlich nicht geleugnet. 'Tief innen im Ich,' sagt Elsa Barkers Unterredner, 'mag ein Ort des Schweigens zu finden sein, wo alle Dinge

---

1) Pr XIII 433; Home 414; Barker 109.   2) Pr XXVIII 144. Vgl. VI 481; XIII 424.
3) Amicus 38; XXVIII 147.   4) an active principle.   5) Amicus 29f.

gleichzeitig zu sein scheinen; aber sobald die Seele selbst die Dinge dort zu prüfen versucht, beginnt die Aufeinanderfolge.'[1]

Dies wäre, in gröbsten Umrissen, das Bild, das uns die 'Nächstbeteiligten' vom Zustand entwerfen, in den der Mensch nach dem Tode zunächst eintritt. Man wird dem 'Wissenschafter', ja dem 'Gebildeten' schlechthin wohl nachempfinden können, wenn sie solchem Bilde mit gefühlsmäßiger Ablehnung gegenüberstehn. Sollen schon 'Geister' sein, soll es ein Jenseits geben, dann muß das alles eben 'ganz anders' als auf Erden sein, durchaus 'geistig' unvorstellbar und unzugänglich 'metaphysisch'. Der 'philosophische Geschmack' wird hier, wo er leidlich frei schalten kann, ein gründlich unwirkliches, von aller sinnlichen Erfahrung möglichst abgelegenes Dasein fordern; und gerade die harmlose Angleichung an unsre Welt, die hausbackene Lahmheit einer Einbildungskraft, die sich über Gewohntestes nicht zu erheben vermag, gibt ihm die Gewißheit, daß solche Jenseitsschilderungen nur 'Träume von Geistersehern' sein können, entsprossen den kümmerlichsten Untiefen der wünschenden und fabelnden Seele.

Was aber mehr ist: auch entschiedene oder halbe Spiritisten von akademischer Schulung haben sich meist außerstande gefühlt, solche Kundgebungen wörtlich ernst zu nehmen, und haben sie entweder als Zutaten der Medien aufgefaßt oder als Dichtungen der schattenhaftesten Seelenteile im übrigen andern Dingen zugewandter Jenseitiger, oder als ihre irreführenden Versuche, das Unbeschreibbare uns in Bildern nahe zu bringen, die unsrer Fassungskraft entsprechen.[2] Selbst Bozzano hat öffentlich bekannt, daß er bis etwa 1925 der Ansicht 'wissenschaftlich' eingestellter Metapsychologen gehuldigt habe, solche Offenbarungen über das Jenseits seien restlos aus dem unterbewußten Erdichten von Medien abzuleiten.[3]

Indessen schon vor aller Erwägung, wie etwa jenen Kundgebungen irgendwelche Wahrheit zuzubilligen wäre, begegnen wir einer seltsamen Warnung vor ihrer übereilten Verdammung. Gewiß mögen sie den Denkneigungen bestimmter Kreise entsprechen, die nur das Anschauliche und Gewohnte für wirklich halten können und folglich nicht das Bedürfnis haben, ein Jenseits möglichst abweichend von unsrer Welt sich vorzustellen. Merkwürdigerweise aber finden sich gleich anschauliche Jenseitsschilderungen auch da, wo jenes 'gebildete' Bedürfnis durchaus vorauszusetzen ist; und zwar auf seiten des Me-

---

1) Barker 109. 2) z. B. Lambert 96f.; Hyslop in Pr XVI 259f. Später entgegenkommender: JAmSPR 1913 235ff. 3) RS LXXII (1928) 290. Ich darf von mir dasselbe sagen.

diums, des Sitzers und — des Abgeschiedenen selbst (dessen vorherige Identifizierung natürlich vorausgesetzt wird). — Bezüglich der Medien ist diese Feststellung offenbar besonders wichtig, indem ja ihrem 'unterbewußten Erdichten' die fragwürdigen Schilderungen entspringen sollen.

Hier hat u. a. Wallace mit Nachdruck die Seltsamkeit unterstrichen, die in dem Abweichen ihrer Beschreibungen von eignen Meinungen liegt. 'Die Medien', behauptet er, 'sind fast alle in einem der orthodoxen Glaubensbekenntnisse erzogen. Wie kommt es dann, daß die gewöhnlichen orthodoxen Begriffe vom Himmel niemals durch sie bestätigt werden?... Es gibt nichts Wunderbareres in der Geschichte des menschlichen Geistes als die Tatsache, daß, ob nun in den Hinterwäldern Amerikas oder in den Landstädten Englands, unwissende Männer und Frauen, die fast alle in den gewöhnlichen Sekten-Begriffen von Himmel und Hölle erzogen sind, in dem Augenblick, da sie von der seltsamen Gabe der Medialität ergriffen werden, Lehren über diese Dinge von sich geben, die ... sich gänzlich von denen unterscheiden, die so tief in ihre Gemüter eingepflanzt wurden, und zwar ohne Rücksicht darauf, welches die angebliche Herkunft der Geister selbst, d. h. ob dies katholische, protestantische, muhammedanische oder indische sind.[1]

Von Miss Cummins z. B., der wir zwei Bände angeblich von Frederic Myers stammender Jenseitsschilderungen verdanken, wird uns ausdrücklich versichert, daß sie 'nie versucht hat, irgendeinen von den Gegenständen zu studieren, von denen diese Bücher handeln'; ihre Arbeit und Veröffentlichungen hätten ausschließlich dem modernen Drama und Roman gegolten.[2]

Den sonderbarsten Beleg für diese 'Selbständigkeit' der Angaben, den ich kenne, enthalten die automatischen Schriften des Mr. Hubert Wales, der strengen Forschung bekannt u. a. durch seinen sehr kritischen Bericht über Beobachtungen telepathischer Übertragungen ohne bewußte Betätigung.[3]

Der 'reichlich skeptische' Forscher stand diesen eigenen medialen Leistungen so ungläubig gegenüber, daß er sie unbeachtet beiseite legte. 'Als ich (schreibt er an A. Conan Doyle) [Jahre danach] Ihren Artikel [über diese Dinge] las, war ich erstaunt, ja beinahe erschreckt durch den Umstand, daß die mir angeblich gemachten Angaben über die Zustände nach dem Tode zusammentrafen — ich glaube, fast bis in die geringfügigsten Einzelheiten — mit denen, die Sie als Ergebnis Ihrer Vergleichung von Aussagen aus sehr zahlreichen Quellen gemacht hatten. Ich kann nicht glauben, daß mein vorausgegangenes Lesen irgendetwas enthalten habe, was diese Übereinstimmung erklären könnte. Ich hatte sicherlich nichts gelesen, was Sie über diese Frage veröffentlicht haben, ich hatte absichtlich 'Raymond' und Bücher ähnlicher

---

1) Aus A defence of modern Spiritualism bei Vesme III 230f. Auch Hyslop (Life 247) erscheint beeindruckt von dieser Übereinstimmung, hält sie aber nicht für genügend beweiskräftig. Vgl. A. C. Doyle bei Owen I S. XXXVI.   2) Cummins I 161.   3) Pr XXXI 124 ff.

Art beiseite gelassen, um meine eignen Ergebnisse nicht zu beeinflussen, und die 'Verhandlungen der Ges. f. ps. F.', die ich bis dahin gelesen hatte, berühren, wie Sie wissen, die Frage der Zustände nach dem Tode nicht. Jedenfalls erhielt ich zu verschiedenen Zeiten Kundgebungen,' — nun, die alles enthalten, was das bekannte Lachen der Zweifler stets erregt hat: daß also die Jenseitigen menschenähnliche Leiber, aber kein Alter haben und keinen Schmerz leiden; daß sie bekleidet sind und sich nähren, nicht schlafen, wenn auch gewisse halbbewußte Ruhezustände durchmachen, wie schon sofort nach dem Tode; daß die Gleichgesinnten 'sich finden' und persönliche Verhältnisse nicht-geschlechtlicher Liebe fortbestehen; daß sich die Jenseitigen ihren verschiedenen 'Interessen' gemäß beschäftigen, aber keinen 'Lebensunterhalt' zu erarbeiten brauchen; daß die jenseitige 'Entwicklung' dort einsetzt, wo sie im Diesseits abbrach, usw.[1]

Es wäre verfrüht, das logische Gewicht der unerwarteten Übereinstimmung diesseitsähnlicher Jenseitsschilderungen genau einschätzen zu wollen. Dies würde zunächst voraussetzen, daß der Grad ihrer **gegenseitigen Unabhängigkeit** durchgehends genau bestimmt wäre; das aber ist weder schon gesehen, noch ist auch einzusehn, wie es so leicht geschehen könnte. Ich habe schon in einem früheren Buche[2] von der selbstverständlichen Tatsache gesprochen, daß wie alle Jenseitsschauenden, so auch die das Jenseits beschreibenden Medien in einen Strom von Überlieferungen eingetaucht sind, von dem fast immer zu vermuten ist, daß er sie seelisch durchtränkt, wenn auch nur selten nachzuweisen ist, wie und wo er in sie eindringt. Selbst die ausdrückliche Behauptung des Einzelnen, er sei bei Lieferung seiner Aussagen soz. ein unbeschriebenes Blatt gewesen, wird meist mit Zweifeln aufgenommen werden, wenn man nicht gar die Möglichkeit erwägt, der Inhalt der Aussagen sei telepathisch von irgendeinem ähnlich Denkenden her erlangt worden. Wie dem auch sei: ich halte die Frage für praktisch kaum beantwortbar, wieweit für jedes der oben gehörten Medien eine Unabhängigkeit von verwandten Aussagen andrer anzunehmen sei. Diese Ungewißheit aber bleibt eine Schwäche aller Untersuchungen über das Jenseits auf Grund der vorliegenden Berichte.

Eine andre Frage wäre, ob die Übereinstimmung unter den Aussagen aller Quellen wirklich eine **völlige, restlose** ist, oder ob sich Abweichungen von einander finden, die den Verdacht ihrer Subjektivität — und dann natürlich in schwer bestimmbaren Grenzen — erwecken müssen. Diese Frage wäre zu beantworten nur auf Grund einer erschöpfenden Vergleichung aller bemerkenswerteren Jenseitsschilderungen bis in Einzelheiten hinein, — was hier, wie gesagt, natürlich nicht geschehen kann. Der leidlich Belesene wird vielleicht folgendem

---

1) bei Doyle, Revel. 146 ff.   2) Mattiesen 296 ff., bes. 301 f.

vorläufigen Urteil zuneigen: daß persönliche Unterschiede des Darstellungsstils und der Betonung von Einzelheiten, daß ferner Widersprüche in bestimmten Angaben allerdings auffallen; daß ihre Versöhnung aber nicht aussichtslos erscheint, wenn man alle Umstände — diesseitige und jenseitige — überlegt, unter denen solche Aussagen zustandekommen. Die Tatsache bleibt bestehen und muß uns nachdenklich stimmen, daß in allgemeinen Zügen die Vereinbarkeit der Schilderungen vom Altertum an bis auf unsre Tage eine unverkennbare ist;[1] daß ein Kenner wie Bozzano, der ihrer Durchforschung einige Jahre gewidmet hat, sich anheischig machte, in einem künftigen Werk ihre durchgängige Vereinbarkeit zu erweisen; ja daß ein Denker vom Range Bergsons die Möglichkeit ernsthaft ins Auge fassen konnte, aus Angaben über das Leben im Jenseits, 'wenn sie gleich Reiseberichten genau durchforscht würden, am Ende einen zwingenderen Beweis für das Überleben zu gewinnen als durch den Nachweis der bloßen Zugänglichkeit von irdischen Erinnerungen.'[2]

Die durchgängige Übereinstimmung der Jenseitsschilderungen bei Medien, zwischen denen keinerlei Verbindung der Überlieferung bestände, wäre natürlich das denkbar stärkste Argument zugunsten der Glaubwürdigkeit solcher Berichte. Doch besteht, wie gesagt, wenig Aussicht auf seine zwingende Durchführung. Immerhin sind noch weitere Tatsachen anzuführen, die seiner Unzulänglichkeit zu Hilfe kommen. Die seltsame Beobachtung, daß das Medium (wie Mr. Wales) an den eigenen Aussagen Anstoß nimmt, findet ein gleich merkwürdiges Seitenstück darin, daß auch der angeblich Aussagende, der 'Geist', das Berichtete für zunächst unglaublich erklärt — vom Standpunkt des Lebenden aus. Wir stehen z. B. nicht selten vor der fast grotesken Tatsache, daß sich der Geist 'entschuldigt', weil er Darstellungen zum Besten gebe, die man doch sicherlich nicht erwarte, und von ihm zu allerletzt!

Als Mrs. Elsa Barker — eine moderne Schriftstellerin, die nach eigner Aussage 'niemals Spiritistin gewesen war', der Frage der Jenseitskundgebungen mit 'ungewöhnlicher Gleichgültigkeit gegenüberstand', ja 'nicht einmal die landläufigen Hauptwerke über den Gegenstand gelesen hatte', — als diese unerwartet eine längere Reihe von Kundgebungen des (ohne ihr Wissen) verstorbenen Mr. X. erhielt, eines 'bekannten Rechtsanwalts von tiefer philosophischer Bildung und Verfassers mehrerer Bücher', da stimmten seine Jenseitsschilderungen nicht nur überein mit denen geistloserer Kommunikatoren, sondern bekundeten auch ein Gefühl dafür, daß sie überraschen müßten und soz. einer Entschuldigung bedürften. 'Es erscheint beinahe albern (schrieb

---

1) Doyle, Revel. 84. — D. hatte dem Studium dieser Schilderungen einige Jahre gewidmet. Sein zweibändiges Werk war mir leider nicht zugänglich.   2) Hyslop, Life 279.

X. einmal), wenn ich sage, daß wir Kleider tragen, genau wie ihr.'[1] — Nicht anders 'Raymond Lodge', der akademisch erzogene Sproß einer Familie von hoher Kultur, als er durch Mrs. Leonard (selbst ein 'gebildetes' Medium) sich zu den Seinen über diese Dinge äußern konnte. 'Könnt ihr euch vorstellen,' sagt er einmal, 'daß ihr mich in weißen Kleidern seht? Glaubt mir, ich selber mochte sie anfangs gar nicht und wollte sie nicht tragen.'[2]

Der als 'Amicus' bezeichnete Schilderer erwartet ausdrücklich den Einwurf des Kritikers: 'Grob, kindisch, unmöglich,' und 'Owens Mutter', deren Aussagen den ganzen ersten seiner vier Bände füllen, ist oft bedrängt von ähnlichen Erwartungen. 'Es ist alles so wunderbar, daß die Leute [bei euch] es weder verstehn noch glauben würden; darum will ich dir lieber von einfacheren Dingen reden.' Sie fürchtet, daß manche ihrer Mitteilungen als 'Unwirklichkeit und Fabelei' erscheinen, zu sehr nach 'Märchen' schmecken möchten, um als wahr hingenommen zu werden. Und dem entsprechend erwartet sie auch Widerstände im Medium, ihrem Sohn: 'Nicht wahr, mein Lieber, du warst schon die ganze Zeit über ein wenig angewidert [von dem, was du schreiben solltest]?' Oder in einer andern Erzählung: 'Einige kamen in — warum zögerst du? Wir beschreiben ganz buchstäblich, was wir sahen — in Wagen.' — Die uns als besonders gut identifiziert bekannte 'A. V. B.' befürchtet, man werde sie auslachen, als sie erzählt, daß sie drüben reiten lerne, und erwartet 'Verwunderung' über die Mitteilung, daß sie eben erst gebadet habe.[3]

Man fragt sich denn doch, warum wohl eine restlos subjektive 'Quelle' solcher Mitteilungen nicht der 'Linie geringsten Widerstandes' folge und dem 'Oberbewußtsein' auftische, was diesem glaublich und schmackhaft erscheinen kann? Warum sie Dinge erzähle, denen das Oberbewußtsein entgegenhält und -schreibt: 'Dies erscheint nachgerade unmöglich; habe ich das richtig aufgefaßt?!' — Man wundert sich denn auch nicht, wenn der Kommunikator zu andern Zeiten die Abgelegenheit des Mitgeteilten von allen Gedanken des Sitzers, wenn nicht geradezu seine Unerfindbarkeit mit einer gewissen Genugtuung unterstreicht. 'Nun, mein Junge, denk einmal nach. Stammt dies aus deinem Geiste, oder kommt es nur durch ihn, wie ihr es nennt?'[4]

Durchaus sinnentsprechend wird uns auch mehrfach von dem Erstaunen berichtet, das die Hinübergegangenen befällt, wenn sie sich ihrer neuen Welt gegenüber finden, die sie sich jedenfalls nicht so gedacht hatten.

'Als ich meine Augen öffnete, nachdem ich durch den Tod hindurchgeschritten, war ich verwundert über das, was sich mir offenbarte.' — Von einem älteren Herrn, den der Kommunikator, 'Mr. Montagu', ein Angehöriger der gebildeten Klassen, drüben getroffen zu haben behauptet, meldet Feda,

---

1) Barker 2 ff. 30.   2) Hyslop 276.   3) Amicus 13. 17; Owen I 3. 65; Pr XXX 362. 452.   4) Owen I 5. 138.

jener habe, als er ins Jenseits einging, 'einen so sehr andersartigen Ort erwartet', daß Mr. Montagu über sein Erstaunen geradezu habe 'lachen' müssen, und es sei sehr 'interessant' gewesen, 'ihn herumzuführen und ihm alle Orte der Geisterwelt zu zeigen.' 'Als er hinüberkam, war er erstaunt, wirkliche Dinge vorzufinden. Dies scheint ihnen ziemlich komisch vorzukommen.'[1]

Es liegt nahe, eine weitere allgemeine Stützung der Glaublichkeit von Jenseitsschilderungen darin zu suchen, daß einige von Überlebenden ausgehen, die sich als solche hinreichend 'identifiziert' haben. Das Problem der Jenseitsgestaltung entsprang ja dem gelungenen Beweise, daß es Jenseitige an sich wirklich gibt, die dann in irgendeiner Welt doch leben müssen; warum also sollen wir nicht Schilderungen Glauben schenken, die von an sich beglaubigten Jenseitsbewohnern ausgehn?

Nun ist ja dieser Zusammenhang von Aussagen mit einer Beglaubigung ihrer Quelle an sich durchaus nicht immer gegeben. Gerade manche der ausführlichsten Schilderungen — Bände umfassende — gehen von angeblichen Jenseitigen aus, die mit soz. phantastischen Namen, wenn nicht gar namenlos vor uns hintreten, und die wir daher leicht für eine der wohlbekannten Maskierungen des medialen Unterbewußtseins halten mögen. Zwar fehlt es auch dann nicht an Verlockungen zu ihrer realistischen Auffassung; doch sind es schwerlich mehr als Verlockungen. Liefern mehrere solche Persönlichkeiten ihre Schilderungen durch ein Medium, so fällt z. B. der gänzlich verschiedene Sprach- und Denkstil der einzelnen auf (wie etwa in G. V. Owens Fall). Oder die Aussagen selbst enthalten Behauptungen über ihr Zustandekommen, die ein Gefühl der Wirklichkeit erzeugen: etwa durch die 'Pluralistik' der Kommunikatoren, die sie voraussetzen.[2] So behauptet 'Kathleen Owen', die verstorbene Frau des Schreibenden, daß sie eine Anzahl 'Freunde' bei sich habe — Männer und Frauen —, die in den Botschaften zur Einheit verschmelzen; und seine Mutter sagt einmal, ohne jeden äußeren Anlaß und daher überraschend: 'Seit zwei Wochen ist die Schrift nicht von uns gekommen. Zerreiß sie nicht; sie ist mit Absicht gegeben worden. Sie ist nicht übel, aber sie stammt nicht von uns. Warte 14 Tage.'[3] Man fragt verwundert nach dem Woher und Wozu solcher Äußerungen; aber daß sie den spiritistischen Ursprung der Mitteilungen beweisen, läßt sich natürlich nicht behaupten.

Bedeutsamer könnte es erscheinen, daß sich zuweilen im Rahmen der Schilderungen ein Vorgang findet, dessen 'technische' Eigenart auf die Echtheit der Mitteilung hinweist (wie an einer früheren Stelle des

[1] Amicus 82; Pr XXXII 33; vgl. Owen I 109. [2] S. o. II 1 ff. [3] Owen III 24f.; IV 11.

Werkes ausgeführt wurde): nämlich die Schwierigkeit, Eigennamen sogleich vollständig und richtig herauszubringen;[1] — was wir doch eigentlich nicht erwarten dürften, falls die gesamte Mitteilung der unterbewußten Phantasie entspränge.

Aber der eigentliche Sinn unsres Argumentes tritt doch erst dann ins Spiel, wenn einer von zwei Tatbeständen gegeben ist: entweder die Jenseitsschilderungen werden von einem Medium geliefert, das abseits von solchen seine spiritistische Leistungsfähigkeit eindeutig bewiesen hat; oder sie gehen eben von einem Kommunikator aus, der sich außerhalb derselben hinreichend identifiziert hat. Der erstere Tatbestand ist z. B. bei Miss Cummins gegeben, die uns die mehrfach benutzten zwei Bände angeblich von dem berühmten Parapsychologen Myers ausgehender Schilderungen geliefert hat, daneben aber eine Anzahl von Einzelleistungen, die nach früher besprochenen Maßstäben als Identifizierungen bestimmter Verstorbener anzusehen sind.[2] Außerdem hat sich die Dame in Fachkreisen einen Namen gemacht durch die aufsehenerregenden *Cleophas Scripts,* in denen Bilder aus der Frühzeit des Christentums entrollt werden, die aus dem Wissen des Mediums bestimmt nicht stammen konnten. Immerhin könnte man sich auch hiernach auf die Behauptung versteifen, Miss Cummins habe sich zwar als im Besitz übernormaler Fähigkeiten und im Verkehr mit Abgeschiedenen erwiesen, ihre Schilderungen des Jenseits aber ausschließlich aus eigener Phantasie oder aus vergessenen Lesefrüchten geschöpft. Indessen behaupteten ja gerade diese Schilderungen, von einem bestimmten Abgeschiedenen auszugehn, und es mag gefragt werden, ob dieser 'Frederic Myers' sich innerhalb der Schriften oder nebenher in irgendeiner Weise identifiziert habe. Ich selber kann dies nicht finden. Weder die gesamte Denkart (die vielmehr stark 'theosophisch' anmutet) noch der Sprachstil weisen, wie mir scheint, auch nur im geringsten auf den Verfasser von *Human Personality* hin, und die Berufung darauf, daß er doch rund 35 Jahre vor Lieferung der Schriften verstorben war, oder daß er ein stilfremdes Medium zu benutzen hatte, oder daß er beim ersten Mal völlig überraschend auftrat,[3] kann keine genügenden Gegengründe liefern. Miss Cummins und ihr Herausgeber Mr. Gibbes kannten, wie sie versichern, keine von Myers' Arbeiten; aber eine Verwandtschaft zwischen diesen und den Schriften scheint mir eben auch nicht vorhanden zu sein. Als einzige merkwürdige, vielleicht aber auch nicht eindeutige Tatsache verbleibt Miss Cummins' Gebrauch gewisser Fremdworte, die in *Human Personality* vorkommen und an-

---

1) z. B. Owen I 91. 99. Vgl. o. Bd. II 209 ff.   2) Einzelheiten s. Cummins I 163 ff.; JSPR Mai 1929.   3) Cummins II 17; I 138.

geblich dem Medium und Mr. Gibbes unbekannt und unverständlich waren, als sie in der Schrift erschienen: z. B. *polyzoic, polypsychic, metetheric, telaesthesia.*

Nun ist ja aber dieser Fall 'Myers' nicht der einzige, der in diesem Zusammenhang anzuführen wäre. Der Leser wird in den obigen Belegen einigen Kommunikatoren begegnet sein, die wir nach Früherem zu den bestidentifizierten überhaupt zählen dürfen: wie 'Thomas sen.' und 'Etta Thomas', oder 'A. V. B.', die Freundin der Lady Troubridge. Die Angaben dieser Personen über ihre jenseitige Umwelt gehören aber durchaus dem gleichen Typ an wie die ausführlicheren Schilderungen schlecht-identifizierter oder völlig unidentifizierbarer Kommunikatoren. Damit ist unsre Problemlage ziemlich eindeutig umrissen. Müssen wir jene ersteren Kommunikatoren zum Zeugnis über sich selbst und ihr Erdenleben zulassen, so können wir ihnen nicht jeden Glauben versagen, sobald sie etwas über ihr gegenwärtiges Leben und seine Umwelt mitteilen. Es wäre Willkür, gerade diese Aussagen — und sie allein — als phantastische Zutaten des Mediums beiseite zu schieben. Vielmehr müssen wir umgekehrt zugeben, daß die Lieferung solcher Angaben durch gut-identifizierte Jenseitige die Glaublichkeit verwandter Aussagen durch an sich fragwürdige Kommunikatoren sehr verstärkt.[1]

In summa: es bleibt uns die Auseinandersetzung mit der Tatsache nicht erspart, daß das an sich bewiesene Jenseits, so oft es sich selber schildert, dies in Formen tut, die für den 'modernen Wissenschafter' einer Selbstwiderlegung des Spiritismus gleichkommen. Ich verweise etwa auf die Selbstverständlichkeit, mit der Prof. Dessoir diese 'Umdrehung des Spießes' vollzieht. Nachdem er einige Angaben aus Jenseitsschilderungen der obigen Art seinem Leser vorgelegt hat, fährt er fort: 'Wenn es sich hier um mehr als um Vorstellungsbilder der Geister handelt, dann muß ich sagen, daß ich gegen ein so beschaffenes Jenseits einen heftigen gefühlsmäßigen Widerwillen empfinde.' 'Wer sich die Mühe nimmt, die von Medien entworfene Darstellung eines Jenseits wirklich durchzudenken, muß zu dem Ergebnis kommen, daß sie in jedem Betracht das Erzeugnis einer bloß menschlichen Wunschvorstellung ist, noch dazu einer solchen, die in engen Köpfen Platz hat; Dichter und Denker von Rang würden ihrer Phantasie andre Bilder abgewinnen,' [doch wohl 'ganz andersartige', 'abstraktere', 'philosophischere']... Daraus folgt, daß 'die bisher nicht aufgehellten Leistungen der Schreib- und Sprechmedien, insbesondere ihr Wissen

---

[1] Soweit diese einen bekannten Namen tragen, ohne ihr Recht auf ihn erweisen zu können, bliebe uns etwa die oft empfohlene Annahme der täuschenden Namensbeilegung durch einen Jenseitigen. 'Amicus' soll eine gut identif. Person gewesen sein.

um Einzelheiten aus den Erlebnissen Verstorbener, anders erklärt werden müssen als mit Hilfe der undurchführbaren Annahme fortlebender und sich bekundender Menschengeister.'[1]

Der Leser dieses Buches weiß, daß ich in solchen 'Leistungen der Schreib- und Sprechmedien' an sich einen der geringsten Beweise der Lehre vom persönlichen Überleben erblicke. Ich stellte vielmehr ganz andersartige Argumente als so stark dar, daß sie einen wirklichen Beweis jener Lehre liefern. Ich komme also dem Gegner schon sehr bedeutend entgegen, wenn ich die hier entstehende Frage in folgende Form bringe: Sind die empfangenen Jenseitsschilderungen wirklich so unglaublich, daß sie ihre angeblichen Urheber auch dann verdächtig machen, wenn diese sich im übrigen hinlänglich beglaubigen; begründen jene Schilderungen also wirklich eine Schwierigkeit des Spiritismus überhaupt, oder lassen sie — selbst unabhängig von einem etwaigen Nachweis ihrer durchgängigen Übereinstimmung — eine vorläufige Deutung zu, die sie irgendwie sinnvoll und glaublich erscheinen läßt und uns damit das Recht gibt, sie bis zu genauerer Durchforschung in der allgemeinen spiritistischen Beweisführung beiseite zu lassen? —

Drei mögliche Deutungen scheinen sich anzubieten, von denen zwei, die ich zunächst besprechen will, die äußersten Gegensätze darstellen: eine gründlich realistische, und eine gründlich idealistische. Die erstere kann man als die Theorie der Astralwelt bezeichnen: sie behauptet, daß nicht nur der Mensch, wie die Phantomatik beweise, einen 'feineren', 'ätherischen' oder Astralleib in sich berge, sondern daß auch jedem Ding sein ätherisches 'Gegenstück' *(counterpart)* zukomme, — ein Satz, den wir bereits gestreift haben, als die möglichen Deutungen der Kleidung von Phantomen besprochen wurden.[2] Und in der Tat erscheint es klar, daß eine bejahende Entscheidung dort — wenigstens in gewissem Grade — die Zugestehung einer ganzen Astralwelt befürworten würde. Das Zeugnis von Jenseitigen setzt sich zuweilen für eine solche ein, ja hat sich für sie eingesetzt, bevor der Begriff des Äthers in der Physik eine Bedeutung gewann, die ihm auch in Laienkreisen Volkstümlichkeit verschaffte.[3] Und Hellseher behaupten sogar gelegentlich, die schon voll ausgebildeten astralen Gegenstücke von Pflanzen zu sehen, denen die grobstoffliche Pflanze erst soz. nachwächst.[4] Selbst ein Physiker vom Range Lodges hat sich den Gedanken zu eigen gemacht: wenn nicht nur lebendige, sondern auch unbelebte

---

1) Dessoir 239. 242f. Sperrungen von mir.   2) o. S. 303f.   3) z. B. Henslow 101; Hyslop, Life 256.   4) z. B. Lt 1921 448; 1925 341.

Materie 'ein ätherisches Duplikat als Träger oder Unterlage ihres Bestehens' haben soll, so liege der Schluß auf solche Duplikate aller Dinge nahe, und damit die Annahme einer ganzen Welt als Lebensschauplatz für diejenigen, die selbst nur in Ätherleibern fortleben.[1] Es wäre dann eine Frage zweiten Ranges, ob eine solche Welt der Äther-Dinge durchweg mit unsrer wahrnehmbaren 'zusammenfalle', oder — wie meist von drüben her behauptet wird — zum Teil in einen höheren Bezirk der Erdatmosphäre zu verlegen sei; ein Gedanke, für den sich gleichfalls — und anscheinend unabhängig von allen Aussagen durch Medien — ein Physiker einsetzt: Mr. Fournier d'Albe, dessen eigenartigem Begriff des Psychomeren-Leibes wir in der Theorie der Phantome begegnet sind.[2]

Es ist nicht möglich, das Für und Wider einer solchen Anschauung hier zu erörtern. Selbst Hyslop, der ihr nicht beistimmt, gibt zu, daß es 'nicht ungereimter erscheinen sollte, an Häuser und [andre Dinge] in einer ätherischen Welt zu glauben, als an Atome oder Korpuskeln,' weil doch auch diese schon 'übersinnlich' seien: '*a priori* würden wir nicht imstande sein, das Dasein von Dingen in der physischen Welt zu begreifen, falls wir über diese so wenig wüßten wie über die Geisterwelt. Versetzen wir uns außerhalb der physischen Welt, und wir würden wahrscheinlich ihr Dasein oder ihre Möglichkeit in Frage ziehn.'[3] —

Die zweite Deutung, die ich als äußersten Gegensatz der ersten bezeichnete, würde — rein idealistisch — die gesamte uns geschilderte Geisterwelt für eine 'Vorstellung' ihrer scheinbaren Bewohner erklären. Diese wären in einer Art von Traumleben befangen, gespeist von jener Neigung der Seele zur anschaulichen Darstellung — etwa auch sinnbildlicher Natur! —, der wir auf Erden das Erleben des Schlaftraums, der Halluzination und mancher künstlerischen Eingebung verdanken. Das innerliche Leben der Geister, — also das, was ihnen der Tod gelassen hätte, — und zwar nach seiner schöpferischen Seite, mit aller inneren Ordnung, die wir auch diesem Leben zuschreiben dürften, würde sie in eine Welt der Traumbilder — z. T. der Erinnerung an ihr Vorleben! — einspinnen, die sie dauernd mit der gleichen Notwendigkeit für wirklich halten würden, wie der irdische Träumer zeitweilig die seinen.[4] Die Geister wären danach wirklich nichts als 'Geister': Seelen mit einem Binnenleben, vorstellend, erinnernd, fühlend und wohl auch wollend, soweit sich Wille auf 'rein geistige' Leistungen richten kann; und das Jenseits bestände — wie ich es früher selbst nach meiner damaligen Einsicht glaubte

---

1) Hyslop 255.   2) Fournier d'Albe 165 ff.   3) Hyslop 262.   4) bes. Hyslop 247. 271.

aussprechen zu dürfen — 'im Grunde eben nur aus Subjekten', unter denen 'die Subjektivität jedes Andern zur einzigen denkbaren Objektivität würde, womit dann Objektivität im irdischen Sinne völlig aufhörte.' Ich fügte die Vermutung hinzu, daß die Jenseitigen 'die sinnlichen Symbole irdischer Religionsüberlieferung' mit hinübernähmen und damit sich soz. einen ersten Grundstock für das (rein subjektive, etwa halluzinatorische) 'Erleben' einer Umwelt schüfen; sowie daß die subjektiven Erlebnisse eines Jenseitsbewohners sich in andern — etwa wieder symbolisch verändert — telepathisch spiegeln könnten, wodurch ihr Welt-Erleben einen weiteren Zuschuß erhielte.[1]

Es ist klar, daß im Lichte solcher Auffassung gerade der philosophische Idealist keinen Grund mehr hätte, über die scheinbare Naivität und Erdenhaftigkeit der Jenseitsschilderungen sich zu wundern oder ihnen gar ein Argument gegen das Überleben zu entnehmen.[2] Anderseits ist es zweifelhaft, ob ein solcher Subjektivismus des Jenseits auf die Bestätigung durch Jenseitige überhaupt rechnen darf: denn wenn sie sich wirklich in einer Art von Traumzustand befinden, so müssen sie ja zur Entscheidung über die Wirklich- oder Unwirklichkeit ihrer Umwelt außerstande sein. Hyslop, der die Traumtheorie des Jenseits sehr nachdrücklich bevorzugt, stützt sie denn auch vor allem auf Indizien, wie etwa die Vielgestaltigkeit von Aussagen über den gleichen Gegenstand.

'In einem Fall z. B. sagte der angebliche Kommunikator, daß Geister in Häusern leben und alle Verrichtungen des Haushalts wie in der körperlichen Welt ausüben. Ein andrer behauptete bloß, daß er in einem Hause gleich seinem früheren stofflichen lebe, obwohl es 'mehr traumartig' sei. Ein weiterer gab an, daß Geister nur eine Zeit lang in Häusern lebten und sie wieder aufgäben, wenn ihr Bedürfnis nach solchen sich verlöre. Eine vierte sagte, daß sie nicht in einem Hause lebe, dagegen soviel Blumen habe, als sie nur wünsche. Ein andrer stellte in Abrede, daß Geister überhaupt in Häusern leben, und einige gaben an, daß sie die geistige Welt uns überhaupt nicht beschreiben könnten, und daß wir außerstande seien, uns einen Begriff von ihr zu bilden, ehe wir nicht selbst hinüber kämen.'[3]

Hier hätten wir also gleich eine Probe jenes vergleichenden Verfahrens der Jenseitsforschung, auf das es in jedem Fall ankommen wird, und müßten uns überlegen, ob solche Widersprüche wirklich, wie Hyslop meint, die reine Subjektivität, also bloße 'Vorstellunghaftigkeit' des beschriebenen Jenseits beweisen, — was ich diesem Beispiel gegenüber durchaus bezweifeln muß.

1) Mattiesen 679f. Zum letzten Punkt vgl. Hyslop 120.   2) Vgl. Prof. Schiller in Pr XXVII 210.   3) Hyslop 271f.

Ich selber war, wie gesagt, noch vor einigen Jahren ohne weiteres bereit, jene Frage allgemein zu bejahen. Heute bin ich eher geneigt zu glauben, daß eine solche Lösung allzu hastig an einem der eigenartigsten Probleme unsrer Forschung sich vorüberdrückt. Dem Unvoreingenommenen muß nämlich auffallen, daß die Aussagen über das Jenseits den Kommunikator nicht in jenem ahnungslosen Realismus befangen zeigen, den wir von ihm als einem Träumenden erwarten müßten, vielmehr häufig gewissermaßen über seiner Lage stehend und befähigt, die Wesensfrage seiner Umwelt ganz bewußt zu erwägen; sonderbarerweise aber wenden sich seine Aussagen gerade dann — und zwar stets, soweit meine Kenntnis reicht, — gegen eine rein subjektivistische Auffassung seiner Welt.

Von Elsa Barkers Kommunikator hören wir, er habe seine Erfahrungen drüben zunächst für Halluzinationen gehalten, sei aber nach Untersuchung zu einer andern Ansicht gelangt. — Auch 'Thomas sen.' drückt sich in diesem Sinne aus: 'Viele glauben, daß wir in einer Art von Traumzustand leben müssen oder in einer Welt, die nur geistig ist.[1] Dem ist nicht so. Selbst in einer Welt, wo man auf rein geistigem Wege schaffen kann, muß es irgendeinen Stoff geben, auf den sich dieses Schaffen bezieht. In welcher Sphäre du auch leben magst, immer steht dir ein Stoff der Bearbeitung zur Verfügung. Ich habe gesagt, daß da, wo wir leben, dieser Stoff leicht formbar ist;[2] wir können ihn vollkommen durch rein geistige Tätigkeit gestalten.'[3]

Hier stoßen wir auf den Begriff, der uns zu gestatten scheint, über die reine Traum- und Vorstellunghaftigkeit der jenseitigen Umwelt hinauszugehen, ohne doch in die realistische Ansicht von einer an sich bestehenden Astralwelt zurückzufallen. Weitgehende Abhängigkeit vom Subjekt wird zugestanden, zugleich aber behauptet, daß die subjektive Vorstellung auf eine rätselhafte Weise sich verwirkliche, sich 'objektiviere'.

'Ich trage Kleidung,' sagt derselbe Kommunikator, 'weil es eine Denkgewöhnung ist, mich bekleidet vorzustellen. Aber es ist nicht nötig, sich Maß nehmen zu lassen. Wir können sie durch den bloßen Gedanken erschaffen, indem wir jede gewünschte Kleidung aufbauen.' — Und ähnlich Elsa Barkers Freund: 'Meine Kleider hier sind in der Regel ähnlich denen, die ich auf Erden trug, doch habe ich versuchsweise — *as an experiment* —, wenn ich an meine längst verflossenen Leben dachte [X. glaubt an Wiederverkörperung], die Gewänder der betreffenden Zeiten angelegt.'[4]

Nun könnte man ja, soweit nur von Vorstellungsabhängigkeit der Dinge die Rede ist, eben darin eine Bestätigung der Halluzinationshypothese sehen: was der Geist sich wünsche, das 'sehe' er, gerade weil

---

1) mental.   2) mouldable.   3) Thomas, Life 152.   4) Thomas, Life 128; Barker 53.

er hemmungslos halluziniere. Indessen, solange wir die Aussagen Jenseitiger überhaupt zum Zeugnis zulassen, müssen wir es im Ganzen tun und nicht nach willkürlicher Auswahl; und da läßt sich denn die schon belegte Behauptung nicht übersehen, daß jenes 'Schaffen' sich auf ein Etwas richtet, das irdischer Materie wenigstens in irgendwelchem Sinn vergleichbar ist.

Der angebliche Frederic Myers der Miss Cummins spricht von Elektronen, die nur ihrer 'Feinheit und erhöhten Schwingungs-Qualität' nach von denen der irdischen Wissenschaft sich unterscheiden. — 'Kein Zweifel,' sagt 'Thomas sen.', 'daß Materie bei uns bildsamer und dem Willen zugänglicher ist. Ich spreche von Materie, weil mir ein besseres Wort, es auszudrücken, fehlt. Unsre 'Materie' ist eigenartig und verschieden von der euren. Feste Gegenstände sind bei uns bildsam, oder können es werden, und lassen sich umformen. Die Fähigkeit, dies zu tun, hängt von der geistigen Kraft und dem Willen ab. Neulinge würden dies nicht besser zu bewirken wissen, als Neugeborne auf Erden Holz meißeln könnten.'[1]

Auch andre Äußerungen über den Vorgang dieses Schaffens gehn eigentlich nicht hinaus über die Behauptung, daß eben der Wille, auf eine klare Zielvorstellung gerichtet, das Wunder vollbringe.

Elsa Barkers Kommunikator gibt an, dies von seinem 'Lehrer' ausdrücklich gelernt zu haben, als er sich eine besondre Art von Kleidung zu verschaffen wünschte. Es gelte eben, 'Muster und Schnitt im Geiste deutlich ins Auge zu fassen, zu visualisieren, und dann durch die Macht des Wunsches dieses Muster mit der feinen Materie der Gedankenwelt zu umgeben,' — so werde das Gewand tatsächlich gebildet.[2]

Nicht wesentlich weiter führt uns auch eine Aussage, welche Findlay von einem geheimnisvollen Kommunikator in 'direkter Stimme' erhielt, während er mit Sloan und seiner eignen Sekretärin allein 'saß' und des tief entschlummerten Mediums Hände in den seinen hielt. 'Unsre Häuser (heißt es einmal in diesen ausführlichen Kundgebungen über das Jenseits) sind genau, wie es uns beliebt, sie zu machen. Eure irdischen Häuser werden zunächst von euch im Geiste entworfen und dann [entsprechend erbaut]. Hier haben wir die Macht, ätherische Materie unsern Gedanken entsprechend zu formen. So sind denn unsre Häuser die Erzeugnisse unsres Vorstellens. Wir denken und [eben damit] erbauen wir. Es handelt sich dabei um Gedankenschwingungen, und solange wir diese beibehalten, können wir den Gegenstand 'halten', der währenddessen für unsre Sinne objektiv ist.' — 'Unsre Welt ist nicht stofflich (heißt es an andrer Stelle), und doch ist sie wirklich; sie ist greifbar, bestehend aus Stoff von sehr viel höherem Schwingungsgrade, als die Materie der euren. Unser Geist kann daher in andrer Art auf sie wirken, als der eure auf das Stoffliche eurer Welt. Wie unser Geist ist, so ist unser Zustand.'[3]

---

1) Cummins II 46; Thomas 134. 122f. Vgl. Owen I 48.   2) thought-world. Barker 55f.   3) Findlay 127.

Verwandte Behauptungen stellte auch 'Dr. Dawson Scott' auf, der verstorbene Gatte einer Dame, die bis zu ihrem 30. Lebensjahr durchaus 'Agnostikerin', den letzten Fragen gegenüber völlig 'gleichgültig' und einem rein tätigen Leben zugewandt gewesen war, nach ihrer Verwitwung aber von ihm durch zwei Medien den Auftrag zu automatischem Schreiben empfing. — 'Unsre Gedanken', heißt es in den so erzielten Kundgebungen des Gatten einmal, 'sind sichtbar, wir brauchen sie nicht erst auszudrücken. **Wir selbst sind ein Gedanke, aber ein wirklicher und substantieller Gedanke. Wir haben uns selbst substantialisiert durch die Kraft unsres Gedankens, d. h. wir haben unsern Körper gedacht**... Der Gedanke ist schöpferisch.'[1]

Hier klingt bereits eine Ansicht an, die zuweilen auch ausdrücklich von den Berichtenden ausgesprochen wird. Es ist an sich nicht wahrscheinlich, daß der Jenseitige seinen Körper mit der gleichen Bewußtheit erbaue, wie etwa ein Haus, das er bewohnen will: von dem Gedanken, der 'er selbst ist', möchte man annehmen, daß er sich **unwillkürlich, unbewußt** 'substantialisiere'.

Hinsichtlich einer 'Sphäre', welche 'Myers' das 'Land der Illusionen' nennt, sagt er ausdrücklich: 'Du mußt verstehen, daß du [dort] deine Umgebung nicht bewußt durch eine Denkhandlung erschaffst. Deine gefühlsmäßigen Wünsche, deine geistige Tiefe erzeugen sie, ohne daß du des Vorgangs dir wirklich bewußt bist.' Der Sterbende z. B. (sagt ein andrer Schilderer) hat die Vorstellung von der Unentbehrlichkeit der Bekleidung 'im Hintergrunde seiner Seele.' 'Das Bewußtsein dieses Bedürfnisses ist in das ganze Gewebe seines Denkens verflochten...; er könnte sich kein Dasein vorstellen, worin man ganz ohne Kleider auskäme. Diese Vorstellung hat solche beherrschende und bestimmende Wirkung auf sein Leben und Tun, daß sie **ohne bewußte Anstrengung** genügend stark ist, ihn bei seinem Auftauchen aus dem Sterben selbsttätig zu kleiden... Wenn also ein Mensch aus dem Schlaf des Todes erwacht, so hat das unbewußte Schicklichkeitsgefühl ihn bereits mit passender Gewandung versehen.'[2]

Von hier aus ist nur ein mäßiger Schritt bis zur Behauptung (der wir so oft begegnen), daß die Umwelt der Jenseitigen ihre Wirklichkeit und Gestalt dem inneren Zustand ihrer Bewohner verdanke, daß sie dieser Innerlichkeit 'entspreche', oder — mit dem bekannten Kunstausdruck der Swedenborgschen Jenseitskunde — daß sie eine 'Korrespondenz' des inneren Zustands der Geister sei.[3] 'Was ist die Ausdehnung des neuen Reiches, das den Menschen bei seinem Tode empfängt? Was sind seine Grenzen? Seine Länge und Breite und Tiefe und Höhe werden bestimmt durch jedes Einzelnen seelischen Rang und Umfang. Es entspricht darin allem, was einer weiß, erfahren hat,

---

1) ZpF 1927 351. Letztere Ansicht schon bei I. H. Fichte: s. Perty, Blicke 275.   2) Cummins 41; vgl. 37; Amicus 41 f.   3) Die jens. Landschaften 'are all from a spiritual origin': Swedenborg § 176. 188. 489. 582.

wünscht und ersehnt... Du selber schaffst die Grundlagen deiner neuen Welt... Der Mensch geht nach dem Tode an den Ort, den er für sich selbst [durch sein Wesen] gemacht hat... Die Erdenwelt, die du verlässest, ist voll von objektiven Illusionen; die neue Welt ist ein Reich der objektiven Wirklichkeit, weil [!] sie die genaue Spiegelung menschlicher Seelen ist. Diese neue Welt ist umso wirklicher, als sie das Erzeugnis bewußten und unbewußten schöpferischen Denkens ist.' Dies ist schon fast die stolze Behauptung, daß jene Welt wirklicher sei als die irdische; soll doch aus ihr auch die schöpferische Kraft für die stoffliche stammen.[1]

Daß solche Gedankendinge, wie sie oft plötzlich geschaffen wurden, auch wieder vergehen, wenn sie dem schöpferischen Wunsch und Willen völlig entsinken, läßt sich erwarten und scheint auch ausdrücklich bestätigt zu werden.

Jedenfalls 'würde eine solche Gedankenform wahrscheinlich sehr gespannt sein müssen, um Dauer zu haben,' sagt X. einmal. — Ja selbst von einer 'Landschaft' wird gelegentlich versichert, sie sei 'nicht immer so bleibend, wie es bei euch ist. Etwas herrlich Schönes, das ich eines Tages gesehen hatte, war verschwunden, als ich später danach ausschaute, um es einem Freunde zu zeigen.'[2]

Darüber hinaus behaupten Kundgebungen nicht selten einen Unterschied zwischen Gedankenschöpfungen des Einzelnen, die sich auf unwichtigere und mehr 'persönliche' Gegenstände beschränken, und andren, umfassenderen, eine Allen gemeinsame Umwelt darstellenden, die der Willkür des Einzelnen entzogen seien. Oder, wie Findlay die ihm gewordene Auskunft zusammenfaßt: 'Alle, die auf einer 'Ebene' [etwa: in dem gleichen Zustande] sind, können die gleichen Dinge sehn und berühren.'[3] Womit sich der Begriff einer vorstellunggeschaffenen Welt nahelegt, deren Schöpfer kein Einzelner mehr ist; der sich der Einzelne aber auch nicht entziehen kann, der er sich vielmehr ein- und unterordnen muß. Als die kollektiv auftretenden Schöpfer solcher Teile der Jenseitswelt werden zuweilen Geister höherer Sphären bezeichnet. 'Mrs. Owen' z. B. spricht von Häusern, die das 'Ergebnis — das Gewächs, wenn du willst — der Willenstätigkeit in diesen Bereichen hoch im Range Stehender sind, also von sehr mächtigen persönlichen Willen'; und der angebliche 'Myers' nennt sie die 'Weisen' und schreibt ihnen die Fähigkeit zu, 'aus dem eigenen Gedächtnis und aus dem großen überbewußten Gedächtnis der Erde die Bilder von Häusern, Straßen und Landschaften zu entnehmen', die dann dem Neu-

---

1) Amicus 21 (affinity). 26; Owen I 41; II 134. 2) Barker 47; Sims 65. 3) ZpF 1927 351; Findlay 115. Vgl. 'Hyslop' über collective willing, under the influence of the Infinite Mind, bei Henslow 133.

Schwierigkeiten bezüglich der jenseitigen Umwelt

ankömmling drüben sich als Teil seiner Umwelt darbieten. 'Die Weisen denken und schaffen damit etwas, was dem gemeinen Manne sichtbar wird.'[1]

Dürfte sich so der Einzelne meist in einer Umwelt vorfinden, von der ihm sein Bewußtsein sagen muß, daß er sie **nicht** geschaffen habe, so **könnte** doch, wie gesagt, das gleiche Gefühl des Gegebenseins der Umwelt auch daher rühren, daß der sie Schauende nur 'unterbewußt' an ihr geschaffen hat. Damit aber würde wieder der Begriff einer zuweilen **symbolischen,** 'korrespondenzmäßigen' Bedeutung dieser Umwelt sich nahelegen, wie ja auch manches vom Lebenden Geschaute als sinnbildliche Verkörperung unterbewußter Vorgänge zu deuten ist, — nur daß im Falle des Jenseitigen die Behauptung rein 'halluzinatorischer' Natur des Geschauten zunächst in der Schwebe bliebe. — Ich will hierfür einen möglichen Beleg geben, der noch in andrer Hinsicht bedeutsam ist: er zeigt nämlich den **Übergang** vom Anschluß an irdische Umwelt zu einer neuen als unmittelbare Erfahrung, wobei aber schon jener Anschluß in einem Zustand erlebt wird, den wir als Einleitung jenseitigen Lebens auffassen müssen: im Zustande der **Exkursion.** Ich habe bereits, als ich diese an Beispielen verdeutlichte, eine besondre Gruppe aufgestellt, in der die Wahrnehmung irdischer Dinge seitens des Hinausversetzten in gänzlich 'erdfremde' Schauungen übergeht.[2] Auch von dem jetzt anzuführenden Fall, dem des Dr. Wiltse, wurden schon dort die einleitenden irdischen Wahrnehmungen beschrieben: Dr. W. sah alle um seinen 'Leichnam' Versammelten und ihr Tun und begab sich dann 'die Treppe hinab' auf die Straße, wo er mit höchster Deutlichkeit gewisse Dinge beobachtet haben will, von denen er keine normale Kenntnis besaß.[3] Aus den sich anschließenden Erlebnissen sei nun folgendes mitgeteilt.

Zunächst entdeckte Wiltse mit Vergnügen, daß er **größer** geworden war, als er im Leben gewesen (er hatte sich stets als etwas zu klein empfunden), und daß seine **Kleider** sich seinem neuen Wuchs angepaßt hatten, ohne daß er sich erklären konnte, 'woher sie kamen und wie sie [ihm] so rasch und ohne [sein] Wissen zu teil geworden waren... Ich untersuchte das Gewebe und schätzte es als eine Art schottischen Stoffes ein; ein guter Anzug, wie ich meinte, aber **nicht hübsch...** Der Rock sitzt auch lose, und das ist gut für den Sommer. Wie wohl ich mich fühle, dachte ich; vor wenigen Minuten noch war mir entsetzlich übel und elend. Dann kam der Wandel, den man Tod nennt und den ich so sehr gefürchtet habe. Das ist jetzt überstanden, und hier bin ich, immer noch ein Mensch, lebendig und denkend, so klar wie je... Mich wendend, ging ich nun die Straße hinab. Ich war erst einige Schritte gegangen, als ich **wieder mein Bewußtsein verlor,** und als ich

---

1) Owen I 14; Cummins I 44.   2) s. II 331 ff.   3) II 323.

von neuem erwachte, befand ich mich in der Luft, wo ich von einem Paar Hände emporgehalten wurde, deren leichten Druck gegen meine Seiten ich fühlen konnte. Der Besitzer der Hände, falls sie einen hatten, war hinter mir und schob mich durch die Luft mit einer beträchtlichen, aber angenehmen Geschwindigkeit. Als ich die Lage leidlich erfaßt hatte, wurde ich vorwärtsgestoßen und schwebte leicht einige Fuß abwärts, wobei ich sanft auf den Ausgangspunkt einer schmalen, aber wohlgebauten Straße niedersank, die in einem Winkel von etwas weniger als 45 Grad emporstieg.'

Mit dem Wiedererwachen aus diesem, wie wir schon wissen, bedeutungsvollen zeitweiligen Bewußtseinsverlust setzt nun in der Tat auch hier das Erleben einer neuen Art von Wirklichkeit ein; vielleicht — dies hängt von der Auffassung des sogleich Folgenden ab — zunächst noch vermischt mit irdischen Wahrnehmungen, vielleicht aber auch durchweg neuartig. Wiltse sah nämlich noch unter jener soz. in der Luft schwebenden, von nichts 'getragenen' Straße — einen Wald, von dem nicht deutlich wird, ob er einer irdischen oder auch schon der 'neuen Landschaft' angehörte. Jedenfalls untersuchte er die Straße sehr genau, deren Steigung er mühelos und mit sehr 'leicht' sich anfühlenden Beinen und Schritten überwand. Indem er sich erwartungsvoll nach Genossen der Wanderung sehnte und umsah, nahm er zugleich die umgebende und unter ihm liegende Wald- und Berglandschaft in Augenschein, die ihn an bestimmte irdische Landschaften erinnerte.

'Dann überlegte ich wie folgt: Es ist wahrscheinlich, daß wenn jemand stirbt, er seine ganz persönliche Straße zu reisen hat und daß er sie allein reisen muß. Da nicht zwei Menschen völlig gleich sind, so reisen höchst wahrscheinlich nicht zwei auf der gleichen Straße in die andre Welt. Ich überlegte, daß ich, da ein Fortleben nun gewiß war, nicht zu eilen brauche, und so schritt ich sehr gemächlich fort, bald haltend und die Landschaft betrachtend, bald [nach Gefährten ausschauend] ... [Während er an seine zu Lebzeiten keineswegs kirchlichen Überzeugungen zurückdachte und die Möglichkeit einer bevorstehenden Verdammnis erwog,] 'geschah etwas schwer zu Beschreibendes. An verschiedenen Punkten um mich her war ich mir des in Worte gefaßten Gedankens bewußt: 'Fürchte dich nicht, du bist in Sicherheit!' Ich hörte keine Stimme, ich sah niemand, und doch war ich mir deutlich bewußt, daß an verschiedenen Punkten, in wechselndem Abstand von mir, jemand diesen Gedanken zu meinem Besten dachte... Eine große Furcht und Zweifel überkamen mich, und ich fing an mich sehr gedrückt zu fühlen, als ein Antlitz mir auf einen Augenblick erschien, so voll unaussprechlicher Liebe und Zärtlichkeit, daß ich [meine Zweifel alsbald überwand].'

Wiltse erblickte nun in einigem Abstand vor sich 'drei mächtige Felsen, welche die Straße sperrten,' und eine 'große und dunkle Wolke' über seinem Haupte, in welcher Feuerblitze hin und herschossen. Die Wolke höhlte sich an ihrer untern Seite aus und drehte sich dreimal um ihre senkrechte Achse, worauf er sich eines die Wolke erfüllenden unsichtbaren Anwesenden bewußt wurde, und indem aus beiden Seiten der Wolke Zungen schwarzen Dampfes sich hervor- und an seinen Kopf heranbewegten, fühlte er sich —

Schwierigkeiten bezüglich der jenseitigen Umwelt

in seltsam verkürzter, aber sinnträchtiger Form — etwa folgende Gedanken eingegeben: 'Dies ist die Straße zur ewigen Welt. Jene Felsen sind die Grenze zwischen den beiden Welten und den zwei Leben. Sobald du sie durchschreitest, kannst du nicht mehr in den Körper zurückkehren.' Falls er eine **weitere Verbreitung** dessen ins Auge fasse, was ihn gelehrt worden, so sei seine Arbeit noch nicht getan und er könne in den Leib zurückkehren. Während die Wolke sich dann langsam ostwärts fortbewegte, fand er sich plötzlich dicht vor die drei Felsen versetzt. 'Ich wurde von einer starken Neugierde ergriffen, einen Blick in die nächste Welt zu tun.' Er nahm vier verschiedene Eingänge zu ihr wahr, und durch die beiden mittleren ließ er seine Blicke schweifen: 'Die Atmosphäre war grün, und alles erschien kühl und still und schön. Jenseits der Felsen wanden sich die Straße, das Tal und die Bergkette sanft nach links und schnitten so den Blick schon in kurzer Entfernung ab. Wenn ich nur da herum käme, dachte ich, würde ich bald Engel und Teufel oder beides sehen; und als ich dies dachte, sah ich die Gestalten beider, wie ich sie mir oft in meinem Geiste ausgemalt hatte. Ich betrachtete sie genau und entdeckte, daß sie nicht Wirklichkeiten waren, sondern nur die **schattenhaften Formen meiner Gedanken**, und daß jede Gestalt auf dieselbe Weise hervorgerufen werden könne. Welch wunderbare Welt, rief ich in Gedanken aus, wo die **Vorstellung so viel mächtiger ist, daß sie sichtbare Gestalt annimmt**. Wie glücklich werde ich in einem solchen Gedankenreiche sein.' Er hoffte Stimmen oder Musik zu hören, wurde aber darin enttäuscht.

'Dann plötzlich überkam mich die Versuchung, die Grenzlinie zu überschreiten': ihn schreckte die Vorstellung, daß er noch einmal zu sterben haben würde, falls er 'zurückkehrte'. Aber während des Versuchs bewegte sich eine 'kleine, dicht-schwarze Wolke' auf sein Gesicht zu. 'Ich wußte, daß ich angehalten werden sollte. Ich fühlte, wie die Kraft der Bewegung und des Denkens mich verließ. Meine Hände fielen kraftlos an meinen Seiten herab, Schultern und Kopf sanken vorwärts, die Wolke berührte mein Gesicht, und ich verlor das Bewußtsein.' Wiltse öffnete die Augen und lag in seinem Bette, wieder elend und schwach, und haltlos erbrechend.[1]

Es würde vielleicht nicht lohnen, alles zuletzt Vorgetragene ernsthaft zu erwägen, wenn es nicht — ich brauche das kaum zu sagen — in seltsamer Weise übereinstimmte mit Beobachtungen, die in unsrer Forschung dem Begriff der Ideoplastie eine ständig wachsende Bedeutung verschafft haben. Die Erörterung der Phantomatik hat uns mit diesem Begriff der Gedankenschöpfung, der objektiven Verwirklichung von Vorstellungen vertraut gemacht, und gerade in dieser Anwendung gewinnt er für unsere augenblickliche Frage Bedeutung, indem ja auch der Körper des Abgeschiedenen sich 'in Übereinstimmung mit seinem geistigen [Zustande]' befinden soll.[2] Ebenso aber behauptet wenig-

---

[1] Pr VIII 182 ff. Ich empfehle genaues Durchdenken aller Einzelheiten des Berichts im Lichte des bisher Gesagten.   [2] Thomas, Life 108 (agreement); Swedenborg § 47.

stens das neuere Experiment zuweilen, auch die 'gedankliche Erschaffung' — bis zur Photographierbarkeit! — von Gegenständen aller Art als möglich erwiesen zu haben. Und ferner ist uns der Gedanke längst geläufig geworden, den Überlebenden die Fähigkeiten als Normalbesitz zuzuschreiben, die unter Lebenden nur in abnormen Zuständen oder bei abnormer Veranlagung auftreten. Hyslop schrieb sein Kapitel über 'die Natur eines künftigen Lebens' vor 1918 nieder, also zu einer Zeit, da die experimentelle Beobachtung von Ideoplastik noch mehr in den Anfängen stak als heute. Er konnte also, als er die rein halluzinatorische Artung des 'Schaffens' der Geister vertrat, sich noch darauf berufen, daß wir nur mittelbar durch unsern Körper schaffen und 'etwas wie Schaffen durch unmittelbare Willenstätigkeit dem normalen Leben nicht bekannt sei.' Als daher eine der Kontrollen der Mrs. Soule ihm auf den Kopf zusagte (was er dem Medium gegenüber nie auch nur angedeutet hatte!), er 'habe eine Theorie, daß das andre Leben eine rein geistige Welt sei', während in Wahrheit dort das Bewußtsein schöpferisch sei,[1] — da konnte diese Aussage nicht den Eindruck auf ihn machen, dem vielleicht auch er sich heute nicht mehr entziehen würde.

Wir haben inzwischen zugelernt, und wie tief auch die Rätsel der Ideoplastie natürlich sind: daß wir hier einem philosophisch fruchtbaren Geheimnis gegenüberstehn, das an die letzten Fragen nach dem Sinn von geistigem und dinglichem Sein, von Sub- und Objektivität rührt, das erscheint mir unbestreitbar. Wohl möglich, daß hier einmal der Metapsychologe 'den Spieß umdrehn' und auch unsre Welt als 'bloße' Gedankenschöpfung bezeichnen wird, die uns nur darum wirklicher und 'dichter' erscheint, weil sie eben unsrer eigenen Wirklichkeit und 'Dichte' wesentlich entspricht.[2] Immer wieder hat sich uns die Einsicht aufgedrängt, daß die letzten Fragen der Metapsychik nur gelöst werden können im Zusammenhang mit den Problemen der Ontologie, oder Metaphysik, oder Erkenntnistheorie — was ja im letzten Grunde auf dasselbe herauskommt —; und nirgends drängt sich uns diese Einsicht mächtiger auf als hier am Schluß unsrer Betrachtungen, wo die Erscheinungen, mit denen das Jenseits in unsre Sinnenwelt hineinragt, uns hinüberleiten zur Frage nach dem Wesen des Jenseits selbst. Daß viele Probleme hier wie dort sich als wesensgleich erweisen würden, war vorauszusehen, und nur äußerste Kurzsichtigkeit könnte an der Tatsache vorübergleiten, daß die leidliche Einstimmigkeit, womit uns das Jenseits zu allen Zeiten sich selbst geschildert hat, ein echtes und

---

1) Thomas 286.   2) Vgl. Doyle, Revel. 106, und die geistvollen Ausführungen Prof. Schillers in JSPR XIX 131 u. Pr XV 61 f., sowie die gleich gedankenreichen bei Vogl 241 ff.

natürliches Problem darbietet; wie auch an der Tatsache, daß — wie dunkel dies Problem einstweilen erscheinen mag — an Möglichkeiten seiner Lösung jedenfalls kein Mangel ist, sondern weit eher Überfluß. Man muß nur eben auch hier, wie so oft in unsrer Forschung, zur Ausübung einiger 'wissenschaftlicher Phantasie' bereit und befähigt sein. Man muß darauf gefaßt sein, die Dinge des Jenseits nicht bloß nach den landläufigen Begriffen der Physik oder Psychologie zu deuten, sondern etwa auch einmal 'ganz anders', in einem neuartigen Sinn von Dasein und Erleben. Man wird dann, glaub' ich, bei willigem Sichhineindenken und -hineinfühlen in die vorliegenden Aussagen doch zu der Ansicht kommen, daß alles Vorgetragene einen inneren Zusammenhang besitzt, dessen Erfassen die anfängliche Anstößigkeit fortschreitend verringert.

Ich will dabei nicht mit der Feststellung zurückhalten, daß die Berichte sich zuweilen zu einer 'Phantastik' auswachsen, bei der auch dem willigsten Leser der Mut zum Glauben entsinkt, so daß er sich versucht fühlt, mit dem 'ganz Unglaublichen' nun auch das 'allenfalls Glaubliche' doch noch über Bord zu werfen.

So hören wir z. B. von einer Unterrichtsstunde in einer der erwähnten Schulen, daß man sich zur Veranschaulichung eines soz. lebenden Modells der Erde bedient habe. Ein blauer Nebel tritt in der Mitte des Raumes auf, dann trifft ein Lichtstrahl einen Erdglobus an der Wand und wird von diesem aufgesogen, der dann wie von innen her erleuchtet erscheint und in den blauen Nebel hineinfliegt, worin er einen Durchmesser von 80—100 Fuß annimmt und sich zu drehen beginnt. Nunmehr gewinnen die Zeichnungen auf dem Globus natürliches Aussehn: die Berge erheben sich körperhaft, die Meere wogen, die Städte erscheinen wie erhabene Modelle; schließlich sieht man Menschenmengen sich bewegen, ja sogar Einzelpersonen. 'Du wirst es schwerlich verstehn (sagt der Schildernde), daß wir auf einer Erdkugel von etwa 80—100 Fuß Durchmesser einzelne Menschen und Tiere sehen konnten. Aber das gehört zur Wissenschaft dieser Anstalt, daß sie solche Einzelheiten für sich unterscheiden läßt.' Man sieht nun das ganze Leben der Erde auf dem Festland und zur See sich abspielen, und in dieser körperhaft-lebendigen Weise wird jetzt, rückschreitend, die Entwicklung der Erde bis zum Auftreten des Menschen gezeigt. 'Die geologischen Zeitalter glitten vor uns vorüber', und man beobachtete z. B., daß die 'Eiszeit' eine durchaus örtlich begrenzte Erscheinung gewesen war. Schließlich schrumpft der Globus wieder zusammen und schwebt, erloschen, an seinen Platz an der Wand zurück. — In ähnlicher Weise werden Modelle von Tieren 'belebt' und diese so in ihren einzelnen Entwicklungsformen vorgeführt.[1]

1) Owen I 76 ff.

Ein andermal beschreibt der Gewährsmann einen vielstöckigen, zehnseitigen 'Wachtturm', dessen jede Seite von besondrer Farbe und Bauart war, mit je einem Tor auf einen Zugangsweg hinaus. Jede Seite stand in Verbindung mit einer der ersten zehn Sphären und ihren Herrschern, und das Ganze diente der Verständigung unter diesen. Die Wächter der einzelnen Seiten 'empfingen alle Berichte, Nachrichten, Gesuche, deren Erledigung irgendwelche Schwierigkeit darbot,... in vollkommener Ruhe des Geistes.' 'Ich trat [mit einem der Wächter] ein. Eine große, dreieckige, hohe Halle empfing mich, nach oben zu begrenzt vom Fußboden des nächsthöheren Raumes... Bald hörte ich Stimmen und konnte die Worte verstehen, die sie heranbrachten. Diese wurden bearbeitet in einem Raume über uns, fünf Stockwerke höher, und dann abwärts geleitet, wobei sie durch den Fußboden in die darunter gelegenen Gemächer drangen. Ich fragte nach dem Grunde, und [mein Führer] erklärte mir, daß alle Botschaften von den auf dem Dache des Gebäudes Stehenden in Empfang genommen würden. Diese entnahmen daraus die Worte, die sie für ihren Anteil an dem Werk benötigten, und ließen das Übrige in den Raum unter ihnen weitergehen. Dort wurde die Botschaft in gleicher Weise behandelt und dann abermals abwärts weitergereicht. Dies wiederholte sich immer von neuem... In jedem Gemache war eine große Menge Arbeitender, alle geschäftig, aber ohne Hast, ihrer Aufgabe obliegend.

Nun wirst du denken, das sei eine seltsame Art zu arbeiten. Aber die Wirklichkeit war noch seltsamer. Denn wenn ich sage: ich hörte die Worte, dann sage ich dir nur die Hälfte. Sie waren auf sichtbare Weise hörbar. Aber wie soll ich das in deiner Sprache ausdrücken? Ich kann es nicht besser als so: während man auf die Wand blickte (die in verschiedenen Steinen und Metallen gearbeitet war, ein jedes vitalisiert durch etwas, was hier eurer Elektrizität entspricht), sah man die Botschaft mehr im eigenen Gehirn als mit den Augen, und wenn man ihren Sinn erfaßte, hörte man die Stimme, die sie in irgendeiner entfernten Gegend äußerte. Auf diese Weise wurde man sich im eignen inneren Bewußtsein des Klanges der Stimme des Redenden bewußt, [dazu] seines Äußern, seiner Gestalt und seines Antlitzes, des Grades und der Art seines Dienstes und andrer Einzelheiten, die das genaue Verständnis des Sinnes der Botschaft befördern konnten.' Diese konnte der Berichtende selbst nicht verstehen; sie betraf den Aufbruch einer Abordnung aus der 6. Sphäre in die dritte, wo sie bei der Errichtung gewisser Werke Hilfe leisten sollte.[1]

Ein andres Beispiel von kleinerem Umfang entnehme ich der Schilderung einer Fahrt, welche 'Mrs. Owen' selbst mitgemacht haben will. Die Reisenden haben eine gewisse Universität verlassen, und indem sie zurückblicken, sehen sie die Kuppel des Gebäudes in wechselnden Farben aufleuchten, schier unmerklich in einander übergehen, ein 'außerordentlich schönes' Schauspiel. 'Dann verschwand die Kuppel völlig. Unser Führer sagte uns, sie sei noch an derselben Stelle vorhanden, aber ihr Verschwinden sei bewirkt worden durch die Vereinigung gewisser Lichtelemente von den einzelnen

---

1) das. II 201 ff.

Kollegien. Darauf erschien über der Kuppel und den Bäumen — wobei erstere immer unsichtbar blieb — eine außerordentlich große Rose von rosa, danach in Karmin übergehender Färbung, und überall zwischen ihren Blütenblättern waren schöne Gestalten spielender Kinder, von Männern und Frauen zu sehn, welche standen oder sich ergingen und unterhielten, schön und glücklich anzuschauen; auch junge Rehe, Antilopen und Vögel, die zwischen den Blumenblättern umherliefen oder -flatterten oder lagen, deren Formen anschwollen wie Hügel und Wälle und Landschaften. Über diese Wälle liefen Kinder mit den Tieren, sehr hübsch und glücklich spielend. Und dann schwand alles langsam dahin, und die Stelle war wieder leer. Übrigens wurden uns mehrere solcher Schauspiele gezeigt, während wir dort standen.'[1]

Ich beschließe diese Beispielreihe mit einer längeren, teilweise ähnlich gearteten Schilderung. — Wir befinden uns in einer Art Universitätsstadt in der 'zehnten Sphäre', deren Hauptgebäude und umgebende Landschaft uns eingehend beschrieben werden. Jenes hat 5 Türme verschiedenen Baumusters und eine Kuppel. Jeder der Türme steht für eins der Naturreiche und drückt es zugleich durch seine besondere Gestaltung aus. Der größte unter ihnen, gewaltig hoch, ist von einer auf Erden unbekannten Farbe; am ehesten könne man sie als 'goldenen Alabaster, besetzt mit Perlen' bezeichnen. 'Er gleicht beinahe einer gewaltigen und leuchtenden Fontäne flüssiger Edelsteine in unablässigem Spiel. Aber anstatt des Plätscherns von Wasser gibt sie den Wohllaut geflüsterter Musik von sich,' die den Beschauer beseligend ergreift. Der Turm hat doppelte Wände, zwischen denen sich Gemächer und Hallen für Engel befinden, mit einander verbunden durch Brücken, Treppen usw., von wechselnden Lichtern umspielt, von Musik umklungen. 'Dieser große Turm beaufsichtigt die Arbeit der vier andern, und der Kuppelbau bezieht von hier die für seine Arbeit erforderliche Kraft.' Der Kommunikator, der dies alles beschreibt, hat einer 'Kundgebung' an dieser Stätte beigewohnt, die hier in ganz knappen Umrissen beschrieben werden soll.

Eine Musik ertönt, bei deren Anschwellen der Turm eine gewisse Nebelhaftigkeit annimmt, die ihn aber weniger verdunkelt als verwandelt. 'Er wird durchsichtiger und scheint auf und nieder zu strömen, von innen nach außen, und wieder nach innen zurück, ein flüssiges Glas von vielen Farben.' Stimmen erklingen, die eine Art *Te Deum* singen, dessen (ausdrücklich nur ungefährer) Textsinn — auf Owens Bitte! — mitgeteilt wird. Während dann alle mit gesenkten Häuptern verharren, hört man des Heilandes Stimme: 'Friede!' und sieht ihn, aufblickend, am Eingang des Turmes stehen. Eine breite Treppe führt von seinem Standort zum Rande eines Wassers hinab, und auf ihren Stufen knieen Tausende von Engeln, die Bewohner des Turmes, und andre hinter dem Heiland, den sie begleitet haben. Während der Turm wie eine sprühende Flamme erglüht und die Palmblätterspitze seiner Krone sich mit feuerflammigen Engeln überdeckt, hebt Er einen Fuß nach dem andern empor und verharrt über dem Boden in der Schwebe. Dann löst sich die ganze Turmspitze ab und schwebt hernieder. Der Erzähler und die mit

---

1) das. I 42f.

ihm werden nun aufgefordert, ihr Inneres zu betreten, und befinden sich in einer geräumigen hohen Halle, von oben bis unten mit Edelsteinen ausgelegt. (Sie wird uns bis in alle Einzelheiten beschrieben.) Die anwesenden Tausende erfüllen sie ganz und empfangen nun Belehrungen des Heilands zur Abrundung ihres bisher Erarbeiteten (beides etwa im Sinne des Anfangs des Johannes-Evangeliums). Während dieser Darlegungen erhebt sich der Lehrende noch weiter im Raume. Bekleidet ist er mit einem bis zu den Knieen reichenden Gewande in flüssigem Grün, das die Arme nackt läßt, und der Gürtel ist mit einem blutroten Edelstein zusammengeschlossen. 'Seine Beine waren nackend unter dem Gewande, seine Glieder und Antlitz die eines jungen Fürsten in der vollen Kraft jugendlicher Mannheit. Sein Haar war unbedeckt, in der Mitte gescheitelt, und fiel ihm in braunen Lockensträhnen auf den Nacken...'

Die Engel stimmen nun einen Lobgesang an (dessen Text uns wieder mitgeteilt wird), und währenddessen beginnt der ganze Bau erst zu erbeben und dann sich aufzulösen und zu schwinden. Die Engel an den Wänden und in den Bögen treten zu Gruppen hinter dem Heiland zusammen, und der ganze Himmel ist erfüllt von zahllosen Engeln, Menschen verschiedener Rasse und Tieren. 'Die ganze Schöpfung war da um uns,... ein Schauspiel, das die Seele mit Schauern der Ehrfurcht erfüllen mußte... Da begriff ich, wie nie zuvor, inwiefern der Offenbarte Christus,[1] auf Erden oder im Himmel, nur ein Schatten sei des Christus selbst in aller seiner Fülle, nur ein Schatten, von dem Lichte seiner Gottheit auf die Wände des Raumes geworfen, Wände, die aus Stäubchen bestanden, in die große Leere hinausgestreut, jedes Stäubchen eine Sonne mit ihren Planeten.' Auf eine Frage des Mediums wird diesem versichert, daß auch die auf Erden für wild und böse gehaltenen Geschöpfe zugegen gewesen seien; aber 'wir sahen diese Geschöpfe, wie wir sie hier zu sehen gelernt: wir sahen sie von innen, und sie erschienen uns nicht so [wie euch], sondern als Sprößlinge des einen großen Baumes natürlichen und ordnungsgemäßen Fortschritts: nicht übel, sondern weniger vollkommen: jede Klasse der Versuch irgendeines hohen Geistes und seiner Mitarbeiter, das Denkbild irgendeines winzigen Bestandteils von Gottes Wesen auszudrücken... Wir von innen Blickenden betrachteten atemlos die Schönheit des weitausgebreiteten Mantels des Christus, der, dort in der Mitte stehend, umkleidet erschien von dem innersten Wesen des Ganzen... In diesem Augenblick waren wir Bewohner nicht mehr der zehnten Sphäre, sondern des ganzen Weltalls, und wanderten umher unter seinen Einzelteilen und entlang seinen Jahrtausenden, und sprachen mit denen, die da planten, und denen, die in der großen Werkstatt Gottes arbeiteten, und lernten viele neue Dinge... Weisheit kommt mit den Jahren, und größere Weisheit in der Ewigkeit. — Danach wurden wir wieder zusammengerufen..., und indem wir uns einem Mittelpunkt näherten, löste sich das Ganze bis zur Unsichtbarkeit auf, und wir standen [wieder] auf der Plattform vor der Vorhalle des Tempels...'

---

[1] the Christ Manifest.

Schwierigkeiten bezüglich der jenseitigen Umwelt

Dies schreibt der englische Geistliche Owen unter der angeblichen Eingebung 'Arnels' und der helfenden Vermittlung seiner verstorbenen Frau, wobei er Zwischenfragen stellt und um Aufklärung bittet, und überdies beide ihm berichten über das irdische Vorleben Arnels, angeblich eines englischen Künstlers in Florenz etwa im 17. Jahrhundert.[1]

Die Reihe dieser Beispiele ließe sich sehr verlängern; aber sie verdeutlichen doch schon, was ich als das übermäßig Phantastische und darum 'ganz Unglaubliche' gewisser Jenseitsschilderungen bezeichnete. Die erste und wohl sonderbarste Frage, die durch sie aufgeworfen wird, scheint mir wieder zu sein: weshalb sich die 'Erfindung' bis zu solchen Dingen versteigt, wenn es eben wirklich nur Erfindungen sind. Wir haben nicht die Möglichkeit, in die unterbewußten Tiefen und die gesamte Vorgeschichte der Medien hineinzuleuchten, die uns derartige Berichte liefern, um so die letzten Wurzeln dieser Phantastik bloßzulegen. In jedem Fall aber erscheint das Auftreten solcher Schilderungen höchst sonderbar. Ihr wohl ergiebigster Lieferer in neuer Zeit, der Rev. G. V. Owen, tritt vor uns hin als hochgebildeter Seelsorger der englischen Staatskirche, ein Mann von echter christlicher Wesensart, wennschon — wie der Name annehmen läßt — Bluterbe einer mit überreicher künstlerischer Phantasie begabten Rasse. Was er aber automatisch niederschreibt, hat sicherlich wenig gemein mit den Jenseitsvorstellungen seiner theologischen Vorbildung, und daneben ist nicht zu übersehen, daß auch er — wie seine Zwischenbemerkungen und gewisse Äußerungen in den Offenbarungen selbst verraten — das Berichtete nicht ohne inneres Widerstreben hingenommen hat. Welches also ist die Phantasiequelle, die allen Widerständen zum Trotz mit so üppiger Übertreibung sich gehen läßt? Woher vor allem diese ständig bis ins kleinste gehende Ausführlichkeit in der Beschreibung des angeblich Gesehenen und Gehörten, während es doch leicht wäre, durch ein mehr nur andeutendes Berichten die Aussichten des Zweifels zu vermindern?

Lassen wir indeß diese Schwierigkeit beiseite, so fragt sich nun doch, welche Folgerungen wir aus dem Vorliegen solcher übertrieben phantastischen Jenseitsberichte ziehen müssen. Sollen wir, weil sie doch im engsten Zusammenhang mit den 'allenfalls glaublichen' auftreten, nunmehr auch diese als rein subjektiv beiseite werfen? Dies wird, wie ich schon sagte, sehr erschwert durch die Verknüpfung der letzteren mit den sonstigen Aussagen stark identifizierter Verstorbener. Das Fortleben ist nun einmal erwiesen; irgendwie muß es gestaltet sein, und da die glaubhaftesten Zeugen es immer in der gleichen Weise schildern, so

---

[1] Owen IV 61—87. Begegnungen mit d. Heilande auch sonst nicht ganz selten; s. z. B. Thomas, Life 242 ff.; Swedenborg § 121.

gewinnt ein Grundstock an Beschreibungen unleugbar starkes Vertrauen. Wohin also mit jenen 'unglaublichen' Berichten? Sollen sie allein uns als Einschiebsel der unterbewußten Phantasie ihrer Medien gelten? Oder sollen gerade die Medien gänzlich vom Zeugnis ausgeschlossen werden, bei denen sich solche Berichte finden, trotzdem ein großer Teil ihrer Schilderungen mit den vergleichsweise glaublichsten sich deckt? Das eine erscheint so willkürlich wie das andre. Überdies gilt wohl der Satz, daß auch bei den an sich glaubwürdigsten Kommunikatoren gelegentlich wenigstens Ansätze zu ähnlicher 'Phantastik' sich finden.[1]

Mag man sich also nur schwer entschließen, die Schilderungen der fraglichen Art völlig beiseite zu wischen und für rein 'literarische' Erzeugnisse der Medien selbst zu erklären, — was bleibt uns dann? Sollen wir uns einen entschlossenen Stoß geben und auch sie noch 'schlucken'? Die Kühnsten werden erwidern: warum nicht? Eine Welt, in welcher frühere Erdenbewohner fortleben, liegt doch schon so weit ab von allem bisher Denkgewohnten, daß wir auf mancherlei darin gefaßt sein müssen, was dieser Denkgewöhnung im äußersten Grade phantastisch erscheinen kann. Was berechtigt uns Menschen eines gottlosen Maschinenzeitalters, zu bestimmen, wie weit das Jenseits sich irdischen Denkneigungen anzuähneln habe, oder in welcher Richtung es sich von ihnen entfernen dürfe? Ist erst ein Schicksal der Seele bis in unvorstellbare Fernen der Erdenfremdheit in Sicht, wieviel mag dann von jener 'Phantastik' wieder denkbar erscheinen, die in religiösen Offenbarungen und Visionen zuhause ist!

Überdies: hier wird vorausgesetzt, das 'Phantastische' besitze zum mindesten in jenem äußersten Grade objektive Wirklichkeit, in welchem überhaupt von einer solchen im Jenseits die Rede sein kann. Aber ist diese Auffassung die einzig mögliche? Ich meine: gerade die ganz 'unglaublichen' Stücke der Jenseitsschilderung fordern uns auf, unsre 'wissenschaftliche Phantasie' ins Spiel zu bringen, unsre Grundbegriffe zu verflüssigen, dem scheinbar Undenkbaren — vielleicht — Anregungen zu neuartiger Fassung solcher Begriffe oder zur Einführung neuer zu entnehmen. Sehen wir also ab von einer Auffassung des Geschilderten als voller 'Wirklichkeit' (im Sinne des jenseitig Realen!), so könnte man vielleicht versuchen, es als (ganz oder großenteils 'symbolische') Darstellung — in irgendwelchem Material? — von schöpferischen Gedanken gewisser 'großer' Persönlichkeiten aufzufassen; oder aber — noch weiter ab von Wirklichkeit — als (telepathisch erzeugte)

---

1) wie z. B. bei Thomas, Life in ch. XXIV u. XXVIII.

Gesichte[1], oder als symbolischen 'Traum' derer, die es schauen. Vielleicht aber auch liegt die wahre Deutung dicht **neben** einer von diesen, oder mitten **zwischen** zweien von ihnen; oder sie ist von einer Art, die wir uns einstweilen **gar nicht** denken können. Nur vor **einem** würden uns alle solche Überlegungen warnen: vor der gänzlichen Verwerfung, der reinen 'Literarisierung' dieser 'unglaublichen' Berichte, weil sie angeblich — für **unser** Wirklichkeitsgefühl — allzuweit über Jenseitsschilderungen hinausgehn, die wir, nach früher angedeuteten Begriffen, allenfalls noch gelten lassen mögen. —

Jedenfalls kann, wie mir scheint, für den, der solchen Überlegungen **irgendetwas** abzugewinnen vermag, gar nicht die Rede davon sein, daß die Unglaubhaftigkeit von Jenseitsschilderungen insgesamt ein allgemeines Argument abgebe gegen die Glaubhaftigkeit derer, die uns solche Schilderungen liefern, sofern sich jene **außerdem** als selbständig daseiende Wesen erweisen. Wir dürfen also mindestens auch diese letzte Denkbeschwer des Gegners ruhig beiseite schieben; d. h. wir dürfen die Frage der Selbstbezeugung Abgeschiedener und ihres Fortlebens bejahen, auch wenn wir die schwierige Frage der Zukunft überlassen müssen, wie denn das Dasein der Abgeschiedenen beschaffen sei außerhalb des kleinen Lichtkreises ihrer irdischen Selbstbekundung.

Dabei gilt aber schließlich, daß selbst **die** Denkbeschwer, die viele Schilderungen uns bereiten, sich noch vermindert, wenn wir überlegen, daß **zugestandenermaßen** solche Schilderungen sich nur auf **gewisse Stufen** jenseitigen Lebens beziehen, — die Stufen, die der Verstorbene zunächst nach seinem Hingang betritt, die er aber schließlich mit andern vertauschen wird, denen Erdenähnlichkeit in ständig abnehmendem Maße anhaftet, über die uns freilich eben darum faßbare Auskunft nicht mehr zu teil wird. Denn mit großer Einstimmigkeit wird uns versichert, daß die Welt der Geister aus 'Schichten', 'Sphären', 'Ebenen' besteht und daß nur in deren 'niedersten' oder 'erdennächsten' vieles sich findet, was auf Erden 'in dichter Materie auch bestanden hat'. Hierüber noch einige Worte.

Die Angaben über diese schon mehrfach erwähnten Sphären erscheinen nicht durchweg und ohne weiteres übereinstimmend; doch glaube ich, daß die scheinbaren Widersprüche bei vertiefter und soz. weitherziger Betrachtung sich zunehmend verflüchtigen. Wir lesen z. B. nicht selten, daß die Erde und ebenso die Planeten von solchen Sphären um-

---

[1] Vgl. zu diesen beiden Möglichkeiten die beachtenswerten Ausführungen Owen I S. XXXIf. und 27.

geben seien. 'Die Erde ('schreibt' z. B. Owen) ist der Mittelpunkt, um welchen viele Sphären sind, sie ist in alle diese Sphären eingeschlossen'; und ein gleiches 'Komplement geistiger Zonen oder Sphären' soll 'jeder Planet in diesem Sonnensystem' haben, derart daß die entfernteren Sphären der einzelnen Himmelskörper einander überschneiden, und zwar natürlich in wechselnden Mischungen entsprechend den Bewegungen der Planeten; und diese Rechnung wird sogar bis zu den Fixsternen des Weltraums — und darüber hinaus! — ausgedehnt.[1]

Aber im Zusammenhang damit — und zuweilen im unmittelbaren — wird uns versichert, daß diese Sphären rein geistig aufzufassen seien: sie sind 'geistig und nicht stofflich'; so daß die Frage auftaucht, ob nicht die ihnen zugeschriebene räumliche Lagerung nur 'Erscheinung' oder Anpassung an unser Vorstellen sei. Gerade die selber höheren Sphären entstammenden Schilderer sagen z. B., jene seien 'nicht so sehr etwas, was auf Erden Örtlichkeiten entsprechen würde, sondern vielmehr Zuständlichkeiten[2] von Leben und Kraft, entsprechend der Entwicklung des Einzelnen.' Spräche man von 'höchsten' Sphären, so nur 'um es auf eine Art auszudrücken, die ihr verstehen könnt.' 'Man kann nicht sagen, daß es Örtlichkeit in der Ewigkeit gebe. Gleichwohl scheint der sich fortentwickelnden Seele das Bewußtsein in einer Gegend oder an einem Orte zu sein.' Zumal 'in den höheren Sphären entrinnen wir aller Form und Erscheinung.'[3] Zwar wird das Wesen ihrer Unterschiedlichkeit zuweilen in etwas verlegt, was sich als 'Vibration' bezeichnen lasse, oder als 'Licht'. Aber die 'psychologische' Begriffsbestimmung scheint zu überwiegen; wie denn 'Myers' die sieben 'Ebenen' oder Sphären, die er zählt, am liebsten als Bewußtseinsstufen — *levels of consciousness* — bezeichnen möchte.[4] Und man kann vielleicht eine seltsame Bestätigung dieser Auffassung in der gelegentlichen Angabe finden, daß für den Einzelnen 'zwischen je zwei Ebenen ein Versinken in anscheinende Vergessenheit, eine Stillegung aller Vorgänge, eine große Ruhe' sich einstelle, — also wieder entsprechend jener trennenden Synkope, die wir schon auf Erden oft beim Übergang von einer Bewußtseinslage oder einer Spaltpersönlichkeit in die andre beobachten; ja selbst jene panoramatische Vergangenheitsschau, die zuweilen in der Nachbarschaft des Sterbens, also eines der wichtigsten derartigen Übergänge stattfindet, wird gelegentlich auch dem Übertritt aus einer Sphäre in die andre zugeschrieben![5]

Denkt man sich willig in das Wesentliche dieser Angaben hinein, so wird man schwerlich noch Anstoß daran nehmen, daß die Zählung der

---

1) Owen I 175f. 179. 181. 'Räumliche' Ausdrücke auch bei Swedenborg (z. B. § 422. 428). 2) estates; state of the interiors (Swedenborg § 42. 192).   3) Owen I 175; II 45; Cummins II 31. 34.   4) Owen II 52f. 126; Cummins II 31f.   5) Cummins I 67.

Ebenen bei den einzelnen Gewährsmännern eine verschiedene ist.[1] Denn ausdrücklich wird uns gesagt, daß es sich hier nicht um 'starre Abgrenzungen' handle, sondern 'daß alle diese Stufen des Daseins sich verschlingen und durchdringen',[2] also in einander übergehen. 'In jeder Sphäre findet man, daß andre Sphären sie berühren... Die Harmonie der Sphären ist Eine und in sich verbunden.'[3] 'Die höheren schließen in sich alle niederen ein, und wer in einer von jenen sich bewegt, ist in allen niederen gegenwärtig.' 'Wer also, sagen wir, bis zur siebenten vorgeschritten ist, ist in alle unter ihm liegenden eingeweiht, durch die er hindurchgegangen ist. Gleichwie also Andre zu ihm niedersteigen, so kann auch er zu Andern hinabgehn, sofern er sich den Bedingungen der Sphäre anpaßt, in die er sich begibt.'[4]

Allen umfassenden Angaben gemeinsam ist aber jedenfalls — und darauf kam es uns ja gerade hier an —, daß in den 'höchsten', also wesens- und zustandsmäßig entlegensten Sphären jede Erdenähnlichkeit (und folglich auch Beschreibbarkeit) aufhöre, ja räumliches, formhaftes und — zeitliches Erleben der Geister überhaupt, nachdem inzwischen auch die menschenähnliche Körperlichkeit längst andren Formen Platz gemacht habe, in denen sich der Geist, das gesamte Erleben des Ich, weit 'unmittelbarer ausdrückt' als ehedem in irdischer Leiblichkeit.[5]

Wenden wir diesen Gedanken schließlich noch ins soz. Spiritistisch-Praktische, so müssen wir sagen: Die Abgeschiedenen schlagen nicht nur 'verschiedene Wege' ein und befinden sich in 'verschiedenen Teilen' der unsichtbaren Welt, so daß z. B. der eine nicht Gelegenheit oder Möglichkeit hätte, den andern zu treffen oder zu finden; sondern es ist auch immer damit zu rechnen, daß einer von ihnen überhaupt 'zu hoch ist, um zu sprechen';[6] was zwar zuweilen bloß vorübergehende 'funktionale Ferne' sein mag (im früher besprochenen Sinn),[7] aber ebenso oft eine 'ontologische Entrückung' andeuten dürfte, die ihn der Berührung mit allen Irdischen überhaupt entzieht und das Aufhören aller Kundgebungen erklärt.[8] Die zeitlichen Grenzen solcher 'Rückkehr' zu bestimmen, wäre gleichfalls ein Problem für künftige Forschung, über das nicht einmal jeder beliebige Jenseitige Klarheit zu besitzen braucht. Sieben Jahre werden gelegentlich als gewöhnliche Grenze 'leichter Rückkehr' genannt; aber 'Thomas sen.' redet mühelos und ausgiebig noch 22 Jahre nach seinem Tode. A. C. Doyle bezeich-

---

1) Sieben scheint die Mindestzahl zu sein; doch wird auch eine zehnte und fünfzehnte erwähnt (Owen II 152f. 214).   2) interlace and interpenetrate: Amicus 23.   3) one and blended.   4) Owen I 183; II 153.   5) Owen I 110; Cummins I 57. 72f.
6) Pr XXX 523; XXI 233; XVIII 145. 301.   7) s. o. II 276ff.   8) Pr XVIII 143; XXI 205; XIII 431.

net, wie wir hörten, den 1677 verstorbenen 'Mr. Manton' als den 'ältesten Geist', von dessen Rückkehr wir wissen, scheint dies aber selbst schon für eine auffallende Ausnahme zu halten.[1] Findlays Unterredner bezeichnet als 'zweiten Tod' den Übergang eines Jenseitigen 'zu einer andren Ebene, von der es nicht so leicht ist, zur Erde zurückzukehren'. 'Die diesen zweiten Tod durchgemacht haben, können rückkehrend uns auf unsrer Ebene besuchen, aber wir können uns nicht zu ihnen begeben, ehe wir ihn nicht auch durchgemacht haben.'[2] Mit der Erde verkehren jene Entfernteren allenfalls durch Vermittlung der Erdnäheren. Und einer von diesen 'Entfernteren', dem es nur auf kurze Minuten möglich war sich kundzugeben, sagte zu Mrs. Travers Smith: es sei ihm verboten, über seine Umwelt und Tätigkeit zu reden, und in jedem Falle würde es den Lebenden auch unverständlich bleiben.[3] Umso mehr hat der Forscher, nachdem er tastend und mit Vorbehalten an die Grenzen des Vermutbaren vorgestoßen ist, hier endgültig zu schweigen.

All' alta fantasia qui manca possa.

Die Ausführungen über Wesen und Art jenseitigen Lebens dürften dem Leser, verglichen mit den vorausgegangenen Darlegungen, den Eindruck gesteigerter Unsicherheit und Mehrdeutigkeit gemacht haben. Ja selbst unsre Gewährsmänner betonen gerade hier am häufigsten, daß sie nicht Unfehlbarkeit beanspruchen; daß sie die Richtigkeit aller ihrer Angaben nicht verbürgen können; daß sie nur mitteilen, was sie wissen, und soweit sie es verstehen.[4] Und wir unsererseits müssen zugeben, daß wir nicht einmal der meisten Gewährsmänner als solcher sicher sind, und daß der Gedankenbau, den wir auf ihre Mitteilungen gegründet, ein völlig vorläufiger und versuchsweiser ist, dessen endgültige Errichtung künftiger Forschung überlassen bleiben muß. Trotzdem glaube ich, daß auch hier einiges an Möglichkeiten und Denkbarkeiten aufgewiesen worden ist, und da dies bei den vorher besprochenen 'Denkschwierigkeiten' in jedenfalls höherem Grade der Fall war, so läßt sich meines Erachtens folgender Gesamtschluß dieses Abschnit-

---

1) Doyle, Revel. 95. Vgl. übrigens Pr IX 100 ff., Kerner, Seh. und o. S. 43.   2) Dazu, daß ein solches 'Verschwinden' für die Verbleibenden zweideutig ist, weil es ebenso gut durch Wiederverkörperung bedingt sein kann, und daß sich damit der vielberufene Widerspruch von Kundgebungen in der Frage der Reinkarnation auflöse (worin manche, wie Morselli, ein vernichtendes Argument gegen den Spiritismus sehen wollen), s. Bozzanos scharfsinnige und reich belegte Ausführungen, ref. ZpF 1927 352.   3) Findlay 125; Travers Smith 27.   4) Owen I 40. 123. 145; Barker 42; Cummins I 62.

Schwierigkeiten bezüglich der jenseitigen Umwelt

tes ziehen: Keine von den Fragen, die der Gegner vorbringt, um, nach vollendetem Beweise des Überlebens, diesen Beweis doch noch ins Wanken zu bringen durch Aufweisung von Undenkbarkeiten oder Unsinnigkeiten, die sich aus seiner Annahme ergeben sollen, — keine jener Fragen führt uns so weit in Verlegenheit, daß wir an diesem Beweise irre zu werden brauchen. Selbst soweit wir keine eindeutige und überzeugende Antwort erteilen können, fühlen wir uns doch mindestens berechtigt, die Fragen einstweilen auf sich beruhen zu lassen. Es darf uns darum auch hier — in Goethescher Gesinnung — genügen, nur das Erforschliche zu erforschen. Wer das Übrige nicht aus dem Munde kirchlicher Offenbarung oder selbsternannter Sektenpropheten oder von Medien entgegenzunehmen vermag, der darf in ruhig verehrender Hoffnung der Zeit entgegenharren, da eigene Erfahrung ihn der Abhängigkeit von fremdem Zeugnis entheben wird. Man lebt nun einmal auch nach dem Tode. Und wie? Nun: *qui vivra, verra* — wer lebt, wird schauen.

Erklärung der Titelabkürzungen

[Enthält nur die in diesem Bande zuerst zitierten Titel. Alle übrigen sind im entsprechenden Verzeichnis am Schluß des 2. Bandes aufzusuchen.]

1. Zeitschriften

AL = Annales de Lourdes.
BCRMB = Bulletin du Conseil des Recherches Métapsychiques de Belgique.
Me = The Medium and Daybreak.

2. Einzelwerke

Acevedo = M. Otero Acevedo (doctor en medicina), Los Espiritus. Madrid 1895. T. II.
Aksakow, Cas = A. N. Aksakow, Un cas de dématérialisation. Paris 1896.
Amicus = The morrow of death. A treatise on the after-life by 'Amicus' [through Mrs. Peckham]. 2. ed. London.
Barker = Letters from a living dead Man. Written down by Elsa Barker. London, 10. ed. 1932.
Besant = A. Besant and C. W. Leadbeater, Thoughtforms. London 1905.
Boissarie = Dr. Boissarie, Lourdes... Paris 1891.
Bowers = Dr. Edwin F. Bowers, The phenomena of the seance-room. London o. J. [za. 1936].
Bozzano, Ipot. = Ernesto Bozzano, Ipotesi spiritica e teoriche scientifiche. Genova 1903.
Brackett = E. A. Brackett, Materialisierte Erscheinungen. Deutsche Übers. v. Forsboom u. du Prel. München 1889.
Brown = H. F. Brown, John Addington Symonds, a biography. 2 vols. London 1895.

Carrington, Psych. Phen. = Dr. Hereward Carrington, Modern psychical phenomena. Recent researches and speculations. Newyork 1919.
Courtier = Documents sur Eusapia Palladino. Rapport sur les séances d'Eus. Pall. à l'Institut Général Psychologique en 1905, 1906, 1907, 1908, par Jules Courtier. Paris o. J.
Crookes = William Crookes, F. R. S., Researches in the phenomena of spiritualism. (Neudruck) Manchester u. London 1926.
Cummins I = The Road to Immortality. Being a description of the after-life, purporting to be communicated by the late F. W. H. Myers through Geraldine Cummins. London 1933.
— II = Beyond Human Personality. Being a detailed description of the future life purporting [wie oben] ... Geraldine Cummins. London 1935.

Erklärung der Titelabkürzungen

Danmar = Prof. William Danmar, Geisterkenntnis. Leipzig 1925.
d'Assier = Ad. d'Assier, Posthumous Humanity: a study of phantoms. Transl. and annot. by H. S. Olcott. London 1887.
Daumer, Hauser = G. Fr. Daumer, Kaspar Hauser. Sein Wesen, ... Regensburg 1873.
DMB = [Dreimännerbuch =] Dr. med. W. v. Gulat-Wellenberg, Graf Carl v. Klinckowstroem u. Dr. med. H. Rosenbusch, Der physikalische Mediumismus. (Der Okkultismus in Urkunden I.) Berlin 1925.
Doyle, Advent. = Arthur Conan Doyle, Our American Adventure. London.
Driesch, Phil. d. Org. = Hans Driesch, Philosophie des Organischen. 2. Aufl. Leipzig 1921.
Erny = Erny, Le psychisme expérimental... Paris 1895.
Fournier d'Albe = E. E. Fournier d'Albe, B. Sc., New light on immortality. London 1908.
Gellona = E. Gellona, Eusapia Paladino e le sue sedute. Genova.
Gerber = (Pfarrer) Gerber, Das Nachtgebiet der Natur im Verhältniß zur Wissenschaft, zur Aufklärung und zum Christentum. Augsburg 1844.
Glenconner = (Lady) Pamela Glenconner, The earthen vessel, a volume dealing with spirit-communication received in the form of book-tests. London, Newyork 1921.
Gruber, Erk. = Prof. Dr. Karl Gruber, Parapsychologische Erkenntnisse. München 1925.
—, Okkult. = — —, Okkultismus und Biologie. Gesammelte Aufsätze aus dem Nachlaß. München 1930.
Harrison = W. H. Harrison, Spirits before our eyes. London 1879.
Hearn = Lafcadio Hearn, Gleanings in Buddha-Fields. Boston u. Newyork 1898.
Hennig, Wunder = Dr. R. Hennig, Wunder und Wissenschaft. 2 Bde.
Hoestenberghe = Dr. med. L. v. Hoestenberghe, Dr. med. E. Royer u. Dr. med. A. Deschamps, S. J., Guérison subite d'une fracture. Bruxelles 1900.
Home = Mme Home, D. D. Home, his life and mission. London 1888.
—, Révél. = D. D. Home, Révélations sur ma vie surnaturelle. Paris 1863.
Imbert-Gourbeyre = Dr. A. Imbert-Gourbeyre, La stigmatisation, l'extase divine et les miracles de Lourdes. 2 vols. Clermont-Ferrand u. Paris 1898.
Joël = Karl Joël, Prof. Dr., Seele und Welt. 1912.
Julia = W. T. Stead, After death. A personal narrative. New edition of 'Letters from Julia'. London 1905.
Kerner, Ersch. = Dr. Justinus Kerner, Eine Erscheinung aus dem Nachtgebiete der Natur... Stuttgart u. Tübingen 1836.
—, Gesch. = — —, Geschichte zweier Somnambulen. Karlsruhe 1824.
Loth = A. Loth, Le miracle en France au 19. siècle. Paris 1894.
Marryat, Death = Florence Marryat, There is no death. New. ed. London o. J.
McKenzie = J. Hewat McKenzie, Spirit Intercourse. Its theory and practice. London 1916.
Messer = Prof. Dr. A. Messer, Wissenschaftlicher Okkultismus. Leipzig 1927.
Mirabelli = O Medium Mirabelli. Resultado de um inquerito pela Academia de estudos psychicos 'Cesar Lombroso'. Santos 1926.

Morselli = Prof. E. Morselli, Psicologia e 'Spiritismo'. Impressioni e note critiche sui fenomeni medianici di Eusapia Paladino. 2 vol. Torino 1908.

Owen = The life beyond the veil. Spirit messages received and written down by the Rev. G. Vale Owen. 4 vols. London 1920—1. (Bd. III cheap ed. 1928.)

Puls = Puls, Gerichtsassessor a. D., Spuk-Geschichten. Der Spuk von Resau u. a. Berlin o. J.

Reichenbach = v. Reichenbach, Der sensitive Mensch und sein Verhalten zum Od. 2 Bde. Stuttgart 1854.

Rochas, Motr. = Albert de Rochas, L'extériorisation de la motricité. Recueil d'expériences et d'observations. Paris 1896.

Schleich = Prof. Dr. C. L. Schleich, Vom Schaltwerk der Gedanken. 1916.

Schrenck-Notzing = Dr. A. Frhr. von Schrenck-Notzing, Gesammelte Aufsätze zur Parapsychologie. Stuttgart, Berlin, Leipzig 1929.

— —, Mat. = Dr. A. Frhr. von Schrenck-Notzing, Materialisationsphänomene. Ein Beitrag zur Erforschung der mediumistischen Teleplastie. 2. Aufl. München 1923.

— —, Phän. (od. R. Sch.) = — —, Die Phänomene des Mediums Rudi Schneider. Berlin u. Leipzig 1933.

Seiling = (Prof.) Max Seiling, Meine Erfahrungen auf dem Gebiete des Spiritismus. 2. Aufl. Leipzig 1919.

Shirley = The Hon. Ralph Shirley, The Problem of Rebirth. An enquiry into the basis of the reincarnationist hypothesis. London o. J.

SMB = [Siebenmännerbuch =] Die physikalischen Phänomene der großen Medien. Eine Abwehr von Prof. Gruber, Dr. Kröner, R. Lambert, Prof. Oesterreich, Dr. Frhr. v. Schrenck-Notzing, Dr. Tischner, Prof. Walter, hersg. v. Schrenck-Notzing. Stuttgart, Berlin, Leipzig 1926.

Swedenborg = Emanuel Swedenborg, Heaven and Hell. Things heard and seen. London 1904.

Tafel = Tafel, Sammlung von Urkunden, betr. das Leben und den Charakter Swedenborgs. 3 Bde. 1839 ff.

Truesdell = J. W. Truesdell, Bottom Facts concerning Spiritualism. Newyork 1883.

Tummolo = Prof. Vincenzo Tummolo, Sulle basi positive dello Spiritualismo... Viterbo 1905.

Vassallo = Luigi A. Vassallo, Nel mondo degli Invisibili. Roma 1902.

Vesme = C. de Vesme, Histoire du Spiritualisme expérimental. 3 vols. Paris 1928 f.

Wallace = A. R. Wallace, My life. A record of events and opinions. 2 vols. London 1908.

Zöllner = Prof. Dr. J. C. F. Zöllner, Wissenschaftliche Abhandlungen. 3 Bde. Leipzig 1878—9.

Zöllner-Tischner = Vierte Dimension und Okkultismus von Fr. Zöllner..., aus d. Wissenschaftlichen Abhandlungen ausgewählt u. hrsg. von Dr. R. Tischner. Leipzig 1922.

Namenverzeichnis

(S. die Vorbemerkung zum Namenverzeichnis am Schluß des 2. Bandes.)

Acevedo, Dr. 95
Adshead 147
Aksakow 93 109f. 117f. 122 147f. 187f. 201 230 265
Amosow 19
Armstrong 186f.
Arnhard, v. 143
Aschauer 66
Ashton 99f.
Avellino 94 135f. 259f.

Baddeley, Col. 312
Baerwald, Dr. 293f. 311A. 312 330f.
Baggally 83f. 90ff.
*Barker, Mrs. 349
Barlow 28
Barnard 69A. 226 328ff.
Barrett, Prof. 33f. 52 70 74 87 120f. 168 185
Barzini 103f. 164 225
Bates, Miss 186 218 257f. 263 302 305
Bavink, Dr. 159
Beadon, Mrs. 310
Beauchamp, Miss 225
'Bennie' 147f.
Beresford, Lady 39f.
Bergen, Dr. v. 149
Bergson, Prof. 349
Berisso 194
Bernstein (Schloß) 29ff. 219
'Bertie' 146f. 273
*Besinnet, Mrs. 243
'Biltcliffe' 242f.
Bird 251
Blacher, Prof. 62A. 186A. 207 213
Black, John 232f. 291
Blackwell 28
Blake, Prof. 118 185 195
'Blanche' 261
Boehm, Dr. 62A.

Boldero, General 167
Bolton 217
Bottazzi, Prof. 103 165 194
Boulding 11
Bowers, Dr. 149ff. 170 201
Bozzano 7A. 50 75 83 94 135f. 159ff. 166 225 237f. 248f. 259f. 346 349
Brackett 146 196 304f.
Bradley 166A. 167 170 284
Buchner 2A. 202
Bullet, Comte de 163

*Cadwell, Mrs. 305
'Camargo Barros, J. de' 128
*Carrière, Eva 203f. 206
Carrington 83f. 90ff. 194 251
Chartier 94
'Clemens' 41
Coates 28
Coleman 107 110 248 266
Colley 174f. 182 184f. 211
*Conant, Mrs. 14
*Cook, Florence 107ff. 173f. 185 230 246ff. 283 298
Coues, Prof. 86
Cox 80 92
Crandon, Dr. s. Margery
Crane, du 6f.
*Crocker, Mrs. 201
*Crompton, Mrs. 187
Crookes, Prof. Sir Will. 28 80f. 92 102 107ff. 122 154 165 173 180 185 229 298 306
Crowe, Mrs. 53
*Cummins, Miss 347 352 358
Cunéo, Prof. 282

Danmar 215A.
Darton, Mrs. 11f.
Daumer 156 292
*Davenport 196

Davey 121 f.
Davis 20
—, A. J. 339
—, Mrs. 86
Delanne 8A. 157 190 208 271 ff. 299
*d'Espérance, Mrs. 105 f. 119 f. 122 145 149 163 178 ff. 187 ff. 197 199 214 f. 217 f. 223 f. 228 235 241 f. 253 259 262 293 ff. 297 300 302
Dessoir, Prof. 89 A. 133 f. 353
Doyle 28 243 349 373 f.
Driesch, Prof. 207 323
Duncan 171 286
Dunraven, Earl of 56
du Prel 142 f. 276 A. 298 301
Durville 197

*Eglinton 118 f. 122 182 f. 185 195 241 248
Enniscorthy, Spuk in 74
Erba, Cav. 136
Eslinger 43 ff.
'Estelle (Livermore)' 263 ff.
Eusapia s. Palladino

*Fairlamb, Miss 99 f. 186
Falcomer, Prof. 189
*Fay, Mrs. 305
Fechner, Prof. 79
'Feda' 309 f.
Feilding 83 f. 90 ff.
Ferguson, Rev. 196
'Ferreira, W.' 130
Fidler 242
*Finch, Mrs. 178
Findlay 168 f. 172 358 360
*Firman, Mrs. 273 f.
FitzGerald 195
Flammarion, Prof. 279
Folkestone, Spuk in 70 f.
Fornari 41
Fournier d'Albe 191 355
*Fox, Kate 92 f. 264 ff.
'Franklin, Dr.' 266 269
*French, Mrs. 167
Furness, Dr. 240

Galeotti, Prof. 194
Gardiner, Mrs. 17
*Garrett, Mrs. 73 f. 309 316 f.
*Gazerra 203

Geley, Dr. 100 f. 103 204 227 238 f. 276 279 282
Gellona 272
Gesta 41 f.
Gibbes 352
Gibier, Dr. 87 f. 166 215 218 260 304
Gledstane 184
Glenconner, Lady 316 ff.
*Goligher, Miss 203
Gramont, Comte de 100 279 282
Gray, Dr. 264 267 ff. 302
*—, Mrs. Stoddart 218 257 f. 263
Groß-Erlach, Spuk in 64 69
Groute 269
Gruber, Prof. 195 203 205 207
Grunewald 89
Gulat-Wellenberg, Dr. v. 78
Güldenstubbe, v. 25
Gully, Dr. 107 f. 116
*Guppy, Mrs. 137
Gurney 2 8A. 33 36 f.
*Guzik 280 ff.

Halm-Nikolai 143 298
*Hardwicke, Dr. 250 f.
*Hardy, Mrs. 98 f.
Harrison 108 116 186 230 306 f.
Hartmann, E. v. 162 ff.
Haslinger, Prof. 85
Hastings 56
*Hauffe, Frau 193
*Haxby 186
Hegy, Dr. 283
*Henderson 137
*Herne 117 137
Hill 326 A 332
Hitchman, Dr. 181 184
Hodgson, Dr. 14 333
Hoffmann, Prof. 83 A. 94 A.
*Hollis, Mrs. 95
*Holmes, Mrs. 245
*Home 57 80 ff. 92 167 271
*Hope 28
Hopp 89
Huggins, Prof. 80 f.
*Husk 120 f.
Hyslop, Prof. 324 f. 346 347 A. 355 f. 364

Illig 6 31 f. 64
*Indridason 167 187 217

Namenverzeichnis

Jacques 70 f.
James, Prof. 60 326
Jaquin 284
'Jensen' 217
Joël, Prof. 158
'John King' 117 137 144 166 223 225
Joller 54 74 f.
Jordan, Prof. 159
Juriewitsch 262

Kardec 200
'Katie King' 107 ff. 122 173 f. 185 205 207 213 229 f. 246 292 298 301 f. 306 f.
Kerner, Dr. 42 ff. 193
Klinckowstroem, Graf v. 78 80 f. 83 85 87 96 ff. 101 f. 112 ff. 227 f. 267 277 ff. 282
*Kluski 100 ff. 215 f. 227 f. 234 238 f. 261 276 ff.
Kosten, Spuk in 62
Kotterbach, Spuk in 62
Krafft-Ebing, Prof. v. 335
Kreil 38 f.

Lambert 13 f. 84 346
Larkin 56
*Laszlo 203
Leclainche, Prof. 282
Lehmann, Prof. 80 f. 83 113
*Leonard, Mrs. 257 285 309 312 f. 350
Lewin, Mrs. 23 f.
'Lily' 146 f.
Lister, Miss 22
Livermore 263 ff. 302
Lodge, Prof. Sir Ol. 280 ff. 354 f.
'—, Raymond' 350
Lombroso, Prof. 69 83 166 226 262 293
'Lucie' 215 218
Luxmore 108 116

Mainardi, Graf 143
'Manton' 374
*Margery 167 172 250 ff.
Marryat, Mrs. 116 150 174 183 185 187 210 245 ff. 301 307
Massaro 255 f.
Matla, Dr. 193
Maxwell, Dr. 163 f. 179 200

McDougall, Dr. D. 193
McKenzie, J. H. 73 85
—, Mrs. 316
M'Connel 56
'Meggie' 147 f.
'Menezes, Dr. B. de' 131
Menghini 42
Michel 38
Miller 259
*Mirabelli 123 ff. 173 214 241 271 295 f.
Mitchiner 183
*Molnar 69
*Monck 145 f. 174 f. 181 f. 184 f. 189 211 274 297
'Montagu' 350 f.
*Moore, Dr. 150 ff.
*—, Misses 171 286
Morselli, Prof. 90 103 105 135 f. 144 164 265
Morton, Miss 20 29
Moser, Frau Dr. 78 84 f. 87 101 f. 106 112 f. 126 267
*Moses, W. St. 303 339
Mracek 38 f.
Mucchi, Dr. 222
Muldoon 304
Münchhof, Spuk in 66 ff.
Myers, F. W. H. 2 f. 8 29 120 f. 155 324
'—, —' 340 352 358 360 372

'Nepenthes' 105 f. 149 215 218 262
*Nielsen 203
Nielsson, Prof. 167 187 217
Nikolsburg, Spuk in 57 65 69 74
Nosworthy, Mrs. 181 209

Ochorowicz, Dr. 165 194
Oesterreich, Prof. 85
Ohlhaver 72 138 ff. 245 301 ff.
    s. auch Tambke
'— sen.' 140 f.
Olcott 187
Orlach, Mädchen von 42 f.
Osty, Dr. 101 A. 280 282
Owen, G. V. 351 369 372
'—, Mrs.' 350 f. 360 366
—, R. D. 34 86 92 268
Oxley 146 f. 273

*Palladino 90 ff. 104 f. 135 ff. 143 f. 163 165 f. 173 178 186 ff. 194 f. 199 206

210 222ff. 234f. 237f. 241 244 248f.
254ff. 258ff. 262 272f. 293 297 303
'Panzini' 41
Paris, Ed. 58
Pawlowski, Prof. 215f. 227 261 277 281
Pennée, Mrs. 24
Perovsky, Graf 78 83
Peter, General 18
Peyron, Baronin 253
Pigou, Prof. 327 A.
*Piper, Mrs. 325f.
Podmore 2 78 83 109ff. 240 267ff. 305 A. 328
Poißl, Baronin 298
*Politi 253f.
Porro, Prof. 91 137 226
Potocki, Graf 100 238f.
Price 85

Rahn 197
Ramorino 137
Regulski 71f.
Reimers 273
*Reine 198 A.
Resau, Spuk in 67
Reuter, v. 28
Richardson, Dr. 167
Richet, Prof. 10 40 100ff. 261 A. 278 280
*Roberts, Mrs. 137 241
Rochas 189 197 331 335
Rosenbusch, Dr. 78 84
*Ross, Mrs. 145
Ross-Church s. Marryat
*Rostagno 189
Ruzicka, Frau 57 63 65f.

*Salmon, Mrs. 137 166 260
Sargent 99
Savage, Rev. 137
Schiaparelli, Prof. 223
Schiller, Prof. 326
Schleich, Prof. 207
*Schneider, R. 179 203
*—, W. 219
*Schoen, Mrs. 283
Schrenck-Notzing, Dr. Frhr. v. 63f. 75 A. 163 202ff. 206
Schtschapow 62
'Scott, Dr.' 359

Scozzi, Dr. Visani 104f. 143f. 224f. 262
Seiling, Prof. 223 302
Senarega 253f.
Sexton, Dr. 107f.
*Showers, Miss 187
Sidgwick, Mrs. 78 309 312
Siemiradski, v. 195
*Silbert, Frau 85
Simsa, Dr. 57 63 65f.
*Slade 86ff. 96ff.
*Sloan 167ff. 358
Smedley 216
*Soule, Mrs. 364
Souza, Dr. de 128 296
Stead 28
Steiger, de 19
Stewart, Prof. 192
—, Mrs. 286
'Stinson, Walter' 172 250ff. 275
Sünner, Dr. 71 85
Swedenborg 334 339 359
Symonds 326 A.

Tait, Prof. 192
*Tambke, Frl. 138ff. 241 297f. 301ff.
Testa 244
Thilo, Frau Dr. 13
Thomas, Rev. 311ff.
'—, Rev., sen.' 315 353 357f. 373
'—, Etta' 340f. 353
Tibor 69
Tillyard, Dr. 252
Tischner, Dr. 85 111ff.
Tonkli, Frau v. 72
Treloar, Mrs. 17
Truesdell 240
Tummolo, Prof. 69
Tweedale, Rev. 4 8 A. 25f. 28 53 55f. 174
Tyrone, Lord 39f.

Valdeck 97
Valiantine 166f.
Varick 34
Varley 113 185
Vassallo 91 137 254ff.
*Vaughan, Mrs. 287
Venzano, Dr. 91 105 135f. 144 165f. 173 194 248f. 258
Verrall, Mrs. 160

Namenverzeichnis

Wagner, Prof. 92 194
Wales 347 ff.
Walker, Miss 37
Wallace, Sir A. R. 28 145 181 f. 185 347
Walter, Prof. 85
Wassilko, Gräfin 63
Webling, Rev. 286 f.
Weinholtz 197
Wesley 34 54
*Williams 117 186
*Willis 86
Wilson, Miss H. 5 f.
Wiltse, Dr. 361 ff.

Winbridge, Mrs. 21 f.
Winkelhofer, Ther. 62
Wolfe, Dr. 95
*Wood, Miss 144 147 f.
Wötzel, Dr. 9 f.
*Wriedt, Mrs. 167 283 285

Ylojärvi, Spuk in 65
'Yolande' 122 f. 188 f. 214 f. 217 228 235
Zaalberg van Zelst, Dr. 193
Zöllner, Prof. 86 96 ff.
Zwieselbauer, Hilda 62 f. 65 68

Sachverzeichnis

Abdrücke phantomaler Gliedmaßen 95 ff. 195 210 A.
Abgüsse s. Gußformen
Abhängigkeit der Materialisation vom Medium 179 f. 198 202 ff.
Abstand der Bildung v. Mat. s. Entfernung ...
Ähnlichkeit von Phantom u. Medium 297 ff.
'Alter' der Jenseitigen 333 ff. 340
Amputierten, Gliedempfindungen von 192 f.
Anatomie (u. Physiologie) der Materialisation 128 157 165 ff. 205 f. 287 f.
Anstrengung, schöpferische, des Materialisationsmediums 179 183 188 220 295 ff.
Astralleib 155 ff. 171 176 189 ff. 211 273 A. 292 299 f. 340 f.
Astralwelt 303 354 f.
Ausscheidung, stoffliche, s. Abhängigkeit
Austritt abnormer Körperteile aus d. Medium 193 ff. 303 s. auch Exteriorisation

Band zwischen Medium u. Phantom 182 ff. 198 202 216 219
Berührungen durch Phantome 33 ff. 44 49 71 f.
Bewegungsgemeinschaft von Medium u. Materialisation 187 f. 296
Brandblasen durch Phantomberührung 39 f.
Brandmale an Gegenständen ....40 ff. 50
Bücherteste 309 ff.
—, fingierte 311
—, spiritist. Bestandteil in 315 ff.

Dampf s. Nebel
Daumenabdrücke der Materialisation 250 ff.

Dematerialisation s. Schwinden ...
Direkte Stimme 166 ff.
Double s. Astralleib

Eidetiker 4
Eidolon 156 292
Ektoplasmen 69 A. 163 183 203 s. auch Abhängigkeit ...
Elementargeister 72
Emanation s. Ektoplasmen, Abhängigkeit ...
Empfindungsgemeinschaft von Medium u. Phantom 188 f. 293 ff.
Entelechie 207 f. 275 f. 288 ff. 297 299 333 ff.
Entfernung der Bildung v. Materialisationen vom Medium 214 ff.
Entsprechungen bei Büchertesten 318
Erblichkeit u. Wiederverkörperung 332
Erkennung v. Phantomen bemäkelt 240
Erregung s. Anstrengung ...
Erschöpfung d. Mediums bei Materialisation 178 f. 183 187 220
Exkursion 69 361
Exteriorisierung des 'double' 197 f.
— der Empfindung 198 202
'Extra'-Bilder 27 f. 161

Feinerer Leib s. Astralleib
Fernerscheinungen Lebender 292
Flugbahn s. Wurfbahn
Fluidalleib s. Astralleib
Formungskomponente bei Materialisation s. Entelechie
Fortleben, Schwierigkeiten des Begriffes 329 ff.

Gebetswünsche Überlebender 39 44 ff.
Gedankenformen 160 f.
Gegensatz zwischen Phantom u. Medium 224 ff. 234 f.

Sachverzeichnis

Gehirn u. Seele 327 ff.
Geisterwelt s. Jenseits
Gerüche um d. Phantom 45 f. 49 128 f.
Geschlechtlichkeit u. Materialisation 179
— u. Poltergeist 62 f.
Gewichtsverhältnis von Medium u. Phantom 185 ff.
Gleichzeitigkeit mehrerer Phantomleistungen 225
— — Phantome s. Mehrheit ...
Gußformen phantomaler Glieder 98 ff. 147 ff. 195 227

Halluzinationen, Objektivität von 159 f.
Hände, phantomale, in d. Leistung gesehn 90 ff. 165 222 ff. s. auch Abdrücke
Handmäßige Leistungen von Phantomen 53 ff. 56 ff. 64 ff. 79 ff.
Handschrift, identifizierte, d. Phantoms 266
Heilinstinkt 208
Hellsehn bei Büchertesten 312 f.
Heterophanien, Möglichkeit v. 1 f. 8
Hinausverlegung eines Spalt-Ich in d. Materialisation 231 ff.
Hülsentheorie des Phantoms 162 ff. 192
Hysterie u. Poltergeist 62 f. 69
— u. Spalt-Ich der Materialisation 225

Identifizierte Materialisationen 236 ff. 292 ff.
— Tiermaterialis. 285 f.
Ideoplastie, Materialis. durch 109 155 176 200 202 f. 299 f.
—, Erscheinungen durch 159 ff. 292
— der Phantomkleidung 304 ff.
— im Jenseits 357 ff.

Jenseits, Leben im 343 f.
—, Theorie des 346 ff.
—, Wesen des 338 ff.
Jenseitsschilderungen, phantastische 365 ff.

Kälte bei Phantomen 7 13 26 29 f. 46 f. 71 74 f. 103 198 221 257

Kennzeichen, besondere, bei Materialis. 245 ff.
Klarwerden Irrer vor d. Tode 334
Kleidung d. Phantoms 157 300 ff.
— — —, Ausbesserung der 115 306 f.
Kollektivität der Wahrnehmung v. Phantomen 3 7 ff. 44 ff. 157
— der medialen Leistung 178
Köpfe, phantomale 103 f.

Läuten v. Glocken durch phant. Hand 93 f.
Lebende als Materialis. 234 f.
Leib-Seele-Problem 327 ff.
Leuchten von Phantomen 23 ff. 45 ff. 106
Licht, störender Einfluß v. 301

Materialisationen s. Teil-, Vollphantome
Materie, Begriff d. 158 f. 192 212
Medialer Ursprung d. Materialis. 177 ff.
Medialität, unterstützende, der Sitzer 177 f.
Mehrheit gleichzeitiger Materialis. 108 135 ff. 231
Mehrsinnige Wahrnehmung v. Erscheinungen 3 f.
— — — —, kollektive 21 f.
Meteorologische Bedingungen s. Witterungsbed....
Motorische Synchronie s. Bewegungsgemeinschaft

Nebel als Anfangs- od. Endstadium von Phantomen 128 161 180 ff. 198 203 209 215 f. 220 306

Objektive Wirkungen v. Freiluftphantomen 33 ff. 51
— — — Phantomhänden in Sitzungen 79 ff.
— — — Tierphantomen 284 f.
— — — Vollphantomen 104 ff. passim
Organisierendes Prinzip s. Entelechie
Ortsbewegung d. Erscheinung, kollektiv beobachtet 19

Panoramatische Lebensschau 340 372
Phantasmogenetisches Zentrum 2f. 155
Photographien v. Freiluftphantomen 23 26ff.
— — Sitzungsphantomen 94 109 116 122ff. 130 134f. 181 204 274 296 s. auch Extra-Bilder
Pithekanthropos 276ff.
Pluralitätsspiel bei Büchertesten 319
— — Jenseitsschilderungen 351
Poltergeist-Phänomene 59ff.
— —, Abhängigkeit v. Medium 59 61ff.
— —, Motivierung v. 72ff.
— —, spiritist. Indizien bei 64ff.
Polymorphie d. Phantoms 109 300
Prickeln s. Spinnewebengefühl
Psychoanalyse 62ff.
Psychomerenleib 191 210A. 355

Reden der Materialisation 110f. 115 128f. 229f. 237f. 247 253ff. 296
Reïnkarnation s. Wiederverkörperung
Reperkussion vom Phantom auf d. Medium 175 187A. 307

Schattenwerfen d. Phantoms 4ff. 136
Schlagende Phantome 33f. 38
Schreckreaktion, tierische, bei Spuk 11ff. 15ff. 45f. 59A.
Schreiben ohne sichtbare Hand 86ff.
— v. Phantomen 259f.
Schritte v. Phantomen gehört 52 55 58 74
Schwinden des Phantoms 116 129ff. 151 210 217f.
— — — ins Medium hinein 118 184f.
Selbständigkeit d. Materialis., körperliche 214ff.
— — —, seelische 222ff.
Selbstbenennung d. Materialis. 237ff.
Selektivität des Inhalts von Büchertesten 315f.
Somnambule 188f. 295
Spaltpersönlichkeiten 223ff. 290f. 294 s. auch Hinausverlegung
Sphären d. Geisterwelt 337 342 359 366f. 371ff.

Spiegelung v. Phantomen 6f. 265
Spinnewebengefühl bei Materialis. 179f. 201 220
Spiritist. Bedeutsamkeit v. Phantomen 1 212ff. 270ff.
Spuklärm 44ff. 52 55 58 73 220
Stereoskopische Kollektivität 20f.
Stimme, direkte 166ff.
Sukzessionale Kollektivität 19f. 36
Synaesthesie s. Empfindungsgemeinschaft...
Synkope zwischen Bewußtseinslagen 339f. 372

Tafelschriften 86ff.
Tastleisten identifizierend 249ff. 273ff.
Teilphantome 90ff.
Telekinesen 59ff. 68ff. 170f.
Teleplasma s. Ektoplasmen
Tiere als Perzipienten 9ff. 45 277
—, Überleben der 289 337f.
Tierphantome 8 276ff.
Transfiguration 200ff.
Transzendentales Subjekt 276A.
Traumleben d. Jenseitigen 355f.
Trivialität v. Kundgebungen 324ff.
Türenöffnen u. -schließen durch Phantome 53ff. 73f.

Überpersönlicher Ursprung von Phantomen 175f. 289
Unterbewußtsein, überlegenes 334

Verabredung v. Erscheinungen 39
Verdecken v. Phantomen durch Gegenstände 3f.
Verwesungsgeruch bei Phantomen 45 46 49
Vitalismus 207
Vollphantome 104ff.

Wachstumsbeschleunigung 208
Wiederverkörperung 331f. 335 337 374A.
Wind bei Phantomen 47
Wirkungen s. Objektive W.
Wissen des Mediums um d. Phantom 293 295

Sachverzeichnis

Witterungsbedingungen d. Materialisation 178 f. 264
Wölkungen s. Nebel
Wunderheilungen 208
Wurfbahnen, abnorme, bei Poltergeist 60 f. 70 f.

Xenoglossie bei Büchertesten 317
— des Phantoms 260 ff.

Zeit im Jenseits 344 ff. 373
Zeitungsteste 314 f.
Zerspringen v. Tafeln 89
Zweiter Tod 332 A. 374

Emil Mattiesen
Der Jenseitige Mensch

Oktav · 826 Seiten · Photomechanischer Nachdruck 1987 der Ausgabe von 1925 · DM 58,–

Dieses grundlegende Werk aus dem Jahre 1925 – Vorläufer des „Persönlichen Überlebens des Todes" – hat in der Literatur erstmals auf einer wissenschaftlichen Basis die Grundlagen der Parapsychologie erarbeitet. Lange Forschungen sind dieser Zusammenfassung metaphysischer Phänomene vorausgegangen, in diesem Werk werden sie ergründet, gedeutet, systematisiert.

Aus dem Inhalt:
Erweckliche Erfahrungen – Seelische Spaltung im erweckten Leben – Ekstasen – Religiöser Wahnsinn – Theorie der Hysterie – Mystisches Leben, Angstneurose und Psychasthenie – Hysterie der Heiligen – Religiösität und Geschlechtlichkeit – Mystischer Liebesrausch und Geschlechtlichkeit – Psychologie der Liebe – Theorien der „Telepatie" – „Gedankenlesen" – „Hellsehen" – Hinausversetzung des Bewußtseins – Objektive Wirkungen von Phantomen – Probleme des „Astralleibes" – Probleme spiritistischer Identifizierung – Die Hypothese des mystischen Christus.

Walter de Gruyter · Berlin · New York